महान् आजीवक
कबीर, रैदास और गोसाल

कबीर
पर
डॉ. धर्मवीर की
पुस्तक-श्रृंखला

1. कबीर के आलोचक
2. कबीर : डा. हजारी प्रसाद द्विवेदी का प्रक्षिप्त चिन्तन
3. कबीर और रामानंद : किंवदन्तियां
4. कबीर : बाज भी, कपोत भी, पपीहा भी
5. कबीर के कुछ और आलोचक
6. कबीर के आलोचक-3 : सूत न कपास
7. कबीर : 'खसम खुशी क्यों होय?'
8. महान आजीवक : कबीर, रैदास और गोसाल
9. कबीर वाणी में प्रक्षिप्त की खोज (प्रकाशनाधीन)

महान आजीवक
कबीर, रैदास और गोसाल

डॉ. धर्मवीर

वाणी प्रकाशन

वाणी प्रकाशन
4695, 21-ए, दरियागंज, नयी दिल्ली 110 002

शाखा
अशोक राजपथ, पटना 800 004

फ़ोन : +91 11 23273167 फ़ैक्स : +91 11 23275710

www.vaniprakashan.in
vaniprakashan@gmail.com
sales@vaniprakashan.in

Mahan Ajivak : Kabir, Raidas Aur Gosal
by Dr. Dharam Veer

ISBN: 978-93-5072- 393-7
Literary Criticism

प्रथम संस्करण

मूल्य : ₹895

सिटी प्रेस, दिल्ली 110 095 में मुद्रित

वाणी प्रकाशन का लोगो मक़बूल फ़िदा हुसेन की कूची से

भूमिका

I

आजीवक समाज एक पूर्ण समाज है। यह किसी पूर्ण समाज का कोई अंग या खास अंग नहीं है। यदि ब्राह्मणों, बौद्धों और जैनियों की भाषा में बोला जाए तो यह उन की समाज व्यवस्थाओं का कोई भाग नहीं है। इसलिए, इस अर्थ में यह अपने आप में विश्व की किसी भी समाज व्यवस्था से बराबरी के स्तर पर तुलनीय है। यह किसी की गुलाम कौम या किसी का अछूत नहीं है। इस का अपना साधु समाज है, अपने राजा हैं, अपने व्यापारी हैं, अपने किसान हैं, अपने कारीगर हैं और अपने मजदूर हैं। यह भारत में चर्चित वर्ण व्यवस्था का ब्राह्मण, क्षत्रिय, वैश्य और शूद्र में से कुछ नहीं है क्योंकि यह अवर्णवादी है। नंद वंश के रूप में यह भारत का राजा रहा है, तब इसे विरोधी खेमों की समाज व्यवस्थाओं का शूद्र नहीं कहा जा सकता। मौर्य साम्राज्य में भी आजीवक धर्म का दबादबा रहा था। चन्द्र गुप्त मौर्य बाद में जैन हो गए थे पर उनके बेटे बिन्दुसार आजीवक ही रहे थे। बिन्दुसार के बेटे अशोक आजीवक माता-पिता की सन्तान थे। अशोक आजीवक भी रहे और बाद में बौद्ध की तरफ झुक गए। कहने का तात्पर्य यह है कि मौर्य साम्राज्य का कोई सम्राट ब्राह्मण धर्म का अनुयायी नहीं रहा। तब मौर्यों को भी शूद्र कहना उचित नहीं है—इस का मतलब केवल यह है कि अवर्ण आजीवक समाज का विरोधी खेमों की चतुर्वर्ण समाज व्यवस्थाओं से महायुद्ध चल रहा है। इस बारे में इस के सिवा कुछ और न समझा जाए कि पूरा और एकजुट आजीवक समाज वर्ण व्यवस्थाओं के चारों वर्णों—ब्राह्मण, क्षत्रिय, वैश्य और शूद्र—से लड़ रहा है। इस का मतलब यह भी है कि आजीवक समाज के लिए—ब्राह्मण, क्षत्रिय, वैश्य और शूद्र—ये चारों शब्द विदेशी उच्चारण और बाहरी मूल के हैं।

चूंकि आजीवक लोग अपने धर्म, दर्शन और समाज को बिसरा चुके थे, इसलिए विरोधियों ने उन के नए-नए और अजीब-अजीब नाम रख रखे हैं। आज उन्हें साहित्य के क्षेत्र में दलित कहा जाता है। अंग्रेजों से राजनैतिक स्वतन्त्रता के संग्राम तक उन्हें भारत में अछूत कहा जाता था जो आज कानून में प्रतिबन्धित शब्द है। उन्हें 'हरिजन' भी कहा जाता था लेकिन वह शब्द भी अब प्रतिबन्धित है। संविधान ने उन्हें अनुसूचित जाति, अनुसूचित जनजाति और पिछड़ा वर्ग में विभाजित कर रखा है।

संकट पहचान का है। आज दलित लोग अपनी पहचान खोने के लिए लड़ रहे हैं जबकि अन्यत्र संसार में लोग अपनी पहचान बनाए रखने के लिए लड़ते हैं। बिलकुल

कहा जा सकता है कि जो समाज अपनी पहचान खोने के लिए लड़ता है वह कभी जीत नहीं सकता। किसी भी धर्मान्तरण में दलित समाज अपनी पहचान ही खोता है।

धर्मान्तरण करने का नुकसान होता है। यह सारा वैचारिक नुकसान है। इस में मनुष्य धर्म को इस रूप में लेने लगता है जैसे धर्म बाजार की कोई चीज हो और उस का मोल-भाव किया जा सकता है। वह अपनी सोच में इस जगह तक नीचे गिरता है कि कहने लगता है कि मनुष्य धर्म के लिए नहीं बल्कि धर्म मनुष्य के लिए है। यह सोच तभी बनती है जब धर्म में उसका कुछ योगदान नहीं होता। कहने का मतलब यह है कि वह धर्म की रक्षा के लिए कुछ नहीं करना चाहता। धर्म पर, या धर्म की पहचान की वजह से मनुष्य पर, कोई संकट आने लगे तो वह उस धर्म को छोड़ कर भाग जाएगा। तब वह किसी भी धर्म में टिकेगा नहीं।

सच्ची बात यह है कि धर्म की रक्षा के लिए लड़ना पड़ता है। धर्म मनुष्य की तभी मदद कर सकता है जब मनुष्य धर्म के लिए लड़ना सीखे। इस दृष्टि से धर्म की मूल परिभाषा यह है कि मां-बहनों और बहू-बेटियों के रूप में अपनी स्त्रियों के सम्मान की बलात्कारियों से जबर्दस्त रक्षा करने को धर्म कहते हैं। कुछ लोगों के लिए गाय और सूअर इसी लड़ाई के घर से बाहर के प्रतीक हैं–और ठीक प्रतीक हैं। स्त्री को छेड़ने तक कोई तब आएगा जब उसे यहां तक आने दिया जाएगा। धर्म प्रेमियों द्वारा बलात्कारियों को गाय और सूअर के नाम पर सामूहिक हो कर घर से बाहर ही रोक दिया जाता है। मन्दिर और मस्जिद तथा गुरुद्वारे और गिरजेघर की पवित्रता भी धर्म के इसी पहलू से जुड़ी है कि उस कौम की औरतों को कोई गलत नजर से नहीं देख सकता। इसलिए, गाय और सूअर, मन्दिर और मस्जिद, गुरुद्वारे और गिरजेघर से कोई भी अन्य संस्थागत अंधविश्वास जुड़ा हो पर इन छहों का स्त्री की रक्षा से जुड़ा होना अंधविश्वास का मामला कतई नहीं है। इस मामले में तर्क और बहस की आवश्यकता नहीं होती बल्कि यह सीधे धर्म के लिए युद्ध करने का मामला है।

इशारा यह है कि बाहरी लोगों का एक हिस्सा जरूर आजीवक धर्म और दर्शन में आने की कोशिश करेगा। आजीवकों की सफलता यह रहेगी कि किसी एक बाहरी आदमी को भी इस में न आने दिया जाए। आजीवक समाज इसे धरती पर अपनी सबसे बड़ी लड़ाई और होशियारी समझे। यदि वे बाहरी आदमियों को आजीवक दार्शनिक और धार्मिक होने से रोक सके तो फिर उन्हें किसी दूसरी अक्ल की जरूरत नहीं है। यह समझा जाए कि इसी जगह पूरा घमासान होना है। इस के लिए आजीवक समाज हर रोज चौकस और तैयारी में रहे और अपने धर्म और दर्शन की इन बाहरी लोगों से रक्षा करता रहे।

II

बात ब्राह्मण और क्षत्रिय पर आ कर टिक जाती है। अच्छा होता, आजीवक चिंतन में ब्राह्मण और क्षत्रिय बहस का मुद्दा न बनते। लेकिन ऐसा अनेक कारणों से सम्भव नहीं है। तब जाना जाए कि भारत में ब्राह्मणों और क्षत्रियों का लम्बा युद्ध चला है। ज्ञान

के क्षेत्र में राजा जनक की उपस्थिति इनके बीच चले इसी युद्ध को दर्शाती है और पुराणों में हमें विश्वामित्र की लड़ाई मिलती है। लेकिन यहां उपनिषदों और पुराणों की कथाओं को छोड़ कर सीधे इतिहास पुरुषों पर आया जाए। क्षत्रियों में से इन में दो, और केवल दो, नाम मिलते हैं—बुद्ध और महावीर। बुद्ध ने बौद्ध धर्म चलाया और महावीर ने जैन धर्म की नींव डाली। पर क्या ब्राह्मणों और क्षत्रियों के सम्बन्ध में इन बातों को ऐसे ही पढ़ लिया जाए?

यह कहने में कोई वजन नहीं है कि बुद्ध ने बौद्ध धर्म की स्थापना की। सच यह है कि बौद्ध धर्म को ब्राह्मणों ने चलाया। एक बुद्ध क्षत्रिय हो गए पर बाकी सारे बौद्ध दार्शनिक ब्राह्मण थे। बुद्ध के धर्म सेनापति सारिपुत्र का जन्म ब्राह्मण कुल में हुआ था। बौद्ध धर्म के दूसरे बृहस्पति महा मौद्गल्यायन का जन्म भी ब्राह्मण परिवार में हुआ था। जिन अन्य बौद्ध दार्शनिकों और धर्मपुरुषों का जन्म ब्राह्मण कुल में हुआ था उनके नाम गिनाए जा सकते हैं—महाकाश्यप, मोग्गलिपुत्र तिष्य, नागसेन, अश्वघोष, नागार्जुन, आर्यदेव, बुद्धयश, बुद्धघोष, असंग, वसुबन्धु, दिङ्नाग, परमार्थ, धर्मकीर्ति, शान्तिरक्षित। ये ब्राह्मण न हो गए, बौद्ध धर्म में ब्राह्मणों की फौज खड़ी हो गई जिन्होंने बौद्ध धर्म पर भीतर से कब्जा कर रखा है।

ऐसे ही महावीर एक क्षत्रिय हो गए—और उनके बाकी सारे शिष्य कौन थे? उनके ग्यारह शिष्य थे। उन्हें गणधर कहा जाता है। आश्चर्य है कि वे सारे के सारे ब्राह्मण थे। उनके नाम इस प्रकार हैं—इन्द्रभूति गौतम, अग्निभूति, वायुभूति, शुचिदत्त, सुधर्म, माण्डव्य, मौर्यपुत्र, अकम्पन, अचल, मेदार्य, अन्तिम प्रभास। एक क्षत्रिय और ग्यारह ब्राह्मणों का घेरा—कैसे निकला जाए? जो पूर्व और अंग के रूप में आगम साहित्य तैयार किया गया है, वह महावीर ने तैयार नहीं किया, बल्कि ब्राह्मणों ने तैयार किया है।

वर्ण व्यवस्था पर चारों प्राचीन भारतीय धर्मों—ब्राह्मण धर्म, बौद्ध धर्म, जैन धर्म और आजीवक धर्म का क्या कहना है? ब्राह्मण धर्म का कहना है कि ब्राह्मण की उत्पत्ति उस पुरुष के मुख से, क्षत्रिय की भुजाओं से, वैश्य की उदर से और शूद्र की पैरों से हुई है। उच्चता और निम्नता के हिसाब से वर्णक्रम इस प्रकार है—ब्राह्मण, क्षत्रिय, वैश्य, शूद्र। बौद्ध धर्म में इस वर्ण व्यवस्था में क्या फर्क पड़ा है? उस में केवल ऊपर के दो वर्णों का क्रम बदला है, बाकी ज्यों का त्यों है। बौद्ध धर्म का वर्णक्रम इस प्रकार है—क्षत्रिय, ब्राह्मण, वैश्य, शूद्र। जैन धर्म में इस वर्ण व्यवस्था के बारे में क्या हुआ है? इस की शुरूआत ऋषभ से होती है जो पहले तीर्थंकर थे। उन्होंने पहले क्षत्रिय बनाए, उसके बाद वैश्य बनाए और उसके बाद शूद्र बनाए। बस, उन्होंने ये तीन ही वर्ण बनाए। उन्होंने ब्राह्मण वर्ण नहीं बनाया। यह काम उनके बड़े बेटे भरत ने किया। उन्होंने तीनों वर्णों में से निकाल कर एक चौथा वर्ण ब्राह्मण बना दिया। यूं, जैन वर्ण व्यवस्था का क्रम इस प्रकार है—क्षत्रिय, वैश्य, शूद्र, ब्राह्मण।

आजीवकों के पास इस वर्ण व्यवस्था की क्या स्थिति है? उन्होंने किसी वर्ण को स्वीकार नहीं किया। वे 'अवण्णवादी' हैं। वहां न कोई शूद्र है, न वैश्य है, न क्षत्रिय है, न

ब्राह्मण है। उनमें कोई विभाजन नहीं है, सारा समाज एक है और एकजुट है। हर मनुष्य समान है। उनमें कोई भेदभाव और ऊंच-नीच नहीं है। इस तरीके से आज का दलित चिंतन आजीवक धर्म के रूप में अपने मूल तक पहुंचता है कि वह न ब्राह्मण है, न क्षत्रिय है, न वैश्य है, न शूद्र है। उसके लिए ये चारों वर्ण अनजाने और विदेशी हैं। बाद के इतिहास में यह लम्बी गफलत रही कि वह वर्ण-व्यवस्था में शूद्र है। इस गलत सोच ने उसे हारा हुआ बना रखा था। जो वह नहीं था, वह खुद को वही समझ बैठा था। अब जा कर वह चिन्तन के स्तर पर मुक्त हुआ है कि उसके लिए चारों वर्ण विदेशी मूल के हैं।

ब्राह्मण धर्म में ब्राह्मणों की भरमार होने से ब्राह्मण की स्थिति समझ में आती है। वहां वह वर्चस्ववान, पूजनीय, भूदेव और अदंडनीय है। लेकिन पता चलता है कि त्रिपिटक और आगम साहित्य पर भी उसी का कब्जा जमा हुआ है। यहां ब्राह्मणों की गीता, बौद्धों के धम्मपद और जैनियों के उत्तराध्ययन सूत्र की तुलना की जा सकती है। ब्राह्मण धर्म की गीता में ब्राह्मण पुण्ययोनि है और सर्वोपरि है। बौद्ध धर्म के धम्मपद में ब्राह्मण प्रशंसनीय और वन्दनीय है। पता चलता है कि धम्मपद का आखिरी 26वां वग्ग बाम्मणवग्गो है जबकि आखिरी वग्ग 'भिक्खुवग्गो' या 'बुद्धवग्गो' होना चाहिए था। इतना ही नहीं, 'बाम्मणवग्गो' सब से बड़ा वग्ग भी है। धम्मपद के कुल 423 पदों में से बाम्मणवग्गो में 41 पद हैं जबकि भिक्खुवग्गो में कुल 23 पद हैं। उत्तराध्ययन सूत्र में ब्राह्मण को ले कर क्या स्थिति है? इसके पच्चीसवें अध्ययन के 19वें से ले कर 35वें तक के 17 सूत्र ब्राह्मण को पूजनीय बनाए हुए हैं। यूं, गीता में, धम्मपद में और उत्तराध्ययन सूत्र में ब्राह्मण वंदनीय, पूजनीय और सर्वोपरि बना हुआ है। बात यह भी है कि ब्राह्मण को बुद्ध और महावीर के क्षत्रिय होने से आपत्ति नहीं है क्योंकि अपने धर्म में भी उसने राम और कृष्ण नाम के दो क्षत्रियों को भगवान बना कर पेश कर रखा है। दो के बजाय चार क्षत्रिय हो जाएं, कुछ ज्यादा नुकसान नहीं है—राम, कृष्ण, बुद्ध, महावीर। दो को भीतर से और दो को बाहर से—अर्थात इन चारों क्षत्रियों को उसने अपने कब्जे में कर रखा है। यूं समझो कि भारत में पोप और किंग के बीच हुई लड़ाई इस रूप में समझौते पर आई कि ब्राह्मणों ने चार क्षत्रियों को भगवान बना कर अपने वश में किया है। बुद्ध को ले कर त्रिपिटक ब्राह्मणों ने लिखा, महावीर को ले कर आगम ग्रन्थ ब्राह्मणों ने लिखे, राम को ले कर रामायण ब्राह्मणों ने लिखी और कृष्ण को ले कर महाभारत ब्राह्मणों ने लिखी। इन चारों लिखतों में स्वयं क्षत्रियों का कोई योगदान नहीं है।

कहना यह है कि आजीवक लोगों ने धर्म और कर्म के शब्दों को लौकिक बना कर लिया है। उत्तर भारत के लिए भी ये विदेशी शब्द हैं। आजीवकों ने इन के तद्भव बना कर इन्हें स्वीकार किया है। धर्म को 'धाम' और कर्म को 'काम' बनाया है। वे आज भी आपस में बात करते हुए एक-दूसरे से पूछते हैं—'तुम्हारा काम-धाम कैसा चल रहा है?' धाम का अर्थ कुछ भी लिया जाए पर इससे पूर्वजन्म और पुनर्जन्म के होने की गंध भी नहीं आती। आजीवकों के पास पूर्वजन्म और पुनर्जन्म नहीं हैं बल्कि पूर्वज और सन्तान हैं। संसार में पूर्वजन्म और पुनर्जन्म का कोई क्रम नहीं चल रहा है, बल्कि पूर्वज और

सन्तान का क्रम चल रहा है। भारत के धार्मिक और दार्शनिक सन्दर्भ में आजीवकों की यह विशेष खोज और दृष्टि है। 'पुनर्जन्म नहीं, सन्तान'—यह आजीवक दर्शन का घोषित नारा है।

III

बात पुनर्जन्म के झूठ की उठाई जाए और वह केवल एक धर्म से सम्बन्धित हो कर न रह जाए। ब्राह्मण धर्म, बौद्ध धर्म और जैन धर्म—ये तीनों धर्म पुनर्जन्म में विश्वास रखते हैं। कारण क्या रहा कि ये तीनों अलग-अलग हो कर भी इस मामले में एक हैं? बौद्ध धर्म, जो आत्मा को नहीं मानता, पुनर्जन्म में वह भी विश्वास रखता है। चूंकि इन तीनों धर्मों की वर्ण-व्यवस्थाओं में या तो ब्राह्मण ऊपर है या क्षत्रिय ऊपर है, और इन तीनों धर्मों के धर्मग्रन्थों के लेखक अनिवार्य रूप से ब्राह्मण रहे हैं, इसलिए पुनर्जन्म में विश्वास रखना इनके लिए सुभीते की बात है। खुद को पुण्य योनि का घोषित करके जिस को चाहे पाप योनि का कह दो। इसलिए ब्राह्मणों और क्षत्रियों से हमें कुछ नहीं कहना है, यह उनके फायदे में है कि वे पुनर्जन्म के झूठ का प्रचार करें।

ब्राह्मणों, बौद्धों और जैनियों के पुनर्जन्म में विश्वास रखने वाले सिद्धान्त के बाद अब मक्खलि गोसाल के आजीवक चिन्तन पर आया जाए। पुनर्जन्म पर उनके क्या विचार हैं? उनके विचार ये हैं कि पुनर्जन्म नहीं होता। उनका पहला सूत्र है—नो धम्मो 'त्ति। उन का दूसरा सूत्र है—नो तवो 'त्ति। उनका तीसरा सूत्र है—नत्थि पुरिस्कारे। कोई ऐसा धर्म नहीं है जो तुम्हें मरने के बाद अमुक योनि में पैदा कर देगा; कोई ऐसा तप नहीं है जो तुम्हें मरने के बाद अमुक योनि में पैदा कर देगा; कोई ऐसा पुरस्कार नहीं है जो तुम्हें मरने के बाद पुनर्जन्म के रूप में मिलने वाला है। तभी पुनर्जन्म को हटा कर मक्खलि गोसाल ने 'नियति' का शब्द दिया है। गोसाल के इसी सिद्धान्त को मध्य काल में हमारे रैदास और कबीर ने आगे बढ़ाया था।

जब जानना संभव नहीं तो मानना पड़ता है। आदमी की जिन्दगी का एक महत्वपूर्ण हिस्सा मानने में गुजरता है—और जब मानना है तो शून्य को क्यों माना जाए—भरा-भरा ईश्वर क्यों न माना जाए? रैदास और कबीर ने ऐसा ही किया है। कबीर का यह कहना कि 'जहवां से आया अमर वह देशवा' गोसाल की नियति का विकास है।

एक हैं जो परलोक में स्वर्ग और नरक को मानते हैं। दूसरे हैं जो पूर्वजन्म और पुनर्जन्म को मानते हैं। स्वर्ग-नरक को मानने वाले पुनर्जन्म को नहीं मान सकते और पुनर्जन्म को मानने वाले स्वर्ग-नरक को नहीं मान सकते। लेकिन एक तीसरे हैं जो स्वर्ग-नरक और पूर्वजन्म और पुनर्जन्म दोनों को एक साथ मानते हैं। वे विश्वास नहीं करते बल्कि व्यापार करते हैं। हम आजीवक लोग न स्वर्ग-नरक को मानते हैं और न पूर्वजन्म और पुनर्जन्म को मानते हैं लेकिन गोसाल की नियति से चल कर रैदास और

कबीर तक आते-आते ईश्वर को मानते हैं। वह अल्लाह है, वह खुदा है, वह ईश्वर है, वह परमपिता और परममाता है। स्वर्ग-नरक और पूर्वजन्म और पुनर्जन्म को मानने के बजाय हम अपने पूर्वज और अपनी सन्तान को मानते हैं।

हम परलोक के स्वर्ग और नरक को वापस खींच कर लोक में लाते हैं। हम कयामत के दिन को न्यायालय के हवाले करते हैं। हम पूर्वजन्म और पुनर्जन्म के पुरस्कार और दण्ड को घर और जेल में तब्दील करते हैं। यह आदमी के वश में है, आदमी यह कर सकता है। हम न पहलों की तरह स्वर्ग-नरक को मानते हैं, न दूसरों की तरह पूर्वजन्म और पुनर्जन्म को मानते हैं, न तीसरों की तरह स्वर्ग-नरक और पूर्वजन्म और पुनर्जन्म दोनों को मान कर हर माल बेचने वाले व्यापारी बनते हैं, हम दुनिया में चौथे हैं जो न स्वर्ग-नरक को मानते हैं, न पूर्वजन्म और पुनर्जन्म को मानते हैं, न स्वर्ग-नरक और पूर्वजन्म और पुनर्जन्म दोनों को मानते हैं, हम केवल ईश्वर को मानते हैं। कोई हमारे इस ईश्वर को न माने, हमें कोई परेशानी या एतराज नहीं है, यह उस का निजी और भीतरी फायदा या नुकसान है, बशर्ते वह घर और जेल—अर्थात पुरस्कार और दण्ड को माने। हम अपने ईश्वर को मनवाने में अड़ते नहीं हैं, किसी से लड़ते नहीं हैं। हम इस व्यवस्था के लिए जिहाद में उतरे हुए हैं कि सदाचारी व्यक्ति को पुरस्कार मिले और दुराचारी व्यक्ति दण्ड भोगने से बच कर न निकल जाए।

यह बात बार-बार घोषित की जानी है कि आजीवक धर्म किसी परलोक को नहीं मानता। जब मृत्यु के बाद जीव का अस्तित्व नहीं है तो परलोक की कल्पना अपने आप ढह जाती है। तब, आजीवक धर्म किसे मानता है? उत्तर है, आजीवक धर्म लोक को मानता है। लोक में क्या आता है? लोक में कानून आता है। आजीवकों की सारी दृष्टि इसी कानून पर पड़ी हुई है। वे मानते हैं कि भारत में पिछले हजारों वर्षों से चार क्षेत्रों के कानून बहुत गलत बने हैं। ये इस प्रकार हैं—आपराधिक कानून, सिविल कानून, पर्सनल कानून और टैक्स कानून। इन चार कानूनों के माध्यम से देश की चार क्रान्तियां रुकी पड़ी हैं। संसार के दूसरे देशों में इन कानूनों की शुद्धता गृह-युद्धों के द्वारा तय हुई है, पर इस देश में गृह-युद्ध की प्रक्रिया के बजाय विदेशी हमलावर आते रहे हैं।

ये क्रान्तियां कैसे रुकी पड़ी हैं? इस प्रश्न के दो उत्तर हैं—पहला, गलत कानून; दूसरा, जो कानून कुछ ठीक दिशा में बने हैं, उन को लागू न करना। कुल मिला कर राज्य जिम्मेदार है। इस में सब से बड़ी कमी यह है कि मुश्किल से बने किसी अच्छे कानून को लागू नहीं किया जाता।

संसार के विकसित देशों की नकल पर इस देश में नारा लगता है कि कोई भी नागरिक कानून को अपने हाथ में नहीं लेगा। यह अच्छी बात है कि कानून को लागू करने की जिम्मेदारी राज्य अपने हाथ में लेता है। यदि राज्य अपनी जिम्मेदारी निभाए तो नागरिकों को कोई जरूरत भी नहीं है कि वे कानून को अपने हाथ में लें। लेकिन हो क्या रहा है? नागरिकों का कानून अपने हाथ में लेने का अधिकार छीन लिया गया है और राज्य अच्छे कानून को लागू नहीं करता। उदाहरण के लिए, हिन्दुओं के पर्सनल कानून

के दोष गिनाए जा सकते हैं। यूं समझिए कि काफी लोगों पर हिन्दू कानून लगा कर नई रिडल खड़ी कर दी गई है। तलाक का प्रावधान है पर तलाक नहीं होता—यह हिन्दू कानून में एक नई रिडल हमारे सामने बनी है।

आपराधिक क्षेत्र के हत्या के मामलों में भी फैसले आते-आते कई दशक लग जाते हैं। तब तक अपराधी, बिना सजा पाए, अपनी प्राकृतिक मृत्यु को प्राप्त हो जाते हैं। ऐसे ही, जमीन-जायदाद के सिविल मामलों में दादा के द्वारा शुरू किया गया मुकदमा पोते के पैदा होने की राह देखता है। उधर, टैक्स कानूनों में इतनी चोरी है कि राज्य हमेशा कमजोर बना रहता है।

यूं, पर्सनल कानून में जारकर्म द्वारा टूटी गई शादी को बचाने के नाम पर हर झूठ, कपट और षडयंत्र को पुरस्कार दिया जाता है, आपराधिक क्षेत्र के मुकदमों में इक्के-दुक्के मामलों को छोड़ कर हत्यारों को सजा नहीं मिलती, जमीन-जायदाद के सिविल मामलों में सच्चा आदमी हाथ मसोस कर रह जाता है, और टैक्स कानूनों में कर-चोरी की बंदरबांट कर ली जाती है। यदि कभी लोगों के दबाव में आ कर अपराध को अपराध मानने की मजबूरी बनती है तो पुनर्जन्मवादी धर्मों के दार्शनिक यह कह कर बात को टरका देते हैं कि अपराधी को अगले जन्म में कुत्ते-बिल्ली या बन्दर की योनि मिलेगी।

IV

बात पूरी नहीं होगी जब तक आजीवक चिन्तन स्त्री के विषय पर न बोले। इस मामले में भी वह ब्राह्मण, बौद्ध और जैन चिन्तन से अपनी पृथकता और स्वतन्त्रता रखता है। सब को मालूम है कि ब्राह्मणों ने स्त्री को पाप योनि कहा है। उन्होंने स्त्री को शूद्र के साथ रखा है। वह पुरुष से समानता नहीं रखती। बुद्ध ने भी स्त्री को पुरुष की गुलामी में रखा है। वे संघ में स्त्रियों के प्रवेश की इजाजत नहीं दे रहे थे। इजाजत देनी पड़ गई तो स्त्रियों को पुरुष के समान सम्मान नहीं दिया। यही हाल महावीर का है। दिगम्बर जैन का सिद्धान्त है कि स्त्री को स्त्रीयोनि में रहते हुए केवल ज्ञान प्राप्त नहीं हो सकता, इसके लिए उसे पुरुषयोनि में जन्म ग्रहण करना जरूरी है। असल में, एक शब्द 'अंजलि कम्म' है जिससे गोसाल, महावीर और बुद्ध के विचारों का पता चलता है। गोसाल ने महावीर का साथ स्त्री के विषय को ले कर छोड़ा था। गोसाल ने हालाहला से विवाह किया था। इसी वजह से महावीर ने गोसाल को भ्रष्ट कहा था। महत्व अंजिल कम्म का है। महावीर और बुद्ध अंजलि कम्म के विरोधी थे। यह अंजलि कम्म क्या है? यह हाथ जोड़ कर स्त्री को प्रणाम करना है। गोसाल ने हाथ जोड़ कर स्त्री को प्रणाम किया था। अपने मरते समय भी उन्होंने अपनी पत्नी हालाहला को हाथ जोड़ कर प्रणाम किया था जिसे 'चरिमे अंजलि कम्म' कहा जाता है। इसी परम्परा में मध्यकाल में रैदास और कबीर थे। वे बिना पत्नी के नहीं थे। यही फर्क है कि आजीवक चिन्तन में संन्यासी, भिक्षु और मुनि के लिए कोई स्थान नहीं है। भारत में संन्यास जैन धर्म, बौद्‍ध धर्म और

ब्राह्मण धर्म की उपज है। आजीवक धर्म का संन्यास से कोई वास्ता नहीं है। मक्खलि गोसाल, रैदास और कबीर हमारे पत्नी वाले महापुरुष थे। और निश्चित रूप से, किसी भी धर्म के प्रचार के लिए समर्पित लोगों की संस्था होनी अनिवार्य है। आजीवक धर्म भी अपने प्रसार के लिए साधुओं की श्रेणी रखता है। ये घर-गृहस्थी वाले लोग होते हैं। जिन की किसी वजह से घर-गृहस्थी नहीं बसी है, वे भी अपने आप को धर्म प्रचार के काम में लगा सकते हैं। वे भी जब चाहें घर-गृहस्थी बसा सकते हैं—कोई मनाही नहीं है।

10 नवम्बर, 2016 —धर्मवीर
मेरठ

विषय सूची

महान आजीवक : कबीर, रैदास और गोसाल

पहली पुस्तक
गोसाल का जीवन और दर्शन

दूसरी पुस्तक

कबीर की वाणी

तीसरी पुस्तक

रैदास की वाणी

महान आजीवक : कबीर, रैदास और गोसाल

पहली पुस्तक

गोसाल का जीवन और दर्शन

अध्याय-1

जैन धर्मग्रन्थों में मक्खलि गोसाल

क. 'भगवती सूत्र' का आख्यान
ख. अवर्णवादी मक्खलि गोसाल
ग. अंजलि कर्म और स्त्री
घ. 'नो धम्मो त्ति, नो तवो त्ति'
ङ. महा शिला खण्डों का संग्राम
च. 'उवासगदसाओ' की दो कथाएं

क. 'भगवती सूत्र' का आख्यान

प्राचीन भारत के बारे में लिखने वाले इतिहासकारों का ध्यान इस ओर नहीं गया कि जैन धर्मग्रन्थ 'भगवती सूत्र' में मक्खलि गोसाल को ले कर कितनी महत्वपूर्ण सूचनाएं लिपिबद्ध हैं। उस में एक सूचना इस प्रकार है :

> १६७. से णं भंते! गोसाले देवे ताओ देवलोगाओ आउक्खएणं भवक्खएणं ठिइक्खएणं अणंतरं चयं चइत्ता कहिं गच्छिहिति? कहिं उववज्जिहिति?
>
> गोयमा! इहेव जंबुद्दीवे दीवे भारहे वासे विंझगिरिपायमूले पुंडेसु जणवएसु सयदुवारे नगरे संमुतिस्स रण्णो भद्दाए भारियाए कुच्छिंसि पुत्तत्ताए पच्चायाहिति। से णं तत्थ नवण्हं मासाणं बहुपडिपुण्णाणं अद्धट्ठमा य राइंदियाणं वीइक्कंताणं जाव सुरूवे दारए पयाहिति।।
>
> १६८. जं रयणिं च णं से दारए जाइहिति, तं रयणिं च णं सयदुवारे नगरे सब्भिंतरबाहिरिए भारग्गसो य कुंभग्गसो य पउमावासे य रयणवासे य वासे वासिहिति।।
>
> १६९. तए णं तस्स दारगस्स अम्मापियरो एक्कारसमे दिवसे वीइक्कंते निव्वत्ते असुइजायकम्मकरणे संपत्ते बारसमे दिवसे अयमेयारूवं गोण्णं गुणनिप्फन्नं नामधेज्जं काहिंति—जम्हा णं अम्हं इमंसि दारगंसि जायंसि समाणंसि सयदुवारे नगरे सब्भिंतरबाहिरिए भारग्गसो य कुंभग्गसो य पउमवासे य रयणवासे वुट्ठे, तं होउ णं अम्हं इमस्स दारगस्स नामधेज्जं

महापउमे-महापउमे। तए णं तस्स दारगस्स अम्मापियरो नामधेज्जं करेहिंति महापउमे त्ति।।[1]

१६७. गोशाल देव उस देवलोक से आयु-क्षय, भव-क्षय और स्थिति-क्षय के अनंतर च्यवन कर कहां जाएगा? कहां उपपन्न होगा?

गौतम! इस जंबूद्वीप द्वीप में भारत वर्ष में विंध्यगिरि के मूल में पुण्ड्र जनपद के शतद्वार नगर के राजा सन्मति की भार्या भद्रा की कुक्षि से पुत्र के रूप में उपपन्न होगा। बहु प्रतिपूर्ण नौ मास और साढे सात रात दिन के व्यतिक्रान्त होने पर यावत् सुरूप पुत्र के रूप में पैदा होगा।

१६८. जिस रजनी में वह पुत्र उत्पन्न होगा, उस रजनी में शतद्वार नगर के भीतर और बाहर भार-प्रमाण और कुंभ-प्रमाण फूलों और रत्नों की वर्षा होगी।

१६९. उस बालक के माता-पिता ग्यारह दिवस के बीत जाने पर, अशुचि जातकर्म से निवृत्त होने पर बारहवें दिवस के आने पर इस प्रकार का गुणयुक्त गुणनिष्पन्न नामकरण करेंगे, क्योंकि इस बालक के उत्पन्न होने पर शतद्वार नगर के भीतर और बाहर, भार-प्रमाण और कुंभ-प्रमाण फूलों और रत्नों की वृष्टि हुई, इसलिए हमें इस बालक का नामकरण करना चाहिए महापद्म-महापद्म। उस बालक के माता-पिता उसका नामकरण करेंगे—'महापद्म'।[2]

इस में लिखा गया है कि गोशाल अगले जन्म में महापद्म राजा के रूप में जन्म लेगा। इस से आगे यह भी लिखा गया है कि महापद्म का दूसरा नाम देवसेन होगा। सम्बन्धित शब्द इस प्रकार हैं :

१७१. तए णं तस्स महापउमस्स रण्णो अण्णदा कदायि दो देवा महिड्ढिया जाव महेसक्खा सेणाकम्मं काहिंति, तं जहा—पुण्णभद्दे य माणिभद्दे य।।

तए णं सयदुवारे नगरे बहवे राईसर-तलवर-माडंबिय-कोडुंबिय-इब्भ-सेट्ठि- सेणावइ-सत्यवाहप्पभितओ अण्णमण्णं सद्दावेहिंति, सद्दावेत्ता एवं वदेहिंति—जम्हा णं देवाणुप्पिया! महापउमस्स रण्णो दो देवा महिड्ढियाणं जाव महेसक्खा सेणाकम्मं करेंति, तं जहा—पुण्णभद्दे य माणिभद्दे य, तं होउ णं देवाणुप्पिया! अम्हं महापउमस्स रण्णो दोच्चे वि नामधेज्जे देवसेणे-देवसेणे। तए णं तस्स महापउमस्स रण्णो दोच्चे वि

1. भगवई : विआहपण्णत्ती : खण्ड-4; शतक (12-16) (मूल पाठ, संस्कृत छाया, हिन्दी अनुवाद, भाष्य तथा अभय देव सूरिकृत वृत्ति एवं परिशिष्ट-शब्दानुक्रम आदि सहित), सम्पादक और भाष्यकार, आचार्य महाप्रज्ञ, जैन विश्व भारती, लाडनूं, राजस्थान-341 306, प्रथम संस्करण, अक्टूबर, 2007, पृ. 326
2. वही, पृ. 326

नामधेज्जे भविस्सति देवसेणे त्ति।।[3]

१७१. किसी दिन महापद्म राजा को महर्द्धिक यावत् महान् ऐश्वर्यशाली दो देव जैसे—पुण्यभद्र और माणिभद्र, सैन्य-कर्म की शिक्षा देंगे।

तब उस शत-द्वार नगर में अनेक राजा, ईश्वर, तलवर, माडम्बिक, कौटुम्बिक, इभ्य, श्रेष्ठी, सेनापति, सार्थवाह आदि एक दूसरे को बुलाएंगे, बुलाकर इस प्रकार कहेंगे—देवानुप्रियो! महापद्म राजा को दो महर्द्धिक यावत् महान ऐश्वर्यशाली दो देव जैसे—पुण्यभद्र और माणिभद्र, सैन्य कर्म की शिक्षा दे रहे हैं, इसलिए देवानुप्रियो! हमारे राजा महापद्म का दूसरा नाम होना चाहिए देवसेन-देवसेन। तब उस राजा महापद्म का दूसरा नाम 'देवसेन' होगा।[4]

इस के बाद यह भी लिखा गया है कि देवसेन का अगला नाम विमल वाहन होगा। प्रमाण इस प्रकार है :

१७२. तए णं तस्स देवसेणस्स रण्णो अण्णया कयाइ सेते संखतल-विमल-सन्निगासे चउद्दंते हत्थिरयणे समुप्पज्जिस्सइ। तए णं से देवसेणे राया तं सेयं संखतल-विमल-सन्निगासं चउद्दंतं हत्थिरयणं द्रूढे समाणे सयदुवारं नगरं मज्झंमज्झेणं अभिक्खणं-अभिक्खणं अतिजाहिति य निज्जाहिति य। तए णं सयदुवारे नगरे बहवे राईसर-तलवर-माडंबिय-कोडुंबिय-इब्भ-सेट्ठि-सेणावइ-सत्थवाहप्पभितओ अण्णमण्णं सद्दावेहिंति, सद्दावेत्ता वदेहिंति—जम्हा णं देवाणुप्पिया! अम्हं देवसेणस्स रण्णो सेते संखतल-विमल-सन्निगासे चउद्दंते हत्थिरयणे समुप्पन्ने, तं होउ णं देवाणुप्पिया! अम्हं देवसेणस्स रण्णो तच्चे वि नामधेज्जे विमलवाहणे-विमलवाहणे। तए णं तस्स देवसेणस्स रण्णो तच्चे वि नामधेज्जे भविस्सति विमलवाहणे त्ति।।[5]

१७२. किसी दिन राजा महापद्म के विमल शंखतल के समान श्वेत चतुर्दन्त हस्ति-रत्न उत्पन्न होंगे। तब राजा देवसेन विमल शंखतलके समान श्वेत चतुर्दन्त हस्ति-रत्न पर आरूढ़ होकर शतद्वार नगर के बीचोबीच होते हुए बार-बार प्रवेश और निष्क्रमण करेंगे। शतद्वार नगर में अनेक राजा, ईश्वर, तलवर, माडम्बिक, कौटुम्बिक, इभ्य, श्रेष्ठी, सेनापति, सार्थवाह आदि दूसरे को बुलाएंगे, बुलाकर इस प्रकार कहेंगे—देवानुप्रियो! हमारे राजा देवसेन के विमल शंख तल के समान श्वेत चतुर्दन्त हस्ति-रत्न उत्पन्न हुआ है, इसलिए देवानुप्रियो! हमारे राजा देवसेन का तीसरा नाम

---

3. वही, पृ. 327   4. वही, पृ. 327   5. वही, पृ. 327

विमलवाहन-विमलवाहन होना चाहिए। तब से उस देवसेन राजा का तीसरा नाम 'विमलवाहन' होगा।[6]

इस बारे में इतिहास के पास क्या सूचनाएं हैं? सूचनाएं कम से कम हैं पर जो भी हैं, महत्व की हैं। सूचना है कि महापद्म नंद वंश का राजा है। इसे शूद्र राजा माना गया है।[7] पुण्य भद्र और माणिभद्र का महत्व प्रोफेसर एच.डी. भट्टाचार्य ने भी अपने लेख 'माइनर रिलिजियस सेक्ट्स' में स्वीकार किया है।[8]

इतिहास में इस बात का शोर मचा हुआ है कि नंद वंश के राजा ने ब्राह्मण कौटिल्य का अपमान किया था। कौटिल्य ने भी नंद वंश का नाश करने की कसम खाई थी। इस के लिए उस ने चद्रगुप्त मौर्य का इस्तेमाल किया। उसे वृषल और कुलहीन कहा गया है।[9] वह ब्राह्मण धर्म का अनुयायी नहीं था। माना यही जाता है कि धर्म से वह जैन था।

मूल बात यह है कि मौर्यों ने नन्दों को राज सिंहासन से अपदस्थ किया था। डा. हेमचद्र राय चौधरी ने अपनी पुस्तक 'प्राचीन भारत का राजनैतिक इतिहास' में प्रमाण सहित लिखा है–"मिलिन्दपञ्हो में नन्दों तथा मौर्यों के बीच एक युद्ध की घटना की चर्चा की गई है। नन्द की सेना में भद्दसाल नामक एक सैनिक था, जिसने राजा चन्द्रगुप्त के विरुद्ध लड़ाई छेड़ी थी। कहते हैं, इन लड़ाइयों में अस्सी बार युद्धक्षेत्र में 'शवों का नर्त्तन' हुआ था। यह भी कहा जाता है कि जब एक बार 'प्रचण्ड आहुति' (Holocaust) हो जाती थी तो वीरगति-प्राप्त योद्धाओं के सिरविहीन शव युद्धक्षेत्र में नाचने लगते थे। एक बार की 'प्रचण्ड आहुति' में दस हजार हाथियों, एक लाख घोड़ों, पाँच हजार रथों तथा सौ कोटि सैनिकों का सफाया समझा जाता था। इस अनुच्छेद में पौराणिक अलंकार का पर्याप्त पुट है, किन्तु इससे हमें यह तो पता चल ही जाता है कि नन्द-वंश तथा मौर्य-वंश के बीच जमकर घमासान युद्ध हुआ था।"[10]

इस का क्या मतलब निकलता है? मतलब यह निकलता है कि यह मात्र राजनैतिक युद्ध नहीं था बल्कि दोनों के बीच धार्मिक युद्ध भी था। जबकि नंद राजा आजीवक धर्म के अनुयायी थे तो इतिहासकारों का मानना है कि चन्द्रगुप्त मौर्य जैन मतावलम्बी था। रमाशंकर त्रिपाठी ने अपनी पुस्तक 'प्राचीन भारत का इतिहास' में लिखा है–"जैन अनुश्रुतियों के अनुसार चंद्रगुप्त जैन था और अपने राज्य के अंत में .... मगध में घोर दुर्भिक्ष के समय जैन आचार्य भद्रबाहु के साथ मैसूर चला गया। फिर, उनका कहना है कि जैन विधान के अनुकूल अनशन करके उसने अपने प्राण दिये। ये

---

6. वही, पृ. 327
7. The History and Culture of the Indian People, Vol. II, The Age of Imperial Unity, General Editor, R.C. Majumdar, Bharatiya Vidya Bhavan, Kulpati K.M. Munshi Marg, Mumbai-400 007, 7th Edition, 2007, p. 31
8. ibid., p. 464
9. ibid., p. 55
10. प्राचीन भारत का राजनैतिक इतिहास, डा. हेमचन्द्र राय चौधरी, प्रकाशक, किताब महल, इलाहाबाद, उत्तर प्रदेश, द्वितीय संस्करण, 1976, पृ. 177

अनुश्रुतियाँ कहाँ तक सही हैं, नहीं कहा जा सकता; परंतु यह सही है कि कुछ मध्यकालीन अभिलेखों द्वारा उसका संबंध मैसूर से स्थापित हो जाता है। सम्भव है कि अपने जीवन के अन्तिम भाग में चंद्रगुप्त जैन-प्रभाव में आ गया हो और सिंहासन अपने पुत्र को देकर तप करने चला गया हो।"[11] हेमचंद्र राय चौधरी ने भी अपनी पुस्तक 'प्राचीन भारत का राजनैतिक इतिहास' में चन्द्रगुप्त मौर्य के जैन होने पर बल दिया है। उन्होंने लिखा है—"जैन-परम्परा की 'राजावली कथा' में स्पष्ट लिखा है कि चन्द्रगुप्त जैन था, और एक बार जब उसके राज्य में अकाल पड़ा तो वह अपने पुत्र सिंहसेन के लिए सिंहासन रिक्त कर स्वयं मैसूर चला गया और वहीं उसकी मृत्यु हो गई। कावेरी के उत्तरी तट पर सेरिंगपटम के समीप लगभग ९०० ईसवी के दो शिलालेख मिले हैं। इन शिलालेखों में कलबप्पु की पहाड़ी (चन्द्रगिरि) पर भद्रबाहु और चन्द्रगुप्त मुनि-पति ...... के पहुँचने का उल्लेख किया गया है।"[12]

इस सन्दर्भ में यहां विमलवाहन के होने का मतलब क्या है? उस का जैनियों के साथ बर्ताव क्या था? भगवतीसूत्र में जो लिखा गया है, वह इस प्रकार है :

> १७३. तए णं से विमलवाहणे राया अण्णया कदायि समणेहिं निग्गथेहिं मिच्छं विप्पडिवज्जिहिति—अप्पेगतिए आओ-सेहिति, अप्पेगतिए अवहसिहिति, अप्पेगतिए निच्छोडेहिति, अप्पेगतिए निब्भंछेहिति, अप्पेगतिए बंधेहिति, अप्पेगतिए निरुंभेहिति, अप्पेगतियाणं छविच्छेदं करेहिति, अप्पेगतिए पमारेहिति, अप्पेगतिए उद्दवेहिति, अप्पेगतियाणं वत्थं पडिग्गहं कंबलं पायपुंछणं आच्छिंदिहिति विच्छिंदिहिति भिंदिहिति अवहरिहिति, अप्पेगतियाणं भत्तपाणं वोच्छिंदिहिति, अप्पेगतिए निन्नगरे करेहिति, अप्पेगतिए निव्विसए करेहिति।।[13]
>
> १७३. राजा विमलवाहन किसी दिन श्रमण निर्ग्रन्थों के प्रति मिथ्यात्व से विप्रतिपन्न होगा—वह अनेक श्रमण निर्ग्रन्थों के प्रति आक्रोश करेगा, अनेक श्रमण निर्ग्रन्थों का उपहास करेगा, अनेक श्रमण निर्ग्रन्थों का तिरस्कार करेगा, अनेक श्रमण निर्ग्रन्थों की निर्भर्त्सना करेगा, अनेक श्रमण निर्ग्रन्थों को बांधेगा, अनेक श्रमण निर्ग्रन्थों को कारागार में डाल देगा, अनेक श्रमण निर्ग्रन्थों का छविच्छेद करेगा, अनेक श्रमण निर्ग्रन्थों को पीटेगा, अनेक श्रमण निर्ग्रन्थों को मारेगा, अनेक श्रमण निर्ग्रन्थों के वस्त्र,

---

11. प्राचीन भारत का इतिहास, रमाशंकर त्रिपाठी, प्रकाशक, मोतीलाल बनारसीदास, बंगलो रोड, जवाहर नगर, दिल्ली-110 007, पुनर्मुद्रण, 1998, पृ. 115
12. प्राचीन भारत का राजनैतिक इतिहास, डा. हेमचन्द्र राय चौधरी, प्रकाशक, किताब महल, इलाहाबाद, उत्तर प्रदेश, द्वितीय संस्करण, 1976, पृ. 217
13. भगवई : विआहपण्णत्ती : खण्ड-4 : शतक (12-16) (मूल पाठ, संस्कृत छाया, हिन्दी अनुवाद, भाष्य तथा अभय देव सूरिकृत वृत्ति एवं परिशिष्ट-शब्दानुक्रम आदि सहित), सम्पादक और भाष्यकार, आचार्य महाप्रज्ञ, जैन विश्व भारती, लाडनूं, राजस्थान-341 306, प्रथम संस्करण, अक्टूबर, 2007, पृ. 328

पात्र, कंबल, पादप्रौञ्छन का आच्छेदन, विच्छेदन, भेदन और अपहरण करेगा, अनेक श्रमण निर्ग्रन्थों के भक्तपान का विच्छेद करेगा, अनेक श्रमण निर्ग्रन्थों को नगर-रहित करेगा, अनेक श्रमण निर्ग्रन्थों को निर्वासित करेगा।[14]

इस का मतलब है, विमल वाहन द्वारा जैन धर्म के लोग मारे जा रहे हैं। इस से पता चलता है कि नंद वंश का धर्मयुद्ध केवल ब्राह्मण धर्म से नहीं चल रहा है बल्कि जैन धर्म से भी चल रहा है। पता यह भी चलता है कि आजीवक धर्म बौद्ध धर्म का भी विरोध कर रहा है। इस का प्रभाव भगवती सूत्र के 142वें सूत्र का आचार्य महाप्रज्ञ द्वारा किए गए भाष्य से पता चलता है। भाष्यकार ने सप्रमाण लिखा है–''बुद्ध तत्कालीन मतों व मत-प्रवर्तकों में आजीवक संघ और गोशालक को सबसे बुरा समझते थे। सत्पुरुष और असत्पुरुष का वर्णन करते हुए वे कहते हैं–'कोई व्यक्ति ऐसा होता है जो कि बहुत जनों के अलाभ के लिए होता है, बहुत जनों की हानि के लिए होता है, बहुत जनों के दुःख के लिए होता है, वह देवों के लिए भी अलाभकारक और हानिकारक होता है; जैसे–मक्खली गोशाल। गोशाल से अधिक दुर्जन मेरी दृष्टि में कोई नहीं है। जैसे धीवर मछलियों को जाल में फंसाता है, वैसे वह मनुष्यों को अपने जाल में फंसाता है। प्रसंगान्तर से बुद्ध यह भी कहते हैं–'श्रमणधर्मों में सबसे निकृष्ट और जघन्य मान्यता गोशाल की है, जैसे कि सब प्रकार के वस्त्रों में मनुष्यों के केश की कम्बल। वह कंबल शीतकाल में शीतल, ग्रीष्मकाल में उष्ण तथा दुर्वर्ण, दुर्गंध, दुःस्पर्श वाली होती है। जीवन-व्यवहार में ऐसा ही निरुपयोगी गोशाल का नियतिवाद है।''[15]

यूं, आजीवक धर्म के तीन विरोधी थे–ब्राह्मण धर्म, जैन धर्म और बौद्ध धर्म। यही कारण है कि आजीवक धर्म और नंद वंश एक दूसरे के समरूप हैं।

यहां बात जैन धर्म की कही जाए। विमल वाहन से तीन जैन अनगारों का पाला पड़ा है जो नाम से सर्वानुभूति, सुनक्षत्र और सुमंगल हैं। पहले दो अनगार हार गए हैं लेकिन सुमंगल ने हार नहीं मानी है। वे पहचान गए हैं कि विमलवाहन, देव सेन और महापद्म और कोई नहीं बल्कि मखलिपुत्र गोशाल हैं :

१८२. तए णं से सुमंगले अणगारे विमलवाहणेणं रण्णा दोच्चं पि रहसिरेणं नोल्लाविए समाणे सणियं-सणियं उट्ठेहिति, उट्ठेत्ता ओहिं पउंजेहिति, पउंजित्ता विमलवाहणस्स रण्णो तीतद्धं आभोएहिति, आभोएत्ता विमलवाहणं रायं एवं वइहिति–नो खलु तुमं विमलवाहणे राया, नो खलु तुमं देवसेणे राया, नो खुल तुमं महापउमे राया, तुमण्णं इओ तच्चे भवग्गहणे गोसाले नामं मंखलिपुत्ते होत्था–समणघायए जाव छउमत्थे चेव

14. वही, पृ. 328

15. वही, पृ. 312

कालगए, तं जइ ते तदा...।[16]

१८२. तब वह सुमंगल अनगार विमलवाहन राजा के द्वारा रथ के अग्रिम हिस्से से दूसरी बार गिराए जाने पर धीरे-धीरे उठेंगे, उठ कर अवधि (ज्ञान) का प्रयोग करेंगे, प्रयोग कर विमलवाहन राजा के अतीत-काल को देखेंगे, देखकर विमलवाहन राजा को इस प्रकार कहेंगे—तुम विमलवाहन राजा नहीं हो, तुम देवसेन राजा नहीं हो, तुम महापद्म राजा नहीं हो, तू इससे पूर्व तीसरे भव में गोशाल नामक मंखलिपुत्र था—श्रमणघातक यावत् छद्मस्थ-अवस्था में ही मृत्यु को प्राप्त हुआ था....।[17]

इसे कैसे समझा जाए कि मक्खलि पुत्र गोसाल ही महापद्म राजा, देवसेन राजा और विमल वाहन राजा थे? जैन धर्म का तरीका पुनर्जन्म के सिद्धान्त का है। भगवती सूत्र में इस बाबत कुछ और भी लिखा गया है जो 'पोट्ट परिहार' है। वहां लिखा मिलता है—''जो मंखलिपुत्र गोशाल तुम्हारा धर्मान्तेवासी था, वह शुक्ल शुक्लाभिजात होकर काल-मास में मृत्यु को प्राप्त कर किसी देवलोक में देवरूप में उत्पन्न हुआ है। मैं कोण्डिकायन गौत्रीय हूं, मेरा नाम उदायी है। मैंने गौतम पुत्र अर्जुन के शरीर को छोड़ा, छोड़कर मंखलिपुत्र गोशाल के शरीर में अनुप्रवेश किया, अनुप्रवेश कर यह सातवां 'पोट्ट-परिहार' किया है।''[18] इन सात पोट्ट परिहारों के बारे में मंखलिपुत्र गोशाल के मुख से ही कहलवाया गया है—''सातवें पोट्ट परिहार में मैंने इसी श्रावस्ती नगरी के हालाहला कुंभकारी के कुंभकारापण में गौतमपुत्र अर्जुनक के शरीर को छोड़ा, छोड़कर मैंने मंखलिपुत्र गोशाल के शरीर को समर्थ, स्थिर, ध्रुव, धारण करने योग्य, सर्दी को सहन करने वाला, गर्मी को सहन करने वाला, क्षुधा को सहन करने वाला, विविध दंश, मशक आदि परीषह और उपसर्ग को सहन करने वाला, स्थिर संहनन वाला जानकर उसमें अनुप्रवेश किया। अनुप्रवेश कर सोलह वर्षों से इस सातवें 'पोट्ट परिहार' में मैं रह रहा हूं। आयुष्मन् काश्यप! इसी प्रकार .... एक सौ तैंतीस वर्षों में मेरे ये सात पोट्ट परिहार हुए हैं।'[19]

भगवती सूत्र के 72-73वें सूत्रों पर भाष्य करते हुए भाष्यकार आचार्य महाप्रज्ञ ने पोट्ट-परिहार को पुनर्जन्म से जोड़ते हुए इस बारे में कुछ ज्यादा लिखा है। उस का कुछ अंश इस प्रकार है :

पुनर्जन्मवाद के अंतर्गत कौन-सा जीव अगले जन्म में कहां जन्म ले सकता है? आदि विषयों की विस्तृत मीमांसा की गई है। एक गति से अन्य गति, एक लिंग से अन्य लिंग, एक 'काय' से अन्य 'काय' आदि में पुनर्जन्म के कुछ नियमों का ब्यौरा जैन आगमों में बहुत ही व्यवस्थित रूप

---

16. वही, पृ. 330 17. वही, पृ. 330 18. वही, पृ. 288
19. वही, पृ. 291-92

में मिलता है। प्रस्तुत आगम में 'पोट्ट-परिहार' की चर्चा दो संदर्भों में हैं–

1. वनस्पतिकायिक जीव का उसी वनस्पतिकायिक शरीर में पुनः उत्पन्न होना।

2. गोशालक के अनुसार उसका स्वयं का जीव सोलह वर्षों में पोट्ट-परिहार द्वारा सात बार पुनर्जन्म कर अंत में 'गौतम पुत्र अर्जुन' के रूप में उत्पन्न होता है। इसका तात्पर्य यह हुआ कि गोशालक के मतानुसार मनुष्य भी पोट्ट-परिहार कर सकता है।

'पोट्ट-परिहार' का यह सिद्धांत अनेक दृष्टियों से चर्चनीय है। विशेषतः 'पुनर्जन्मवाद' के संदर्भ में चल रहे आधुनिक अनुसंधान-कार्य द्वारा कुछ ऐसे घटना-प्रसंग आए हैं जिनमें एक व्यक्ति की मृत्यु होने पर उसी मृत शरीर में अन्य व्यक्ति का जीव उत्पन्न हो जाता है। इस प्रकार की घटनाओं की सुसंगत व्याख्या अपेक्षित है।[20]

प्रश्न है, क्या यह ईमानदारी है कि जो दार्शनिक पुनर्जन्म को न मान कर नियति को मानता है उस के बारे में पुनर्जन्म का झूठ चलाया जाए? मक्खलि गोसाल के दार्शनिक सिद्धान्त की विशेषता और उस की जैन धर्म, बौद्ध धर्म और ब्राह्मण धर्म से भिन्नता यह है कि उस में पुनर्जन्म को नहीं माना जाता। नियतिवाद पुनर्जन्म और कर्म सिद्धान्त के विरोध में ही अस्तित्व में आया है। इस नियतिवाद को गलती से भाग्यवाद तक कहा गया है। तब यह कहां तक उचित है कि एक तरफ नियतिवाद को भाग्यवाद मान कर उस का विरोध किया जाए और दूसरी तरफ पुनर्जन्मवाद के सारे दोषारोपण उस पर मढ़ दिए जाएं? विरोधियों ने नियतिवाद में कोई अच्छाई और सच्चाई बचने ही नहीं दी।

तब सच्चाई क्या है? सच्चाई यह है कि नंद वंश के राजा आजीवक धर्म के अनुयायी थे। अनुयायी होने के बजाय यह कहने की क्या आवश्यकता है कि मक्खलि गोसाल के नंद वंश के राजाओं के रूप में पुनर्जन्म हुए थे? इतिहास को लिपिबद्ध करने की यह जैन धर्म की ब्राह्मण धर्म की तरह की ही पौराणिक शैली है। इस से इतिहास को समझने में कोई मदद नहीं मिलती। तब, मक्खलि गोसाल के जीवन के बारे में क्या कहा जाए? भगवती सूत्र में लिखा गया है–"गौतम! मैं इस प्रकार आख्यान यावत् प्ररूपण करता हूं–इस मंखलिपुत्र गोशाल के पिता का नाम मंखलि था। उसकी जाति मंख थी। उस मंखलि मंख के भद्रा नाम की भार्या थी–सुकुमार हाथ पैर वाली यावत् प्रतिरूपा। वह भद्रा भार्या किसी दिन गर्भवती हुई।"[21] भगवती सूत्र में माना गया है कि गोसाल की वृत्ति चित्रफलक से चलती थी–"उस बालक गोशाल ने बाल-अवस्था को पार कर विज्ञ और कला का पारगामी बन कर यौवन को प्राप्त किया। स्वयं स्वतंत्र रूप से चित्रफलक

---

20. वही, पृ. 276

21. वही, पृ. 249

का निर्माण किया, निर्माण कर वह चित्रफलक को हाथों में लेकर- मंखत्व-वृत्ति के द्वारा अपना जीवन-यापन करता हुआ विचरण करने लगा।"[22]

गोसाल अकेले नहीं थे। दार्शनिक और धार्मिक स्तर पर उन की एक टीम थी। इस टीम के छह सदस्य थे जिन के नाम भगवती सूत्र में मिलते हैं। इन्हीं के द्वारा आजीवकों का धर्मग्रन्थ तैयार हुआ। यह व्याकरणों का व्याकरण छह की संख्या का है। यह इस प्रकार है :

> ७७. तए णं तस्स गोसालस्स मंखलिपुत्तस्स अण्णदा कदायि इमे छ दिसाचरा अंतियं पाउब्भवित्था, तं जहा—साणे, कलंदे, कण्णियारे, अच्छिदे, अग्गिवेसायणे, अज्जुणे, गोमायुपुत्ते। तए णं तं छ दिसाचरा अट्ठविहं पुव्वगयं मग्गदसमं सएहिं-सएहिं मतिदंसणेहिं निज्जूहंति, निज्जूहित्ता गोसालं मंखलिपुत्तं उवट्ठाइंसु। तए णं से गोसाले मंखलिपुत्ते तेणं अट्ठंगस्स महानिमित्तस्स केणइ उल्लोयमेत्तेणं सव्वेसिं पाणाणं, सव्वेसिं भूयाणं, सव्वेसिं जीवाणं, सव्वेसिं सत्ताणं इमाइं छ अणइक्कमणिज्जाइं वागरणाइं वागरेति, तं जहा—
>
> लाभं अलाभं सुहं दुक्खं, जीवियं मरणं तहा।
>
> तए णं से गोसाले मंखलिपुत्ते णं अट्ठंगस्स महानिमित्तस्स केणइ उल्लोयमेत्तेणं सावत्थीए नगरीए अजिणे जिणप्पलावी, अणरहा अरहप्पलावी, अकेवली केवलिप्पलावी, असव्वण्णू सव्वण्णुप्पलावी, अजिणे जिणसद्दं पगासेमाणे विहरइ, तं नो खलु गोयामा![23]
>
> ७७. मंखलिपुत्र गोशाल के पास एक दिन ये छह दिशाचर प्रकट हुए, जैसे—शान, कलंद, कर्णिकार, अच्छिद, अग्नि-वैश्यायन और अर्जुन गोमायुपुत्र। उन दिशाचरों ने अष्टविध महानिमित्त का पूर्वगत के दसवें अंग से अपने-अपने मति दर्शन से निर्यूहण किया। निर्यूहण कर मंखलिपुत्र गोशाल के सामने उपस्थित किया। उस अष्टांग महानिमित्त के सामान्य अध्ययन मात्र से सब प्राणी, सब भूत, सब जीव और सब सत्त्वों के लिए इन छह अनतिक्रमणीय व्याकरणों का व्याकरण किया, जैसे-
>
> लाभ, अलाभ, सुख, दुःख, जीवन तथा मरण।
>
> मंखलिपुत्र गोशाल अष्टांग महानिमित्त के सामान्य अध्ययनमात्र से श्रावस्ती नगर में अजिन होकर जिन-प्रलापी, अर्हत् न होकर अर्हत्-प्रलापी, केवली न होकर केवली-प्रलापी, सर्वज्ञ न होकर सर्वज्ञ-प्रलापी, जिन न होकर जिन शब्द से अपने आपको प्रकाशित करता हुआ विहरण करने लगा।[24]

---

22. वही, पृ. 250
23. वही, पृ. 277
24. वही, पृ. 277

आजीवकों का धर्मग्रन्थ उपलब्ध नहीं है। उन के बारे में विरोधियों ने जो दर्ज किया, उसी पर इस क्षेत्र में काम करने वाले लोग निर्भर करते हैं। भगवती सूत्र में गोसाल के आठ चरमों का विवरण है। यह इस प्रकार है :

> जं पि य अज्जो! गोसाले मंखलिपुत्ते हालाहलाए कुंभकारीए कुंभकारावणंसि अंबकूणगहत्थगए, मज्जपाणं पियमाणे अभिक्खणं गायमाणे, अभिक्खणं नच्चमाणे, अभिक्खणं हालाहलाए कुंभकारीए अंजलिकम्मं करेमाणे विहरइ, तस्स वि य णं वज्जस्स पच्छादणट्ठयाए इमाइं अट्ठ चरिमाइं पण्णवेइ, तं जहा—१. चरिमे पाणे २. चरिमे गेये ३. चरिमे नट्टे ४. चरिमे अंजलिकम्मे ५. चरिमे पोक्खलसंवट्टए महामेहे ६. चरिमे सेयणए गंधहत्थी ७. चरिमे महासिलाकंटए संगामे ८. अहं च णं इमीसे ओसप्पिणिसमाए चउवीसाए तित्थगराणं चरिमे तित्थगरे सिज्झिस्सं जाव अंतं करेस्सं।[25]
>
> आर्यो! मंखलिपुत्र गोशाल हालाहला कुंभकारी के कुंभकारापण में आम्रफल को हाथ में लेकर मद्यपान को पीता हुआ, बार-बार गाता हुआ, बार-बार नृत्य करता हुआ, बार-बार हालाहला कुंभकारी को प्रणाम करता हुआ विहरण कर रहा है, वह अपने पाप कर्म के प्रच्छादन के लिए इन आठ चरमों की प्ररूपणा करता है, जैसे—१. चरम पान २. चरम गीत ३. चरम नृत्य ४. चरम अंजलि ५. चरम पुष्कल—संवर्त्तक महामेघ ६. चरम सचनक गंधहस्ती ७. चरम महाशिला कंटक संग्राम ८. मैं इस अवसर्पिणी काल के चौबीस तीर्थंकरों चरम तीर्थंकर के रूप में सिद्ध होऊंगा यावत् सब दुःखों का अन्त करूंगा।[26]

चरमों में कई चरम युद्ध से जुड़े हुए हैं। हाथी युद्ध के इस्तेमाल में है। महाशिला कंटकों का संग्राम अपने आप में युद्ध है। हेमचंद्र राय चौधरी ने अपनी पुस्तक 'प्राचीन भारत का राजनैतिक इतिहास' में लिखा है :

> कूणिय-अजातशत्रु के बारे में कहा जाता है कि उसने वैशाली के युद्ध में महासिलाकण्टग तथा रथमुसल युद्ध-यन्त्रों का प्रयोग किया था। महासिलाकण्टग एक प्रकार का इंजन होता था, जो बड़े-बड़े पत्थरों को लेकर भीड़ पर फेंकने का काम करता था। इसी प्रकार रथमुसल एक प्रकार का रथ होता था, जिसमें गदा लगी होती थी। रथ जिस ओर से होकर गुजरता था, गदा उसी ओर सैकड़ों का काम तमाम कर देती थी। प्राचीन रथमुसल की तुलना आजकल के युद्धों में प्रयोग किये जाने वाले टैंकों से की जा सकती है।

---

25. वही, पृ. 300
26. वही, पृ. 300

> वैशाली के इस युद्ध में आजीवक सम्प्रदाय के गुरु गोसाल मंखलिपुत्त भी मारे गये।[27]

इस का मतलब है कि गोसाल ने घर-परिवार और राजपाठ का महत्व पूरा-पूरा आंका था। यह बुद्‍ध के एकदम उलट जीवन है। जबकि बुद्‍ध का उपदेश भिक्षुओं को दिया हुआ होता था, गोसाल की बातें अन्त में भी वीरों से रही हैं। वे कह रहे हैं :

> वीणं वाएहि रे वीरगा! वीणं वाएहि रे वीरगा![28]
> रे वीरो! वीणा बजाओ। रे वीरो! वीणा बजाओ।[29]

भाष्यकार आचार्य महाप्रज्ञ ने आजीवक दर्शन के बारे में कई प्रमाणों के आधार पर लिखा है–"अन्य प्रमाण से भी इंगित होता है कि पाणिनि को मस्करी के आजीवक दर्शन का परिचय था। (अस्ति नास्ति दिष्टं मतिः सूत्र में, ४/४/६०) आस्तिक, नास्तिक, दैष्टिक तीन प्रकार के दार्शनिकों का उल्लेख है। आस्तिक वे थे जिन्हें बौद्ध ग्रंथों में इस्सर करणवादी कहा गया है, जो यह मानते थे कि यह जगत् ईश्वर की रचना है। (अयं लोको इस्सर निमित्तो)। पाली ग्रन्थों के नत्थिक दिट्ठि दार्शनिक पाणिनि के नास्तिक थे। इसमें केशकम्बली के नत्थिक दिट्ठि अनुयायी प्रधान थे। (इतो परलोक गतं नाम नत्थि अयं लोको उच्छिज्जति, जातक ५/२३९)। यही लोकायत दृष्टिकोण था जिसे कठ उपनिषद् में कहा है–अयं लोको न परः इति मानी। पाणिनि के तीसरे दार्शनिक दैष्टिक या मक्खलि के नियतिवादी लोग थे जो पुरुषार्थ या कर्म का खंडन करके दैव की ही स्थापना करते थे।"[30] दर्शन के साथ-साथ भाष्यकार ने 'मक्खली गोसाल' नाम पर भी विचार किया है। उन्होंने लिखा है–"जैन आगमों में मक्खली गोशाल को गोसाल मंखलिपुत्त कहा है (उवासगदसाओ)। संस्कृत में उसे ही मस्करी गोशालपुत्र कहा गया है (दिव्यावदान पृ. १४३)। मस्करी या मक्खलि या मंखलि का दर्शन सुविदित था। महाभारत में मंकि ऋषि की कहानी में नियतिवाद का ही प्रतिपादन है। (शुद्धं हि दैवमेवेदं हठे नैवास्ति पौरुषम्, शान्तिपर्व १७७/११-४)। मंकि ऋषि का मूल दृष्टिकोण निर्वेद या जैसा पतंजलि ने कहा है शान्ति परक था, अर्थात् अपने हाथ-पैर से कुछ न करना। यह पाणिनिवाद का ठीक उल्टा था। मंखलि गोसाल के शुद्ध नाम के विषय में कई अनुश्रुतियां थीं। जैन प्राकृत रूप मंखलि था। भगवती सूत्र के अनुसार गोसाल मंख संज्ञक भिक्षु का पुत्र था (भगवती सूत्र १५/१)। शान्ति-पर्व का मंकि निश्चयरूप से

---

27. प्राचीन भारत का राजनैतिक इतिहास, डा. हेमचंद्र राय चौधरी, प्रकाशक, किताब महल, इलाहाबाद, उत्तर प्रदेश, द्वितीय संस्करण, 1976, पृ. 159
28. भगवई : विआहपण्णत्ती : खण्ड-4 : शतक (12-16) (मूल पाठ, संस्कृत छाया, हिन्दी अनुवाद, भाष्य तथा अभय देव सूरिकृत वृत्ति एवं परिशिष्ट-शब्दानुक्रम आदि सहित), सम्पादक और भाष्यकार, आचार्य महाप्रज्ञ, जैन विश्व भारती, लाडनूं, राजस्थान-341 306, प्रथम संस्करण, अक्टूबर, 2007, पृ. 305
29. वही, पृ. 305
30. वही, पृ. 240

मंखलि का ही दूसरा रूप है।''[31] साथ ही, आचार्य महाप्रज्ञ ने 'मंखलि' नाम पर बौद्ध परम्परा भी बता दी है जब लिखा है—''मंखलि नाम उसका क्यों पड़ा, इस संबंध में एक विचित्र-सी कथा बौद्ध परम्परा में प्रचलित है; जिसके अनुसार गोशालक दास था। एक बार वह तेल का घड़ा उठाये आगे-आगे चल रहा था और उसका मालिक पीछे-पीछे। आगे फिसलन की भूमि आई। उसके स्वामी ने कहा—'तात! मा खलि, तात! मा खलि' 'अरे! स्खलित मत होना, स्खलित मत होना', पर गोशालक स्खलित हुआ और तेल भूमि पर बह चला। वह स्वामी के डर से भागने लगा। स्वामी ने उसका वस्त्र पकड़ लिया। वह वस्त्र छोड़ कर नंगा ही भाग चला। इस प्रकार वह नग्न साधु हो गया और लोग उसे 'मंखलि' कहने लगे।''[32]

जो जैन आगम और बौद्ध ग्रन्थ कह रहे हैं सो कह रहे हैं, पर इस शब्द 'मंखलि' के बारे में हमें अंग्रेजी के शब्द Monk की याद जरूर आनी चाहिए जो किसी धार्मिक समुदाय का सदस्य होता है जिसे अंग्रेजी ने भी ग्रीक भाषा से लिया है। आज हिमाचल प्रदेश में 'खली' नाम का एक विश्व प्रसिद्ध पहलवान है—तब यह नाम कैसे आया?

पीछे देख लिया गया है कि नंद वंश का विरोध इसलिए था क्योंकि वह आर्य व्यवस्था का वंश नहीं था। नंद राजा का इसके लिए अच्छा या बुरा होना कोई मायने नहीं रखता था क्योंकि इस दृष्टि से वह अन्य वर्णों के लिए बुरा ही होना था, अन्यथा उस ने कलिंग पर विजय प्राप्त की थी तो उस के लिए लोकोपकारी कार्य भी किया था। हेमचन्द्र राय चौधरी ने अपनी पुस्तक में लिखा है :

> खारवेल के हाथिगुम्फा-रिकार्ड में प्रथम या द्वितीय शताब्दी के कलिंग के प्रसंग में नन्दराज का नाम दो बार आया है—
>
> **पञ्चमे सेदानि वसे नन्दराज तिवस-सत ओघाटितम्**
>
> **तनसुलिय-वाटा पनाडि (म्) नगरम् पवेस (यति).....।**
>
> अर्थात्, 'तब पाँचवें वर्ष खारवेल ने राजा नन्द द्वारा ३०० वर्ष पूर्व बनवाई गई नहर को तनसुलिय-मार्ग से राजधानी की ओर मोड़ा।'
>
> खारवेल के शासन के बारहवें वर्ष के विवरण में भी 'नन्दराज-नीतम् कलिंग जिन सन्निवेशं' प्रसंग आया है, जिसमें कहा गया है कि कलिंग में एक मंदिर या अड्डा अथवा एक जैन मन्दिर ऐसा था जिसे नन्द ने अपने कब्जे में ले लिया था। 'नन्दराज-नीतम् कलिंग जिन सन्निवेशम्' को 'नन्दराज-जित कलिंग-जन-सं (नि) (वे) सम्' भी कहा गया है।[33]

---

31. वही, पृ. 241 32. वही, पृ. 241
33. प्राचीन भारत का राजनैतिक इतिहास, डा. हेमचंद्र राय चौधरी, प्रकाशक, किताब महल, इलाहाबाद, उत्तर प्रदेश, द्वितीय संस्करण, 1976, पृ. 170-71

राजनैतिक दृष्टि से नंद वंश का राजा होना स्वीकार नहीं था तो उन्हीं ब्राह्मण और क्षत्रियों को धार्मिक दृष्टि से कुम्हार मक्खलि गोसाल का धर्मगुरु बनना स्वीकार नहीं था। हेमचंद्र राय चौधरी ने लिखा है–''मंखलिपुत्त नामक गुरु का जन्म सावत्थी या श्रावस्ती के निकट सरवण में हुआ था। जैन-ग्रन्थकार इस गुरु को अकुलीन परिवार तथा निकृष्ट चरित्र का मानते हैं। बौद्ध-ग्रन्थकार भी इसके अनुकूल नहीं लिखते। वस्तुतः वह छठी शताब्दी ईसापूर्व का एक प्रमुख सोफिस्ट तथा महावीर का सहयोगी था। समण्णफ त सुत्त में 'आजीविक' ने कहा है कि किसी भी चीज की प्राप्ति मानवीय प्रयास पर ही नहीं निर्भर करती। कोई भी शक्ति ऐसी नहीं है। सभी जीव नियति के आश्रित हैं।''[34] लेकिन आजीवक धर्म इतना कमजोर धर्म नहीं था। दिव्यावदान के प्रमाण से हेमचन्द्र राय चौधरी ने लिखा है कि चन्द्रगुप्त मौर्य के बेटे राजा बिन्दुसार का एक 'आजीव परिव्राजक' ज्योतिषी था।[35]

बात आजीवक धर्म की लोकप्रियता की रह जाती है। भगवती सूत्र के हिन्दी भाष्यकार आचार्य महाप्रज्ञ ने लिखा है–''इस प्रसंग में आचार्य भिक्षु ने बताया है कि 'उस युग में भी जब स्वयं तीर्थंकर विद्यमान थे, गोशालक जैसा पाखण्डी व्यक्ति अधिक लोकप्रिय बन गया था। भगवान् महावीर के अनुयायियों की संख्या केवल एक लाख उनसठ हजार (१५९०००) थी, जबकि गोशालक के अनुयायी ग्यारह लाख इकसठ हजार (११६१०००) थे।''[36] तब ऐसा क्यों हुआ कि डा. ए.एल. बाशम को आजीवक इतिहास और सिद्धान्त पर लिखे अपने शोध ग्रन्थ का उप शीर्षक 'एक विलुप्त भारतीय धर्म' रखना पड़ा? प्रश्न यही है कि क्या गोसाल और उन के आजीवक धर्म का अध्ययन भारतीय इतिहासकारों ने नेकनीयती से किया है। गनीमत यही है कि भगवती सूत्र के इन हिन्दी भाष्यकार ने इतना ठीक लिख दिया है–''गोशालक के जीवन एवं आजीवकों के सिद्धांतों के विषय में और अधिक निष्पक्ष, पूर्वाग्रह-रहित एवं सर्वांगीण अनुशीलन, चिन्तन एवं अनुसंधान की अपेक्षा है, जिससे ऐतिहासिक दृष्टि से महत्त्वपूर्ण निष्कर्ष निकाले जा सकें।''[37]

आजीवकों का 'अशोक प्रकरण' या कहें कि अशोक का 'आजीवक प्रकरण' भारत के इतिहास की गहराई है। यह अच्छा हुआ कि अशोक ने अपने राज्य काल में शिलालेख, स्तंभलेख और गुहालेख लिखवाए थे। इन सारे लेखों को राजग्रन्थ और धर्मग्रन्थ माना जाए। यहां दिल्ली-टोपरे के सातवें स्तंभलेख का एक बीच वाला अंश पढ़ा जाए जो इस प्रकार है–''देवताओं के प्रिय प्रियदर्शी ऐसा कहते हैं–मेरे धर्ममहामात्र भी उन बहुत तरह के उपकार के कार्यों में नियुक्त हैं जिनका संबंध

34. वही, पादटिप्पणी, 2, पृ. 238

35. वही, पृ. 239

36. भगवई : विआहपण्णत्ती : खण्ड-4 : शतक (12-16) (मूल पाठ, संस्कृत छाया, हिन्दी अनुवाद, भाष्य तथा अभय देव सूरिकृत वृत्ति एवं परिशिष्ट-शब्दानुक्रम आदि सहित), सम्पादक और भाष्यकार, आचार्य महाप्रज्ञ, जैन विश्व भारती, लाडनूं, राजस्थान-341 306, प्रथम संस्करण, अक्टूबर, 2007, पृ. 313

37. वही, पृ. 313

संन्यासी और गृहस्थ दोनों से है। वे सब संप्रदायों में भी नियुक्त हैं। मैंने उन्हें संघों (बौद्ध भिक्षुओं) में, ब्राह्मणों में, आजीविकों में, निर्ग्रन्थों (जैन साधुओं) में तथा विविध संप्रदायों के बीच नियुक्त किया है। इस प्रकार भिन्न-भिन्न महामात्र अपने-अपने कार्यों में लगे हुए हैं, किंतु धर्ममहामात्र अपने कार्य के अलावा सब संप्रदायों का निरीक्षण भी करते हैं।''[38] विश्लेषण किया जाए तो इस अंश में आए हुए धार्मिक सम्प्रदायों के क्रम का महत्व बहुत अधिक है। यह क्रम—संघ, ब्राह्मण, आजीविक, निर्ग्रन्थ और अन्य सम्प्रदायों का है। कुछ और विश्लेषण करने से पहले यहां अशोक के तीनों गुहालेख भी पढ़ लिए जाएं जो इस प्रकार हैं :

गुहालेख

बिहार में गया के पास बराबर पहाड़ियों की गुफा में ये लेख मिले—

प्रथम गुहालेख

राजा प्रियदर्शी ने राज्याभिषेक के 12 वर्ष बाद यह न्यग्रोध गुफा आजीविकों को दी।

द्वितीय गुहालेख

राजा प्रियदर्शी ने राज्याभिषेक के 12 वर्ष बाद स्खलतिक पर्वत पर यह गुफा आजीविकों को दी।

तृतीय गुहालेख

राजा प्रियदर्शी ने राज्याभिषेक के 19 वर्ष बाद सुंदर स्खलतिक पर्वत पर यह गुफा वर्षाकाल में (बाढ़ के पानी से बचाव के लिए) आजीविकों को दी।[39]

मूल विश्लेषण यह है कि दिल्ली-टोपरे का सातवां स्तंभलेख अशोक के राज्याभिषेक के 27 वर्ष बाद लिखवाया गया था।[40] प्रथम[41] और द्वितीय[42] गुहालेख राज्याभिषेक के 12 वर्ष बाद तथा तृतीय[43] गुहालेख 19 वर्ष बाद लिखवाया गया था। कलिंग देश को राज्याभिषेक के 8 वर्ष बाद विजित किया गया था।[44] अशोक ने राज्याभिषेक के 10 वर्ष बाद संबोधि प्राप्त की थी।[45] कहने का अर्थ यह है कि संबोधि प्राप्त करने के बाद अशोक ने तीनों गुहालेख लिखवाए थे। साथ ही, राज्याभिषेक के 27 वर्ष बाद वे आजीवकों को पूरा सम्मान दे रहे हैं। इतना ही नहीं, अशोक के पोते दशरथ

---

38. अशोक के धर्मलेख (अशोक के शिलालेखों, स्तंभलेखों और गुहालेखों का संकलन), संपादक, जनार्दन भट्ट, प्रकाशन विभाग, सूचना और प्रसारण मन्त्रालय, भारत सरकार, पटियाला हाउस, नई दिल्ली-110 001, द्वितीय संस्करण, 2000, पृ. 83-4
39. वही, पृ. 114-15
40. वही, पृ. 84
41. वही, पृ. 114
42. वही, पृ. 115
43. वही, पृ. 115
44. वही, पृ. 39
45. वही, पृ. 47

ने भी तीन गुहाएं आजीवकों को दान में दी थीं। इन के बारे में डा. ओम प्रकाश प्रसाद ने अपनी पुस्तक 'संघाधिपति अशोक' में सूचनाएं इस प्रकार दी हैं :

दशरथ के 3 गुहालेख

(1) देवताओं के प्रिय दशरथ ने राज्याभिषेक के बाद ही वहियका गुहा भदंत आजीवकों को जब तक सूर्य चंद्रमा स्थित हैं तब तक निवास करने के लिए दी।

(2) देवताओं के प्रिय दशरथ ने राज्याभिषेक के अनंतर ही गोपिका गुहा भदंत आजीवकों को जब तक सूर्य चंद्रमा हैं तब तक निवास करने के लिए दी।

(3) देवताओं के प्रिय दशरथ ने राज्याभिषेक के अनंतर बडथिका गुहा भंदत आजीवकों को जब तक सूर्य चंद्रमा हैं तब तक निवास करने के लिए दी।[46]

दान में दी गईं इन गुफाओं के बारे में इतिहासकार विन्सेन्ट ए. स्मिथ ने लिखा है कि इन से पता चलता है कि राजाओं के लिए यह खर्चीला काम था। इस से यह भी पता चलता है कि यद्यपि बौद्ध धर्म आजीवक धर्म का विरोधी था, इस के बावजूद अशोक और उस के वंश के बाद के राजाओं में आजीवक धर्म का प्रभाव था :

> The cave dwellings excavated in the refractory gneiss of the Barabar and Nagarjuni hills near Gaya by Ashok and his grandson for the use of the Ajivikas, although not beautiful as works of art, are wonderful monuments of patient skill and infinite labour, misapplied as it seems to the modern observer. The largest is the Gopika cave dedicated by Dasaratha, which is 46 feet 5 inches long by 19 feet 2 inches broad, with semicircular ends and a vaulted roof 10½ feet in height. The whole of the interior is highly polished. The cost of such a work must have been enormous, and the expenditure of so much treasure on the Ajivikas is good evidence of the influential position held in Asoka's days by that now forgotten order of ascetics, who, although detested by orthodox Buddhists, were able to win favour from the sovereign who did 'reverence to all denominations.'[47]

---

46. संघाधिपति अशोक, लेखक, ओम प्रकाश प्रसाद, हिन्दी माध्यम कार्यान्वय निदेशालय, दिल्ली विश्वविद्यालय, बैरक नं. 2, केवेलरी लाइन, दिल्ली-110 007, प्रथम संस्करण, 1999, पृ. 140

47. Asoka : The Buddhist Emperor of India] Vincent A. Smith, Present Publisher, Asian Educational Service, 31, Hauz Khas Village, New Delhi-110 016, AES Sri Lankan Reprint, New Delhi Edition, 2002, p. 134-35

कुछ लेखकों ने इसे सैद्धांतिक बाना पहनाने की कोशिश की है कि आजीवक दर्शन का नियतिवाद मौर्य साम्राज्य की स्थापना से मेल खाता था। वे बराबर और नागार्जुनी गुहा लेखों को इसी दृष्टि से देखना चाहते हैं कि आजीवकों की यह मौर्य साम्राज्य को मदद थी :

> It seems that the Ajivikas' doctrinal propositions about a rigidly controlled cosmos suited the strictly monitored, centralized political system of the imperial Mauryas. This concordance may perhaps explain the Ajivika–Mauryan proximity. Other evidence supports this view. Apart from the Barabar and Nagarjuni hills cave inscriptions, the *Divyavadana* and *Vamsatthappakasini* also refer to Ajivikas' early acceptance in the court of Bindusara. We are told of an Ajivika astrologer's encounter with the queen Subhadrangi, the mother of Asoka. The compatibility of Ajivika doctrine with the Mauryan State, specially in terms of rigid control which both propagated, might suitably account for their association. Basham has drawn pointed attention to the utility of Ajivika ideological concepts in shaping Mauryan polity. The Ajivika concept of a 'rigidly controlled cosmos' might have served as useful model for a 'rigidly controlled Mauryan polity'. Such proximities facilitated patronage and the Ajivikas benefitted from the royal munificence in the form of caves commissioned for them....... And this gives us some basis to suggest that the logic of the Ajivika caves and their genesis in the vicinity of the imperial capital might be located in the Ajivika concepts of *kaya* and of a rigidly controlled cosmos in concert with the Mauryas' concept of centralized political authority.[48]

वे मानते हैं कि इसी के बदले में आजीवकों को ये गुफाएं दान में मिली थीं जिस धर्म का प्रभाव लोगों पर लम्बे समय तक रहा :

> Notwithstanding their excavation with the express purpose of retreats during the rainy season, the caves were evidently commandeered for other purposes also like worship, penance, and congregation, besides serving as an exclusive location to facilitate interaction between the Ajivika saints and the community which had a strong base in the Magadha region. All this must have secured a strong habitational settlement for the Ajivika hermits on the hills; and this

48. History of Science, Philosophy and Culture in Indian Civilization, General Editor, D.P. Chattopadhyaya, Volume I, Part 2, Life, Thought and Culture in India (from C. 600BC to C. AD300), Edited by G.C. Pande, Distributor, Munshiram Manoharlal Publishers Pvt. Ltd., 54, Rani Jhansi Road, New Delhi-110 055, First Edition, 2001, p. 1266

settlement continued till they were dispossessed around 5th centrury AD, possibly due to the Maukhari intervention.[49]

इस बारे में डा. हरिपाद चक्रबर्ती ने भी अपनी पुस्तक 'ऐसिटिसिज्म इन एनशिएन्ट इण्डिया इन ब्राह्मनिकल, बुद्धिस्ट, जैन एण्ड आजीविक सोसायटीज (फ्रोम दि अर्लियस्ट टाइम्स टु दि पीरियड ऑफ शकराचार्य)' में अच्छा प्रकाश डाला है। उन के अनुसार, गोसाल का उन के जीवन काल में ही बहुत बड़ा नाम हो गया था। बुद्ध ने महावीर की तुलना में गोसाल को खतरनाक बताया था :

> Gosala's fame as the leader of the Ajivikas is also indicated by the Anguttara wherein Buddha's scathing remark about Makkhali suggests that Gosala was his more dangerous rival than even Mahavira.[50]

लेकिन गोसाल की मृत्यु के बाद आजीवक धर्म का क्या हुआ? हरिपाद चक्रबर्ती ने लिखा है कि भगवती सूत्र में महापद्म नंद का जिक्र बताता है कि उस ने आजीवक संघ को सहारा दिया था। कहा जाता है कि अन्तिभ नंद वंश के सम्राट के हाथों से चाणक्य आजीवक साधू का वेश धारण करके बच निकला था। इस का मतलब है कि मगध में नंद वंश के समय में आजीवकों को उच्च स्थान प्राप्त था। महावंश से पता चलता है कि अशोक के समकालीन, तिस्सा के दादा राजा पांडुकभय ने, अनुराधापुर में आजीवकों के लिए एक 'आजीवक घर' (आजीविकाणाम् गेहम्) का निर्माण किया था। यह भी सच है कि मौर्य काल में आजीवक धर्म श्रीलंका में जरूर पहुंच गया था :

> Now to enquire into the position of Ajivikism in India after the death of Gosala. The reference to Mahapadma Nanda in the Bhag. Sutra suggests that he supported the Ajivika Sangha. Chanakya is said to have escaped the hands of the last Nanda in the guise of a naked Ajivika monk and if it is believed to be true, the Ajivikas gained superior status in the period of the Nandas, at least in Magadha. The Mahavamsa states that King Pandukabhaya, grandfather of Tissa, contemporary of Asoka built at Anuradhapura a "house of Ajivikas" (Ajivikanam geham) and so the Ajivikism must have crept into Ceylon during the Maurya rule.[51]

अशोक द्वारा आजीवकों को दी गईं गुहाओं और अशोक के उत्तराधिकारी दशरथ द्वारा

---

49. ibid., p. 1265
50. Asceticism in Ancient India in Brahmanical, Buddhist, Jain and Ajivika Societies [from the earlist times to the priod of Sankaracharya], Haripad Chakraborti, Punthi Pustak, 136/4B, Bidhan Sarani, Calcutta-700 004, Reprint, 1993, p. 452
51. ibid., p. 463

उन्हें बराबर और नागार्जुनी गुहाओं के दान से राजकुल में आजीवकों के सम्मान का पता चलता है। दशरथ द्वारा वहियका, गोपिका और वड़थिका गुहाएं भी आजीवकों को दी गई थीं। इन गुहाओं की सुन्दर कलात्मकता से उस समय आजीवकों को मिलने वाले विशेष दर्जे का पता चलता है :

> The status of the Ajivikas in Magadha is proved by he inscriptions of Asoka and his successor Dasaratha in the Barabar and Nagarjuni caves respectively–whereby the caves were dedicated to them. The Vahiyaka cave (kubha) was presented by the beloved of the gods, Dasaratha to the Ajivika monks. The Gopika and Vadathika caves were also given to them by Dasaratha. These caves with fine craftsmanship show the special honour, given to the Ajivikas at that time.[52]

हरिपाद चक्रबर्ती लिखते हैं कि गोसाल द्वारा अपनी बीमारी के समय उपदेशित आठ चरिमों में 'चरिमे सेयणए गंध हत्थी' एक चरम है। लोमस ऋषि गुहा में प्रवेश द्वार के ऊपर हाथियों की पंक्ति खुदी है। इस का मतलब है कि हाथियों का यह आजीवक प्रतीक अशोक के तुरन्त बाद आजीवक धर्म के संरक्षकों द्वारा बनाया गया होगा। ये गुहाएं बताती हैं कि दशरथ ने आजीवक धर्म की कितनी मदद की होगी। यही वजह हो सकती है कि जलत खोरे बौद्धों और जैनियों ने राजाओं की सूची में दशरथ का नाम नहीं दिया है :

> It is a well-known fact that "the Last Sprinkling Elephant" was one of the eight finalities, preached by Gosala in his last illness. It is interesting to note that the facade of the Lomasa Rsi cave which shows the row of elephants above its entrance, the Ajivika symbols was most probably built by the patron of the Ajivikas, shortly after Asoka. These caves show how Dasaratha granted favour to this sect; and so it is very likely that his name has been omitted from the lists of kings, given by both the Buddhists and the Jainas.[53]

ख. अवर्णवादी मक्खलि गोसाल

यह एक बहुत ही महत्वपूर्ण तथ्य है कि भगवती सूत्र में मक्खलि गोसाल को अवर्णवादी कहा गया है। यह शब्द वहां दो बार आया है। पहली बार में मक्खलि गोसाल के मुख से कहलवाया गया है :

---

52. ibid., p.464

53. ibid., p.464

अहण्णं गोसाले चेव मंखलिपुत्ते समणघायए समणमारए समणपडिणीए आयरिय-उवज्झायाणं अयसकारए, अवण्णकारए अकित्तिकारए..... ।[54]

मैं ही मंखलिपुत्र गोशाल हूं। मैं ही श्रमण-घातक, श्रमण-मारक, श्रमण-प्रत्यनीक, आचार्य-उपाध्यायों का अयश करने वाला, अवर्ण करने वाला, अकीर्ति करने वाला हूं।[55]

दूसरी बार में लिखा गया है कि अपने एक जन्म में धनाढ़्य कुल में जन्म ले कर मक्खलि गोसाल अपने अतीत को याद करेगा। शब्द इस प्रकार हैं :

१८७. तए णं से दढप्पइण्णे केवली अप्पणो तीतद्धं आभोएहिइ, आभोएत्ता समणे निग्गंथे सद्दावेहिति, सद्दावेत्ता एवं वदिहिइ—एवं खलु अहं अज्जो! इओ चिरातीयाए अद्धाए गोसाले नामं मंखलिपुत्ते होत्था—समणघायए जाव छउमत्थे चेव कालगए, तम्मूलगं च णं अहं अज्जो अणादीयं अणवदग्गं दीहमद्धं चाउरंतसंसारकंतारं अणुपरियट्टिए, तं मा णं अज्जो तुब्भं केइ भवतु आयरियपडिणीए उवज्झायपडिणीए आयरियउवज्झायाणं अयसकारए अवण्णकारए अकित्तिकारए, मा णं से वि एवं चेव अणादीयं अणवदग्गं दीहमद्धं चाउरंतसंसारकंतारं अणुपरियट्टिहिति, जहा णं अहं।।[56]

१८७. उसके पश्चात् वह दृढ़प्रतिज्ञ केवली अपना अतीतकाल देखेगा, देख कर श्रमण-निर्ग्रंथों को बुलाएगा, बुला कर इस प्रकार कहेगा—आर्यो! मैं ही निश्चित चिर अतीत काल में गोशाल नामक मंखलिपुत्र था—श्रमण-घातक यावत् छद्मस्थ-अवस्था में ही काल को प्राप्त किया था, आर्यो! उसके फलस्वरूप मैंने (गोशाल के जीव ने) आदि-अन्त-हीन दीर्घपथ वाले चतुर्गत्यात्मक संसार-कान्तार में पर्यटन किया, इसलिए आर्यो! तुम में से कोई आचार्य का प्रत्यनीक, उपाध्याय का अयशकारक, अवर्णकारक और अकीर्तिकारक मत बनना, और इस प्रकार आदि-अन्त-हीन दीर्घपथ वाले चतुर्गत्यात्मक संसार-कान्तार में पर्यटन मत करना, जैसे कि मैंने (किया)।[57]

मुद्दा यह है कि मक्खलि गोसाल आचार्यों और उपाध्यायों को अवर्णवादी क्यों

54. भगवई : विआहपण्णत्ती : खण्ड-4 : शतक (12-16) (मूल पाठ, संस्कृत छाया, हिन्दी अनुवाद, भाष्य तथा अभय देव सूरिकृत वृत्ति एवं परिशिष्ट-शब्दानुक्रम आदि सहित), सम्पादक और भाष्यकार, आचार्य महाप्रज्ञ, जैन विश्व भारती, लाडनूं, राजस्थान-341 306, प्रथम संस्करण, अक्टूबर, 2007, पृ. 307

55. वही, पृ. 307

56. वही, पृ. 339

57. वही, पृ. 339

बना रहे हैं। उत्तर यह है कि आचार्य और उपाध्याय अपने आपको वर्णवादी घोषित कर रहे थे। यह आचार्यों और उपाध्यायों का घमंड था जो उन के वर्ण के रूप में बोलता था। मक्खलि गोसाल ने उन के इसी घमंड पर चोट की थी। यहां यह जानना भी आवश्यक है कि 'सर्वार्थ सिद्धि' नामक ग्रन्थ को उद्धृत करते हुए 'जैनेन्द्र सिद्धान्त कोश' में अवर्णवाद की परिभाषा इस प्रकार दी गई है—"गुणवाले बड़े पुरुषों में जो दोष नहीं हैं उनका उन में उद्भावन करना अवर्णवाद है....।"[58] ग्रन्थ 'राज वार्तिक' को उद्धृत करते हुए लिखा गया है—"ये श्रमण शूद्र हैं,..... इत्यादि संघ का अवर्णवाद है।"[59] कहने का मतलब यह है कि संघ में वर्णों का सामाजिक सन्दर्भ ज्यों का त्यों बना हुआ है क्योंकि शब्द 'शूद्र' का प्रयोग यहां निश्चित रूप से गाली देने के अर्थ में हुआ है। जैन धर्म में यह भी निश्चित है कि जैन धर्म में वर्ण का होना पूर्वजन्म से जुड़ा है। 'षट्खंडागम' की 13वीं पुस्तक में लिखा मिलता है—"जिस कर्म के उदय से शरीर में वर्ण की उत्पत्ति होती है वह वर्ण नामकर्म है।"[60]—"जस्स कम्मस्स उदएण सरीरे वण्णणिपत्ती होदि तं वण्णणामं।"[61] 'समवाओ' धर्म ग्रन्थ में 'वर्ण-विभाग' ('वण्णविभातो')[62] शब्दों का भी प्रयोग हुआ है और जैन धर्मग्रन्थ 'ठाणं' में भी 'वर्णवाद' और 'अवर्णवाद' शब्दों का अनेक बार प्रयोग किया गया है।[63] यहां यह भी कहा जाना है कि शब्दों—वर्णवाद, अवर्णवाद और सवर्णवाद—से सीधा मतलब ब्राह्मण और उसकी चतुर्वर्ण समाज व्यवस्था से है।

ऐसा नहीं है कि जैन आगम का 'ब्राह्मण' शब्द से परिचय न हो। चूंकि जैन आगम संस्कृत में नहीं लिखे गए हैं इसलिए उन में प्राकृत, मागधी और अद्र्ध मागधी की वजह से इस शब्द के रूप और उच्चारण बदल गए हैं। उदाहरण के रूप में, 'उवासगदसाओ' के 187वें सूत्र में 'महामाहण' शब्द का प्रयोग हुआ है। इस ग्रन्थ के हिन्दी अनुवादक, विवेचक और सम्पादक डा. छगन लाल शास्त्री ने इस शब्द की अभय देव सूरि द्वारा की गई व्याख्या देने के बाद लिखा है—"इसकी व्याख्या का एक रूप और भी है। प्राकृत में 'ब्राह्मण' के लिए बम्हण तथा बम्भण के साथ-साथ माहण शब्द भी है। इसके अनुसार

---

58. जैनेन्द्र सिद्धान्त कोश : भाग-I : (अ-औ), लेखक, क्षु. जितेन्द्र वर्णी, भारतीय ज्ञानपीठ, 18, इन्स्टीट्यूशनल एरिया, लोदी रोड, नई दिल्ली-110 003, नौवां संस्करण, 2006, पृ. 200
59. वही, पृ. 201
60. षट्खण्डागम : खंड-5, पुस्तक-13, भाग-1,2,3, प्रणीतकार, पुष्पदंत और भूतबलि, सम्पादक, डा. हीरालाल जैन, जैन संस्कृति संरक्षक संघ, सन्तोष भवन, नाकोडा सोसायटी, प्लाट नं. 56/10, बुधवार पेठ, जुना पुणे नाका, हैदराबाद रोड, सोलापूर-2, संशोधित तृतीय आवृत्ति, 2006, पृ. 364
61. वही, पृ. 364
62. समवाओ (मूल पाठ, संस्कृत छाया, हिन्दी अनुवाद, टिप्पण, परिशिष्ट आदि), सम्पादक-विवेचक, युवाचार्य महाप्रज्ञ, जैन विश्वभारती, लाडनूं, राजस्थान-341 306, प्रथम संस्करण, 1984, पृ. 339
63. ठाणं (मूल पाठ, संस्कृत छाया, हिन्दी अनुवाद तथा टिप्पण), सम्पादक-विवेचक, मुनि नथमल, जैन विश्व भारती, लाडनूं, राजस्थान-341 306, प्रथम संस्करण, 1976, पृ. 218, 459, 585, 594-96, 665, 789

महामाहण का अर्थ महान् ब्राह्मण होता है।"[64] इसके बाद हिन्दी अनुवादक ने जैन धर्म ग्रन्थ 'उत्तराध्ययन सूत्र' के पच्चीसवें अध्याय के 20 से ले कर 29 तक की संख्या के सूत्र दिए हैं। इन में 19वें सूत्र को भी जोड़ दें तो हर सूत्र का अन्तिम शब्द 'माहण'[65] है। लेकिन, 31वें, 32वें और 33वें सूत्र में शब्द 'बम्भण'[66] ही आया है। यहां, यदि 33वें सूत्र को अनुवाद सहित उद्धृत कर दिया जाए तो सारी बहस ही पूरी हो जाती है। यह इस प्रकार है :

> **३३.** कम्मुणा बम्भणो होइ कम्मुणा होइ खत्तिओ।
> वइस्सो कम्मुणा होइ सुद्दो हवइ कम्मुणा।।[67]
>
> (३३) कर्म से ब्राह्मण होता है, कर्म से क्षत्रिय होता है, कर्म से वैश्य होता है और कर्म से ही शूद्र होता है।[68]

फिर, चार वर्णों की व्यवस्था में 'ब्राह्मण' शब्द का प्रयोग जैन आगम तक सीमित नहीं है। 'उवासगदसाओ' के हिन्दी विवेचक डा. छगन लाल शास्त्री ने तुलनात्मक दृष्टि से बिल्कुल सही लिखा है कि बौद्धों के 'धम्मपद' का अन्तिम वर्ग या अध्याय ब्राह्मणवग्ग है।[69] यहां यह भी ध्यान दिया जा सकता है कि बौद्ध त्रिपिटक में जो स्थान 'धम्मपद' का है, वही स्थान जैन आगम में 'उत्तराध्ययन सूत्र' का है।

अब एक और प्रमाण पुनः भगवती सूत्र में आई हुई मक्खलि गोसाल की कथा से दिया जाए। पहले ही बताया जा चुका है कि राजा विमल वाहन को मक्खलि गोसाल के नाम से जोड़ा गया है कि यह वही है। भंते गौतम भगवान महावीर से पूछते हैं कि अनगार सुमंगल द्वारा भस्म किया हुआ राजा विमल वाहन कहां उत्पन्न होगा। उत्तर में भगवान महावीर राजा विमल वाहन के भावी जन्मों की एक लम्बी शृंखला बताते हैं। उस में एक जगह ऐसा बताया गया है :

> जाव किच्चा रायगिहे नगरे बाहिं खरियत्ताए उववज्जिहिति। तत्थ वि णं सत्थवज्झे जाव किच्चा दोच्चं पि रायगिहे नगरे अंतोखरियत्ताए

---

64. उवासगदसाओ (मूलपाठ, हिन्दी अनुवाद, विवेचन, परिशिष्ट युक्त), अनुवादक, विवेचक और सम्पादक, डा. छगन लाल शास्त्री, श्री आगम प्रकाशन समिति, श्री ब्रज मधुकर स्मृति भवन, पीपलिया बाजार, ब्यावर, राजस्थान-305 901, चतुर्थ संस्करण, जुलाई, 2006, पृ. 156
65. उत्तराध्ययन सूत्र (मूल पाठ, हिन्दी अनुवाद-विवेचन-टिप्पण-परिशिष्ट युक्त), अनुवादक, विवेचक और सम्पादक, राजेन्द्र मुनि शास्त्री, श्री आगम प्रकाशन समिति, श्री ब्रज मधुकर स्मृति भवन, पीपलिया बाजार, ब्यावर, राजस्थान-305 901, तृतीय संस्करण, जनवरी, 2000, पृ. 403-04
66. वही, पृ. 405
67. वही, पृ. 405
68. वही, पृ. 406
69. उवासगदसाओ (मूलपाठ, हिन्दी अनुवाद, विवेचन, परिशिष्ट युक्त), अनुवादक, विवेचक और सम्पादक, डा. छगन लाल शास्त्री, श्री आगम प्रकाशन समिति, श्री ब्रज मधुकर स्मृति भवन, पीपलिया बाजार, ब्यावर, राजस्थान-305 901, चतुर्थ संस्करण, जुलाई, 2006, पृ. 157

उववज्जिहिति। तत्थ वि णं सत्थवज्झे जाव किच्चा इहेव जंबुद्दीवे दीवे भारहे वासे विंझगिरिपादमूले बेभेले सन्निवेसे माहणकुलंसि दारियत्ताए पच्चायाहिति।[70]

वहाँ से यावत् काल कर राजगृह नगर के बाहर (सामान्य) वेश्यारूप में उत्पन्न होगा। वहाँ से शस्त्र से वध होने से यावत् काल करके दूसरी बार राजगृह नगर के भीतर (विशिष्ट) वेश्या के रूप में उत्पन्न होगा। वहाँ भी शस्त्र से वध होने पर यावत् काल करके इसी जम्बूद्वीप के भरत क्षेत्र में विन्ध्य-पर्वत के पादमूल (तलहटी) में बेभेल नामक सन्निवेश में ब्राह्मणकुल में बालिका के रूप में उत्पन्न होगा।[71]

देखा जा सकता है कि इस जैन आगम में यहां शब्द 'माहणकुल' विराजमान है। जैन आगम 'सूयगडो' में सांख्य दर्शन के परिव्राजक जैन मुनि आर्द्र को समझाते हैं कि 'श्रमण धर्म और सांख्य दर्शन अनेक बातों में समान हैं।'[72] लेकिन जैन मुनि आर्द्र सांख्य परिव्राजकों से इस बारे में असहमति जताते हैं। संवाद इस प्रकार है :

४६. दुहओ वि धम्मम्मि समुट्ठियामो अस्सिं सुठिच्चा तह एस कालं।
आयारसीले बुइएह णाणे ण संपरायम्मि विसेसमत्थि।।
४७. अव्वत्तरूवं पुरिसं महंतं सणातणं अक्खयमव्वयं च।
सव्वेसु भूएसु वि सव्वओ से चंदो व ताराहिं समत्तरूवे।।
४८. एवं ण मिज्जंति ण संसरंति ण माहणा खत्तिय-वेस-पेसा।
कोडा य पक्खी य सरीसिवा य णरा य सव्वे तह देवलोगा।।

४६. (सांख्य परिव्राजकों ने कहा—आर्द्रकुमार! तुम्हारा और हमारा धर्म समान है।) हम दोनों धर्म में समुत्थित हैं। इस धर्म में हम स्थित हैं और भविष्य में (यावज्जीवन) रहेंगे। आचार, शील और ज्ञान भी हमारा समान है....... तथा परलोक के विषय में भी हमारा कोई मतभेद नहीं है।

४७. अव्यक्तरूप, महान् सनातन, अक्षय और अव्यय पुरुष जो है, वह सब प्राणियों के साथ संबंध रखता है, जैसे ताराओं के साथ चन्द्रमा।

४८. (आर्द्रकुमार ने कहा)—इस प्रकार (पुरुष को सर्वव्यापी मानने पर) जीव न मरेंगे, न संसार-भ्रमण करेंगे, न ब्राह्मण, क्षत्रिय, वैश्य और

---

70. व्याख्या प्रज्ञप्ति सूत्र (भगवती सूत्र, तृतीय खंड, शतक 11-19) : (मूल पाठ, हिन्दी अनुवाद, विवेचन, टिप्पण युक्त), अनुवादक, विवेचक और सम्पादक, श्री अमर मुनिजी और श्रीचंद सुराणा सरस, श्री आगम प्रकाशन समिति, श्री ब्रज मधुकर स्मृति भवन, पीपलिया बाजार, ब्यावर, राजस्थान-305 901, तृतीय संस्करण, 2003, पृ. 531

71. वही, पृ. 529

72. सूयगडो-2 (मूलपाठ, संस्कृत छाया, हिन्दी अनुवाद, टिप्पण तथा परिशिष्ट), सम्पादक-विवेचक, युवाचार्य महाप्रज्ञ, अनेकान्त शोधपीठ, जैन विश्व भारती, लाडनूं, राजस्थान-341 306, प्रथम संस्करण, 1986, पृ. 316

प्रेष्य होंगे, न कीट, पक्षी और सर्प होंगे, न मनुष्य होंगे और न देवलोक।[73]

प्रश्न इस से अधिक कुछ नहीं है कि यहां जैन आगम को बैठे-बिठाए ब्राह्मणी चातुर्वर्ण्य व्यवस्था के ब्राह्मण, क्षत्रिय, वैश्य और प्रेष्य क्यों याद आ गए हैं। उत्तर यह है कि मक्खलि गोसाल इसी अर्थ में अवर्णवादी हैं।

अवर्णवाद के इस प्रकरण पर थोड़ी मदद फूलचन्द्र शास्त्री की पुस्तक 'वर्ण, जाति और धर्म' से भी ली जा सकती है। इस में फूल चन्द्र शास्त्री ने लिखा है—''पद्मपुराणमें एक कथा आती है। उसमें बतलाया है कि 'विजयार्ध' के दक्षिणमें और कैलाशके उत्तरमें बहुतसे देश हैं। उनमें एक अर्धवर्वर नामका भी देश है। वहाँ पर संयमकी प्रवृत्ति नहीं है और वहाँके रहनेवाले घोर म्लेच्छ और निपट अज्ञानी हैं।....उन्होंने आर्य देशों पर आक्रमण कर समस्त जगतको म्लेच्छमय बना डाला है। वे समस्त प्रजाको वर्णहीन बनाना चाहते हैं।......उन्हें साधुओं, गायों और श्रावकोंकी जरा भी चिंता नहीं है। आदि।''[74] उन्होंने पद्मचरित से एक श्लोक उद्धृत किया है जो उस के हिन्दी अनुवाद सहित इस प्रकार है :

आर्यदेशाः परिध्वस्ता म्लेच्छैरुद्वासितं जगत्।
एकवर्णाः प्रजां सर्वां पापाः कर्तु समुद्यताः।।२७–१४।।

म्लेच्छोंने आर्यदेश ध्वस्त कर दिये और समस्त जगतको उद्वासित कर दिया। वे पापाचारी समस्त प्रजाको वर्ण विहीन करनेके लिए उद्यत हुए हैं।।२७-१४।।[75]

अब बात 'म्लेच्छ' शब्द को समझने की रह जाती है। इस बारे में कई विचार और विभाग हो सकते हैं पर उन में से एक के बारे में फूल चन्द्र शास्त्री लिखते हैं—''पद्मपुराणका यह उल्लेख इस बातका साक्षी है कि इस भारतवर्षमें ही प्रारम्भसे कुछ ऐसी जातियाँ रही हैं जो आचार-विचारसे और कर्मसे हीन होनेके कारण म्लेच्छ कही जाती थीं।''[76] भारत में आर्यखण्ड और म्लेच्छखण्डों का विभाग समझते हुए फूलचन्द्र शास्त्री ने लिखा है—''आर्यखण्ड और म्लेच्छखण्डोंका यह विभाग विदेह क्षेत्र और ऐरावत क्षेत्रमें भी उपलब्ध होता है। स्पष्ट है कि इन सब क्षेत्रोंके आर्यखण्डोंमें आर्य मनुष्य निवास करते हैं और म्लेच्छ खण्डोंमें म्लेच्छ मनुष्य निवास करते हैं। यहाँ जिन क्षेत्रोंमें रहनेवाले मनुष्योंको म्लेच्छ मनुष्य कहा गया है उनके म्लेच्छ होनेके कारणका निर्देश करते हुए आचार्य जिनसेन महापुराणमें कहते हैं कि 'ये लोग धर्म-कर्मसे रहित हैं,

73. वही, पृ. 323
74. वर्ण, जाति और धर्म, लेखक, फूल चन्द्र शास्त्री, भारतीय ज्ञानपीठ, 18, इन्स्टीट्यूशनल एरिया, लोदी रोड, नई दिल्ली-110 003, पांचवां संस्करण, 2007, पृ. 89
75. वही, पृ. 315
76. वही, पृ. 89

इसलिए म्लेच्छ माने गये हैं। यदि धर्म-कर्म को छोड़कर अन्य आचारकी अपेक्षासे विचार किया जाय तो ये आर्यावर्तके मनुष्योंके ही समान होते हैं।' इस कथनका तात्पर्य यह है कि आर्यावर्तके मुनष्योंमें अन्य जो विशेषताएँ होती हैं वे सब विशेषताएँ इनमें भी उपलब्ध होती हैं। मात्र ये धर्म-कर्मसे रहित होते हैं, इसलिए म्लेच्छ माने गये हैं।''[77] इस सन्दर्भ में फूलचन्द्र शास्त्री ने 'श्लोकवार्तिक' के इन शब्दों को भी उद्धृत किया है :

उच्चैर्गोत्रोदयादेरार्याः नीचैर्गोत्रादेश्च म्लेच्छाः।

जिनके उच्चगोत्रका उदय आदि होता है वे आर्य कहलाते हैं और जिनके नीचगोत्रका उदय आदि होता है वे म्लेच्छ कहलाते हैं।[78]

यहां हिन्दू पुराणों में से एक वायु पुराण के एक श्लोक को उद्धृत कर दिया जाए तो यह बात पूरी तरह से सिद्ध हो जाती है कि आजीवकों के बारे में ब्राह्मणों की क्या राय थी। श्लोक और उसका हिन्दी में अर्थ इस प्रकार है :

अधार्मिका जनास्ते वै आजीवा विहिताः सुरैः।
वर्णाश्रमाः संकरिकाः कारुशिल्पिजनास्तथा।।[79]

जो अधार्मिक जन हैं वर्णाश्रम की मर्यादा से वहिर्भूत हैं, वर्णसंकर हैं, कारीगरी या शिल्पकर्म करनेवाले हैं, देवताओं ने उनको ही इन पिशाचों की आजीविका बनाई है।[80]

'द्रविडियन एनसाइक्लोपीडिया' में इस बात को माना गया है कि ब्राह्मण लोग आजीवकों को तिरस्कार की भावना से देखते थे। मक्खलि गोसाल ने ब्राह्मण धर्म पर हमला बोला था। ब्राह्मणों की बनाई समाज व्यवस्था से असन्तुष्ट लोग आजीवक धर्म से जुड़ गए थे। मक्खलि गोसाल ने जाति व्यवस्था की आलोचना करते हुए कर्मवाद की नई व्याख्या प्रस्तुत की थी। इसलिए, अधिकतर लोग उन के अनुयायी हो गए थे। इतना ही नहीं, राज दरबार से जुड़े हुए और अन्य धनी लोग भी उन से जुड़ गए थे :

> The brahmins had contempt for the Ajivikas.
> Ajivikas enjoyed considerable popularity between the fifth and third century B.C. Brahminism was attacked by Gosala. Dissatisfaction with the social order defended by the brahmins, enhanced the prestige of their teachings in the widest social strata. Their criticism of the caste system and the new interpretation of karma philosophy made people

77. वही, पृ. 88
78. वही, पृ. 314
79. वायु पुराण, अनुवादक, राम प्रताप त्रिपाठी शास्त्री, हिन्दी साहित्य सम्मेलन, प्रयाग, 12 सम्मेलन मार्ग, इलाहाबाद, द्वितीय संस्करण, 1987, पृ. 634
80. वही, पृ. 634

throng to them. Not only the common man but also the court officials and the rich became their adherents.[81]

इस पुस्तक में माना गया है कि आजीवक धर्म के अनुयायी आम आदमियों में से थे। वे कारीगर थे, व्यापारी थे और इसी तरह के अन्य लोग थे। उन की संख्या भी बौद्धों से ज्यादा थी। कारण यही था कि आज़ीवकों द्वारा समाज सुधार पर अत्यधिक बल दिया जाता था। बौद्ध लोग मक्खलि गोसाल की आलोचना किया करते थे। समय-समय पर बौद्धों और आजीवकों के बीच खुली मुठभेड़ हुआ करती थी :

> Men of humble origin, sons of artisan and traders etc. were their disciples. The outward simplicity of their doctrine-reducing all categories in the last analysis to niyati(fatalism) added to their popularity. In the eary stages(fifth century B.C.) the Ajivikas appeared to have had more followers than the Buddhists. This was probably because of their undiminished emphasis on social reform. The Vayu Purana (third to fifth century A.D.) which speaks about all traditions, says that the followers of Ajivikas were sudras, lower castes or untouchables. The Buddhists and Ajivikas competed with one another for attracting new followers to their fold. The Buddhists criticised Gosala, and his teachings in very harsh words. Sometimes there were open clashes between the two sects.[82]

यह पूर्वी उत्तर प्रदेश और बिहार के इतिहास की बात है। इस क्षेत्र में ब्राह्मणों को कड़ी टक्कर मिली थी। गोसाल, महावीर और बुद्ध–ये तीनों धर्मपुरुष ब्राह्मणों का विरोध कर रहे थे। एक तरह से ब्राह्मण इन तीनों से लड़ रहा था। इसी वजह से कई लोगों को लगता है कि गोसाल, महावीर और बुद्ध एक धारा के थे। लेकिन यह अद्र्ध सत्य ही है। चूंकि ये तीनों धर्मपुरुष ब्राह्मणों के विरोध में थे, इसलिए केवल इसी सीमा तक ये एक थे, इस सीमा से आगे नहीं। इसी सीमा तक ब्राह्मण इन तीनों को एक श्रेणी में रख लेते थे। ब्राह्मणों ने जैनियों, बौद्धों और आजीवकों पर विशेष कर लगाए थे। 'द्रविडियन एनसाइक्लोपीडिया' ने इस बारे में लिखा है कि कौटिल्य आजीवकों को अपना दुश्मन समझता था। उसने विधान किया है कि जो कोई आजीवकों और बौद्धों को भोजन खिलाता है उस पर 100 पणों का जुर्माना लगाना चाहिए। 'द्रविडियन एनसाइक्लोपीडिया' ने इस अन्तर को भी उभारा है कि जबकि जैनियों और बौद्धों से प्रति परिवार के हिसाब से कर लिया जाता था, आजीवकों से यह प्रति व्यक्ति के हिसाब से लिया जाता था :

81. Dravidian Encyclopaedia, Vol.-I, The International School of Dravidian Linguistics, St. Xavir's Collge P.O., Thiruvananthapuram-695 086, First Edition, 1990, pp. 17-8
82. ibid., p. 18

The Ajivikas seem to have enjoyed royal patronage throughout the Maurya rule. Asoka and his grandson, Dasaratha dedicated some caves to Ajivikas in Bihar. Kautilya's aversion to the Ajivikas and others was so intense that he laid down that anyone who entertained the Ajivikas, Buddhists, sudras and exiled persons would be fined 100 panas. The Ajivikas were taxed per individual whereas the Jains and Buddhists were taxed per house. Inscriptional evidence of the eleventh to fourteenth century confirm their survival.[83]

अच्छा होगा, यहां कौटिल्य के अर्थशास्त्र से वे शब्द ही उद्धृत कर दिए जाएं, जो इस प्रकार हैं :

(९) कुलनीवीग्राहकस्यापव्ययने, विधवां छन्दवासिनीं प्रसह्याधिचरतः, चण्डालस्यार्यां स्पृशतः, प्रत्यासन्नमापद्यनभिधावतो, निष्कारणमभिधावनं कुर्वतः, शाक्यजीवकादीन् वृषलप्रव्रजितान् देवपितृकार्येषु भोजयतः शत्यो दण्डः ।[84]

अनुवादक ने अंग्रेजी में इस अंश का अनुवाद इन शब्दों में किया है :

(9) When a person misappropriates the revenue he collects as the agent of a household, violates by force the chastily of a widow of independent living. When an outcaste (Candala) person touches an Arya woman, when a person does not run to render help to another in danger, or runs without a cause, and when a person entertain, in dinner dedicated to gods or ancestors, Buddhists (sakya), Ajivakas, Sudras and exiled persons (pravrajita), a fine of 100 panas shall be imposed.[85]

असल बात क्या है? आजीवक लोग जैनियों, बौद्धों और ब्राह्मणों से किस रूप में भिन्न हैं? वह कौन सी जगह है जहां आजीवकों के लिए जैनी, बौद्ध और ब्राह्मण एक हो जाते हैं? उत्तर के लिए जाना जाए कि भारत में कुल दो लड़ाइयां चल रही हैं–एक लड़ाई में ब्राह्मण लड़ रहा है और दूसरी लड़ाई में आजीवक लड़ रहा है। ब्राह्मण अपनी लड़ाई में आजीवक, जैन और बौद्ध तीनों से लड़ता है और आजीवक अपनी लड़ाई में ब्राह्मण, जैन और बौद्ध तीनों से लड़ता है। ये बौद्ध और जैन धर्म आजीवक और

83. ibid., p. 18
84. Kautiliya Arthasastra (Sanskrit Text, Transliteration and English Translation with an Exhaustive Inroduction), Translated by R. Shamasastry, Edited by V. Narain, Published by Chaukhamba Sanskrit Pratishthan, 38 U.A., Bunglow Road, Jawahar Nagar, Post Box No. 2113, Delhi-110 007, First Reprint, 2005, p. 398
85. ibid., p. 398

ब्राह्मण धर्म के बीच में पड़ते हैं। देश की असली लड़ाई आजीवकों और ब्राह्मणों के बीच ठनी हुई है, जिस में बौद्ध और जैन कभी आजीवकों के साथ दीखने लगते हैं और कभी ब्राह्मणों के साथ।

सच्चाई यह है कि आजीवक लोग ब्राह्मण से भी लड़ रहे हैं और जैन से भी लड़ रहे हैं और बौद्ध से भी लड़ रहे हैं—कैसे जाना जाए? ऊपर देख लिया गया है कि जैन वर्ण ादी हैं, इसलिए आजीवकों की उन से लड़ाई बजनी ही है। पर, आजीवकों क. बौद्धों से लड़ाई क्यों ठनी हुई है? उत्तर यह है कि बौद्ध भी समाज में चतुर्वर्ण व्य.वस्था को मानते हैं। प्रमाण त्रिपिटक ही है। इस के लिए सौ उदाहरण न दे कर यहां यही बता दिया जाए कि संघ सेन सिंह ने इस तथ्य को 'वज्रसूची' का अनुवाद करते हुए उस की भूमिका में स्पष्ट लिख दिया है—"बौद्ध परम्परा में वर्णों का क्रम इस प्रकार दिया गया है—क्षत्रिय, ब्राह्मण, वैश्य और शूद्र।"[86] इस उद्धरण से सारी बात खत्म हो जाती है। इस से पता चलता है कि बुद्ध चार वर्णों की समाज-व्यवस्था से नहीं लड़ रहे थे बल्कि उसके भीतर वर्ण क्रम से लड़ रहे थे कि ब्राह्मण के बजाय क्षत्रिय को ऊपर गिना जाए।

मक्खलि गोसाल के लिए बुद्ध की यह कितनी बड़ी या क्या क्रांति थी? ब्राह्मणों की वर्ण-व्यवस्था हो या क्षत्रियों के रूप में बौद्धों की वर्ण-व्यवस्था हो, दोनों में वैश्य और शूद्र तीसरे और चौथे पायदानों पर थे। ब्राह्मणों और क्षत्रियों के बीच यह युद्ध चल रहा था कि उन में कौन वर्ण बड़ा है पर बाकी दोनों वर्णों की जगहें जहां की तहां थीं। इस दृष्टि से ही कहा जा रहा है कि मक्खलि गोसाल की लड़ाई कैसी भी वर्ण-व्यवस्था से थी। जो वज्रसूची यह कहती है कि मनुष्यों का एक ही वर्ण है, आजीवक लोग उसे भी मानने को तैयार नहीं हैं, इसीलिए वे अवर्णवादी हैं। उन्हें एक भी वर्ण स्वीकार नहीं है, उन्हें 'वर्ण' शब्द ही स्वीकार नहीं है। सही बात यह है कि मक्खलि गोसाल दासता मिटाने के लिए क्षत्रियों से भी लड़ रहे थे, ब्राह्मणों से भी लड़ रहे थे और वैश्यों से भी लड़ रहे थे। वे स्वयं को शूद्र भी नहीं कह रहे थे बल्कि पूरी की पूरी वर्ण व्यवस्था को नकार रहे थे, चाहे वह ब्राह्मणों के क्रम की हो या बौद्धों के क्रम की हो। कहने की विशेष बात यह है कि वे वर्ण व्यवस्था के शूद्रों से भी लंड़ रहे थे।

वे वर्ण व्यवस्था की इस नामावली को और वर्ण व्यवस्था की नामावली के इस विभाजन की बकवास को किसी भी रूप में नहीं जानते और न सहन करते हैं। विशेष यह है कि मक्खलि गोसाल के मन में यह होड़ नहीं लगी है कि वे ब्राह्मण बनेंगे। उन्होंने अवर्णवादी होने में ब्राह्मण या क्षत्रिय बनने का यह पैमाना ही काट कर फेंक दिया है। उन की बहस इस जगह तुलती है कि जो आजीवक होते हैं, वे ब्राह्मण नहीं होते। यहां 'वज्रसूची' का ही प्रमाण लिया जा सकता है। डा. रामायण प्रसाद द्विवेदी ने अपने द्वारा

86. वज्रसूचि-शास्त्रम्, मूल लेखक, आचार्य अश्वघोष, संशोधक और अनुवादक, संघ सेन सिंह, भारतीय बौद्ध महासभा (पंजी.), दिल्ली प्रदेश, बुद्ध विहार, अम्बेडकर भवन, नई दिल्ली-110 055, प्रथम संस्करण, 2002, पृ. 7

सम्पादित पुस्तक 'वज्रसूची' में इस के रचयिता अश्वघोष का समय 50 ई.पू. से 100 ई. पू. के मध्य माना है।[87] इस में 'आजीवक' शब्द इस प्रकार आया है :

ज्ञानमपि ब्राह्मणो न भवति। कुतः? ज्ञानबाहुल्याद्। ये ये ज्ञानवन्तः शूद्रास्ते सर्व एव ब्राह्मणाः स्युः। दृश्यन्ते च क्वचित् शूद्रा अपि वेदव्याकरणमीमांसासांख्यवैशेषिकलग्नाजीवकादिसर्वशास्त्रार्थविदः। न च ते ब्राह्मणाः स्युः। अतो मन्यामहे ज्ञानमपि ब्राह्मणो न भवति।[88]

इस का हिन्दी में अनुवाद इन शब्दों में किया गया है :

ज्ञान (मानव-निहित) भी ब्राह्मण नहीं है। क्यों? ज्ञान की विविधता के कारण। यदि ऐसा होता तो शूद्रों में, जो ज्ञानवान् हैं, सभी ब्राह्मण हो जाते। कभी-कभी ऐसा भी परिलक्षित होता है कि शूद्र भी समस्त धर्म-ग्रन्थों, समग्र ज्ञान-शास्त्र के विभागों, यथा—वेद, व्याकरण, मीमांसा, सांख्य, वैशेषिक, ज्योतिष् (लग्न), आजीवक-सम्प्रदाय-विज्ञान (मक्खलि-पुत्र, घोसाल द्वारा प्रवर्तित) आदि में निष्णात होते हैं, किन्तु वे (ज्ञान की सम्पन्नता के कारण) भी ब्राह्मण नहीं होते हैं। इस प्रकार यह स्पष्ट है कि ज्ञान-सद्भाव के कारण भी कोई ब्राह्मण नहीं होता है।[89]

आजीवक धर्म के बारे में डा. रामायण प्रसाद द्विवेदी ने अपनी पुस्तक के दूसरे परिशिष्ट में जो विवरण दिया है, उस का बहुलांश इस प्रकार है :

आजीवक—जैन तथा बौद्ध धर्म से भी प्राचीन एक विशिष्ट धार्मिक सम्प्रदाय, जिसके प्रवर्तक मंक्खलिपुत्र गोशाल माने जाते हैं। इसका विकास सप्तम-अष्टम शताब्दी ई.पू. गंगा की घाटी में दृष्टिगत होता है।

इस सम्प्रदाय को एक जीवन-दर्शन के रूप में परिवर्तित करने का श्रेय उक्त गोशाल को ही है। इनका स्थान आजीवक-सम्प्रदाय में उतना ही महत्वपूर्ण है, जितना जैन-धर्म में तीर्थंकर महावीर का (।) ऐसी प्रसिद्धि है कि दोनों ने एक साथ ही तपस्या प्रारम्भ की और गोशाल ने प्रथमतः जैनत्त्व प्राप्त किया तथा इन्होंने महावीर के सिद्धान्तों को अधिक प्रभावित किया।

---

87. वज्रसूची, रचयिता, अश्वघोष, सम्पादक और व्याख्याकार, डा. रामायण प्रसाद द्विवेदी, प्रकाशक, चौखम्बा अमरभारती प्रकाशन, पोस्ट बाक्स 1138, के. 37/130, गोपाल मन्दिर लेन, वाराणसी-221 001 (भारत), प्रथम संस्करण, 1985, भूमिका, पृ. 8

88. वही, सटिप्पण हिन्दी व्याख्या सहित, पृ.13

89. वही, पृ. 15

इस सम्प्रदाय के मौलिक विचार, स्वाभाविक एवं आध्यात्मिक प्रक्रिया पर आधृत हैं। परिणामवाद का दार्शनिक सिद्धान्त गोशाल की ही देन है।

जीवन एवं मृत्यु के अवरोध रहित चक्र (संसार-शुद्धि) का सिद्धान्त इनकी मौलिक देन है। इसके अनुसार सृष्टि की तुच्छतम वस्तु भी स्वाभाविक प्रक्रिया के माध्यम से उच्चतम मानवीय उपलब्धि प्राप्त कर सकती है।

इस सम्प्रदाय के अन्तर्गत भिक्षु एवं गृही, स्त्री एवं पुरुष, दोनों ही समान भाव से इसके सिद्धान्तों का अनुवर्तन कर सकते हैं। यह सम्प्रदाय चतुर्दश शताब्दी तक समग्र भारत में पूर्ण विस्तार प्राप्त किया। किन्तु इस पर पाल-कर आरोपित कर इसके विकास को अवरुद्ध कर दिया गया, ऐसी सम्भावना की गई है।[90]

इतिहास की दृष्टि से यहां केवल इतना जोड़ा जाना है कि संघ सेन सिंह ने 'वज्रसूची' नाम के इस संस्कृत ग्रन्थ को, जो आकार में बहुत छोटा है, आठवीं-नौवीं सदी ईस्वी के किसी लेखक की रचना माना है। उन्होंने इस के रचनाकार को 'बुद्‌ध चरित' का रचनाकार न मान कर बाद का कोई सिद्‌धाचार्य अश्वघोष माना है। इस के लिए उन्होंने पुस्तक के बाहर के और पुस्तक के अन्दरूनी प्रमाण देने का प्रयत्न किया है।[91]

अब यहां केवल इतना कहना शेष है कि आगे कबीर और रैदास की वाणी से पता चलता है कि वे भी हमारे वर्ण-विरोधी चिन्तक हैं।

ग. अंजलि कर्म और स्त्री

'अंजलि कर्म' एक ऐसा प्राचीन शब्द है जो आजीवक धर्म को शुरू से ही और सदा-सदा के लिए बौद्‌ध धर्म से अलग कर देता है। मूल शब्द 'अंजलि कम्म' है और इस का अर्थ किसी को हाथ जोड़ कर प्रणाम करने से है। यह मक्खलि गोसाल और हालाहला की प्रेम कहानी है जिस पर एक सदाचारी महाकाव्य रचा जा सकता है।

यह बात हर कोई जानता है कि जैसे बुद्‌ध ने बौद्‌ध धर्म की और महावीर ने जैन धर्म की स्थापना की थी, वैसे ही मक्खलि गोसाल ने आजीवक धर्म की नींव डाली थी। वे इस के संस्थापक थे। तब हालाहला कौन थीं? 'भगवती सूत्र' में हालाहला का परिचय इन शब्दों में दिया गया है :

४. तत्थ णं सावत्थीए नगरीए हालाहला नामं कुंभकारी

90. वही, पृ. 56

91. वज्रसूचि-शास्त्रम्, मूल लेखक, आचार्य अश्वघोष, संशोधक और अनुवादक, संघ सेन सिंह, भारतीय बौद्‌ध महासभा (पंजी.), दिल्ली प्रदेश, बुद्‌ध विहार, अम्बेडकर भवन, नई दिल्ली-110 055, प्रथम संस्करण, 2002, पृ. 8

आ०.ाविओवार्ी.सया परिवसति, अड्ढा जाव अपरिभूया आजीवियसमयंसि लद्धट्ठा पुच्छियट्ठा विणिच्छियट्ठा अट्ठिमिंजपेम्माणुरागरत्ता 'अयमाउसे! आजीवियसमये अट्ठे, अयं परमट्ठे, सेसे अणट्ठे' त्ति आजीवियसमएणं अप्पाणं भावेमाणी विहरति।

(४) उस श्रावस्ती नगरी में आजीविक (गोशालक) मत की उपासिका हालाहला नाम की कुम्भारिन रहती थी। वह आढ्य (धन आदि से सम्पन्न) यावत् अपरिभूत थी। उसने आजीविकसिद्धान्त का अर्थ (रहस्य) प्राप्त कर लिया था, सिद्धान्त के अर्थ को ग्रहण (स्वीकार या ज्ञात) कर लिया था, उसका अर्थ पूछ लिया था, अर्थ का निश्चय कर लिया था। उसकी अस्थि (हड्डी) और मज्जा (रग-रग आजीविक मत के प्रति) प्रेमानुराग से रंग गई थी। 'हे आयुष्मन्! यह आजीविकसिद्धान्त ही सच्चा अर्थ है, यही परमार्थ है, शेष सब अनर्थ हैं' इस प्रकार आजीविकसिद्धान्त से अपनी आत्मा को भावित करती हुई रहती थी।[92]

यह प्रेमानुराग से अनुरक्त अस्थि और मज्जा वाली आजीवक उपासिका हालाहला नाम की कुम्हारी का पहला परिचय है। इस के बाद हालाहला का एक अन्य परिचय इन शब्दों में मिलता है :

८६. तए णं से गोसाले मंखलिपुत्ते जस्सट्ठाएं हव्वमागए तमट्ठं असाहेमाणे, रुंदाइं पलोएमाणे, दीहुण्हाइं नीससमाणे, दाढियाए लोमाइं लुंचमाणे, अवडुं कंडूयमाणे, पुयलिं पप्फोडेमाणे, हत्थे विणिद्धुणमाणे, दोहि वि पाएहिं भूमिं कोट्टेमाणे 'हाहा अहो! हओऽहमस्सी ति कट्टु समणस्स भगवतो महावीरस्स अंतियाओ कोट्ठयाओ चेतियाओ पडिनिक्खमति, पडि. 2 जेणेव सावत्थी नगरी जेणेव हालाहलाए कुंभकारीए कुंभकारावणे तेणेव उवागच्छति, ते. उ. 2 हालाहलाए कुंभकारीए कुंभकारावणंसि अंबकूणगहत्थगए मज्जपाणगं पियमाणे अभिक्खणं गायमाणे अभिक्खणं नच्चमाणे अभिक्खणं हालाहलाए कुंभकारीए अंजलिकम्मं करेमाणे सीयलएणं मट्टियापाणएणं आयंचणिउदएणं गायाइं परिसिंचेमाणे विहरइ।

(८६) मंखलिपुत्र गोशालक जिस कार्य को सिद्ध करने के लिए एकदम आया था, उस कार्य को सिद्ध नहीं कर सका, तब वह (हताश होकर) चारों दिशाओं में लम्बी दृष्टि फेंकता हुआ, दीर्घ और उष्ण

92. व्याख्या प्रज्ञप्ति सूत्र (भगवती सूत्र—तृतीय खंड, शतक 11-19)(मूलपाठ, हिन्दी अनुवाद, विवेचन, टिप्पण युक्त), अनुवादक-विवेचक-सम्पादक, अमर मुनि और श्रीचन्द सुराणा सरस, श्री आगम प्रकाशन समिति, श्री ब्रज मधुकर स्मृति भवन, पीपलिया बाजार, ब्यावर, राजस्थान-305 901, तृतीय संस्करण, 2003, पृ. 443

निःश्वास छोड़ता हुआ, दाढ़ी के बालों को नोचता हुआ, गर्दन के पीछे के भाग को खुजलाता हुआ, बैठक के कूल्हे के प्रदेश को ठोकता हुआ, हाथों को हिलाता हुआ और दोनों पैरों से भूमि को पीटता हुआ; 'हाय, हाय! ओह मैं मारा गया' यों बड़बड़ाता हुआ, श्रमण भगवान् महावीर के पास से, कोष्ठक-उद्यान से निकला और श्रावस्ती नगरी में जहाँ हालाहला कुम्भकारी की दूकान थी, वहाँ आया। वहाँ आम्रफल हाथ में लिए हुए मद्यपान करता हुआ, (मद्य के नशे में) बार-बार गाता और नाचता हुआ, बार बार हालाहला कुम्भारिन को अंजलिकर्म (हाथ जोड़ कर प्रणाम) करता हुआ, मिट्टी के बर्तन में रखे हुए मिट्टी मिले हुए शीतल जल (आतञ्चनिकोदक) से अपने शरीर का परिसिंचन करता हुआ। (शरीर पर छांटता हुआ) विचरने लगा।[93]

यहां इस बहस में नहीं पड़ना है कि इस जैन आगम में मक्खलि गोसाल को महावीर से हारा हुआ क्यों दिखाया गया है। इस बात को भी उठाने का यहां अवसर नहीं है कि मक्खलि गोसाल को मद्यपान करता हुआ क्यों दर्शाया गया है। असल सूचना यह है कि मक्खलि गोसाल हालाहला कुम्हारी को हाथ जोड़ कर प्रणाम (अंजलि कर्म) करते हैं। इस से यही साबित होता है कि मक्खलि गोसाल और हालाहला कुम्हारी की यह कहानी अद्भुत और महान थी जो अभी तक किसी आजीवक कवि के द्वारा लिखी और गाई नहीं गई है। और यदि मध्यकालीन भारत के इतिहास की बात ली जाए तो पति और पत्नी के इस सम्बन्ध में कबीर और रैदास का दूसरा कौन सानी है?

मक्खलि गोसाल द्वारा किए गए हालाहला के प्रति इस अंजलि कर्म का महत्व क्या है? महत्व और विशेषता का पता इस बात से चलता है कि बुद्ध ने अपने भिक्षुओं को ऐसा करने की मनाही की है। डा. दिनेश राम ने अपने लेख 'बुद्ध संघ में भिक्षुणियाँ अवांछित थीं : "आनंद! स्त्रियों के दर्शन नहीं करने चाहिए"—बुद्ध' में लिखा है—"प्रसंग गौतम बुद्ध की मौसी प्रजापति गौतमी का है। वे उपसंपदा ग्रहण करना चाहती थीं। बुद्ध स्त्रियों की उपसंपदा ग्रहण के खिलाफ थे। आनंद के समझाने पर बुद्ध इस के लिए कुछ शर्तों के साथ तैयार हो गए। आनंद से उन्होंने कहा कि अगर गौतमी इन शर्तों को मान लेती हैं तो वे उपसंपदा ग्रहण कर सकती हैं। गौतमी इन शर्तों को मानने के लिए तैयार हो गईं।"[94] इस के बाद बुद्ध ने गुरुधम्म के रूप में उनके सामने आठ शर्तें रखीं जिन में पहली इस प्रकार थी :

वस्ससतूपसम्पन्नाय भिक्खुनिया तदहुपसम्पन्नस्स भिक्खुनो

93. वही, पृ. 495
94. बुद्ध संघ में भिक्षुणियाँ अवांछित थीं : "आनंद! स्त्रियों के दर्शन नहीं करने चाहिए"—बुद्ध, डा. दिनेश राम, बहुरि नहिं आवना, जे-5, यमुना अपार्टमेंट, होली चौक, देवली, नई दिल्ली-110 080, संयुक्तांक : अक्टूबर, 2013-जून, 2014, पृ. 29

अभिवादनं पच्चुट्ठानं अञ्जलिकम्मं सामीचिकम्मं कातब्बं। अयं पि धम्मो सक्कत्वा गरुकत्वा मानेत्वा पूजेत्वा यावजीवं अनतिक्कमनीयो।[95]

सौ वर्ष पूर्व उपसम्पन्न हुई भिक्षुणी को आज उपसम्पन्न हुए भिक्षु के प्रति अभिवादन (प्रणाम), सामने आने पर प्रत्युत्थान, अञ्जलिकर्म (हाथ जोड़ना) तथा सामीचि कर्म (मैत्री भावना से व्यवहार) करना होगा। साथ ही इस धर्म का सत्कार, गौरव, मान एवं पूजन करते रहना होगा। इस का जीवनपर्यन्त कभी उल्लंघन न हो।[96]

गौतमी ने इन गुरुधम्मों को स्वीकार तो कर लिया, पर उन में से एक शर्त जिस में यह कहा गया था कि भिक्षुणी चाहे जितनी उम्र की हो, उसे हर भिक्षु का, चाहे वह उस से उम्र में कितना ही छोटा क्यों न हो, हाथ जोड़ कर अभिवादन, प्रत्युत्थान आदि करना ही पड़ेगा, से असहजता महसूस की। इसलिए उन्होंने निवेदन किया :

एकाहं, भन्ते आनन्द, भगवन्तं वरं याचामि। साधु, भन्ते, भगवा अनुजानेय्य भिक्खूनं च भिक्खुनीनं च यथावुड्ढं अभिवादनं पच्चुट्ठानं अञ्जलिकम्मं सामीचिकम्मं ति।[97]

भंते आनंद! मैं भगवान से एक वर माँगती हूँ—क्या ही अच्छा होता, यदि भगवान् यह अनुज्ञा दे देते कि भिक्षु एवं भिक्षुणी, उपसम्पदा की वृद्धता के अनुसार परस्पर अभिवादन, प्रत्युत्थान, अञ्जलिकर्म एवं सामीचिकर्म आदि किया करें।[98]

बुद्ध इन गुरुधम्मों को ले कर बहुत सजग और सख्त थे। इन में उन्होंने किसी तरह की ढील नहीं दी। गौतमी के इस प्रस्ताव को सिरे से खारिज करते हुए उन्होंने कहाः

अट्ठानमेतं, आनन्द, अनवकासो, यं तथागतो अनुजानेय्य मातुगामस्सं अभिवादनं पच्चुट्ठानं अञ्जलिकम्मं सामीचिकम्मं। इमे हि नाम, आनन्द, अञ्ञतित्थिया दुरक्खातधम्मा मातुगामस्स अभिवादनं पच्चुट्ठानं अञ्जलिकम्मं सामीचिकम्मं न करिस्सन्ति; किमङ्ग पन तथागतो अनुजानिस्सति मातुगामस्स अभिवादनं पच्चुट्ठानं अञ्जलिकम्मं सामीचिकम्मं ति।[99]

---

95. वही, पृ. 36 पर, विनयपिटके चुल्लवग्गपालि (हिन्दीरूपान्तरसहिता), बौद्धभारतीग्रन्थमाला-55, सम्पादक एवं अनुवादक, स्वामी द्वारिकादासशास्त्री, बौद्धभारती, पञ्चशील, एस 10/6ए-2ए, मकबूल आलम रोड, जिला जेल के सामने, वाराणसी-221 002, प्रथम संस्करण, 2008 ई., पृ. 573-74 से उद्धृत
96. वही, पृ. 30
97. वही, पृ. 36 पर, विनय पिटक के पृ. 578-79 से उद्धृत
98. वही, पृ. 30
99. वही, पृ. 36 पर, विनय पिटक के पृ. 579 से उद्धृत

आनंद! इस बात का स्थान या अवकाश नहीं है कि तथागत भिक्षुओं को इस की अनुमति दें कि नारियों (मातृग्राम) के प्रति अभिवादन, प्रत्युत्थान, अञ्जलिकर्म एवं सामीचिकर्म किया करें। आनंद! ये अन्य सम्प्रदायों वाले तीर्थिक भी जिन का धर्म दुराख्यात (ठीक से नहीं कहा गया) है, वे भी इन नारियों के प्रति अभिवादन आदि की अनुमति नहीं देते तो भला तथागत ऐसी अनुमति कैसे दे सकते हैं?[100]

डा. दिनेश राम ने लिखा है कि इसीलिए बुद्‌ध ने नियम बनाते हुए कहा :

न, भिक्खवे, मातुगामस्स अभिवादनं पच्चुट्ठानं अञ्जलिकम्मं सामीचिकम्मं कातब्बं। यो करेय्य, आपत्ति दुक्कटस्सा ति।[101]

भिक्षुओ! नारियों के प्रति अभिवादन, प्रत्युत्थान, अञ्जलिकर्म एवं सामीचिकर्म आदि नहीं करना चाहिये। जो करेगा उसको दुष्कृत का दोष लगेगा।[102]

मामला केवल एक स्त्री हालाहला का नहीं है बल्कि सारी स्त्रियों का है। जैन आगम 'सूयगडो' में गोसाल और जैन मुनि आर्द्र के बीच स्त्री को ले कर एक संवाद इस प्रकार आता है :

७. सीओदंग सेवउ बीयकायं आहायकम्मं तह इत्थियाओ।
एगंतचारिस्सिह अम्ह धम्मे, तवस्सिणो णाभिसमेइ पावं।।

७. (गोशालक ने कहा) शीतोदक, बीयकाय, आधाकर्म तथा स्त्रियों का भी सेवन करे, फिर भी हमारे धर्म में एकान्तचारी तपस्वी पाप से लिप्त नहीं होता।

८. सीओदगं वा तह बीयकायं आहायकम्मं तह इत्थियाओ।
एयाइं जाणे पडिसेवमाणा अगारिणो अस्समणा भवंति।।

८. (आर्द्र ने कहा) शीतोदक, बीजकाय, आधा कर्म तथा स्त्रियां—इनका प्रतिसेवन करने वाले गृहस्थ होते हैं, अश्रमण होते हैं—ऐसा जाने।

९. सिया य बीयोदगइत्थियाओ पडिसेवमाणा समणा भवंतु।
अगारिणो वि समणा भवंतु सेवंति उ ते वि तहप्पगारं।।

९. यदि बीज, शीतोदक, (आधाकर्म और) स्त्रियों का सेवन करने वाले भी श्रमण होते हैं तो गृहस्थ भी श्रमण हो जायेंगे

---

100. वही, पृ. 30

101. वही, पृ. 36 पर, विनय पिटक के पृ. 579 से उद्‌धृत

102. वही, पृ. 30

क्योंकि वे भी उनका सेवन करते हैं।[103]

यहां गोसाल जैन मुनि आर्द्र को समझा रहे हैं कि स्त्रियों का सेवन करने से धर्म के मामले में पाप नहीं लगता। आर्द्र इस विषय में गृहस्थ और श्रमण में अन्तर करके चल रहे हैं। उन का कहना है कि फिर गृहस्थ और श्रमण में कोई अन्तर नहीं रह जाएगा। लेकिन यही आजीवक धर्म की विशेषता है कि इस में गृहस्थ और श्रमण अलग-अलग व्यक्ति नहीं होते। असल में, गोसाल और महावीर में बिगड़ी किस बात पर थी जबकि ये दोनों छह सालों तक साथ-साथ रहे थे? बिगड़ी इस बात पर थी कि मक्खलि गोसाल ने स्त्री को साथ रखने का निर्णय लिया था। उन्होंने ब्रह्मचर्य की इस परिभाषा को त्याग दिया था कि गृहस्थ और बाल-बच्चेदार आदमी होने से धर्म भंग होता है।

इस पक्ष को डा. हरिपाद चक्रबर्ती ने भी अपनी पुस्तक 'एसिटिज्म इन एनशिएन्ट इण्डिया इन ब्राह्मनिकल, बुद्धिस्ट, जैन एण्ड आजीविक सोसायटीज (फ्रोम दि अर्लियस्ट टाइम्स टु दि पीरियड ऑफ शंकराचार्य)' में रेखांकित किया है कि आजीवक धर्म की एक बड़ी विशेषता यह है कि इस में स्त्री को छोड़ कर जीवन की साधना नहीं होती। यही नहीं, इस समाज में स्त्री और पुरुष दोनों समानता के स्तर पर रहते हैं।

> Women were also allowed to enter into the order of Ajivikas as evidenced by the Anguttara Nikaya giving us the sixfold classification of Ajivika ascetics; and they were almost of the same status as the male ones.[104]

किसी भी धार्मिक मामले में स्त्री का महत्व कम नहीं है। आजीवक धर्म में स्त्री पाप योनि नहीं है। वे नहीं मानते कि स्त्री के संसर्ग से पाप की सृष्टि होती है। विरोधियों के द्वारा की गई आलोचना से पता चलता है कि गोसाल के अनुयायियों को स्त्रियों का गुलाम कहा गया है :

> It has been already pointed out that Gosala was accused of teaching that "an ascetic commits no sin", if he has intercourse with women and his followers were condemned as "slaves of women".[105]

बुद्‌ध ने गोसाल को अब्रह्मचर्यवास में रहने वाला कहा है। उन्होंने गोसाल को सैद्‌धान्तिक और व्यावहारिक दोनों स्तरों पर अनैतिक और बुरा आदमी माना है :

> Buddha is said to have classed the system of Gosala

---

103. सूयगडो-2 (मूल पाठ, संस्कृत छाया, हिन्दी अनुवाद, टिप्पण तथा परिशिष्ट), सम्पादक-विवेचक, युवाचार्य महाप्रज्ञ, अनेकान्त शोधपीठ, जैन विश्व भारती, लाडनूं, राजस्थान-341 306, प्रथम संस्करण, 1986, पृ. 318
104. Asceticism in Ancient India in Brahmanical, Buddhist, Jaina and Ajivika Societies [from the earliest times to the period of Sankaracharya], Haripad Chakraborti, Punthi Pustak, 136/4B, Bidhan Sarani, Calcutta-700 004, Reprint, 1993, pp. 454-55
105. ibid., p. 470

among those four groups of ascetics whom he condemned as "living in incontinency" ("abrahmacharyavasa"). Buddha objected to Gosala on ethical grounds for holding principles theoretically and practically immoral; and Gosala is "stigmatised as bad man" (mogha-purisa).[106]

लेकिन इसका मतलब यह नहीं है कि सच में गोसाल अनैतिक और बुरे आदमी थे। यह बुद्ध की नजर क़ा फर्क है। गोसाल बुद्ध जैसों से सैद्धान्तिक और व्यावहारिक स्तरों पर लड़ रहे थे। गोसाल की दृष्टि में ऐसा ब्रह्मचर्य मनुष्य के किसी काम का नहीं है जो उसे स्त्री से दूर करता है। बुद्ध का स्त्री को छोड़ कर नैतिकता का पैमाना गलत था। हरिपाद चक्रबर्ती ने भी अपनी पुस्तक में माना है कि दो हजार सालों तक विरोधियों के बीच में जमा रहने वाला धर्म अनैतिक नहीं हो सकता था :

The survival of this sect in the teeth of serious opposition of the rival sects for 2000 years is by itself as strong recommendation and it must have been built on a strong foundation of sincere austerities and of moral discipline.[107]

यह एक लम्बी बहस है। राजकाज तक में एक चिन्तन चला है कि राजा को बिना परिवार और स्त्री वाला होना चाहिए। कभी कहा गया कि दार्शनिक ही एक अच्छा राजा बन सकता है जिस का इशारा इसी ओर होता है कि उसे बिना स्त्री और बच्चों के होना चाहिए। लेकिन दूसरी तरफ आजीवक चिन्तन यह है कि राजा तो राजा, एक धर्मपुरुष को भी बिना परिवार और स्त्री के नहीं रहना चाहिए। रैदास और कबीर इस के उदाहरण हैं कि परिवार और स्त्री धर्मपुरुष के विलोम अर्थी शब्द नहीं हैं। आजीवक लोग परिवार रखते हैं और कमा कर खाते हैं। यह सोच ही गलत है कि स्त्री, बच्चे और परिवार धर्म साधना में या किसी भी अन्य प्रकार के निजी या सार्वजनिक काम में बाधक हैं। यह एक फैशन हो चला है कि जो जिस किसी भी क्षेत्र में काम करना चाहता है, वह उस के लिए सब से पहले स्त्री, बच्चे और परिवार को त्यागे। ऐसे तो किसी को विज्ञान में, किसी को सेना में, किसी को डाक्टरी में, किसी को इंजीनियरी में, किसी को साहित्य, संगीत, नृत्य या कला में और किसी को अन्य क्षेत्र में काम करना होता है, तो क्या वे सब यही कहने लगेंगे कि उन्हें स्त्री और परिवार का त्याग करना है? आजीवक धर्म में राजकाज और धर्म साधना भी अपवाद नहीं हैं। निजी और सार्वजनिक स्तर के सारे काम घर-गृहस्थी में रहते हुए करने हैं–यह आजीवक मत का पक्का विचार है।

घ. 'नो धम्मो त्ति, नो तवो त्ति'

1914 में प्रकाशित एक पुस्तक अंग्रेजी में 'द बुद्धा एण्ड हिज रिलिजन' शीर्षक

106. ibid., pp. 469-70
107. ibid., p. 461

से है जिस के लेखक जे. बार्थेलिमी सेन्ट-हिलेरे (J. Barthelemy Saint-Hilaire) हैं। लेकिन, अच्छा रहेगा कि 'धम्म' शब्द पर ही टिका जाए। संस्कृत में यह शब्द 'धर्म्म' है जो पालि में 'धम्म' और हिन्दी में 'धर्म' है। लेकिन आजीवक लोगों के पास इस शब्द की क्या स्थिति है?

'भगवती सूत्र' में यह माना गया है कि मक्खलि गोसाल राजा विमल वाहन था जिस में विमल वाहन नंद वंश का एक राजा था। जैन धर्म की पुनर्जन्म की शब्दावली में यह कहा जाएगा कि मक्खलि गोसाल का पुनर्जन्म राजा विमल वाहन के रूप में हुआ। तब आजीवकों की शैली में इसे किस प्रकार समझा जाएगा? यहां समझा जाएगा कि नंद वंश का राजा विमल वाहन आजीवक मत का अनुयायी था। इस राजा विमल वाहन के बारे में 'भगवती सूत्र' में लिखा गया है :

> तदनन्तर किसी दिन विमलवाहन राजा श्रमण-निर्ग्रन्थों के प्रति मिथ्याभाव (—अनार्यत्व) को अपना लेगा। वह कई श्रमण निर्ग्रन्थों के प्रति आक्रोश करेगा, किन्हीं का उपहास करेगा, कतिपय साधुओं को एक दूसरे से पृथक्-पृथक् कर देगा, कइयों की भर्त्सना करेगा। कई श्रमणों को बांधेगा, कइयों का निरोध (जेल में बंद) करेगा, कई श्रमणों के अंगच्छेदन करेगा, कुछ को मारेगा, कइयों पर उपद्रव करेगा, कतिपय श्रमणों के वस्त्र, पत्र, कम्बल और पादप्रोंछन को छिन्नभिन्न कर देगा, नष्ट कर देगा, चीर-फाड़ देगा या अपहरण कर लेगा। कई श्रमणों के आहार-पानी का विच्छेद करेगा और कई श्रमणों को नगर और देश से निर्वासित करेगा।
>
> (उसका यह रवैया देख कर) शतद्वारनगर के बहुत-से राजा, ऐश्वर्यशाली यावत् सार्थवाह आदि परस्पर यावत् कहने लगेंगे—देवानुप्रियो! विमलवाहन राजा ने श्रमण-निर्ग्रन्थों के प्रति अनार्यपन अपना लिया है, यावत् कितने ही श्रमणों को इसने देश से निर्वासित कर दिया है, इत्यादि। अतः देवानुप्रियो! यह हमारे लिए श्रेयस्कर नहीं है। यह न विमलवाहन राजा के लिए श्रेयस्कर है और न राज्य, राष्ट्र, बल (सैन्य) वाहन, पुर, अन्तःपुर अथवा जनपद (देश) के लिए श्रेयस्कर हैं कि विमलवाहन राजा श्रमण-निर्ग्रन्थों के प्रति अनार्यत्व को अंगीकार करे। अतः देवानुप्रियो! हमारे लिए यह उचित है कि हम विमलवाहन राजा को इस विषय में विनयपूर्वक निवेदन करें। इस प्रकार वे सब परस्पर एक-दूसरे की बात मानेंगे और इस प्रकार निश्चय करके विमलवाहन राजा के पास आएँगे। करबद्ध होकर विमलवाहन राजा को जय-विजय शब्दों से बधाई देंगे। फिर इस प्रकार कहेंगे—हे देवानुप्रिय! श्रमण-निर्ग्रन्थों के प्रति आपने अनार्यत्व अपनाया है; कइयों पर आप आक्रोश करते हैं, यावत् कई श्रमणों को आप देश-निर्वासित करते हैं। अतः हे देवानुप्रिय! यह आपके लिए

श्रेयस्कर नहीं है, न हमारे लिए श्रेयस्कर है और न ही यह राज्य, राष्ट्र यावत् जनपद के लिए श्रेयस्कर है कि आप देवानुप्रिय श्रमण-निर्ग्रन्थों के प्रति अनार्यत्व स्वीकार करें। अतः हे देवानुप्रिय! आप इस अकार्य को करने से रुकें (इस दुराचरण को बन्द करें)।[108]

फिर क्या हुआ? राजा विमलवाहन ने क्या किया? राजा विमल वाहन ने उन की विनती मान ली पर उस के मन में धर्म और तप के बारे में क्या विचार हैं जो उसने नहीं छोड़े? इस बारे में लिखा गया है :

तए ण से विमलवाहणे राया तेहिं बहूहिं राईसर जाव सत्थवाहप्पभितीहिं एयमट्ठं विन्नत्ते समाणे 'नो धम्मो त्ति, नो तवो त्ति' मिच्छाविणएणं एयमट्ठं पडिसुणेहिति।[109]

तदनन्तर इस प्रकार जब वे राजेश्वर यावत् सार्थवाह आदि विनयपूर्वक राजा विमलवाहन से विनति करेंगे, तब वह राजा—धर्म(कुछ) नहीं, तप निरर्थक है, इस प्रकार की बुद्धि होते हुए भी मिथ्या-विनय बता कर उनकी इस विनति को मान लेगा।[110]

यही आजीवक मत है कि धर्म कुछ नहीं है और तप निरर्थक है। कबीर ने धरम-करम को नकारा ही है और तप की खिल्ली उड़ाई ही है। धमर-करम और तप के बारे में ये ही विचार रैदास के भी हैं।

अच्छा होगा, यहां खुद मक्खलि गोसाल के तप के बारे में विचार जान लिए जाएं जो महावीर ने गौतम को बताए थे। भगवती सूत्र में लिखा गया है :

४८. तए णं अहं गोयमा! गोसालेणं मंखलिपुत्तेणं सद्धिं जेणेव कुम्मग्गामे नगरे तेणेव उवागच्छामि।

(४८) तदनन्तर, हे गौतम! मैं गोशालक के साथ कूर्मग्राम नगर में आया।

४६. तए णं तस्स कुम्मग्गामस्स नगरस्स बहिया वेसियायणे नामं बालतवस्सी छट्ठं छट्ठेणं अणिक्खित्तेणं तवोकम्मेणं उड्ढं बाहाओ पगिज्झिया पगिज्झिया सूराभिमुहे आयावणभूमीए आयावमाणे विहरति, आदिच्चतेयतवियाओ य से छप्पदाओ सव्वओ समंता अभिनिस्सवंति, पाण-भूय-जीव-सत्तदयट्ठयाए च णं पडियाओ पडियाओ तत्थेव तत्थेव

108. व्याख्या प्रज्ञप्ति सूत्र (भगवती सूत्र—तृतीय खंड, शतक 11-19)(मूल पाठ, हिन्दी अनुवाद, विवेचन, टिप्पण युक्त), अनुवादक-विवेचक-सम्पादक, अमर मुनि और श्रीचन्द सुराणा सरस, श्री आगम प्रकाशन समिति, श्री ब्रज मधुकर स्मृति भवन, पीपलिया बाजार, ब्यावर, राजस्थान-305 901, तृतीय संस्करण, 2003, पृ. 523

109. वही, पृ. 521

110. वही, पृ. 523

भुज्जो भुज्जो पच्चोरुभेति।

(४९) उस समय कूर्मग्राम नगर के बाहर वैश्यायन नामक एक बालतपस्वी निरन्तर छठ-छठ तपःकर्म करने के साथ-साथ दोनों भुजाएँ ऊँची रख कर सूर्य के सम्मुख खड़ा होकर आतापनभूमि में आतापना ले रहा था। सूर्य की गर्मी से तपी हुई जूएँ (षट्पदिकाएँ) चारों ओर उसके सिर से नीचे गिरती थीं और वह तपस्वी, प्राण, भूत, जीव और सत्त्वों की दया के लिए बार-बार पड़ती (गिरती) हुईं उन जूओं को उठा कर बार-बार वहीं की वहीं (मस्तक पर) रखता जाता था।

५०. तए णं से गोसाले मंखलिपुत्ते वेसियायणं बालतवस्सिं पासति, पा. 2 ममं अंतियाओ सणियं सणियं पच्चोसक्कति, ममं. पा. 2 जेणेव वेसियायणे बालतवस्सी तणेव उवागच्छति, उवा. 2 वेसियाणं बालतवस्सिं एवं वयासी–किं भवं मुणी मुणिए? उदाहु जूयासेज्जायरए? तए णं से वेसियायणे बालतवस्सी गोसालस्स मंखलिपुत्तस्स एयमट्ठं णो आढाति नो परिजाणति, तुसिणीए संच्चिट्ठति। तए णं से गोसाले मंखलिपुत्ते वेसियायणं बालतवस्सिं दोच्चं पि तच्चं पि एवं वयासी–किं भवं मुणी मुणिए जाव सेज्जायरए?.......

(५०) तभी मंखलीपुत्र गोशालक ने वैश्यायन बालतपस्वी को (ज्यों ही) देखा, (त्यों ही) मेरे पास से धीरे-धीरे खिसक कर वैश्यायन बालतपस्वी के निकट आया और उसे इस प्रकार कहा–"क्या आप तत्त्वज्ञ या तपस्वी मुनि हैं या जुओं के शय्यातर (स्थानदाता) हैं?"

वैश्यायन बालतपस्वी ने मंखलिपुत्र गोशालक के इस कथन को आदर नहीं दिया और न ही इसे स्वीकार किया, किन्तु वह मौन रहा। इस पर मंखलिपुत्र गोशालक ने दूसरी और तीसरी बार वैश्यायन बालतपस्वी को फिर इसी प्रकार पूछा–आप तत्त्वज्ञ या तपस्वी मुनि हैं या जुओं के शय्यातर हैं?.....[111]

इन शब्दों को पढ़ कर बिलकुल लग रहा है कि मक्खलि गोसाल के रूप में रैदास और कबीर के पूर्वज बोल रहे हैं।

ङ. महा शिला खण्डों का संग्राम

जैन आगम 'भगवती सूत्र' के अनुसार आजीवक धर्म में आठ चरमों का बड़ा महत्व है। इन में 7वां चरम इस प्रकार है–'चरिमे महासिलाकंटए संगामे'। यह 'चरम

111. वही, पृ. 459-60

महाशिला कंटक संग्राम' क्या है? भगवती सूत्र में लिखा गया है :

५. णायमेतं अरहता, सुयमेतं अरहया, विण्णामेतं अरहया, महासिलाकंटए संगामे महासिलाकंटए संगामे। महासिलाकंटए णं भंते! संगामे वट्टमाणे के जयित्था? के पराजइत्था?

गोयमा! वज्जी विदेहपुत्ते जइत्था, नव मल्लई नव लेच्छई कासी-कोसलगा-अट्ठारस वि गणरायाणो पराजइत्था।

(५ प्र.) अर्हन्त भगवान् ने यह जाना है, अर्हन्त भगवान् ने यह सुना है—अर्थात्—सुनने की तरह प्रत्यक्ष देखा है, तथा अर्हन्त भगवान् को यह विशेष रूप से ज्ञात है कि महाशिलाकण्टक संग्राम महाशिलाकण्टक संग्राम ही है। (अतः प्रश्न यह है कि) भगवन्! जब महाशिलाकण्टक संग्राम चल रहा (प्रवर्त्तमान) था, तब उसमें कौन जीता और कौन हारा?

(५ उ.) गौतम! वज्जी (वज्जीगण का अथवा वज्री इन्द्र और) विदेहपुत्र कूणिक राजा जीते, नौ मल्लकी और नौ लेच्छकी, जो कि काशी और कौशलदेश के १८ गणराजा थे, वे पराजित हुए।[112]

प्रश्न यह है कि इसे ऐसा क्यों कहा जाता है—अर्थात् इस युद्ध का यह नाम क्यों पड़ा है? इस बारे में प्रश्नोत्तर इस प्रकार है :

११. के केणट्ठेणं भंते! एवं वुच्चत्ति 'महासिलाकंटए संगामे महासिलाकंटए संगामे'?

गोयमा! महासिलाकंटए णं संगामे वट्टमाणे जे तत्थ आसे वा हत्थी वा जोहे वा सारही वा तणेण वा कट्ठेण वा पत्तेण वा सक्कराए वा अभिहम्मति सव्वे से जाणति 'महासिलाए अहं अभिहते महासिलाए अहं अभिहते'; से तेणट्ठेणं गोयमा! महासिलाकंटए संगामे महासिलाकंटए संगामे।

(११ प्र.) भगवन्! इस 'महाशिलाकण्टक' संग्राम को महाशिलाकण्टक संग्राम क्यों कहा जाता है?

(११ उ.) गौतम! जब महाशिलाकण्टक संग्राम हो रहा था, तब उस संग्राम में जो भी घोड़ा, हाथी, योद्धा या सारथि आदि तृण से, काष्ठ से, पत्ते से या कंकर आदि से आहत होते, वे सब ऐसा अनुभव करते थे कि हम महाशिला (के प्रहार) से मारे गए हैं। अर्थात्—महाशिला हमारे ऊपर आ

---

112. व्याख्या प्रज्ञप्ति सूत्र (भगवती सूत्र—द्वितीय खंड, शतक 6-10)(मूल पाठ, हिन्दी अनुवाद, विवेचन, टिप्पण युक्त), अनुवादक-विवेचक-सम्पादक, अमर मुनि और श्रीचन्द सुराणा सरस, श्री आगम प्रकाशन समिति, श्री ब्रज मधुकर स्मृति भवन, पीपलिया बाजार, ब्यावर, राजस्थान-305 901, तृतीय संस्करण, 2003, पृ. 181

पड़ी है। हे गौतम! इस कारण इस संग्राम को महाशिलाकण्टक संग्राम कहा जाता है।[113]

आचार्य महाप्रज्ञ ने इन सूत्रों का भाष्य किया है। उन्होंने 'भगवई' में लिखा है जिस का काफी ऐतिहासिक महत्व है। वे लिखते हैं :

> चेटक और कोणिक (कूणिक) के युद्ध का वर्णन भगवती और निरयावलियाओ– इन दो आगमों में मिलता है। भगवती में युद्ध की पृष्ठभूमि वर्णित नहीं है, केवल महाशिलाकंटक और रथमुसल इन दो युद्धों का वर्णन है। निरयावलियाओ में युद्ध की पृष्ठभूमि का विशद वर्णन है। उसमें महाशिलाकंटक संग्राम का उल्लेख नहीं है।
>
> बौद्ध साहित्य में मगध सम्राट अजातशत्रु विदेहिपुत्र और वज्जी गणराज्य के बीच युद्ध का वर्णन प्राप्त होता है, किन्तु वहां पर चेटक के नाम का उल्लेख नहीं मिलता।
>
> आश्चर्य है कि वैदिक साहित्य में इसका कोई उल्लेख नहीं है। लौकिक साहित्य में भी इस युद्ध का कोई उल्लेख नहीं है। मगध और वैशाली प्रदेश में इतनी बड़ी सेना का समावेश कैसे हुआ, यह भी एक विमर्शनीय प्रश्न है। महाशिलाकंटक संग्राम में चौरासी लाख तथा रथमुसल संग्राम में छियानवें लाख–कुल मिलाकर एक करोड़ अस्सी लाख मनुष्य मारे गये। तत्कालीन आबादी और प्रदेश की छोटी सीमा दोनों दृष्टियों से यह संख्या विस्मयकारक है। हो सकता है संख्या के संकेत किसी भिन्न गणना-पद्धति से संबद्ध हों।[114]

स्पष्ट है, महाशिला कंटक संग्राम के बारे में यह सूचना अपर्याप्त है। लेकिन इससे इस बात का पता जरूर चलता है कि वैदिक साहित्य में इस महान घटना का कोई उल्लेख नहीं है–अर्थात जो कुछ भी आधी-अधूरी सूचना मिलती है, वह केवल जैन और बौद्ध साहित्य से मिलती है।

प्रश्न महाशिला कंटक संग्राम के उपस्थित होने के कारण का है। इन सूत्रों की विवेचना करते हुए अमर मुनि और श्रीचन्द सुराणा सरस ने लिखा है–''यहाँ मूलपाठ में इस संग्राम के उपस्थित होने का कारण नहीं दिया है, किन्तु वृत्तिकार ने 'औपपातिक' 'निरयावलिका' आदि सूत्रों में समागत वर्णन के अनुसार संक्षेप में इस युद्ध का कारण इस प्रकार दिया है–चम्पानगरी में कूणिक राजा राज्य करता था। हल्ल और विहल्ल

113. वही, पृ. 184

114. भगवई : विआहपण्णत्ती (खण्ड-2) (शतक 3,4,5,6,7) (मूल पाठ, संस्कृत छाया, हिन्दी अनुवाद, भाष्य तथा अभय देव सूरि कृत वृत्ति एवं परिशिष्ट-शब्दानुक्रम आदि सहित), सम्पादक और भाष्यकार, आचार्य महाप्रज्ञ, जैन विश्व भारती, लाडनूं, राजस्थान-341 306, प्रथम संस्करण, अक्टूबर, 2000, पृ. 385-86

नाम के उसके दो छोटे भाई थे। उन दोनों को उनके पिता श्रेणिक राजा ने अपने जीवनकाल में उनके हिस्से का एक सेचनक गन्धहस्ती और अठारहसरा वंकचूड़ हार दिया था। ये दोनों भाई प्रतिदिन सेचनक गन्धहस्ती पर बैठ कर गंगातट पर जलक्रीड़ा और मनोरंजन करते थे। उनके इस आमोद-प्रमोद को देखकर कूणिक की रानी पद्मावती को अत्यन्त ईर्ष्या हुई। उसने कूणिक राजा को हल्ल-विहल्ल कुमार से सेचनक हाथी ले लेने के लिए प्रेरित किया। कूणिक ने हल्ल-विहल्ल कुमार से सेचनक हाथी मांगा। इस पर उन्होंने कहा—'यदि आप हाथी लेना चाहते हैं तो हमारे हिस्से का राज्य दे दीजिए।' किन्तु कूणिक उनकी न्यायसंगत बात की परवाह न करके बारबार हाथी मांगने लगा। इस पर दोनों भाई कूणिक के भय से भागकर अपने हाथी और अन्तःपुर सहित वैशाली नगरी में अपने मातामह चेटक राजा की शरण में पहुँचे। कूणिक ने नाना के पास दूत भेजकर हल्ल-विहल्ल कुमार को सौंप देने का सन्देश भेजा। किन्तु चेटक राजा ने हल्ल-विहल्ल को नहीं सौंपा। पुनः कूणिक ने दूत के साथ सन्देश भेजा कि यदि आप दोनों कुमारों को नहीं सौंपते हैं तो युद्ध के लिए-तैयार हो जाइए। चेटक राजा ने न्यायसंगत बात कही, उस पर कूणिक ने कोई विचार नहीं किया। सीधा ही युद्ध में उतरने के लिए तैयार हो गया। यह था महाशिलाकंटक युद्ध का कारण।''[115]

विवेचककारों ने यह भी बताया है कि इस संग्राम में कूणिक की जीत कैसे हुई। वे लिखते हैं—''चेटक राजा ने भी देखा कि कूणिक युद्ध किये बिना नहीं मानेगा और जब उन्होंने सुना कि कूणिक ने युद्ध में सहायता के लिए 'काल' आदि विमातृजात दसों भाइयों को चेटक राजा के साथ युद्ध करने के लिए बुलाया है, तब उन्होंने भी शरणागत की रक्षा एवं न्याय के लिए अठारह गणराज्यों के अधिपति राजाओं की अपनी-अपनी सेनासहित बुलाया। वे सब ससैन्य एकत्रित हुए। दोनों ओर की सेनाएँ युद्ध भूमि में आ डटीं। घोर संग्राम शुरू हुआ। चेटक राजा का ऐसा नियम था कि वे दिन में एक ही बार एक ही बाण छोड़ते, और उनका छोड़ा गया बाण कभी निष्फल नहीं जाता था। पहले दिन कूणिक का भाई कालकुमार सेनापति बनकर युद्ध करने लगा, किन्तु चेटक राजा के एक ही बाण में वह मारा गया। इससे कूणिक की सेना भाग गई। इस प्रकार दस दिन में चेटकराजा के कालकुमार आदि दसों भाइयों को मार गिराया। ग्यारहवें दिन कूणिक की बारी थी। कूणिक ने सोचा—'मैं भी दसों भाइयों की तरह चेटकराजा के आगे टिक न सकूंगा। मुझे भी वे एक ही बाण में मार डालेंगे।' अतः उसने तीन दिन तक युद्ध स्थगित रखकर चेटकराजा को जीतने के लिए अष्टमतप (तेला) करके देवाराधना की। अपने पूर्वभव के मित्र देवों को स्मरण किया, जिससे शक्रेन्द्र और चमरेन्द्र दोनों उसकी सहायता के लिए आए। शक्रेन्द्र ने कूणिक से कहा - चेटकराजा परम श्रावक है, इसलिए उसे मैं मारूंगा नहीं, किन्तु तेरी रक्षा करूंगा। अतः शक्रेन्द्र ने कूणिक की रक्षा करने के लिए वज्र सरीखे अभेद्य कवच की विकुर्वणा की और चमरेन्द्र ने महाशिलाकण्टक और

115. वही, पृ. 183

रथमूसल, इन दो संग्रामों की विकुर्वणा की। इन दोनों इन्द्रों की सहायता के कारण कूणिक की शक्ति बढ़ गई। वास्तव में इन्द्रों की सहायता से ही महाशिलाकण्टक संग्राम में कूणिक की विजय हुई, अन्यथा विजय में सन्देह था।"[116]

ध्यान रखा जाए कि उस समय के युद्ध भारत के इतिहास की साधारण घटनाएं नहीं हैं। इन की तिथियों के जानने पर, विशेषतः, आजीवक इतिहास का बहुत कुछ पता चल सकता है। ए.एफ.आर. हार्नले ने इस क्षेत्र में कुछ काम किया है। उन्होंने 1908 में छपे 'एनसाइक्लोपीडिया ऑफ रिलिजन एण्ड इथिक्स' में अपने लेख 'आजीविकास' में मक्खलि गोसाल की मृत्यु के वर्ष की गणना करने का प्रयत्न किया था। उन्होंने हिसाब लगाया था कि यदि 'भगवती सूत्र' के साक्ष्यों की जैन परम्परा पर विश्वास किया जाए तो गोसाल का मृत्यु वर्ष 543 ई.पू. ठहरता है। लेकिन उन्होंने दूसरे स्रोतों के आधार पर अनुमान लगाया था कि गोसाल की मृत्यु संभवतः 500 ई.पू. के आसपास हुई थी :

> The Bhagavati Sutra .... states that Mahavira survived Gosala sixteen years. It also states that Gosala's death was coincident with the great war which King Kuniya (Ajatasatru) of Magadha waged with King Chedaga of Vaisali for the possession of an extraordinary elephant.................... . From these two statements the year of Gosala's death may be approximately determined. The traditional date of Mahavira's death is B.C. 527. This would place Gosala's death in B.C. 543. But that date is rather too early. The elephant above mentioned was given by King Seniya (Bimbisara) of Magadha to his younger son Vehalla in disregard of the superior claim of his elder son Kuniya. It may be assumed as certain that Kuniya only awaited his entrance into the exercise of regal power before commencing the war for the possession of the elephant. Now Seniya made over the throne to his son Kuniya some year before the latter murdered him by a slow course of starvation. This murder happened in the year B.C. 490, or eight years before the death of Buddha, which itself took place, as is now practically certain, in B.C. 482. Mahavira died some time, it is not known how long, before Buddha. But Gosala died sixteen year before Mahavira, in the year of the war, and that war must have taken place in the year of Kuniya's accession to regal power, and that accession cannot well be placed at a very long interval before the murder of Seniya. All these conditions are best satisfied by assuming that Mahavira died in B.C. 484, two years earlier than Buddha, and that consequently the death of Gosala and the war took place in B.C. 500, sixteen years before the

116. वही, पृ. 184

death of Mahavira, and ten years before the murder of Seniya. Accordingly that year, B.C. 500, may be taken as the approximate date of the death of Gosala.[117]

लेकिन आचार्य महाप्रज्ञ ने गोसाल का मृत्यु वर्ष 543 ई.पू. ही तय किया है। उन्होंने महावीर के जीवन से सम्बन्धित तीन वर्षों को सर्वमान्य कहा है। उन के अनुसार, महावीर का जन्म वर्ष 599 ई.पू., दीक्षा वर्ष 569 ई.पू. और कैवल्य वर्ष 557 ई.पू. है। उन्होंने 569 ई.पू. के दीक्षा वर्ष से ले कर उनके हर वर्ष के विहार क्षेत्र और वर्षावास की गणना की है। दीक्षा के बाद 42वें वर्षावास 527 ई.पू. में उन का निर्वाण तय किया है जो गोसाल की मृत्यु के 16 वर्ष बाद ठरहता है। यह पूरी तालिका और महावीर के जीवन प्रसंगों का वर्णन 'भगवई' पर किए गए उनके भाष्य में दिया गया है।[118]

च. 'उवासगदसाओ' की दो कथाएं

श्वेताम्बर जैन आगम में 'उवासगदसाओ' नाम का ग्रन्थ अंग साहित्यं का महत्वपूर्ण भाग है। इस में आजीवक धर्म के बारे में काफी चर्चा है। दो कथाएं हैं–एक कुंड कोलिय की और दूसरी सद्दालपुत्र की। कुंड कोलिय को 'कुंडकौलिक' और सद्दालपुत्र को 'सकडालपुत्र' कहा गया है।

कुंड कौलिक की कथा में यह वर्णन आता है कि एक दिन अशोक वाटिका में ध्यान निरत कुंड कौलिक की महावीर के धर्म में श्रद्धा को विचलित करने के लिए उस के सामने एक देव प्रकट हुआ। आगे का सूत्र इस प्रकार है :

> तए णं से देवे नाम-मुद्दं च उत्तरिज्जं च पुढवि-सिला-पट्टयाओ गेण्हइ, गेण्हित्ता सखिंखिणिं अंतलिक्ख-पडिवन्ने कुंडकोलियं समणोवासयं एवं वयासी-हं भो! कुंडकोलिया! समणोवासया! सुन्दरी णं देवाणुप्पिया! गोसालस्स मंखली-पुत्तस्स धम्मपण्णत्ती-नत्थि उट्ठाणे इ वा, कम्मे इ वा, बले इ वा, वीरिए इ वा, पुरिसक्कार-परक्कमे इ वा, नियया सव्व-भावा, मंगुली णं समणस्स भगवओ महावीरस्स धम्म-पण्णत्ती-अत्थि उट्ठाणे इ वा, जाव (कम्मे इ वा, बले इ वा, पुरिसक्कार-) परक्कमे इ वा, अणियया सव्व-भावा।[119]

117. Encyclopaedia of Religion and Ethics, Volume I, Editor, James Hastings, T.&T. Clark, 38 George Street, Edinburg, Edition 1908, pp. 260-61

118. भगवई : विआहपण्णत्ती : खण्ड-4, (शतक 12-16) (मूल पाठ, संस्कृत छाया, हिन्दी अनुवाद, भाष्य तथा अभय देव सूरि कृत वृत्ति एवं परिशिष्ट-शब्दानुक्रम आदि सहित), सम्पादक और भाष्यकार, आचार्य महाप्रज्ञ, जैन विश्व भारती, लाडनूं, राजस्थान-341 306, प्रथम संस्करण, अक्टूबर, 2007, पृ. 308-11

119. उवासगदसाओ [मूल-अनुवाद-विवेचन-टिप्पण-परिशिष्ट युक्त], अनुवादक-विवेचक-सम्पादक, डॉ. छगन लाल शास्त्री, प्रकाशक, श्री आगम प्रकाशन समिति, श्री ब्रज मधुकर स्मृति भवन, पीपलिया बाजार, ब्यावर, राजस्थान-305 901, चतुर्थ संस्करण, जुलाई, 2006, पृ. 143

उस देव ने कुंडकौलिक की नामांकित मुद्रिका और दुपट्टा पृथ्वीशिलापट्टक से उठा लिया। वस्त्रों में लगी छोटी-छोटी घंटियों की झनझनाहट के साथ वह आकाश में अवस्थित हुआ, श्रमणोपासक कुंडकौलिक से बोला—कुंडकौलिक! देवानुप्रिय! मंखलिपुत्र गोशालक की धर्म-प्रज्ञप्ति-धर्म-शिक्षा सुन्दर है। उसके अनुसार उत्थान-साध्य के अनुरूप ऊर्ध्वगामी प्रयत्न, कर्म, बल—दैहिक शक्ति, वीर्य—आन्तरिक शक्ति, पुरुषकार—पौरुष का अभिमान, पराक्रम—पौरुष के अभिमान के अनुरूप उत्साह एवं ओजपूर्ण उपक्रम—इनका कोई स्थान नहीं है। सभी भाव—होनेवाले कार्य नियत—निश्चित हैं। उत्थान, (कर्म, बल, वीर्य, पौरुष,) पराक्रम इन सबका अपना अस्तित्व है, सभी भाव नियत नहीं हैं—भगवान् महावीर की यह धर्म-प्रज्ञप्ति-धर्म-प्ररूपणा असुन्दर या अशोभन है।[120]

यह सुन कर कुंड कौलिक उस देव से प्रश्न करता है। देव उत्तर देता है जिस का कुंड कौलिक द्वारा प्रत्युत्तर दिया जाता है। इस में देव की पराजय होती है और मक्खलि गोसाल के मत के मुकाबले में महावीर के मत की विजय होती है। पूरी कथा में मूल दार्शनिक बहस इस बात को ले कर चली है कि मक्खलि गोसाल के अनुसार प्रयत्न, कर्म, बल, वीर्य, पौरुष या पराक्रम की आवश्यकता नहीं है क्योंकि सभी कुछ पहले से नियत है जबकि महावीर के अनुसार इन सब की आवश्यकता है क्योंकि पहले से कुछ नियत नहीं है।

सकडालपुत्र की कथा से भी आजीवक धर्म और जैन धर्म के बीच चल रही होड़ का पता चलता है। सकडालपुत्र का परिचय इस प्रकार दिया गया है :

तत्थ णं पोलासपुरे नयरे सद्दालपुत्ते नामं कुंभकारे आजीविओवासए परिवसइ। आजीविय-समयंसि लद्धट्ठे, गहियट्ठे, पुच्छियट्ठे, विणिच्छियट्ठे, अभिगयट्ठे अट्ठिमिंजपेमाणुरागरत्ते य अयमाउसो! आजीविय-समए अट्ठे, अयं परमट्ठे सेसे अणट्ठे त्ति आजीविय-समएणं अप्पाणं भावेमाणे विहरइ।[121]

पोलासपुर में सकडालपुत्र नामक कुम्हार रहता था, जो आजीविका-सिद्धान्त या गोशालकमत का अनुयायी था। वह लब्धार्थ—श्रवण आदि द्वारा आजीविकमत के यथार्थ तत्त्व को प्राप्त किए हुए, गृहीतार्थ—उसे गहण किए हुए, पृष्टार्थ—जिज्ञासा या प्रश्न द्वारा उसे स्थित किए हुए, विनिश्चितार्थ—निश्चित रूप में आत्मसात् किए हुए,

120. वही, पृ. 143

121. वही, पृ. 149

अभिगतार्थ—स्वायत्त किए हुए था। वह अस्थि और मज्जा पर्यन्त अपने धर्म के प्रति प्रेम व अनुराग से भरा था। उसका यह निश्चित विश्वास था कि आजीविक मत ही अर्थ-प्रयोजनभूत है, यही परमार्थ है। इस के सिवाय अन्य अनर्थ—अप्रयोजनभूत हैं। यों आजीविक मत के अनुसार वह आत्मा को भावित करता हुआ धर्मानुरत था।[122]

इस कथा में भी एक दिन एक देव द्वारा सकडालपुत्र को सूचना दी जाती है जो भ्रम पैदा करने वाली है। सकडालपुत्र आजीवक धर्म का अनुयायी है और उस के सामने एक देव प्रकट होता है। शब्द इस प्रकार हैं :

१८५. तए णं से सद्दालपुत्ते आजीविओवासए अन्नया कयाइ पुव्वावरण्ह-काल-समयंसि जेणेव असोग-वणिया, तेणेव उवागच्छइ, उवागच्छित्ता गोसालस्स मंखलि-पुत्तस्स अंतियं धम्मपण्णत्तिं उवसपज्जित्ताणं विहरइ।

एक दिन आजीविकोपासक सकडालपुत्र दोपहर के समय अशोकवाटिका में गया, मंखलिपुत्र गोशालक के पास अंगीकृत धर्म-प्रज्ञप्ति-धर्म-शिक्षा के अनुरूप वहां उपासनारत हुआ।

१८६. तए णं तस्स सद्दालपुत्तस्स आजीविओवासगस्स एगे देवे अंतियं पाउब्भवित्था।

आजीविकोपासक सकडालपुत्र के समक्ष एक देव प्रकट हुआ।[123]

देव ने सकडालपुत्र से कहा कि कल प्रातः काल यहां एक महामाहन आने वाले हैं। महामाहन के जो गुण वर्णित किए गए उन से सकडालपुत्र ने समझा कि मक्खलिपुत्र गोसाल आने वाले हैं लेकिन आए महावीर। यूं, सकडालपुत्र की कल्पना निर्मूल हुई और महावीर का सान्निध्य प्राप्त हुआ। महावीर का सकडालपुत्र पर प्रभाव पड़ गया और उसे संबोध प्राप्त हुआ। उसने और उस की पत्नी अग्निमित्रा ने जैन व्रत ग्रहण कर लिया। आगे लिखा गया है :

२१४. तए णं से गोसाले मंखलिपुत्ते इमीसे कहाए लद्धट्ठे समाणे—एवं खलु सद्दालपुत्ते आजीविय-समयं वमित्ता समणाणं निग्गंथाणं दिट्ठिं पडिवन्ने। तं गच्छामि णं सद्दालपुत्तं आजीविओवासयं समणाणं निग्गंथाणं दिट्ठिं वामेत्ता पुणरवि आजीविय-दिट्ठिं गेण्हावित्तए त्ति कट्टु एवं संपेहेइ, संपेहेत्ता आजीविय-संघसंपरिवुडे जेणेव पोलासपुरे नयरे, जेणेव आजीवियसभा, तेणेव उवागच्छइ, उवागच्छित्ता आजीवियसभाए

122. वही, पृ. 149

123. वही, पृ. 155

भंडग-निक्खेबं करेइ, करेत्ता कइवएहिं आजीविएहिं सद्धिं जेणेव सद्दालपुत्ते समणोवासए तेणेव उवागच्छइ।[124]

कुछ समय बाद मंखलिपुत्र गोशालक ने यह सुना कि सकडालपुत्र आजीविक-सिद्धान्त को छोड़ कर श्रमण-निग्रन्थों की दृष्टि-दर्शन या मान्यता स्वीकार कर चुका है, तब उसने विचार किया कि मैं आजीविकोपासक सकडालपुत्र के पास जाऊं और श्रमण-निर्ग्रन्थों की मान्यता छुड़ाकर उसे फिर से आजीविक-सिद्धान्त ग्रहण करवाऊं। यों विचार कर वह आजीविक संघ के साथ पोलासपुर नगर में आया, आजीविक-सभा में पहुंचा, वहां अपने पात्र, उपकरण रखे कतिपय आजीविकों के साथ जहां सकडालपुत्र था, वहां गया।[125]

लेकिन सकडालपुत्र द्वारा मक्खलि गोसाल की उपेक्षा की गई जिस से गोसाल का वहां से निराशापूर्ण गमन हुआ। लेकिन इस कथा में मूल मुद्दा किस बात का है? वह महावीर और सकडालपुत्र के निम्न कथोपकथन में मिलता है :

२००. तए णं समणे भगवं महावीरे सद्दालपुत्तं आजीविओवासयं एवं वयासी-सद्दालपुत्ता! जइ णं तुब्भं केइ पुरिसे वायाहयं वा पक्केल्लयं वा कोलालभंडं अवहरेज्जा वा विक्खरेज्जा वा भिंदेज्जा वा अच्छिंदेज्जा वा परिट्ठवेज्जा वा, अग्गिमित्ताए वा भारियाए सद्धिं विउलाइं भोगभोगाइं भुंजमाणे विहरेज्जा, तस्स णं तुमं पुरिसस्स किं दंड वत्तेज्जासि?

भंते! अहं णं तं पुरिसं निब्भच्छेज्जा वा हणेज्जा वा बंधेज्जा वा महेज्जा वा तज्जेज्जा वा तालेज्जा वा मिच्छोडेज्जा वा निब्भच्छेज्जा वा अकाले जेव जीवियाओ ववरोवेज्जा।[126]

तब श्रमण भगवान् महावीर ने आजीविकोपासक सकडालपुत्र से कहा– सकडालपुत्र! यदि कोई पुरुष तुम्हारे हवा लगे हुए या धूप में सुखाए हुए मिट्टी के बर्तनों को चुरा ले या बिखेर दे या उनमें छेद कर दे या उन्हें फोड़ दे या उठाकर बाहर डाल दे अथवा तुम्हारी पत्नी अग्निमित्रा के साथ विपुल भोग भोगे, तो उस पुरुष को तुम क्या दंड दोगे?

सकडालपुत्र बोला–भगवन् मैं उसे फटकारूंगा या पीटूंगा या बांध दूंगा या रौंद डालूंगा या तर्जित करूंगा–धमकाऊंगा या असमय में ही उसके प्राण ले लूंगा।[127]

आज भी कोई समझ सकता है कि सकडालपुत्र का यह उत्तर एकदम सही था।

---

124. वही, पृ. 169-70
125. वही, पृ. 170
126. पृ. 163
127. वही, पृ. 164

लेकिन महावीर उस के इस उत्तर से उसे चक्कर में डाल देते हैं। वे पुनर्जन्म को समाप्त कर देने वाले नियतिवाद के सामने लौकिक उद्यम, प्रयत्न और पुरुषार्थ को अड़ा देते हैं। जो सन्दर्भ है, नियतिवाद को उसी तक सीमित नहीं रखा गया।

लेकिन जैन धर्म का विचार कुछ और ही है क्योंकि सकडालपुत्र का एक अन्य देव से जो संवाद है वह विचित्र अर्थ लिए हुए हैं। कथा इस प्रकार है कि तब तक सकडालपुत्र को जैन व्रतों की उपासना द्वारा आत्म-भावित होते हुए चौदह वर्ष बीत गए थे। जब 15वां वर्ष चल रहा था, तब एक बार आधी रात के समय वह धर्मप्रज्ञप्ति के अनुरूप उपासनारत था। तब उस के समक्ष एक देव प्रकट हुआ। आगे इस प्रकार लिखा गया है :

२२५. तए णं से देवे एगं महं नीलुप्पल जाव असिं गहाय सद्दालपुत्तं समणोवासयं एवं वयासी—जहा चुलणीपियस्स तहेव देवो उवसग्गं करेइ। नवरं एक्केक्के पुत्ते नव मंससोल्लए करेइ जाव कनीयसं घाएड, घाएत्ता जाव आयंचइ।

उस देव ने एक बड़ी, नीली तलवार निकाल कर श्रमणोपासक सकडालपुत्र से उसी प्रकार कहा, वैसा ही उपसर्ग किया, जैसा चुलनीपिता के साथ देव ने किया था। सकडालपुत्र के बड़े, मंझले व छोटे बेटे की हत्या की, उनका मांस व रक्त उस पर छिड़का। केवल यही अन्तर था कि यहां देव ने एक-एक पुत्र के नौ-नौ मांस खंड किए।

२२६. तए ण से सद्दालपुत्ते समणोवासए अभीए जाव विहरइ।

ऐसा होने पर भी श्रमणोपासक सकडालपुत्र निर्भीकतापूर्वक धर्म-ध्यान में लगा रहा।

२२७. तए णं से देवे सद्दालपुत्तं समणोवासयं अभीयं जाव पासित्ता चउत्थं पि सद्दालपुत्तं समणोवासयं एवं वयासी—हं भो! सद्दालपुत्ता! समणोवासया! अपत्थियपत्थिया! जाव न भंजेसि तओ जा इमा अग्गिमित्ता भारिया धम्म-सहाइया, धम्म-विइज्जिया, धम्माणुरागरत्ता, सम-सुह-दुक्ख-सहाइया, तं ते साओ गिहाओ नीणेमि नीणेत्ता तब अग्गओ घाएमि, घाएत्ता नव मंस-सोल्लए करेमि, करेत्ता आदाण-भरियंसि कडाहयंसि अद्दहेमि, अद्दहेत्ता तव गायं मंसेण य सोणिएण य आयंचामि, जहा णं तुमं अट्ट-दुहट्ट (वसट्टे अकाले चेव जीवियाओ) ववरोविज्जसि।

उस देव ने जब श्रमणोपासक सकडालपुत्र को निर्भीक देखा, तो चौथी बार उसको कहा—मौत को चाहने वाले श्रमणोपासक सकडालपुत्र! यदि तुम अपना व्रत नहीं तोड़ते हो तो तुम्हारी धर्म-सहायिका-धार्मिक कार्यों में सहयोग करने वाली, धर्मवैद्या जीवन में शिथिलता या दोष आने पर प्रेरणा द्वारा धार्मिक स्वास्थ्य प्रदान करने वाली, अथवा

धर्मद्वितीया–धर्म की संगिनी-साथिन, धर्मानुरागरक्ता–धर्म के अनुराग में रंगी हुई, समसुखदुःख-सहायिका-तुम्हारे सुख और दुःख में समान रूप से हाथ बंटाने वाली पत्नी अग्निमित्रा को घर से ले आऊंगा, लाकर तुम्हारे आगे उसकी हत्या करूंगा, नौ मांस-खंड करूंगा, उबलते पानी से भरी कढ़ाही में खौलाऊंगा, खौलाकर उसके मांस और रक्त से तुम्हारे शरीर को सींचूगा, जिससे तुम आर्तध्यान और विकट दुःख से पीड़ित होकर (असमय में ही) प्राणों से हाथ धो बैठोगे।

२२८. तए णं से सद्दालुपुत्ते समणोवासए तेणं देवेणं एवं वुत्ते समाणे अभीए जाव विहरइ।

देव द्वारा यों कहे जाने पर भी सकडालपुत्र निर्भीकतापूर्वक धर्म-ध्यान में लगा रहा।

२२९. तए णं से देवे सद्दालपुत्तं समणोवासयं दोच्चंपि तच्चंपि एवं वयासी–हं भो! सद्दालपुत्ता! समणोवासया! तं चेव भणइ।

तब उस देव ने श्रमणोपासक सकडालपुत्र को पुनः दूसरी बार, तीसरी बार वैसा ही कहा।

२३०. तए णं तस्स सद्दालपुत्तस्स समणोवासयस्स तेणं देवेणं दोच्चंपि तच्चंपि एवं वुत्तस्स समाणस्स अयं अज्झत्थिए समुप्पन्ने........ एवं जहा चुलणीपिया तहेव चिंतेइ। जेणं ममं जेट्ठं पुत्तं ममं मज्झिमयं पुत्तं, जेणं ममं कणीयसं पुत्तं जाव आयंचइ, जा वि य णं ममं इमा अग्गिमित्ता भारिया सम-सुह-दुक्खसहाइया, तं पि य इच्छइ साओ गिहाओ नीणेत्ता ममं अग्गओ घाएत्तए। तं सेयं खलु ममं एयं पुरिसं गिण्हित्तए त्ति कट्टु उद्धाइए।

उस देव द्वारा पुनः दूसरी बार, तीसरी बार वैसा कहे जाने पर श्रमणोपासक सकडालपुत्र के मन में चुलनीपिता की तरह विचार उत्पन्न हुआ। वह सोचने लगा–जिसने मेरे बड़े पुत्र को, मंझले पुत्र को तथा छोटे पुत्र को मारा, उनका मांस और रक्त मेरे शरीर पर छिड़का, अब मेरी सुख-दुःख में सहयोगिनी पत्नी अग्निमित्रा को घर से ले आकर मेरे आगे मार देना चाहता है, मेरे लिए यही श्रेयस्कर है कि मैं इस पुरुष को पकड़ लूं। यों विचार कर वह दौड़ा।[128]

आगे की कथा के बारे में बताया गया है कि उसे चुलनीपिता की तरह की समझा जाना चाहिए। सकडालपुत्र की पत्नी अग्निमित्रा ने कोलाहल सुना। तब अग्निमित्रा सकडालपुत्र से बोली :

128. वही, पृ. 177-80

नो खलु केइ पुरिसे तव जाव (जेट्ठपुत्तं साओ गिहाओ नीणेइ, नीणेत्ता तब अग्गओ घाएइ, नो खलु केइ पुरिसे तव मज्झिम पुत्तं साओ गिहाओ नीणेइ, नीणेत्ता तव अग्गओ घाएइ, एस णं केइ पुरिसे तव) कणीयसं पुत्तं साओ गिहाओ नीणेइ, नीणेत्ता तव अग्गओ घाएइ, एस णं केइ पुरिसे तव उवसग्गं करेइ, एस णं तुमे विदरिसणे दिट्ठे। तं णं तुमं इयाणिं भग्ग-व्वए भग्ग-नियमे भग्ग-पोसहे विहरसि। तं णं तुमं पुत्ता! एयस्स ठाणस्स आलोएहि जाव (पडिक्कमाहि, निंदाहि, गरिहाहि, विउट्टाहि, विसोहेहि अकरणयाए, अब्भुट्ठाहि अहारिहं पायच्छित्तं तवो-कम्मं) पडिवज्जाहि।[129]

ऐसा कोई पुरुष नहीं था, जो तुम्हारे ज्येष्ठ पुत्र को घर से लाया हो, तुम्हारे आगे उसे मारा हो, तुम्हारे छोटे पुत्र को घर से लाया हो, तुम्हारे आगे उसकी हत्या की हो। यह तो तुम्हारे लिए कोई देव-उपसर्ग था। इसलिए, तुमने यह भयंकर दृश्य देखा। अब तुम्हारा व्रत, नियम और पोषध भंग हो गया है—खण्डित हो गया है। इसलिए पुत्र! तुम इस स्थान-व्रत भंग रूप आचरण की आलोचना करो (प्रतिक्रमण करो—पुनः शुद्ध अन्तःस्थिति में लौटो, इस प्रवृत्ति की निन्दा करो, गर्हा करो—आन्तरिक खेद अनुभव करो—इससे जनित दोष का परिमार्जन करो, यथोचित प्रायश्चित के लिए अभ्युत्थित-उद्यत हो जाओ,) तदर्थ तपःकर्म स्वीकार करो।[130]

सकडालपुत्र ने अपनी पत्नी अग्निमित्रा का कथन 'आप ठीक कहती हैं' यों कह कर विनयपूर्वक सुना। सुन कर उस स्थान व्रत-भंग, नियम भंग और पोषध भंग रूप आचरण की आलोचना की, प्रायश्चित के रूप में तदनुरूप तपः क्रिया स्वीकार की।[131] तत्पश्चात सकडालपुत्र ने क्रमशः पहली, (दूसरी, तीसरी, चौथी, पाँचवीं, छठी, सातवीं, आठवीं, नौवीं, दसवीं तथा) ग्यारहवीं उपासक-प्रतिमा की यथाविधि आराधना की।[132]

इस उपासक-प्रतिमा का सकडालपुत्र को लाभ क्या हुआ? वह अरुणभूत विमान में उत्पन्न हुआ। (वहां उस की आयु चार पल्योपम बतलाई गई।) महाविदेह क्षेत्र में वह सिद्‌ध-युक्त होगा।[133]

'उवासगदसाओ' में आईं इन दोनों कथाओं का आजीवक दृष्टि से क्या अर्थ लगाया जाए?

कुंड कौलिक की कथा के बारे में केवल इतना कहा जाना है कि नियतिवाद पुनर्जन्म को नहीं मानता और न ही पुनर्जन्म से जुड़े किसी कर्म सिद्‌धान्त को। मनुष्य

---

129. वही, पृ. 123
130. वही, पृ. 123
131. वही, पृ. 125
132. वही, पृ. 125
133. वही, पृ. 180

का या किसी भी जीव का जन्म होता है, यह सत्य है, पर यह असत्य है कि इस में उस के पूर्वजन्म के प्रयत्न, कर्म, बल, वीर्य, पौरुष या पराक्रम का कोई हाथ होता है। जब नियतिवाद में पुनर्जन्म ही नहीं होता तो उस से जुड़े कर्मों का तारतम्य भी नहीं होता। जीवन में उद्यम, श्रम और प्रयत्न का अर्थ है पर पुनर्जन्म से जुड़ कर नहीं।

सकडालपुत्र की कथा के बारे में यह कहा जाना है कि धर्म के रूप में मनुष्य ने ऐसा कुछ भी नहीं पाया है कि बच्चों और पत्नी के कत्ल पर क्षोभित होने पर उसे व्रत भंगी माना जाएगा। आजीवक दृष्टि से मनुष्य को घर-गृहस्थी में रहना है, माता-पिता, सन्तान, पत्नी और अन्य सम्बन्धियों की रक्षा के लिए प्राण तक उत्सर्ग करने हैं। यह कोई प्राप्ति नहीं है कि सामने औलाद को मारा जा रहा है और पिता पर कोई प्रभाव नहीं पड़ना चाहिए। निश्चित रूप से बलिदान का महत्व है पर सकडालपुत्र के परिवार को किस बात के लिए कत्ल किया जा रहा है कि वह विचलित न हो?

अध्याय-2

दो शब्दों का खुलासा

क. 'अजीव' से 'आजीवक'
ख. 'मस्करी'—अर्थात कबीर की लाठी

क. 'अजीव' से 'आजीवक'

एक शब्द 'जीव' है। यह क्या है? चूंकि आजीवक धर्म का जैन धर्म से संवाद रहा है और इन में अन्तर भी रहा है, इसलिए जीव को जैन दर्शन के अनुसार जानना ठीक रहेगा। 'जैनेन्द्र सिद्धान्त कोश' में जीव के बारे में इस प्रकार लिखा गया है—"संसार या मोक्ष दोनों में जीव प्रधान तत्त्व है। यद्यपि ज्ञान-दर्शन स्वभावी होनेके कारण वह आत्मा ही है फिर भी संसारी दशामें प्राण धारण करने से जीव कहलाता है। वह अनन्तगुणोंका स्वामी एक प्रकाशात्मक अमूर्तीक सत्ताधारी पदार्थ है, कल्पना मात्र नहीं है, न ही पंचभूतोंके मिश्रणसे उत्पन्न होनेवाला कोई संयोगी पदार्थ है। संसारी दशा में शरीरमें रहते हुए भी शरीरसे पृथक् लौकिक विषयोंको करता व भोगता हुआ भी वह उनका केवल ज्ञाता है। वह यद्यपि लोकप्रमाण असंख्यात प्रदेशी है परन्तु संकोचविस्तार शक्ति के कारण शरीरप्रमाण होकर रहता है। कोई एक ही सर्वव्यापक जीव हो ऐसा जैन दर्शन नहीं मानता। वे अनन्तानन्त हैं। उनमें से जो भी साधना विशेषके द्वारा कर्मों व संस्कारोंका क्षय कर देता है वह सदा अतीन्द्रिय आनन्दका भोक्ता परमात्मा बन जाता है। तब वह विकल्पोंसे सर्वथा शून्य हो केवल ज्ञाता द्रष्टाभावमें स्थिति पाता है। जैनदर्शनमें उसी को ईश्वर या भगवान् स्वीकार किया है उससे पृथक किसी एक ईश्वरको वह नहीं मानता।"[1]

जीव के साथ कर्म जुड़ा हुआ है—जुड़ा हुआ इस रूप में है कि जीव कर्म के साथ जुड़ा हुआ है। इस के बारे में कोशकार ने लिखा है :

> 'कर्म' शब्द के अनेक अर्थ हैं यथा—कर्म कारक, क्रिया तथा जीवके साथ बन्धनेवाले विशेष जातिके पुद्गल स्कन्ध। कर्म कारक जगत् प्रसिद्ध

1. जैनेन्द्र सिद्धान्त कोश : भाग-2 (क-न), कोशकार, जिनेन्द्र वर्णी, भारतीय ज्ञानपीठ, 18, इन्स्टीट्यूशनल एरिया, लोदी रोड, नई दिल्ली-110 003, सातवां संस्करण, 2004, पृ. 330

है, क्रियाएँ समवदान व अधःकर्म आदिके भेदसे अनेक प्रकार हैं जिनका कथन इस अधिकार में किया जायेगा।

परन्तु तीसरे प्रकारका कर्म अप्रसिद्ध है। केवल जैन सिद्धान्त ही उसका विशेष प्रकारसे निरूपण करता है। वास्तव में कर्म का मौलिक अर्थ तो क्रिया ही है। जीव मन-वचन-कायके द्वारा कुछ न कुछ करता है, वह सब उसकी क्रिया या कर्म है और मन, वचन व काय ये तीन उसके द्वार हैं। इसे जीव कर्म या भाव कर्म कहते हैं। यहाँ तक तो सब को स्वीकार है।

परन्तु इस भाव कर्म से प्रभावित होकर कुछ सूक्ष्म जड़ पुद्गल स्कन्ध जीवके प्रदेशोंमें प्रवेश पाते हैं और उसके साथ बँधते हैं यह बात केवल जैनागम ही बताता है। ये सूक्ष्म स्कन्ध अजीव कर्म या द्रव्य कर्म कहलाते हैं और रूप रसादि धारक मूर्तीक होते हैं। जैसे-जैसे कर्म जीव करता है वैसे ही स्वभावको लेकर ये द्रव्य कर्म उसके साथ बँधते हैं और कुछ काल पश्चात् परिपक्व दशाको प्राप्त होकर उदय में आते हैं। उस समय इनके प्रभावसे जीवके ज्ञानादि गुण तिरोभूत हो जाते हैं। यही उनका फलदान कहा जाता है। सूक्ष्मता के कारण वे दृष्ट नहीं हैं।[2]

कर्म के साथ फल जुड़ा हुआ है। जीव को यह फल भोगना पड़ता है। इसे कर्मों का उदय कहते हैं। इस के बारे में लिखा गया है–''जीवके पूर्वकृत जो शुभ या अशुभ कर्म उसकी चित्तभूमिपर अंकित पड़े रहते हैं, वे अपने-अपने समयपर परिपक्व दशाको प्राप्त होकर जीव को फल देकर खिर जाते हैं। इसे ही कर्मोंका उदय कहते हैं। कर्मोंका यह उदय द्रव्य क्षेत्र काल व भवकी अपेक्षा रखकर आता है। कर्मके उदयमें जीवके परिणाम उस कर्मकी प्रकृतिके अनुसार ही नियमसे हो जाते हैं, इसीसे कर्मोंको जीवका पराभव करनेवाला कहा गया है।''[3] यूं, जैन दर्शन के अनुसार कर्म जगत का स्रष्टा है। लिखा गया है–''विधि, स्रष्टा, विधाता, दैव, पुराकृत कर्म और ईश्वर ये सब कर्मरूपी ईश्वरके पर्याय वाचक शब्द हैं। अर्थात् इनके सिवाय अन्य कोई लोकका बनानेवाला नहीं।''[4]

इस क्रम में अन्तिम प्रश्न यह बनता है कि शरीर की उत्पत्ति किसके अधीन है? उत्तर है, शरीर की उत्पत्ति कर्माधीन है। लिखा गया है–''पूर्वकृत फलके अनुबन्धसे उसकी उत्पत्ति होती है.... पूर्व शरीरोंमें किये मन, वचन, कायकी प्रवृत्तिरूप कर्मोंके फलानुबन्धसे देहकी उत्पत्ति होती है, अर्थात् धर्माधर्मरूप अदृष्टसे प्रेरित पंचभूतों से शरीर की उत्पत्ति होती है स्वतन्त्र भूतोंसे नहीं।''[5]

---

2. वही, पृ. 25
3. जैनेन्द्र सिद्धान्त कोश : भाग-1 (अ-औ), कोशकार, जिनेन्द्र वर्णी, भारतीय ज्ञानपीठ, 18, इन्स्टीट्यूशनल एरिया, लोदी रोड, नई दिल्ली-110 003, नौवां संस्करण, 2006, पृ. 363
4. जैनेन्द्र सिद्धान्त कोश : भाग-3 (क-न), कोशकार, जिनेन्द्र वर्णी, भारतीय ज्ञानपीठ, 18, इन्स्टीट्यूशनल एरिया, लोदी रोड, नई दिल्ली-110 003, सातवां संस्करण, 2004, पृ. 28
5. वही, पृ. 29

अब मूल विषय पर आया जाए कि आजीवक दर्शन का आधार क्या है। इस के लिए 'आजीवक' शब्द की व्युत्पत्ति जान ली जाए। तब एक शब्द 'जीव' है और दूसरा शब्द 'अजीव' है। 'अजीव' से विशेषण बनाया जाए तो 'आजीविक' शब्द बनता है। इसी 'आजीविक' को सरल करते हुए 'आजीवक' शब्द रह जाता है। तब, 'अजीव' का अर्थ क्या है? कोशकार ने उद्धृत किया है कि 'जीव से विपरीत लक्षण वाला अजीव है।'[6] और भी उद्धृत किया गया है—"जिसमें उपयोगके साथ रहनेवाली, यथोक्त लक्षणवाली चेतनाका अभाव होनेसे बाहर तथा भीतर अचेतनत्व अवतरित प्रतिभासित होता है, वह अजीव है।"[7] यह भी लिखा गया है कि 'इस प्रकार की उक्त लक्षण वाली चेतना जहाँ नहीं है वह अजीव होता है ऐसा जानना चाहिए।'[8] अजीव काय के बारे में लिखा गया है—"धर्म द्रव्य, अधर्म द्रव्य, आकाश द्रव्य, पुद्गल द्रव्य और काल द्रव्य ये पाँच अजीव काय हैं।"[9]

'आजीवक' शब्द का सबसे सरल अर्थ तब निकलता है जब जैन दर्शन के 'जीववाद' का अर्थ जाना जाता है। जैन आगम 'उत्तराध्ययन सूत्र' में एक सूत्र इस प्रकार आता है :

समणं संजयं दन्तं हणेज्जा कोई कत्थई।
'नत्थि जीवस्स नासु' त्ति एवं पेहेज्ज संजए।।
संयत और दान्त श्रमण को कोई कहीं मारे—(वध करे) तो उसे ऐसा
अनुप्रेक्षण (चिन्तन) करना चाहिए कि 'आत्मा का नाश नहीं होता।'[10]

'नत्थि जीवस्स नासोत्ति'—यह वह जैन सूक्ति है जो आजीवक दर्शन को जैन दर्शन से अलग करती है। इस सूत्र में वध-परीषह-जय का लक्षण बताया गया है जिस में जिन कष्टों को समभावपूर्वक आर्त्तध्यान के परिणामों के बिना सहा जाता है, उन्हें परीषह कहा जाता है। विवेचक ने लिखा है—"तीक्ष्ण, तलवार, मूसल, मुद्गर, चाबुक, डंडा आदि अस्त्रों द्वारा ताड़न और पीड़न आदि से जिस साधक का शरीर तोड़ा-मरोड़ा जा रहा है, तथापि मारने वालों पर लेशमात्र भी द्वेषादि मनोविकार नहीं आता, यह मेरे पूर्वकृत दुष्कर्मों का फल है; ये बेचारे क्या कर सकते हैं? इस शरीर का जल के बुलबुले के समान नष्ट होने का स्वभाव है, ये तो दुःख के कारण शरीर को ही बाधा पहुँचाते हैं, मेरे सम्यग्ज्ञान-दर्शन-चारित्र को कोई नष्ट नहीं कर सकता; इस प्रकार जो साधक विचार

6. जैनेन्द्र सिद्धान्त कोश : भाग-1 (अ-औ), कोशकार, जिनेन्द्र वर्णी, भारतीय ज्ञानपीठ, 18, इन्स्टीट्यूशनल एरिया, लोदी रोड, नई दिल्ली-110 003, नौवां संस्करण, 2006, पृ. 41

7. वही, पृ. 41 8. वही, पृ. 41 9. वही, पृ. 41

10. उत्तराध्ययन सूत्र [मूल पाठ, हिन्दी अनुवाद-विवेचन-टिप्पण-परिशिष्ट युक्त], अनुवादक, विवेचक और सम्पादक, राजेन्द्र मुनि शास्त्री, श्री आगम प्रकाशन समिति, ब्रज मधुकर स्मृति भवन, पीपलिया बाजार, ब्यावर, राजस्थान-305 901, तृतीय संस्करण, जनवरी, 2000, पृ. 43

करता है, वह वसूले से छीलने और चन्दन से लेप करने, दोनों परिस्थितियों में समदर्शी रहता है, ऐसा साधक ही वधपरीषह पर विजय पाता है।''[11]

ऊपर के वाक्य भी हिन्दी विवेचक के नहीं हैं बल्कि ये उन्होंने 'सर्वार्थ सिद्‌धि' से लिए हैं। इन में साफ लिखा गया है कि यह माना जाए कि यह जो मेरे साथ हो रहा है, 'यह मेरे पूर्वकृत दुष्कर्मों का फल है।' वध-प्रसंग पर चिन्तन करते हुए विवेचक ने उद्‌धृत किया है–''यदि कोई दुष्ट व्यक्ति साधु को गाली दे तो सोचे कि गाली ही देता है, पीटता तो नहीं, पीटने पर सोचे–पीटता ही तो है, मारता तो नहीं, मारने पर सोचे–यह शरीर को ही मारता है, मेरी आत्मा या आत्मधर्म का हनन तो यह कर नहीं सकता, क्योंकि आत्मा और आत्मधर्म दोनों शाश्वत, अमर, अमूर्त्त हैं। धीर पुरुष तो लाभ ही मानता है।''[12]

इस सब का मतलब क्या है? मतलब एक ही है कि जीव और आत्मा को लेकर जैनियों और ब्राह्मणों में कोई अन्तर नहीं है। जीव का नाश नहीं होता तो आत्मा भी अमर है। लेकिन आजीवक दर्शन ऐसे किसी जीव या ऐसी किसी आत्मा को नहीं मानता। आजीवक के अनुसार मरने पर जीव का पुनर्जन्म नहीं होता। फिर जीव का क्या होता है? जवाब महान आजीवक कबीर के पास है कि जीव जहां से आता है वहीं चला जाता है। जीव कहां से आता है? उत्तर में 'अमर वह देसवा' है। जीव जहां से आता है वह कोई छोटी-मोटी जगह नहीं है और जीव वहीं जाता है जहां से आया था। आजीवकों का जीव बौद्‌ध दर्शन के शून्य से भी नहीं आता और न उन के शून्य में जाता है।

पुनः इस बात पर आया जाए कि आजीवक दर्शन जैन दर्शन से किस तरह भिन्न है। जैन दर्शन में जीव के साथ उस के कर्म जुड़े हुए रहते है जो मृत्यु के बाद उस के लिए नया शरीर धारण करने का निर्धारण करते हैं। जैन दर्शन में यही जन्म की प्रक्रिया है कि यह जीव को उस के पूर्व शरीरों में किए गए कर्मों के अनुसार प्राप्त होता है। इस के विपरीत, आजीवक दर्शन ने कर्म और कर्मफल के बजाय जन्म के बारे में नियतिवाद का सिद्‌धान्त दिया है। 'अजीव' के रूप में आजीवक का यही मतलब है कि यह मरण के बाद 'जीववाद' में विश्वास नहीं करता। इसलिए आजीवक दर्शन में पुनर्जन्म समाप्त है।

आजीवकों का यह दर्शन ब्राह्मणों के दर्शन से भी जुदा है। ब्राह्मणों के दर्शन में जीव की जगह आत्मा को माना जाता है। उस में आत्मा मरण के नाम पर एक शरीर को छोड़ कर दूसरा शरीर ग्रहण करती है। यूं, ब्राह्मण दर्शन भी पुनर्जन्म को मानता है, लेकिन आजीवक दर्शन ऐसी आत्मा और उसके पुनर्जन्म का खण्डन करता है। आजीवक दर्शन में मरने का मतलब ही है कि अब वह जीव या आत्मा नहीं है।

बौद्‌ध दर्शन आत्मा को नहीं मानता, इसीलिए उसे अनात्मवादी कहा जाता है। लेकिन पुनर्जन्म वहां भी है। यूं कहा जाए कि उस में आत्मा का पुनर्जन्म नहीं होता

11.वही, पृ. 43 12. वही, पृ. 44

बल्कि अनात्मा का पुनर्जन्म होता है। उसे वे पुनर्भव कहते हैं पर इस कहने से कोई फर्क नहीं पड़ता। जैन दर्शन में जीव का पुनर्जन्म होता है, ब्राह्मण दर्शन में आत्मा का पुनर्जन्म होता है और बौद्ध दर्शन में अनात्मा का पुनर्भव होता है, पर कुल मिला कर, समाज व्यवस्था में ये तीनों बातें एक ही अर्थ रखती हैं। मैं जीव हूं और मेरा पुनर्जन्म होता है, मैं आत्मा हूं और मेरा पुनर्जन्म होता है और मैं अनात्मा हूं और मेरा पुनर्भव होता है—इन तीनों में 'मैं' एक समान है। बौद्ध यही तो कह रहे हैं कि मैं अनात्मा के रूप में अशाश्वत और परिवर्तनशील हूं पर इस अशाश्वत और परिवर्तनशील 'मैं' का पुनर्भव तो निरन्तर हो रहा है। आजीवक दर्शन में ऐसा कुछ नहीं है। वहां जीव के बाद अजीव है जिस में यह नियति का निर्धारण है कि जन्म कैसे होता है जिसे मनुष्य नहीं जानता। कोई मनुष्य नहीं जानता कि उस के जन्म की नियति कैसे बनी है।

यहां यह बात अवश्य कही जाए कि आजीवक दर्शन में ऐसा नहीं है कि जीव नहीं है। जीव है, लेकिन वह एक समय तक है, या एक समय के बाद नहीं है। जैन दर्शन में अजीव को जीव का विलोम सूचक माना गया है जो आजीवक दर्शन के अनुकूल नहीं है। अजीव और जीव जड़ और चेतन की तरह अलग-अलग विभाग नहीं हैं। जड़ समाप्त नहीं होता, वह परिवर्तित हो जाता है, लेकिन यही बात जीव के बारे में सच नहीं है। मृत्यु पर जीव को अजीव कहा जाए—यही आजीवक का मन्तव्य है। ध्यान रखा जाए, अजीव का सम्बन्ध जीव से है, जड़ से नहीं। जैन दर्शन में यह माना जाता है कि जीव तत्व अजीव तत्व का इस रूप में विरोधी है जिस रूप में जीव का विरोध जड़ से है :

> In Jainism Ajiva means a non-living substance as opposed to jiva a living matter.[13]

लेकिन आजीवक दर्शन में 'अजीव' शब्द 'जीव' से जुड़ कर ही अस्तित्व में आया है। यदि बौद्धों, जैनियों और ब्राह्मणों द्वारा अनात्मा, जीव और आत्मा के पुनर्भव और पुनर्जन्म की बात सामने न आती तो 'आजीवक' शब्द की कोई सार्थकता न बनती। पुनर्जन्म का खण्डन करने के विशेष प्रयोजन के लिए ही 'अजीव' शब्द अस्तित्व में आया है, अन्यथा इस की कोई आवश्यकता नहीं थी। बाद में कबीर ने इस दर्शन का विकास 'बहुरि नहिं आवना' कह कर किया ही है। हां, 'पुनर्जन्म नहीं होता'—न कह कर 'बहुरि नहिं आवना' कह दो—दोनों एक ही बात हैं।

'आजीविक' शब्द का अगला विकास 'आजीविका' में होता है। आजीविका को खाना-कमाना, रोजगार, कमाई आदि कहा जाता है। इस से आदमी की गुजर-बसर होती है। कोई भी पेशा हो, यह वही है और इस में हुनर की आवश्यकता होती है। 'आजीविका' को छोटा कर के मात्र 'जीविका' भी कहा जाता है—जीविकोपार्जन। यहां बताया जाए कि अमर सिंह के 'अमर कोश' में 'आजीव' शब्द का अर्थ इस प्रकार आया है :

13. Dravidian Encyclopaedia, Vol. I, The International School of Dravidian Linguistics, St. Xavier's College P.O., Thiruvananthapuram-695 086, First Edition, 1990, p. 17

आजीवो जीविका वार्ता वृत्तिर्वर्तनजीवने।[14]

आजीव : (पु), जीविका, वार्ता, वृत्ति : (३ स्त्री), वर्तनम् (+वेतनम्), जीवनम् (२ न), 'जीविका वेतन' के ६ नाम हैं।[15]

हेमचन्द्र की पुस्तक 'अभिधान चिन्तामणि' में भी इस शब्द के ये ही छह अर्थ दिए गए हैं।[16]

डा. हरिपाद चक्रबर्ती ने अंग्रेजी में लिखी अपनी पुस्तक 'एसेटिसिज्म इन एन्शिएट इण्डिया इन ब्राह्मनिकल, बुद्धिस्ट, जैन एंड आजीविक सोसाइटीज (फ्रोम दि अर्लिएस्ट टाइम्स टु दि पीरियड ऑफ शंकराचार्य)' में मोनियर विलियम्स के संस्कृत-अंग्रेजी कोश को उद्धृत करते हुए बताया है कि 'आजीविय' का उस व्यक्ति से सम्बन्ध है जो अपनी जीविका के लिए कुछ नियमों का पालन करता है। उन्होंने बौद्धों के आष्टांगिक मार्ग में आए हुए शब्द 'सम्यग आजीव' की याद दिलाई है। लेकिन वहां यह आजीवकों से चुराया हुआ शब्द है। चक्रबर्ती ने यह संभावना जरूर जताई है कि पहले समय से ही कुछ साधू ऐसे होते थे जो जीविका के लिए पेशों को अपनाए रहते थे। मक्खलि गोसाल से जुड़े 'मंखत्व' के बारे में उन्होंने माना है कि यह चित्र प्रदर्शन का पेशा था और मक्खलि के पिता इसी पेशे को अपनाए हुए थे। बाण के 'हर्ष चरितम्' में 'यम पट्टिका' का होना भी यही दर्शाता है। इसलिए यह संभव है कि आजीवक साधू भीख मांगने के बजाय चित्र प्रदर्शन के पेशे को अपनाए रहते थे :

> The term 'Ajiviya' means one who follows some rules with regard to one's livelihood. The Buddhist texts refer to "Samyagajiva" as one of 8 paths to be followed by monks. It may not be unlikely that a class of mendicants who lived originally by a profession as a means of livelihood was gradually known as "Ajiviya". The term "mankhatva", as applied to Gosala means the profession of exhibiting pictures. Charpentier, on the basis of Panini's sutra concludes that Gosala's father Mankhali was a mendicant bearing a picture-board displaying a representation of Siva. Bana also refers to a Yamapattika (one who lives by showing a piece of cloth on which Yama and his party are

---

14. अमरकोष, अमर सिंह, टीकाकार, हरगोविन्द शास्त्री, चौखम्बा संस्कृत सीरीज आफिस, के. 37/99, गोपाल मन्दिर लेन, (गोपाल मन्दिर के उत्तरी फाटक पर), गोलघर (मैदागिन) के पास, पो.बा. नं. 1008, वाराणसी-221 001, उत्तर प्रदेश (भारत), सप्तम संस्करण, 2005, पृ. 306
15. वही, पृ. 306
16. अभिधान चिन्तामणि, मूल लेखक, हेम चन्द्र, व्याख्याकार, श्री हरगोविन्द शास्त्री, चौखम्बा विद्याभवन चौक, वाराणसी-1, उत्तर प्रदेश, प्रथम संस्करण, 1964, पृ. 214

> represented) in his Harsacharitam. It is very likely that the Ajivikas earned their own bread by their profession of showing pictures and not by mere begging.[17]

बौद्ध ग्रन्थों से प्रमाण दिए गए हैं कि राजगृह के पाण्डुपुत्र नाम के आजीवक साधु एक रथ-निर्माता के पुत्र थे। जब उस ने एक गाड़ी-निर्माता के काम का कमाल देखा तो वह खुशी में जोर से चिल्लाया था। कुछ आजीवक साधू भविष्य वक्ताओं का काम करते थे। जनसान नाम का आजीवक साधू राजा बिन्दुसार का दरबारी था। इन उदाहरणों से मालमू होता है कि आजीवक साधू भीख पर निर्भर नहीं थे बल्कि वे अपने जीवन में विभिन्न सामाजिक पेशों से जुड़े हुए होते थे :

> The Majjhima Nikaya tells us of Panduputta, son of a wagon-maker, an Ajivika monk of Rajagrha. He is said to have shouted with joy at the excellence of worksmanship, when he saw a wagon-maker finishing his work. We hear of some Ajivikas living as astrologers or fortune-tellers as early as the Nakkhatta Jataka. The Divyavadana and the Mahavamsa Commentary refers to the Ajivika ascetic Janasana-(Kulupaga), attached to the court of King Bindusara. These references show that the Ajivikas were not simply dependent on alms but they were equally interested in various works of life along with their ascetic practices even from the earlier days.[18]

यहां यह भी गौर तलब है कि आजीवक धर्म के दरवाजे बिना जाति और लिंग का भेद किए कमाने वाले सभी पेशों के लोगों के लिए समान रूप से खुले हुए थे। उदाहरण के लिए बिम्बिसार के एक सम्बन्धी आजीवक मत के अनुयायी हो गए थे। इस धर्म में औद्योगिक और व्यापारी वर्ग के लोग बहुतायत में जुड़े थे। हालाहला नाम की स्त्री जिन्होंने गोसाल के साथ 16 वर्ष गुजारे, एक कुम्हारी थीं। सद्दालपुत्र भी कुम्हार थे। उन्होंने पोलासपुर में आजीवक संघ की सभा आयोजित की थी। लगता है, इस धर्म का कुम्हारों से विशेष सम्बन्ध था।

> The Vinaya tells of a relative of Bimbisara turning an Ajivika. This faith gained the greatest support from the industrial and mercantile classes. Halahala, Gosala's host for 16 years was a potter. Saddalaputta, the only local Ajivika meeting at Polasapura with the Ajivika Sangha was also a potter. The importance of a pot in the Ajivika penance speaks of the close association of this sect with the potters.[19]

---

17. Asceticism in Ancient India in Brahmanical, Buddhist, Jaina and Ajivika Societies (from the earliest times to the period of Sankaracharya), Haripada Chakraborti, Punthi Pustak, 136/4B, Bidhan Sarani, Calcutta-700 004, Reprint, 1993, pp. 449-50
18. ibid., p. 460
19. ibid., p. 463

अपने पेट के लिए आजीविका न कमाने और भिक्षा पर निर्भर रहने के समाज की कमाऊ जमात पर बहुत बुरे असर पड़ते हैं। भिक्षुक लोग समाज के सारे विकास को चौपट कर देते हैं। बजट में प्रगति की कोई योजना सफल नहीं होती। लेकिन इन के सिवा स्वयं भिक्षु वर्ग को भी इस का दुष्परिणाम भुगतना पड़ता है। जैन धर्मग्रन्थ 'उत्तराध्ययन सूत्र' में यह समस्या ज्वलन्त बन कर आई है। परिवार में जैसे सन्तान होती है, वैसे ही मुनि वर्ग में शिष्य होते हैं। गर्ग गोत्र में उत्पन्न गार्ग्य मुनि स्थविर, गणधर और सर्वशास्त्र विशाख थे। लेकिन उन के शिष्य कैसे थे? वे एक दम दुष्ट बैलों की तरह थे। 'उत्तराध्ययन सूत्र' में इस बारे में आया है :

> ८ खुलंका जारिसा जोज्जा दुस्सीसा वि हु तारिसा।
> जोइया धम्मजाणम्मि भज्जन्ति धिइदुब्बला।।
>
> (८) अयोग्य बैल वाहन में जोतने पर जैसे वाहन को तोड़ने वाले होते हैं, वैसे ही धैर्य में दुर्बल शिष्यों को धर्मयान में जोतने पर वे भी उसे तोड़ देते हैं।[20]

बात भिक्षा मांग कर लाने की है, कमाने की नहीं। कमाने में काया कष्ट हो सकता है, समय देना पड़ सकता है, पर भिक्षा में केवल किसी के घर जाना होता है। यह भिक्षा मुफ्त में मिलती है लेकिन भिक्षु जीवन के बारे में जाना जा सकता है कि यह मांगना भी कुछ के लिए पहाड़ तोड़ना हो जाता है। आदत इतनी खराब हो जाती है कि मानो भिक्षा मांगना भी कोई कसाले का काम हो। गार्ग्य मुनि अपने शिष्यों के बारे में कहते हैं :

> १२ न सा ममं वियाणाइ न वि सा मज्झ दाहिई।
> निग्गया होहिई मन्ने साहू अनोऽत्थ वच्चउ।।
>
> (12) (किसी के यहाँ से भिक्षा लाने के लिए कहता हूँ, तो कोई शिष्य उत्तर देता है–) वह (श्राविका) मुझे नहीं जानती (पहचानती), अतः वह मुझे देगी भी नहीं। (अथवा कहता है–) मैं समझता हूँ, वह घर से बाहर चली गई होगी। अथवा–इसके लिए कोई दूसरा साधु जाए।[21]

हद हो गई है जब विवेचक ने इस सूत्र में आए हुए अन्तिम शब्दों का खुलासा किया है–"साहू अन्नोऽत्थवच्चउ–दूसरा कोई चला जाए (अर्थात कोई कहता है–क्या मैं अकेला ही आपका शिष्य हूँ, जिससे हर काम मुझे ही बताते हैं? दूसरे बहुत-से शिष्य हैं, उन्हें भेजिए न!)"[22]

---

20. उत्तराध्ययन सूत्र (मूल पाठ, हिन्दी अनुवाद-विवेचन-टिप्पण-परिशिष्ट युक्त), अनुवादक, विवेचक और सम्पादक, राजेन्द्र मुनि शास्त्री, श्री आगम प्रकाशन समिति, ब्रज मधुकर स्मृति भवन, पीपलिया बाजार, ब्यावर, राजस्थान-305 901, तृतीय संस्करण, जनवरी, 2000, पृ. 432
21. वही, पृ. 433
22. वही, पृ. 434

यही परेशानी है कि भिक्षावृत्ति मनुष्य को बिलकुल निठल्ला व्यक्ति बना देती है। ऐसे भिक्षुओं की दृष्टि इतनी आलसी और पतित हो जाती है कि ये भिक्षा लेने भी नहीं जा सकते और अपेक्षा रखते हैं कि कमाने वाले लोग इन का भोजन भी इन के थान पर खुद पहुंचा कर आएं।

एक उधर बौद्धों के लिए अष्टांग मार्ग का उपदेश चल रहा है जिस में 5वां अंग 'सम्यक आजीव' का है। भला, जब आदमी भिक्षु के रूप में मांगने-खाने पर उतर आया हो तो उस के लिए 'सम्यक आजीव' का क्या अर्थ रह जाता है? बिलकुल, नारा हथियाने में यह शब्द आजीवकों से चुराया गया है पर इस का अर्थ ग्रहण नहीं किया गया।

'जैनेन्द्र सिद्धान्त कोश' के अनुसार 'साधु को आजीविका करने का सर्वथा निषेध'[23] है। बौद्धों के भिक्षु भी भिक्षा पर निर्भर करते हैं। ब्राह्मणों के संन्यासी कोई आजीविका नहीं अपनाते। लेकिन आजीवकों ने अपने लिए न कमाने का ऐसा कोई रास्ता कभी नहीं चुना। जब तक शरीर में क्षमता होती है, वे कोई न कोई पेशा अवश्य करते हैं। मक्खलि गोसाल ने मंख वृत्ति से अपना पेट पाला था और बाद में हालाहला के साथ अपनी कुम्हार की दुकान पर बैठते थे। कबीर ने जीवन यापन के लिए जुलाहे का काम किया था और रैदास ने जूती बनाने का काम। मध्य काल में आजीवकों में जो दूसरे सन्त हुए हैं, वे सभी कोई न कोई पेशा अपनाए हुए थे। वे सब गर्व से कहते हैं कि वे अपनी रोटी आप कमा कर खाते हैं। यह उन के धर्म-दर्शन के लिए जरूरी है क्योंकि वे परिवार वाले और बाल-बच्चेदार लोग होते हैं। उन्होंने ब्राह्मण की तरह कभी नहीं कहा कि 'बाम्मण को धन केवल भिच्छा' या 'मांग के खाइबो'।

बात सलाह देने की है। सलाह देने के लिए आवश्यक है कि सलाहकार उस काम का जानकार हो जिस में वह किसी को सलाह देता है। मक्खलि गोसाल चित्र बनाने की कला में निपुण होने के कारण या बर्तन बनाने की कारीगरी में महारत हासिल करने की वजह से दूसरे व्यक्तियों को सलाह दे ही सकते हैं। कबीर को करघे पर अच्छा कपड़ा बुनना आता है तो वे किसी दूसरे को इस काम में अच्छी सलाह दे सकते हैं। रैदास जूती बनाने और उस के दिसावरी व्यापार में तजुर्बेकार होने के कारण किसी को उस के इस काम में सफल होने के लिए रास्ता बता सकते हैं। आजीवकों का यही शकुन है जिसे आजकल कन्सलटेंसी कहा जाता है।

ख. 'मस्करी'–अर्थात कबीर की लाठी

आजीवक के बाद एक शब्द 'मस्करी' आता है। इस को इस रूप में लिया गया है कि 'आजीवक' न कहा 'मस्करी' कह दिया। जैन धर्मग्रन्थ 'षट्खंडागम' में लिखा गया है :

23. जैनेन्द्र सिद्धान्त कोश : भाग-1 (अ-औ), कोशकार, जिनेन्द्र वर्णी, भारतीय ज्ञानपीठ, 18, इन्स्टीट्यूशनल एरिया, लोदी रोड, नई दिल्ली-110 003, नौवां संस्करण, 2006, पृ. 243

मस्करी-कणभक्षाक्षपाद-कपिल-सौद्धोदनि-चार्वाक-जैमिनिप्रभृतय-स्तद्दर्शनानि च परोद्यन्ते दृष्यन्ते अनेनेति परवादो राद्धान्तः।[24]

मस्करी, कणभक्ष, अक्षपाद, कपिल, शौद्धोदनि, चार्वाक और जैमिनि आदि तथा उनके दर्शन जिसके द्वारा 'परोद्यन्ते' अर्थात् दूषित किये जाते हैं वह राद्धान्त (सिद्धान्त) परवाद कहलाता है।[25]

यहां केवल इतना बताया जाना आवश्यक है कि 'षट्खंडागम' का रचना काल ईसा की पहली और दूसरी सदी माना गया है।[26]

'हर्षचरित' में यह शब्द इस प्रकार आया है :

....वीतरागैरार्हतैर्मस्करिभिः श्वेतपटैः पाण्डुरभिक्षुभिर्भागवतैर्वर्णिभिः केशलुञ्चनैः कापिलैजैनैर्लोकायतिकैः काणादैरौपनिषदैरैश्वरकारणिकैः कारन्धमिभिर्धर्मशास्त्रिभिः पौराणिकैः साप्ततन्तवैः शाब्दिकैः पाञ्चरात्रिकैरन्यैश्च स्वान्स्वान्सिद्धान्ताञ्शृग्वद्भिरभियुक्तैश्चिन्तयद्भिश्च प्रत्युच्चरद्भिश्च संशयानैश्च निश्चित्वद्भिश्च व्युत्पादयद्भिश्च विवदमानैश्चाभ्यसद्भिच व्याचक्षाणैश्च शिष्यतां प्रतिपन्नैर्दुरादेवा-वेद्यमानम....।[27]

"....वे वीतराग आर्हत (जैन साधु), मस्करी (पाशुपत मतानुयायी), श्वेतपट (सेवड़ा, श्वेताम्बर जैन सम्प्रदाय के साधु), पाण्डुर भिक्षु (आजीवक), भागवत, वर्णी (नैष्ठिक ब्रह्मचारी साधु), केशलुञ्चक (केशों की लोच करने वाले जैन साधु), कपिल के सांख्यमतानुयायी, जैन, लोकावनिक (चार्वाकमतानुयायी), काणाद (वैशेषिक दर्शन को मानने वाले), औपनिषद (उपनिषद् या वेदान्तदर्शन के ब्रह्मवादी दार्शनिक), ऐश्वरकारणिक (नैयायिक), कारन्धमी (धातुवादी या रसायन विशेषज्ञ), धर्मशास्त्री (मन्वादिस्मृतियों के अनुयायी), पौराणिक, साप्ततन्तव

24. षट्खंडागम, लेखक, पुष्पदन्त और भूतबलि, धवला टीकाकार, वीरसेन, सम्पादक, हीरा लाल जैन, खंड-5, पुस्तक-13, भाग-1,2,3, प्रकाशक, जैन संस्कृति संरक्षक संघ, संतोष भवन - नाकोडा सोसायटी, प्लॉट नं. 56/10, बुधवार पेठ, जुना पुणे नाका, हैद्राबाद रोड, सोलापूर-2, संशोधित तृतीय आवृत्ति, 2006, पृ. 288
25. वही, पृ. 288
26. षट्खंडागम, लेखक, पुष्पदन्त और भूतबलि, धवला टीकाकार, वीरसेन, सम्पादक, डा. हीरा लाल जैन, खंड-1, भाग-1, पुस्तक-1, जैन संस्कृति संरक्षक संघ, सन्तोष भवन, 734, फलटण गल्ली, सोलापुर-2, संशोधित चतुर्थ आवृत्ति, सितम्बर 2000, Introduction to Satkhandagama, p. ii
27. हर्षचरितम्, बाणभट्ट, हिन्दी व्याख्याकार, डा. बालगोविन्द झा, कृष्णदास अकादमी, पो. बा. नं. १११८, चौक, (चित्रा सिनेमा बिल्डिंग), वाराणसी-221 001, (भारत), प्रथम संस्करण, वि.सं. 2051, पृ. 490-91

(यज्ञवादी मीमांसक), शाब्दिक (शब्दब्रह्म के अनुयायी वैयाकरण दार्शनिक), पाञ्चरात्रिक (पञ्चरात्रनामक प्राचीन वैष्णवमत के अनुयायी), और इनके अतिरिक्त अन्य भी लोग अपने-अपने आगमों का पूरी लगन के साथ श्रवण, मनन, आवृत्ति, संशय, निश्चय, व्युत्पत्ति, विवाद और अभ्यास के द्वारा व्याख्यान कर रहे थे।''[28]

अमर सिंह की पुस्तक 'अमरकोश' में 'मस्करी' शब्द के अर्थ इस प्रकार दिए गए हैं :

भिक्षुः परिव्राट् कर्मन्दी पारशर्यपि मस्करी।।४१।।

हिन्दी अर्थ : १. भिक्षु, २. परिव्राट्, ३. कर्मन्दी, ४. पाराशरी, ५. मस्करी–ये पाँच पुल्लिंग नाम संन्यासी के हैं।।४१।।[29]

हेमचन्द्र की पुस्तक 'अभिधान चिन्तामणि' में 'मस्करी' का यही अर्थ है जिसमें संन्यासी के ग्यारह नाम दिए गए हैं।[30]

अमर सिंह के 'अमरकोश' में 'मस्कर' शब्द का अर्थ इस प्रकार है :

वंशे त्वक्सारकर्मारत्वचिसारतृणध्वजा।।१६०।।
शतपर्वा यवफलो वेणुमस्करतेजनाः।

हिन्दी अर्थ : १. वंश, २. त्वक्सार, ३. कर्मार, ४. त्वचिसार, ५. तृणध्वज।।१६०।।, ६. शतपर्वा, ७. यवफल, ८. वेणु, ९. मस्कर, १०. तेजन–ये दस पुल्लिंग नाम बाँस के हैं।।[31]

हेमचन्द्र की पुस्तक 'अभिधान चिन्तामणि' में भी 'मस्कर' को बाँस का एक नाम माना गया है।[32]

डा. हरिपाद चक्रबर्ती अपनी पुस्तक 'एसिटिसिज्म इन एनशिएन्ट इण्डिया इन ब्राह्मनिकल, बुद्धिस्ट, जैन एण्ड आजीविक सोसायटीज (फ्रोम दि अर्लियस्ट टाइम्स टु दि पीरियड ऑफ शंकराचार्य)' में लिखते हैं कि डा. बेनी माधव बरुआ और होर्नले के मत में आजीवक साधू गोसाल से भी पहले मौजूद थे। उन की एक पहचान यह भी थी

---

28. वही, पृ. 490-91
29. अमर कोश, मूल लेखक, अमर सिंह, सम्पादक, सत्यदेव मिश्र, जगदीश संस्कृत पुस्तकालय, झालानियों का रास्ता, किशनपोल बाजार, जयपुर, राजस्थान-302 001, प्रथम संस्करण, 2005, पृ. 210
30. अभिधान चिन्तामणि, मूल लेखक, हेम चन्द्र, व्याख्याकार, श्री हरगोविंद शास्त्री, चौखम्बा विद्या भवन, चौक, वाराणसी-1, उत्तर प्रदेश, प्रथम संस्करण, 1964, पृ. 200-01
31. अमर कोश, मूल लेखक, अमर सिंह, सम्पादक, सत्यदेव मिश्र, जगदीश संस्कृत पुस्तकालय, झालानियों का रास्ता, किशनपोल बाजार, जयपुर, राजस्थान-302 001, प्रथम संस्करण, 2005, पृ. 142-43
32. अभिधान चिन्तामणि, मूल लेखक, हेम चन्द्र, व्याख्याकार, श्री हरगोविंद शास्त्री, चौखम्बा विद्या भवन, चौक, वाराणसी-1, उत्तर प्रदेश, प्रथम संस्करण, 1964, पृ. 281

कि वे हाथ में लाठी लेकर चलते थे :

> Dr. Barua and Hoernle opine that a class of Ajïvika ascetics existed even before Gosala. Hoernle quotes Tittira Jataka to show that a mendicant, noted in the commentary to be an Ajivika, carried a bamboo staff. (vetacara). The Ajivika Upaka is also mentioned as bearing a staff ("Latthi-hattho", Therigatha, 291).[33]

बौद्ध धर्मग्रन्थ 'थेरीगाथा' में उपक आजीवक की कथा की वह गाथा इस प्रकार है :

> 292. लट्ठिहत्थो पुरे आसि, सो दानि मिगलुद्दको।
> आसाय पलिपा घोरा, नासक्खि पारमेतवे।।[34]
>
> उपक : पहले का दंडधारी तपस्वी, आज मैं बहेलिया हूँ—निश्चय ही तृष्णा के महापंक में पड़कर मैं उससे पार निकलने में असमर्थ हुआ।।292।।[35]

वास्तव में, आजीवक लोगों की यह पहचान बांस के एक नाम के रूप में सही थी जो उपक के हाथ में एक लाठी थी। यही लाठी कबीर के हाथ में पूरी तरह मौजूद है।

डी. आर. भण्डारकर ने अंग्रेजी में लिखे अपने लेख 'आजीविकास' में 'मक्खलि' शब्द को 'मस्करी' शब्द का पालि रूप माना है। उन्होंने पुस्तक 'जानकी हरण' से उदाहरण दिया है कि उस में आजीविक और मस्करी शब्द एक साथ प्रयोग किए गए हैं। उदाहरण इस प्रकार हैं :

> दम्भाजीविकमुत्तुङ्गजटामण्डितमस्तकम्।
> कञ्चिन्मस्करिणं सीता ददर्शाश्रममागतम्।।[36]

इस श्लोक में बताया गया है कि रावण जब छद्म वेश में सीता के पास पहुंचता है तो उसे आजीविक और मस्करीन दोनों कहा गया है, जो दोनों शब्द समानार्थी होने चाहिए। 'भट्टी-काव्य' में भी कहा गया है कि रावण सीता के पास मस्करीन के वेश में

---

33. Asceticism in Ancient India in Brahmanical, Buddhist, Jaina and Ajivika Societies (from the earliest times to the period of Sankaracharya), Haripad Chakraborti, Punthi Pustak 136/4B, Bidhan Sarani, Calcutta-700 004, Reprint 1993, p. 453
34. थेरीगाथा, लेखक, भरत सिंह उपाध्याय, सम्पादक, राम निवास गौतम, गौतम बुक सेन्टर, चन्दन सदन, सी-263 ए, गली नं. 9, हरदेवपुरी, शाहदरा, दिल्ली-110 093, प्रथम संस्करण, 2010, पृ. 81
35. वही, पृ. 82
36. Ajivikas, by D.R. Bhandarkar, Article contributed to the Indian Antiquary, Now Published in 'Panorama of Buddhist Thought and Culture : 2' under the Title 'Glimpses of Buddhist Literature, Philosophy and Thought (Collection of Articles from the Indian Antiquary)', Compiled by P. Mittal and Geeta Dua, Re-arranged with an Introduction by Prof. S R Bhatt, Originals, A-6, Nimri Commercial Centre, Near Ashok Vihar, Phase-IV, Delhi-110 052, 2008, p. 152

पहुंचता है। इस में एकदण्डी और त्रिदण्डी की बहस को भी संक्षेप में उठाया गया है :

> Here Ravana who approaches Sita in a disguised form is called both Ajivika and Maskarin, which must, therefore, be taken to be synonymous terms. In the *Bhatti-kavya....* also Ravana is represented to have come to Sita in the garb of a Maskarin. Among the various characteristics mentioned, that of his being a *sikhin* is specified. From this the commentator Mallinatha argues that he was a Tridandin, and not an Ekadandin, as the latter has no matted hair. But this does not agree with what Utpala says, for, as we have seen above, he gives Ekadandin as a synonym of Ajivika. The word *sikhin* of the *Bhatti-kavya,* however, agrees with the *uttunga-jata* of the *Janki-harana,* and as the latter calls an Ajivikas a Maskarin, it appears that an Ajivika was really a Tridandin, and not an Ekadandin as Utpala supposes.[37]

'अष्टाध्यायी-भाष्य-प्रथमावृत्ति' में सूत्र 'मस्करमस्करिणौ वेणुपरिव्राजकयोः ....' का भावार्थ इस प्रकार दिया गया है–"[मस्करमस्करिणा] मस्कर तथा मस्करिन् शब्द यथासंख्य करके [वेणुपरिव्राजकयोः] वेणु (=बांस) तथा परिव्राजक (=संन्यासी) अभिधेय हो, तो निपातन किये जाते हैं। वेणु (=दण्ड) को कहने में मस्कर शब्द में सुट् आगम एवं करण में अच् प्रत्यय तथा माङ् को ह्रस्वत्व निपातित है। जिसके द्वारा हटाया=निवारण किया जाता है, उसे 'मस्कर' कहते हैं। मस्करी, यहाँ माङ्पूर्वक कृ धातु से इनि प्रत्यय तथा सुट् आगम, एवं माङ् को ह्रस्वत्व निपातन है। जो कहता है कि (प्रेय=सकाम=भवोत्पादक) कर्म मत करो, शान्ति (=भवोच्छेद) ही तुम्हारे लिये श्रेयस्कर है, वह परिव्राजक 'मस्करी' है।"[38]

संस्कृत वाले अपने व्याकरण की बात करें पर हिन्दी में यह माना गया है कि 'जिसके द्वारा हटाया=निवारण किया जाता है, उसे 'मस्कर' कहते हैं।' इस में यह भी लिखा गया है कि 'जो कहता है कि (प्रेय=सकाम=भवोत्पादक) कर्म मत करो, शान्ति (=भवोच्छेद) ही तुम्हारे लिए श्रेयस्कर है, वह परिव्राजक 'मस्करी' है।' मस्कर और मस्करी के बारे में यह जानकारी हमारे लिए कम नहीं है। लाठी का अर्थ ऊपर वाले अर्थ से पूरा मेल खाता है लेकिन असल बात 'मस्करी' की है। कर्म मत करो और शान्ति से रहो–आजीवक मत में इसी का सारा महत्व है। यहां कर्म का मतलब उस धरम-करम से है जिसे पुनर्जन्म से जोड़ कर यह माना गया है कि मनुष्य को अगले जन्म में अमुक योनि मिलेगी। इस का मतलब यह बिलकुल नहीं है कि आदमी को कमाना-खाना नहीं है, जो दुर्भाग्य से इस का गलत अर्थ बताया जाता है।

---

37. ibid., p. 152
38. अष्टाध्यायी-भाष्य-प्रथमावृत्ति, लेखिका, कु. प्रज्ञादेवी, रामलाल कपूर ट्रस्ट, बहालगढ़, सोनीपत, हरियाणा, चतुर्थ संस्करण, जनवरी, 1989, पृ. 62

वासुदेव शरण अग्रवाल ने अपनी पुस्तक 'पाणिनिकालीन भारतवर्ष (अष्टाध्यायी का सांस्कृतिक अध्ययन)' में मक्खलि गोसाल के बारे में लिखा है—"पाणिनि के समय से पूर्व ही दार्शनिक चिन्तन पराकाष्ठा को पहुँच गया था। किसी सिद्धान्त या मत को मति या दृष्टि (पाली, दिट्ठि) कहा जाता था। आस्तिक, नास्तिक और दैष्टिक (नियतिवादी) दर्शनों का सूत्र में उल्लेख है। दिष्टिवाद या नियतिवाद के मुख्य आचार्य मस्करी गोशाल थे।"[39] इस बारे में उन्होंने इस से अधिक भी लिखा है :

> मति या दिट्ठि—उस युग में दार्शनिक या तत्व चिन्तकों के विचार के लिये बौद्ध और जैन साहित्य में दिट्ठि शब्द मिलता है। इसके मूल में वही दृश् धातु है जिससे दर्शन शब्द बना है। पाणिनि ने दिट्ठि के लिये मति शब्द का प्रयोग किया है (४/४/६०)। मत या ज्ञान के साधन को मत्य कहते थे (मतस्य करणं, ४/४/६७)।
>
> पाणिनि ने अपने युग की दिट्ठियों का वर्गीकरण किया है जो जितना ही संक्षिप्त है उतना ही मूलभूत और तात्विक है। उस युग के बौद्धिक मन्थन ने अनेक संख्यक मत या दिट्ठियों को जन्म दिया था। दीघनिकाय के ब्रह्मजाल सुत्त में, जैन आगमों में एवं महाभारत के शान्तिपर्व में इनका विस्तृत वर्णन आता है। पाणिनि ने इन्हें (१) आस्तिक; (२) नास्तिक और (३) दैष्टिक कहा है (अस्ति नास्ति दिष्टं मतिः, ४/४/६०)। दिट्ठि या मतियों की सूची श्वेताश्वतर उपनिषद् (१/२) में दी है—कालवाद, स्वभाववाद, नियतिवाद, यदृच्छावाद, भूतवाद, योनिवाद, पुरुषवाद (और भी चरक, सूत्रस्थान, अ. २५; सुश्रुत, शारीर स्थान १/११)।[40]

वासुदेव शरण अग्रवाल ने अपनी पुस्तक में मक्खलि गोसाल के नियतिवाद को बताने की कोशिश की है जिसे सूचनापरक ज्यादा माना जाना चाहिए। वे लिखते हैं :

> नास्तिक मति के अन्तर्गत एक सम्प्रदाय बहुत तगड़ा था जिसे सब से अलग नाम से पुकारा जाता था। वह मक्खलिगोसाल का नियतिवाद था। पाणिनि ने उसका अलग उल्लेख किया है, वही दिष्ट मति वाले या दैष्टिक थे। वे कर्म और मानुषी पराक्रम (किरिया और विरिय) का खण्डन या उपहास करते थे। पतंजलि ने निश्चित शब्दों में उसके मत का उपन्यास किया है—

---

39. पाणिनिकालीन भारतवर्ष (अष्टाध्यायी का सांस्कृतिक अध्ययन), वासुदेव शरण अग्रवाल, चौखम्बा विद्याभवन, चौक (बनारस स्टेट बैंक भवन के पीछे), पो.बा.नं. 1069, वाराणसी, उत्तर प्रदेश-221 001, तृतीय संस्करण, 1996, पृ. 327
40. वही, पृ. 376

माकृत कर्माणि माकृत कर्माणि, शान्तिर्वः श्रेयसीत्याहातो मस्करी परिव्राजकः ....।

अर्थात् मस्करी परिव्राजक का वह नाम इस लिये था क्योंकि वह कहता था–कर्म मत करो, बिल्कुल कर्म मत करो, शान्ति से ही मोक्ष मिलेगा। बौद्ध और जैन साहित्य में मक्खलि के जीवन और मत का विस्तृत उल्लेख है। ये लोग आजीवक कहलाते थे। बुद्ध मक्खलि के मत को सबसे भयंकर मानते थे। महाभारत शान्तिपर्व में इन आचार्यों की पृथक्-पृथक् दिट्ठियों का बहुत ही विस्तार से वर्णन है। वहाँ कहा गया है कि नियतिवादी मत के पांच सिद्धान्त थे–सर्वसाम्य, अनायास, सत्य वाक्य, विर्वेद (कर्म के प्रति नितान्त उपेक्षा), अविवित्सा (आत्मा आदि के विषय में बौद्धिक प्रयत्न का भी परित्याग)। पतंजलि ने जो बारबार 'मा कर्म कार्षीः' कहा है उसका लक्ष्य शारीरिक और बौद्धिक दोनों प्रकार के कर्मों का निराकरण है (अनायास=हाथ पैर न हिलाना)। महाभारत में मक्खलि या मंखलि को मंकि के रूप में चित्रित किया है। कहानी है कि मंकि ऋषि पहले पुरुषार्थवादी थे, किन्तु भाग्य उनका साथ न देता था। उन्होंने अन्तिम बार पुरुषार्थ करके सफल होने का दृढ़ संकल्प किया। सब कुछ बेचकर एक जोड़ी बैल खरीदे और उन्हें नाँध कर खेत को चले। मार्ग में एक ऊँट बैठा हुआ था। वह बछड़ों को देखकर भड़क गया और एकाएक उठ कर भागा। दोनों बछड़े उसकी गर्दन में लटक गए। मंकि ऋषि विलाप करते हुए उसके पीछे भागे। तब उन्होंने अपना अनुभव वाक्य कहा–मणीवोष्ट्रस्य लम्बेते प्रियौ वत्सतरौ मम। शुद्धं हि दैवमेवेदं हठे नैवास्ति पौरुषम् (शान्ति. १७१/१२)। ये ही लोग दैष्टिक या भाग्यवादी थे। महाभारत में धृतराष्ट्र और ययाति को नियतिवादी या दैष्टिक मतानुयायी कहा है।[41]

एक अलग विषय 'मस्करी' बना कर उन्होंने इस बारे में लिखा है जिसे पुनः सूचनापरक कहा जाना चाहिए क्योंकि 'कर्म मत करो' शब्द का मूल अर्थ इन सभी के द्वारा अजाना रह जाता है :

मस्करी–पाणिनि ने मस्करी शब्द परिव्राजक के लिये सिद्ध किया है (मस्कर मस्करिणौ वेणु परिव्राजकयोः ....। यहाँ मस्करी का अर्थ मक्खलि गोसाल से है जिन्होंने आजीवक सम्प्रदाय की स्थापना की थी। पतंजलि ने स्पष्ट यही अर्थ लिया है–मस्करी वह साधु नहीं है जो हाथ में

41. वही, पृ. 378

मस्कर या बाँस की लाठी लेकर चलता हो। फिर क्या है? मस्करी वह है जो यह उपदेश देता है कि कर्म मत करो, शान्ति का मार्ग ही श्रेयस्कर है (न वै मस्करोऽस्यास्तीति मस्करी परिव्राजकः। किं तर्हि। माकृत कर्माणि माकृत कर्माणि शान्तिर्वः श्रेयसीत्याहातो मस्करी परिव्राजकः भाष्य ६/१/१५४)। यह निश्चित रूप से मक्खलि गोसाल के कर्मापवाद सिद्धान्त का उल्लेख है। वे कर्म या पुरुषार्थ की निन्दा करके नियति या भाग्य को ही सब कुछ मानते थे। किसी प्रकार के फल की प्राप्ति अपने या पराए कर्म या पराक्रम पर निर्भर नहीं करती, यह तो सब भाग्य का खेल है। पुरुषार्थ कुछ नहीं है, दैव ही प्रबल है। मक्खलि के दर्शन में यदृच्छा को कोई स्थान न था, वे तो मानते थे कि क्रूर दैव ने सब कुछ पहले से ही नियत कर दिया है। बौद्ध ग्रन्थों में कहा है कि बुद्ध मक्खलि गोसाल को सब आचार्यों में सबसे अधिक खतरनाक समझते थे।

अन्य प्रमाण से भी इंगित होता है कि पाणिनि को मस्करी के आजीवक दर्शन का परिचय था। अस्ति नास्ति दिष्टं मतिः सूत्र में (४/४/६०) आस्तिक, नास्तिक, दैष्टिक तीन प्रकार के दार्शनिकों का उल्लेख है। आस्तिक वे थे जिन्हें बौद्ध ग्रन्थों में इस्सर करण वादी कहा गया है, जो यह मानते थे कि यह जगत् ईश्वर की रचना है (अयं लोको इस्सर निमित्तो)। पाली ग्रन्थों के नत्थिक दिट्ठि दार्शनिक पाणिनि के नास्तिक थे। इसमें केसकम्बली के नत्थिक दिट्ठि अनुयायी प्रधान थे (इतो परलोक गतं नाम नत्थि अयं लोको उच्छिज्जति, जातक ५/२३६)। यही लोकायत दृष्टिकोण था जिसे कठ उपनिषद् में कहा है—अयं लोको न परः इति मानी। पाणिनि के तीसरे दार्शनिक दैष्टिक या मक्खलि के नियतिवादी लोग थे जो पुरुषार्थ या कर्म का खण्डन करके दैव की ही स्थापना करते थे।

जैन आगमों में मक्खलि गोसाल को गोसाल मंखलि पुत्त कहा है (उवासगदसाओ)। संस्कृत में उसे ही मस्करी गोशालिपुत्र कहा गया है (दिव्यावदान ....)। मस्करी या मक्खलि या मंखलि का दर्शन सुविदित था। महाभारत में मंकि ऋषि की कहानी में नियतिवाद का ही प्रतिपादन है (शुद्धं हि दैवमेवेदं हठे नैवास्ति पौरुषम्, शान्तिपर्व ११७/११-४)। मंकि ऋषि का मूल दृष्टिकोण निर्वेद, या जैसा पतंजलि ने कहा है शान्तिपरक था, अर्थात् अपने हाथ पैर से कुछ न करना। यह पाणिवाद का ठीक उल्टा था। मंखलि गोसाल के शुद्ध नाम के विषय में कई अनुश्रुतियां थीं। जैन प्राकृत रूप मंखलि था। भगवती सूत्र के अनुसार गोशाल मंख संज्ञक भिक्षु का पुत्र था (भगवती सूत्र, १५/१)। शान्तिपर्व का मंकि निश्चयरूप से

मंखलि का ही दूसरा रूप है। कहा जाता है कि मक्खलि का जन्म गोशाला या गोष्ठ में हुआ था, जिससे उनका यह नाम पड़ा। पाणिनि ने भी गोशाला में जन्म लेनेवाले को गोशाल कहा है (गोशालायां ज़ातः गोशालः, ४/३/३५, स्थानान्त-गोणालखरशालाच्च)।[42]

42. वही, पृ. 370-71

अध्याय-3

मक्खलि गोसाल पर रजनीश

I

जानना ठीक रहेगा कि रजनीश ने 'आजीवक' के बारे में क्या बोला है। उन्होंने अपनी राय इन शब्दों में रखी है—"आजीवक एक सम्प्रदाय था उस समय का, जो अब विनष्ट हो गया है। बुद्ध और जैन दोनों सम्प्रदाय आजीबक संप्रदाय से बहुत मिलते-जुलते हैं। उसी की छायाएं हैं इन पर। उसी के प्रतिबिम्ब हैं। उसी की ध्वनियां हैं।"[1] इस से आगे यह जाना जाए कि रजनीश गोसाल पर बोले हैं। उन्होंने जो शीर्षक दिया है वह इस प्रकार है—'गोशालक : एक अस्वीकृत तीर्थंकर'[2]। इस का मतलब यही है कि गोसाल को तीर्थंकर नहीं माना गया जबकि वे ऐसा होने का दावा करते थे।

रजनीश के सामने हुआ क्या था? एक प्रश्नकर्त्ता ने रजनीश से प्रश्न पूछा था जो इस प्रकार था—"ओशो, मक्खली गोशालक के जीवन के अनेक प्रसंग जैन शास्त्रों में मिलते हैं, लेकिन उनका उल्लेख किसी आदर के साथ नहीं किया गया है। गोशालक को वे कलहप्रिय और उद्धत कहने के साथ ही साथ विलक्षण भी बताते हैं। आप तो उसका नाम आदर के साथ लेते हैं। क्या गोशालक का अपना कोई दर्शन था? और क्या उसकी परंपरा के मर जाने से जैनियों ने उसके साथ अन्याय किया? इस पर कुछ प्रकाश डालने की कृपा करें।"[3]

इन कई प्रश्नों के उत्तर में रजनीश ने बताया है कि गोसाल ईश्वर को नहीं मानते थे। वे कहते हैं—"गोशालक जैसे व्यक्ति, जब तुम उनसे पूछो, जगत किसने बनाया, तो कंधा बिचका देते हैं। वे कहते हैं, हमें नहीं मालूम और किसी को नहीं मालूम।"[4] यदि कोई ईश्वर का नाम लेकर पूछता है तो रजनीश कहते हैं—"गोशालक कहता है, किसको पता? कौन जानता है? कैसे कोई जान सकता है? इतना निश्चित है, कभी अगर बनाया हो किसी ने, तो हम तो मौजूद न थे। क्योंकि हम तो बनाने के बाद ही मौजूद हो सकते हैं। हम तो बनाए गए। हम तो मौजूद न थे, जब बनाया गया होगा। तो अब उपाय कहां

---

1. तृष्णा से तृप्ति तक : एस धम्मो सनन्तनो, भाग-11, ओशो, सम्पादक, योग चिन्मय और आनंद सत्यार्थी, हिन्द पाकेट बुक्स प्राइवेट लिमिटेड, जे-40, जोरबाग लेन, नई दिल्ली-110 003, दूसरा रिप्रिंट, 2013, पृ. 165
2. जिन-सूत्र : भाग—चार, ओशो, दिव्यांश पब्लिकेशन्स, एमआईजी-222, फेज-1, एलडीए टिकैत राय कालोनी, लखनऊ, उत्तर प्रदेश-226 017, प्रथम संस्करण, 2013, पृ. 93-112
3. वही, पृ. 93
4. वही, पृ. 94

है जानने का, कि किसने बनाया?"[5] रजनीश के अनुसार, गोशालक कहता है, उत्तर नहीं है, प्रश्न व्यर्थ है। प्रश्न निरर्थक है।[6] इस बिन्दु पर जैन शास्त्र भिन्न विचार रखते हैं। रजनीश कहते हैं :

> जैन शास्त्र उसके विरोध में हैं, क्योंकि जैन शास्त्र तो जानते हैं कि जानते हैं। जैनों का जो सबसे बड़ा आग्रह है, वह ख्याल में रखो। वह है कि जैन साधना-पद्धति से गुजरकर जो व्यक्ति परम स्थिति को पहुंचता है, वह सर्वज्ञ हो जाता है। यह जैनों का सर्वाधिक महत्वपूर्ण सिद्धांत है—सर्वज्ञ।
>
> तो गोशालक से ठीक बिलकुल विपरीत हो गई बात। गोशालक कहता है जो जानता है, वह तो जानता है कि कुछ भी नहीं जानता। गोशालक से सुकरात की दोस्ती बन जाती है। गोशालक से सार्त्र और कामू की और काफ्का की दोस्ती भी बन जाती है। नीत्शे भी गोशालक के पास बैठता तो मैत्री अनुभव करता। लेकिन जैन तो कैसे मैत्री अनुभव कर सकते हैं? यह तो उनसे ठीक विपरीत है।
>
> जैनों का तो आग्रह यही है कि जब कोई व्यक्ति परम जागरूकता को उपलब्ध होता है तो वह सर्वज्ञ हो जाता है। सब जानता है। तीनों काल जानता है। जो हुआ, वह जानता है। जो हो रहा है, वह जानता है। जो होगा, वह जानता है। उसके लिए कुछ भी अज्ञाल नहीं रह जाता।
>
> इसका अर्थ हुआ कि जो व्यक्ति जैनों के हिसाब से समाधि को उपलब्ध होता है, उसके लिए कुछ रहस्य नहीं रह जाता। सब रहस्य खुल गया। पोथी पूरी खोलकर देख ली, पढ़ ली।
>
> गोशालक कहता है, पोथी का पहला पाठ ही पढ़ना असंभव है। पोथी खुलती ही नहीं। इसमें पहली लकीर क, ख, ग भी समझ में नहीं आते। तो सर्वज्ञ का दावा तो व्यर्थ है। सर्वज्ञता तो हो नहीं सकती। यहां तो हम उसी को जाननेवाला कहेंगे, जिसने जान लिया कि कुछ जानने का उपाय नहीं है।
>
> चूंकि यह सर्वज्ञता से बिलकुल विपरीत दृष्टि थी, जैन बड़े नाराज हुए। जैन जितने नाराज गोशालक से हुए, किसी से भी नहीं हुए।
>
> इससे एक बात तो यह भी सिद्ध होती है कि महावीर के सामने, विशेष कर महावीर के अनुयायियों के सामने जो सबसे बड़ा प्रतिद्वंद्वी रहा होगा वह गोशालक था। और भी बड़े विचारक मौजूद थे। बौद्ध ग्रंथों में छह विचारकों के नाम उल्लेख किए गए हैं—अजित केशकंबल, पूर्णकाश्यप, प्रबुद्ध कात्यायन, संजय वेलट्ठीपुत्त, मक्खली गोशाल और

---

5. वही, पृ. 94

6. वही, पृ. 94

निगंठनाथ पुत्त। निगंठनाथ पुत्त महावीर का नाम है। लेकिन इनमें से किसी का भी विरोध जैन शास्त्रों में नहीं है। सिर्फ गोशालक का विरोध है।

तो एक बात तो निश्चित है कि गोशालक ठीक विपरीत ध्रुव की भांति महावीर के सामने खड़ा हुआ होगा। दावा भी उसका है कि कुछ जाना नहीं जा सकता। अज्ञान का इतना बड़ा समर्थक कभी कोई हुआ ही नहीं। तो जैनों को सबसे ज्यादा कष्ट इस आदमी से रहा होगा। इसको जैन कहते हैं, उद्दंड, कलहप्रिय, विवादी। यह जैनों की व्याख्या है। यह कलहप्रिय जैनों को मालूम हुआ होगा। क्योंकि जैन दावा कर रहे थे कि हमारा गुरु सर्वज्ञ है। और यह आदमी कह रहा था सर्वज्ञ? अल्पज्ञ होना भी संभव नहीं, अज्ञ होना भी संभव नहीं।[7]

एक दूसरी बात रजनीश ने गोसाल के चरित्र को लेकर कही है। उन्होंने कहा है कि 'इस आदमी के पास कोई चरित्र भी नहीं था।'[8] उन्होंने कहा है—''गोशालक के पास कोई लोकमान्य चरित्र नहीं था कि कोई कह सके कि इस आदमी की जीवन-व्यवस्था अनुशासन की है, सत्य की है, अहिंसा की है, योग की है, ध्यान की है; ऐसा कहने का भी कोई कारण नहीं था। जिसको हम चरित्रहीन कहें, ऐसा व्यक्ति है गोशालक।''[9] इस पक्ष को लेकर भी जैनियों की गोशाल से धुर दक्षिण की बात हो जाती है। रजनीश कहते हैं—''जैन नाराज हैं। क्योंकि जैनों का तो सारा आधार चरित्र है, अभ्यासजन्य। इंच-इंच हिसाब बांधकर चलना है। जरा-सी भूल-चूक न हो जाए। सिद्धांत से यहां-वहां चित्त न हो जाए। सब सम्हालकर लीक पर चलना है।''[10] इस के विरुद्ध, 'गोशालक बड़ा स्वतंत्र है। अनुशासनमुक्त, आदतशून्य व्यक्ति था। अनप्रेडिक्टेबल। इसके बाबत कुछ घोषणा नहीं की जा सकती कि गोशालक कल क्या करेगा। कल ही तय होगा। कल आने दो। क्षण-क्षण जीने वाला था।'[11]

इसी वजह से जैन शास्त्रों और गोसाल के बीच लड़ाई बजी हुई है। रजनीश कहते हैं—''तो जैन शास्त्र गोशालक के संबंध में बड़ी निंदा से भरे हैं। ऐसी गालियों से भरे हैं कि कभी-कभी आश्चर्य होता है कि अहिंसा को मानने वाले लोग इतनी गालियां निकाल कैसे सके? करुणा, प्रेम, अहिंसा की बात करने वाले लोग इतनी क्षुद्रता पर उतर कैसे आए? गोशालक बुरा भी रहा हो तो भी ये भले लोग इतनी गालियां कैसे दे सके? बुरे आदमी को भी इतनी गालियां देना भले आदमी का लक्षण नहीं। अगर विरोध था तो सैद्धांतिक विरोध करके पूरा कर लेते। लेकिन विरोध भावात्मक मालूम पड़ता है, सैद्धांतिक नहीं है। महावीर के मुकाबले, महावीर के अनुयायियों को लगा होगा, एक ही व्यक्ति खड़ा है प्रखर, जो ठीक विपरीत बात कह रहा है : न कोई चरित्र न कोई ज्ञान।''[12]

---

7. वही, पृ. 95-6
8. वही, पृ. 96
9. वही, पृ. 96
10. वही, पृ. 97
11. वही, पृ. 97
12. वही, पृ. 98

गोसाल को अनीश्वरवादी और बेचरित्र का कह कर आगे रजनीश जीवन के प्रति उनके दृष्टिकोण पर आते हैं। वे नियतिवाद को अकर्मण्यतावाद में तब्दील करते हैं, पुरुषार्थ के विरोध में खड़ा करते हैं। वे कहते हैं :

> और इस सबसे भी कठिन बात, पर बड़ी महत्वपूर्ण, गोशालक का जो दृष्टिकोण था वह था, अकर्मण्यतावाद। वह कहता था, किए से कुछ भी नहीं होता। वह कहता किए से न पाप होता है, न किए से पुण्य होता है। वह कहता था, करना नासमझी की बात है। करने से कभी कुछ हुआ ही नहीं है। जो होना है, वही होता है। जो होना था, वही हुआ। जो होना है, वही होगा। वह परम नियतिवादी था। वह कहता था, सब हो रहा है। हमारे किए का कुछ सार नहीं है, इसलिए जीवन से संघर्ष करने का कोई प्रयोजन नहीं है।
>
> वह बहने के पक्ष में था, तैरने के पक्ष में नहीं। संघर्ष के पक्ष में नहीं, समर्पण के पक्ष में। अगर गोशालक को क्रोध हो जाए तो वह कहता, क्रोध हुआ। मैं क्या करूं? प्रेम हो जाए तो कहता, प्रेम हुआ। मैं क्या करूं? गोशालक कोई दायित्व स्वीकार नहीं करता था। वह कहता था, इतने विराट में मैं एक छोटा-सा कलपुर्जा हूं। कहां जा रहा है यह विराट, मुझे पता नहीं। कहां से आ रहा है, मुझे पता नहीं। क्यों मेरे भीतर क्रोध होता है इसका भी मुझे पता नहीं।
>
> ....इसका अर्थ हुआ, आदमी के किए कुछ भी न होगा। पुरुषार्थ कुछ भी नहीं है। कृष्ण की गीता से मेल खाएगी यह बात। कृष्ण भी यही कह रहे हैं, लेकिन जरा और ढंग से। कृष्ण कहते हैं, ईश्वर कर रहा है। गोशालक उतनी बात भी बीच में नहीं लाता। वह कहता है, कहां पता है कि ईश्वर है? कौन कर रहा है यह तो मुझे पता नहीं। इतना पता है कि मेरे किए कुछ भी नहीं हो रहा है। कृष्ण कहते हैं, ईश्वर पर छोड़ दो। गोशालक कहता है, छोड़ दो। ईश्वर है या नहीं, मुझे पता नहीं। लेकिन इसे ढोने की कोई भी जरूरत नहीं है। सब ढोना नासमझी है।
>
> ....
>
> ....गोशालक कहता है, कोई ईश्वर है, पता नहीं। इतना तय है कि आदमी के पुरुषार्थ से कुछ भी नहीं होता। जो होता है, वही होता है। कभी हो जाता है तो तुम सोचते हो, हम जीत गए। कभी नहीं होता तो तुम सोचते हो, हम हार गए। लेकिन जो होना था, वही होता है। जब हो जाता है, तुम अकड़ जाते हो। जब नहीं होता, तुम सिकुड़ जाते हो। तुम नाहक

अकड़ते-सिकुड़ते हो। तुम नाहक जीतते-हारते हो। जो होना है वही होता है।[13]

रजनीश गोसाल के नियतिवाद को परम भाग्यवाद से जोड़ते हैं—"इसलिए गोशालक की दृष्टि परम स्वीकार की है। वह कहता है, जो है, है। बुरा तो बुरा; भला तो भला। न यहां हार का कोई उपाय है, न जीत का कोई उपाय है। गोशालक परम भाग्यवादी है। और मजा यह है कि भगवान भी नहीं है गोशालक के विचार में।"[14] तब इस संसार के बारे में क्या कहा जाए? रजनीश के अनुसार, 'गोशालक कहता है, इतना तय है, आदमी नहीं चला रहा है, चल रहा है।'[15] गोसाल की यही सोच महावीर के किए-धरे पर पानी फेर देती है। रजनीश कहते हैं—"यह अकर्मण्यतावाद तो और भी महावीर के विपरीत पड़ता है। क्योंकि महावीर का तो सारा बल इस बात पर है कि पुरुषार्थ; इसीलिए तो नाम महावीर है। करो, तो पा सकोगे। लड़ोगे, तो जीतोगे। बहे, तो गए। तैरो। धारे के विपरीत तैरो। इंच-इंच लड़ोगे तो ही किसी दिन पहुंचोगे। सिद्धि मुफ्त नहीं मिलती। बड़ा गहन संघर्ष करना है।"[16]

रजनीश मानते हैं कि गोसाल के कोई शास्त्र नहीं हैं। उन्होंने यह नहीं कहा कि शास्त्र थे और वे खू गए हैं। उन्होंने माना ही नहीं कि गोसाल ने कोई शास्त्र तैयार किए थे। वे गोसाल को दार्शनिक और सिद्धान्तकार भी नहीं मानते। बस, यह मानते हैं कि गोसाल के पास निश्चित ही एक जीवन-दृष्टिकोण था। दर्शन कहना उसे उचित नहीं, क्योंकि शास्त्रबद्ध, सूत्रबद्ध जीवन-प्रणाली बनाने में उसका कोई भरोसा नहीं था। उनके अनुसार, गोसाल की दृष्टि यही थी कि जीवन इतना बड़ा रहस्य है कि दर्शन में समा सके, यह संभव नहीं है, कि जीवन का कोई दर्शन हो सकता है, यह संभव नहीं है।[17] उन्होंने निष्कर्ष निकाला है कि 'मक्खलि गोशाल दार्शनिक तो नहीं है। कोई परम्परा बनाने वाला भी नहीं है।'[18]

यहां इस बहस को छोड़ा जाए कि रजनीश मानते हैं कि गोसाल ने कोई शास्त्र तैयार नहीं किए। जो सच है, और मानी जाने वाली बात है, वह यह है कि आज ऐसे कोई शास्त्र उपलब्ध नहीं हैं। इसी सन्दर्भ में रजनीश के इन शब्दों को पढ़ा जा सकता है :

> तुम ऐसा ही समझो कि अगर हिंदुओं के सब शास्त्र खो जाएं और कृष्ण के संबंध में सिर्फ जैनों के शास्त्र बचें तो कृष्ण के संबंध में क्या स्थिति बनेगी? लोग क्या सोचेंगे? लोग सोचेंगे, आदमी महानारकीय रहा होगा, क्योंकि शास्त्र में लिखा है कि सातवें नरक में गया।
>
> अगर बुद्ध के संबंध में बौद्धों के शास्त्र खो जाएं, सिर्फ हिंदुओं के शास्त्र बचें तो इन शास्त्रों से क्या पता चलेगा? हिंदू शास्त्र कहते हैं कि

---

13. वही, पृ. 98-9
14. वही, पृ. 100
15. वही, पृ. 100
16. वही, पृ. 100
17. वही, पृ. 93
18. वही, पृ. 94

परमात्मा ने नरक बनाया। लेकिन सदियां बीत गईं, कोई पाप करे ही नहीं। नरक कोई जाए ही नहीं। तो नरक में बैठे थे जो पहरेदार, और व्यवस्थापक, और मैनेजर, वे थक गए। कोई आता ही नहीं! ऊब गए। उन्होंने परमात्मा से प्रार्थना की, यह नरक बनाया किसलिए? न कोई पाप करता, न कोई आता। हमें नाहक अटका रखा है। बंद करो यह दुकान। हमें छुट्टी दो या आदमी भेजो।

तो परमात्मा ने कहा, ठीक है घबड़ाओ मत। मैं जल्दी ही बुद्ध के रूप में अवतार लूंगा और लोगों के मन भ्रष्ट करूंगा। फिर उन्होंने बुद्ध की तरह अवतार लिया, लोगों को भ्रष्ट किया। लोग नरक जाने लगे।[19]

तो जैन शास्त्रों के अनुसार कृष्ण नरक में गए हैं और हिन्दू शास्त्रों के अनुसार बुद्ध लोगों को नरक में भेज रहे हैं। इसी सन्दर्भ में समझा जाए कि गोसाल के शास्त्रों के अभाव में जैन, बौद्ध और हिन्दू शास्त्रों पर कैसे भरोसा रखा जा सकता है। रजनीश कहते हैं–"अगर विरोधी का ही शास्त्र बचे तो निर्णय करना मुश्किल है। यही असुविधा है गोशालक के लिए। खुद का कोई शास्त्र नहीं है। खुद कुछ लिखा नहीं है। करने को ही जो नहीं मानता था, वह लिखे क्यों? कुछ बोलाचाला होगा। कुछ दिन तक लोगों को याद रही होगी, फिर बिसर गई।"[20] वे आगे कहते हैं :

गोशालक जैसा व्यक्ति हमारे लिए खो गया है। अब जो उल्लेख रह गए हैं, वे विरोधियों के हैं। विरोधियों से कभी भी निर्णय मत लेना। एक बात पक्की है कि विरोधियों ने जो कहा है, वह तो सही हो ही नहीं सकता। तो बड़ी छानबीन करके तुम्हें खोजना पड़ेगा। बौद्ध और जैन ग्रंथों में देखकर कुछ बातें जो साफ होती हैं, उनमें एक बात सबसे महत्वपूर्ण है, वह है : अकर्मण्यतावाद का सिद्धांत।

'प्राणियों में दुख का कोई हेतु नहीं है, न विशुद्धि का कोई हेतु है। पुरुषार्थ और पराक्रम काम नहीं आते। नियति या भाग्य ही सब कुछ है। जो हुआ, वह होना था। जो होना है, वह होगा। जो हो रहा है, वही हो सकता है। सब-कुछ नपा-तुला है। और कर्म से, पाप या पुण्य से कोई भेद नहीं पड़ता है।'[21]

आगे रजनीश गोसाल के बारे में की गई अपनी इस खोज के लाभ भी बताने लगते हैं। वे कहते हैं–"अगर गोशालक की बात सही है तो न दुख का कोई कारण है, न सुख का कोई कारण है। जो होना था, हुआ है। जो हो रहा है, वही होना है। जो होना है, वही होगा। तुम अपने आप शांत हो जाते हो। न कोई तनाव, न कोई चिंता, न कोई दौड़, न

19. वही, पृ. 101 20. वही, पृ. 102 21. वही, पृ. 104

कोई संघर्ष, न कोई अकड़, न कोई हार, न कोई जीत, न कोई विषाद, न कोई संताप।''[22] स्पष्ट है, जो फायदे होने थे, रजनीश ने वे नुकसान में बदल लिए हैं। कारण यही रहा कि जैन और बौद्ध शास्त्रों पर निर्भर रह कर गलत दृष्टि पाल ली है। दूसरों को बचने की चेतावनी देते-देते रजनीश खुद खंदक में गिर पड़े हैं। सही बात यह है कि रजनीश स्वयं गोसाल की दृष्टि के व्यक्ति नहीं थे। इसी वजह से वे अपने प्रवचन में गोसाल के बारे में ऐसा बोल सके :

> गोशालक इतना ही कह रहा है कि जीवन में सब सहज हो रहा है। यहां तुम चेष्टा को बीच में मत लाओ।
>
> और उसकी बात सही है। क्योंकि कितनी अदालतें हैं। कितने चोरों को दंड दिए गए, कौन-सी बदलाहट हुई है? चोर बढ़ते गए, जैसे-जैसे कानून बढ़े। तुम कानून बनाओ, चोर और वकील बढ़ते हैं और कुछ नहीं होता। ज्यादा कानून बनाओ, और ज्यादा चोर, और ज्यादा वकील। कानून से कुछ रुकता तो नहीं। कारागृह बनाओ, कोई फर्क नहीं पड़ता।[23]
>
> ....
>
> लेकिन तुम्हारी अदालतें भी यही कर रही हैं, कानून भी यही कर रहा है। दंड किसी को अपराध से रोक नहीं पाया, न रोक पाएगा। चेष्टा से कौन बदलता है?[24]

बिलकुल गलत। सौ प्रतिशत गलत। गोसाल को समझने में सारी गलती यही है कि सही सन्दर्भ से काट कर उनकी बातों को ऊल-जलूल ढंग से रखा जाता है। जो आदमी 'मंडल मोक्ष' और 'संसार शुद्धि' के सिद्धान्त को खोजता है, उस के बारे में ऐसे निष्कर्ष निकालना एकदम गलत बात है।

बात यह है कि रजनीश ने गोसाल को एक अस्वीकृत तीर्थंकर कहा है। उन के शब्द हैं—''महावीर, बुद्ध और कृष्ण और पतंजलि तो दुनिया में स्वीकृत तीर्थंकर हैं। गोशालक अस्वीकृत तीर्थंकर हैं।''[25] उन्होंने यह भी माना है कि '....स्वीकृत तीर्थंकरों से दुनिया कुछ अच्छी हुई, ऐसा मालूम पड़ता नहीं'[26] है। इससे आगे उन्होंने कहा है—''इसलिए कभी-कभी मैं सोचता हूँ, जो अस्वीकार हो गए हैं उन पर भी ध्यान देना जरूरी है। हो सकता है, उन के पास कुछ कुंजी हो।''[27] लेकिन यहां प्रश्न दूसरा है कि स्वयं रजनीश ने गोसाल को किस दृष्टि से देखा है। इस प्रश्न के किसी भी उत्तर में रजनीश बच नहीं सकते कि उन्होंने स्वयं भी गोसाल को एक अस्वीकृत तीर्थंकर माना है। लेकिन स्वीकृत और अस्वीकृत में इतना अन्तर क्यों रखा जाए कि भाषा में स्वीकृत के प्रति आदर और अस्वीकृत के प्रति असम्मान दिखाया जाए? आखिर, अस्वीकृत

---

22. वही, पृ. 104
23. वही, पृ. 107
24. वही, पृ. 108
25. वही, पृ. 108
26. वही, पृ. 108
27. वही, पृ. 108

तीर्थंकर सभ्यता के खलनायक नहीं हैं। लेकिन एक जगह भी रजनीश ने अपनी भाषा में गोसाल के बारे में यह नहीं कहा कि 'गोसाल कहते हैं' बल्कि जब भी कहा यही कहा कि 'गोसाल कहता है'। यह अन्तर समझ में तब आता है जब उन्होंने सर्वत्र अपनी वाणी में 'महावीर कहते हैं' और 'बुद्‌ध कहते हैं' के आदर सूचक शब्दों का प्रयोग किया है। बराबरी हो जाती यदि वे एक बार भी ऐसी भाषा का प्रयोग कर जाते कि 'महावीर कहता है' या 'बुद्‌ध कहता है।' इसका मतलब है, अपने ज्ञान-ध्यान में और अपनी सोच में रजनीश गोसाल के वर्ग के व्यक्ति नहीं हैं। वैसे, रजनीश ने खुद को गोसाल से एकाकार करके जनवाने की कोशिश की है। कारण यह है कि जैन लोग रजनीश को गोशालक मानते थे। यह इसी रूप में है कि किसी को गोशालक कहने का अर्थ है कि उसे सब से बड़ी गाली देना। रजनीश ने ऐसे एक वाकये का जिक्र सुनाया है :

> एक जैन मित्र राजस्थान से आए। तो मुझसे कहने लगे, एक जैन मुनि ने कहा, कहां जा रहे हो? वह आदमी तो गोशालक है। मैंने कहा, बात तो उन्होंने ठीक कही। मुझमें कोई खोजना चाहे तो गोशालक को बिलकुल खोज ले सकता है। मैंने उनसे कहा, बात तो उन्होंने ठीक कही।
>
> वे बेचारे बड़े परेशान थे। क्योंकि वे भी जैन हैं। और उनको लगा, यह तो बड़ी गाली हो गई। गोशालक कह दिया। मुझसे कहने लगे, आप कुछ कहेंगे नहीं? इसमें आप कोई वक्तव्य दें कि उन्होंने आपको गोशालक कहा।
>
> मैंने कहा, गलत तो कहा नहीं। ठीक ही कहते हैं। मुझमें कुछ गोशालक का हिस्सा है। मैं भी मानता हूं, आदमी के किए कुछ होता नहीं।[28]

लेकिन, इतना होने और समझने के बावजूद रजनीश गोसाल के प्रति महावीर से उन की तुलना करते समय शब्दों में तनिक सम्मान भाव नहीं दिखाते हैं। अब रजनीश के बोलने का ढंग देखिए—"तो मुझे तो गोशालक उतना ही बहुमूल्य है, जितने महावीर। गोशालक एक तीर्थंकर है। सहज-समाधि उसका योग है। सहज-स्वीकार जीवन का उसकी साधना है। नकार नहीं, अस्वीकार नहीं, विरोध नहीं, दमन नहीं। जैसा जीवन आ जाए, उसे वैसा ही आलिंगन कर लेना स्वागत से। यही उसकी जीवन-दृष्टि है।"[29] आखिर, क्या फर्क आ जाता, क्या बुरा हो जाता, कौन सा पाप घटित हो जाता, किस अपराध में फंस जाते, यदि रजनीश इन शब्दों को इस प्रकार कह देते—"तो मुझे तो गोशालक उतने ही बहुमूल्य हैं, जितने महावीर। गोशालक एक तीर्थंकर हैं। सहज-समाधि उन का योग है। सहज-स्वीकार जीवन का उन की साधना है। नकार नहीं, अस्वीकार नहीं, विरोध नहीं, दमन नहीं। जैसा जीवन आ जाए, उसे वैसा ही

---

28. वही, पृ. 105

29. वही, पृ. 105

आलिंगन कर लेना स्वागत से। यही उन की जीवन-दृष्टि है।'' पूछा इसलिए जा रहा है क्योंकि अन्य लोगों के बारे में बोलने में उनके पास ऐसी भाषा है। आखिर, वे इसी प्रश्न का उत्तर दे दें कि अपनी इस भाषा में वे ऐसा क्यों नहीं बोल सके–''तो मुझे तो गोशालक उतना ही बहुमूल्य है, जितना महावीर।''

यह एक रजनीश की बात नहीं है। यह हिन्दू विचारकों की मानसिकता है जिस में मक्खलि गोसाल को सम्मान नहीं दिया गया। आखिर, गोसाल एक विचारक थे, वे खलनायक नहीं थे। तब उन्हें हिन्दू लेखकों ने खलनायक बना कर पेश क्यों किया है? डा. रामधारी सिंह दिनकर का यहां एक और उदाहरण रखा जा सकता है। वे कवि थे, बल्कि राष्ट्रकवि रहे थे। उन्होंने एक पुस्तक 'संस्कृति के चार अध्याय' लिखी है। अपनी मोटी पुस्तक में उन्होंने मक्खलि गोसाल के बारे में लिखा है–''दूसरे संघ का आचार्य मक्खलि गोसाल था। उसका कहना था कि प्राणी के पवित्र या अपवित्र होने में न कुछ हेतु है, न कारण। बिना हेतु और कारण के ही प्राणी पवित्र और अपवित्र होते हैं। बल, वीर्य-पराक्रम और पुरुषार्थ, ये कुछ भी नहीं हैं। सब प्राणी बलहीन और निर्वीर्य हैं। नियति, संगति और स्वभाव से वे चालित होते हैं। अस्सी लाख महाकल्पों के फेरे में पड़े बिना किसी भी दुःख का नाश नहीं होता। मक्खलि गोसाल के इस मत को **देववाद** कहते थे।''[30]

यह मक्खलि गोसाल के बारे में दिनकर की बात पूरी हो गई। पहली बात, इतनी मोटी पुस्तक में इतना संक्षिप्त परिचय! दूसरी बात, वही भाषा तू-तड़ाक की!!

अब देखा जाए, महावीर पर लिखते समय वे किस भाषा का प्रयोग करते हैं। उनके शब्द हैं–''जैन-पन्थ के अन्तिम तीर्थंकर महावीर वर्धमान हुए, जिनका जन्म ई. पू. 599 में हुआ था। वे 72 वर्ष की अवस्था में स्वर्गीय हुए। महावीर स्वामी ने मरने के पूर्व इस सम्प्रदाय की नींव भली-भांति पुष्ट कर दी, अहिंसा को उन्होंने पक्के तौर पर स्थापित कर दिया और जब वे मरे, तब उनका सम्प्रदाय, पूर्णरूप से, संगठित और सक्रिय था। सांसारिकता पर विजयी होने के कारण वे जिन (जयी) कहलाए और उन्हीं के समय से इस सम्प्रदाय का नाम जैन हो गया।''[31]

बुद्‌ध के बारे में दिनकर की लेखनी कैसी चलती है? वही जो महावीर को सम्मान देती हुई चली है। वे बुद्‌ध का परिचय देते हुए लिखते हैं :

> ....बुद्ध नास्तिक इसलिए माने गए कि उन्होंने वेद की निन्दा की और वेद-निन्दक होते हुए भी हिन्दुओं ने उन्हें दशावतार में इसलिए गिन लिया कि उनका चरित्र आस्तिक का चरित्र था तथा वे इस बात में निष्कपटता से विश्वास करते थे कि जीव का आवागमन होता है और इस

30. संस्कृति के चार अध्याय, रामधारी सिंह दिनकर, लोक भारती प्रकाशन, पहली मंजिल, दरबारी बिल्डिंग, महात्मा गांधी मार्ग, इलाहाबाद-1, तीसरा संस्करण, पुनरावृत्ति, 2014, पृ. 102

31. वही, पृ. 118

आवागमन से छुटकारा पाकर जीव मोक्ष प्राप्त कर सकता है। किन्तु, दो बातें हैं, जिन्हें लेकर पश्चिम के विद्वानों ने यह दिखलाना चाहा है कि बुद्धदेव नास्तिक थे। पहली बात तो यह है कि वे आत्मा के अस्तित्व में विश्वास नहीं करते थे और दूसरी यह कि उनके निर्वाण का अर्थ व्यक्ति का अन्तिम विनाश है। एशिया और भारत में भी कुछ ऐसे बौद्ध सन्त और विद्वान् हैं, जिनका विश्वास है कि बुद्धदेव ने जिस धर्म का प्रवर्तन किया, वह धर्म नास्तिक है, क्योंकि उसमें आत्मा नहीं, अनात्मा का सिद्धान्त माना जाता है।[32]

.........इस देश में वेद और ब्राह्मण की अवज्ञा करके तथा ईश्वर है या नहीं, इस विचिकित्सा से अपने को अलग रखकर भी, बुद्धदेव हिदुओं के दशावतार में गिने गए, केवल इतनी-सी बात भी यह दिखाने को यथेष्ट है कि उनका व्यक्तित्व अनुपम रहा होगा तथा वे साधुता के जीते-जागते प्रतीक रहे होंगे। और सच पूछिए तो वेद और ब्राह्मण की निन्दा करना उनका कोई प्रमुख लक्ष्य नहीं था। यह चीज तो बाद को प्रमुख हुई, जब ब्राह्मण और बौद्ध आपस में द्वेषी हो गए। स्वयं बुद्धदेव निन्दा के लिए किसी की निन्दा करते रहे हों, यह मानने की बात नहीं है। वे दया और मैत्री के आगार थे। उनके उपदेशों के जो ग्रन्थ उपलब्ध हैं, उनसे मालूम होता है कि तथागत संकल्प के पक्के, विचारों में अडिग तथा वाणी और आचरण में अत्यन्त कोमल और विनम्र थे। उन्होंने यह दावा किया कि उन्हें बुद्धत्व की प्राप्ति हुई है, मगर यह नहीं कहा कि उन्हें किसी अदृश्य शक्ति ने प्रेरित किया है। वाद-विवाद में भी वे अत्यन्त धीर, सहनशील और उदार थे।

वे बुराई के बदले भलाई और घृणा के बदले प्रेम करने का उपदेश देते थे। कलंक, कुत्सा, निन्दा और विरोध का सामना उन्हें भी करना पड़ा था, किन्तु, इन विरोधों के मुकाबले भी, वे सदैव अहिंसक और धीर बने रहे। "अगर कोई व्यक्ति अज्ञानता के कारण मेरी निन्दा करता है तो भी मैं उसे अपने प्रेम की छाया अवश्य दूंगा और वह जितनी ही बुराई करेगा, मैं उतनी ही उसकी भलाई करता जाऊँगा।" एक बार किसी मूर्ख ने तथागत को गाली दी। तथागत ने पूछा, "तात! अगर कोई कुछ दान दे और लेनेवाला उसे लेने से इनकार कर दे तो वह दान किसका होगा?" गाली देनेवाले ने कहा, "क्यों? उसका, जो दान दे रहा है।" भगवान् बोले, "तो तात! अभी जो तुमने मुझे गाली दी है, उसे मैं ग्रहण करना अस्वीकार करता हूं। इसलिए उसे तुम अपने ही पास रख लो।" संसार के अन्य

---

32. वही, पृ. 126

अनेक महात्माओं के विपरीत, तथागत के स्वभाव में विनोदप्रियता भी थी।

गौतम में दुराग्रह का बिलकुल अभाव था और वे अपने व्यक्तित्व के जोर से अपना धर्म चलाना नहीं चाहते थे। अपने शिष्यों से उन्होंने बार-बार यह कहा था कि मेरी बातों को सिर्फ इसलिए मत मानो कि वे मेरे मुख से निकली हैं, बल्कि इसलिए कि उन्हें तुम्हारी अपनी बुद्धि उचित समझती है। उपनिषदकाल में भारतवासियों का स्वाधीन चिन्तन जहाँ तक पहुँचा था, उसे उन्होंने वहीं से उठाया और बढ़ाकर वे उसे काफी दूर ले गए। स्वाधीन चिन्तन और बुद्धिवाद के वे अद्‌भुत प्रेमी थे। उन्होंने एक ऐसे युग में बुद्धिवाद की मशाल जलाई, जब भारत से बाहर तो क्या, भारत में भी यह कार्य जनरुचि के विरुद्ध था। नेता और ग्रन्थ, इन दोनों से भिन्न, उन्होंने एक स्वतन्त्र राह पकड़ी और सत्य की खोज उन्होंने उस रास्ते से शुरू की, जो विवेक और बुद्धि की राह है। अपने महापरिनिर्वाण के पूर्व तथागत ने आनन्द से कहा था, "हे आनन्द! तुममें से किसी का यह विचार हो सकता है कि शास्ता का प्रवचन अतीत हो गया, अब हमारा कोई शास्ता नहीं है। पर, ऐसा विचार उचित नहीं है। हे आनंद! तुम अपने लिए स्वयं दीपक होओ; धर्म की शरण में जाओ, किसी दूसरे का आश्रय न खोजो।"

वे व्यावहारिक गुरु थे तथा ऐसे अनुमानों के फेरे में वे कभी नहीं पड़े जो बुद्धिगम्य न हों अथवा जीवन के लिए जिनका कोई उपयोग नहीं हो। जो शब्द में नहीं आ सकता, उसकी चर्चा छोड़ दो; जो बुद्धि से पकड़ा नहीं जा सकता, उसका पीछा करना व्यर्थ है, यह उनके दृष्टिकोण का निचोड़ है। धर्म का ऐसा व्यावहारिक नेता मनुष्य को सौभाग्य से ही मिलता है।

विख्यात बात है कि बुद्धदेव मध्य-मार्गी थे। मृगदाव में उन्होंने जो प्रथम उपदेश दिया, उसमें अपने शिष्यों से उन्होंने कहा कि दोनों छोरों को छोड़कर बीच से चलो। विषय-वासना में लिप्त होना निन्द्य है, किन्तु, उससे भी अधिक निन्द्य है कृच्छ्र साधना के द्वारा शरीर को सुखा डालना। भोग में योग निभाने की जो परम्परा जनक ने चलाई थी तथा निष्काम कर्म के रूप में गीता ने जिस धर्म का उपदेश दिया था, मध्य-मार्ग बहुत-कुछ उसी धर्म का आख्यान था।[33]

स्पष्ट है, बुद्‌ध पर इस लिखत को देख कर दिनकर को सभ्य पुरुष और शिष्ट साहित्यकार कहना ही पड़ेगा। लेकिन उन के शिष्ट साहित्यकार होने की पोल-पट्टी तब खुलती है जब वे मक्खलि गोसाल पर अपनी कलम घसीटते हैं। महावीर और बुद्‌ध पर

33. वही, पृ. 131-32

लिखी भाषा को पढ़ कर लगता है कि अवश्य दिनकर एक तहजीबदार आदमी थे जो मक्खलि गोसाल पर लिखते समय तहजीब के दायरे से बाहर हो गए थे।

प्रश्न है, क्या रजनीश ने भी यहां गोसाल को गाली नहीं दी है? उत्तर यह है कि गाली दी है और खूब गाली दी है। आखिर, विरोधी पुरुष की प्रशंसा करने के रजनीश के क्या, किसी वक्ता के भी ये क्या ढंग हैं? गाली देने के सौ तरीके हैं, चाहे जिस तरीके को अपना लो। कोई आदमी गधा है, इसलिए महान है, और फिर गधे के गुण गिनाने लगो। आदमी को बोलने की तहजीब होनी चाहिए। लेकिन सच्चाई पर पर्दा डालने वाले चुप नहीं रहते। वे लोगों का ध्यान कई तरफ ले जाते हैं। विरोधी को किसी लायकी का नहीं छोड़ते। जैनियों ने गोसाल को गालियां दी हैं, रजनीश को उन गालियों पर आश्चर्य भी हुआ है, लेकिन खुद उन्होंने गोसाल को कौन सी गाली नहीं दी? आखिर, रजनीश की दी हुई गोसाल को यह सब से बड़ी गाली है जब उन्होंने बोला है :

> गोशालक बहुत मस्त आदमी था। मस्त फकीर! नाचता-गाता आदमी था। जैन शास्त्रों में इसलिए भी बड़ा विरोध है। क्योंकि कभी-कभी ऐसा हो जाता कि गोशालक के पास महफिल जमी है, नाच रहे लोग। एक गांव में वेश्या ने निमंत्रण दे दिया, और गोशालक वहीं चला गया नाचते हुए। अब जैन शास्त्रों में उसका विरोध होना स्वाभाविक है।
>
> कहते हैं वह मरा—जैन शास्त्र कहते हैं—तो एक वेश्या के घर ही टिका हुआ था। पता नहीं, यह सच हो या न हो। क्योंकि जैन शास्त्रों की बात मानने का कोई भी कारण नहीं है। मगर यह हो भी सकता है। क्योंकि गोशालक जैसे व्यक्ति को पापी में और पुण्यात्मा में कोई फर्क नहीं है। गोशालक जैसे व्यक्ति को वेश्या में भी वही परमात्मा नजर आता है—वही शुद्ध, जो पुण्यात्मा में है; कोई भेद नहीं है।
>
> भेद ओछी दृष्टियों के हैं। भेद नासमझों के हैं। गोशालक निश्चित अभेद में रहा होगा। परमहंस था।[34]

अब रजनीश के इन शब्दों का क्या अर्थ लगाया जाए? क्या यहां गोसाल की प्रशंसा की जा रही है जब उन्हें 'परमहंस' कहा जा रहा है? क्या किसी आदमी की प्रशंसा ऐसे ही की जाती है? रजनीश जैन शास्त्रों को मान्य कर रहे हैं या अमान्य कर रहे हैं? वे अफवाह को रोक रहे हैं या उसे आगे बढ़ा रहे हैं? उन का फर्ज क्या था? यदि गोसाल वेश्यागामी हैं तो वे महान कैसे माने जा सकते हैं? वे वेश्यावृत्ति को बढ़ा रहे हैं कि रोक रहे हैं? रजनीश ने क्यों इस अफवाह में आग नहीं लगाई कि गोसाल एक वेश्या के घर मरे थे? जैन शास्त्रों के साधु पत्नी नहीं रखते, इसे वे अपना ब्रह्मचर्य व्रत कहते हैं, तो

34. जिन-सूत्र : भाग-चार, ओशो, दिव्यांश पब्लिकेशन्स, एमआईजी 222, फेज-1, एलडीए टिकैत राय कालोनी, लखनऊ, उत्तर प्रदेश-226 017, प्रथम संस्करण, 2013, पृ. 112

क्या पत्नी रखने वाले लोगों को वेश्यागामी कहा जाएगा? क्या जैन शास्त्रों को पता नहीं है कि पत्नी रखना, वेश्यागामी होना नहीं है? क्या पत्नी और वेश्या में फ़र्क नहीं है? जैन शास्त्र जो कहें सो कहें, खुद रजनीश को पत्नीगामी और वेश्यागामी में फर्क करके चलना चाहिए था। रजनीश ने गोसाल को लेकर यह कैसा अभेद खड़ा किया है कि पत्नी और वेश्या उन की दृष्टि में एक समान हैं? यह गोसाल के सिर पर जूते मारने के बराबर है कि वेश्यागामी होने की वजह से गोसाल परमहंस थे। निश्चित रूप से ऐसे दुष्प्रचार की और ऐसी कथन शैली की भर्त्सना की जानी चाहिए।

रजनीश ने गोसाल के होने का मूल्यांकन करते हुए माना है–"गोशालक ने खूब झकझोर दिया होगा भारत को।"[35] वे कहते हैं–"ऐसे व्यक्ति–गोशालक जैसे व्यक्ति–तेज आंधी की तरह आते हैं।"[36] उन्होंने कहा–"ऐसे व्यक्ति धूल-धवांस झाड़ जाते हैं चेतना की।"[37] लेकिन इस का फायदा क्या रहा जिस से स्वयं रजनीश की चेतना की धूल-धवांस नहीं झड़ी जब वे पुनर्जन्म से जुड़े कर्मवाद को नहीं छोड़ सके?

कैसे? इसे आगे देखा जा रहा है।

II

बात यह चल रही है कि तीर्थंकर अपने पहले जन्म में ही कृतकृत्य हो चुके होते हैं और करुणावश संसार में दुबारा आते हैं। ओशो–अर्थात रजनीश से पूछा जा रहा है कि अगर ऐसा है तो महावीर के इस जिस जन्म की चर्चा हो रही है, इस के बाद अगले जन्म में भी उन्हें करुणावश आने से क्या चीज रोक पाई? यूं तो फिर उन्हें आते ही रहना चाहिए था। प्रश्न यह भी है कि जो करुणावश वापस आते हैं तो क्या वे अपनी मर्जी से आते हैं या यह भी आटोमैटिक होता है। ओशो इस प्रश्न को महत्वपूर्ण मानते हुए इस का उत्तर देते हैं–"मेरी दृष्टि में, जिस के जीवन का कार्य पूरा हो चुका है, वह ज्यादा से ज्यादा एक ही बार वापस लौट सकता है।.... जैसे एक व्यक्ति के जीवन-कार्य पूरे हो चुके तो उस के अनंत जीवन की वासनाओं ने जो मोमेंटम दिया है, जो गति दी है, वह ज्यादा से ज्यादा सौ वर्षों तक, ज्यादा से ज्यादा, उसे एक बार लौटने का अवसर दे सकती है, उस से ज्यादा नहीं।"[38]

बात पूरी रख दी जाए जो वे यहां कह रहे हैं। अच्छा यह है कि सन्दर्भ मक्खली गोसाल का ही चल रहा है। वे कहते हैं :

> तो अक्सर ईसीलिए ऐसा हो जाता है कि इस तरह की आत्माओं के दूसरे जन्मों का जीवन अति क्षीण होता है। शंकराचार्य जैसे व्यक्ति, जोकि

35. वही, पृ. 110 36. वही, पृ. 110 37. वही, पृ. 111

38. महावीर : मेरी दृष्टि में, ओशो, सम्पादक, आनंद सत्यार्थी और शान्ति त्योहर, दिव्यांश पब्लिकेशन्स, एमआईजी-222, फेज-1, एलडीए टिकैत राय कालोनी, लखनऊ, उत्तर प्रदेश-226 017, प्रथम संस्करण, 2012, पृ. 71

तीस-पैंतीस साल ही जी पाते हैं, उसका और कोई कारण नहीं है, मोमेंटम बहुत कम है। अक्सर ऐसा होता है कि इस तरह की आत्माओं का जीवन अत्यल्प होता है, जैसे जीसस क्राइस्ट, अत्यल्प जीवन मालूम होता है। यह जो अत्यल्प जीवन है, वह इसी कारण है, और कोई कारण नहीं है। मोमेंटम ही इतना है।

अपनी ही मर्जी से लौट सकते हैं, न लौटना चाहें तो कोई लौटाने वाला नहीं है। लेकिन लौटना चाहें तो अगर शक्ति शेष है तो ही लौट सकते हैं।

फिर मैंने कहा कि लेकिन करुणा से कोई नहीं रोक सकता है। शरीर नहीं उपलब्ध होगा, तब दोहरी बातें हो सकती हैं। या तो वैसा व्यक्ति किसी दूसरे के शरीर का उपयोग करे, जैसा कि मक्खली गोशाल ने किया।

यह भी संदर्भ में महावीर के है, इसलिए समझ लेना उचित है। कहानियां कहती हैं कि मक्खली गोशाल बहुत वर्षों तक महावीर के साथ रहा, फिर उसने साथ छोड़ दिया। फिर वह महावीर के विरोध में स्वतंत्र विचारक की हैसियत से खड़ा हुआ। लेकिन जब महावीर ने शिष्यों को कहा कि मक्खली गोशाल तो मेरा शिष्य रह चुका है, मेरे साथ रहा है, तो उसने स्पष्ट इनकार किया। उसने कहा : वह मक्खली गोशाल जो आपके साथ था, मर चुका है। यह तो मैं बिलकुल ही एक दूसरी आत्मा उसके शरीर का उपयोग कर रहा हूं। मैं वह व्यक्ति नहीं हूं।

यह बात साधारणतया महावीर के अनुयायी समझते रहे हैं कि झूठ है, लेकिन यह झूठ नहीं है। यह बात बिलकुल ही सच है। मक्खली गोशाल नाम का जो आदमी महावीर के साथ रहा था, वह अति साधारण व्यक्ति था। किन्हीं कारणों से असमय में उसकी मृत्यु हुई और उसकी देह का उपयोग एक दूसरी स्वतंत्र चेतना ने किया, जो तीर्थंकर की ही हैसियत की थी। लेकिन अपना शरीर उपलब्ध करने में असमर्थ थी, तो उसने मक्खली गोशाल के शरीर का उपयोग किया। और इसीलिए इस व्यक्ति का, जो अब यह नया व्यक्ति बना पुराने शरीर में, मक्खली गोशाल, इसका महावीर से कोई मेल नहीं हो सका। यह एक बिलकुल स्वतंत्र चेतना थी, जिसका अलग अपना काम था और वह अपना काम किया उसने। और इसलिए मक्खली गोशाल भी तीर्थंकर होने का एक दावेदार था।[39]

आजीवक दृष्टि से रजनीश के इस प्रवचन पर क्या कहा जाए? इसे केवल सौ

39. वही, पृ. 72

प्रतिशत झूठा कहा जाए। समझ में नहीं आता, इतना झूठ बोलने की हिम्मत कैसे जुटती है? मानो विज्ञान खड़ा कर रखा हो कि इन्होंने प्रयोग कर-कर के ऐसा सब होता देख लिया है। अपने मन की मर्जी है, कुछ भी कहो, पर इन का वह कहना, अपने बारे में कहने तक सीमित रहना चाहिए। जो झूठ है, उसे निस्संकोच सच बता रहे हैं। कहानी की मन माफिक व्याख्या कर रहे हैं। मक्खलि गोसाल को एक बार मारा है, इनकी मर्जी, वे उन्हें दो बार मार देंगे, तीन बार मार देंगे। ऐसे लोग मक्खलि गोसाल को समझने का दावा करते हैं जो जन्मांतरण के साथ-साथ देहान्तरण में भी विश्वास रखते हैं। यहां रजनीश को पुनर्जन्म की आवश्यकता नहीं पड़ी, बल्कि उन्होंने, सीधे, मरी हुई देह में एक दूसरी आत्मा उतार दी है।

गोसाल में और महावीर में रजनीश हर बार महावीर का पक्ष लेते हैं। महावीर के सामने वे गोसाल को कुछ समझते ही नहीं हैं। उन से जो किसी ने एक प्रश्न पूछा है, उसे रखते हुए वे कहते हैं :

> इसी संबंध में एक प्रश्न और किसी ने पूछा है कि महावीर के प्रेम में क्या कुछ कमी थी कि वे गोशालक को समझा न पाए?
>
> निश्चित ही समझाने में प्रेम काम आता है और पूर्ण प्रेम समझाने की पूरी व्यवस्था करता है। लेकिन इससे ही यह सिद्ध नहीं होता कि पूर्ण प्रेमी समझा ही पाएगा, क्योंकि दूसरी तरफ पूर्ण घृणा भी हो सकती है, जो समझने को राजी ही न हो। दूसरी तरफ पूरा बहरापन हो सकता है, जो सुनने को राजी ही न हो। महावीर के प्रेम या अहिंसा पर इसलिए शक नहीं हो सकता कि वे दूसरे को नहीं समझा पा रहे हैं, या दूसरे को नहीं बदल पा रहे हैं, या दूसरे की हिंसा नहीं मिटा पा रहे हैं। इसके तो हजार कारण हो सकते हैं।
>
> महावीर की अहिंसा की जांच करनी हो तो दूसरे की तरफ से जांच करना गलत है, सीधे महावीर को ही देखना उचित है। सूरज की जांच करनी हो तो किसी अंधे आदमी से माध्यम बना कर जांच करनी गलत है। हम अंधे आदमी से जाकर पूछें कि सूरज है? और वह कहे, नहीं है। तो हम कह सकते हैं, ऐसा कैसा सूरज है, जो एक अंधे आदमी को भी दिखाई नहीं पड़ पा रहा है?[40]

इस विशेष प्रश्न और उसके खास उत्तर से यह बात पूरी तरह साफ हो जाती है कि रजनीश के मन में, सम्मान की जगह पर, महावीर बसे हैं, गोसाल नहीं। महावीर की दृष्टि में कोई कमी नहीं मानी गई है बल्कि यह माना गया है कि उसे सुनने या देखने के लिए गोसाल बहरे और अंधे हैं। देखा जा सकता है, यहां गोसाल और महावीर के बीच

40. वही, पृ. 384

दार्शनिक मतभेदों या सामाजिक लड़ाइयों को सामने नहीं आने दिया जा रहा है। बस, अध्यात्म और तपश्चर्या के नाम पर एक झूठी हवा बनाई गई है कि महावीर महान हैं और गोसाल निकृष्ट है।

रजनीश किसी भी विचार को तोड़-मरोड़ देते हैं। किसी भी कहानी या घटना की वैसी व्याख्या कर देते हैं, जो किसी भी तरह से संभव नहीं है। यहां शब्द 'अंजलि कम्म' को ले कर यह चर्चा की जा सकती है कि मक्खलि गोसाल ने अपनी पत्नी हालाहला को दोनों हाथ जोड़ कर नमस्कार किया था। इस विषय पर रजनीश के सामने यह प्रश्न आया है कि महावीर ने साध्वी के मुकाबले में साधु को तरजीह क्यों दी है। रजनीश ने उस प्रश्न को रखते हुए कहा है :

> एक प्रश्न और उसने आगे पूछा है—और वे एक साध्वी के ही पूछे हुए प्रश्न हैं—तो उसने यह पूछा है कि महावीर के मार्ग पर यह बड़ी बेबूझ बात है कि एक दिन का एक दीक्षित साधु हो, सत्तर वर्ष की दीक्षित वृद्धा साध्वी हो, तो भी साध्वी को साधु को प्रणाम करना पड़ेगा। एक दिन के दीक्षित साधु को सत्तर वर्ष की दीक्षित वृद्धा साध्वी को, लेकिन प्रणाम साध्वी को ही साधु को करना पड़ेगा। तो उसने पूछा है, पुरुष के लिए इतना सम्मान और स्त्री के लिए इतना अपमान! जब कि महावीर समानता का खयाल रखते हैं?
>
> एक तो जो मैंने पूरी बात कही, वह खयाल में रहे, महावीर के मन में स्त्री चित्त के लिए कोई जगह नहीं है, स्त्रैणता के लिए कोई जगह नहीं है—एक। और दूसरा भी एक मनोवैज्ञानिक कारण है, जो खयाल में रहे। और वह बड़े मजे का है, वह कभी खयाल में नहीं आ सका।
>
> यह बड़ी अद्भुत बात है कि वृद्धा साध्वी एक दिन के दीक्षित जवान साधु को भी नमस्कार करे! कोई साधु किसी साध्वी को कभी नमस्कार न करे! स्वभावतः, लगेगा कि पुरुष को बहुत सम्मान दे दिया गया, स्त्री को बहुत अपमानित कर दिया गया।[41]

लेकिन रजनीश इस बात को सही नहीं मानते कि यह व्यवस्था खड़ी कर के महावीर ने साधु को ऊंचा और साध्वी को नीची माना है। वे कहते हैं कि ऐसा मानना भूल है। उन्होंने कहा है—"महावीर ने यह जो व्यवस्था की कि हर स्थिति में साध्वी साधु को आदर दे, इसमें पुरुष के अहंकार की भी बड़ी तृप्ति हुई और साधुओं ने समझा होगा, हमारा बड़ा सम्मान भी हुआ, और आज भी वे यही समझ रहे हैं...!"[42] पर, यदि यह सच नहीं है तो सच क्या है? वे उत्तर देते हैं—"बात उलटी है, लेकिन बड़ी मनोवैज्ञानिक है, इसलिए एकदम से खयाल में नहीं आती। बात यह है कि स्त्रियों से संयम की संभावना

41. वही, पृ. 394   42. वही, पृ. 396

ज्यादा है पुरुषों की बजाय, सदा। पुरुष के असंयमी होने की संभावना बहुत ज्यादा है, स्त्री के संयमी होने की संभावना बहुत ज्यादा है।"[43] पर, यह कहने से क्या फर्क पड़ जाता है?—सत्य सत्य रहता है। रजनीश ने अनेक कारण बताए हैं कि महावीर के इस आदेश में साधु के मुकाबले में साध्वियों को ज्यादा सम्मान मिला है, पर उन की इस व्याख्या को मानेगा कौन? इस बारे में रजनीश ने जो-जो बातें कहीं और जो-जो तर्क दिए, वे सब गलत हैं। उन के ये तर्क किसी भी हालत में टिकने वाले नहीं हैं। आश्चर्य है, रजनीश महावीर के इतने अन्धे समर्थक और पक्षधर बन कर निकले हैं कि बचाव की बात एक तरफ, वे यह मानने को तैयार नहीं हैं कि इस आदेश में महावीर ने साध्वी के मुकाबले में साधु को तरजीह दी है।

यह जैन धर्म-ग्रन्थों से पता चलता है कि गोसाल और महावीर के बीच बहुत बड़ी लड़ाई चल रही थी। इस लड़ाई को समझने के लिए एक शब्द 'तेजोलेश्या' आता है। इस सम्बन्ध में एक प्रश्नकर्ता रजनीश से पूछता है—"ओशो, गोशालक ने तेजोलेश्या का प्रयोग किया तो दो साधु तो महावीर की जान बचाने के लिए उठ खड़े हुए और उनका शरीर कपड़ों की भांति जल गया और वे मर गए। जब तीसरा उठा तो महावीर ने उसको रोक लिया। तो जब दो मर गए तो उस समय वे तटस्थता क्यों रखे? या फिर उनमें इतनी करुणा थी तो उन्होंने क्यों नहीं उनको बचाया?"[44]

रजनीश ने इस प्रश्न के जो उत्तर दिए हैं, वे सब खयाली हैं। उनका कोई औचित्य नहीं है। उन्होंने अपने बचाव में इस सम्बन्ध में कह भी दिया है—"असल में कहानियों को समझना बहुत मुश्किल होता है, क्योंकि वे प्रतीक हैं। और उन प्रतीकों में बड़ी बातें हैं, जो खोली जाएं तो खयाल में आ सकती हैं, न खोली जाएं तो बड़ी कठिनाइयां पैदा करती हैं।"[45] ऐसा कह कर उन्होंने अपने लिए किसी भी प्रकार की व्याख्या करने की स्वतन्त्रता ले ली है। लेकिन यहां उन व्याख्याओं में जाने की जरूरत नहीं है। पर इस प्रश्न का उत्तर देने के बहाने उन्होंने गोसाल और महावीर से जुड़ी एक अन्य कथा को उठाने का अवसर ले लिया है। उस कथा को ले कर वे कहते हैं :

> महावीर और गोशालक—जब गोशालक उनके साथ था—तो एक गांव के पास से गुजर रहे हैं। और गोशालक उनसे पूछता है, जो होने वाला है, वही होता है? महावीर कहते हैं, ऐसा ही है। जो होने वाला है, वही होता है। तो पास में ही जिस खेत से वे गुजर रहे हैं, दो पंखुड़ियों वाला एक पौधा लगा हुआ है, जिसमें अभी कली आने को है, कल फूल बनेगी। गोशालक उस पौधे को उखाड़ कर फेंक देता है और महावीर से कहता है कि यह पौधा फूल होने वाला था और अब नहीं होगा।
>
> वे दोनों गांव से भिक्षा लेकर वापस लौटते हैं। इस बीच पानी गिर

43. वही, पृ. 394 44. वही, पृ. 459 45. वही, पृ. 459

गया है और वह जो पौधा फेंका था निकाल कर, पानी गिरने से कीचड़ हो गई है, उस पौधे ने फिर कीचड़ में जड़ें पकड़ ली हैं, वह फिर खड़ा हो गया है! जब वे उसी जगह से वापस लौटते हैं तो महावीर उससे कहते हैं कि देख, वह कली फूल बनने लगी है। वह पौधा पकड़ लिया है जमीन फिर, और कली फूल बन रही है।[46]

अब इस में जैन कथा क्या कहना चाहती है? कथा के हिसाब से गोसाल गलत हैं और महावीर सही हैं। पर क्या यह एक ही प्रयोग है? क्या गोसाल दूसरे निन्यानवें प्रयोग नहीं कर सकते थे? क्या उन सारे प्रयोगों का एक ही उत्तर आना था कि सभी पौधे पुनः जड़ पकड़ गए हैं और हरियाले हो गए हैं? कोई इन प्रश्नों का उत्तर 'हां' में नहीं दे सकता। इसलिए सिद्धान्त गढ़ने के लिए ऐसी कहानियों से सही मदद प्राप्त करने का भरोसा नहीं मिल सकता और ऐसी कहानियां न बनाई जाएं तो ही अच्छा है।

लेकिन इन बातों में रजनीश की दृष्टि क्या है? दृष्टि यह है कि उन्हें उन्हीं कहानियों में रुचि होती है जो इतिहास की तरह की न हो कर पुराण की तरह की हैं। इस का पता एक प्रश्न से चलता है। किन्हीं प्रश्नकर्त्ता ने इन से पूछ लिया—"आपने कबीर और मीरा की एक ही सभा में उपस्थित होने की कहानी कही। लेकिन यह ऐतिहासिक रूप से संभव नहीं है। क्योंकि दोनों समसामयिक नहीं थे।"[47] जानकर आश्चर्य होता है कि रजनीश का मुंहफट जवाब क्या था। उनका जवाब था—"इतिहास का मूल्य दो कौड़ी है। इतिहास से मुझे प्रयोजन भी नहीं है। कहानी अपने आप में मूल्यवान है; इतिहास में घटी हो या न घटी हो।"[48]

जाने रजनीश इतिहास से कितने जले-भुने बैठे थे कि इतनी ताबड़तोड़ और ऐसा उत्तर दे दिया। वे अपनी बात को और आगे बढ़ाते हैं :

> इतिहास क्षुद्र की बात कहता है। इसलिए तो इस देश को एक नयी चीज खोजनी पड़ी; उसको हम पुराण कहते हैं। पुराण बड़ा महिमावान है। दुनिया में कहीं भी पुराण जैसी धारणा नहीं है।
>
> पुराने शास्त्र कहते हैं, इतिहास और पुराण। पुराण का अर्थ इतिहास नहीं होता। पुराण कुछ और है। पुराण का मतलब होता है : ऐसी बात, जिसका इतिहास कोई लेखा-जोखा नहीं रखेगा। नहीं रख सकेगा। नहीं कोई उपाय है इतिहास के पास। इतिहास तो लेखा-जोखा रखता है राजनीति का, टुटपुंजियों का, जिनका कोई मूल्य नहीं है। लेकिन घड़ीभर जो मंच पर आते हैं और बड़ा शोरगुल मचा देते हैं; घड़ीभर के लिए उनकी

---

46. वही, पृ. 463
47. जागो और जियो : एस धम्मो सनंतनो, भाग-12, ओशो, सम्पादक, योग चिन्मय और आनंद सत्यार्थी, हिन्द पॉकेट बुक्स प्राइवेट लिमिटेड, जे-40, जोरबाग लेन, नई दिल्ली-110 003, दूसरा रिप्रिन्ट, 2013, पृ. 105
48. वही, पृ. 105

गूंज व्याप्त हो जाती है—घड़ीभर के लिए!

इतिहास तो जो घड़ीभर के लिए बड़े प्रभावशाली मालूम पड़ते हैं, उनका अंकन कर लेता है। पुराण उनका अंकन करता है, जो सदा-सदा के लिए महिमाशाली हैं।

....

इसलिए हमने—सिर्फ हमने दुनिया में—पुराण जैसी चीज खोजी। पुराण क़ा अर्थ होता है : समय की धारा पर जिसके चिह्न नहीं छूटते; शाश्वत से जिसका संबंध है, उसका भी उल्लेख हमें करना चाहिए, उसको भी हमें संगृहीत करना चाहिए।[49]

इतिहास से जैसे रजनीश खार खाए बैठे हैं। एक तरह से अपनी चिढ़ बनवा ली है। रजनीश को चिढ़वाना हो तो कोई उन के सामने इतिहास का नाम ले ले। इतिहास न हो गया, भैंसे के सामने लाल रंग का कपड़ा दिखाना हो गया। वे प्रश्नकर्त्ता से कहते हैं :

इसलिए जब मैं तुमसे कुछ कहता हूं, तो स्मरण रखना : उस कहने में इतिहास इत्यादि की बकवास नहीं है। मैं उस इतिहास से बिलकुल मुक्त हूं। मैं तो तुमसे वही कह रहा हूं, जिसके होने की शाश्वत सत्यता है। घटा हो, न घटा हो। न घटा होगा, तो घटेगा कभी।

....

कहानी का अर्थ तो कहानी में है। घटी हो, न घटी हो। न घटी हो, तो घटनी चाहिए थी। न घटी हो, तो अभी कभी घटेगी। यहां न घटी हो, तो कहीं और घटी होगी। इस जमीन पर नहीं, तो किसी और जमीन पर। जमीनों पर नहीं, तो कहीं स्वर्ग में। लेकिन घटी होगी। घटेगी। घटती रहेगी।[50]

यह कोई बात हुई—आदमी न हुआ, मरकना बैल हो गया। आखिर, इतिहास से इतनी भारी दुश्मनी पालने की क्या आवश्यकता थी कि यह हिसाब भी नहीं लगाया जा सकता कि ऐसे विचारों के कारण देश कितने सौ और कितने हजार वर्षों तक विदेशियों का गुलाम रहा है?

सच यह है कि रजनीश की और रजनीश जैसे सारे लोगों की इस इतिहास विरोधी दृष्टि का नुकसान राष्ट्र, समाज और साहित्य को आज तक भुगतना पड़ रहा है।

दूरदर्शन के एक चैनल पर एक धारावाहिक चला है। इस का नाम 'जोधा अकबर' है। हर एपिसोड शुरू होने से पहले लिखित और मौखिक रूप में एक वक्तव्य दिया जाता है। यह इस प्रकार है—"यह धारावाहिक किसी प्रकार की ऐतिहासिकता का दावा नहीं

49. वही, पृ. 109

50. वही, पृ. 110

करता। तत्कालीन परिस्थितियों को दर्शाने के लिए आवश्यक और उचित नाटकीय रूपान्तर किए गए हैं। ऐतिहासिक रूप से जोधा बाई के नाम पर हरका बाई, हीर कुंवर जैसे नाम इतिहास में प्रचलित हैं। यह धारावाहिक किसी भी सामाजिक परम्परा और पारिवारिक सम्बन्धों का ऐतिहासिक दावा नहीं करता है। इस का उद्देश्य किसी भी समुदाय की भावनाओं को ठेस पहुंचाना नहीं है।"

इस घोषणा का क्या मतलब है? अकबर एक ऐतिहासिक पुरुष हैं। उन का जीवन काल 1542-1605 ईस्वी और उन का राज्य काल 1556-1605 ईस्वी है। उन की संसार के महान लोगों में गिनती की गई है। भारत के इतिहास में कुल दो व्यक्तियों को महान माना गया है, इन में पहला नाम 'अशोक महान' और दूसरा नाम 'अकबर महान' है। अकबर को दिवंगत हुए कुल 410 वर्ष हुए हैं। उन के बारे में उन के एक दरबारी रत्न अबुल फजल ने दो बृहद ग्रन्थ 'अकबरनामा' और 'आइन-ए-अकबरी' नामों से लिखे हैं जो उपलब्ध हैं। अन्य समकालीन इतिहासकारों ने भी उनके बारे में खूब लिखा है। तब दूरदर्शन के चैनल पर चल रहे इस धारावाहिक का कर्त्तव्य क्या होना चाहिए?—ऐतिहासिक सत्य के अनुरूप नाट्य रूपान्तर। लेकिन इस धारावाहिक के निर्माता का दावा क्या है? ऊपर पढ़े जाने वाले हर बार के वक्तव्य से क्या ध्वनि निकलती है? ध्वनि यह निकलती है कि इन्हें झूठ को चरितार्थ करने का मौका और हक चाहिए। ये लोग इतिहास से दूर जाना चाह रहे हैं बल्कि उस से कटना चाह रहे हैं। पर इस काम के लिए इन्हें कौन मना करता है कि ये अकबर और जोधा पर धारावाहिक न बनाएं? ये अपने नायक और अपनी नायिका के नाम 'नत्थू' और 'खैरी' रख लें। यह एकदम गलत है कि ऐतिहासिक नायक और नायिका को लेंगे और उन पर कपोल कल्पित धारावाहिक बनाएंगे। लेकिन ये लोग यही गलत काम कर रहे हैं। असल में, ये 'अकबरनामा' और 'आइन-ए-अकबरी' की जगह अपना अलग 'अकबर पुराण' रच रहे हैं। यह काम इन की आदत में शुमार है। इसी आदत में इन्होंने अपने 'रामायण' और 'महाभारत' नाम के काव्य लिखे हैं। आजीवकों को इन से हट कर रहना चाहिए।

III

बात कर्मवाद की है। मक्खलि गोसाल पर बात करने के लिए बीच में कर्मवाद आएगा ही क्योंकि उन्होंने ब्राह्मणों, बौद्धों और जैनियों के कर्मवादों का खंडन किया है। यह अच्छा हुआ कि रजनीश ने इस विषय को नहीं छोड़ा है। वे इस पर बोले हैं—और खूब बोले हैं। उन से प्रश्न किया गया है—"ओशो, एक प्रश्न तो मन में उठता है वह है पुनर्जन्म वाली बात। क्या अन्य प्राणी मनुष्य योनि के अन्दर आ सकते हैं? और आ सकते हैं तो स्वतः आते हैं या यह उन की उपलब्धि है?"[51] इस प्रश्न का वे उत्तर देते हैं जिस के महत्वपूर्ण अंश इस प्रकार हैं :

---

51. महावीर : मेरी दृष्टि में, ओशो, सम्पादक, आनंद सत्यार्थी और शान्ति त्योहर, दिव्यांश पब्लिकेशन्स, एमआईजी-222, फेज-1, एलडीए टिकैत राय कालोनी, लखनऊ, उत्तर प्रदेश-226 017, प्रथम संस्करण, 2012, पृ. 263

साधारणतः कर्मवाद ऐसा कहता हुआ प्रतीत होता है कि जो हमने किया है, वह हमें भोगना पड़ेगा। हमारे कर्म और हमारे भोग में एक अनिवार्य कार्य-कारण का संबंध है। यह बिलकुल ही सत्य है। जो हम करेंगे, हम उससे अन्यथा नहीं भोगते हैं, भोग भी नहीं सकते हैं। कर्म भोग की तैयारी है। असल में कर्म भोग का प्रारंभिक बीज है, फिर वही बीज भोग में वृक्ष बन जाता है। जो हम करते हैं, वही हम भोगते हैं।

यह बात तो ठीक है, लेकिन कर्मवाद का जो सिद्धांत प्रचलित मालूम पड़ता है, उसमें इस ठीक बात को भी इस ढंग से रखा गया है कि बिलकुल गैर-ठीक हो गया। उस सिद्धांत में कुछ ऐसी बात न मालूम किन्हीं कारणों से प्रविष्ट हो गई है और वह यह है कि कर्म तो हम अभी करेंगे, भोगेंगे अगले जन्म में।

अब कार्य-कारण के बीच कभी अंतराल नहीं होता। कॉज और इफेक्ट के बीच कभी अंतराल नहीं होता, अंतराल हो ही नहीं सकता। अगर अंतराल बीच में आ जाएगा, गैप आ जाएगा, तो कार्य-कारण विच्छिन्न हो जाएंगे, उनका संबंध ही टूट जाएगा। मैं अभी आग में हाथ डालूंगा तो अगले जन्म में जलूंगा, अगर कोई मुझसे कहे, तो यह समझ के बाहर बात हो जाएगी। क्योंकि हाथ मैंने अभी डाला, जलूंगा अगले जन्म में, तो अगले जन्म में और इसके बीच का जो फासला पार हो रहा है तो कारण तो अभी है और कार्य होगा अगले जन्म में।

यह अंतराल किसी भी भांति समझाया नहीं जा सकता। और कार्य-कारण में अंतराल होता ही नहीं, कॉज और इफेक्ट एक ही प्रक्रिया के दो रूप हैं, एक ही प्रोसेस के दो हिस्से हैं—जुड़े हुए, संयुक्त। इस छोर पर जो कारण है, उस छोर पर वही कार्य है। और यह पूरी श्रृंखला जुड़ी हुई है, इसमें कहीं क्षण भर के लिए भी अगर अंतराल हो गया तो श्रृंखला टूट जाएगी।

लेकिन इस तरह के सिद्धांत की, इस तरह की भ्रांति की कुछ वजह थी। और वह वजह यह थी कि जीवन में हम देखते हैं, एक आदमी भला है और दुख उठाता हुआ मालूम पड़ता है, एक आदमी बुरा है और सुख उठाता हुआ मालूम पड़ता है। इस घटना ने कर्मवाद के पूरे सिद्धांत की गलत व्याख्या को जन्म दे दिया। इस घटना को कैसे समझाया जाए? अगर प्रतिपल हमारे कार्य और हमारे कारण जुड़े हुए हैं तो फिर इसे कैसे बताया जाए? एक आदमी भला है, सच्चरित्र है, ईमानदार है और दुख भोग रहा है, कष्ट पा रहा है। और एक आदमी बुरा है, बेईमान है, बदमाश है और सुख पा रहा है, पद पा रहा है, यश पा रहा है, धन पा रहा है। तो इस घटना को कैसे समझाया जाए? अगर अच्छे कार्य तत्काल फल लाते हैं

तो अच्छे आदमी को सुख भोगना चाहिए। और अगर बुरे कार्य तत्काल बुरा लाते हैं तो बुरे आदमी को दुख भोगना चाहिए। लेकिन यह तो दिखता नहीं। भला आदमी परेशान दिखता है, बुरा आदमी परेशान नहीं भी दिखता है। तो इसको कैसे समझाएं?

इसको समझाने के पागलपन में सब गड़बड़ हो गई। तब रास्ता एक ही मिला और वह यह कि जो अच्छा आदमी दुख भोग रहा है, वह अपने पिछले बुरे कर्मों के कारण। और जो बुरा आदमी सुख भोग रहा है, वह अपने पिछले अच्छे कर्मों के कारण। हमें एक-एक जीवन का अंतराल खड़ा करना पड़ा इस स्थिति को समझाने के लिए।

लेकिन इस स्थिति को समझाने के दूसरे उपाय हो सकते थे। और सच में दूसरे उपाय ही सच हैं। यह स्थिति इस तरह समझाई नहीं गई, बल्कि कर्मवाद का पूरा सिद्धांत विकृत हो गया। और कर्मवाद की जो उपादेयता थी, वह भी नष्ट हो गई। कर्मवाद की उपादेयता यह थी कि हम प्रत्येक व्यक्ति को यह कह सकें कि तुम जो कर रहे हो, वही तुम भोग रहे हो, इसलिए तुम ऐसा करो कि तुम सुख भोग सको, आनंद भोग सको। उपादेयता यह थी, उसका जो गहरे से गहरा परिणाम होना चाहिए था व्यक्ति-चित्त पर, वह यह था कि तुम जो कर रहे हो, वही तुम भोग रहे हो। तो अगर तुम क्रोध कर रहे हो तो तुम दुख भोगोगे—भोग ही रहे हो, इसके पीछे ही वह आ रहा है छाया की तरह। अगर तुम प्रेम कर रहे हो, शांति से जी रहे हो, दूसरों को शांति दे रहे हो, तो तुम्हारी शांति तुम अर्जित कर रहे हो, जो आ रही है पीछे उसके, जो तुम्हें मिल जाएगी—मिल ही गई है।

यह तो अर्थ था उसका। लेकिन इस सिद्धांत का इस तरह का उपयोग करना जीवन की इस घटना को समझाने के लिए—उस अर्थ को नष्ट कर दिया। क्योंकि कोई भी व्यक्ति इतना दूरगामी चित्त का नहीं होता कि वह अभी कर्म करे और अगले जन्म में मिलने वाले फल से चिंतित हो। होता ही नहीं इतना दूरगामी चित्त। अगला जन्म—अंधेरे में खो जाना है बातों का। क्या पक्का भरोसा है अगले जन्म का? पहले तो यही पक्का नहीं कि अगला जन्म होगा। दूसरा, यह पक्का नहीं कि जो कर्म अभी फल नहीं दे पा रहा, वह अगले जन्म में देगा। और अगर एक जन्म तक रोका जा सकता है फल को तो अनेक जन्मों तक क्यों नहीं रोका जा सकता?[52]

यह कर्मवाद कार्य-कारण के सिद्धान्त में तब्दील हो जाता है। इस की कोई सीमा

52. वही, पृ. 263-64

नहीं छोड़ी गई। आगे रजनीश कहते हैं :

> चार्वाक के विरोध में ही महावीर का कर्म का सिद्धांत है। इस विरोध में ही कि न तो वस्तु-जगत में कार्य-कारण के बिना कुछ हो रहा है और न चेतना-जगत में कार्य-कारण के बिना कुछ हो रहा है। विज्ञान में तो स्थापित हो गई बात। ह्यूम हार गया और विज्ञान का भवन खड़ा हो गया। लेकिन धर्म के जगत में अब भी ठीक से स्थापित नहीं हो सकी बात। और न होने का जो बड़े से बड़ा कारण बना, वह यह कि विज्ञान तो कहता है अभी कारण, अभी कार्य; और ये धार्मिक तथाकथित व्याख्याकार कहने लगे, अभी कारण, अगले जन्म में कार्य! बस इससे सब गड़बड़ हो गया। यानी धर्म का भवन खड़ा नहीं हो सका, इस अंतराल में सब बेईमानी हो गई। क्योंकि यह अंतराल एकदम झूठ है। कार्य और कारण में अगर कोई संबंध है तो उनके बीच में गैप नहीं हो सकता, क्योंकि गैप होगा तो फिर संबंध क्या रहा? डिस्कंटिन्यूटी हो गई, चीजें असंबद्ध हो गईं, अलग-अलग हो गईं, फिर कोई संबंध न रहा। और यह व्याख्या नैतिक लोगों ने खोज ली, क्योंकि वे समझा नहीं सके जीवन को।
>
> तो पहली तो बात मैं आपको जीवन को समझाऊं, जिसकी वजह से यह अंतराल टूटे। मेरी अपनी समझ यह है कि प्रत्येक कर्म तत्काल फलदायी है—तत्काल, इमीजिएट। जैसे मैंने क्रोध किया तो मैं क्रोध करने के क्षण से ही क्रोध का दुख भोगना शुरू कर देता हूं। ऐसा नहीं कि अगले जन्म में क्रोध का फल भोगूंगा। क्रोध करता हूं और क्रोध का दुख भोगता हूं। यानी क्रोध का करना और दुख का भोगना युगपत चल रहा है, साथ चल रहा है। क्रोध तो विदा हो जाता है, लेकिन दुख का सिलसिला और भी देर तक चलता रहता है।
>
> तो पहला हिस्सा कारण हो गया, दूसरा हिस्सा कार्य हो गया। ऐसा असंभव है कि कोई आदमी क्रोध करे और दुख न झेले। ऐसा भी असंभव है कि कोई आदमी प्रेम करे और आनंद अनुभव न करे। क्योंकि प्रेम करने की क्रिया में ही, प्रेम करने के कृत्य में ही प्रेम का आनंद झरना शुरू हो जाता है। एक आदमी रास्ते पर गिरे हुए किसी आदमी को उठाए—उठाए अभी और अगले जन्म तक प्रतीक्षा करे, ऐसा नहीं—उठाने के क्षण में ही, वह जो उठाने का आनंद है, भरपूर, उसके हृदय को भर जाता है। ऐसा नहीं है कि उठाने का कृत्य अलग है और फिर आनंद कहीं और प्रतीक्षा कर रहा है, जो मिलेगा। तो कहीं कोई हिसाब-किताब रखने की जरूरत नहीं है।
>
> ....

तो इस व्याख्या ने कि दो जन्मों के बीच और अनंत जन्मों में फल

का भोग चलता है, मनुष्य को एकदम परतंत्र कर दिया। परतंत्रता पूरी हो गई, क्योंकि पीछा तो बंधा हुआ हो गया, अब उसमें कुछ किया नहीं जा सकता।

तो मेरा मानना है कि सब कुछ किया जा सकता है इसी वक्त, क्योंकि जो हम कर रहे हैं, वही हम भोग रहे हैं।[53]

इस बारे में रजनीश अपनी अन्तिम बात सार रूप में इन शब्दों में रखते हैं—''कर्म के सिद्धांत का बुनियादी आधार यह है कि अकारण कुछ भी नहीं है। दूसरा बुनियादी आधार यह है कि जो हम कर रहे हैं, वही हम भोग रहे हैं और उसमें जन्मों के फासले नहीं हैं।''[54] तब, किसी भी कर्मवाद में या उस से जुड़े कार्य-कारण में व्याख्या की समस्या यह बनती है कि कोई व्यक्ति सुखी क्यों है और कोई व्यक्ति दुखी क्यों है। इस में जटिलता इस बात की है कि भला आदमी दुखी क्यों है और बुरा आदमी सुखी क्यों है। रजनीश इस प्रश्न का उत्तर इन शब्दों में देते हैं :

जैसे, मेरी अपनी समझ में अगर एक बुरा आदमी सफल होता है, सुखी होता है। तो बुरा आदमी एक बहुत बड़ी कांप्लेक्स, जटिल घटना है। हो सकता है वह झूठ बोलता है, बेईमानी करता है; लेकिन उसमें कुछ और भी गुण हैं, जो हमें दिखाई नहीं पड़ते। वह साहसी हो सकता है, हिम्मतवर हो सकता है, पहल करने वाला हो सकता है, इनीशिएटिव लेने वाला हो सकता है, बुद्धिमान हो सकता है, एक-एक कदम को जिंदगी में समझ कर उठाने वाला हो सकता है—बेईमान हो सकता है, चोर हो सकता है। ये सब बातें हो सकती हैं। बुरा आदमी इतनी बड़ी घटना है कि उसके एक पहलू को कि वह बेईमान है, देख कर अगर आपने निर्णय करना चाहा तो आप गलती में पड़ जाएंगे।

और एक अच्छा आदमी भी बड़ी घटना है। अब हो सकता है अच्छा आदमी चोरी भी नहीं करता, बेईमानी भी नहीं करता, लेकिन हो सकता है बहुत भयभीत आदमी हो, शायद इसीलिए चोरी और बेईमानी न करता हो, बिलकुल साहस की कमी हो, साहस कर ही न पाता हो, जोखिम उठा न पाता हो, बुद्धिमान न हो, बुद्धिहीन हो। क्योंकि अच्छा होने के लिए कोई बुद्धिमान होना बहुत जरूरी नहीं है। बल्कि अक्सर ऐसा होता है कि बुद्धिमान आदमी का अच्छा होना मुश्किल हो जाता है, बुद्धिहीन आदमी अच्छा होने के लिए मजबूर होता है। कोई उपाय नहीं, क्योंकि बुद्धिहीनता बुरे होने में फौरन फंसा देती है। तो बुद्धिहीन हो। लेकिन हम इन सब बातों को नहीं तौलेंगे। हम तो कहेंगे, आदमी अच्छा है, झूठ नहीं बोलता,

---

53. वही, पृ. 266-68

54. वही, पृ. 279

मंदिर जाता है, इसको सफलता मिलनी चाहिए, इसको सुख मिलना चाहिए।

मेरी अपनी मान्यता है, सफलता मिलती है साहस से। अगर बुरा आदमी भी साहसी है तो सफलता ले आएगा। हां, अगर अच्छा आदमी साहसी है तो बुरे आदमी से हजार गुनी सफलता लाएगा, लेकिन सफलता मिलती है साहस से। बुरे तक को मिल जाती है सफलता।

सफलता मिलती है बुद्धिमानी से। अगर बुरा आदमी बुद्धिमान है तो सफल हो जाएगा। अगर अच्छा आदमी बुद्धिमान है तो हजार गुना सफ़ल हो जाएगा। लेकिन सफलता अच्छे होने भर से नहीं आती, सफलता आती है बुद्धिमानी से, विचार से, विवेक से।

....

मेरी मान्यता यह है कि अगर कोई सुख भोग रहा है तो वह कुछ ऐसा जरूर कर रहा है जो सुख का कारण है, क्योंकि बिना कारण के कुछ भी नहीं हो सकता। अगर एक डाकू भी सुखी है तो उसमें कुछ कारण हैं उसके सुखी होने के। और अगर एक साधु भी सुखी नहीं है तो उसके कारण हैं।[55]

जब ओशो से यह प्रश्न पूछा गया कि जो बच्चे अंगहीन पैदा हो जाते हैं, अंधे हो जाते हैं या और अस्वस्थ पैदा हो जाते हैं, उस में उन्होंने कौन सा कर्म किया है, जिस की वजह से वह ऐसे पैदा हुए तो वे इन प्रश्नों का उत्तर इन शब्दों में देते हैं :

एक बच्चा अंधा पैदा होता है तो दो घटनाएं घट रही हैं, अगर वैज्ञानिक से पूछेंगे तो वह कहेगा, इसके मां-बाप के जो अणु मिले, उनमें अंधेपन की गुंजाइश थी। वैज्ञानिक यहां समझाएगा। वह भी अकारण नहीं मानता इसको, वह भी कारण मानता है। लेकिन कारण वह विज्ञान के खोजेगा। वह कहेगा, जो मां-बाप के अणु मिले, उन अणुओं से अंधा बच्चा ही पैदा हो सकता था। अंधा बच्चा पैदा हो गया है। उन अणुओं में कुछ कमी थी केमिकल, रासायनिक, जिससे कि आंख नहीं बन पाई, आंख नहीं बनी। वैज्ञानिक यह कहेगा। वह भी अकारण नहीं मानता इसको।

लेकिन धार्मिक कहेगा कि बात इतनी ही नहीं है, और भी पीछे कारण हैं। जो आदमी मरा—क्योंकि विज्ञान के लिए तो आदमी सिर्फ जन्मता है, जन्म के पहले कुछ भी नहीं है। इसीलिए विज्ञान पूरा वैज्ञानिक नहीं है। क्योंकि जब विज्ञान कहता है कि अंधे बच्चे के पैदा होने के पीछे कारण हैं, तो वह अंत में इस बात को इनकार कैसे कर सकता है कि पैदा

55. वही, पृ. 270-73

होने के पीछे भी और कारण हैं, सिर्फ अंधे होने के पीछे ही नहीं। यानी वह इतना तो मानता है कि अंधा पैदा होगा, क्योंकि अणुओं में कुछ ऐसा कारण है, जिससे अंधा पैदा होना है। लेकिन पैदा ही क्यों होगा? यह पैदा ही क्यों होगा यह आदमी? वह बस अणुओं के मिलने पर शुरूआत मानता है। उसके पीछे?

धर्म कहता है, उसके पीछे भी कार्य-कारण की शृंखला है, उसको भी तोड़ा नहीं जा सकता। तो धर्म यह कहता है कि जो आदमी मरा, जो आदमी मरा, मरते वक्त तक ऐसी स्थितियां हो सकती हैं कि वह आदमी खुद भी आंख न चाहे। समझ लें इसको। ऐसी स्थितियां हो सकती हैं कि वह आदमी खुद भी आंख न चाहे। या ऐसे उसके कर्मों का पूरा का पूरा योग हो सकता है उस क्षण में कि आंख संभव न रहे। और ऐसा आदमी अगर मरे तो ऐसी आत्मा उसी मां-बाप के शरीर में प्रवेश कर सकेगी, जहां अंधे होने का संयोग जुड़ गया है। यानी ये दोहरे कारण हैं।

तो मरते क्षण में, मरते वक्त में आत्मा के पूरे के पूरे जीवन की व्यवस्था, उसका चित्त, उसके संकल्प, उसकी भावनाएं, सब काम कर रही हैं। इन सारे संकल्पों, इन सारी भावनाओं, इस सारे कर्म शरीर को, इस सारे संकल्प पर शरीर को लेकर वह इस शरीर को छोड़ती है। नया शरीर हर कोई ग्रहण नहीं कर लिया जाएगा। वह उसी शरीर की तरफ सहज नियम से आकर्षित होगी, जहां उसकी इच्छाएं, जहां उसके कर्म, जहां उसकी भावनाएं पूरी—पूरी की पूरी उपलब्ध हो सकती हैं।

तो दो कारण यहां मिल रहे हैं, यानी दो कॉजल सीरीज यहां क्रास हो रही हैं। एक शरीर के अणुओं की और एक आत्मा की। शरीर के अणुओं से बनेगा शरीर, लेकिन उस शरीर को चुनेगा कौन?

....

जो शरीर हमने चुना है, वह हमने चुना है, वह हमारा चुनाव है—चाहे अचेतन, चाहे हमें ज्ञात न हो, लेकिन जो शरीर हमने चुना है, वह हमने चुना है।[56]

रजनीश ने जन्मों के अन्तराल में कर्म और उस के फल की बात नहीं उठाई। उल्टे, उन्होंने इस व्याख्या को रोका है कि एक जन्म से दूसरे जन्म में कर्म और उस के फल जाते हैं। तब उन्होंने क्या किया है? कर्म नहीं जाते, फल नहीं जाते तो दूसरे जन्म में क्या जाते हैं? प्रश्न है, अगला जन्म या अगली योनि किस आधार पर मिलती है? इस के लिए उन्होंने एक नया शब्द 'सूखी रेखाओं' का बनाया है। अच्छा होगा, यहां भी रजनीश

---

56. वही, पृ. 279-80

को उन के अपने शब्दों में बोलने दिया जाए। वे कहते हैं—"तो मेरा कहना है कि एक जन्म से दूसरे जन्मों में कर्म के फल नहीं जाते, लेकिन कर्म और फल जो हमने किए और भोगे, उनकी एक सूखी रेखा हमारे साथ रह जाती है। उसको मैं संस्कार कहता हूं। कर्मफल नहीं जाते, मैंने पिछले जन्म में गाली दी थी तो फल वहीं भोग लिया है, लेकिन गाली मैंने दी थी और तुमने नहीं दी थी गाली, तो मैंने गाली का फल भी भोगा, तुमने वह फल भी नहीं भोगा। तो मैं एक और तरह का व्यक्ति हूं। मेरे पास एक सूखी रेखा है गाली देने और गाली का फल भोगने की। वह सूखी रेखा मेरे साथ है। इस जन्म में मेरे साथ संभावना है कि कोई गाली दे तो मैं फिर गाली दूं, क्योंकि वह सूखी रेखा जो है, लीस्ट रेजिस्टेंस की वजह से फौरन मैं पकड़ लूंगा।"[57]

सूखी रेखाओं को रजनीश संस्कार कहते हैं। हाथ जो जल गया, घाव ठीक हो जाने पर, उस के निशान बच जाते हैं—उन्हें ही वे सूखी रेखाएं मानते हैं, वे ही संस्कार हैं। इस में उन्होंने नए शब्द 'टेंडेंसी' और 'वृत्ति' के दिए हैं। यह पूछे जाने पर कि यह भी तो एक प्रकार का फल ही है कि आग में जलने से हाथ कुरूप हो गया, रजनीश उत्तर देते हैं :

> फल का मतलब ही यह होता है—फल का मतलब है जलन। यह तो इसको हम, इसको... कॉज तो था आपका हाथ डालना, इफेक्ट था आपके हाथ का जलना; लेकिन यह घटना घटी तो इस घटना के सूखे संस्कार पीछे रह जाएंगे, क्योंकि यह घटना आपको घटी। और आपको नहीं घटी तो आपका हाथ जला हुआ नहीं है। यह सिर्फ खबर है इस बात की कि इस आदमी ने हाथ डाला था, इस बात की खबर भर है। इसको मैं कंडीशनिंग कहता हूं, इसको संस्कार कहता हूं, फल नहीं कहता। फल तो जलन थी जो भोग लिया तुमने।
>
> तो हम प्रत्येक व्यक्ति अपने-अपने फलों को भोगने की खबरें भर लिए हुए हैं अपने साथ। और वे खबरें भी हमें प्रभावित करती हैं। प्रभावित करती हैं इन अर्थों में कि वे हमें लीस्ट रेजिस्टेंस के मार्ग सुझाती हैं। जिस आदमी ने पिछले दस जन्मों में हत्या की है बार-बार, उसकी बहुत संभावना इस जन्म में भी हत्या करने की है।
>
> उसका कारण यह है कि दस जन्मों से हत्या करने की उसकी जो वृत्ति है, जो भाव है, जो संस्कार है, वह निरंतर गहरा होता चला गया है। और उसको सरल यही दिखाई पड़ता है, अगर किसी से झगड़ा हो तो पहली बात यही सूझती है कि मार डालो। पहली, दूसरी बात नहीं सूझती उसको। यह निकटतम का रास्ता है जिस पर सूखी रेखा बनी है, पानी

---

57. वही, पृ. 281

पकड़ कर बह जाता है।

....

टेंडेंसी है, उसकी वृत्ति। और इसमें फर्क क्यों कर रहा हूं मैं? फर्क बहुत गहरा है। क्योंकि वृत्ति सिर्फ सूखी है, उसमें कोई प्राण नहीं है। अगर आप बदलना चाहें तो इसी वक्त बदल सकते हैं। लेकिन अगर आप कहते हैं फल, तो फल सूखा नहीं है, फल हरा है, फल भोगना पड़ेगा, उसको आप बदल नहीं सकते। जैसे आग में हाथ डाला है और अगर अगले जन्म में जलना है, तो जलना-पड़ेगा। क्योंकि हाथ डालना तो हो चुका, आधा काम पूरा हो चुका, अब आधा काम पूरा करना पड़ेगा।

लेकिन मेरा कहना यह है कि आग में हाथ डाला है तो यह आदमी आग में हाथ डालने की वृत्ति वाला है, इस जन्म में भी इससे डर है कि यह आग में हाथ डाल न दे। क्योंकि इसकी आदत, इसके बार-बार आग में हाथ डालने की व्यवस्था भय पैदा करती है।

लेकिन इसका मतलब यह नहीं है कि यह आग में हाथ डालने को बंधा है। यह चाहे तो न डाले।

मेरा फर्क समझ रहे हैं न? इसका मतलब यह होता है अंततः कि कर्मों की निर्जरा नहीं करनी है आपको। कर्मों की निर्जरा प्रतिकर्म के साथ होती ही चली जाती है, सिर्फ सूखी रेखा रह जाती है। इस सूखी रेखा से आपका जाग जाना ही काफी है। इसलिए मोक्ष या निर्वाण सडन, तत्काल हो सकता है।

पुरानी जो हमारी धारणा है, उसमें सडन नहीं हो सकता, क्योंकि आपने जितने कर्म किए हैं, उनके फल आपको भोगने ही पड़ेंगे अभी। जब आप सारे फल भोग लेंगे, तब आपकी मुक्ति हो सकती है—एक। और इन फल भोगने में अगर आपने फिर कुछ कर्म कर लिए तो फिर बंध हो जाएगा। और यह अंतहीन श्रृंखला होगी।

यानी मैं यह कह रहा हूं कि आप प्रति बार कर्म करके फल भोग लेते हैं। निर्जरा तो वहीं हो जाती है, रह जाती है सिर्फ वृत्ति कर्म करने की। कर्म नहीं, फल नहीं, सिर्फ टेंडेंसी। और टेंडेंसी अगर आप होश से भर जाते हैं तो अभी विदा हो जाती है, इसी वक्त विदा हो जाती है। उसको विदा करने में कोई उसका विरोध नहीं है।

....

वह कर्म-वर्म तो गए। कल जो मैंने गाली दी थी, वह भी गई, जो गाली का दुख था, वह भी गया, लेकिन गाली देने वाला आदमी मैं, जिसने दिन भर गाली दी, वह तो शेष हूं।

....

इसलिए अंततः मेरी दृष्टि में कर्म की निर्जरा तो हो गई है सदा, लेकिन कर्म की सूखी रेखा रह गई है। और वह सूखी रेखा हमारी मूर्च्छा है। अगर हम मूर्च्छित रहें तो हम वैसा ही काम करेंगे। अगर हम जाग जाएं तो काम इसी वक्त बंद हो जाए।

इसलिए मैं कहता हूं, एक क्षण में मुक्ति हो सकती है। आप करोड़-करोड़ जन्मों में क्या किए हैं, इससे कुछ लेना-देना नहीं रह गया है। सिर्फ आप जाग जाएं, इससे ज्यादा कोई शर्त नहीं है। यह मेरा फर्क समझ रहे हैं? क्यों मैं ऐसी व्याख्या कर रहा हूं, उसका बुनियादी अंतर पड़ेगा।

वह जो व्याख्या है आपकी, उसका तो मतलब यह है कि अगर करोड़ जन्म में आपने कर्म किए हैं तो आपको फल भोगने के लिए शेष हैं अभी। वे जब तक आप नहीं भोग लेते, तब तक कोई उपाय नहीं है। और उनको भोगने में काल व्यतीत होगा। भोगने में काल व्यतीत होगा, भोगने में भी नये कर्म होंगे, क्योंकि आप बचेंगे कैसे?

अगर पुरानी व्याख्या सही है तो मैं मानता हूं, कोई कभी मुक्त हो ही नहीं सकता। उसका कारण है। उसका कारण है कि कल मैंने कितने पाप किए, कितनी बुराइयां कीं, वे सब इकट्ठी हैं, उनका फल भोगना है। और फल मैं बिलकुल, कैसे भोगूंगा? जब मुझे कोई गाली देने आएगा—क्योंकि मैंने पिछले जन्म में उसे गाली दी थी, तो कोई मुझे गाली देने आएगा तो फिर कर्म शुरू होगा न! वह फिर मुझे गाली देगा। और जब मैंने पिछले जन्म में गाली दी थी तो गाली देने की मेरी टेंडेंसी तो है ही। और वह जब मुझे फिर गाली देगा, फिर गाली का सिलसिला—मैं कुछ तो करूंगा। और सिलसिला जारी रहेगा। और सिलसिले का अंत क्या है? क्योंकि अगर एक कर्म भी शेष रह गया है तो उसको भोगने में फिर नये कर्म निर्मित हो जाएंगे। और नये कर्म निर्मित होते चले जाएंगे, होते चले जाएंगे। और एक भी अगर कभी शेष है तो यह निर्मिति बंद कैसे होगी?

मेरा मानना यह है कि अगर वह बात सही है तो दुनिया में कोई कभी मुक्त हुआ ही नहीं। लेकिन दुनिया में मुक्त लोग हुए हैं, और वे इसीलिए मुक्त हो सके हैं कि कर्म आगे के लिए शेष नहीं रह जाते, कर्म तो पीछे ही चुकतारा हो जाता है, सिर्फ रह जाती है सोई हुई वृत्ति। और अगर आदमी सोया ही रहे तो उन्हीं-उन्हीं कर्मों को दोहराता चला जाता है, जाग जाए तो दोहराना बंद कर देता है। यानी मुझे कोई मजबूर नहीं कर रहा है कि मैं क्रोध करूं सिवाय मेरी मूर्च्छा के। और अगर मैं जाग गया हूं तो मैं कहता हूं, ठीक है, इस रास्ते से बहुत बार जा चुके, बहुत दुख उठा चुके।

इसलिए महावीर ने बड़ी कोशिश की प्रत्येक व्यक्ति को पिछले जन्मों के संबंध में स्मरण दिलाने की। उस स्मरण दिलाने का सिर्फ एक प्रयोजन

है कि यह पता चल जाए कि तुम क्या-क्या कर चुके हो, क्या-क्या भोग चुके हो। इन रास्तों से तुम कितनी बार गुजर चुके हो, अब इन्हीं पर गुजरते रहोगे? इसका सिर्फ एक प्रयोजन है कि अगर स्मरण आ जाए किसी व्यक्ति को उसके दो-चार जन्मों का कि उसने बहुत बार धन कमाया, धन कमाने में बहुत बार बेईमानी की, बहुत बार प्रेम किया, बहुत बार क्रोध किया, बहुत बार यश कमाया, बहुत बार अपमान सहा, मान सहा। सब कर चुका है वह, जो अब फिर कर रहा है।

और अगर उसको यह दिखाई पड़ जाए कि यह मैं बहुत बार कर चुका तो यह मीनिंगलेस हो गया। अब इसको फिर दुबारा किसलिए कर रहा हूं? और यह चोट अगर उसको पड़ जाए तो वह अभी जाग जाए और कहे कि अब बहुत कर चुका यह, अब इसके करने का क्या मतलब? कितनी बार धन कमाया, फिर हुआ क्या?

तो यह जागरण उसकी जो सूखी रेखा उसको पकड़े जुए है, उसके तोड़ने का कारण बन जाए। इसलिए सडन एनलाइटेनमेंट की संभावना है। सच तो यह है कि जब भी कभी मुक्ति होती है, वह सडन है।[58]

एक शब्द है 'जाति-स्मरण'। इस का मतलब है कि कोई व्यक्ति अपने पूर्व जन्मों का ज्ञान हासिल कर ले। इसे रजनीश ने सही माना है कि ऐसा होता है। उन्होंने स्वयं महावीर को ही लेकर कहा है–"जाति-स्मरण के गहरे प्रयोग महावीर ने किए हैं। और प्रत्येक व्यक्ति जो उनके निकट आता, उसे जाति-स्मरण के प्रयोग में ले जाते, ताकि वह जान सके कि उसकी पिछली यात्रा क्या है। यहां तक भी वह जान सके कि वह पशु कब था, कैसा पशु था, क्या पशु होने में उसने किया कि वह मनुष्य हो सका। और अगर यह उसे पता चल जाए कि पशु होने में उसने कुछ किया, जो उसे मनुष्य बनाया, तो उसे खयाल में हो सकता है कि मनुष्य होने में कुछ करे तो और ऊपर जा सकता है। कुछ करने से ही वह आया है।"[59]

रजनीश बताते हैं कि महावीर एक व्यक्ति को समझा रहे थे जो राजकुमार था, उन के संघ में नया-नया दीक्षित हुआ था और दीक्षित होने से परेशान था। रजनीश ने महावीर के उस व्यक्ति से हुए वार्त्तालाप को इन शब्दों में दिया है :

सुबह महावीर ने उसे बुलाया और कहा कि तुझे पता है कि पिछले जन्म में तू कौन था?

मुझे कुछ पता नहीं।

तो महावीर उससे उसके पिछले जन्म की कथा कहते हैं। वे उससे कहते हैं कि पिछले जन्म में तू हाथी था। और जंगल में आग लगी, सारे

---

58. वही, पृ. 282-84

59. वही, पृ. 298-99

पशु, सारे पक्षी भागे, तू भी भागा। जब तू पैर उठा रहा था और सोच रहा था कि किधर को जाऊं, तभी तूने देखा कि एक छोटा सा खरगोश तेरे पैर के नीचे आकर बैठ गया। उसने समझा कि पैर छाया है, बचाव हो जाएगा। और तू इतना हिम्मतवर था कि तूने नीचे देखा कि खरगोश है तो तूने फिर पैर नीचे नहीं रखा। तू मर गया, लेकिन तूने खरगोश को बचाने की मरते दम तक चेष्टा की। उस कृत्य की वजह से तू आदमी हुआ है। उस कृत्य ने तुझे मनुष्य होने का अधिकार दिया है। और आज तू इतना कमजोर है कि रात भर गलियारे में सो नहीं सका तो भागने की सोचने लगा।

तो उसे याद आती है अपने पिछले जन्म की। और उसे पता चलता है कि ऐसा था। तब फिर बदल जाता है। तब सब बदल जाता है। तब भोगने का, पलायन का, छोड़ने का, जरा से कष्ट से भयभीत हो जाने का, सारी बात समाप्त हो जाती है। अब वह ज्यादा सुदृढ़ संकल्प पर खड़ा हो जाता है। वह एक नई भूमि उसे मिल जाती है कि मैं....यह संभव ही नहीं रहता उसके लिए, सोचना भी संभव नहीं रहता।

तो एक रास्ता यह है कि हम व्यक्तियों को उनके पिछले जन्म-स्मरणों में ले जाएं, उससे पता चलेगा कि वे किस योनि से कैसे विकसित हुए, कौन सी घटना थी, जिस घटना ने मूलतः उन्हें हकदार बनाया कि वे ऊपर की जिंदगी में चले जाएं। एक रास्ता यह है। यही सरलतम रास्ता है।[60]

एक दूसरा शब्द 'पुनरुक्ति योनि' का है जिस का रजनीश ने प्रयोग किया है। इस का मतलब है–एक ही योनि में बार-बार जन्म लेते रहना। उन के अनुसार यह तब होता है जब जीव मेहनत नहीं करता। इस के बारे में उन्होंने लिखा है–"...सारे प्राणी विकसित नहीं हो पाते हैं। जो श्रम करते हैं उस दिशा में थोड़ा, वे विकसित हो जाते हैं। जो नहीं श्रम करते, वे पुनरुक्ति करते रहते हैं उसी योनि में। अनंत पुनरुक्ति भी हो सकती है। लेकिन कभी न कभी वह क्षण आ जाता है कि पुनरुक्ति भी उबा देती है। और बहुत गहरे प्राणों में ऊपर उठने की आकांक्षा पैदा कर देती है।"[61] उन्होंने इस के बारे में और अधिक बताया है–"होता क्या है कि हम एक जन्म में जो कमाते हैं, दूसरे जन्म में वह हमारी सहज उपलब्धि होती है। यानी दूसरे जन्म में वह हमें संपत्ति की तरह मिलती है, जो हमने पिछले जन्म में कमाया है। और पिछला जन्म हमें भूल जाता है जैसे कि बेटे को बाप का श्रम भूल जाता है। ऐसा हमें भी, हमारी पिछली अवस्था में जो हमने कमाया है, पिछले जन्म में, वह इस जन्म में भूल जाता है।"[62] रजनीश इतने इत्मीनान से कह रहे हैं मानो अभी प्रयोगशाला से निकल कर आ रहे हैं जब कह रहे हैं :

---

60. वही, पृ. 299 61. वही, पृ. 300 62. वही, पृ. 301

तो जो हो गया है, वहीं हम अटक जाते हैं। इसलिए बहुत लोग एक ही योनि में बार-बार पुनरुक्त होते हैं। लाख बार भी पुनरुक्त हो सकते हैं। नीचे कोई नहीं जाता। नीचे जाने का कोई उपाय नहीं है। पीछे कोई नहीं लौट सकता है। लेकिन जहां हैं, वहीं पुनरुक्त हो सकता है या आगे जा सकता है।

दो ही उपाय हैं—या तो आगे जाएं या जहां हैं वहीं भटकते रह जाएं। और जहां हैं, अगर आप वहीं भटकते हैं तो विकास अवरुद्ध हो जाएगा, रुक जाएगा। और अगर आगे जाते हैं तो विकास फलित होगा।[63]

रजनीश कहते हैं—"एक ही जन्म नहीं है। जन्मों की एक लंबी यात्रा है। हम जो आज हैं, वह हम एकदम आज के ही नहीं हैं। हम कल भी थे, परसों भी थे। एक अर्थ में हम सदा थे। किन्हीं भी रूपों में—कभी पशु में, कभी पक्षी में, कभी पत्थर में, कभी खनिज में, कभी इस ग्रह पर, कभी किसी और ग्रह पर—हम सदा थे। होने के साथ हम एक हैं। अस्तित्व में हमारी प्रतिध्वनि सदा थी। लेकिन मूर्च्छित से मूर्च्छित थी। अमूर्च्छित होती चली गई है, जाग्रत होती चली गई है।"[64] इस तर्क में वे यह कहने तक चले जाते हैं कि हम सब किसी न किसी रूप में ढाई हजार साल पहले हुए महावीर के समय में मौजूद थे। उन का कथन है—"अभी हम सबको लगता है कि महावीर की बात करते हैं, लेकिन हम में से सभी थे। जरूरी नहीं है कि महावीर से संबंधित हुए, जरूरी नहीं कि महावीर के पास थे, जरूरी नहीं कि महावीर के प्रदेश में थे, लेकिन सब थे। कहीं होंगे, इससे कोई फर्क नहीं पड़ता। लेकिन सब थे। यह भी हो सकता है कि हममें से कोई महावीर के ठीक निकट भी रहा हो। उस गांव में भी रहा हो, जहां से महावीर गुजरे हों। जरूरी नहीं कि हम मिलने गए हों। क्योंकि महावीर गांव से गुजरें तो कितने लोग मिलने जाते हैं? यह कोई आवश्यकता नहीं। एक गांव में ठहरे भी हों तो दस-बीस लोग भी मिले हों तो ठीक है, नहीं मिले हों तो भी जरूरी नहीं।"[65] उन के अनुसार, अपने बारे में जानने, न जानने का फर्क बस इतना है कि हम अपनी चेतना के स्तर पर मूर्च्छित हैं या अमूर्च्छित हैं। वे कहते हैं—"हम सदा थे और हम सदा रहेंगे। हां, मूर्च्छित या अमूर्च्छित, दो बातें हो सकती हैं। अगर मूर्च्छित रहे हों तो हमारा होना, न होना बराबर था। जब से हम अमूर्च्छित होते हैं, जागते हैं, चेतन होते हैं, तभी से हमारे होने में कोई अर्थ है। और जितने हम चेतन होते चले जाते हैं उतना ही हमारा होना गहरा होता जाता है। उतना ही एक्झिस्टेंस, अस्तित्व जो है, वह प्रगाढ़, समृद्ध होता चला जाता है। शायद उस अर्थ में होना हमारा अभी भी नहीं है। अभी भी बस हम हैं।"[66] रजनीश समझा रहे हैं कि इस बीच हमारे शरीरों का बदलाव हो जाता है। वे कहते हैं :

---

63. वही, पृ. 301
64. वही, पृ. 305
65. वही, पृ. 305
66. वही, पृ. 305

यह जो होने की लंबी यात्रा है, इसमें बहुत बार शरीर बदलने जरूरी हैं। क्योंकि शरीर क्षणभंगुर है, उसकी सीमा है, वह चुक जाता है। असल में कोई पदार्थ से निर्मित वस्तु शाश्वत नहीं हो सकती। पदार्थ से जो भी निर्मित होगा, वह बिखरेगा। जो बनेगा, वह मिटेगा।

तो शरीर बनता है, मिटता है; बनता है, मिटता है। लेकिन पीछे जो जीवन है; वह न बनता, न मिटता। वह सदा नये-नये बनाव लेता है। पुराने बनाव नष्ट हो जाते हैं, फिर नये बनाव लेता है। ये नये बनाव उसके संस्कार, उसके कंडीशनिंग, उसने पिछले जीवन में क्या जीया, क्या भोगा, क्या किया, क्या जाना—इन सबका इकट्ठा सार अंश हैं।[67]

शब्दों की इस खिलवाड़ में रजनीश ने एक और शब्द का इस्तेमाल किया है जिसे 'सूक्ष्म शरीर' कहा जाता है। इस बारे में वे कहते हैं :

एक तो शरीर हमें दिखाई पड़ता है, जो हमारा ऊपर है। एक और शरीर है, ठीक इसके जैसे ही आकृति का, जो इस शरीर में व्याप्त है। उसे सूक्ष्म शरीर कहें, सटल बाडी कहें, कार्मण शरीर कहें, कर्म शरीर कहें—कुछ भी नाम दें—मनो-शरीर कहें, काम चलेगा। इस शरीर से ठीक बिलकुल ऐसा ही, अत्यंत सूक्ष्म परमाणुओं से निर्मित सूक्ष्म देह है। जब यह शरीर गिर जाता है, तब भी वह देह नहीं गिरती। वह देह आत्मा के साथ यात्रा करती है। उस देह की खूबी है कि आत्मा की जैसी मनोकामना होती है, वह देह वही आकार ग्रहण कर लेती है। पहले वह देह आकार ग्रहण करती है, और तब उस आकार की देह में वह प्रवेश कर सकती है।

अगर एक सिंह मरे, तो उसके शरीर के पीछे जो छिपा हुआ सूक्ष्म शरीर है, वह सिंह का होगा, लेकिन वह मनो-काया है। मनो-काया का मतलब यह है कि जैसे हम पानी एक गिलास में डालें, तो उस गिलास का हो जाए रूप उसका, बर्तन में डालें, तो बर्तन जैसा हो जाए, बोतल में भरे, बोतल जैसा हो जाए। हमारी स्थूल देह तरल, लिक्विड है। वह किसी भी आकार को ग्रहण कर सकती है तत्काल।

तो अगर एक सिंह मरे और उसकी आत्मा विकसित होकर मनुष्य बनना चाहे, तो मनुष्य शरीर ग्रहण करने के पहले उसकी सूक्ष्म देह मनुष्य की आकृति को ग्रहण कर लेती है। वह उसकी मनो-आकृति है। सुंदर, कुरूप, अंधा, लंगड़ा, स्वस्थ, बीमार—वह उसकी मनो-आकृति है, जो उसकी देह को पकड़ जाती है। सूक्ष्म शरीर जैसे ही देह ग्रहण कर लेता है,

---

67. वही, पृ. 305-06

मनो-आकृति बन जाता है, वैसे ही उसकी खोज शुरू हो जाती है गर्भ के लिए।[68]

जन्म की प्रक्रिया को रजनीश अपने ढंग से बताते हैं। वे संभोग की बात उठाते हैं—"... प्रत्येक बार संभोग गर्भ नहीं बनता, उसका वैज्ञानिक कारण नहीं खोज पाते अब तक, और नहीं खोज पाएंगे। उसका कारण यह है कि गर्भ तभी बन सकता है, जब वैसी आत्मा प्रवेश करने के लिए आतुर हो, उत्सुक हो। वह हमें दिखाई नहीं पड़ता। दो अणु मिलते हैं, इतना हमें दिखाई पड़ता है। स्त्री और पुरुष के अणुओं का मिलन सिर्फ ऑपरचुनिटी है, जन्म नहीं है; सिर्फ अवसर है, जिसमें एक आत्मा उतर सकती है—सिर्फ अवसर मात्र, जिसमें एक आत्मा उतर सकती है।"[69]

रजनीश इस बात में अन्तर करते हैं कि कोई व्यक्ति सचेत मरता है या अचेत मरता है। इन दो प्रकार के मरनों को वे दो प्रकार के पुनर्जन्मों से जोड़ते हुए कहते हैं :

> इतना तो तय है कि हर दशा में हर आत्मा प्रविष्ट नहीं होती है। मां और बाप सिर्फ अवसर बनते हैं आत्मा के उतरने के, अवतरण के। आत्मा एक शरीर छोड़ती है, जैसे ही मरती है मूर्च्छित हो जाती है, और जन्म तक मूर्च्छित ही रहती है। यानी मां के पेट के नौ महीने भी मूर्च्छित ही रहते हैं साधारणतया। लेकिन कुछ आत्माएं सचेत मरती हैं, तो वे ...... पेट में भी सचेत हो सकती हैं। जो सचेत मरेगा, वह मां के पेट में भी सचेत होगा।
>
> इसलिए ये कहानियां बहुत आकस्मिक नहीं हैं कि मां के पेट में भी कुछ सीखा जा सके और बाहर की बातें सुनी जा सकें या बाहर के अर्थ ग्रहण किए जा सकें। यह बहुत असंभव नहीं है। अगर कोई चेतना सचेत रूप में मरी है, मरते वक्त पूर्ण चेतन थी, होश नहीं खोया था, शरीर होशपूर्वक छोड़ा, तो वह आत्मा होशपूर्वक शरीर ग्रहण भी करेगी। और मां के पेट में भी होशपूर्वक होगी।[70]

रजनीश कहते हैं कि 'सचेतन रूप से मरा हुआ व्यक्ति सचेतन रूप से पैदा हो सकता है।'[71] अपनी इस मान्यता को वे महावीर के जीवन पर सचमुच घटी मानते हुए कहते हैं—"तो महावीर के मां के पेट में संकल्प करने की बात अर्थ रखती है। इस बात का संकल्प करने की बात कि अपने माता-पिता को दुख नहीं दूंगा। उनके जीते-जी संन्यास नहीं लूंगा। इस बात का संकल्प गर्भ में किया गया है, यह अर्थपूर्ण हो सकता है। लेकिन सामान्यतया हम मरते समय बेहोश हो जाते हैं और जन्म तक वह बेहोशी

---

68. वही, पृ. 306
69. वही, पृ. 307
70. वही, पृ. 308
71. वही, पृ. 309

जारी रहती है।''[72] वे इस सचेत मरने के बारे में अपनी अन्तिम बात कहते हैं—''सचेतन रूप से जन्म बहुत कम लोग लेते हैं। वे ही लोग सचेतन रूप से जन्म ले सकते हैं, जिन्होंने पिछले जीवन में चेतना की बड़ी गहरी उपलब्धि की है, वे सचेतन रूप से जन्म ले सकते हैं। और तब वे जानते हैं पिछले जन्म को, मृत्यु को, मरने के बाद को।''[73]

रजनीश कहते हैं कि यह संभव है कि एक व्यक्ति मरते समय अपनी जागरूकता बनाए रखे। सांस के डूबने के साथ वह देखता है कि मृत्यु उतरने लगी है सांस जाने लगा है और मौत आने लगी है। वे कहते हैं कि उस व्यक्ति ने इतना जागरूक होने का अभ्यास कर रखा है कि जब सांस बिलकुल नहीं रह जाता, तब भी वह जागा रहता है। वे कहते हैं—''बस, वही प्वाइंट है, जहां से उसकी नई यात्रा शुरू हो गई जागरण की। तब फिर उसका जन्म एकदम जागरूक जन्म है। और एक दफा कोई जागरूक मर जाए, फिर दूसरी जिंदगी बिलकुल दूसरी है, क्योंकि पिछले जन्म का कुछ भी नहीं भूलता फिर। वह गैप नहीं आता बीच में विस्मृति का, जो भुला दे। कंटिन्यूटी जारी रहती है।''[74]

रजनीश कहते हैं कि वह जो सूक्ष्म शरीर होता है, उसी में वे सूखी रेखाएं बनती हैं। लेकिन वे सूक्ष्म रेखाएं बनती कैसे हैं? रजनीश कहते हैं—''वे कर्म जो हमने किए और वे फल जो हमने भोगे, वह जो हम जीए, उस सबकी सूक्ष्म रेखाएं उस सूक्ष्म शरीर पर बनती हैं। वह जो सूक्ष्म शरीर है—इसीलिए उसका एक नाम मैंने कहा, कार्मण शरीर।''[75] वे आगे कहते हैं—''इस शरीर के छूट जाने पर वह सूक्ष्म शरीर ही सूखी रेखाओं की तरह आपके भोगे गए जीवन को लेकर नई यात्रा शुरू करता है। और वह सूक्ष्म शरीर ही नये शरीर ग्रहण करता है। इसलिए वह अंधा हो सकता है। इसलिए वह काना हो सकता है। इसलिए वह लंगड़ा हो सकता है। बुद्धिमान हो सकता है, बुद्धिहीन हो सकता है।''[76]

फिर मोक्ष क्या है और वह कैसे मिलता है? अगला शब्द इस शब्दावली का मोक्ष ही है। रजनीश मोक्ष के बारे में कहते हैं :

> प्रत्येक मृत्यु में स्थूल देह मरती है। फिर अंतिम मृत्यु है महामृत्यु—जिसे हम मोक्ष कहते हैं, उसमें वह सूक्ष्म शरीर भी मर जाता है। जिस दिन सूक्ष्म शरीर मर जाता है, उस दिन व्यक्ति का मोक्ष हो गया।
>
> यह शरीर तो हर बार मरता है। वह भीतर का शरीर हर बार नहीं मरता। वह तभी मरता है, जब उस शरीर के रहने का कोई अर्थ नहीं रह जाता—जब व्यक्ति न कुछ करता है, न भोगता है, न कर्ता बनता है, न किसी कर्म को ऊपर लेता है, न कोई प्रतिक्रिया करता है। जब व्यक्ति सिर्फ साक्षी मात्र रह जाता है, तब सूक्ष्म शरीर पिघलने लगता है, बिखरने लगता है।
>
> साक्षी की जो प्रक्रिया है, वह सूक्ष्म शरीर को ऐसे पिघला देती है,

72. वही, पृ. 309
73. वही, पृ. 309
74. वही, पृ. 310
75. वही, पृ. 310
76. वही, पृ. 310

जैसे सूरज निकले और बर्फ पिघलने लगे। साक्षी के निकलते ही सूक्ष्म शरीर के परमाणु पिघल कर बहने लगते हैं।

जिस दिन सूक्ष्म शरीर समाप्त हो जाता है, उस दिन आदमी कह सकता है... और यह पिघलना ऐसा ही अनुभव होता है, जैसे कि आपको सर्दी-जुकाम पकड़ गया है और जुकाम उतर रहा है तो आप अनुभव करते हैं, किसी को बता नहीं सकते कि अब जुकाम नीचे उतर रहा है। सूक्ष्म शरीर का पिघलना साक्षी को इसी तरह पता चलता है कि कोई चीज भीतर पिघल कर बहती चली जा रही है।

और जिस दिन सूक्ष्म शरीर पिघल जाता है, आत्मा और शरीर बिलकुल पृथक दिखाई पड़ने लगते हैं। सूक्ष्म शरीर जोड़ है। वह पृथक नहीं दिखाई पड़ने देता। वह दोनों को जोड़ कर रखता है। और जिस दिन ये पृथक दिखाई पड़ जाते हैं, वह आदमी कह देता है, अब यह आखिरी यात्रा है। अब इसके बाद लौटना मुश्किल है।''[77]

रजनीश के अनुसार, मोक्ष की प्राप्ति के लिए तप का रास्ता पकड़ना पड़ता है। वह तपश्चर्या क्या है? उत्तर में वे कहते हैं :

और वह घर जो है, वह है सूक्ष्म शरीर का घर। हमारे सारे कर्म, हमारे कर्मों के फल, हमारा भोग, हमारा जीया हुआ जीवन, वह सब उस सूक्ष्म शरीर पर जैसे स्लेट पट्टी पर रेखाएं बन जाती हैं, वैसा बन जाता है।

उस सूक्ष्म शरीर को गलाना ही साधना है। अगर मुझसे कोई पूछे कि तपश्चर्या का क्या मतलब, तो मैं कहूंगा, सूक्ष्म शरीर को गलाना तपश्चर्या है।[78]

तब पुनर्जन्म का क्या होता है? मोक्ष की अवस्था में पुनर्जन्म की स्थिति क्या है? तपश्चर्या की प्रक्रिया में पुनर्जन्म का क्या बन जाता है? रजनीश उत्तर देते हैं कि तब पुनर्जन्म नहीं होता। वे कहते हैं :

तो उस काया के पिघलाने में लगा हुआ जो श्रम है, वही तपश्चर्या है। और उस काया को पिघलाने के लिए जो प्रक्रिया है, वही साक्षी-भाव, सामायिक या ध्यान है। और वह हमारे स्मरण में आ जाए और उसके प्रयोग से हम गुजर जाएं तो फिर कोई पुनर्जन्म नहीं है।

पुनर्जन्म रहा है सदा, रहेगा, अगर हम कुछ न करें। लेकिन ऐसा हो सकता है कि फिर पुनर्जन्म न हो। तब हम विराट जीवन के साथ एक हो

---

77. वही, पृ. 311

78. वही, पृ. 311

जाते हैं। ऐसा नहीं कि हम मिट जाते हैं, ऐसा नहीं कि हम समाप्त हो जाते हैं, बस ऐसा ही जैसे बूंद सागर हो जाती है। मिटती-विटती नहीं, लेकिन मिट भी जाती है। बूंद की तरह मिट जाती है, सागर की तरह रह जाती है।[79]

पुनर्जन्म की समाप्ति को, मोक्ष की प्राप्ति को, रजनीश और इस तरह के सारे दूसरे लोग क्या कहते हैं? वे इसे कहते हैं कि आत्मा ही परमात्मा हो जाती है। इस का मतलब है कि आत्मा की बूंद खो जाती है और उसमें जो परमात्मा है, वह उस से एक हो जाती है। रजनीश के शब्द हैं–"उस एकता में, उस परम अद्वैत में परम आनंद है, परम शान्ति है, परम सौन्दर्य है।"[80]

आवागमन क्या है? इसे कौन मानता है? इस से छूटने की किसे आवश्यकता है? इन प्रश्नों के उत्तर रजनीश एक तुलना कर के देते हैं। यह तुलना विज्ञान और धर्म के बीच की है। वे कहते हैं :

यह जो वैज्ञानिक है, भौतिकवादी है, मैटीरियलिस्ट है, वह यही कह रहा है–वह यही कह रहा है कि यहां तो सब नियम वहीं पहुंच जाते हैं, जहां से हम आते हैं, अन्यथा जाने का कोई उपाय नहीं है। सागर का पानी सागर में पहुंच जाता है। पत्तों में आई मिट्टी वापस मिट्टी में पहुंच जाती है, पत्ते फिर गिर कर मिट्टी हो जाते हैं। वही वैज्ञानिक कहता है, वही भौतिकवादी कहता है–मैटीरियलिस्ट! उसमें और स्प्रिचुअलिस्ट में फर्क क्या है?

फर्क इतना ही है कि वह यह कहता है कि सब चीजें जहां से उठीं–डस्ट अनटू डस्ट, मिट्टी मिट्टी में लौट जाती है और सब खत्म हो जाता है–बात क्या है! सब चीजें जहां से आती हैं, वहीं वापस चली जाती हैं।

लेकिन धार्मिक खोजी यह कह रहा है कि एक ऐसी भी जगह है, जहां से हम नहीं आए हैं और जा सकते हैं। एक ऐसी भी जगह है, जहां से हम नहीं आए हैं और जा सकते हैं। और जहां हम चले जाएं तो फिर इस चक्कर में गिर जाने का कोई उपाय नहीं है, फिर इसमें सम्मिलित हो जाने का कोई उपाय नहीं है।

अगर नहीं यह संभव है तो धर्म की सारी संभावना खत्म हो गई, साधना का सब अर्थ व्यर्थ हो गया। फिर कुछ बात ही नहीं है। फिर तो एक जड़ चक्र है, उसमें हम घूमते रहेंगे, घूमते रहेंगे, घूमते रहेंगे। आवागमन से छूटने की जो कामना है, यह उन लोगों को उठी है, जिन्हें यह

79. वही, पृ. 311-12

80. वही, पृ. 312

घूमते हुए चक्र की व्यर्थता दिखाई पड़ गई है कि जन्मों-जन्मों से, अनंत जन्मों से एक सा घूमना हो रहा है! और हम हैं कि घूमते चले जा रहे हैं और इससे कभी छलांग लगाने का खयाल नहीं आता।[81]

इस छलांग लगाने को ही रजनीश आवागमन से छूट जाना कहते हैं। उन के अनुसार, इस में अनन्त जन्मों के चक्र में फंसने से बचा जाता है।

पर, यह सब क्या है? अपनी बीमारियाँ हैं, अपने इलाज हैं। पहले खुद यह मानते हैं कि जीवन का अनन्त जन्मों में भ्रमण चल रहा है और फिर उस का उपचार ढूंढ़ते हैं कि इस भ्रमण से बचा जा सकता है। यह पुनर्जन्मवादियों के भ्रम की आपसी लड़ाई है कि आवागमन के इस चक्र से किस भभूत से छूटा जाएगा। इस के लिए माथे पर पहचान के आड़े-तिरछे और रंगीन तिलक लगाए जाते हैं। पर, नियतिवादियों के मन में यह रोग ही व्याप्त नहीं है कि जीव का पुनर्जन्म होता है। इसलिए, उन्हें ऐसे किसी उपाय की भी आवश्यकता नहीं है कि जन्मान्तरणों के इस भवचक्र से छुटकारा पाने का कोई प्रयत्न किया जाए। पुनर्जन्मवादियों को पुनर्जन्म से छुटकारा पाने के लिए तपश्चर्याएं करनी पड़ती हैं, लेकिन पुनर्जन्म में विश्वास न रखने वाले नियतिवादियों को वे नाम के मोक्ष, शान्ति, आनंद और सौन्दर्य निरायास प्राप्त रहते हैं। जब रोग नहीं है तो उपचार की क्या आवश्यकता है?

IV

ब्राह्मणों, बौद्धों और जैनियों की परतन्त्रता क्या है? इन के दर्शन में परतन्त्रता यह है कि जीव या आत्मा जन्म-मरण के बन्धन में बंधी पड़ी है। आत्मा का जन्म-मरण के बन्धन से छुटकारा हो जाए तो इसे ये स्वतन्त्रता कहते हैं। यही इन के लिए परम आनंद, परम शान्ति और परम सौन्दर्य की स्थिति है। इस दर्शन में ये इस बात का जिक्र नहीं करते कि राष्ट्रीय गुलामी या सामाजिक परतन्त्रता नाम की चीजें भी कुछ होती हैं। इन्हें मोक्ष मिल जाए, जन्म-मरण के बन्धन से छुटकारा मिल जाए, तो इन का उद्देश्य पूरा हो जाता है। और, इन के इस प्रकार के मोक्ष में हर कुछ व्यक्तिगत है, सामूहिक कुछ भी नहीं है। एक शरीर में एक ही आत्मा का निवास है और उसे ही मोक्ष के रूप में स्वतन्त्रता प्राप्त करनी होती है। इस मामले में कोई समाज या राष्ट्र की सामूहिक चेतना नाम की चीज इन के पास नहीं है जिस रूप में इन्हें उस की स्वतन्त्रता के लिए जद्दोजहद या संघर्ष करना पड़े। वहां ये हाथ पर हाथ धरे बैठे हैं और पुनर्जन्म की समाप्ति के लिए तरह-तरह की फालतू तपश्चर्याएं करते फिरते हैं।

लोक में सामाजिक और राष्ट्रीय गुलामी के बारे में ये किस तरह की बातें करते हैं? इस विषय पर आने पर इन के घुटने टिक-टिक जाते हैं। इन की चाहत होती है कि कोई

81. वही, पृ. 420

इन से इस विषय पर न बुलवाए, बोलने की मजबूरी न बनाए। लेकिन, बोलने की इस मजबूरी की वजह से रजनीश ने अपनी पुस्तक 'महावीर : मेरी दृष्टि में' में गुलाम और मालिक पर भी अपने विचार व्यक्त किए हैं। उन के ये विचार इस प्रकार हैं :

> ....कोई आदमी इस दुनिया में अकेला मालिक नहीं होता, गुलाम भी उसके साथ गुलाम होना चाहता है, नहीं तो यह संबंध बन ही नहीं सकता है।
>
> तो हम तो मालिक को थोप देते हैं कि तुमने क्यों गुलाम बनाया इस आदमी को? लेकिन हम कभी नहीं पूछते कि यह आदमी गुलाम बनना चाहता था? अगर यह नहीं बनना चाहता था तो असंभव था इसे गुलाम बनाना। इसे गुलाम बनाना ही असंभव था।
>
> ....
>
> यह मैं कह रहा हूं कि जब एक आदमी गुलाम होता है, तब किसी न किसी रूप में, पैसिवली, वह गुलामी को आमंत्रित करता है। जब एक मालिक होने की प्रवृत्ति वाला आदमी और गुलाम होने की प्रवृत्ति वाले आदमी मिल जाते हैं तो तालमेल बैठ जाता है। एक गुलाम बन जाता है, एक मालिक हो जाता है।[82]

एकदम कहा जा सकता है कि ऊपर के शब्दों में वे बिलकुल झूठा कथन कर रहे हैं। कितना आसान और गलत हिसाब लगा लिया है कि एक आदमी दूसरे आदमी का खुद गुलाम बनना चाहता है? दासता के विरुद्ध इतने लम्बे इतिहास को खुद अपने पेट में छिपा कर बैठ गए हैं कि जैसे गुलाम बनाने के लिए मालिक ने कोई कोशिश ही न की हो। अजीब समाज दर्शन है—कोई गुलाम इसलिए है क्योंकि वह गुलाम होना चाहता है? और दासता के विरुद्ध कोई उदाहरण दिया है तो किसी सामाजिक मनुष्य का नहीं बल्कि एक फकीर का दिया है जिस का नाम डायोजनीज था।[83] भला, फकीरों के उदाहरणों से यहां कौन सा प्रयोजन सिद्ध होता है? फकीर, न इस दुनिया के, न उस दुनिया के— सामाजिक गुलामी मिटाने के लिए उन से क्या सीखा जा सकता है?

गुलाम और मालिक के इस सन्दर्भ में रजनीश ने अन्याय के बारे में विचार किया है। उन्होंने अपनी सोच बताई है—"हमें एक ऐसी दुनिया बनानी चाहिए, जहां न कोई चांटे को आकर्षित करता हो, न कोई चांटा मारने को उत्सुक होता हो। अन्याय कभी भी नहीं है। अन्याय का कुल मतलब इतना हो सकता है कि अभी ऐसे लोग हैं दुनिया में जो चांटा मारने को भी उत्सुक हैं और ऐसे लोग भी हैं दुनिया में जो चांटा खाने को उत्सुक हैं। अन्याय घटना में नहीं है, अन्याय इस स्थिति में है—इसको समझ लेना। यानी कोई

82. वही, पृ. 286-87
83. वही, पृ. 286

घटना अन्यायपूर्ण नहीं है, घटना तो हमेशा जस्टीफाइड है। जो हो रहा है, वैसा ही होता है, वैसा ही हो सकता था।"[84]

इस वक्तव्य से भी मनुष्य को अन्याय से लड़ने में क्या प्रेरणा मिल सकती है? ऐसी सुभीते की परिभाषा की गई है कि अन्याय अन्याय ही नहीं रह गया है। मानो, यह कोई साधारण सी चीज हो। अन्याय को फलीभूत होने देने के लिए मनुष्यों को कितनी मार-काट सहनी पड़ रही है, उस का कोई जिक्र नहीं, कोई हिसाब नहीं, कोई भर्त्सना नहीं। कोई उपाय नहीं बताया गया कि अन्याय ऐसे मिट सकता है, उलटे घटनाओं के बहाने से अन्याय को जस्टीफाई किया जा रहा है।

गुलाम, मालिक और अन्याय के विषय को रजनीश समता और विषमता के अखाड़े तक ले गए हैं। असल में हुआ क्या था? एक प्रश्नकर्ता ने उन से रूस के समाजवाद पर प्रश्न पूछ लिया था। उस के उत्तर में वे कहते हैं :

> समानता बहुत विकसित चेतना की स्थिति है। असमानता सामान्य स्थिति है। आप, दूसरे के साथ अपने को समान मानने के लिए तैयार होना भी बड़ी उपलब्धि है, कि दूसरा मेरे समान है! चित्त तो यही कहता है कि यह हो कैसे सकता कि दूसरा मेरे समान है? असमानता सहज वृत्ति है। विषमता पैदा करना इसीलिए सामान्य रहा।
>
> समानता पैदा करने वाली चेतनाएं पैदा हुईं—महावीर उन चेतनाओं में से एक हैं—लेकिन ये व्यक्तिगत थीं। अब धीरे-धीरे उसकी सघनता बढ़ी है और सघनता उस जगह पहुंच गई है कि अब समान करने वाली चेतनाओं का भी एक बड़ा अंश पृथ्वी पर है। जिस दिन असमान वृत्ति वाली चेतनाएं क्षीण होती चली जाएंगी, वृत्ति क्षीण होती चली जाएगी, उस दिन सारी पृथ्वी पर समानता हो जाएगी। लंबा वक्त लगता है। लेकिन लंबा वक्त भी हमको दिखता है, क्योंकि हमारा वक्त का हिसाब ही बहुत छोटा सा है।
>
> अब मनुष्य को हुए मुश्किल से दस लाख वर्ष हुए हैं। और जिसको हम मनुष्य कहते हैं, उसको तो मुश्किल से दस हजार साल हुए। पृथ्वी को बने दो अरब वर्ष हुए। और पृथ्वी बड़ी नई सी चीज है, कोई बहुत पुरानी चीज नहीं है। तारे हैं, जिनका कि कोई हिसाब लगाना मुश्किल है, कितने पुराने हैं। और जहां अंतहीन समय की धारा है, वहां दस-पांच हजार वर्ष का क्या मतलब होता है? कोई मतलब नहीं होता है। मनुष्य अभी भी बिलकुल ही बालपन में है। इवोल्यूशन की जो व्यवस्था है, उसमें अभी हम बिलकुल बच्चों की तरह हैं। अभी हम जवान भी नहीं हुए, बूढ़ा होना तो

84. वही, पृ. 287

बहुत दूर की बात है। तो अभी थोड़ी सी बातें प्रकट होनी शुरू हुई हैं।

मनुष्य-जाति की भी एक स्टेज होगी, जहां आकर प्रकृति मानेगी कि अब तुम समान हो सकते हो, अब तुम उस योग्यता के हो गए। वह दस हजार वर्ष लग जाएंगे, क्योंकि वह पूरी मनुष्य-जाति का सवाल है, एक व्यक्ति का सवाल नहीं है। हां, एक व्यक्ति तो कभी भी समान होने की वृत्ति को उपलब्ध हो सकता है। उसी को हम सम्यकत्व कहते हैं, समता कहते हैं, जो समान होने की—जिसके मन से यह भेद ही मिट गया है कि कौन नीचा है, कौन ऊंचा है, यह सवाल ही चला गया।

तो कोई महावीर, कोई बुद्ध इसको उपलब्ध हो जाए, इसमें अड़चन नहीं है। लेकिन मनुष्य-जाति इस तल पर आने में तो हजारों वर्ष ले लेती है।

अन्याय नहीं है इस अर्थ में कि प्रत्येक चीज अपने कारणों से न्याययुक्त है। अन्याय है इन अर्थों में कि जिंदगी इससे भी ज्यादा आनंदपूर्ण, ज्यादा शांति की, ज्यादा सौरभ की हो सकती है, उसकी दिशा में हमें कोशिश करनी चाहिए।[85]

अब रजनीश बनिये के मुनीम की तरह हिसाब-किताब की बही ले कर बैठ गए हैं कि समता के आने में अभी दस-बीस हजार वर्ष लगेंगे। गुलाम के मन को समझा रहे हैं कि वह गुलामी के मिटने के लिए कुछ हजार वर्षों की इन्तजार करे। यहां प्रश्न पूछा जा सकता है कि यह गुलाम और मालिक का रिश्ता बदल भी तो सकता है—जो गुलाम है वह मालिक बन जाए और जो मालिक है वह गुलाम बन जाए। यदि असमानता मनुष्यों की सामान्य और सहज वृत्ति है तो इसकी सन्तुष्टि पात्रों की अदला-बदली में भी पूरी हो सकती है। तब रजनीश को बुरा क्यों लगेगा?

प्रश्न यह है कि खुद रजनीश किस की तरफ हैं—गुलाम की या मालिक की, न्याय की या अन्याय की, समानता की या असमानता की तरफ? मक्खलि गोसाल एक दास थे—रजनीश मक्खलि गोसाल को क्या समझाने बैठ गए हैं कि अपनी दासता मिटाने के लिए वे दस-बीस हजार साल की प्रतीक्षा करें जो समय पृथ्वी की उम्र के मुकाबले में कुछ भी नहीं है, नगण्य है?

दिमाग में कुछ ज्यादा ही गड़बड़ है। यह दोहरे दिमाग की उपज है जो रजनीश के प्रवचनों में बार-बार सामने आती है। लौकिक स्वतन्त्रता के बारे में वे एक जगह कहते हैं, जो उन की सोच का एक तरह से मूलमन्त्र है :

मनुष्य की स्वतंत्रता परम है, अल्टिमेट है, चरम है। उसके ऊपर कोई भी नहीं कहने वाला कि तुम यह क्यों....? और स्वतंत्रता तभी पूर्ण है,

85. वही, पृ. 288-89

जब बुरे के भी करने का हक हो।

अगर कोई यह कहे कि अच्छा-अच्छा करने की स्वतंत्रता है, बुरा करने की नहीं, तो स्वतंत्रता कैसी है यह? यानी हमेशा यह ध्यान रहे कि अगर अच्छे ही अच्छे करने की स्वतंत्रता हो....।[86]

उन का मानना है, परम स्वतन्त्रता का मतलब होता है, सदा भूल करने की स्वतन्त्रता भी।[92] लेकिन इसे भी वे मोक्ष टाइप की स्वतन्त्रता बना कर रहते हैं। सन्तोष नहीं मिलता जब तक अध्यात्म के गड्ढे में जा कर नहीं गिरते। वे एक प्रश्न के उत्तर में कहते हैं—''यानी जो मोक्ष गए हैं, मोक्ष जाने में वे उतना ही चुनाव कर रहे हैं, जितना जो संसार में आ रहे हैं, वे चुनाव कर रहे हैं। असल में जो मंदिर की तरफ जा रहा है, वह भी उसका चुनाव है, जो वेश्यालय की तरफ जा रहा है, वह भी उसका चुनाव है; जहां तक स्वतंत्रता का संबंध है, दोनों बराबर हैं। स्वतंत्रता का दोनों उपयोग कर रहे हैं। यह दूसरी बात है कि एक बंधन बनाने के लिए उपयोग कर रहा है, एक बंधन तोड़ने के लिए उपयोग कर रहा है।[87]

इस सोच में क्या हुआ है? वेश्यालय जाने को बुरा मान लिया गया है। ठीक है, इतनी बात तो मानी कि वेश्यालय जाना बुरा है, लेकिन अगली बात नहीं मानी कि वेश्यालय का होना बुरा है। कुछ सुझाते कि वेश्यावृत्ति कैसे समाप्त की जा सकती है तो वह एक अच्छी बात होती। उस से भी अच्छी बात यह होती कि अपने मौहल्ले-पड़ोस में या शहर में वेश्यावृत्ति बन्द करवाने के लिए कोई ठोस कार्य करते। लेकिन वह सब कुछ नहीं करना है, एक युवती को भी वेश्यावृत्ति से मुक्त नहीं कराना है, लौकिक संसार जैसा है वैसा ही चलते रहने देना है—और इन्हें अपना मोक्ष प्राप्त करना है।

V

रजनीश का महावीर के बारे में समाज की दृष्टि से सन्दर्भ बिन्दु क्या है? वह वर्ण व्यवस्था है। उसके सिवा वे कुछ बोल नहीं सके। उन्होंने ऐसी कोई कोशिश भी नहीं की। कहने का मतलब यह है कि विकल्प के रूप में उन के पास कुछ अलग या नया नहीं है। कहने का मतलब यह भी है कि उन्हें इसकी जरूरत भी नहीं है। वे अपनी पुस्तक 'जिन सूत्र : भाग : एक' की दो पेजी भूमिका में दूसरे पेज पर लिखते हैं—''महावीर का मार्ग योद्धा का मार्ग है—क्षत्रिय थे, स्वाभाविक है! जैनों के चौबीस ही तीर्थंकर क्षत्रिय थे। लड़ाकों की बात है। लड़ना ही जानते थे। तूफान में ही किश्ती पली थी। तलवार ही उनकी भाषा थी। युद्ध ही उनका अनुभव था। यद्यपि सब युद्ध छोड़ दिया, अहिंसक हो गए; पर क्या होता है, इससे क्या फर्क पड़ता है? चींटी को भी नहीं मारते थे, लेकिन योद्धा होना तो जारी रहा। अपने स्वभाव से कोई भिन्न हो नहीं पाता। संसार भी छोड़

86. वही, पृ. 520

87. वही, पृ. 520

दिया, प्रतियोगिता के सारे स्थान भी छोड़ दिये, जहां-जहां संघर्ष, युद्ध की बात थी, हिंसा थी, सब छोड़ दिया–लेकिन फिर भी योद्धा तो नहीं मिट पाता।''[88] वे इस के बिलकुल अन्तिम पैरे में लिखते हैं–''जैनों के सारे तीर्थंकर क्षत्रिय हैं। यह आकस्मिक नहीं है। एक भी ब्राह्मण तीर्थंकर न हुआ। ब्राह्मण की भाषा लड़ने की भाषा नहीं है; समर्पण की भाषा है; शरणागति की भाषा है।''[89]

जाने क्या जरूरत पड़ी थी या लाचारी बनी थी कि ब्राह्मण का नाम लेने से खुद को रोक नहीं सके? क्षत्रियों की बात चल रही थी, वहीं तक सीमित रहने देते। लेकिन नहीं, 'जिन-सूत्र : भाग : तीन' की दो पेजी भूमिका में उन्होंने वैश्य वर्ण का भी जिक्र किया। जिक्र भी किस ढंग से किया, सम्मानजनक तो नहीं है। वे लिखते हैं :

> महावीर तो सिंह की तरह पराक्रमी थे। लेकिन कमजोर, काहिल, भय से भरे भीरु लोग पीछे हो लिये। उन्होंने महावीर के मार्ग को भ्रष्ट कर दिया। महावीर का मार्ग ही वैश्यों, वणिकों का हो गया। वह मूलतः क्षत्रिय का मार्ग है।
>
> अहिंसक होने के लिए क्षत्रिय होना बुनियादी शर्त है। जो अभी हिंसक ही नहीं हुआ, वह अहिंसक कैसे हो सकेगा? जिसने अभी तलवार नहीं उठायी, तलवार रखेगा कैसे? रख तो वही सकोगे, जो उठाया हो। जिसने किसी के ऊपर आक्रमण ही नहीं किया, वह आक्रमण का त्याग कैसे करेगा? तो देखो जैनों के चौबीस तीर्थंकर ही क्षत्रिय-पुत्र हैं। और सब जैन वणिक हैं।
>
> उनके चौबीस ही तीर्थंकर क्षत्रिय हैं, तो संयोग नहीं हो सकता। एकाध क्षत्रिय होता, संयोग मान लेते। चौबीस के चौबीस क्षत्रिय हैं, तो अहिंसक होने के लिए क्षत्रिय होना जैसे बुनियादी शर्त है। हम वही त्याग सकते हैं, जो हमारे पास हो। भिखमंगा अगर कहे कि मैंने त्याग दिया सब, तो क्या अर्थ है? था क्या, जो त्याग दिया? त्याग के पहले होना चाहिए।
>
> क्षत्रिय घरों में पैदा हुए महावीर, ऋषभ, नेमि। हिंसा में उनका पोषण हुआ। हिंसा की कला ही सीखी। हिंसा के अतिरिक्त और कुछ जानते नहीं थे। उसी हिंसा के प्रगाढ़ अनुभव से अहिंसा का जन्म हुआ। हिंसा की आग में जले और पाया कि हिंसा करने योग्य नहीं। हिंसा में रहकर पाया कि हिंसा त्याज्य है। और तब एक अहिंसा का जन्म हुआ।[90]

---

88. जिन-सूत्र : भाग : एक, ओशो, सम्पादक, आनंद सत्यार्थी और शान्ति त्योहर, दिव्यांश पब्लिकेशंस, एमआईजी 222, फेज-1, एलडीए टिकैत राय कालोनी, लखनऊ, उत्तर प्रदेश-226 017, प्रथम संस्करण, 2013, भूमिका, पृ. vi
89. वही, पृ. vi
90. जिन-सूत्र : भाग : तीन, ओशो, दिव्यांश पब्लिकेशंस, एमआईजी 222, फेज-1, एलडीए टिकैत राय कालोनी, लखनऊ, उत्तर प्रदेश-226 017, प्रथम संस्करण, 2013, भूमिका, पृ. vi

यहां इस बहस में नहीं जाना है कि भय से भरे भीरु लोग कौन हैं—वैश्य या क्षत्रिय? यह बहस का विषय है कि किसी राष्ट्र की रक्षा हाथ में तलवार संभालने से होती है या तलवार को दूर फेंक देने से।

बात केवल क्षत्रिय, ब्राह्मण और वैश्य तक सीमित नहीं है। इस शब्दावली का अगला शब्द 'आर्य' भी प्रयुक्त किया गया है। रजनीश ओशो अपनी पुस्तक 'महावीर : मेरी दृष्टि में' लिखते हैं—''महावीर के पहले विचार की एक धारा थी। उस विचार की धारा का आर्य परंपरा से कोई पृथक अस्तित्व न था। वह आर्य परंपरा के भीतर पैदा हुई एक धारा थी। उसका नाम श्रमण था। जैन वह नहीं कहला रही थी तब तक। और श्रमण कहलाने का कारण था।''[91] वे आगे लिखते हैं—''....ब्राह्मण-धारा इस बात पर श्रद्धा नहीं रखती है कि श्रम के माध्यम से, साधना के माध्यम से, तप के माध्यम से परमात्मा को पाया जा सकता है। परमात्मा को पाया ही जा सकता है अति विनम्र-भाव में, प्रार्थना में, ह्यूमिलिटी में, अत्यंत दीन-भाव में, जहां हम बिलकुल असहाय हैं, हेल्पलेस हैं, जहां हम कुछ भी नहीं कर सकते हैं, करने वाला वही है....।''[92] उन्होंने कोई लाग-लपेट नहीं रखी है जब बोला है :

> ऐसी एक धारा थी, जो परमात्मा को या सत्य को अत्यंत दीन, अत्यंत विनम्र-भाव से मांगती थी। उससे ठीक भिन्न और विपरीत एक धारा चलनी शुरू हुई, जिसका आधार श्रम था, प्रार्थना नहीं। जिसका आधार यह नहीं था कि हम प्रार्थना करेंगे, पूजा करेंगे और मिल जाएगा। जिसका आधार यह था कि श्रम करेंगे, संकल्प करेंगे, साधना करेंगे। श्रम और संकल्प से जीता जाएगा।
>
> तो आर्य जीवन-दर्शन बड़ी बात है। उस आर्य जीवन-दर्शन में श्रमण सम्मिलित है, ब्राह्मण सम्मिलित है। आर्य पूरी जीवन-दृष्टि की ये दो धाराएं हैं। महावीर पर आकर उस धारा ने अपना पृथक अस्तित्व घोषित किया। महावीर के पहले तक वह धारा पृथक नहीं है।
>
> इसीलिए आदिनाथ का नाम तो वेद में मिल जाएगा, लेकिन फिर महावीर का नाम किसी हिंदू ग्रंथ में नहीं मिलेगा। पहले तीर्थंकर का नाम तो वेद में उपलब्ध होगा पूरे समादर के साथ, लेकिन फिर महावीर का नाम उपलब्ध नहीं होगा। महावीर पर आकर विचार की धारा संप्रदाय बन गई और उसने आर्य जीवन-पथ से अलग पगडंडी तोड़ ली। तब तक वह उसी पथ पर थी। अलग चलती थी, अलग धारा थी चिंतना की, लेकिन थी उसी

---

91. महावीर : मेरी दृष्टि में, ओशो, सम्पादक, आनन्द सत्यार्थी और शान्ति त्योहर, दिव्यांश पब्लिकेशन्स, एमआईजी 222, फेज-1, एलडीए टिकैत राय कालोनी, लखनऊ, उत्तर प्रदेश-226 017, प्रथम संस्करण, 2012, पृ. 161
92. वही, पृ. 161-62

पथ पर। उस पथ से भेद नहीं खड़ा हो गया था।

....

जैनों के पहले तेईस तीर्थंकर आर्य ही थे, और आर्य ही पैदा हुए, और आर्य ही मरे। वे जैन नहीं थे। लेकिन महावीर पर आकर धारा बिलकुल ही पृथक हो गई, बलशाली हो गई, अपनी ठीक सुचिंतित उसकी दृष्टि हो गई। और इसलिए फिर वह श्रमण न कहला कर जैन कहलाने लगी।

....

इसलिए महावीर के पहले के तीर्थंकर हिंदू फोल्ड के भीतर हैं, वे बाहर नहीं हैं। महावीर पहले तीर्थंकर हैं जो हिंदू फोल्ड के बाहर खड़े होते हैं।[93]

रजनीश के सामाजिक विचारों का वातावरण वर्ण-व्यवस्था के भेदोपभेद और ऊंच-नीच से प्रदूषित है। वे ब्राह्मण, क्षत्रिय, वैश्य और शूद्र की बात करते हैं जिस में ब्राह्मण को ऊंचा और शूद्र को नीचा मानते हैं। वे वर्ण-व्यवस्था से बाहर हो कर एक विचार नहीं सोच सकते। जो समाधान है, वह यही घिसा-पिटा है कि 'वर्ण भेद जन्म से नहीं, चर्या से'[94] है, जो समाधान के बजाय बहकाने का तरीका है। वे बौद्धों के 'धम्मपद' के अन्तिम अध्याय 'ब्राह्मणवग्गो' का गुणगान करने बैठ जाते हैं। वे ब्राह्मण के बारे में अनुवाद कर के बताने लगते हैं—''जिसके पार, अपार और पारापार नहीं है, जो वीतभय और असंग है, उसे मैं ब्राह्मण कहता हूं।''[95] और, जब ब्राह्मण पर बोला जा रहा है तो वे शूद्र के बारे में यह कहने से रुक नहीं सके—''शूद्र की परिभाषा है : जिसको शरीर से ज्यादा कुछ दिखाई न पड़े। जो शरीर में जीए; शरीर के लिए जीए। शरीर से अन्यथा जिस की समझ न पड़े। जिसकी आँखें पृथ्वी में उलझी रह जाएं; आकाश जिसे दिखाई न पड़े। जो आकृति में बंध जाए, और आकृति के भीतर जो अनाकृत विराजमान है, उसे दिखाई न पड़े। ऐसे अंधे को शूद्र कहते हैं।''[96]

क्या रजनीश को ब्राह्मणों, बौद्धों और जैनियों की समाज व्यवस्था की जानकारी नहीं है? उत्तर है—जानकारी है और बहुत गहरी जानकारी है। कबीर पर उनका एक प्रवचन 'खुला आकाश सत्य का' शीर्षक से पत्रिका 'ओशो वर्ल्ड' में प्रकाशित हुआ है। इस में वे अपना एक अनुभव इस प्रकार देते हैं :

93. वही, पृ. 161-62

94. महावीर - वाणी : भाग : 2, ओशो, सम्पादक, आनंद सत्यार्थी, फ्यूजन बुक्स, एक्स-30, ओखला इन्डस्ट्रियल एरिया, फेज-II, नई दिल्ली-110 020, संस्करण, 2013, पृ. 381-400

95. जागो और जियो : एस धम्मो सनंतनो, भाग 12, ओशो, सम्पादक, योग चिन्मय और आनंद सत्यार्थी, हिन्द पाकेट बुक्स प्राइवेट लिमिटेड, जे-40, जोरबाग लेन, नई दिल्ली-110 003, दूसरा रिप्रिन्ट, 2013, पृ. 143

96. वही, पृ. 143

ऐसा हुआ कि मैं एक गांव में था। और वहां रैदास की जयंती मनाई जा रही थी। रैदास तो चमार थे। गांव के चमार मेरे पास आ गए और बोले कि आप भी चलें और रैदास पर दो शब्द कह दें। मैं राजी हो गया। मैं जिनके घर में मेहमान था, वे बड़ी मुश्किल में पड़ गये, जैन घर था, बड़े सम्पन्न व्यक्ति थे। उनको जरा बेचैनी मालूम होने लगी। सांझ को उन्होंने मुझसे कहा, ऐसा है कि मुझे जरूरी काम है। अच्छा तो नहीं मालूम पड़ता कि आपको अकेला भेजूं—क्योंकि चमारों की सभा! अब उसमें गांव का प्रतिष्ठित श्रेष्ठ, नगरसेठ, वह कैसे जाए चमारों की सभा में? और मैं तो कल चला जाऊंगा और यह झंझट सदा के लिए पीछे बंध जाएगी, कि चमारों की सभा में गए थे।

तो उन्होंने कहा, 'मुझे जरा जरूरी काम आ गया है। आना तो आपके साथ था।'

मैंने कहा, 'आप बिलकुल फिक्र न करें। जरूरी काम मुझे पता है, नहीं आया है, मगर कोई चिंता की बात नहीं, मैं अकेला ही जाऊंगा। आपको आने की कोई आवश्यकता भी नहीं।'

'नहीं', उन्होंने कहा, 'आप बुरा न मानें। आप ठीक कहते हैं, कोई काम नहीं आया है। आप से क्या झूठ बोलना! लेकिन डर लगता है चमारों की सभा—और आप भी न जाते तो अच्छा था।

मैंने कहा, 'मैं तो जाऊंगा। किसी और की होती तो मना भी कर देता। चमार आए, उनको मना करना भी ठीक नहीं। कोई जाने को राजी भी नहीं है।'

सेठ तो गए नहीं, वह तो ठीक ही है; ड्राइवर भी मुझे छोड़कर दूर गाड़ी करके अपनी कार में बैठा रहा। कोई घर से मेरे साथ न गया। और सब जगह जाने से मेरे साथ प्रतिष्ठा मिलती थी। जहां भी जाते, मंच पर बैठते। चमारों की सभा में मंच पर भी बैठने में डर! ड्राइवर भी मेरे पास नहीं खड़ा रहा। वह भी दूर कार खड़ी करके खड़ा रहा। मैंने उससे पूछा, तू सुनने नहीं आया? तू हमेशा गाड़ी बंद करके और सभा में आकर बैठता है। बोला, 'चमारों में बैठना ठीक नहीं। फिर जो सेठ ने किया—सेठ क्यों नहीं आये आपको पता है? वही कारण मेरा भी है। मैं ब्राह्मण हूं। सेठ तो वैश्य हैं। अगर वैश्य नहीं आ सकता, तो मैं तो ब्राह्मण हूं। और ब्राह्मण भी कोई साधारण नहीं, कान्यकुब्ज ब्राह्मण हूं।'[97]

---

97. खुला आकाश सत्य का, पुस्तक 'कहै कबीर दीवाना' से संकलित, ओशो, ओशो वर्ल्ड, ओशो वर्ल्ड फाउन्डेशन, सी-5/44, सफदरजंग डेवलेपमेंट एरिया, नई दिल्ली-110 016, जून 2013, पृ. 41-2

रजनीश ने चमारों के बारे में अपने इस अनुभव के बाद एक दूसरा अनुभव नाइयों के बारे में बताया है। यह इस प्रकार है :

> जबलपुर में जहां मैं रहता था वर्षों तक, वहां नाई 'सेन उत्सव' मनाते हैं सेना नाई का। कोई जाने को राजी नहीं। मैं जब बोलता था तो मुझे कोई दस हजार, पंद्रह हजार लोग सुनने आते थे। यह सोच कर सेना के भक्तों ने सोचा, कि अगर मैं बोलूं सेना नाई पर तो दस-पंद्रह हजार आदमी सुनने आएंगे। सेना नाई की बड़ी ख्याति होगी। मैंने उनको कहा, 'तुम गलती में हो। वे जो मुझे सुनने आते हैं दस-पंद्रह हजार लोग वे जब मैं तुम्हारे सेना नाई पर बोलूंगा तो नहीं आएंगे।'
>
> उन्होंने कहा, 'आप बात छोड़िए। वे आपको प्रेम करते हैं, सेना नाई क्या लेना-देना? आप जिस पर भी बोलते हैं, वे सुनते आते हैं। गीता पर बोलते हैं, तो सुनने आते हैं, महावीर पर बोलते हैं तो सुनने आते हैं, बुद्ध पर बोलते हैं तो सुनने आते हैं।'
>
> मैंने कहा, 'वह ठीक है। बुद्ध, महावीर, कृष्ण, वह सभी सवर्णों की दुनिया है। मगर तुम नहीं मानते तो मैं आऊंगा।'
>
> मैं गया। कोई नहीं आया। पन्द्रह हजार तो दूर, पन्द्रह चेहरे न दिखे मुझे, जिनको मैं पहचानता था। सिर्फ नाई दिखाई पड़े। और बेचारे बड़ी राह देखते रहे, कि कोई आए। बस, पंद्रह-बीस! वह भी एक नाईबाड़े के सामने उन्होंने मुझे बिठा दिया। उन्होंने बड़ी आशा की थी, बड़ा इंतजाम किया था, पंडाल बिछाया था, लगाया था—कोई नहीं आया!
>
> मैंने उनसे कहा, वे नहीं आएंगे। सेना नाई पर मुझे सुनने नहीं आ सकते तो सेना नाई के पास तो कैसे गए होंगे? असंभव![98]

जानने को और बताने को अब क्या शेष रह जाता है? सभी कुछ तो मालूम है। सवाल है, रजनीश के पास इन समस्याओं का हल क्या है? उन्होंने हल बताया है—"इसलिए मैं एक तरफ उपनिषदों पर बोल रहा हूं, कृष्ण पर बोल रहा हूं, लेकिन कबीर को भूलता नहीं। बीच-बीच में कबीर को भी ले आता हूं। किसी तरह राजपुत्रों को और शूद्रों को करीब लाना है। किसी तरह सिंहासन और भिखारी को पास लाना है, ताकि हम यह समझ सकें, कि सत्य को पाने का कोई भी संबंध न तो जाति से है, न वर्ण से है, न धर्म से है, न कुल से है, न गोत्र से है। सभी के लिए खुला आकाश है सत्य का। जो भी आने को राजी है, उसका ही स्वागत है।"[99] स्पष्ट है, यह कोई हल नहीं है। राजपुत्रों और शूद्रों को करीब लाने की किसे आवश्यकता है? इन के झगड़ों को पूरा तारने के सिवा रजनीश के पास या इन जैसे अन्य लोगों के पास सत्य क्या है, जिसे पाना

98. वही, पृ. 42-3

99. वही, पृ. 43

है? जाति भी रह जाएगी, वर्ण भी रह जाएंगे, धर्म भी रह जाएगा, कुल भी रह जाएगा और गोत्र भी रह जाएंगे—और ये किसी खयाली सत्य को प्राप्त करने में लगे रहेंगे? ऐसा बोलना इन लोगों का हजारों साल से फैशन चला आ रहा है। इस कला में इन्होंने महारत हासिल कर रखी है। इस का रास्ता निकाल रखा है—कहो कुछ और करो कुछ। यह कथनी और करनी में दो फाड़ हो कर चलना है। यह इनके व्यवहार और परमार्थ का अन्तर है।

और यदि रजनीश कुछ करना चाहते थे, करने की मन में थी, तो उनके पास करने के लिए कई विकल्प खुले थे। एक विकल्प यही था कि अपने मेजबान जैन को राजी करते कि वे भी उन के साथ चमारों की बस्ती में रैदास जयन्ती को मनाने में शरीक हों। यह काम उन्हें करना ही चाहिए था। 'विश्व विजय' पर निकले हुए व्यक्ति की यह, 'घर हार' क्यों हो गई? बिना अपने मेजबान जैन को लिए अकेले रैदास जयन्ती मनाने क्यों पहुंच गए? समझाना था, धरना देनी थी, भूख हड़ताल करनी थी—या कोई और नया उपाय तलाश करते—अपना सारगर्भित प्रवचन देते। उन्होंने सब कुछ इतनी आसानी से फेल क्यों होने दिया? दूसरी बात, यदि इन उपायों में से एक भी न कर पाते या फेल हो जाते तो अस्पृश्यता के बर्ताव के खिलाफ संविधान और संसद की तरफ से कानून बना हुआ है, उस अपराध के दायरे में अपने मेजबान जैन को लाते। गवाही दे कर उन्हें न्यायालय से सजा दिलवाते। लेकिन सही बात यही है कि इन कुछ कामों में से राजनीश को, महावीर या बुद्ध को, या इन जैसे दूसरे लोगों को एक भी काम नहीं करना है। सामने आईं समस्याओं से बिना टकराए ये लोग ऐसे ही प्रवचन देते फिरते हैं और महान बनते रहते हैं। फिर मक्खलि गोसाल की इन्होंने कौन सी इज्जत कर ली है? कबीर जुलाहे थे, रैदास चमार थे, सेन नाई थे—इसी क्रम में गोसाल कुम्हार थे। ये उन्हें एक अस्वीकृत तीर्थंकर क्यों कहते हैं?

जाहिर है, कोई भी आजीवक धर्म का अनुयायी वर्ण-व्यवस्था की इस शब्दावली पर ब्राह्मण और शूद्र की इन परिभाषाओं पर यही कहेगा कि ब्राह्मणों, बौद्धों और जैनियों के बीच पिछले हजारों सालों से यही सामाजिक बकवास जारी है। और इन के कर्मवाद पर भी क्या कहा जाए? क्या यह माना जा सकता है कि रजनीश सच में कर्म और कर्मफल में विश्वास करते थे? सच्चाई यह है कि एक रजनीश क्या, इस तरह का कोई भी व्यक्ति इन शब्दों में विश्वास नहीं करता। यहां रजनीश की ही बात की जाए कि किसी ने रजनीश से पूछ लिया कि पिछले कर्म का जो अल्टीमेट फल है, वही चला न अगले जन्म में, तो वे इस प्रश्न का तत्काल उत्तर देते हैं—"फल-वल नहीं चलने वाला है, फल तो खत्म हो गया।"[100] एक जगह रजनीश कर्म के बारे में कहते हैं—"वह कर्म-वर्म तो गए।"[101] तो यही भीतरी भाषा है जिस का कर्मवाद से लेकर कर्मकाण्ड तक का

100. महावीर : मेरी दृष्टि में, ओशो, सम्पादक, आनन्द सत्यार्थी और शान्ति त्योहर, दिव्यांश पब्लिकेशन्स, एमआईजी 222, फेज-1, एलडीए टिकैत राय कालोनी, लखनऊ, उत्तर प्रदेश-226 017, प्रथम संस्करण, 2012, पृ. 281

101. वही, पृ. 283

ढिंढोरा पीटने वाले लोग अपने लिए इस्तेमाल करते हैं—'कर्म-वर्म' और 'फल-वल'। दूसरों के लिए कर्म और कर्मफल का पाठ पढ़ाने वाले अपने लिए 'कर्म-वर्म' और 'फल-वल' की भाषा का प्रयोग करते हैं।

बिलकुल, गहराई में उतर कर देखा जाए तो पुनर्जन्म में विश्वास का मामला रजनीश के यहां मजाक का और तफरी का मामला है। उदाहरण के लिए एक पति ने इन से इन के प्रवचन के दौरान पूछ लिया—''मेरी पत्नी बहुत कुरूप है। मैं क्या करूं?''[102] इस पर रजनीश का उत्तर क्या था—एक मजाक थी। वह मजाक इन बोलों में की गई थी—''कुरूप स्त्री पर ध्यान अगर करो, तो विराग-भाव पैदा होगा। विरागी हो जाओगे। चूको मत अवसर। अगले जन्म में कहीं भूल-चूक से सुन्दर स्त्री मिल जाए, तो झंझटें आएंगी।''[103] यह मजाक नहीं तो क्या है? यूं, ये लोग पुनर्जन्म को ले कर ऐसे चुटकुले छोड़ते रहते हैं जबकि सच यह है कि इन का पुनर्जन्म में विश्वास नहीं है।

102. जागो और जियो : एस धम्मो सनंतनो, भाग 12, ओशो, सम्पादक, योग चिन्मय और आनंद सत्यार्थी, हिन्द पॉकेट बुक्स प्राइवेट लिमिटेड, जे-40, जोरबाग लेन, नई दिल्ली-110 003, दूसरा रिप्रिन्ट, 2013, पृ. 135

103. वही, पृ. 136

अध्याय-4

मक्खलि गोसाल पर उपन्यास पुराण

मैंने अपनी पुस्तक 'कबीर के आलोचक-3 : सूत न कपास' में [1] जनवरी, 2003 को लिखी अपनी भूमिका में केरल के तिरुवनन्तपुरम से घोषणा की थी कि कबीर पर पुस्तकों की मेरी योजना में अगली तीसरी सीरीज का शीर्षक 'महान आजीवक कबीर'[1] होगा।

मैंने उक्त वाक्य बहुत सोच-समझ कर लिखा था जिस में मेरी जिम्मेदारी और रणनीति दोनों थीं। इस के बाद मैंने सन् 2005 में अपनी पुस्तक 'मातृसत्ता, पितृसत्ता और जारसत्ता-4 : थेरीगाथा की स्त्रियां और डा. अम्बेडकर'[2] में आजीवक दर्शन पर कुछ जानकारियां दी थीं। मेरी इस पुस्तक के विरोध में शान्ति स्वरूप बौद्ध के सम्पादन में एक पुस्तक 'गद्दारसत्ता : भाग-1 : मक्खलि गोसाल के मानसपुत्र (बौद्ध धम्म और डा. आंबेडकर की आलोचना के जवाब में)'[3] सन् 2010 में आई।

दो अन्य दलित लेखकों ने मेरे आजीवक धर्म और दर्शन के विषय को उड़ंग ले जाना चाहा—और चोरी भी करनी चाही। चूंकि उन्हें कुछ आता-जाता नहीं था और मैंने उन्हें अलग से कुछ बताया नहीं था इसलिए वे सफल नहीं हो सके। उन की चोरी भी पकड़ी गई। उन का उद्देश था कि वे आजीवक धर्म पर मुझ से पहले पुस्तक ला कर अपने पहले होने का खिताब और रुतबा पा जाएंगे। वे आजीवक धर्म का पक्ष लेते हुए आजीवक धर्म के प्रथम खोजी बनने चले थे। लेकिन पकड़े जाने पर अब वे मक्खलि गोसाल के विरोध में बोलने लगे हैं।

गैर-दलितों में मदन कश्यप द्वारा मक्खलि गोसाल पर लिखा जा रहा उपन्यास अभी तक प्रकाशित नहीं हुआ है लेकिन इस बाबत मदन कश्यप पर एक लेख 'मक्खलि गोसाल और उनका आजीवक पंथ' मासिक पत्रिका 'पाखी' के जुलाई, 2014 के अंक में

---

1. कबीर के आलोचक-3 : सूत न कपास, डा. धर्मवीर, वाणी प्रकाशन, 4695, 21-ए, दरिया गंज, नई दिल्ली-110 002, प्रथम संस्करण, 2003, भूमिका, पृ. 7
2. मातृसत्ता, पितृसत्ता और जारसत्ता-4 : थेरीगाथा की स्त्रियां और डा. अम्बेडकर, डा.धर्मवीर, वाणी प्रकाशन, 21-ए, दरिया गंज, नई दिल्ली-110 002, प्रथम संस्करण, 2005
3. गद्दारसत्ता : भाग-1 : मक्खलि गोसाल के मानसपुत्र (बौद्ध धम्म और डा. आंबेडकर की आलोचना के जवाब में), सम्पादक, शान्ति स्वरूप बौद्ध, सम्यक प्रकाशन, 32/3, क्लब रोड, पश्चिमपुरी, नई दिल्ली-110 063, प्रथम संस्करण, 2010

प्रकाशित हुआ है। सम्पादक ने इस लेख के परिचय में लिखा है कि 'मदन कश्यप बुद्धकालीन दार्शनिक मक्खलि गोसाल के जीवन और विचारों को केन्द्र में रख कर एक उपन्यास लिख रहे हैं।'[4] सम्पादक ने यह भी लिखा है कि प्रस्तुत टिप्पणी में मदन कश्यप ने 'उन कारकों की चर्चा की है जिन से उन्हें लिखने की प्रेरणा मिली अथवा जरूरत महसूस हुई। यह न तो आलेख है, न इतिहास, न ही उपन्यास-अंश। यह वह भीतरी जद्दोजहद है जिसे उपन्यास का आधार कह सकते हैं।'[5] सच यह है कि मदन कश्यप अपनी इस टिप्पणी में उस असली कारण को पूरी तरह छिपा गए हैं जिस से उन्हें ऐसा उपन्यास लिखने की जरूरत महसूस हुई है। वह असली कारण मैं हूं—और मेरा कहीं जिक्र नहीं है।

खैर, मदन कश्यप ने अपनी इस टिप्पणी में लिखा है—"गोसाल के जीवन के बारे में तो और भी बहुत कम जानकारियां मिलती हैं। उस के आधार पर ज्यादा से ज्यादा एक पृष्ठ लिखा जा सकता है। उनके विचार भी कहीं सुसंकलित नहीं हैं।"[6] इस के बाद वे लिखते हैं—"अब सबसे बड़ी चुनौती तोड़-मरोड़कर लिखे गए इतिहास के आधार पर वास्तविक विचारों तक पहुंचने की है। यह कठिन काम है, हम भारतीय समाज की संरचना के आधार पर केवल उसका अनुमान ही लगा सकते हैं। इसलिए मैंने इस विषय पर उपन्यास लिखने का मन बनाया है, जहां कुछ छूट मिल सकती है और संवेदनात्मक जुड़ाव से वैचारिक अलगाव के मसले को काफी हद तक हल किया जा सकता है।"[7] यही असली समस्या है जो हिन्दू लेखकों के मनों को घेरे हुए है। पहले का पुराणकार आज का उपन्यासकार बन गया है। इतिहास के बारे में दो हरफ नहीं जानते और सारी छूट लेनी चाहते हैं। ऐसी स्थिति में अच्छा यही रहेगा कि इन का वह उपन्यास कोई न पढ़े। ये क्या करेंगे?—पहले से भ्रमित बात को और अधिक भ्रमित करेंगे।

अब इससे आगे क्या हुआ? मदन कश्यप के उस उपन्यास के आने से पहले डा. राजेन्द्र रत्नेश का एक उपन्यास 'गोशालक [बुद्ध और महावीर के प्रतिद्वन्द्वी मंखलिपुत्र गोशालक की क्रान्तिकथा]' शीर्षक से प्रकाशित हो गया है। इस उपन्यास के बारे में इस के 'अनुशीलन अलिंद से' में लिखा गया है—"मंखलिपुत्र गोशालक उन (डा. राजेन्द्र रत्नेश) की औपन्यासिक कृति है। आजीवक गोशालक से सम्बद्ध सम्भवतः यह प्रथम कृति है।"[8] प्रथम होने की यह बात इतनी महत्वपूर्ण हो गई है कि डा. नरेन्द्र शर्मा 'कुसुम' ने इसे दुबारा भी लिखा है—"डा. रत्नेश ने संभवतः इस अल्पज्ञात या अल्प

---

4. मक्खलि गोसाल और उन का आजीवक पंथ, मदन कश्यप, पाखी, इन्डिपेंडेंट मीडिया इनिशिएटिव सोसायटी, बी-107, सेक्टर-63, नोएडा, गौतम बुद्ध नगर, उत्तर प्रदेश-201 303, जुलाई 2014, पृ. 9

5. वही, पृ. 9   6. वही, पृ. 10   7. वही, पृ. 11

8. गोशालक [बुद्ध और महावीर के प्रतिद्वन्द्वी मंखलिपुत्र गोशालक की क्रान्तिकथा], लेखक, डा. राजेन्द्र रत्नेश, राधाकृष्ण प्रकाशन प्राइवेट लिमिटेड, 7/31, अंसारी मार्ग, दरियागंज, नई दिल्ली-110 002, पहला संस्करण, 2015, पृ. 17

अधीन श्रमण को इस औपन्यासिक कृति के द्वारा प्रथम बार प्रस्तुत किया है।"[9] लेकिन मैं इसलिए खुश हूं क्योंकि मैं अपनी जिम्मेदारी और रणनीति में पूरी तरह सफल हो गया हूं। आजीवक धर्म, दर्शन और इतिहास के बारे में गलत मैं कुछ होने नहीं दूंगा पर इस माध्यम से अब यह विषय विद्वत जगत में अनजाना नहीं रह गया है। आजीवक पाठकों को सही बात आसानी से समझाई जा सकती है।

डा. राजेन्द्र रत्नेश की पुस्तक के बारे में कहूं कि यह मेरा आगा काटना हुआ। वे गोसाल के बारे में सही लिखते तो मुझे उन की इस पुस्तक से खुशी होती, लेकिन उन्होंने गोसाल के बारे में गलत लिखने के लिए ही इस पुस्तक में अपनी कलम उठाई है। पहली बात, उन्हें गोसाल पर उपन्यास नहीं लिखना चाहिए था क्योंकि हमारे ऐतिहासिक महापुरुष पर यह उन का पुराण लिखना ही हुआ। दूसरी बात, यह पुस्तक उन्होंने हमारे गोसाल पर न लिख कर अपने महावीर पर लिखी है। निश्चित रूप से उन की इस पुस्तक का असली शीर्षक 'परम गुरु महावीर' ही है। उन्होंने सर्वत्र पुस्तक में महावीर को गुरु और गोसाल को उन का शिष्य कहा है। एक तरह से वे गोसाल को महावीर के शिष्य बनाने के लिए उतावले हो कर पीछे पड़ गए हैं। यह हो सकता था कि वे इस झूठ को अपनी पुस्तक में एक-दो बार लिख देते लेकिन उन्हें इस गनीमत पर नहीं रहना था। उन्हें एक झूठ को सौ बार बोलना था ताकि वह सच बन जाए। इस के लिए उन की एक शब्दावली है मानो हर छेद पर पच्चर लगा रहे हैं। महावीर के लिए उन की शब्दावली इस प्रकार है—गुरुदर्शन, धर्मगुरु, गुरु, पूर्वगुरु, पूर्व गुरुदेव, गुरुवर, गुरुदेव, परमगुरु, गुरु के गुरु, आराध्य, भगवन्, प्रभु, महाप्रभु। गोसाल के लिए उन की शब्दावली है—शिष्य, प्रथम शिष्य, पूर्व शिष्य, पूर्व और प्रथम शिष्य, प्रिय शिष्य, आत्मपुत्र, अग्निपुत्र, वत्स, अन्तेवासी, अनुयायी, आराधक, नीच कुल। आश्चर्य यह देख कर होता है कि यह पुस्तक कुल 128 पृष्ठों की है पर इस में कितनी बार महावीर को गुरु और गोसाल को शिष्य कहा है। यूं समझिए कि इस विषय पर ये बुरी तरह गिड़गिड़ा कर पड़े हैं। प्रमाण इस प्रकार हैं :

1. वर्धमान किसी के दिखाए रास्ते पर नहीं चलते। ऐसे अनियत विहारी को कहां खोजूं। मैंने (गोशालक ने) वन-उपवन, गिरी, कन्दराओं और वृक्षमूलों में वर्धमान को खोजा पर वे नहीं मिले। संकल्पी मन, गतिशील चरण और प्यासे नयन लिए मेरी खोज अनथक थी। कइयों से पूछा पर उनकी विहार-चर्या से मैं नहीं जुड़ा। अंखियां गुरुदर्शन की प्यासी थीं।[10]
2. एक दिन सुना कि कोल्लाक सन्निवेश के ब्राह्मण बहुल के घर महावीर ने भिक्षा ग्रहण की। महावीर की साधना का प्रभाव देख मेरी

9. वही, पृ. 25

10. वही, पृ. 39

(मुझ गोशालक की) धारणा बनी कि मेरे धर्माचार्य व धर्मोपदेशक श्रमण महावीर जैसी द्युति, तेज, यश, बल, पुरुषार्थ और ऋद्धि दूसरे किसी श्रमण-ब्राह्मण के पास नहीं है। वहां मेरे धर्माचार्य व धर्मगुरु ही हैं।[11]

3. पर मेरे (मुझ गोशालक के) गुरु (महावीर) चिरायु हैं।[12]
4. महावीर तो महामंखेश्वर (गोशालक) के गुरु थे।[13]
5. अपनी पहचान छुपाए एक आजीवक धर्मी ने मेरे से पूछा कि फिर आपने (गोशालक ने) अपने गुरु महावीर को क्यों छोड़ा।
   मैंने कहा कि वत्स, मेरे गुरु को मैंने नहीं छोड़ा है न छोड़ूंगा। बस तब यौवन का उन्माद था। मन पदवीमंसा भूमिका में था। पर मेरे गुरु ने कहा कि तुम्हारा कद पद से नहीं मापा जा सकता। तुम स्वयंभू तीर्थंकर होंगे। तथागत बुद्ध तुम्हें छह तीर्थंकरों में एक मानेंगे। मेरे गुरु मेरी प्रतिभा की प्रतिमा को देख रहे थे। हां, यौवन की आंधी ने मुझे उनसे अलग किया। पर मुझे आर्यावर्त के छह तीर्थंकरों में एक मेरे गुरु के अनुग्रह ने ही बनाया। मेरे आवेश ने ही मुझे उनसे अलग किया। काम, क्रोध, मद, दर्पण, सुत, स्त्री, और जलफाग में अच्छे-अच्छे गुणी जन भी बावले हो जाते हैं। मैंने भी यौवन की उद्दंडता में महावीर को छोड़ा।[14]
6. गोशालक की स्वर्गीय आत्मा को जान परम सन्तोष का अनुभव हुआ कि उन के गुरु (महावीर) ने उस (गोशालक) की नियति का दर्पण दिखाया।[15]
7. आजीवक रूप धारण किए बैठे उस विधर्मी के मुंह पर मेरे (गोशालक के) गुरु (महावीर) के इस प्रतिक्रिया से ताले जड़ दिए।[16]
8. मेरे (गोशालक के) गुरु (महावीर) भूले को भुला नहीं कहते। भूले के भूल को मेरे (गोशालक के) गुरु (महावीर) फूल की संज्ञा देते हैं। मैं सभी भूलों के बाद अपने (गोशालक के) गुरु (महावीर) के महत्व को नहीं नकारूंगा।[17]
9. वह व्रतों तपस्याओं को न करते हुए भी व्रती और महाव्रती होता है जिस के लिए मेरे (गोशालक के) गुरु (महावीर) ने कहा 'सोइ उज्जुभूयस्स धम्मो सुद्दस्स चिठ्ढई।' वह ऐसा सरल पात्र है जिस में धर्म अपनी पूर्ण विशुद्धता के साथ टिकता है।[18]

---

11. वही, पृ. 41
12. वही, पृ. 114
13. वही, पृ. 120
14. वही, पृ. 129
15. वही, पृ. 122
16. वही, पृ. 130
17. वही, पृ. 130
18. वही, पृ. 130

10. गोशालक ने समझा कि मेरे गुरु (महावीर) परम लब्धिधारी हैं। मैं जो भी करूंगा रक्षा कवच मेरे गुरु (महावीर) होंगे।[19]

11. यवन देश का राज कुमार आर्द्रक दल-बल के साथ मेरे (मुझ गोशालक के) पूर्व गुरु महावीर के दर्शन के लिए आ रहा है।[20]

12. मेरे (मुझ गोशालक के) पूर्व गुरु महावीर नारी समानता पर बुद्ध से ज्यादा उदार हैं।[21]

13. मेरे (मुझ गोशालक के) पूर्व गुरु गुणस्थान.......के क्रमारोहण से मुक्तिमार्ग की प्ररूपणा करते हैं।[22]

14. मेरे (मुझ गोशालक के) पूर्व गुरु महावीर ने कहा कि 'जे कम्मे सूरा ते धम्मे सूरा' जो कर्म बंधन के समय शूरवीर होते हैं.....वे कर्मफल के काटने के वक्त भी शूरवीर होते हैं।[23]

15. मेरे (गोशालक के) पूर्व गुरु महावीर जैसा कोई न होगा।[24]

16. उज्जुगत यानी ऋजुगत यानी साधक इस अवस्था में इतना सरल और सहज होता है कि उस को अपने आप को साधना नहीं पड़ता बल्कि उस की साधना सहज हो जाती है। वह साधक नहीं सरल होता है। वह व्रतों तपस्याओं को न करते हुए भी व्रती और महाव्रती होता है जिस के लिए मेरे (मुझ गोशालक के) गुरु (महावीर) ने कहा 'सोइ उज्जुभूयस्स धम्मो सुद्दस्स चिट्ठई।' वह ऐसा सरल पात्र है जिस में धर्म अपनी पूर्ण विशुद्धता के साथ टिकता है।[25]

17. मैं (गोशालक) अनन्त पीड़ा के बाद आज हँसा कि मेरे (मुझ गोशालक के) पूर्व गुरु महावीर ने मुझे (मुझ गोशालक को) महान आध्यात्मिक नेता बताया।[26]

18. यह बात मेरे (मुझ गोशालक के) पूर्व गुरु महावीर ने कही कि जो श्रमण कठिन तपस्यारत हैं......वे 'अजिणो जिण संकासो' अर्थात वे भले ही जिन नहीं हैं पर जिन के समान हैं।[27]

19. मेरे (मुझ गोशालक के) पूर्व गुरुदेव महावीर कभी ऐसे ओछे हथकंडे नहीं अपनाते।[28]

20. मेरे (मुझ गोशालक के) गुरुवर, आप (महावीर) और बुद्ध भी क्षत्रिय कुल में हुए पर आप दोनों विभूतियों ने दलितों को आगे आने का मार्ग प्रशस्त किया। मैं (गोशालक) उपकृत हूं। कम से

19. वही, पृ. 144
20. वही, पृ. 61
21. वही, पृ. 85
22. वही, पृ. 126-27
23. वही, पृ. 128
24. वही, पृ. 130
25. वही, पृ. 130
26. वही, पृ. 131
27. वही, पृ. 133
28. वही, पृ. 130

कम वर्णिकों के अत्याचार और अनाचार को तो आपने धिक्कारा। हम शूद्र हैं। चाहे आप (महावीर) के साथ चले, चाहे बुद्ध के साथ। वर्णवादी व्यवस्था को आप दोनों ने धुत्कारा। मुझे आप दोनों को साधुवाद देना चाहिए। वरना हम सदियों तक .... पराभूत रहते।[29]

21. मेरे (मुझ गोशालक के) गुरुवर (महावीर), आप मान भी गए न वर्णवादियों ने शताब्दियों से दलितों का दलन किया है। इसलिए आपका गर्भापहरण देवानंदा से त्रिशला में हुआ।[30]

22. वाह, वाह, मेरे (मुझ गोशालक के) गुरुदेव (महावीर) मुझे आपने विमलवाहन नाम का तीर्थंकर घोषित किया।[31]

23. भावी जिन के रूप में महान आजीवक नेता (गोशालक) को उन (गोशालक) के गुरुदेव महावीर ने ससंघ सम्माना।[32]

24. मेरे (मुझ गोशालक के) परम गुरु (महावीर) ने शीतलेश्या का प्रयोग कर मुझे (मुझ गोशालक को) बचाया।[33]

25. हालाहला ने महावीर से कहा कि हम सभी श्रमण संघों में विशालतम हैं। आजीवक मेरी आज्ञा से बंधे हैं। मैं लाखों आजीवकों के साथ हूं। आप हमारे गुरु (गोशालक) के पूर्वगुरु हो। इसलिए हम आप को परम गुरु मानेंगे।[34]

26. हालाहला बोली कि...... मेरे गुरु (गोशालक) के गुरु (महावीर) का समर्थन लेती हूं। लेती रहूंगी। वे (महावीर) मेरे गुरु के गुरु हो कर भी मेरे लिए परम गुरु हैं।[35]

27. मैं (गोशालक) कोल्लाक पहुंचा। वर्धमान मुझे वहां दिखे। तीन बार आदक्षिणा-प्रदक्षिणा पूर्वक, वन्दन नमस्कार किया। मन आंखों के रास्ते रिस रहा था। प्रभु के चरणों में लिपट कहा कि आप मेरे धर्माचार्य हैं। मैं आपका शिष्य हूं। मुझे अपनाओ। संसार में मेरे जैसा अभागा कोई नहीं। अपनी चरण-रेणु बना लो। मेरे अंधियारे जीवन के प्रकाश पुंज बनो! मेरे रुदनपूर्ण आग्रह को देख महाश्रमण ने करुणामयी आंखों से देखा। जैसे वे मुझे दृष्टि दीक्षा दे रहे हैं। मैं महाश्रमण के साथ था। मेरी रात प्रातः बन गई।[36]

28. भन्ते, समझाएं कि आप (गोशालक) ने तथागत बुद्ध की मध्यमा प्रतिपदा की बजाय महावीर का शिष्यत्व क्यों स्वीकारा।[37]

---

29. वही, पृ. 114
30. वही, पृ. 114
31. वही, पृ. 113
32. वही, पृ. 118
33. वही, पृ. 112
34. वही, पृ. 157
35. वही, पृ. 119
36. वही, पृ. 41
37. वही, पृ. 86

29. .....इसलिए मेरे (गोशालक के) गुरु (महावीर) ने भी अपने उपदेश में कहा है कि 'इंगियागार सम्पन्ने से विणईत्ति वुच्चई।' अर्थात् जो शिष्य गुरु के इंगित यानी इशारे को समझता है....वही विनम्र शिष्य है। अथवा मेरे (गोशालक के) गुरु (महावीर) ने अविनम्र शिष्यों को गर्दा।[38]

30. महावीर समवसरण में बोले कि गोशालक मेरे प्रिय शिष्य थे।[39]

31. महावीर ने कहा कि......वैसे ही मेरे शिष्य गोशालक के जीवन में भी अनेक आरोह-अवरोह आएंगे।[40]

32. महावीर ने कहा कि मेरा शिष्य (गोशालक) चांद सूरज के पार अच्युतंकल्प का देवता बना है। भविष्य में वह केवली भी होगा। अन्तिम प्रतिक्रमण ही मेरे शिष्य अग्निपुत्र गोशालक को परम सिद्ध और बुद्ध बनाएगा।[41]

33. तीर्थंकर (मैं महावीर) भी अपनी मृत्यु को भी एक पल आगे-पीछे नहीं कर सकते। यदि ऐसा सामर्थ्य होता तो मैं अपने प्रिय शिष्य (गोशालक) को बचा लेता।[42]

34. हजारों सजल आंखें वद्र्धमान महावीर से पूछ रही थीं। आपने ऐसे विलक्षण शिष्य (गोशालक) को अलग क्यों किया।[43]

35. प्रतिक्रमण के बाद इन्द्रभूति गौतम ने कहा कि गोशालक महावीर के प्रथम शिष्य और मैं प्रथम गणधर हूं।[44]

36. महावीर ने कहा कि गोशालक मेरे शिष्य थे।[45]

37. पर मैंने (गोशालक ने) कहा कि मेरी दिशा महावीर से अलग है। हम दोनों अब एक नहीं हैं। हम गुरु (महावीर)—चेले (गोशालक) विरोधी दिशाओं में बढ़े हैं।[46]

38. सभी को पता था कि महावीर ने अपने प्रथम शिष्य (गोशालक) को नहीं नकारा।[47]

39. सभी आरोपों के बावजूद मैं (गोशालक) महावीर का प्रथम शिष्य हूं और रहूंगा। गणधर गौतम के आगे भी वे (महावीर) मुझे अपना प्रथम शिष्य कहेंगे।[48]

40. महावीर समवसरण में बोले कि मैं तीर्थंकर हूं।....महावीर ने भरी पूरी परिषदा में कहा कि मेरे प्रथम शिष्य (गोशालक) ने आत्मावलोकन और आत्मालोचन किया।[49]

---

38. वही, पृ. 129
39. वही, पृ. 141
40. वही, पृ. 142
41. वही, पृ. 143
42. वही, पृ. 144
43. वही, पृ. 147
44. वही, पृ. 150
45. वही, पृ. 150
46. वही, पृ. 69
47. वही, पृ. 148
48. वही, पृ. 113
49. वही, पृ. 143

41. समवसरण के समापन के बाद देव, मनुष्य और तिर्यंच सभी को हालाहले ने सम्बोधा कि महामंखेश्वर गोशालक हमेशा कहते थे कि मैं महावीर का प्रथम शिष्य हूं। पर मतभेदों की खाई इतनी चौड़ी हो गई कि वे अपने गुरु के साथ नहीं रहे।[50]
42. महावीर बोले कि मेरे पहले शिष्य गोशालक, घोर तपस्वी थे।[51]
43. महावीर के शब्द झरे। शब्द क्या थे हरसिंगार के फूल थे। महावीर ने कहा कि आज नियतिवादी मेरे पूर्व शिष्य गोशालक के अनुयायी बड़ी संख्या में मौजूद हैं।[52]
44. जैनों ने अपने गुरु (महावीर) के पूर्व और प्रथम शिष्य (गोशालक) के स्मारक के लिए आजीवकों का साथ दिया।[53]
45. महावीर बोले मेरे (मुझ गोशालक के) बारे में कि मैं (गोशालक) उन (महावीर) का प्रिय शिष्य हूं।[54]
46. हालाहला ने कहा कि एक विशाल शिविका निर्मित करो। सप्तसिंधु जल से अभिषिक्त माटी बिछाओ। उस पर लिटाओ महावीर के पहले आत्मपुत्र-अग्निपुत्र को ऐसा ही किया गया।[55]
47. गोशालक महावीर के अग्निपुत्र थे।[56]
48. महावीर ने मुझे (गोशालक को) जाने से नहीं रोका बल्कि संकेतों में समझाया कि वत्स, जैसा सुख हो वैसा करो।[57]
49. मैंने (मुझ गोशालक ने) आह के साथ अपनी पीड़ा को राह दिखाई। महावीर का अन्तेवासी बना मैं (गोशालक) कुमाराक सन्निवेश आया।[58]
50. गोशालक जो बरसों मेरे (मुझ महावीर के) अन्तेवासी रहे।[59]
51. गोशालक महावीर के अनुयायी थे।[60]
52. कहने को मैं (गोशालक) महावीर के साथ हूं। हम साथ रह कर भी एक दूजे के नहीं हो पाए। आराध्य (महावीर) और आराधना के बीच द्वैत की दीवार खड़ी है। न जानें कब अद्वैत बनेंगे। आराध्य (महावीर) आराधना और आराधक (गोशालक)।[61]
53. महावीर राग-द्वेष को राम-राम कर चुके हैं। उन्होंने (महावीर ने) कभी भी मेरी (मुझ गोशालक की) निन्दना नहीं की।....

---

50 वही, पृ. 148
51. वही, पृ. 157
52. वही, पृ. 157
53. वही, पृ. 153
54. वही, पृ. 114
55. वही, पृ. 139
56. वही, पृ. 150
57. वही, पृ. 69
58. वही, पृ. 46
59. वही, पृ. 144
60. वही, पृ. 124
61. वही, पृ. 57

भगवन् (महावीर), मैं ने (मुझ गोशालक ने) तो आप पर हाथ उठाया।[62]

54. मैंने (मुझ गोशालक ने) प्रभु (महावीर) से साधना रथ पर सवार होने की आज्ञा मांगी। महावीर ने संकेता–"अहा सुहं देवाणुपिय।" देवानुप्रिय जैसा सुख हो वैसा करो।[63]

55. भले ही इन्द्रभूति गौतम के सामने मुझे (गोशालक को) आप (महावीर) ने मुझे (गोशालक को) प्रथम (कु)शिष्य कहा। पर मेरे प्रभु (महावीर), खोटा सिक्का और खोटा बेटा समय पर काम आता है।[64]

56. प्रभु (महावीर) मेरा (मुझ गोशालक का) मरण आप (महावीर) की भविष्यवाणी के अनुसार आप (महावीर) से बहुत बरसों पहले होगा। होना भी चाहिए। मैं (गोशालक) भी भविष्यद्रष्टा हूं। देख रहा हूं कि एक दिन आप के समवसरण में मेरा महिमागान होगा। मैं आपका था। आपका ही हूं! मेरा दुर्भाग्य था कि नीच कुल में पैदा हुआ।[65]

57. महावीर ने भी इन्द्रभूति के सामने मुझे (मुझ गोशालक को) क्षमा किया। वे (महावीर) यह बताना भी नहीं भूले कि मैं (गोशालक) अब एकान्त नियतिवाद का सिद्धान्त छोड़ दूं। महाप्रभु (महावीर) की आज्ञा मैंने (गोशालक ने) सिर माथे लिया।[66]

बात पुनर्जन्म की है। यही मूल कसौटी है जिस के आधार पर डा. राजेन्द्र रत्नेश की यह पुस्तक भी कसी जानी है। यह दार्शनिक अपराध है कि कोई यह कहे कि मक्खलि गोसाल पुनर्जन्म में विश्वास करते थे। इस उपन्यासकार ने भी यही दार्शनिक अपराध किया है। इस में लिखा गया है :

> अचानक (मुझ गोशालक ने) रथ, हाथी और घोड़े और सैंकड़ों जन आते दिखाई दिए। पूछने पर पता चला। यवन देश का राजकुमार आर्द्रक दल-बल के साथ मेरे पूर्व गुरु महावीर के दर्शन के लिए आ रहा है।
>
> आर्द्रक के पिता राजा श्रेणिक के मित्र हैं। एक बार अपने राजदूत द्वारा राजा श्रेणिक को बहुमूल्य उपहार भेजे। आर्द्रक कुमार ने श्रेणिकपुत्र राजकुमार अभयकुमार को भी उपहार भेजे। राजगृह से अभयकुमार ने श्रमण परम्परा के कुछ धार्मिक उपकरण अन्य अपेक्षा से जिन प्रतिमा भेजी। उसे देखते ही आर्द्रक को पूर्वजन्म की स्मृति हुई।[67]

62. वही, पृ. 137
63. वही, पृ. 60
64. वही, पृ. 113
65. वही, पृ. 113
66. वही, पृ. 114
67. वही, पृ. 61-2

उपन्यास—अर्थात इस नई पुराण विधा में लिखे गए लेखन में डा. राजेन्द्र रत्नेश नाम के इन नये पुराणकार ने 'परिवृत्त परिहार' की बात भी उठाई है। गोशालक के नाम से ही लिखा गया है :

> जब मैं (गोशालक)..... अपने संघ से परिवृत्त होकर कोष्ठकचैत्य में आ गया...... अचानक महावीर दिखें। मैं बोला कि काश्यप! मैं अतीत में आपका शिष्य था। पर अब नहीं हूं। आपका शिष्य शुद्ध और शुक्ल अभिजाति के साथ मरण का वरण कर देवलोक में देव रूप हूं। मैं तो कौंडिन्यायन गौत्रीय उदायी हूं। गौतम पुत्र अर्जुन के शरीर को छोड़ गोशालक के शरीर में मैंने सातवां परिवृत्त परिहार किया है। परिवृत्त परिहार से आशय है किसी दूसरे के मृत देह में प्रवेश करना।
>
> मैंने महावीर से कहा कि मैंने सात परिवृत्त परिहार किए। पहला परिवृत्त परिहार राजगृह के बाहर मंडिकुक्षि चैत्य में अपने कौंडिन्यायन गौत्रीय उदयन का शरीर त्यागने पर। फिर ऐणेयक के शरीर में प्रवेश किया। बाईस वर्ष उस शरीर में रहा। फिर उदंडपुर के चन्द्रावरण चैत्य में ऐणेयक के शरीर को त्याग कर मल्लराम के शरीर में किया। उस शरीर में इक्कीस वर्ष विश्राम किया। तत्पश्चात् परिवृत्त परिहार चम्पा के बाहर चैत्य में मल्लराम का शरीर त्याग मंडिक के देह में किया। वहां बीस वर्ष रहा। फिर परिवृत्त परिहार वाराणसी के बाहर काम-महावन चैत्य में मंडिक के देह का त्याग कर रोह के शरीर में किया। उसमें उन्नीस वर्ष रहा। इसके बाद परिवृत्त परिहार आलाभिका के बाहर चैत्य में रोह का देहान्त होने के बाद मैं भारद्वाज शरीर में किया। इसमें अठारह वर्ष रहा। फिर वह कुंडियायन चैत्य में भारद्वाज का देह त्याग गौतमपुत्र अर्जुन के शरीर में किया। इस शरीर में सतरह वर्ष रहा। बाद में परिवृत्त परिहार श्रावंस्ती में हालाहला के कुम्भकारायण में गौतम पुत्र अर्जुन का शरीर त्याग मंखलिपुत्र गोशालक के शरीर को समर्थ, स्थिर, संहनन वाला समझ उसमें किया। इसलिए महावीर, आपका यह कहना कैसे उचित हैं कि मंखलिपुत्र गोशालक है।''[68]

पुराणकार डा. राजेन्द्र रत्नेश ने परिवृत्त परिहार को गोसाल के नाम से सिद्धान्त का जामा भी पहनाया है जब लिखा है—''मेरी (मुझ गोशालक की) धारणा और सच सिद्ध हुई। अन्तर के आँगन पर एक सत्य का दीप जला। जैसे तिल के जीव मर पुनः उसी शरीर में उत्पन्न हुए, वैसे ही सभी जीव मर उसी शरीर में जन्म धारण करते हैं। कोई गति या रूपान्तर नहीं होता। मनुष्य मरकर मनुष्य ही होगा। पशु अगले जन्म में भी पशु। इस धारणा को मैंने 'परिवृत्त-परिहार' नाम दिया।[69]

---

68. वही, पृ. 95

69. वही, पृ. 61

मक्खलि गोसाल की एक सीधी सी बात इनकी और इन जैसे पुराने पुराणकारों की समझ में नहीं आई। मक्खलि गोसाल का कहना था कि मनुष्यों से मनुष्य पैदा होता है, पशुओं से पशु पैदा होता है और पक्षियों से पक्षी पैदा होता है—पर इस में भी ये पुनर्जन्म को डाल रहे हैं। आम के पेड़ पर आम लगते हैं, अमरूद के पेड़ पर अमरूद लगते हैं—इस में पुनर्जन्म कहां से आ जाता है? मक्खलि गोसाल एक वैज्ञानिक बन कर आगे बढ़ रहे थे लेकिन आज तक के ये पुराणकार उन्हें अपने पुनर्जन्म के चश्मे से देखने में लगे हुए हैं। गोसाल कह रहे हैं कि मनुष्यों में स्त्री-पुरुष के मिलन से मुनष्य का ही बच्चा पैदा होता है और ये पुराणकार यह मान रहे हैं कि गोसाल यह कह रहे हैं कि मनुष्य मर कर मनुष्य के रूप में ही पुनर्जन्म ग्रहण करता है। मक्खलि गोसाल के हिसाब से ये सब कान के बहरे लोग हैं। इन्हें समझाया कुछ जा रहा है और ये समझ कुछ और रहे हैं।

अब कहा जाए कि यह अच्छी तरह सिद्ध हो चुका है कि डा. राजेन्द्र रत्नेश एक पुराणकार हैं। जब पुराणकार हैं तो इस का अर्थ है कि इन के पास इतिहास बोध नाम की कोई चीज नहीं है। सच यह है कि अन्य पुराणकारों की तरह ये भी इतिहास से लड़ने बैठ गए हैं। इन्होंने मक्खलि गोसाल को त्रिकालज्ञ घोषित किया है और इतिहास पर लागू कर दिया है। इन्होंने लिखा है :

> (रात को आर्हती हालाहला की अधमूंदी आंखों के एक स्वप्न में देवरूप में अवतरित हो कर महा मंखेश्वर) गोशालक ने कहा कि मैं दिव्यद्रष्टा हूं। मैं बिन्दुसार को बताऊंगा कि उनका पुत्र अशोक सम्राट होगा..... जिसे इतिहास महान अशोक कहेगा। बिन्दुसार आजीवकों (के).. ... परामर्श अनुरूप अशोक को अपना राजदंड सौंपेगे। वह कलिंग के विरुद्ध युद्ध लड़ेगा। युद्धांगण पर बिखरे शवों को देख अशोक के मन में करुणा की वरूणा बहेगी। युद्ध के मैदान में वह अहिंसा के गीत गाएगा। शस्त्र छोड़ शास्त्र अपनाए। बिना युद्ध लड़े ही वह सम्राट कहलाएगा। प्रियदर्शी अशोक बौद्ध होगा। फिर भी आजीवक और निगंठों के लिए समदर्शी भी। अशोक विजित होने के बाद भी श्रमणों के चरणों में तलवार छोड़ पुत्र कुणाल और पुत्री संघमित्रा को श्रमणधर्म के प्रसार के लिए श्रीलंका भेजेगा।
>
> दिव्यद्रष्टा गोशालक ने अपनी अन्तिम देशना में कहा कि सम्राट अशोक श्रमण पन्थों के ग्रन्थों (में) लिखी अहिंसा के सिद्धान्त को मानेगा। वह अपने शिलालेखों में जैन बौद्ध और आजीवकों के आश्रयस्थल के लिए गुहाचैत्यों का निर्माण करेगा। अपने पिता से आजीविकों की निकटता देख अशोक आजीवकों के लिए सब कुछ करेगा..... जैसी उसके पिता की इच्छा थी। पर सम्राट अशोक बौद्ध होकर भी जैन और आजीवक श्रमणों को

मानेगा। ऐसे गुहास्थल बनाएगा जहां बैठकर आजीवक, जैन और बौद्ध परस्पर धर्म चिन्तन कर सकेंगे। अंग, बंग और कलिंग तक आजीवक मत फैलेगा।

पुनः गोशालक ने कहा कि महान सम्राट अशोक के बाद एक कट्टर जैन सम्राट खारवेल आजीवकों को पाखंडी कहेगा। उनको दी गुहाओं को सैनिकों की छावनी बना देगा। पर पाषाण से नाम हटाने से जन-मन के हृदय में बसे नियतिवाद को नहीं मिटा सकेगा। खारवेल नियतिवाद को 'पाखंड पोषक' कहकर भर्त्सना करेगा। वह बौद्ध और आजीवकों के लिए असहिष्णु होगा। जैनधर्मी होकर भी शाक्यों और आजीवकों के लिए खुली दानशालाएं बन्द करेगा।

भविष्य के दर्पण में देखते हुए बात चलती रही। अशोक का पौत्र सम्प्रति जैनधर्मी होगा। वह जैनधर्म की प्रभावना में जुटेगा। अनेकान्तवादी होने से वह आजीवकों को वैसा ही सम्मान (देगा) जैसा सम्राट अशोक ने दिया।[70]

हम कह रहे हैं कि यह गोसाल के नाम से झूठ लिखा गया है। गोसाल को मानने के लिए हमारे लिए ऐसे गपोड़ों की बिलकुल जरूरत नहीं है कि गोसाल अपने मरने के बाद का भारत का इतिहास अपने जीवन काल में लिख-बोल देंगे। ऐसे गपोड़ों को ये लोग अपने महावीर तक सीमित रखें, गोसाल से न जोड़ें। असलीयत यह है कि हमारे लिए मक्खलि गोसाल महान ही इसलिए हैं कि वे ऐसी ऊट-पटांग बातों के विरोधी थे।

70. वही, पृ. 123

अध्याय-5

बौद्ध ग्रन्थों में आजीवक धर्म

क. पांच प्राचीन ग्रन्थ
- (i) 'दीघ निकाय' के प्रमाण
- (ii) 'मज्झिम निकाय' के प्रमाण
- (iii) 'मिलिन्द प्रश्न' की बहस
- (iv) 'थेरीगाथा' का उपक
- (v) 'अंगुत्तर निकाय' की गालियां

ख. तीन आधुनिक हिन्दू विद्वान
- (i) आचार्य नरेन्द्र देव
- (ii) राहुल सांकृत्यायन
- (iii) धर्मानंद कोसम्बी

क. पांच प्राचीन बौद्ध ग्रन्थ

बौद्धों के 'त्रिपिटक' की धर्मभाषा पाली है। त्रिपिटक की कई पुस्तकों में मक्खलि गोसाल और उन के आजीवक धर्म का जिक्र है। फिर भी, ऐसा विस्तार नहीं है जैसा जैन धर्मग्रन्थों में आया है। यहां विवेचन के लिए पहले त्रिपिटक की दो पुस्तकों को लिया जा सकता है–दीघ निकाय और मज्झिम निकाय। एक तीसरी बौद्ध पुस्तक 'मिलिन्द प्रश्न' को भी लिया जा रहा है जो त्रिपिटक से बाहर की है परन्तु महत्व की दृष्टि से किसी भी रूप में कम नहीं आंकी जाती। चौथी थेरीगाथा और पांचवीं अंगुत्तर निकाय है जो त्रिपिटक के हिस्से हैं।

(i) 'दीघ निकाय' के प्रमाण

बौद्धों के धर्मग्रन्थ 'दीघ निकाय' में ऐसा आया है कि राजा अजातशत्रु ने ज्ञान-ध्यान के मामले में मक्खलि गोसाल से वार्तालाप किया था। उस भेंट के बारे में वे बुद्ध को बता रहे हैं :

"भन्ते! एक दिन मैं जहां मक्खलि गोसाल था वहां गया, जाकर मक्खलि गोसालके साथ कुशल समाचार०। एक ओर बैठकर मक्खलि गोसालसे मैंने यह कहा, 'हे गोसाल! जिस तरह ये जो दूसरे शिल्प हैं, जैसे०। और भी जो दूसरे० आँखोंके सामने फल देनेवाले हैं, वे उनसे अपने सुख० पुण्य कमाते हैं। हे गोसाल! उसी तरह क्या श्रमणभावके पालन करते०?'

'ऐसा कहनेपर भन्ते! मक्खलि गोसालने यह उत्तर दिया–'महाराज! सत्वोंके क्लेशका हेतु नहीं है=प्रत्यय नहीं है। बिना हेतुके और बिना प्रत्ययके ही सत्व क्लेश पाते हैं। सत्वोंकी शुद्धिका कोई हेतु नहीं है, कोई प्रत्यय नहीं है। बिना हेतुके और बिना प्रत्ययके सत्व शुद्ध होते हैं। अपने कुछ नहीं कर सकते हैं, पराये भी कुछ नहीं कर सकते हैं, (कोई) पुरुष भी कुछ नहीं कर सकता है, बल नहीं है, वीर्य नहीं है, पुरुषका कोई पराक्रम नहीं है। सभी सत्व, सभी प्राणी, सभी भूत, और सभी जीव अपने वशमें नहीं हैं, निर्बल, निर्वीर्य, भाग्य और संयोगके फेरसे छै जातियों (में उत्पन्न हो) सुख और दुःख भोगते हैं। वे प्रमुख योनियाँ चौदह लाख छियासठ सौ हैं। पाँच सौ पाँच कर्म, तीन अर्ध कर्म (=केवल मनसे शरीरसे नहीं), बासठ प्रतिपदायें (=मार्ग), बासठ अन्तरकल्प, छै अभिजातियाँ, आठ पुरुष-भूमियाँ, उन्नीस सौ आजीवक, उनचास सौ परिब्राजक, उनचास सौ नाग-आवास, बीस सौ इन्द्रियाँ, तीस सौ नरक, छत्तीस रजोधातु, सात संज्ञी (=होशवाले) गर्भ, सात असंज्ञी गर्भ, सात निर्ग्रन्थ गर्भ, सात देव, सात मनुष्य, सात पिशाच, सात स्वर, सात सौ सात गाँठ, सात सौ सात प्रपात, सात सौ सात स्वप्न, और अस्सी लाख छोटे-बळे कल्प हैं, जिन्हें मूर्ख और पण्डित जानकर और अनुगमनकर दुःखोंका अन्त कर सकते हैं। वहाँ यह नहीं है–इस शील या व्रत या तप, ब्रह्मचर्यसे मैं अपरिपक्व कर्म को परिपक्व करूँगा। परिपक्व कर्मको भोगकर अन्त करूँगा। सुख दुःख द्रोण (=नाप) से तुल हुये हैं, संसारमें घटना-बढ़ना उत्कर्ष-अपकर्ष नहीं होता। जैसे कि सूतकी गोली फेंकनेपर उछलती हुई गिरती है, वैसे ही मूर्ख और पंडित दौळकर=आवागमनमें पळकर, दुःखका अन्त करेंगे।

" 'भन्ते! प्रत्यक्ष श्रामण्यफलके पूछे जानेपर, मक्खलि गोसालने इस तरह संसारकी शुद्धिका उपाय बताया। भन्ते! जैसे आमके पूछने पर कटहल कहे और कटहलके पूछनेपर आम कहे। भन्ते! इसी तरह प्रत्यक्ष श्रामण्य-फलके पूछे जाने पर०। भन्ते! तब मेरे मनमें यह हुआ, 'कैसे मुझ जैसा०। भन्ते! सौ मैंने मक्खलि गोसालके०।० उठकर चल दिया।[1]

---

1. दीघ निकाय, अनुवादक, भिक्षु राहुल सांकृत्यायन और भिक्षु जगदीश काश्यप, भारतीय बौद्ध शिक्षा परिषद, बुद्ध विहार, रिसालदार पार्क, लखनऊ, उत्तर प्रदेश-226 001, द्वितीय संस्करण, 1979, पृ. 20

माना जाए कि घटना और प्रश्नोत्तर की यह बौद्ध प्रस्तुति है और आजीवक प्रस्तुति नहीं है। अपने मन्तव्य को सन्तुष्ट करने के लिए बौद्ध धर्म ग्रन्थ ने इसे लोगों के सामने रखा है। प्रश्न यह है कि जैसे दूसरे शिल्पियों के काम आंखों के सामने फल देने वाले हैं, क्या उसी तरह श्रमण भाव पालन करने के भी फल होते हैं? माना यह गया है कि अजातशत्रु को मक्खलि गोसाल से सही उत्तर नहीं मिला। पर जाना जाए कि अजात शत्रु को इस प्रश्न का सही उत्तर किस आचार्य से मिला है। 'सामञ्ञ फल सुत्त' के इस अध्याय में उसे सही उत्तर बुद्ध से मिला है। पर असली बात यह है कि वह सही उत्तर क्या है और क्या वह सचमुच सही उत्तर है। उत्तर का एक अंश इस प्रकार है :

> **६–पूर्वजन्मोंका स्मरण**–"वह इस प्रकार एकाग्र ० चित्तको पाकर पूर्व जन्मोंकी बातोंको स्मरण करनेके लिये अपने चित्तको लगाता है। सो नाना पूर्व जन्मोंकी बातोंको स्मरण करता है। जैसे, एक जाति, दो ०, तीन ०, चार ०, पाँच ०, दस ०, बीस ०, तीस ०, चालीस ०, पचास ०, सौ ०, हजार ०, लाख ०, अनेक संवर्त (=प्रलय) कल्पों, अनेक विवर्त (=सृष्टि) कल्पों, अनेक संवर्त-विवर्त कल्पों (को जानता है)–'(मैं) वहाँ था, इस नाम वाला, इस गोत्र वाला, इस रंगका, इस आहार (भोजन) को खाने वाला इतनी आयु वाला था। मैंने इस प्रकारके सुख और दुःखका अनुभव किया। सो (मैं) वहांसे मरकर वहां उत्पन्न हुआ, इस नाम वाला ०। सो (मैं) वहां मरकर यहां उत्पन्न हुआ" इस तरह आकार प्रकारके साथ वह अनेक पूर्व जन्मोंको स्मरण करता है।
>
> "जैसे महाराज! (कोई) पुरुष अपने गाँवसे दूसरे गाँवको जावे; वह फिर भी उस गाँवसे अपने गाँवमें लौट आवे। उसके मनमें ऐसा हो–'मैं अपने गाँवसे अमुक गाँवमें गया, वहाँ ऐसे खळा रहा, ऐसे बैठा, ऐसे बोला, ऐसे चुप रहा। उस गाँवसे भी अमुक गाँवमें गया, वहाँ भी ऐसे खळा ० – सो मैं उस गाँवसे अपने गाँवमें लौट आया। इसी तरह महाराज! भिक्षु इस प्रकार एकाग्र ० अनेक पूर्व जन्मोंको ०–जैसे, एक जन्म ०। मैं वहाँ था, इस नाम वाला ०। इस तरह आकार प्रकारके साथ ०। यह भी महाराज! प्रत्यक्ष श्रामण्य-फल ०।[2]

अब इस उत्तर का दूसरा अंश भी जान लिया जाए जो बुद्ध ने अजातशत्रु को इस प्रकार दिया है :

> **७–दिव्य चक्षु**–"वह इस प्रकार एकाग्र ० चित्तको पाकर प्राणियोंके जन्म मरण (के विषय) में जाननेके लिये अपने चित्तको लगाता है। वह

---

2. वही, पृ. 31

शुद्ध और अलौकिक दिव्य चक्षुसे मरते उत्पन्न होते; हीन अवस्थामें आये, अच्छी अवस्थामें आये; अच्छे वर्ण (=रंग) वाले, बुरे वर्ण वाले; अच्छी गतिको प्राप्त, बुरी गतिको प्राप्त, अपने अपने कर्मके अनुसार अवस्थाको प्राप्त, प्राणियोंको जान लेता है—ये प्राणी शरीरसे दुराचरण, वचनसे दुराचरण, और मनसे दुराचरण करते हुये, साधुपुरुषोंकी निन्दा करते थे, मिथ्या दृष्टि (=बुरे सिद्धान्त) रखते थे, बुरी धारणा (=मिथ्यादृष्टि) के काम करते थे। (अब) वह मरनेके बाद नरक, और दुर्गतिको प्राप्त हुये हैं। और यह (दूसरे) प्राणी शरीर, वचन और मनसे सदाचार करते, साधुजनोंकी प्रशंसा करते, ठीक धारणा (=सम्यूकदृष्टि) वाले, सम्यक् दृष्टिके अनुकूल आचरण करते थे; सो अब अच्छी गति और स्वर्गको प्राप्त हुये हैं।—इस तरह शुद्ध अलौकिक दिव्य चक्षुसे ० जान लेता है।

"जैसे महाराज! चौरस्तेके बीचमें प्रासाद (=महल) हो। वहाँ आँखवाला (कोई) मनुष्य खळा हो मनुष्योंको घरमें घुसते भी और बाहर आते भी एक सळकसे दूसरी सळकमें घूमते, चौरस्तेके बीचमें पास बैठे भी देखे। उसके मनमें ऐसा होवे—'यह मनुष्य घरमें घुसते हैं, यह बाहर निकल रहे हैं; यह एक सळकसे दूसरी सळकमें घूम रहे हैं, यह चौरस्तेके बीचमें बैठे हैं।' इसी तरह महाराज! भिक्षु इस प्रकार एकाग्र ० चित्तको पाकर प्राणियोंके जन्म मरण जानने ०। वह ० दिव्य चक्षुसे प्राणियोंको मरते जीते ० जान लेता है—'यह प्राणी शरीर ० दुर्गति ०। ये प्राणी ० सुगति ०। इस प्रकार ० दिव्य चक्षुसे प्राणियोंको जन्म लेते ० जान लेता है। यह भी महाराज! प्रत्यक्ष ०।[3]

लेकिन मक्खलि गोसाल की इसी जगह बहस है कि संसार में किसी को पूर्वजन्मों का स्मरण नहीं होता है क्योंकि किसी का कोई पूर्वजन्म नहीं होता। पूर्वजन्म का स्मरण तब हो जब पूर्वजन्म होता हो। लेकिन बुद्ध का उत्तर है कि अपने पूर्वजन्मों का ही नहीं बल्कि श्रमण भाव का फल और लाभ यह होता है कि दिव्य चक्षु प्राप्त करने की वजह से श्रमण को दूसरे लोगों के पूर्वजन्मों का भी ज्ञान हो जाता है। लेकिन मक्खलि गोसाल इस सब को झूठ मानते हैं। वे कहते हैं कि न अपने पूर्वजन्मों का किसी को स्मरण होता है और न दूसरे के पूर्वजन्मों का ज्ञान होता है क्योंकि पूर्वजन्म नहीं होता। इसीलिए ऐसे कोई धर्मकर्म, यज्ञकर्म, बलिकर्म नहीं होते जो मनुष्यों को या जीवों को परलोक में भेजते हों या योनियों में जन्म धरवाते हों।

अगली महत्वपूर्ण बात इस सुत्त में आए हुए मक्खलि गोसाल के शब्द 'संसार शुद्धि' की है। इसी से मनुष्य की गुलामी मिटती है। संसार शुद्धि के द्वारा जब समाज में कानून बना कर दास प्रथा समाप्त कर दी जाएगी तो कोई दास क्यों पैदा होगा? यही

3. वही, पृ. 31-2

उत्तर है और संसार शुद्धि का यही सही अर्थ है।

(ii) 'मज्झिम निकाय' के प्रमाण

अच्छा होगा, बार-बार की परेशानी से बचने के लिए इन तत्कालीन दार्शनिक वादों को यहां एक बारगी अविकल रूप में रख दिया जाए। यह सुविधा बौद्ध ग्रन्थ 'मज्झिम निकाय' से मिलती है कि उस के 'सन्दक सुत्त' में चार शास्ताओं के मतों को एक साथ रख दिया गया है। यह आनन्द और सन्दक के बीच का संवाद है। सन्दक परिव्राक आनंद को बता रहे हैं कि भगवान ने कौन से चार अ-ब्रह्मचर्य वास कहे हैं। इन के भगवान ने वे चारों इस प्रकार गिनाए थे :

> (१) "सन्दक! यहाँ एक शास्ता (=गुरु, पंथ चलानेवाला) ऐसा वाद (=दृष्टि) रखनेवाला होता है—'नहीं है दान (का फल), नहीं है यज्ञ (का फल), नहीं है हवन (का फल), नहीं है सुकृत-दुष्कृत कर्मोका फल=विपाक; यह लोक नहीं है, पर-लोक नहीं, माता नहीं, पिता नहीं। औपपातिक (=अयोनिज, देव आदि) प्राणी नहीं हैं। लोकमें (ऐसे) सत्यको प्राप्त (=सम्यग्-गत) सत्यारूढ़ श्रमण ब्राह्मण नहीं हैं, जो कि इस लोक परलोकको स्वयं जानकर, साक्षात् कर, (दूसरोंको) जतलावेंगे। यह पुरुष चातुर्महाभूतिक (=चार भूतोंका बना) है। जब मरता है, पृथ्वी पृथ्वी-काय (=पृथ्वी) में मिल जाती है, चली जाती है। आप (=पानी) आप-कायमें मिल जाता...है। तेज (=अग्नि) तेज-कायमें मिल जाता...है। वायु वायु-कायमें मिल जाता...है। इन्द्रियाँ आकाशमें (चली) जाती हैं। पुरुष मृत (शरीर) को खाटपर ले जाते हैं। जलाने तक पद (=चिन्ह) जान पड़ते हैं। (फिर) हड्डियाँ कबूतरके (पंखे) सी (सफेद) हो जाती हैं। (पूर्वकृत) आहुतियाँ राख (हो) रह जाती हैं। यह दान मूर्खोंका प्रज्ञापन (=उपदेश) है। जो कोई आस्तिक-वाद कहते हैं, वह उनका तुच्छ= झूठ है। मूर्ख या पण्डित (सभी) शरीर छोड़ने पर उच्छिन्न हो जाते हैं, विनष्ट हो जाते हैं, मरनेके बाद (कोई) नहीं रहता। इस विषयमें विज्ञपुरुष ऐसे विचारता है—'यह आप शास्ता इस वाद (=दृष्टि) वाले हैं—नहीं है दान...'। यदि इन आप शास्ताका वचन सत्य है, तो (पुण्य) बिना किये भी, मैंने कर लिया, (ब्रह्मचर्य) बिना वास किये भी, वास कर लिया। इस प्रकार नास्तिक गुरु और मैं—हम दोनोंही यहाँ बराबर श्रामण्य (=संन्यास) को प्राप्त हैं। मैं नहीं कहता—(हम) दोनों काया छोड़ उच्छिन्न—विनष्ट होंगे, मरने के बाद नहीं रह जायेंगे। (फिर) यह आप शास्ता की (यह) नग्नता, मुंडता, उकडूँ-तप (=उक्कुटिकप्पधान), केश-श्मश्रु-नोचना फजूल है।' और जो मैं पुत्राकीर्ण हो, घर(=शयन) में वास करते, काशीके चंदनका मजा लेते,

माला सुगन्ध-लेप धारण करते, सोना-चाँदीका रस लेते, मरने पर इन आप शास्ताके समान गति पाऊँगा। सो मैं क्या समझ कर, क्या देखकर, इन (नास्तिक-वादी) शास्ताके पास ब्रह्मचर्य पालन करूँ। (इस प्रकार) 'यह अ-ब्रह्मचर्य-वास है' समझ, वह, उस ब्रह्मचर्य (=साधुपन) से उदास हो, हट जाता है। यह सन्दक! उन...भगवान्‌ने प्रथम अ-ब्रह्मचर्य-वास कहा है, जिसमें विज्ञ-पुरुष...।

(२) ''और फिर सन्दक! यहाँ एक शास्ता ऐसे वाद (=मत) वाला होता है–'करते-करवाते, काटते-कटवाते, पकाते-पकवाते, शोक कराते, परेशान कराते, मथते-मथाते, प्राण मारते, चोरी करते, सेंध लगाते, गाँव लूटते, घर लूटते, रहजनी करते, पर-स्त्री-गमन-करते, झूठ बोलते भी पाप नहीं किया जाता। छुरेसे तेज चक्रद्वारा जो इस पृथ्वीके प्राणियोंका (कोई) एक माँसका खलिहान, एक माँसका पुंज बनादे, इसके कारण उसे पाप नहीं होगा; पापका आगमन नहीं होगा। यदि घात करते-कराते, काटते-कटाते, पकाते-पकवाते, गंगाके दाहिने तीर पर भी जाये; तो भी इसके कारण उसको पाप नहीं, पापका आगमन नहीं होगा। दान देते दान दिलाते, यज्ञ करते, यज्ञ कराते, गंगाके उत्तर तीर भी जाये, तो इसके कारण उसको पुण्य नहीं, पुण्यका आगमन नहीं होता'। दान, (इन्द्रिय-) दम, संयम, सच्चेपन (=सच्च-वज्ज) से पुण्य नहीं, पुण्यका आगमन नहीं होता। सन्दक! विज्ञ-पुरुष ऐसा विचारता है–यह आप शास्ता इस वाद=दृष्टि वाले हैं–करते-कराते...। यदि इन आप शास्ता का वचन सच है....। तो हम दोनों ही बराबर श्रामण्य (=संन्यास) को प्राप्त हैं,....'दोनोंहीके करते पाप नहीं किया जाता। यह आप शास्ता की नग्नता....।...। यह सन्दक! उन...भगवान्‌ने द्वितीय अ-ब्रह्मचर्य-वास कहा है...।

(३) ''और फिर सन्दक! वहाँ एक शास्ता ऐसे वाद (=दृष्टि) वाला होता है–'सत्वों के संक्लेशका कोई हेतु=कोई प्रत्यय नहीं। बिना हेतु बिना प्रत्ययके प्राणी संक्लेश (=चित्त मालिन्य) को प्राप्त होते हैं। प्राणियोंकी (चित्त) विशुद्धिका कोई हेतु=प्रत्यय नहीं है। बिना हेतु=प्रत्ययके प्राणी विशुद्ध होते हैं। बल नहीं (चाहिये), वीर्य नहीं, पुरुषका स्थाम (=दृढ़ता) नहीं=पुरुष-पराक्रम नहीं (चाहिये), सभी, सत्त्व=सभी प्राणी=सभी भूत=सभी जीव अ-वश=अ-बल=अ-वीर्य नियत (==भविष्यता) के वशमें हो, छओं अभिजातियोंके सुख दुःख अनुभव करते हैं...यदि इन आप शास्ताका वचन सत्य है...। तो हम दोनों ही हेतु=प्रत्यय बिना हो शुद्ध हो जायेंगे।...यह सन्दक! भगवान्‌ने तृतीय अ-ब्रह्मचर्यवास कहा है...।'

(४) ''और फिर सन्दक! यहाँ एक शास्ता ऐसी दृष्टिवाला होता है–'यह सात अकृत=अकृतविध=अ-निर्मित=निर्माता-रहित,

अवध्य=कूटस्थ, स्तम्भवत् (अचल) हैं; यह चल नहीं होते, विकारको प्राप्त नहीं होते, न एक दूसरेको हानि पहुँचाते हैं; न एक दूसरेके सुख, दुःख या सुख-दुःखके लिए पर्याप्त हैं। कौन से सात?—पृथ्वी-काय आप-काय, तेज-काय, वायु-काय, सुख, दुःख और जीव—यह सात। यह सात काय अकृत...सुख-दुःख योग्य नहीं हैं। यहाँ न हन्ता (=मारनेवाला) है, न घातयिता (=हनन करनेवाला), न सुननेवाला, न सुनानेवाला, न जाननेवाला, न जतलानेवाला। जो तीक्ष्ण-शस्त्रसे शीश भी छेदते हैं, (तो भी) कोई किसीको प्राणसे नहीं मारता। सातों कायोंसे अलग, विवर (=खाली जगह) में शस्त्र (=हथियार) गिरता है। यह प्रधान-योनि—चौदह सौ हजार, (दूसरी) साठ-सौ, छियासठ-सौ, और पाँच सौ कर्म और पाँच कर्म और तीन कर्म, (एक) कर्म, और आधा कर्म, बासठ प्रतिपद्, बासठ अन्तर-कल्प, छः अभिजाति, आठ पुरुषकी भूमियाँ, उन्चास सौ आजीवक, उन्चास सौ परिब्राजक, उन्चास नागोंके आवास, बीससौ इन्द्रिय, तीससौ नरक, छत्तिस रजो-धातु, सात संज्ञावान् गर्भ, सात असंज्ञी गर्भ, सात निर्ग्रन्थी गर्भ, सात देव, सात मनुष्य, सात पिशाच, सात सरोवर, सात गाँठ (=पमुट), सात प्रपात, सातसौ प्रपात, सात स्वप्न, सातसौ स्वप्न—(इनमें) चौरासी हजार महा-कल्पोंतक दौड़कर=आवागमनमें पड़कर, मूर्ख और पण्डित (सभी) दुःखका अन्त (=निर्वाण-प्राप्ति) करेंगे। वहाँ (यह) नहीं है—इस शील या व्रत, या तप, ब्रह्मचर्यसे मैं अपरिपक्व कर्म-को पचाऊँगा, परिपक्व कर्मको भोगकर अन्त करूँगा। सुख, दुःख, द्रोण (नाप) से नपे तुले हुए हैं, संसारमें घटाना बढ़ाना, उत्कर्ष-अपकर्ष नहीं होता। जैसे कि सूतकी गोली फेंकनेपर उधरती हुई गिरती है, ऐसे ही मूर्ख (=बाल) और पण्डित दौड़कर=आवागमनमें पड़कर, दुःखका अन्त करेंगे।' वहाँ सन्दक! विज्ञ-पुरुष ऐसे विचारता है—यह आप शास्ता ऐसे वाद=दृष्टिवाले हैं...। जैसे कि सूतकी गोली...। यदि इन आप शास्ताका वचन सत्य है, तो बिना किये भी मैंने कर लिया।...यह आप शास्ताकी नग्नता...। यह सन्दक! यह उन...भगवान्‌ने चतुर्थ अ-ब्रह्मचर्य वास कहा...।[4]

प्रस्तुति इस प्रकार की गई है मानो ये चारों शास्ता बहुत बुरे लोग हैं। पढ़ कर बुरा लगता है कि माता नहीं, पिता नहीं। यह पढ़ कर भी बुरा लगता है कि प्राण मारते, चोरी करते, सेंध लगाते, गांव लूटते, घर लूटते, राहजनी करते, पर-स्त्री-गमन करते, झूठ बोलते कोई पाप नहीं किया जाता। यह पढ़ कर भी बुरा लगता है कि पुरुष में बल नहीं, वीर्य नहीं, दृढ़ता नहीं, पराक्रम नहीं है। यह पढ़ कर भी बुरा लगता है कि यहां न कोई

---

4. मज्झिम निकाय, अनुवादक, राहुल सांकृत्यायन, भारतीय बौद्ध शिक्षा परिषद, श्रावस्ती, बहराइच, उत्तर प्रदेश, तृतीय संस्करण, 1991, पृ. 303-05

हन्ता है, न घातयिता है और जो तीक्ष्ण शस्त्र से शीश भी छेदते हैं तो भी कोई किसी को प्राण से नहीं मारता। मतलब यह है कि बुद्ध ने अपने विरोधी विचारों को बदनाम करने की ठान रखी है। सच यह है कि यह बुद्ध का अपना अखाड़ा है। यह उन्होंने दूसरों को हराने के लिए खोद रखा है। इस अखाड़े के नियम ऐसे बनाए गए हैं कि दूसरे हार कर ही जाने हैं। लेकिन यह विचार की खोज का काम नहीं है बल्कि चक्रव्यूह की चालाकी है। गफलत ऐसी खड़ी की गई है कि कोई यह न जान सके कि यहां आजीवक दार्शनिक बिलकुल सही कह रहे हैं। इसलिए सच्चाई को जानने के लिए आवश्यक यह है कि अखाड़ा दूसरा खोदा जाए। तब पता लगेगा कि इन प्रश्नों के उत्तर में बौद्ध, ब्राह्मण और जैन क्या कह रहे हैं। इन तीनों का कहना कुछ इस प्रकार का है—माता की सेवा करोगे तो अगले जन्म में हंसिनी बनोगे और पिता की हत्या करोगे तो अगले जन्म में कव्वे बनोगे। यही सारी बकवास है जो सन्दर्भ से काट कर लोगों को परोसी जा रही है। ये कह सकते हैं कि गांव लूटोगे तो अगले जन्म में मेंढक बनोगे और पर-स्त्री-गमन से बचोगे तो अगले जन्म में राजा बनोगे। बताइए, इन तर्कों की कोई तुक है? चोरी करने या न करने से अगले जन्म की योनि कैसे निर्धारित हो सकती है? ये सिखाने बैठ जाएंगे कि पुरुष अपने बल, वीर्य और पराक्रम का प्रयोग करेगा तो चाह कर अगले जन्म में भैंसा या सांड बन जाएगा—इन की यह बात कैसे मानी जाए? ये कह देंगे कि कोई किसी को जान से मारता है तो उसे अगले जन्म में मक्खी की योनि मिलेगी—है न सारी बकवास!

यही सन्दर्भ है जो इस अखाड़े में बताया नहीं जाता। बस, विरोधियों के बारे में झूठी अफवाहें लानी हैं, कपट को हवा देनी है। भला, किसी के किसी भी अच्छे-बुरे काम का यह फल कैसे मिल सकता है कि अगले जन्म में वह श्रावस्ती में जन्म लेगा या उज्जैन में? जब आजीवकों के मन में पुनर्जन्म ही नहीं होता तो इस से जुड़ी कर्म और कर्मफल की सारी बहस नदारद और बेमानी है। रही बात खाने-कमाने की तो आजीवकों के यहां किसानगती, कारीगरी और मेहनत की सारी खूबियां हैं। लेकिन, न कमाने वाले भिक्षु, मुनि और संन्यासी कर्म के इसी अखाड़े में उतरने से डरते हैं। ये सारे लोग भिक्षा मांग कर खाते हैं जबकि कबीर जुलाहागिरी करते थे और रैदास जूतियां बनाया करते थे। मक्खलि गोसाल और मक्खलि गोसाल की पत्नी हालाहला दुकान पर बैठ कर बर्तन बेचा करते थे।

(iii) 'मिलिन्द प्रश्न' की बहस

बौद्ध ग्रन्थ 'मिलिन्द प्रश्न' में ऐसा आया है कि राजा मिलिंद ने मक्खलि गोसाल के साथ भेंट की थी। इतिहास की दृष्टि से यह भेंट नितान्त असंभव है। लेकिन यह मानने में कोई कठिनाई नहीं है कि राजा मिलिंद ने अपने समय में मक्खलि गोसाल के किसी मतावलम्बी से बात की थी। इस भेंट का आख्यान इस प्रकार है :

इस के बाद मिलिन्द राजा ने मक्खलि गोसाल से पूछा, "भन्ते गोसाल! क्या पाप और पुण्य कर्म हैं? क्या अच्छे और बुरे कर्मों के फल भोगने पड़ते हैं?"

"नहीं महाराज! पाप और पुण्य कर्म कुछ नहीं हैं। अच्छे और बुरे कर्मों के कोई फल भोगने नहीं पड़ते। महाराज! जो यहाँ क्षत्रिय हैं वे परलोक जा कर भी क्षत्रिय ही होंगे; जो यहाँ ब्राह्मण, वैश्य, शूद्र, चण्डाल या पुक्कुस हैं वे परलोक में जाकर भी ब्राह्मण, वैश्य, शूद्र, चण्डाल या पुक्कुस ही होवेंगे। पाप और पुण्य कर्मों से क्या होता है?" गोसाल ने उत्तर दिया।

"भन्ते गोसाल! यदि जो यहाँ क्षत्रिय हैं वे परलोक जा कर भी क्षत्रिय ही होवेंगे और पाप पुण्य कर्मों से कुछ होने जाने का नहीं है, तो जो इस लोक में लूले हैं वे परलोक जा कर भी लूले ही होवेंगे, जो लंगड़े हैं वे लंगड़े ही होवेंगे, जो कनकटे और नकटे हैं वे कनकटे और नकटे ही होवेंगे।"

राजा के ऐसा कहने पर गोसाल चुप हो गया।[5]

इस संवाद का क्या अर्थ लगाया जाए? राजा मिलिन्द क्या पूछ रहे हैं? क्या एक आजीवक दार्शनिक के सामने उन का यह प्रश्न गलत नहीं है? प्रश्न, कर्म और कर्मफल के बारे में है। प्रश्न में, पाप, पुण्य और परलोक की शब्दावली का प्रयोग किया गया है, जिस की आवश्यकता नहीं थी। उत्तर प्राप्त करने में पहले से ही मन में यह भरा हुआ है कि कर्म, कर्मफल, पाप, पुण्य और परलोक होते हैं। इसलिए, आजीवक दार्शनिक ने इन प्रश्नों का जो उत्तर दिया होगा, उस की इस ग्रन्थ में ईमानदार प्रस्तुति नहीं की गई है। जब आजीवक दार्शनिक पुनर्जन्म को नहीं मानता है तो वह कैसे कह देगा कि इस जन्म के किसी अच्छे-बुरे कर्म का परलोक में फायदा या नुकसान होगा? आजीवक दर्शन में पुनर्जन्म के बजाय नियति है और परलोक के बजाय 'जह्वां से आया अमर वह देसवा' का सिद्धान्त है जिसमें उसे मरने के बाद समाना है। इसलिए, आजीवक धर्मानुयायी राजा मिलिन्द के सामने चुप नहीं हुआ है बल्कि वह नियति को स्वीकार कर रहा है कि उस के बारे में उसे, और दुनिया में किसी को भी, कुछ पता नहीं है कि कोई कहां क्यों पैदा होता है।

(iv) 'थेरीगाथा' का उपक

बौद्ध धर्मग्रन्थ 'थेरीगाथा' में उपक की कहानी आती है। यह उपक आजीवक था जो बाद में बौद्ध भिक्षु बन गया था। कहने का मतलब यह है कि यह बुद्ध के

5. मिलिन्द प्रश्न, अनुवादक, भिक्षु जगदीश काश्यप, सुगत प्रकाशन, 780, वैशाली नगर, नागपुर, महाराष्ट्र-440 017, तृतीय आवृत्ति, 12 अक्तूबर, 1986, पृ. 29

बहकावे में आ गया था। भरत सिंह उपाध्याय ने यह कथा इस प्रकार दी है :

वंकहार जनपद (जिला हजारीबाग, बिहार) में किसी बहेलिये के सरदार की पुत्री थी। जिस समय भगवान् बुद्ध सम्यक् संबोधि प्राप्त करने के बाद धर्म-चक्र-प्रवर्तन के लिए वाराणसी जा रहे थे, उस समय उन्हें रास्ते में उपक नामक आजीवक तपस्वी मिला। उपक तपस्वी ने भगवान् के पर्यवदात वर्ण और लावण्यमय शरीर को देखकर उनसे पूछा, ''आयुष्मन्! किस कारण तुमने संसार-त्याग किया है? तुम्हारा गुरु कौन है? तुम्हें किसके उपदेश में आस्था है?'' भगवान् बुद्ध ने उपक से कहा, ''मैं रार्व-विजयी हूँ, सर्वविद् हूँ, सबसे अस्पृष्ट हूँ। तृष्णा का विनाश कर मैं मुक्त हूँ। मैंने स्वयं अभिज्ञा प्राप्त की है। मैं तुम्हें किसे अपना गुरु बताऊं? मेरा कोई गुरु नहीं है। मेरे सदृश अन्य कोई नहीं है। इस लोक में और देवलोक में भी मेरा कोई प्रतिद्वन्द्वी नहीं है। इस समय मैं धर्म-चक्र-प्रवर्तन करने के लिए काशियों के नगर (वाराणसी) को जा रहा हूँ। विमुक्ति दुंदुभी बजाकर मैं इस सोती हुई अन्धी प्रजा को जगाऊँगा।'' उपक तपस्वी ने कहा, ''तब तो तुम अर्हत, अनन्त जिन, हो सकते हो?'' भगवान् ने जब अपने को अर्हत, अनन्त जिन बताया तो वह आजीवक बोला, ''होओगे आयुष्मन्!'' और ऐसा कहकर उद्वेगपूर्वक सिर हिलाकर, वह (राह छोड़) कुराह से चला गया! यात्रा करते-करते वह वंकहार जनपद में पहुँचा। वहाँ व्याधों के एक गाँव में ठहरा और उस व्याध-सरदार का अतिथि बना जिसकी पुत्री चापा थी। व्याध-सरदार ने उस का आतिथ्य-सत्कार किया। एक दिन व्याध-सरदार अपने पुत्र और भाइयों के साथ शिकार खेलने गया और अपनी पुत्री चापा को तपस्वी की सेवा में नियुक्त कर गया और उससे कह गया कि तपस्वी को कोई कष्ट न होने पाए। चापा अतिशय सुंदरी थी। उपक तपस्वी उसके सौन्दर्य पर मोहित हो गया और भोजन छोड़कर उसने यह प्रतिज्ञा ले ली कि यदि चापा को पाऊँगा तो जिऊँगा, अन्यथा मर जाऊँगा। व्याध-सरदार जब शिकार से कुछ दिनों बाद वापस आया, तो उसने तपस्वी को मरणासन्न पाया। पैर दबाते हुए पूछा, ''भन्ते! क्या आपको कोई बीमारी है? बोलो, भन्ते! जो मुझसे हो सकेगा, मैं अवश्य करूँगा।'' उपक ने अपना मंतव्य बता दिया। व्याध-सरदार ने पूछा, ''क्या कोई शिल्प भी जानते हो?'' उपक ने उत्तर दिया ''नहीं।'' व्याध-सरदार ने कहा, ''क्या बिना कोई शिल्प जानने वाला भी घर बसा सकता है?'' उपक तपस्वी ने उत्तर दिया, ''आपके शिकार को लेकर बेचा करूँगा।'' व्याध-सरदार ने उसे अपनी कन्या देना स्वीकार कर लिया और दोनों का विवाह हो गया।

कालांतर में चापा के एक पुत्र उत्पन्न हुआ। उसका नाम सुभद्र रखा गया। रोते हुए शिशु को चुप करने के लिए चापा अपने पति का उपहास करती हुई प्रायः कहा करती, ''उपक के पुत्र! रो मत, आजीवक (तपस्वी) के पुत्र! रो मत! मांस ढोने वाले के पुत्र! रो मत!'' उपक को यह बहुत बुरा लगता। एक दिन उसने अपनी पत्नी से कहा, ''चापा! तू यह कभी अपने मनमें मत समझना कि मैं बिलकुल ही गया-बीता हूँ, अनाथ हूँ और मेरा कोई सहायक नहीं है। 'अनन्तविजयी' (अनन्त जिन) महापुरुष के साथ मेरी मित्रता है। मैं उनके निकट जाऊँगा।'' स्वामी की विरक्ति से प्रमोद अनुभव करती हुई चापा फिर बार-बार वैसा ही कहती। एक दिन क्रोध के वशीभूत होकर उपक गृह-त्याग के लिए प्रस्तुत हो ही गया। चापा ने उसे रोकने के लिए बहुत चेष्टा की, किंतु व्यर्थ। उपक घर से चल दिया। पश्चिम दिशा में चलता गया।

भगवान् बुद्ध श्रावस्ती में जेतवनाराम में ठहरे हुए थे। उन्होंने एक दिन अपने पास के भिक्षुओं से कहा, ''आज यदि कोई व्यक्ति आए और पूछे, 'अनन्त जिन कहाँ है?' तो उसे मेरे पास आने देना।'' उपक ने जब आकर ऐसा ही पूछा, तो भिक्षुओं ने उसे भगवान् के सामने उपस्थित कर दिया। उपक ने भगवान् से पूछा, ''भन्ते! क्या आपने मुझे पहचान लिया?'' भगवान् ने कहा, ''हाँ, पहचान लिया! किंतु तुम इतने दिनों तक कहाँ रहे?'' उपक ने उत्तर दिया, ''वंकहार-जनपद में।'' भगवान् ने कहा, ''उपक! तुम इस समय वृद्ध हो गए हो। क्या तुम भिक्षु-जीवन बिताने में समर्थ हो सकोगे?'' उपक ने उत्तर दिया, ''भन्ते! मैं प्रव्रजित होऊँगा।'' भगवान् के आदेश से उपक को प्रव्रज्या दी गई। उसने साधना के मार्ग में प्रतिष्ठित होकर काल-यापन किया।

उधर स्वामी के गृह-त्याग से व्यथित होकर चापा ने पुत्र को उसके नाना (अपने पिता) को सौंप दिया और स्वयं स्वामी की अनुगामिनी बनकर श्रावस्ती में जाकर प्रव्रज्या ग्रहण कर ली।[6]

यही चापा-उपक की कहानी है। इसे समझाते हुए चापा ने इक्कीस गाथाएं कही हैं। ये हिन्दी अनुवाद में इस प्रकार है :

उपक : पहले का दंडधारी तपस्वी, आज मैं बहेलिया हूँ—निश्चय ही तृष्णा के महापंक में पड़कर मैं उससे पार निकलने में असमर्थ हुआ।।292।।

---

6. थेरीगाथा, लेखक, भरत सिंह उपाध्याय, प्रधान सम्पादक, राम निवास गौतम, गौतम बुक सेन्टर, चन्दन सदन, सी-263ए, गली नं. 9, हरदेवपुरी, शाहदरा, दिल्ली-110 093, प्रथम संस्करण, 2010, पृ. 79-81

मुझे अपने सौंदर्य में मुग्ध समझकर, चापा अपने पुत्र को खिलाने के बहाने मेरा उपहास करती। चापा के बंधन को उच्छिन्न कर मैंने फिर प्रव्रज्या की शरण ली। ।293।।

चापा : हे महावीर! हे महामुनि! मुझ पर क्रोधित मत होओ। क्रोध के वश में हुए पुरुष को स्व-शुद्धि प्राप्त नहीं होती, तप तो प्राप्त होगा ही कैसे? ।।294।।

मैं इस 'नाला' जगह को आज छोड़ दूँगी, अब कौन इस नाला गाँव में रहेगा? जहाँ धर्मजीवी संन्यासी स्त्री के सौन्दर्य-पाश में बद्ध हो गए। ।295।।

हे मेरे काले स्वामी (काल)! लौट जाओ! पहले की तरह ही कामों का भोग करो। मैं तुम्हारी दासी हूँ, मेरे भाई-बंधु भी तुम्हारा दासत्व स्वीकार करेंगे। ।296।।

उपक : चापा! तू मुझे जितना देने को कहती है, उसका चतुर्थांश भी यदि तेरे प्रेम को चाहने वाला पुरुष पाए, तो उससे ही वह अपने को धन्य मानेगा। ।297।।

चापा : हे मेरे काले स्वामी! गिरि-शिखर पर पुष्पित तक्कारि (जंगल जलेबी) वृक्ष के समान, या फूली दाड़िम वृक्ष की शाखा के समान, या द्वीप में उत्पन्न पाटलि (गुलाब) पुष्प के समान, मैं सौंदर्य और यौवन में परिपूर्ण हूँ। ।298।।

तुम्हारे लिए मैं शरीर में पीत चन्दन का लेप करूँगी, काशी के बने रेशमी वस्त्र धारण करूँगी! स्वामी! इतनी रूपवती को छोड़कर तुम कहाँ जाओगे? ।।299।।

उपक : चापा! जिस तरह बहेलिया पक्षी को धर-पकड़ने की चेष्टा करता है, उसी तरह तेरा सौन्दर्यमय रूप अब मुझे पहले की तरह बाँध नहीं सकेगा, तू अपने रूप का कितना ही प्रदर्शन कर ले। ।300।।

चापा : हे मेरे काले स्वामी! यह मेरा पुत्र-रूपी फल है। देख, इसका पिता तू ही है। इस पुत्र वाली को छोड़कर तू कैसे जाएगा? ।।301।।

उपक : ज्ञानी जन सुत, धन, जन सबको छोड़कर प्रव्रज्या ले लेते हैं। महावीर पुरुष इस संसार को इस प्रकार छोड़ जाते हैं, जैसे हाथी बंधनों को तोड़कर मुक्त हो जाता है। ।302।।

चापा : इसी क्षण मैं तेरे पुत्र को यदि डंडे से या छुरी से मार कर धरती पर गिरा दूँ, तब तो पुत्र-शोक के भय से तू जा न सकेगा? ।।303।।

उपक : निष्ठुर नारी! यदि तू इस पुत्र को गीदड़ या शिकारी कुत्तों के मुख में भी डाल दे, तो भी मुझे लौटाने में समर्थ नहीं होगी! ।।304।।

चापा : हाय! यदि ऐसा ही है तो मेरे काले स्वामी! जाओ! तुम्हारा

मंगल हो। पर यह तो बता जाओ कि तुम कहाँ जाओगे? किस गाँव में, किस नगर में या किस राजधानी में? ।।305।।

उपक : पहले मैं श्रमण न होते हुए भी अपने को श्रमण मानता था, और गाँव से गाँव, नगर से नगर और राजधानी से राजधानी में विचरण करता था।।306।।

अब मैंने सुना है—उन भगवान् बुद्ध ने नैरंजना (नेरंजरा) नदी के तट प प्राणिमात्र को सम्पूर्ण दुःख-विमोचनकारी धर्म का उपदेश दिया है, मैं उन्हों के पास जाऊँगा, वे मेरे शास्ता होंगे।।307।।

चापा : तो उस अद्वितीय लोक-स्वामी के चरणों में मेरी भी वन्दना विज्ञापित करना। फिर लोक-स्वामी की प्रदक्षिणा कर, मेरी भी दक्षिणा उनके चरणों में अर्पित कर देना।।308।।

उपक : चापा! तेरी प्रार्थना को पूरा करना मेरा कर्तव्य है! तू जैसा कहती है, मैं वैसा ही करूँगा। अद्वितीय लोक-स्वामी की तेरी ओर से वन्दना विज्ञापित करूँगा। फिर उनकी प्रदक्षिणा कर मैं तेरी भी भेंट उनके चरणों में अर्पित कर दूँगा।'' ।।309।।

गाथा आगे चलती है।

तदुपरान्त उपक नेरंजरा नदी के किनारे पर गया। उसने देखा कि भगवान् सम्यक् सम्बुद्ध अमृत (निर्वाण) पद का उपदेश कर रहे हैं।।310।।

दुःख का, दुःख के हेतु का, दुःख की निवृत्ति का और दुःख-निवृत्ति के शमन-रूपी आर्य अष्टांगिक मार्ग का, उपदेश करते तथागत को उसने देखा।।311।।

उपक ने भगवान् के चरणों की वन्दना की। फिर उनकी प्रदक्षिणा कर उसने चापा की ओर से भी भगवान् की प्रदक्षिणा की और उन्हें उसका प्रणाम अर्पित कर दिया। तदुपरान्त भगवान् से प्रव्रज्या लेकर वह तीनों विद्याओं का ज्ञाता हो गया, उसने बुद्ध-शासन को पूरा किया!।।312।।[7]

यही बौद्ध धर्म में समस्या है कि यह घरों को तुड़वाता है। इसकी धम्म दीक्षा में घरों को बसाने का कोई उपाय नहीं है। जो चाहे, इस से अपना घर तुड़वा ले। 'थेरगाथा' में सारे थेरों ने और 'थेरीगाथा' में सारी थेरियों ने अपने घर ही तोड़े हैं। बच्चों का मोह नहीं, उन की परवरिश नहीं, बस थेर और थेरी बन जाओ। घरों से पूरी दुश्मनी है। बौद्ध भिक्षु बने उपक की शपथ घर-गृहस्थी के लिए बड़ी दुर्दान्त है—''निष्ठुर नारी! यदि तू इस पुत्र को गीदड़ या शिकारी कुत्तों के मुख में भी डाल दे, तो भी मुझे लौटाने में तू समर्थ नहीं होगी।'' ज्ञान के नाम पर मनुष्य के साथ यह क्या बला पल रही है? स्वयं

7. वही, पृ. 82-4

बुद्ध भी राहुल को ऐसे ही छोड़ कर जा रहे हैं। घरों में कुछ गड़बड़ हो तो बताई जाए, उसे सुधारा या बदला जाए, दूसरा घर बसाया जाए—यह क्या कि घर नाम की चीज ही छोड़ी जाए? घर बुरा हो तो रिश्ता तोड़ दिया जाए, तलाक ले लिया जाए, पर यह संन्यास क्यों अपनाया जा रहा है? इसलिए निष्कर्ष यह निकलता है कि उपक नाम का यह आजीवक कच्चा आजीवक था।

(v) 'अंगुत्तर निकाय' की गालियां

विरोधी विद्वान के साथ कितना बुरा बर्ताव किया जा सकता है, इस के प्रमाण बौद्ध धर्म ग्रन्थ 'अंगुत्तर निकाय' में मिलता है। मक्खलि गोसाल को ले कर इस में बुद्ध की भाषा पूरी तरह से अमर्यादित हो गई है। भाषा के इस्तेमाल में वे अपनी सारी पढ़ाई-लिखाई और अपने पूरे ज्ञान-ध्यान को भूल गए हैं। भिक्षुओं को सम्बोधित करते हुए वे कहते हैं :

> ४. "नाहं, भिक्खवे, अञ्ञं एकपुग्गलं पि समनुपस्सामि यो एवं बहुजनअहिताय पटिपन्नो बहुजनअसुखाय, बहुनो जनस्स अनत्थाय अहिताय दुक्खाय देवमनुस्सानं यथयिदं, भिक्खवे, मक्खलि मोघपुरिसो। सेय्यथापि भिक्खवे, नदीमुखे खिप्पं उड्डेय्य बहूनं मच्छानं अहिताय दुक्खाय अनयाय ब्यसनाय; एवमेव खो, भिक्खवे, मक्खलि मोघपुरिसो मनुस्सखिप्पं मञ्ञे लोके उत्पन्नो बहूनं सत्तानं अहिताय दुक्खाय अनयाय ब्यसनाया" ति।।[8]
>
> ४. "भिक्षुओ! मैं लोक में ऐसा एक के अतिरिक्त किसी अन्य पुद्गल को नहीं जानता जो बहुत जनों का अहित कर रहा हो, उनके लिये दुःखराशि एकत्र कर रहा हो, देवताओं एवं सज्जनों के लिये भी अहित, असुख एवं अनर्थ का उत्पाद कर रहा हो, जैसा, भिक्षुओ! यह **मूर्ख मक्खलि**। भिक्षुओ! जैसे किसी नदी में उठा हुआ तीव्र वात्याचक्र (तूफान) वहाँ रहने वाली मछलियों के लिये अहित, दुःख, विपत्ति एवं सङ्कट उत्पन्न कर देता है, उसी प्रकार इस मूर्ख मक्खलि ने भी यहाँ के मनुष्यों के लिये मिथ्याधर्म का एक ऐसा दुश्चक्र उत्पन्न कर दिया है जो उनके लिये अहित, दुःख, विपत्ति एवं सङ्कट उत्पन्न कर रहा है।।"[9]

एक आचार्य दूसरे आचार्य के विचारों का खंडन कर सकला है। खंडन-मंडन ऐसे

8. सुत्त पिटक : अंगुत्तर निकाय पालि [हिन्दी अनुवाद सहित], प्रथम भाग, सम्पादक एवं अनुवादक, स्वामी द्वारिका दास शास्त्री, बौद्ध भारती, पंचशील, एस 10/6 ए-2ए, मकबूल आलम रोड, (जिला जेल के सामने) वाराणसी, उत्तर प्रदेश-221 002, अभिनव संस्करण, 2009, पृ. 51
9. वही, पृ. 51

ही चलता है। लेकिन तब विरोधी आचार्य के मत को ठीक उसी परिप्रेक्ष्य में रखना चाहिये जो विरोधी का परिप्रेक्ष्य है। लेकिन बुद्ध मक्खलि गोसाल के परिप्रेक्ष्य को बरगलाते भी हैं। मक्खलि गोसाल के लिए कर्म और क्रिया का सन्दर्भ पुनर्जन्म से है जिसे वे नहीं मानते। लेकिन 'अंगुत्तर निकाय' में बुद्ध की एक और भाषा का यहां उदाहरण दिया जा सकता है जो इस प्रकार है :

५. **केसकम्बलसुत्तं** : ''सेय्यथापि, भिक्खवे, यानि कानिचि तन्तावुतानं वत्थानं, केसकम्बलो तेसं पटिकिट्ठो अक्खायति। केसकम्बलो, भिक्खवे, सीते सीतो, उण्हे उण्हो, दुब्बण्णो, दुग्गन्धो, दुक्खसम्फस्सो। एवमेव खो, भिक्खवे, यानि कानिचि पुथुसमण-ब्राह्मणवादानं मक्खलिवादो तेसं पटिकिट्ठो अक्खायति। मक्खलि, भिक्खवे, ... मोघपुरिसो एवंवादी एवंदिट्ठि—'नत्थि कम्मं, नत्थि किरियं, नत्थि विरियं' ति। ये पि ते, भिक्खवे, अहेसुं अतीतमद्धानं अरहन्तो सम्मासम्बुद्धा, ते पि भगवन्तो कम्मवादा .... चेव अहेसुं किरियवादा च विरियवादा च। ते पि, भिक्खवे, मक्खलि मोघपुरिसो पटिबाहति—'नत्थि कम्मं, नत्थि किरियं, नत्थि विरियं' ति। ये पि ते, भिक्खवे, भविस्सन्ति अनागतमद्धानं अरहन्तो सम्मासम्बुद्धा, ते पि भगवन्तो कम्मवादा चेव भविस्सन्ति किरियवादा च विरियवादा च। ते पि, भिक्खवे, मक्खलि मोघपुरिसो पटिबाहति—'नत्थि कम्मं, नत्थि किरियं, नत्थि विरियं' ति। अहं पि, भिक्खवे, एतरहि अरहं सम्मासम्बुद्धो............. ।''[10]

५. केशकम्बल सूत्र

''भिक्षुओ! करघे पर बुने हुए कपड़ों में जैसे केशनिर्मित कम्बल घृणित एवं सदोष माना जाता है; क्योंकि वह शीतऋतु में शीत रहता है, ग्रीष्मऋतु में उष्ण रहता है, देखने में कुरूप है, दुर्गन्ध वाला है, उसका स्पर्श भी दुःखप्रद होता है; इसी प्रकार, भिक्षुओ! जितने भी अन्य श्रमण ब्राह्मणों के मतवाद हैं उनमें इस **मक्खलि** का मत सब से निकृष्ट है। वह स्वयं भी ऐसा कहता है, ऐसा मानता है—'यहाँ न कोई कर्म है, न कोई क्रिया है, न कोई तदर्थ वीर्यारम्भ है।' भिक्षुओ! जो भी पहले भूतकाल में अर्हत् सम्यक्सम्बुद्ध हुए हैं वे सभी भगवान् क्रियावादी एवं आरम्भवादी हुए हैं। उनके मत का भी खण्डन कर वह यही कहता है—'यहाँ न कोई कर्म है, न कोई क्रिया है, न तदर्थ किसी वीर्यारम्भ की आवश्यकता है।'

''भिक्षुओ! अनागत भविष्य काल में जो अर्हत् सम्यक्सम्बुद्ध भगवान् होंगे वे भी सब कर्मवादी एवं क्रियावादी होंगे, उनको भी यह मूर्ख

10. वही, पृ. 375

मक्खलि ...पूर्ववत्... तदर्थ कोई वीर्यारम्भ आवश्यक नहीं है'—ऐसा कहेगा।

"भिक्षुओ! वर्तमान काल में भी मैं अर्हत् सम्यक्सम्बुद्ध हूँ। मैं भी कर्मवादी एवं क्रियावादी हूँ। मुझको भी अतिक्रान्त कर वह यही कहता है—'न कोई कर्म है, न कोई क्रिया, न उसके लिये किसी विशेष वीर्यारम्भ की ही आवश्यकता है।'"[11]

सही बात यह है कि मक्खलि गोसाल ने माना है कि हर घटना का कारण होना चाहिए। लेकिन इस कसौटी को मनुष्य के जन्म लेने पर कस कर देखा जाए तो क्या परिणाम निकलता है? इस में मक्खलि गोसाल के यह कहने में क्या गलत है कि वह कारण मनुष्य के पिछले जन्मों के कर्म नहीं हो सकते? क्या कारण और घटना के नाम पर किसी घटना का कुछ भी कारण होना मनवाया जा सकता है? तब, जो कारण है, बिना जानते हुए उसे नियति कहिए। बिना कुछ जानते मनुष्य सर्वज्ञ और बुद्ध क्यों बनता है? नियति कुछ भी है, मनुष्य या जीव के पिछले जन्मों का कर्म कतई नहीं है क्योंकि पुनर्जन्म ही नहीं है तो उस से नाल की तरह जुड़ा हुआ कर्मवाद किस खेत का बथुवा है? इस में मनुष्य क्या कर लेगा? उस की शक्ति क्या है? जो मौजूद नहीं था वह कारण कैसे बनेगा? नियति को प्रकृति कहो, आवश्यकता कहो, वस्तुओं का भीतरी नियम कहो, पर उसे मनुष्य या जीव के धर्म-कर्म या क्रिया से कैसे जोड़ा जा सकता है कि अगले जन्म में उसे अमुक योनि मिलेगी? इसलिए, मनुष्य के जन्म में उस के पिछले जन्मों के कर्मों को कारण मानना, दार्शनिक द्वारा सिर के उलटे बल हो कर चलना है, जो उसके पास अन्धविश्वास के सिवा कुछ नहीं है। जीवों के जन्म के मामले में नियति के सिद्धान्त को वैज्ञानिक बन कर खोला जाए तो अच्छा लगे, पर पिछले जन्मों के कर्मों की बात हांकना, सच्चाई की मजाक उड़ाना है। गोसाल की नियति के खण्डन में पुनर्जन्म का मण्डन कैसे हो सकता है? गलत बात है कि लोग ऐसा करते हैं। मसलन, बुद्ध के गर्भ धारण करने को ले कर यह कहना कहां तक उचित है कि उस रात को बुद्ध की मां महामाया को स्वप्न में दीखता है कि तब सुमेध नाम का एक बोधिसत्व उस के पास आया और प्रश्न किया कि मैंने अपना अन्तिम जन्म पृथ्वी पर धारण करने का निश्चय किया है, क्या तुम मेरी माता बनना स्वीकार करोगी? आजीवक दृष्टि से यह झूठ का बोलबाला है कि आज तक दुनिया में, एक सुमेध बोधिसत्व क्या, किसी का भी गर्भ धारण इस प्रकार हुआ है कि महामाया ने उत्तर दिया कि बड़ी खुशी से। ऐसा कहना मनुष्य को अंधकार में बहलाना है। न कोई व्यक्ति ऐसा प्रश्न पूछता है और न कोई मां ऐसा ज़वाब देती है क्योंकि यह संभव ही नहीं है। यह भी एक दम झूठ पसारा जाता है जब कहा जाता है कि बोधिसत्व को लगातार दस जन्मों तक बोधिसत्व रहना पड़ता है। रैदास और कबीर पुनर्जन्म को मानने वाली इस मनगढ़न्त बात को कभी नहीं स्वीकारेंगे

11. वही, पृ. 375

कि बोधिसत्व को एक जन्म में एक पारमिता की पूर्ति करनी होती है, पारमिताओं की पूर्ति क्रमशः करनी होती है, एक जीवन में एक पारमिता की पूर्ति करनी होती है, ऐसा नहीं कि एक जीवन में थोड़ी एक और थोड़ी दूसरी। ऐसा लग रहा है, मानो पुनर्जन्म की पूरी प्रक्रिया को जान कर गणितज्ञ हिसाब लगा कर सब कुछ ठीक-ठीक बता रहा है।

ख. तीन आधुनिक हिन्दू विद्वान

पिछली दो सदियों से 'इन्डोलोजी' नाम का एक नया विषय खड़ा हुआ है। इसे अस्तित्व में लाने का श्रेय यूरोप के विद्वानों को दिया जाता है। अंग्रेजों का भारत पर राज हो जाने के बाद इस नए अध्ययन में विशेष प्रगति हुई। कहना चाहिए कि भारत के हिन्दू विद्वानों ने बनिस्पत कोई अच्छा काम करने के, इस में टांग ज्यादा अड़ाई है, जिस की गहराई में जाने की यहां आवश्यकता नहीं है। प्रस्तुति में यहां हिन्दुओं के केवल तीन विद्वानों को लिया जा रहा है जिन को बौद्ध कहने से भी कोई फर्क नहीं पड़ता। इन के नाम आचार्य नरेन्द्र देव, राहुल सांकृत्यायन और धर्मानंद कोसम्बी हैं। इस पक्ष को रखने के बजाय कि इन्होंने चिन्तन के क्षेत्र में गफलत ज्यादा पैदा की है, कहा यह जाना है कि मक्खलि गोसाल और उन के आजीवक धर्म के बारे में इन के अध्ययन बौद्ध ग्रन्थों में दी गई सामग्री पर अधिक आधारित हैं।

(i) आचार्य नरेन्द्र देव

आचार्य नरेन्द्र देव खत्री समाज से थे। इन्होंने एक वृहदाकार पुस्तक 'बौद्ध धर्म दर्शन' लिखी है। इन के मक्खलि गोसाल और उन के आजीवक धर्म पर क्या विचार हैं? विचार वे ही पिटे-पिटाए हैं जो बुद्ध के और बौद्धों के हैं। ये भी बुद्ध के समकालीन छह शास्ताओं का रटा-रटाया वर्णन करते हैं। ये लिखते हैं–"उनके नाम ये हैं–अजित-केश-कम्बल, पूरण-कस्सप, पकुध-कच्चायन, मक्खलि-गोसाल, संजय-वेलट्ठिपुत्त, निगंठ-नातपुत्त। इनमें 'निगंठ-नातपुत्त' जैनधर्म के अन्तिम तीर्थंकर महावीर हैं। इनमें केवल यही आस्तिक थे। अजित-केश-कम्बल के मत से न दान है, न इष्टि, न हुत, न सुकृत और न दुष्कृत कर्म का फल-विपाक है, न इह लोक है, न परलोक, न श्रमण-ब्राह्मण हैं, जिन्होंने अभिज्ञाबल से इहलोक परलोक का साक्षात्कार किया है। मनुष्य चातुर्महाभूतिक है। जब वह काल (मृत्यु) करता है, तब पृथिवी पृथिवी-काय को अनुपगमन करती है,...इत्यादि। इन्द्रियाँ आकाश में संक्रमण करती हैं। बाल और पण्डित काय-भेद से विनष्ट होते हैं, मरणानन्तर वे नहीं होते। 'संजय' का कहना था कि प्राणातिपात (वध), अदत्तादान (स्तेय), मृषावाद और परदार-गमन से पाप नहीं होता और दान-यज्ञ आदि से पुण्य का आगम नहीं होता। मक्खलि-गोसाल नियतिवादी थे। वे मानते थे कि सब सत्त्व (जीव) अवश हैं, अवीर्य हैं। उनमें न बल है, न वीर्य है, न पुरुष-पराक्रम। उनके अनुसार हेतु नहीं है, सत्त्वों से संक्लेश का प्रत्यय (हेतु) नहीं है;

सत्त्व अहेतुक क्लेश भोगते हैं और बिना हेतु-प्रत्यय के विशुद्ध होते हैं। गोसाल आजीवक सम्प्रदाय के संस्थापक थे। वे कहते थे कि बाल और पण्डित सब सत्त्व-संसरण कर दुःख का अन्त करते हैं। इसे संसार-शुद्धि कहते हैं। ये अचेलक थे और अनेक प्रकार के कष्ट-तप करते थे। जेतवन के पीछे उनका एक स्थान था। ये पंचाग्नि तापते थे, उत्कुटिक थे और चमगादड़ की भाँति हवा में झूलते थे। 'पालि निकाय' में इनको मुक्ताचार कहा है। एक सूत्रान्त में इनको 'पुत्तमताय पुत्ता' कहा है, अर्थात् यह उस माता के पुत्र हैं जिनके पुत्र मर जाते हैं। बुद्धघोष के अनुसार 'पूरण' आत्मा को निष्क्रिय और कर्म को नहीं मानते थे। 'अजित' नास्तिक थे और कर्म-विपाक को नहीं मानते थे। 'गोसाल' नियतिवादी थे, ये कर्म और कर्म-फल दोनों का प्रतिषेध करते थे।''[12]

यह सब क्या है? क्या इन दार्शनिकों के बारे में आचार्य नरेन्द्र देव की यह सही दृष्टि है? क्या यहां बुद्ध के विरोधियों की बातें सन्दर्भ काट कर नहीं रखी गई हैं? पक्का इरादा है कि बुद्ध के विरोधियों को खूब बदनाम किया जाए। क्या ये गालियां सी नहीं बरस रही हैं? क्या मक्खलि गोसाल ने अपने मत की प्रस्तुति इन्हीं शब्दों में की थी? वह क्या है जो मक्खलि गोसाल अपने बारे में इन कथनों से भिन्न कथन करते हैं? यह सही है कि मक्खलि गोसाल नियतिवादी थे और वे कर्म और कर्मफल दोनों का प्रतिषेध करते थे पर कम से कम यह तो बता दिया जाता कि पुनर्जन्म का खंडन करने में कर्म और कर्मफल का खंडन एक अनिवार्य शर्त है।

अब यह जाना जाए कि आचार्य नरेन्द्र देव ने इन बातों को ले कर अपने बुद्ध के बारे में क्या लिखा है। उन्होंने लिखा है—''भगवान् यद्यपि ब्रह्म या ईश्वर और आत्मा की सत्ता को नहीं मानते थे, तथापि पुनर्जन्म, परलोक में प्रतिपन्न थे। वे ब्राह्मणों के लोकवाद और देववाद को मानते थे। वे देव, यक्ष, किन्नर, असुर, प्रेत की सत्ता और स्वर्ग-नरक की कल्पना को मानते थे। ....वे नास्तिक नहीं थे। वे कर्म और कर्म का फल मानते थे।''[13] तब हमें बुद्ध के इस नैरात्म्यवाद का क्या फायदा हुआ जिसमें ईश्वर और आत्मा के दो शब्दों को छोड़ कर हिन्दू दर्शन के बाकी पारिवारिक सदस्य पाहुने बने ज्यों के त्यों मौजूद हैं? नरेन्द्र देव ने लिखा है—''नैरात्म्यवाद से पुनर्जन्म और कर्म के प्रति उत्तरदायित्व के सिद्धान्त को क्षति नहीं पहुंचती। आत्मा की प्रतिज्ञा करना भूल है; सन्तति का उल्लेख करना चाहिये। संक्रान्ति का उल्लेख करना भूल है; कहना चाहिये कि मरण-चित्त प्रतिसंधि-चित्त का उत्पाद करता है। ''विज्ञान का अस्तित्व है, किन्तु विज्ञान नहीं जानता।'' ''[14] तब यह क्या हुआ?—कुछ नहीं, घनचक्कर हुआ। नरेन्द्र देव ने इसे सही शब्द दिए हैं—''इसमें वाक्-चातुरी है, किन्तु यह एक पहेली है। एक सूत्रान्त में कहा है कि बुद्ध सर्वज्ञ है, क्योंकि जिस संतति की संज्ञा 'बुद्ध' है, उसका यह सामर्थ्य

12. बौद्ध धर्म दर्शन, आचार्य नरेन्द्र देव, बिहार राष्ट्र भाषा परिषद, सम्मेलन भवन, पटना-3, बिहार, प्रथम संस्करण, 1956, पृ. 4

13. वही, पृ. 6

14. वही, पृ. 286

है कि चित्त के आभोगमात्र से इस संतति में प्रत्येक विषय की यथाभूत प्रज्ञा उपस्थित होती है। जिस संतति की कल्पना बौद्ध करते हैं, उसमें आत्मा के सब सामर्थ्य पाए जाते हैं।''[15] फर्क केवल यह है कि डा. अम्बेडकर ने हिन्दू धर्म में पहेलियां खोज कर अपनी पुस्तक 'रिडल्स इन हिन्दुइज्म'[16] लिखी थी और यहां आचार्य नरेन्द्र देव 'रिडल्स इन बुद्धिज्म' से परेशान खड़े हैं। बात एकदम सही है कि मछली किस जगह पकड़ी जानी है। हिन्दू लोग 'जन्म' के नाके पर 'पुनर्जन्म' पकड़ते हैं और बौद्ध लोग 'भव' के स्थान पर 'पुनर्भव' के बोके भरते हैं, पर द्वादश अंग में कोई इस 'उपादान' के रजबाहे में 'पुनर्उपादान' भी कह कर पकड़ सकता है। आखिर, 'पुनः' शब्द को उपसर्ग के रूप में प्रयोग करने पर 'पुनर्संस्कार', 'पुनर्विज्ञान', 'पुनर्वेदना' और 'पुनर्तृष्णा' आदि के शब्द बनाने की मनाही कैसे की जा सकती है?

(ii) राहुल सांकृत्यायन

एक अन्य आधुनिक लेखक राहुल सांकृत्यायन ब्राह्मण थे। इन्होंने मक्खलि गोसाल के दर्शन को किस प्रकार समझा है? ये उन्हें अकर्मण्यतावादी कहते हैं। ये मक्खलि गोसाल के बारे में अपनी पुस्तक 'दर्शन-दिग्दर्शन' में लिखते हैं :

> मक्खलि (=मस्करी) गोशालका जिक्र बौद्ध और जैन दोनों पिटकोंमें आता है। जैन ''पिटक'' से पता लगता है, कि वह पहिले जैन मतका साधु था, पीछे उससे निकल गया। गोशालका जो चित्र वहां अंकित किया गया है, उससे वह बहुत नीच प्रकृतिका ईर्ष्यालु, धर्मान्ध जान पड़ता है।—उसने महावीर (=जैन-तीर्थंकर, निगंठ नातपुत्त) को जानसे मारने की कोशिश की; ब्राह्मण-देवताकी मूर्तिपर पेशाब-पाखाना किया, जिससे ब्राह्मणों ने उसे कूटा आदि आदि। किन्तु इसके विरुद्ध बौद्ध पिटक उसे बुद्धकालीन छे प्रसिद्ध लोकसम्मानित आचार्योंमें एक मानता है; आजीवक सम्प्रदाय के तीन आचार्यों (=निर्याताओं)—नन्द वात्स्य, कृश सांकृत्य और मक्खली गोशालमेंसे एक बतलाता है। वहीं यह भी पता लगता है, कि मक्खलि गोसाल (आजीवक-) आचार्य नंगे रहते, तथा कुछ संयम-नियम की पाबन्दी भी करते थे। बुद्धके बुद्धत्व प्राप्त करनेके समय (537 ई.पू. में) आजीवक सम्प्रदाय मौजूद था, क्योंकि बुद्ध-गया से चलने पर बोधि और गयाके बीच रास्ते उन्हें उपक नामक आजीवक मिला था। इस से यह भी पता लगता है, कि गोशालसे पहिले नन्द वात्स्य और कृश सांकृत्य आजीवक संप्रदायके आचार्य थे।

---

15. वही, पृ. 286
16. Dr. Babasaheb Ambedkar : Writings and Speeches : Vol. 4, Compiled by Vasant Moon, Education Department, Government of Maharashtra, Bombay-400 032, First Edition, 2nd October, 1987

मक्खलि गोशाल नामकी व्याख्या करनेकी भी पाली में कोशिश की गई है, जिसमें मक्खलि=मा खलि=न गिर, गो शाल=गोशाल में उत्पन्न बतलाया गया। पाणिनि (४०० ई.पू.) ने मस्करी शब्द को गृह त्यागियों के लिए माना है। पालीकी व्याख्याकी जगह पाणिनि की व्याख्या लेनेपर अर्थ होगा 'साधु गोशाल'।

दर्शन–गोशालके (आजीवक) दर्शनका जिक्र पालि-त्रिपिटक में कई जगह आया है, किन्तु सभी जगह उन्हीं शब्दोंको दुहराया गया है।

''प्राणियों (=सत्त्वों) के संक्लेश (=चित्त-मालिन्य) का कोई हेतु= कोई प्रत्यय नहीं। बिना हेतुके ही प्राणी संक्लेशको प्राप्त होते हैं। प्राणियोंकी (चित्त-) विशुद्धिका कोई हेतु....नहीं। बिना हेतु के.... प्राणी विशुद्ध होते हैं। बल नहीं, वीर्य नहीं, पुरुषकी दृढ़ता नहीं, पुरुष-पराक्रम नहीं (काम आते)। सभी सत्त्व, सभी प्राणी, सभी भूत, सभी जीव वश-बल-वीर्यके बिना ही नियति (=भवितव्यता) के वश में छै अभिजातियों (=जन्मों) में सुख-दुःख अनुभव करते हैं। चौदह सौ हजार प्रमुख योनियाँ, (दूसरी) साठ सौ, (दूसरी) छै सौ। पाँच सौ कर्म हैं, (दूसरे) पाँच कर्म,...तीन कर्म, एक कर्म और आधा कर्म। बासठ प्रतिपद् (=मार्ग), बासठ अन्तरकल्प, छै अभिजातियाँ, आठ पुरुष-भूमियाँ, उन्नीस सौ आजीवक, उनचास सौ परिब्राजक, उनचास सौ नागा-वास, बीस सौ इन्दियाँ, तीस सौ नरक, छत्तीस रजो (=मलवाली)-धातु, सात संज्ञी (=होशवाले) गर्भ, सात अ-संज्ञी गर्भ, सात निगंठी गर्भ, सात देव, सात मनुष्य, सात पिशाच, सात स्वर, सात सौ सात पमुट (=गाँठ), सात सौ सात प्रपात, सात सौ सात स्वप्न।... और अस्सी लाख छोटे बड़े कल्प हैं, जिन्हें मूर्ख और पंडित जानकर और अनुगमन कर दुःखों का अन्त कर सकते हैं। वहाँ यह नहीं है कि इस शील-व्रत से, इस तप-ब्रह्मचर्य से मैं अपरिपक्व कर्मको परिपक्व करूँगा; परिपक्व कर्मको भोगकर (उसका) अन्त करूँगा। सुख और दुःख द्रोण (=नाप) से नपे हुए हैं। संसार में घटना-बढ़ना, उत्कर्ष-अपकर्ष नहीं होता। जैसे कि सूतकी गोली फेंकने पर खुलती हुई गिर पड़ती है, वैसे ही मूर्ख और पंडित दौड़कर, आवागमन में पड़कर, दुःखका अन्त करेंगे।''

इससे जान पड़ता है, कि मक्खलि गोशाल (आजीवक) पूरा भाग्यवादी था, पुनर्जन्म और देवताओंको मानता था और कहता था कि जीवन का रास्ता नपा-तुला है, पाप-पुण्य उसमें कोई अन्तर नहीं डालते।[17]

17. दर्शन-दिग्दर्शन, राहुल सांकृत्यायन, किताब महल, इलाहाबाद, प्रथम संस्करण, 1944, पृ. 487-89

यहां राहुल सांकृत्यापन से मक्खलि गोसाल के दर्शन को समझने और समझाने में गलती यह हो रही है कि वे मक्खलि गोसाल को अकर्मण्यतावादी, भाग्यवादी, देवताओं को मानने वाला और पुनर्जन्म में विश्वास करने वाला मानते हैं। असल में, राहुल सांकृत्यायन का यह विचार मक्खलि गोसाल के साथ किया गया घोर दार्शनिक अपराध है। प्रश्न है, ब्राह्मणों, बौद्धों और जैनियों के कर्मवाद को न मानने वाले गोसाल को अकर्मण्यतावादी क्यों कहा जा रहा है? जब वे नियतिवादी हैं तो उन्हें पुनर्जन्मवादी किस भ्रान्ति या चालाकी में कहा जा रहा है? क्या ब्राह्मणों, बौद्धों और जैनियों ने अपने-अपने ढंग से कर्म मान कर कर्मण्यतावाद का ठेका ले रखा है? जब गोसाल परलोक और पुनर्जन्म से जुड़े किसी धर्म-कर्म, क्रिया-कर्म और बलि-कर्म के पाप-पुण्य को नहीं मानते तो उन्हें इस सन्दर्भ से काट कर अकर्मण्यतावादी क्यों कहा जा रहा है? सच तो यह है कि मक्खलि गोसाल के नियतिवाद को लेकर भारतीय दर्शन में पूरी अराजकता फैली हुई है। जो जिस के मन में आता है, वह इस के अर्थ को वैसा ले लेता है।

वैसे, पुनर्जन्म को ले कर राहुल सांकृत्यायन के बारे में सच क्या है? सच यह है कि खुद राहुल पुनर्जन्म में विश्वास नहीं करते थे। प्रमाण के लिए इन के बारे में डा. भदन्त आनंद कौसल्यायन ने अपनी पुस्तक 'दर्शन (वेद से मार्कस तक)' में लिखा है जो इस प्रकार है :

> प्रसिद्ध बौद्ध विद्वान महापण्डित, राहुल सांकृत्यायन रात के बारह बजे भी पुस्तकों पर आँख गड़ाये रहते थे। मैं ने कहा—"अब तो आराम कीजिये।"
>
> बोले—"तुम जानते हो मेरा तो अगले जन्म पर विश्वास नहीं, मुझे तो जो कुछ करना है, इसी जन्म में करना है।"[18]

यही इन का सच है कि ये अपने लिए पुनर्जन्म को कभी नहीं मानते।

राहुल सांकृत्यायन ने पुनर्जन्म के सिद्धान्त का मूल बताने की कोशिश की है। यह कोशिश उन की पुस्तक 'वोल्गा से गंगा' में मिलती है। इस पुस्तक में एक कहानी 'प्रवाहण' शीर्षक से है। स्थान के रूप में इस की उपज पंचाल की है और समय 700 ई. पू. माना गया है।

प्रवाहण क्षत्रिय था। उस की आंखें नीली थीं। उस की शुक सी नाक थी, केश पीत कुंचित थे, सुवर्ण देह थी और पतले लाल अधर थे। कहानी में उस की लोपा से बातें हो रही हैं। ब्रह्म और उपनिषद पर बात करते हुए प्रवाहण अपने एक नये आविष्कार की बात करता है। प्रवाहण और लोपा के बीच हुए संवाद का वह अंश इस प्रकार है :

---

18. दर्शन (वेद से मार्कस तक), लेखक, डा. भदन्त आनंद कौसल्यायन, भिक्षु निवास प्रकाशन, दीक्षाभूमि, नागपुर-10, प्रथम आवृत्ति, पृ. 101

"......किन्तु लोपा! इस "आकाश" या ब्रह्म से भी बढ़कर मेरा दूसरा आविष्कार है।"

"कौन?"

"मरकर फिर इसी दुनिया में लौटना–'पुनर्जन्म'।"

"यह सबसे भारी जाल है!"

"और सबसे कार्यकारी भी। जिस परिमाण में हम सामन्तों, ब्राह्मणों और बनियों के पास अपार भोग-राशि एकत्रित होती गई है, उसी परिमाण में साधारण प्रजा निर्धन होती गई। इन निर्धनों, शिल्पियों, कृषकों और दास-दासियों–को भड़काने वाले पैदा होने लगे हैं, जो कहते हैं–'तुम अपनी कमाई दूसरों को देकर कष्ट उठाते हो; वह धोखे में रखने के लिए तुम्हें झूठे ही विश्वास दिलाते हैं कि तुम इस कष्ट, त्याग, दान करने के लिए मरकर स्वर्ग में जाओगे। किसी ने स्वर्ग में मृत जीवों के उन भोगों को देखा नहीं है। इसी का जवाब है; यहां संसार में जो नीच-ऊंच के भाव छोटी-बड़ी जातियों, निर्धन-धनिक आदि के भेद पाये जाते हैं, वह सब पहले जन्म के कर्मों ही के कारण। हम इस प्रकार पहले के सुकर्म-दुष्कर्म का फल प्रत्यक्ष दिखलाते हैं।"

"ऐसे तो चोर भी अपने चोरी के माल को पूर्वजन्म की कमाई कह सकता है?"

"किन्तु उसके लिए हमने पहले ही से देवताओं, ऋषियों और जन-विश्वास की सहायता प्राप्त कर ली है, जिसके कारण चोरी के धन को पूर्वजन्म की कमाई नहीं माना जाएगा। इस जन्म में परिश्रम बिना अर्जित धन को हम पहले देवताओं की कृपा से प्राप्त बतलाते थे; किन्तु जब देवताओं और उनकी कृपा पर संदेह किया जाने लगा; तो हमें कोई दूसरा उपाय सोचना जरूरी था। ब्राह्मणों में यह सोचने की शक्ति नहीं रह गई। पुराने ऋषियों के मंत्रों और वचनों को रटने में ही वह चालीस-पैंतालीस की आयु बिता देते हैं। वह दूसरी कोई गम्भीर बात कहां से सोच निकालेंगे?"

"किन्तु तूने भी तो, प्रवाहण! रटने में बहुत-सा समय लगाया था?"

"सिर्फ सोलह वर्ष। चौबीस वर्ष की उम्र के बाद मैं ब्राह्मण की विद्याओं को पार कर बाहर के संसार में आ गया था। यहां मुझे ज्यादा पढ़ने को मिला। मैंने राज-शासन की बारीकियों में घुसने के बाद देखा कि ब्राह्मणों की बनाई पुरानी नाव आज के लिए अदृढ़ है।"

"इसलिए तूने दृढ़ नाव बनाई?"

"सत्य या असत्य से मुझे मतलब नहीं, मेरा मतलब है उसके कार्योपयोगी होने से। लोपा! संसार में लौटकर जन्मने की बात आज नहीं मालूम होती है और मुझे उसके भीतर छिपा हुआ स्वार्थ भी मालूम है; किन्तु

मेरे ब्राह्मण चेले अभी से उसे ले उड़े हैं। पितरों और देवताओं के रास्ते (पितृ-यान, देव-यान) को समझने के लिए अभी ही लोग बारह-बारह साल गाय चराने को तैयार हैं! लोपा! मैं और तू नहीं रहेंगे, किन्तु वह समय आएगा जबकि सारी दरिद्र प्रजा इस पुनरागमन के भरोसे सारे जीवन की कटुता, कष्ट और अन्याय को बर्दाश्त करने के लिए तैयार हो जाएगी। स्वर्ग और नरक को समझाने के लिए यह कैसा सीधा उपाय निकाला लोपा?''

''लेकिन यह अपने पेट के लिए सैकड़ों पीढ़ियों को भाड़ में झोंकना है।''

''वशिष्ठ और विश्वामित्र ने भी पेट के लिए ही वेद रचे; उत्तर-पंचाल (रुहेलखण्ड) के राजा दिवोदास् के कुछ शबर दुर्गों की विजय पर कविता पर कविता बनाई। पेट का प्रबन्ध करना बुरा नहीं है, और जब हम अपने पेट के साथ हजार वर्षों के लिए अपने बेटे-पोतों, भाई-बन्धुओं के पेट का भी प्रबन्ध कर डालते हैं, तो हम शाश्वत यश के भागी होते हैं? प्रवाहण वह काम कर रहा है, जिसे पूर्वज ऋषि भी नहीं कर पाये—जिसे धर्म की रोटी खाने वाले ब्राह्मण भी नहीं कर सकें।''

''तू बड़ा निष्ठुर है, प्रवाहण!''

''किन्तु मैंने अपने काम को योग्यतापूर्वक पूरा किया।''[19]

प्रश्न है, जब राहुल सांकृत्यायन पुनर्जन्म के बारे में यह सब कुछ जानते हैं तब उन का यह लिखना कहां तक उचित है कि मक्खलि गोसाल पुनर्जन्म को मानता था?

अब ऐसा नहीं है कि एक राहुल सांकृत्यायन ही मानते हैं कि पुनर्जन्म नहीं होता, हर ब्राह्मण और हर क्षत्रिय यह मानता है कि पुनर्जन्म नहीं होता, लेकिन वैदिक, बौद्‌ध और जैन के किन्हीं भी धर्मों में पैदा हुआ हर ब्राह्मण और हर क्षत्रिय इस झूठ का फायदा उठाता है कि पुनर्जन्म होता है। यह जो उदारवादी, साम्यवादी, समाजवादी और भविष्य में आने वाले नये-नये वादियों का मुखौटा है, इस सब के पीछे का सत्य यह है कि पुनर्जन्म के झूठे सिद्‌धान्त का जबर्दस्त फायदा उठाया गया है और उठाया जाएगा। हां, इस विषय में सब से बड़ा सच यही है कि हर ब्राह्मण और हर क्षत्रिय यही जानता और मानता है कि उस की सन्तान ही उस की अपनी है जिस के लिए उसे दुनिया के सारे झूठ बोलने होते हैं।

(iii) धर्मानंद कोसम्बी

बौद्‌ध धर्म पर आधुनिक भारत के एक अन्य विद्‌वान धर्मानंद कोसम्बी थे। ये

19. वोल्गा से गंगा, राहुल सांकृत्यायन, किताब महल, 22-ए, सरोजनी नायडू मार्ग, इलाहाबाद, उत्तर प्रदेश-211 001, संस्करण, 2010, पृ. 114-16

जाति से ब्राह्मण थे।[20] इन की एक पुस्तक का नाम 'भगवान बुद्‌ध' है जिस में इन्होंने मक्खलि गोसाल पर थोड़ा लिखा है। इस में इन्होंने नियतिवाद शीर्षक से लिखा है–''मक्खलि गोसाल संसार-शुद्धिवादी या नियतिवादी था। वह कहता, ''प्राणी की अपवित्रता के लिए कोई हेतु नहीं होता, कोई कारण नहीं होता। हेतु के बिना, कारण के बिना प्राणी अपवित्र होते हैं। प्राणी की शुद्धि के लिए कोई हेतु नहीं होता, कोई कारण नहीं होता। हेतु के बिना, कारण के बिना प्राणी शुद्ध होते हैं। अपनी सामर्थ्य से कुछ नहीं होता। दूसरे की सामर्थ्य से कुछ नहीं होता। पुरुष की सामर्थ्य से कुछ नहीं होता। (किसी में) बल नहीं है, वीर्य नहीं है, पुरुष-शक्ति नहीं है, पुरुष-पराक्रम नहीं है। सर्वसत्व, सर्वप्राणी, सर्वभूत, सर्वजीव तो अवश, दुर्बल एवं निर्वीर्य हैं। वे नियति (भाग्य), संगति एवं स्वभाव के कारण परिणत होते हैं और छः में से किसी एक जाति (वर्ग) में रहकर सुख-दुःख का उपभोग करते हैं। बुद्धिमानों और मूर्खों को चौरासी लाख महाकल्पों के चक्कर में घूम जाना पड़ता है, तभी उनके दुःखों का नाश होता है। अगर कोई कहे कि इस शील से, इस व्रत से, इस तप से अथवा ब्रह्मचर्य से मैं अपरिपक्व कर्म को परिपक्व बनाऊँगा अथवा परिपक्व कर्म के फलों का उपभोग करके उसे नष्ट कर दूँगा, तो वह उससे नहीं हो सकेगा। इस संसार में सुख-दुःख इतने निश्चित हैं कि उन्हें परिमित द्रोणों (मापों) से मापा जा सकता है। उन्हें कम या अधिक नहीं किया जा सकता। जिस प्रकार कोई सूत का गोला फेंकने पर उसे पूरी तरह खुल जाने तक वह आगे बढ़ता जायगा उसी प्रकार बुद्धिमानों और मूर्खों के दुःखों का नाश तभी होगा जब वे (संसार का) समग्र चक्कर पूरा करके आयँगे।''[21]

धर्मानंद कोसम्बी के नियतिवाद पर विचारों को समझने के लिए अक्रियवाद पर भी उन के विचारों को समझ लेना आवश्यक है। वे बुद्‌ध के समकालीन छह दार्शनिकों का परिचय देते हुए अक्रियवाद पर लिखते हैं–''इन छः में से पहला पूर्ण कस्सप अक्रियवाद का समर्थक था। वह कहता, ''अगर कोई कुछ करे या कराये, काटे या कटवाये, कष्ट दे या दिलाये, शोक करे या कराये, किसी को कुछ दुःख हो या कोई दे, डर लगे या डराये, प्राणियों को मार डाले, चोरी करे, घर में सेंध लगाये, डाका डाले, एक ही मकान पर धावा बोल दे, बटमारी करे, परदारागमन करे या असत्य बोले, तो भी उसे पाप नहीं लगता। तीक्ष्ण धार वाले चक्र से यदि कोई इस संसार के पशुओं के मांस का बड़ा ढेर लगा दे, तो भी उसमें बिलकुल पाप नहीं है। उसमें कोई दोष नहीं है। गंगा नदी के दक्षिणी किनारे पर जाकर यदि कोई मार-पीट करे, काटे या कटवाये, कष्ट दे या दिलाये

20. भगवान बुद्‌ध (लेखक की मूल मराठी पुस्तक से अनुदित), लेखक, धर्मानंद कोसम्बी, अनुवादक, श्री पाद जोशी, राजकमल प्रकाशन प्रा. लि., 1-बी, नेताजी सुभाष मार्ग, नई दिल्ली-110 002, प्रथम हिन्दी संस्करण, 1956, काका साहब कालेलकर का लेख 'भक्त पण्डित धर्मानंद कोसम्बी', पृ. च

21. भगवान बुद्‌ध (लेखक की मूल मराठी पुस्तक से अनुदित), लेखक, धर्मानंद कोसम्बी, अनुवादक, श्री पाद जोशी, राजकमल प्रकाशन प्रा. लि., 1-बी, नेताजी सुभाष मार्ग, नई दिल्ली-110 002, प्रथम हिन्दी संस्करण, 1956, पृ. 181-82

तो भी उसमें बिलकुल पाप नहीं है। गंगा नदी के उत्तरी किनारे पर जाकर यदि कोई अनेक दान करे या करवाये, यज्ञ करे या करवाये, तो भी उससे कोई पुण्य नहीं मिलता। दान, धर्म, संयम और सत्य-भाषण से पुण्य की प्राप्ति नहीं होती।''[22] पूरण कस्सप के इस 'अक्रियवाद' और मक्खलि गोसाल के 'संसार शुद्धि वाद' के सम्बन्ध को वे इन शब्दों में देखते हैं :

> इस अक्रियवाद से मक्खलिगोसाल का संसारशुद्धिवाद बहुत दूर नहीं था। उसका कहना यह था कि यद्यपि आत्मा प्रकृति से अलिप्त है फिर भी उसे निश्चित जन्म लेने पड़ते हैं और उसके बाद वह आप-ही-आप मुक्त हो जाती है। यह कल्पना आज भी हिन्दू-समाज में पाई जाती है कि चौरासी लाख जन्म लेकर प्राणी उन्नत स्थिति को पहुँच जाता है। ऐसा लगता है कि मक्खलिगोसाल के समय में वह बहुत प्रचलित थी।
>
> 'अंगुत्तरनिकाय' में छक्क निपात के एक सुत्त (नं. ५७) से ऐसा दीखता है कि आगे चलकर पूरण काश्यप का सम्प्रदाय मक्खलिगोसाल के आजीवक-पन्थ में शामिल हो गया था। उक्त सुत्त में आनन्द भगवान् से कहता है, ''भदन्त, पूरण कस्सप ने कृष्ण, नील, लोहित, हरिद्र, शुक्ल और परमशुक्ल....इस प्रकार छः अभिजातियाँ बताई हैं। बधिक, व्याध आदि लोगों का समावेश कृष्णाभिजाति में होता है। भिक्षु आदि कर्मवादी लोगों का नीच जाति में, एक वस्त्र पहनने वाले निर्ग्रन्थों का लोहिताभिजाति में, शुभ वस्त्र पहनने वाले अचेलक श्रावकों (आजीवकों) का हरिद्राभिजाति में, आजीवकों और आजीवक भिक्षुणियों का शुक्लाभिजाति में और नन्दवच्छ, किस संकिच्च तथा मक्खलिगोसाल का समावेश परम शुक्लाभिजाति में होता है। इससे स्पष्ट दिखाई देता है कि पूरण कस्सप का सम्प्रदाय और आजीवकों का सम्प्रदाय एक हो गए थे। नन्द, वच्छ आदि तीन आचार्य आजीवक परम्परा के नेता थे। इससे यह भी सिद्ध होता है कि कस्सप के और उनके आत्मवाद में कोई अन्तर नहीं था और कस्सप को उनका देह-दण्डन का मार्ग पसन्द था।[23]

धर्मानंद कोसम्बी ने निर्ग्रन्थों और आजीवकों के सम्बन्ध को भी जानने का प्रयत्न किया है। इस विषय पर वे लिखते हैं :

> जैन-ग्रन्थों से ऐसा मालूम होता है कि बुद्धसमकालीन जैनों के चौबीसवें तीर्थंकर महावीर स्वामी (जिन्हें निगण्ठ नाथपुत्त कहते थे) और मक्खलिगोसाल ने छः बरस तक एक साथ रहकर तपश्चर्या की थी।

---

22. वही, पृ. 181

23. वही, पृ. 185

कदाचित् उन दोनों का यह प्रयत्न था कि आजीवकों और निर्ग्रन्थों का एक सम्प्रदाय बनाया जाय। पार्श्वमुनि के संन्यासी एक वस्त्र या तीन वस्त्र अपने पास रखते थे। परन्तु महावीर स्वामी ने मक्खलिगोसाल का दिगम्बर व्रत स्वीकार किया और तब से निर्ग्रन्थ निर्वस्त्र हो गए परन्तु निर्ग्रन्थों और आजीवकों के दर्शन में मिलाप नहीं हो सका। यदि महावीर स्वामी लखचौरसी के दर्शन को स्वीकार कर लेते तो निर्ग्रन्थों की परम्परा में प्रचलित चातुर्यामों का कोई महत्व नहीं रहता। यदि ऐसा मान लिया जाय कि नियति (भाग्य), संगति (परिस्थिति) और स्वभाव के कारण प्राणी परिणत होते हैं तो फिर अहिंसा, सत्य, अस्तेय और अपरिग्रह, इन चार यामों का क्या उपयोग? अर्थात् ये दोनों आचार्य एकत्र नहीं रह सके।

आजीवकों के लख-चौरासी के दर्शन की अपेक्षा निर्ग्रन्थों का चातुर्याम संवरवाद लोगों को विशेष पसन्द आया हो तो उसमें कोई आश्चर्य नहीं, क्योंकि उससे और तपश्चर्या से पिछले जन्म में किये हुए पाप को धोया जा सकता था और एक ही जन्म में मोक्ष की प्राप्ति हो सकती थी।[24]

किसी की कल्पना पर कोई रोक नहीं लग सकती—अब चाहे वह निपट कोरी हो। इसलिए, जांचने और बांधने का तरीका यह है कि धर्मानंद कोसम्बी के बुद्ध को कर्म और कर्मफल की कसौटी पर कसा जाए। उन्होंने अंगुत्तर निकाय के पञ्चक निपात के 57वें सुत्त से सीधे बुद्ध वचन ही उद्धृत किए हैं। इन में बुद्ध ने भिक्षुओं को सम्बोधित करते हुए कहा है—"भिक्षुओ, ...मैं .....कर्मयोनि हूँ, अर्थात् कर्म से ही मेरा जन्म हुआ है.....।"[25] बताइए, बुद्ध की 'कर्मयोनि' से मक्खलि गोसाल के नियतिवाद का मेल कैसे बैठ सकता है? पुनर्जन्म ही कर्मयोनि का आधार है जबकि मक्खलि गोसाल के यहां जन्म का आधार नियति है।

यहां अच्छा रहेगा कि जन्म के मामले में आधुनिक विज्ञान की थोड़ी मदद ली जाए। अब मक्खलि गोसाल को गुजरे हुए ढाई हजार साल से ज्यादा का समय हो गया है। तब से अब तक जन्म की प्रक्रिया की जानकारी में कितनी वृद्धि हुई है? विज्ञान कहता है कि पुरुष के एक बार के वीर्यपात में लगभग पच्चीस करोड़ शुक्राणु होते हैं। जब गर्भ ग्रहण करने की अनुकूल स्थिति होती है तब उन में से एक ही शुक्राणु कामयाब होता है, बाकी सब को गर्भाशय में कुछ घंटों में मरना होता है। इस में बुद्ध की कर्मयोनि की क्या तुक बैठती है? जो बाकी 'एक कम पच्चीस करोड़' शुक्राणु मरे हैं, उन की कर्मयोनियों का हिसाब कैसा है? प्रश्न और भी पूछे जा सकते हैं पर मक्खलि गोसाल के नियतिवाद के सिद्धान्त के विजय-घोष के लिए यहीं रुका जा सकता है।

---

24. वही, पृ. 187-88

25. वही, पृ. 210-11

यहां एक बात घोषणा करने लायक है कि ब्राह्मणों और बौद्धों की समाज वर्ण-व्यवस्थाओं के ब्राह्मणों और क्षत्रियों में से कोई व्यक्ति मक्खलि गोसाल के दर्शन को कभी नहीं समझ सकता। अपनी सामाजिक पृष्ठभूमियों की वजह से उन में यह नैसर्गिक और नैतिक क्षमता पैदा नहीं है कि वे नियतिवाद के ना-पुनर्जन्मवाद को कभी ग्रहण कर सकते हैं। वे आजीवक धर्म पर कब्जा करने और आजीवक अनुयायियों को भ्रमित करने के लिए अपने नाम के पीछे 'गोसाल' शब्द जरूर रख लेंगे जैसे 'विष्णु नम्बूदरी गोसाल', लेकिन मक्खलि गोसाल के इस धर्म को कभी मानेंगे नहीं। वैसे भी सोचने लायक बात है कि उनके वैदिक धर्म और बौद्ध धर्म में क्या कमी है जो वे आजीवक धर्म को मानेंगे। इसलिए, अच्छी बात यह है कि वे अपने-अपने धर्मों से सन्तुष्ट रहें और दूसरों के धर्म को ललचायी निगाह से न देखें। यदि उन्हें कुछ सुधार करने हैं तो अपने धर्मों में करें और यदि उन्हें किसी की सेवा करनी है तो अपने जाति भाइयों और नाति बन्धुओं की करें।

अध्याय-6

आजीवक दर्शन और स्वतन्त्रता

क. नत्थि पुरिस्कारे—अर्थात नियति, संगति और भाव
ख. संसार शुद्धि और मंडल मोक्ष
ग. आधुनिक सन्दर्भ

क. 'नत्थि पुरिस्कारे'—अर्थात नियति, संगति और भाव

डा. हरिपाद चक्रबर्ती ने अपनी पुस्तक 'ऐसिटिसिज्म इन एनशिएण्ट इण्डिया इन ब्राह्मनिकल, बुद्धिष्ट, जैन एण्ड आजीविक सोसायटीज (फ्रोम दि अर्लियस्ट टाइम्स टु दि पीरियड ऑफ शंकराचार्य)' में सही लिखा है कि 'नत्थि पुरिस्कारे' आजीवक दर्शन का मूल सूत्र है।[1] इस का अर्थ है कि जन्म धारण करने के मामले में आदमी का कुछ भी करना-धरना उस के काम नहीं आता। 'नत्थि पुरिस्कारे' का अर्थ सीधे 'नियतिवाद' से जुड़ता है। हरिपाद चक्रबर्ती ने भी इसे ठीक समझा है जब कर्मवाद के विरोध में खड़ा किया है। उन्होंने सही लिखा है कि आजीवक धर्म का नियतिवाद ब्राह्मणों, बौद्धों और जैनियों के कर्म-सिद्धान्त के विपरीत पड़ता है। कर्म-सिद्धान्त यही है कि मनुष्य ऐसे कर्म करने के लिए स्वतन्त्र है कि उसे अगले जन्म में अमुक योनि मिले। उसमें माना जाता है कि वर्तमान जीवन के सुख-दुख पूर्वजन्मों के कर्मों के अनुसार मिलते हैं। लेकिन गोसाल के दर्शन में ऐसा कुछ नहीं है :

> Now on the theory of Niyati or Fate, the essence of Ajivika philosophy. The fatalism is opposed to the theory of Karman, propounded by the Brahmanical, Buddhist or Jain philosophy. The Karman theory teaches us that one is free to act according to one's will and one's actions bring joy and sorrow. One's present condition is thus shaped by one's actions either of this life or of past lives. But Gosala believes in an immutable principle which determines all things. Karman is uneffected by good conduct, by vows, by

1. Asceticism in Ancient India in Brahmanical, Buddhist, Jaina and Ajivika Societies [from the earliest times to the period of Sankaracharya], Haripad Chakraborti, Punthi Pustak, 136/4B, Bidhan Sarani, Calcutta-700 004, Reprint, 1993, p. 449

penances or by chastity.[2]

बात बिलकुल स्पष्ट हो जाती है जब चक्रबर्ती ने लिखा है कि किसी को भी नया शरीर कर्म-सिद्धान्त के अनुसार नहीं मिलता :

> A (new) body is not obtained by anything else such as karman etc. So they experience under the compulsion of Destiny the varied stages of life from childhood to old age.[3]

उन का कहना है कि आजीवकों के लिए ब्रह्माण्ड का अन्तिम कारण नियति है। नियति ही पहला कारण है, संगति और भाव नियति के रूपान्तरण भर हैं। उन्होंने आजीवकों के संसार-शुद्धि के सिद्धान्त को भी इसी से जोड़ा है :

> Thus to the Ajivikas Niyati is the ultimate cause of this Universe, it is the first casue, sangati and bhava are but illusory modifications of the Niyati. That is why the Ajivika theory of salvation, as noted before, has been called in the Jataka "Samsara-suddhi"[4]

डा. बेनी माधव बरुआ ने अपनी अंग्रेजी की पुस्तक 'ए हिस्ट्री ऑफ प्री-बुद्धिस्टिक इण्डियन फिलासफी' में मक्खलि गोसाल के दर्शन को समझने की कोशिश की है। इस के लिए वे संसार की शुरूआत के मामले में प्रकृति पर आ कर टिके हैं और मानते हैं कि यह प्रवृत्ति और निवृत्ति पर निर्भर है जिस में प्रवृत्ति से आरम्भ होता है और निवृत्ति से उस का अन्त होता है :

> Thus according to Gosala's view the world originates and develops from its inherent force or immanent energy. It is also probable that he sought for the explanation of the diversity of appearance, characteristics, habits and behaviour of things in nature. He conceived Nature as a self-evolving activity. Nature has two modes of operation : by one mode things come to pass and by the other they cease to be (pravritti and nivritti). More accurately, he seems to have understood by Nature the specific faculties or characteristics of a living substance other than those which it possesses in common with the race or species.[5]

मक्खलि गोसाल के दर्शन को समझने के लिए एक सूत्र मिलता है जो 'नियति-संगति-भाव-परिणता' का है। डा. बरुआ ने इसे अपनी पुस्तक में 'दीघनिकाय' से लिया है।[6] यहां सब से पहले नियति को लिया जा सकता है। संसार में सब कुछ

---

2. ibid., pp. 470-71
3. ibid., p. 472
4. ibid., p. 471
5. A History of Pre-Buddhistic Indian Philosophy, Benimadhab Barua, University of Calcutta, First Edition 1921, p. 312
6. ibid., p. 316

अपनी समग्र ता में जरू त के अनुसार होता है। नियति सब की नियामक है। इस मामले में किसी भी जीव की अपनी शक्ति नहीं होती, जो होना है, वह होना चाहिए–और जो नहीं होना चाहिए, वह नहीं हो सकता। अस्तित्व, उस के गुण और उस के कार्य नियत हैं। यह नियति जीव के साथ उस के गर्भ में होने से अपना कार्य करना शुरू कर देती है :

> *I. Fate (Niyati).*–Like the Stoics, Gosala maintains that in the world as a whole all comes about by necessity; fate regulates all. As Mahavira, Buddha and others interpret his doctrine, there is no such thing as power, energy, strength or vigour. All beings, all lives, all existent things, all living substances are without force and power of their own. They are bent this way and that by their fate. That which is to be, must be; that which is not to be, cannot be. All things are unalterably fixed. Fixed are the periods of existence, the properties of things, and the functions of the senses. The nature of action, fortune, wisdom and death is fixed in the case of a being even while he is in the womb, so to speak. Just as when a ball of string is cast forth it spreads out just as far as, and no farther than, it can unwind, so every being lives, acts, enjoys, learns and dies in the manner in which it is destined to do so.
>
> Following Mahidasa, Gosala conceived the world as a rational purposive order, a system in which everything has that place and function assigned to it which contribute to the well-being of the whole. It is to one and the same order that we may give the name fate, necessity, nature, destiny, providence, reason. It is the system in which chance has no place, and which admits of no other cause whatever for the depravity or purity of beings than all that is implied in the word Fate or Destiny.[7]

संगति के बारे में माना गया है कि यह वर्गीकरण है। अपने वर्ग के भीतर ही जीवों के क्रिया कलाप होते हैं। जीव अपने वर्ग के गुणों से बाहर नहीं जा सकते :

> *II. Class or Species (Sangati).*–The attainment of a certain peculiar condition, and of a certain peculiar character on the part of all things, all lives, all beings, depends in part on the class or type or species to which they belong. It is partly according to their position in this class or that that they possess certain special properties, that they have certain physical characteristics, that they inherit certain peculiar habits, develop certain faculties, and so on. Thus for example fire is hot, ice is cold, water is liquid, stone is hard, a thorn is sharp, a peacock is painted, the

7. ibid., pp. 310-11

sandal tree possesses fragrance, the elephant's cub, if it does not find leafless and thorny creepers in the green wood, becomes thin; the crow avoids the ripe mango, etc.[8]

इस के बाद के क्रम में 'भाव' आता है। यह प्रत्येक जीव की अपनी बात होती है कि उस का स्वभाव क्या है :

> *III. Nature (Bhava).*–Buddhaghosa explains Gosala's term nature as 'the peculiar nature of each being.' With reference to Naturalism Asvaghosa speaks of Nature (prakriti) as being a property or tendency (pravritti), such as heat is of fire, and fluidity of water. We have the same explanation from Sankaracharya, Silanka and others. Aryasura, following some older Buddhist authority, speaks of a Non-Causalist (Ahetu-vadin) as professing the view that "the universe is self-caused, self-generated" (svabhavikam jagad idam).[9]

हुआ यह है कि 'नियति-संगति-भाव-परिणता' के आजीवक सूत्र की व्याख्या विरोधियों के द्वारा की गई मिलती है। आजीवक धर्म और दर्शन पर कुछ कहने के लिए आधुनिक विद्वान उन्हीं विरोधियों की व्याख्याओं पर निर्भर करते हैं–अब इन में चाहे वे कोई भी हों, आजीवक धर्म के शुभचिन्तक भी। लेकिन आवश्यकता इस बात की है कि 'नियति-संगति-भाव-परिणता' के सूत्र की व्याख्या आजीवक दृष्टि से की जाए। विरोधी लोग इस आजीवक सूत्र की व्याख्या आजीवकों का खण्डन करने के लिए करते हैं–उन्हें प्रमाण कैसे माना जाए?

डा. बरुआ ने 'परिणता' शब्द का अर्थ 'परिणामवाद' से लिया है। आजीवकों का यह 'परिणता' शब्द 'परिणाम' में बदल कर ब्रह्माण्ड में एक नैतिक नियम को मान्यता देता है जिस में कुछ भी आकस्मिक नहीं होता :

> The *Parinamavada* seeks to establish, even by its fatalistic creed, a moral government of law in the universe where nothing is dead, where nothing happens by chance, and where all that is and all that happens and is experienced are unalterably fixed as it were by a pre-determined law of nature.[10]

इस का अर्थ यह निकलता है कि मनुष्य को जीवों के इस क्रमिक स्तर में सर्वोच्च होने पर भी, अपनी स्वतन्त्रता को एक नियम के तहत रखना चाहिए। उसे दूसरों के अधिकारों का अतिक्रमण नहीं करना चाहिए। आजीवक सिद्धान्त के अनुसार मनुष्य को नैतिक नियम के तहत आचरण करना चाहिए। यहां स्वतन्त्रता का अर्थ अपने लिए जो चाहे सो करना नहीं है :

---

8. ibid., p. 311
9. ibid., p. 311
10. ibid., p. 317

> It teaches that as man is pre-destined in certain ways and as he stands highest in the gradations of existence, his freedom, to be worth the name, must be one within the operation of law, and that the duty of man as the highest of beings is to conduct himself according to law, and so to act and behave himself as not to trespass on the rights of others, to make the fullest use of one's liberties, to be considerate and discreet, to be pure in life, to abstain from killing living beings, to be free from earthly possessions, to reduce the necessaries of life to a minimum, and to strive for the best and highest, i.e., Jinahood, which is within human powers.[11]

नियति पर अधिक शास्त्रीय जानकारी कहाँ से प्राप्त की जाए जो आजीवक दर्शन को समझने में मदद कर सकती है? इस के लिए जैन ग्रन्थों की सहायता ली जा सकती है क्योंकि आजीवक धर्म और जैन धर्म का आपसी आरम्भिक रिश्ता रहा है। इस का अर्थ यह नहीं लगाया जा सकता कि नियति पर जो विचार जैन दर्शन के हैं, हू-ब-हू वे ही विचार नियति पर आजीवक दर्शन के भी हैं। उन में फर्क है, और भारी फर्क है, पर अच्छी बात यह है कि सन्दर्भ बना रहता है। इस के लिए जिनेन्द्र वर्णी की पुस्तक 'जैनेन्द्र सिद्धान्त कोश, भाग-2' का सहारा लिया जा सकता है। इस में जो उद्धरण दिए गए हैं, वे मूल जैन पुस्तकों से लिए गए हैं, मूल भाषा भी दी गई है और सन्दर्भ भी दिए गए हैं। उस सब को न दे कर यहां केवल हिन्दी अनुवाद ही दिए जा रहे हैं। इस में नियति के बारे में लिखा गया है :

> जो कार्य या पर्याय जिस निमित्तके द्वारा जिस द्रव्यमें जिस क्षेत्र व कालमें जिस प्रकारसे होना होता है, वह कार्य उसी निमित्तके द्वारा उसी द्रव्य, क्षेत्र व कालमें उसी प्रकारसे होता है, ऐसी द्रव्य, क्षेत्र, काल व भावरूप चतुष्टयसे समुदित नियत कार्यव्यवस्थाको 'नियति' कहते हैं। नियत कर्मोदय रूप निमित्तकी अपेक्षा इसे ही 'दैव', नियत कालकी अपेक्षा इसे ही 'काल लब्धि' और होने योग्य नियम भाव या कार्य की अपेक्षा इसे ही 'भवितव्य' कहते हैं। अपने-अपने समयोंमें क्रम पूर्वक नम्बरवार पर्यायोंके प्रगट होने की अपेक्षा श्री कांजी स्वामीजी ने इसके लिए 'क्रमबद्ध पर्याय' शब्दका प्रयोग किया है। यद्यपि करने-धरनेके विकल्पोंपूर्ण रागी बुद्धिमें सब कुछ अनियत प्रतीत होता है, परन्तु निर्विकल्प समाधिके साक्षीमात्र भावमें विश्वकी समस्त कार्य व्यवस्था उपरोक्त प्रकार नियत प्रतीत होती है।
>
> अतः वस्तुस्वभाव, निमित्त (दैव), पुरुषार्थ, काललब्धि व भवितव्य इन पाँचों समवायों से समवेत तो उपरोक्त व्यवस्था सम्यक् है; और इनसे

---

11. ibid., p. 317

निरपेक्ष वहीं मिथ्या है। निरुद्यमी पुरुष मिथ्या नियति के आश्रय से पुरुषार्थ का तिरस्कार करते हैं, पर अनेकान्त बुद्धि इस सिद्धान्त को जानकर सर्व बाह्य व्यापार से विरक्त हो एक ज्ञाताद्रष्टा भाव में स्थिति पाती है।[12]

इस में मिथ्या नियतिवाद निर्देश के बारे में लिखा गया है :

1. जो जब जिसके द्वारा जिस प्रकार से जिसका नियम से होना होता है, वह तब ही तिसके द्वारा तिस प्रकार से तिसका होता है, ऐसा मानना मिथ्या नियतिवाद है।[13]
2. जो नियतिवादी हैं, वे ऐसा कहते हैं कि नियति नाम का एक पृथक स्वतन्त्र तत्त्व है, जिसके वश से ये सर्व ही भाव नियत ही रूप से प्रादुर्भाव को प्राप्त करते हैं, अन्यथा नहीं। वह इस प्रकार कि–जो जब जो कुछ होता है, वह सब वह ही नियतरूप से होता हुआ उपलब्ध होता है, अन्यथा कार्यभाव व्यवस्था और प्रतिनियत व्यवस्था न बन सकेगी, क्योंकि उसके नियामकका अभाव है। अर्थात नियत नामक स्वतन्त्र तत्त्व को न मानने पर नियामकका अभाव होने के कारण वस्तु की नियत कार्यव्यवस्था की सिद्धि न हो सकेगी। परन्तु वह तो प्रतीति में आ रही है, इसलिए कौन प्रमाण पथ में कुशल ऐसा व्यक्ति है जो इस नियति तत्त्व को बाधित करने में समर्थ हो।[14]

सम्यक नियतिवाद निर्देश के बारे में लिखा गया है–"जिस जीव के, जिस देश में, जिस काल में, जिस विधान से, जो जन्म अथवा मरण जिन देव ने नियत रूप से जाना है; उस जीव के उसी देश में, उसी काल में उसी विधान से वह अवश्य होता है। उसे इन्द्र अथवा जिनेन्द्र कौन टाल सकने में समर्थ है।.......... इस प्रकार जो निश्चय से सब द्रव्यों को और सब पर्यायों को जानता है वह सम्यग्दृष्टि है और जो उनके अस्तित्व में शंका करता है वह मिथ्यादृष्टि है।"[15]

'दैव का लक्षण' शीर्षक से निम्न प्रकार लिखा गया है :

1. योग्यता या पूर्वकर्म दैव कहलाता है।[16]
2. विधि, स्रष्टा, विधाता, दैव, पुराकृत कर्म और ईश्वर ये सब कर्मरूपी

---

12. जैनेन्द्र सिद्धान्त कोश, भाग-2 (क-न), कोशकार, जिनेन्द्र वर्णी, भारतीय ज्ञानपीठ, 18, इन्स्टीट्यूशनल एरिया, लोदी रोड, नई दिल्ली-110 003, सातवां संस्करण, 2004, पृ. 613
13. वही, पृ. 614
14. वही, पृ. 614
15. वही, पृ. 614
16. वही, पृ. 616

ईश्वर के पर्यायवाचक शब्द हैं, इनके सिवाय और कोई लोक का बनाने वाला ईश्वर नहीं है।[17]

3. प्राणी ने पूर्व भव में जिस पाप या पुण्य कर्म का संचय किया है, वह दैव कहा जाता है।[18]

मिथ्या दैववाद निर्देश के बारे में लिखा गया है :

1. दैव से ही सर्व प्रयोजनों की सिद्धि होती है। वह दैव अर्थात् पाप कर्मस्वरूप व्यापार भी पूर्व के दैव से होता है। ऐसा मानने से मोक्ष का व पुरुषार्थ का अभाव ठहरता है। अतः ऐसा एकान्त दैववाद मिथ्या है।[19]
2. दैव ही परमार्थ है। निरर्थक पुरुषार्थ को धिक्कार है। देखो पर्वत सरीखा उत्तंग राजा कर्ण भी संग्राम में मारा गया।[20]

सम्यक दैववाद निर्देश के बारे में लिखा गया है :

1. दैव बड़ा ही स्वेच्छाचारी है, यह मनमानी करता है। नीति तथा पथ्य-सेवियों को तो यह निर्धन व रोगी बनाता है और अनीति व अपथ्य-सेवियों को धनवान् व नीरोग बनाता है।[21]
2. दैव से अर्थात् काललब्धि से उस दर्शन मोहनीय के उपशमादि होते ही उसी समय सम्यग्दर्शन होता है, और दैव से यदि उस दर्शन मोहनीय का अभाव न हो तो नहीं होता, इसलिए यह उपयोग न सम्यक्त्व की उत्पत्ति में कारण है और दर्शनमोह के अभाव में।[22]
3. इसी प्रकार दैवयोग से अपने-अपने कारणों का या कर्मोदयादि का सन्निधान होने पर—पंचेन्द्रिय व मन अंगीपांग नामकर्म के बन्ध की प्राप्ति होती है।........ इन्द्रियों आदि की पूर्णता होती है।........ सम्यग्दृष्टि को भी कदाचित् आरम्भ आदि क्रियाएँ होती हैं।........ कदाचित् दरिद्रता की प्राप्ति होती है।........ मृत्यु होती है।........ कर्मोदय तथा उनके फलभूत तीव्र मन्द संक्लेश विशुद्ध परिणाम होते हैं।........ आँख में पीड़ा होती है।........ ज्ञान व रागादि में हीनता होती है।......... नामकर्म के उदयवश उस-उस गति में यथायोग्य शरीर की प्राप्ति होती है।........—ये सब उदाहरण दैवयोग से होने वाले कार्यों की अपेक्षा निर्दिष्ट हैं।[23]

---

17. वही, पृ. 616
18. वही, पृ. 616
19. वही, पृ. 616
20. वही, पृ. 616
21. वही, पृ. 616
22. वही, पृ. 616
23. वही, पृ. 616-17

कर्मों की प्रधानता के कारण के बारे में लिखा गया है :

1. इस जगत में जीवों के मरण, जीवित, दुःख, सुख–सब सदैव नियम से अपने कर्मोदय से होता है। यह मानना अज्ञान है कि–दूसरा पुरुष दूसरे के मरण, जीवन, दुःख सुख को करता है।[24]
2. इस संसार में अपने कर्म के द्वारा जो मरण का समय नियमित किया गया है, उसी समय में ही प्राणी मरण को प्राप्त होता है, वह उससे न तो पहले मरता है और न पीछे भी। फिर भी मूर्खजन अपने किसी सम्बन्धी के मरण को प्राप्त होने पर अतिशय शोक करके बहुत दुःख भोगते हैं।[25]

दैव के सामने पुरुषार्थ का तिरस्कार इन शब्दों में बताया गया है :

1. भाग्य जिस बात को नहीं चाहता उसे तुम अत्यन्त चेष्टा करने पर भी नहीं रख सकते, और जो वस्तुएँ भाग्य में बदी हैं उन्हें फेंक देने पर भी वे नष्ट नहीं होतीं।[26]
2. दैव से बढ़कर बलवान् और कौन है, क्योंकि जब ही मनुष्य उसके फन्दे से छूटने का यत्न करता है, तब ही वह आगे बढ़कर उसको पछाड़ देता है।[27]
3. यदि पुरुषार्थ से ही अर्थ की सिद्धि मानते हो तो हम पूछते हैं कि दैवसिद्ध जितने भी कार्य हैं, उनकी सिद्धि कैसे करोगे। यदि कहो कि उनकी सिद्धि भी पुरुषार्थ द्वारा ही होती है, तो यह बताइए, कि पुरुषार्थ तो सभी व्यक्ति करते हैं, उनको उसका समान फल क्यों नहीं मिलता? अर्थात कोई सुखी व कोई दुःखी क्यों है?[28]
4. जिसका मन्त्री बृहस्पति था, शस्त्र वज्र था, सैनिक देव थे, दुर्ग स्वर्ग था, हाथी ऐरावत था, तथा जिसके ऊपर विष्णु का अनुग्रह था; इस प्रकार अद्‌भुत बल से संयुक्त भी वह इन्द्र युद्ध में दैत्यों (अथवा रावण आदि) द्वारा पराजित हुआ है। इसीलिए यह स्पष्ट है कि निश्चय से दैव ही प्राणों का रक्षक है, पुरुषार्थ व्यर्थ है, उसके लिए बारंबार धिक्कार हो।[29]
5. भाग्यवश राजा भी निश्चय से क्षणभर में रंक के समान हो जाता है तथा समस्त रोगों से रहित युवा पुरुष भी शीघ्र ही मरण को प्राप्त होता है। इस प्रकार अन्य पदार्थों के विषय में तो क्या कहा जाय,

24. वही, पृ. 617
25. वही, पृ. 617
26. वही, पृ. 617
27. वही, पृ. 617
28. वही, पृ. 617
29. वही, पृ. 617

किन्तु जो लक्ष्मी और जीवित दोनों ही संसार में श्रेष्ठ समझे जाते हैं, उनकी भी जब ऐसी (उपर्युक्त) स्थिति है तब विद्वान् मनुष्यको अन्य किसके विषय में अभिमान करना चाहिए?[30]

6. दैव अर्थात् कर्मोदय के प्रति जीव का इच्छानुकूल पुरुषार्थ कारण नहीं है, क्योंकि, पुरुषार्थ केवल पौरुष की अपेक्षा नहीं रखता है, किन्तु दैव की अपेक्षा रखता है।[31]
7. ....पुण्य साथ रहने पर बिना प्रयत्न भी समस्त इष्ट सामग्री प्राप्त होती है, और वह साथ न रहने पर अनेक कष्ट उठाते हुए भी .... प्राप्त नहीं होती।[32]

दैव की अनिवार्यता के बारे में लिखा गया है :

1. दक्षिण नेत्र को फड़कते देख उसने विचार किया कि दैवयोग से जो कार्य जैसा होना होता है, उसे अन्यथा नहीं किया जा सकता।........ हीन शक्तिवालों की तो बात ही क्या, देवों के द्वारा भी कर्म अन्यथा नहीं किये जा सकते।[33]
2. सूर्य का प्रताप व कान्ति असाधारण है और असाधारण रूप से ही सब उसकी पूजा करते हैं, इससे जाना जाता है कि निष्ठुर दैव तर्क का विषय नहीं है।[34]

इस कोश में भवितव्य का लक्षण इस प्रकार बताया गया है :

1. जिस काल विषे जो कार्य भया सोई होनहार (भवितव्य) है।[35]
2. जो होने योग्य हो उसे भवितव्य कहते हैं। और उसका भाव भवितव्यता कहलाता है।[36]

माना गया है कि भवितव्य अलंघ्य व अनिवार्य है :

1. अन्तरंग और बाह्य दोनों कारणों के अनिवार्य संयोग द्वारा उत्पन्न होनेवाला कार्य ही जिसका ज्ञापक है, ऐसी इस भवितव्यता की शक्ति अलंघ्य है। अहंकार से पीड़ित हुआ संसारी प्राणी मन्त्र-तन्त्रादि अनेक सहकारी कारणों को मिलाकर भी सुखादि कार्यों के सम्पन्न करने में समर्थ नहीं होता है।[37]
2. राम से इतना कहकर मुनिराज ने गृद्ध से कहा कि हे द्विज! अब

---

30. वही, पृ. 617
31. वही, पृ. 617
32. वही, पृ. 617
33. वही, पृ. 617
34. वही, पृ. 617
35. वही, पृ. 617
36. वही, पृ. 617
37. वही, पृ. 618

> भयभीत मत होओ, रोओ मत, जो भवितव्य है अर्थात् जो बात जैसी होने वाली है, उसे अन्यथा कौन कर सकता है।[38]

नियति और पुरुषार्थ में समन्वय की बात आती है। इस में नियति दैव है और माना गया है कि दैव और पुरुषार्थ दोनों के मेल से ही अर्थ सिद्धि होती है। कोश में लिखा गया है–''पदार्थ की योग्यता अर्थात् भवितव्य और पूर्वकर्म ये दोनों दैव कहलाते हैं। ये दोनों ही अदृष्ट हैं......... तथा व्यक्ति की अपनी चेष्टा को पुरुषार्थ कहते हैं जो दृष्ट है। इन दोनों से ही अर्थसिद्धि होती है, क्योंकि, इनमें से किसी एक के अभाव में अर्थसिद्धि घटित नहीं हो सकती। केवल पुरुषार्थ से तो अर्थसिद्धि होती दिखाई नहीं देती .... तथा केवल दैव के मानने पर इच्छा करना व्यर्थ हुआ जाता है।''[39] इस में यह भी माना गया है कि अबुद्धिपूर्वक के कार्यों में दैव तथा बुद्धिपूर्वक के कार्यों में पुरुषार्थ प्रधान है।[40]

जैन दर्शन में माना गया है कि वास्तव में पांच समवाय समवेत होने से ही कार्य व्यवस्था सिद्ध होती है। उदाहरण इस प्रकार है–''(दशरथ ने राम को वनवास और भरत को राज्य दे दिया। इस अवसर पर जनसमूह में यह बातें चल रही हैं।)–भरत का क्या अभिप्राय था? और राजा दरशथ ने यह क्या कर दिया? राम लक्ष्मण के भी यह कौन सी बुद्धि उत्पन्न हुई है?........... यह सब काल, कर्म, ईश्वर, दैव, स्वभाव, पुरुष, क्रिया अथवा नियति ही कर सकती है। ऐसी विचित्र चेष्टा को और दूसरा कौन कर सकता है?.......... (काल को नियति में, कर्म व ईश्वर को निमित्त में और दैव व क्रिया को भवितव्यममें गर्भित कर देने पर पाँच बातें रह जाती हैं। स्वभाव, निमित्त, नियति, पुरुषार्थ व भवितव्य इन पाँच समवायों से समवेत ही कार्य व्यवस्था की सिद्धि है, ऐसा प्रयोजन है।)''[41]

माना गया है कि नियति और पुरुषार्थादि सहवर्ती हैं जिन में काललब्धि होने पर शेष कारण स्वतः प्राप्त होते हैं। लिखा गया है :

1. विनाश का अवसर प्राप्त होने पर जीव की बुद्धि नष्ट हो जाती है। सो ठीक है; क्योंकि, भवितव्यता के द्वारा प्रेरित हुआ यह जीव कर्मोदय के अनुसार चेष्टा करता है।[42]
2. जिस जीव की जैसी भवितव्यता होती है उसकी वैसी ही बुद्धि हो जाती है। वह प्रयत्न भी उसी प्रकार का करने लगता है और उसे सहायक भी उसी के अनुसार मिल जाते हैं।[43]

इस में यह भी माना गया है कि कालादि लब्धि बहिरंग कारण हैं और पुरुषार्थ

38. वही, पृ. 618
39. वही, पृ. 618
40. वही, पृ. 618
41. वही, पृ. 619
42. वही, पृ. 619
43. वही, पृ. 619

अन्तरंग कारण है।[44]

तब इस सारे नियति निर्देश का प्रयोजन क्या है? उत्तर इस उद्धरण में मिलता है—"जिस प्रकार वृक्षों में पत्र, पुष्प एवं फल उत्पन्न होते हैं और वे समयानुसार निश्चय से गिरते भी हैं उसी प्रकार कुटुम्ब में जो पुरुष उत्पन्न होते हैं वे मरते भी हैं। फिर बुद्धिमान् मनुष्यों को उनके उत्पन्न होने पर हर्ष और मरने पर शोक क्यों होना चाहिए?. .... पूर्वोपार्जित कर्म के द्वारा जिस प्राणी का अन्त जिस समय लिखा है उसी समय होता है, यह निश्चित जानकर किसी प्रिय मनुष्य का मरण हो जाने पर भी शोक को छोड़ो और विनयपूर्वक धर्म का आराधन करो। ठीक है—सर्प के निकल जाने पर उसकी लकीर को कौन लाठी से पीटता है।"[45]

नियति के बाद आजीवक दर्शन में संगति का स्थान है। इस का एक अर्थ देख लिया गया है कि डा. बेनी माधब बरुआ ने इसे वस्तुओं और जीवों के वर्गीकरण के रूप में लिया है। वह ठीक है पर उस के विस्तार की जरूरत है। तब इस शब्द का अर्थ वही हो जाता है जो आम जनता में प्रचलित है। जैन आचार्यों ने इसे इसी रूप में लिया है कि किस व्यक्ति की संगत की जाए और किस की संगत न की जाए। उद्धरणों के लिए पुनः जिनेन्द्र वर्णी की पुस्तक 'जैनेन्द्र सिद्धान्त कोश, भाग-4' का सहारा लिया जा सकता है। तरीका वही रहेगा कि मूल ग्रन्थों की भाषा और उन के स्थानों को न उतार कर उन का हिन्दी अनुवाद प्रस्तुत कर दिया जाए। शुरू में संगति के बारे में लिखा गया है—"मन पर संगति का प्रभाव पड़ना स्वाभाविक होने के कारण मोक्षमार्ग में भी साधुओं के लिए दुर्जनों, स्त्रियों व आर्यिकाओं आदि के संसर्ग का कड़ा निषेध किया गया है और गुणाधिकको संगति में रहने को अनुमति दी है।"[46] संगति के प्रभाव के बारे में लिखा गया है—"जैसे छुरी सुवर्णादिकको जिल्हई देने से सुवर्णादि स्वरूप की दीखती है वैसे मनुष्य भी जिसकी मित्रता करेगा वैसा ही अर्थात् दुष्ट के सहवास से दुष्ट और सज्जन के सहवास से सज्जन होगा।"[47]

दुर्जन की संगति का निषेध किया गया है—"सज्जन मनुष्य भी दुर्जन के संग से अपना उज्ज्वल गुण छोड़ देता है। अग्नि के सहवास से ठण्डा भी जल अपना ठण्डापना छोड़कर क्या गरम नहीं हो जाता? अर्थात् हो जाता है।......... दुर्जन के दोषों का संसर्ग करने से सज्जन भी नीच होता है, बहुत कीमत की पुष्पमाला भी प्रेत के (शव के) संसर्ग से कौड़ी की कीमत की होती है।......... दुर्जन के संसर्ग से दोष रहित भी मुनि लोकों के द्वारा दोषयुक्त गिना जाता है।......... महान् तपस्वी भी दुर्जनों के दोष से अनर्थ में पड़ते हैं अर्थात् दोष तो दुर्जन करता है परन्तु फल सज्जन को भोगना पड़ता है। जैसे उल्लू के

44. वही, पृ. 619
45. वही, पृ. 620
46. जैनेन्द्र सिद्धान्त कोश, भाग-4 (श-ह), कोशकार, जिनेन्द्र वर्णी, भारतीय ज्ञानपीठ, 18, इन्स्टीट्यूशन एरिया, लोदी रोड, नई दिल्ली-110 003, आठवां संस्करण, 2006, पृ. 118
47. वही, पृ. 118

दोष से निष्पाप हंस पक्षी मारा गया।''[48]

लौकिक जनों की संगति का निषेध इन शब्दों में किया गया है :

1. जिसने सूत्रों के पदों को और अर्थों को निश्चित किया है, जिसने कषायों का शमन किया है और जो अधिक तपवान् है ऐसा जीव भी यदि लौकिकजनों के संसर्ग को नहीं छोड़ता, तो वह संयत नहीं है।[49]
2. लौकिक मनुष्यों की संगति से मनुष्य अधिक बोलने वाले बक्कड कुटिल परिणाम और दुष्ट भावों से अत्यन्त क्रूर हो जाते हैं इसलिए लौकिकजनों की संगति को मन-वचन-काय से छोड़ देना चाहिए।[50]
3. लोगों के संसर्ग से वचन की प्रवृत्ति होती है। उससे मन की व्यग्रता होती है, तथा चित्त की चंचलता से चित्त में नाना विकल्प होते हैं। इसलिए योगी लौकिकजनों के संसर्ग का त्याग करे।[51]
4. आहार के लिए श्रावक के घर पर जाकर वहाँ बैठना यह भी अयोग्य है। स्त्रियों के साथ सहवास होने से ब्रह्मचर्य का विनाश होता है। जो भोजन करना चाहते हैं उनको विघ्न उपस्थित होता है, मुनि के सन्निधि में आहार लेने में उनको संकोच होता है.... ''ये यति स्त्रियों के बीच में क्यों बैठते हैं, यहाँ से क्यों अपने स्थान पर जाते नहीं?'' घर के लोग ऐसा कहते हैं।[52]
5. आचार्य असंयमी पुरुषों के साथ सम्बन्ध, भाषण, प्रेम-व्यवहार, करे कोई ऐसा कहते हैं, परन्तु वह आचार्य न तो आचार्य है और न अर्हत् का अनुयायी ही।[53]

तरुण जनों की संगति का निषेध किया गया है—''जैसे बड़ा पत्थर सरोवर में डालने से उसका निर्मल पानी उछलकर मलिन बनता है वैसा तरुण संसर्ग मन के अच्छे विचारों को मलिन बनाता है।........ जैसे मद्यपी के सहवास से मद्य का प्राशन न करने वाले मनुष्य को भी उस के पान की अभिलाषा उत्पन्न होती है वैसे तरुणों के संग से वृद्ध मनुष्य भी विषयों की अभिलाषा करता है।........ ज्ञानी भी चारुदत्त कुसंसर्ग से गणिका में आसक्त हुआ, तदनन्तर उसने मद्य में आसक्ति कर अपने कुल को दूषित किया।....... जो मनुष्य तरुणों का संग विष तुल्य समझकर छोड़ता है, जहाँ वृद्ध रहते हैं, ऐसे स्थान में रहता है, गुरुकी आज्ञा का अनुसरण करता है वही मनुष्य ब्रह्मचर्य का पालन करता है।''[54]

सत्संगति का माहात्म्य कई बार बताया गया है :

---

48. वही, पृ. 118
49. वही, पृ. 118
50. वही, पृ. 118
51. वही, पृ. 118
52. वही, पृ. 118
53. वही, पृ. 118
54. वही, पृ. 118

1. दुर्जन मनुष्य सज्जनों के सहवास से पूर्व दोषों को छोड़कर गुणों से युक्त होता है, जैसे—कौवा मेरु का आश्रय लेने से अपनी स्वाभाविक मलिन कान्ति को छोड़कर सुवर्ण कान्ति का आश्रय लेता है।........ निर्गन्ध भी पुष्प यह देवता की शेषा है—प्रसाद है ऐसा समझकर लोक अपने मस्तक पर धारण करते हैं वैसे सज्जनों में रहने वाला दुर्जन भी पूजा जाता है।........ जो मुनि संसार भीरु मनुष्यों के पास रहकर भी धर्म प्रिय नहीं होते हैं, तो भी भावना, भय, मान और लज्जा के वश पाप क्रियाओं को वे त्यागते हैं।......... जो प्रथम ही संसारभीरु हैं वे संसारभीरु के सहवास से अधिक संसारभीरु होते हैं। स्वभावतः गन्धयुक्त कस्तूरी, चन्दन वगैरह पदार्थों के सहवास से कृत्रिम गन्ध पूर्व से भी अधिक सुगन्धयुक्त होता है।[55]
2. जैसे मलिन जल भी कतक फल के संयोग से स्वच्छ होता है वैसा कलुष मोह भी शील वृद्धों के संसर्ग से शान्त होता है।......... वृद्धों के संसर्ग से तरुण मनुष्य भी शीघ्र ही शील गुणों की वृद्धि होने से शीलवृद्ध बनता है। लज्जा से, भीति से, अभिमान से, अपमान के डर से और धर्म बुद्धि से तरुण मनुष्य भी वृद्ध बनता है।......... जैसे बछड़े के स्पर्श से गौ के स्तनों में दुग्ध उत्पन्न होता है वैसे ज्ञानवृद्ध, वयोवृद्ध और तपोवृद्धों के सहवास से तरुण के मन में भी वैराग्य उत्पन्न होता है।[56]
3. मन की पवित्रता और कर्मों की पवित्रता आदमी की संगति की पवित्रता पर निर्भर है।[57]
4. वृद्धों की सेवा करने वाले पुरुषों के ही चारित्र आदि सम्पदा होती हैं और क्रोधादि कषायों से मैला मन निर्लेप हो जाता है।......... सत्पुरुषों की संगति से उत्पन्न हुआ मनुष्यों का विवेक मिथ्यात्वादि पर्वतों के ऊँचे शिखरों को खण्ड-खण्ड करने के लिए वज्र से अधिक अजेय है।......... इस त्रिभुवन में सत्पुरुषों की सेवा ही एकमात्र जयनशील है। इससे मुनियों के अन्तर में ज्ञानरूप ज्योति का प्रकाश विस्तृत होता है।......... संयमी मुनि महापुरुषों के महापवित्र आचरण के अनुष्ठान को देखकर या सुनकर उन योगीश्वरों की सेयी हुई पदवी को निरुपद्रव प्राप्त करता है।[58]

माना गया है कि गुणाधिक का ही संग श्रेष्ठ है—"(लौकिक जन के संग से

55. वही, पृ. 118
56. वही, पृ. 119
57. वही, पृ. 119
58. वही, पृ. 119

संयत भी असंयत होता है।) इसलिए यदि श्रमण दुख से परिमुक्त होना चाहता हो तो वह समान गुणों वाले श्रमण के अथवा अधिक गुणों वाले श्रमण के संग में निवास करे।[59]

स्त्रियों आदि की संगति का निषेध बार-बार किया गया है :

1. सम्पूर्ण स्त्रीमात्र में मुनि को विश्वास रहित होना चाहिए, प्रमाद रहित होना चाहिए, तभी आजन्म ब्रह्मचर्य पालन कर सकेगा, अन्यथा ब्रह्मचर्य को नहीं निभा सकेगा।[60]
2. स्त्री के साथ सहगमन करना, एकासन पर बैठना, इन कार्यों से अल्प धैर्य वाले और स्वच्छन्द से बोलना-हँसना वगैरह करने वाले पुरुष का मन अग्नि के समीप लाख की भाँति पिघल जाता है।......... स्त्री सहवास से मनुष्य का मन मोहित होता है, मैथुन की तीव्र इच्छा होती है, कारण-कार्य का विचार न कर शील तट उल्लंघन करने को उतारू हो जाता है।......... माता, अपनी लड़की और बहन इनका भी एकान्त में आश्रय पाकर मनुष्य का मन क्षुब्ध होता है, अन्य का तो कहना ही क्या।......... जो पुरुष स्त्री का संसर्ग विष के समान समझ कर उसका नित्य त्याग करता है वही महात्मा यावज्जीवन ब्रह्मचर्य में दृढ़ रहता है।[61]
3. युवावस्था वाला मुनि जवान स्त्री के साथ कथा व हास्यादि मिश्रित वार्तालाप करे तो उसने आज्ञाकोप आदि पाँचों ही दोष किये जानना।[62]
4. जिन प्रव्रज्या में पशु, महिला, नपुंसक और कुशील पुरुष का संग नहीं है तथा विकथा न करे ऐसी प्रव्रज्या कही है।[63]
5. जो लिंग धारणकर स्त्रियों के समूह के प्रति राग करता है, निर्दोषी को दूषण लगाता है, सो मुनि दर्शन व ज्ञान कर रहित तिर्यंच योनियाँ पशुसम हैं।[64]

स्त्री का ही नहीं बल्कि आर्यिका की संगति का भी निषेध किया गया है :

1. मुनि, वृद्ध, तपस्वी, बहुश्रुत और जनमान्य होने पर भी यदि आर्यिका का सहवास करेगा तो वह लोगों की निन्दा का स्थान बनेगा ही।.... मुनि यद्यपि स्थिर बुद्धि का धारक होगा तो भी मुनि के सहवास से

59. वही, पृ. 119
60. वही, पृ. 119
61. वही, पृ. 119
62. वही, पृ. 119
63. वही, पृ. 119
64. वही, पृ. 119

जिसका चित्त चंचल हुआ है ऐसी आर्यिका का मन अग्नि के समीप घी जैसा पिघल जाता है।... जैसे मनुष्य के कफ में पड़ी मक्खी उससे निकलने में असमर्थ होती है वैसे आर्यिका के साथ परिचय किया मुनि छुटकारा नहीं पा सकता।[65]

2. आर्यिका आदि स्त्रियों के आने के समय मुनि को वन में अकेला नहीं रहना चाहिए और उनके साथ धर्म कार्यादि प्रयोजन के बिना बोले नहीं।... उन आर्यिकाओं में से यदि एक आर्यिका कुछ पूछे तो निन्दा के भय से अकेला न रहे। यदि प्रधान आर्यिका अगाड़ी करके कुछ पूछे तो कह देना चाहिए।... संयमी मुनि को आर्यिकाओं की वस्तिका में ठहरना, बैठना, सोना, स्वाध्याय करना, आहार व भिक्षा ग्रहण करना तथा प्रतिक्रमण व मलका त्याग करना आदि क्रिया नहीं करनी चाहिए।... कन्या, विधवा, रानी वा विलासिनी, स्वेच्छाचारिणी तथा दीक्षा धारण करने वाली, ऐसी स्त्रियों के साथ क्षणमात्र भी वार्तालाप करता मुनि लोक निन्दा को पाता है।[66]

आर्यिका को साधु से सात हाथ दूर रहने का नियम बनाया गया है–''आर्यिकाएँ साधु से पाँच हाथ दूर से, उपाध्याय को छह हाथ दूर से और साधुओं को सात हाथ दूर से गौ आसन से बैठकर नमस्कार करती हैं।''[67] एकान्त में आर्यिका की संगति का निषेध किया गया है–''उस ग्राम में एक सुदर्शन नामक मुनि आये। वन्दना कर जब सब लोग चले गये तब उनके पास एक सुदर्शना नाम की आर्यिका जो कि मुनि की बहन थी बैठी रही और मुनि उसे सद्वचन कहते रहे। अपने आपको सम्यग्दृष्टि बताने वाली वेदवती (सीता के पूर्व भव की पर्याय) ने गाँव के लोगों से कहा कि मैंने उन साधुओं को एकान्त में सुन्दर स्त्री के साथ बैठे देखा है।''[68]

मित्रता में परीक्षा का स्थान इस प्रकार माना गया है–''इससे बढ़कर अप्रिय बात और कोई नहीं है कि बिना परीक्षा किये किसी के साथ मित्रता कर ली जाय, क्योंकि एक बार मित्रता हो जाने पर सहृदय पुरुष फिर छोड़ नहीं सकता।... जिस मनुष्य को तुम अपना मित्र बनाना चाहते हो उसके कुल का, उसके गुण-दोषों का, किन-किन के साथ उसका सम्बन्ध है, इन सब बातों का विचार कर, पश्चात् यदि वह योग्य हो तो मित्र बना लो।... पवित्र लोगों के साथ बड़े चाव से मित्रता करो, लेकिन जो अयोग्य हैं उनका साथ छोड़ दो, इसके लिए चाहे तुम्हें कुछ भी देना पड़े।''[69] मित्रता में विचार-स्वतन्त्रता का स्थान इस रूप में माना गया है–''सच्ची मित्रता वही है जिसमें मित्र आपस में स्वतन्त्र रहें और एक-दूसरे पर दबाव न डालें। विज्ञजन ऐसी मित्रता का कभी विरोध नहीं करते।.......... जब कि जिन दो व्यक्तियों में प्रगाढ़ मैत्री है उनमें से एक दूसरे की

---

65. वही, पृ. 119
66. वही, पृ. 119
67. वही, पृ. 120
68. वही, पृ. 120
69. वही, पृ. 120

अनुमति के बिना ही कोई काम कर लेता है तो दूसरा मित्र आपस के प्रेम का ध्यान करके उससे प्रसन्न ही होगा।''[70] लिखा गया है कि अयोग्य मित्र की अपेक्षा अकेला रहना ही अच्छा है—''कुछ आदमी उस अक्खड़ घोड़े की तरह होते हैं कि जो युद्ध क्षेत्र में अपने सवार को गिराकर भाग जाता है। ऐसे लोगों से मैत्री रखने से तो अकेला रहना ही हजार गुणा अच्छा है।''[71]

आजीवक दर्शन में नियति और संगति के बाद भाव का स्थान है। इस का महत्व इतना अधिक है कि मनुष्य के पास स्वतन्त्रता का जो कुछ है, वह इस में समाहित है। भाव से और भाव के इर्द-गिर्द बहुत सारे शब्द बने हैं जिन्हें आज के हिन्दी शब्दकोशों में देखा जा सकता है। संक्षेप और सातत्य के लिए यहां भी जैनेन्द्र वर्णी की पुस्तक 'जैनेन्द्र सिद्धान्त कोश, भाग-3(प-व)' का सहारा लेना उचित रहेगा। इस में भाव के बारे में लिखा गया है—''चेतन व अचेतन सभी द्रव्य के अनेकों स्वभाव हैं। वे सब उसके भाव कहलाते हैं। जीव द्रव्य की अपेक्षा उनके पाँच भाव हैं—औदयिक, औपशमिक, क्षायिक, क्षायौपशमिक और पारिणामिक। कर्मों के उदय से होने वाले रागादि भाव औदयिक। उनके उपशम से होने वाले सम्यक्त्व व चारित्र औपशमिक हैं। उनके क्षय से होने वाले केवलज्ञानादि क्षायिक हैं। उनके क्षयोपशम से होने वाले मतिज्ञानादि क्षायौपशमिक हैं। और कर्मों के उदय आदि से निरपेक्ष चैतन्यत्व आदि भाव पारिणामिक हैं। एक जीव में एक समय में भिन्न-भिन्न गुणों की अपेक्षा भिन्न-भिन्न गुणस्थानों में यथायोग्य भाव पाये जाने सम्भव हैं, जिनके संयोगी भंगों को सन्निपातिक भाव कहते हैं। पुद्गल द्रव्य में औदयिक, क्षायिक व पारिणामिक ये तीन भाव तथा शेष चार द्रव्यों में केवल एक पारिणामिक भाव ही सम्भव है।''[72]

देखा जा सकता है कि भाव के बारे में 'जैनेन्द्र सिद्धान्त कोश' की यह प्रस्तुति बहुत टेढ़ी हो गई है। इस कोश में इस से आगे यह और भी टेढ़ी है। उस को उद्धृत करने से यहां रुका जा रहा है। यहां इतना ही कहना सही रहेगा कि यह हर कोई जानता है कि उसे क्या चीज भाती है और क्या चीज नहीं भाती। भाव और अभाव की पारिभाषिकताओं के बगैर स्वभाव पर आया जा सकता है। कबीर की वाणी में इसके अनेक उदाहरण मिल जाते हैं।

यहां जैन उद्धरणों के सन्दर्भ में संगति के बारे में कुछ कहा जा सकता है। ये ज्यादातर जैन मुनियों के जीवन को ले कर सीखें हैं। एक तरह से वे स्त्रियों की संगति से दूर रहते हैं। कुसंगत से बचने की सीख आजीवक धर्म पुरुष करते हैं पर उन्होंने स्त्री को इस श्रेणी में नहीं रखा। मक्खलि गोसाल, रैदास और कबीर स्त्री के साथ घर-गृहस्थी में रहते थे, लेकिन इसका अर्थ यह नहीं है कि जारिणियों और वेश्याओं की संगत में रहा

---

70 वही, पृ. 120 71. वही, पृ. 120

72. जैनेन्द्र सिद्धान्त कोश, भाग-3 (प-व), कोशकार, जिनेन्द्र वर्णी, भारतीय ज्ञानपीठ, 18, इन्स्टीट्यूशन एरिया, लोदी रोड, नई दिल्ली-110 003, सातवां संस्करण, 2004, पृ. 216

जाए।

पीछे देख लिया गया है कि जैन दर्शन में 'नियति' शब्द का खूब प्रयोग होता है। फिर भी, जानने की जरूरत है कि यह आजीवक दर्शन की भाषा की नियति नहीं है। आजीवक दर्शन की नियति पुनर्जन्म के खण्डन को ले कर अपना अर्थ ग्रहण करती है। नियति है—अर्थात पुनर्जन्म नहीं है—नियति को इसी रूप में समझा जाना है। जब भी 'नियति' शब्द का प्रयोग किया जाए, समझ लो, यह तब तक पूरे और सच्चे अर्थ वाला नहीं है जब तक इसे 'पुनर्जन्म नहीं है' न माना जाए। 'नियति' न कहो, 'पुनर्जन्म नहीं है', कह दो—एक ही बात है। अन्तर यही है कि आजीवक दर्शन की नियति में पूर्व कर्म, पुराकृत कर्म, पूर्वभव और पूर्वभव के पाप-पुण्य तथा उन से जुड़े पुरुषार्थ और क्रिया का कोई स्थान नहीं है।

'पुनर्जन्म नहीं है'—नियति का नकारात्मक अर्थ है। इस का सकारात्मक अर्थ नहीं जाना गया है, इसीलिए इसे 'नियति' कहा गया है। यह शरीर मेरा इस रूप में है कि मुझे मेरे मां-बाप से मिला है—और यह सब नियति के अधीन है कि मुझे यह कैसे या क्या मिला है—यह आजीवक उदाहरण की बुनियाद है।

तब नियति का सकारात्मक उदाहरण क्या है? इस के लिए जाना जाए कि भारत में बौद्धों के निर्वाण, जैनियों के कैवल्य और ब्राह्मणों के मोक्ष के अलग-अलग और विशेष अर्थ हैं। यहां उन की बारीकियों की बहस में न जा कर आजीवक दृष्टि से केवल यह सोचने की आवश्यकता है कि क्या अपनी-अपनी इन स्थितियों या प्राप्तियों में वे लोग नियति से स्वतन्त्र हो जाते हैं। उत्तर है—एकदम नहीं। व्यक्ति की कोई भी शारीरिक या मानसिक स्थिति हो, नियति के दायरे या घेरे से कोई नहीं बच सकता। किसी को निर्वाण मिले, कैवल्य की प्राप्ति हो या मोक्ष का मार्ग खुले—उन में से कोई मरणधर्मा होने की नियति से बाहर नहीं निकल सकता। इस बात को डी.पी. चट्टोपाध्याय के सम्पादन में निकली पुस्तक 'हिस्ट्री ऑफ साइन्स, फिलासफी एण्ड कल्चर इन इण्डियन सिविलाइजेशन' में भी माना गया है कि नियति आजीवक दर्शन की रीढ़ की हड्डी है :

> 'As Niyativadins they held that individuals were determined by forces exterior to them. The Svabhavavadins among them, on the other hand, believed that the 'individual was rigidly self-determined by his own somatic and psychic nature.' ....In the Ajivika concept of *Nirvana,* the supreme state of bliss did not entirely transcend the affairs of the world and was still subject to *niyati.* Niyati was the bedrock of the Ajivika doctrinal discourse.[73]

73. History of Science, Philosophy and Culture in Indian Civilization, General Editor, D.P. Chattopadhyaya, Volume-I, Part-2, Life, Thought and Culture in India (from C. 600 BC to C. AD 300), Edited by G.C. Pande, Distributor, Munshiram Manoharlal Publishers Pvt. Ltd., 54, Rani Jhansi Road, New Delhi-110 055, First Edition, 2001, p. 1266

यूरोप में आधुनिक अस्तित्ववादियों के यहां इस विषय पर चर्चा हुई है कि मनुष्य की स्वतन्त्रता क्या है। इन दार्शनिकों में एक नाम ज्यां पाल सार्त्र का है। उनके दर्शन के अनुसार, कोई एक व्यक्ति यहूदी, अश्वेत, फ्रेंच या अपंग पैदा हो सकता है, लेकिन यह एक खुला प्रश्न है कि वह अपने को क्या बनाना चाहता है—ये होने के नुकसान बताए जाते हैं या नफे बनाए जाते हैं, जीतने के लिए चुनौतियां हैं या कुछ भी न करने के लिए बहाने। लिखा गया है :

> One may be born Jewish or black, French or crippled, but it is an open question what one will make of oneself–whether these will be made into handicaps or advantages, challenges to be overcome or excuses to do nothing.[74]

अन्य अस्तित्ववादियों की तुलना में सार्त्र के बारे में विशेषकर कहा गया है कि अस्तित्ववाद का केन्द्र बिन्दु उदासी या निराशा में नहीं है बल्कि मनुष्य होने की सार्थकता में नवीन आत्मविश्वास है। लिखा गया है :

> For Sartre, in particular, the heart of existentialism is not gloom or hopelessnes, but a renewed confidence in the significance of being human.[75]

अस्तित्वाद के इस चिन्तन का भारत के सन्दर्भ में किस से मेल बैठाया जाए? एक अस्तित्ववाद की ही नहीं बल्कि यूरोप के पूरे दर्शन की भारत में किस दर्शन से तुलना की जा सकती है? स्पष्ट है, जो जन्मान्तर में विश्वास करते हैं, उन से यूरोप के दार्शनिकों की तुलना नहीं हो सकती। देखा जा सकता है कि यूरोप का अस्तित्ववाद भी इस सोच को ले कर आगे बढ़ता है कि कोई व्यक्ति यहूदी पैदा हुआ है या अश्वेत पैदा हुआ है या फ्रेंच पैदा हुआ है या अपंग पैदा हुआ है। इस घटना को प्रश्नों के घेरे में नहीं लिया गया है कि कोई यहूदी पैदा क्यों हुआ है, या अश्वेत पैदा क्यों हुआ है, या फ्रेंच पैदा क्यों हुआ है, या अपंग पैदा क्यों हुआ है? यदि उन से जोर दे कर पूछा जाए कि इन प्रश्नों का उत्तर दिया जाए तो वे क्या उत्तर देंगे। एक बात निश्चित है कि उन में से कोई भी यह उत्तर नहीं देगा कि उस व्यक्ति के पूर्वजन्मों के कर्मफलों के कारण उस का यह ऐसा जन्म हुआ है। यह उत्तर न होने की वजह से जो उन का दूसरा उत्तर शेष बचता है वह यही है जो भारत में आजीवकों ने पुनर्जन्मवादियों को दे रखा है—अर्थात पुनर्जन्म का खण्डन करते हुए नियतिवाद का। इस दृष्टि से पूरा पाश्चात्य दर्शन नियतिवादी ठहरता है।

इस विश्लेषण से क्या बात समझ में आती है? समझ में यह बात आती है कि भारत के ब्राह्मणों, बौद्धों और जैनियों के तीनों दर्शन जन्मान्तर में विश्वास करते हैं। तब इन के लिए बन्धन क्या है? इन के लिए जन्म लेना बन्धन है। तब इन के लिए

---

74. Dictionary of Philosophy, Thomas Mantner, Penguin Books India (P) Ltd., 11, Community Centre, Panchsheel Park, New Delhi-110 017, Edition 2000, p. 188
75. ibid., p. 188

स्वतन्त्रता के रूप में मुक्ति क्या है? इन की मुक्ति जन्म लेने के बन्धन से छुटकारे की है। ये मृत्यु से डरे हुए लोग हैं और मानते हैं कि मृत्यु दुख है। इन के दुख का कारण मृत्यु है और इन के लिए मृत्यु का मूल कारण जन्म है। इसीलिए इन्हें दुख को रोकने के लिए मृत्यु को रोकना है और मृत्यु को रोकने के लिए उस के मूल कारण जन्म को रोकना है। दुबारा जन्म न हो यही इन की मुक्ति है। इस मुक्ति के, छुटकारे के, इन्होंने अपनी-अपनी शब्दावलियों में तीन नाम दे रखे हैं—ब्राह्मणों ने इसे मोक्ष कहा है, बौद्धों ने इसे निर्वाण कहा है और जैनियों ने इसे कैवल्य कहा है। ये संन्यासी, भिक्षु और मुनि बन कर इन्हीं की प्राप्तियों में लगे रहते हैं। इधर, आजीवकों ने जन्म को नियति से जोड़ा है तो मृत्यु को भी उसी नियति से जोड़ा है। जन्म और मरण पर मनुष्य का वश नहीं है—यही नियतिवादी कहते हैं। तब आजीवकों की स्वतन्त्रता क्या है? एक उत्तर साफ है कि परलोक, स्वर्ग, नरक, पुनर्जन्म से उस स्वतन्त्रता का कोई सम्बन्ध नहीं है। दूसरा उत्तर यह है कि भूख, गरीबी, अपमान, अन्याय और दासता को मिटाने में मुनष्य की स्वतन्त्रता निहित है। यह समाज के प्रति गलत काम करने की स्वतन्त्रता नहीं है, उस पर तो अंकुश लगाना है, बल्कि समाज के प्रति भले काम करने की स्वतन्त्रता है। राज्य उसी स्वतन्त्रता को पाने का माध्यम है। राज्य की सारी संस्थाएं उसी काम के लिए खड़ी की गई हैं और सारे कानून उसी दिशा में जाने के लिए बनाए गए हैं। काम मिलजुल कर हो और उत्पादन का सही बंटवारा हो—यह आजीवकों की अर्थ व्यवस्था है। अपराध की परिभाषा तय हो और अपराधियों को लोक में दण्ड मिले—यह आजीवकों की न्याय व्यवस्था है। ऐसे ही, जीवन और समाज के अन्य क्षेत्रों में उत्तरोत्तर अग्रसर होते रहना है—यह आजीवक दृष्टि है।

ख. संसार शुद्धि और मंडल मोक्ष

आजीवक धर्म और दर्शन में 'संसार शुद्धि' एक विशेष शब्द है। यह शब्द इस रूप में विशेष है कि उस समय के दूसरे धर्म पुरुषों और दार्शनिकों के पास यह नहीं है। यह दुनिया को आजीवकों की देन है क्योंकि यह ब्राह्मणों, बौद्धों और जैनियों का शब्द नहीं है। डा. बेनी माधव बरुआ ने अपनी पुस्तक 'द आजीविकास' में इस शब्द के बौद्ध ग्रन्थों से सन्दर्भ दिए हैं।[76]

यह समझा जाए कि विरोधियों द्वारा आजीवकों के हर पारिभाषिक शब्द के साथ गलतफहमी खड़ी की गई है। 'संसार शुद्धि' भी उन में से एक है जिसका अर्थ भ्रमित किया गया है। संसार शुद्धि को जन्मान्तरों से जोड़ दिया गया है जो आजीवकों के पास नहीं है। संसार का अर्थ इस रूप में लिया गया है कि यह जन्म और मृत्यु से जुड़ा हुआ है। जैन धर्म से ही उद्धरण लिए जाएं तो वे कुछ इस प्रकार हैं :

---

76. The Ajivikas : Part I, B.M. Barua, Reprint Edition by Bibliolife of the First Edition of 1920 Published by The University of Calcutta, pp. 24, 54

1. संसरण करने अर्थात् जन्म मरण करने का नाम संसार है। अनादिकाल से जन्म मरण करते हुए इस जीवने एक-एक करके लोक के सर्व परमाणुओं को, सर्व प्रदेशों को, काल के सर्व समयों को, सर्व प्रकार के कषाय भावों को और नरकादि सर्वभवों को अनन्त-अनन्त बार ग्रहण करके छोड़ा है। इस प्रकार द्रव्य, क्षेत्र, काल, भाव व भव के भेद से यह संसार पंच परिवर्तन रूप कहा गया है।[77]
2. कर्म के विपाक के वश से आत्मा को भवान्तर की प्राप्ति होना संसार है।[78]
3. जीव एक शरीर को छोड़ता है और दूसरे नये शरीर को ग्रहण करता है। पश्चात् उसे भी छोड़कर दूसरा नया शरीर धारण करता है। इस प्रकार अनेक बार शरीर को ग्रहण करता है और अनेक बार उसे छोड़ता है। मिथ्यात्व कषाय वगैरह से युक्त जीव का इस प्रकार अनेक शरीरों में जो संसरण (परिभ्रमण) होता है, उसे संसार कहते हैं।[79]

जैन ग्रन्थों ने आजीवकों के 'संसार' शब्द के अर्थ को बिगाड़ कर रख दिया है। 'सार' को 'सार' नहीं रहने दिया गया है। उन्हें इस के सिवा कुछ नहीं दीखता कि हर बात जन्मान्तर से जुड़ी हुई है। उन के अनुसार, संसार में जीव जन्मान्तरों के द्वारा अपने कर्मों के फल भुगत रहे हैं। लेकिन सच्चाई जानने के लिए यह ध्यान रखने की आवश्यकता है कि आजीवकों ने 'संसार' के साथ 'शुद्धि' शब्द जोड़ा है। यदि जैनियों द्वारा 'संसार शुद्धि' का अर्थ लिया जाएगा तो इसी रूप में कि जीवों के अनेक जन्मान्तरों के बाद संसार में शुद्धि आएगी। लेकिन आजीवकों के लिए जैसे 'नियति' शब्द पुनर्जन्म के खण्डन के रूप में प्रयोग हुआ है, वैसे ही 'संसार' शब्द से भी पुनर्जन्म का कुछ लेना-देना नहीं है। असल में, आजीवकों की बात ही तब शुरू हो सकती है जब पहले पुनर्जन्म के सिद्धान्त का खण्डन कर लिया जाए। जब तक जीवों के पुनर्जन्म की बात हो रही है, इस का मतलब है, तब तक आजीवकों की बात नहीं हो रही है। सही बात यह है कि आजीवकों की 'संसार शुद्धि' का अर्थ 'आत्म शुद्धि' के सन्दर्भ में लिया जाना है। यह वही बहस है कि व्यक्ति को सुधारा जाए या समाज को सुधारा जाए।

बहुत स्पष्टता से समझाया जा सकता है कि योग के यम, नियम, आसन, प्राणायाम, प्रत्याहार, धारणा, ध्यान और समाधि नहीं बल्कि समता, स्वतन्त्रता और भ्रातृत्व के सिद्धान्त संसार शुद्धि के अन्तर्गत आते हैं। आजीवकों के लिए अष्टांग

---

77. जैनेन्द्र सिद्धान्त कोश, भाग-4, जिनेन्द्र वर्णी, भारतीय ज्ञानपीठ, 18, इन्स्टीट्यूशनल एरिया, लोदी रोड, नई दिल्ली-110 003, आठवां संस्करण, 2006, पृ. 146
78. वही, पृ. 146
79. वही, पृ. 146

योग आत्म शुद्धि के अन्तर्गत भी नहीं आता क्योंकि जो योगी है, वह कमाता नहीं है और सन्तान को पालता नहीं है। लोक जीवन के लिए ऐसी आत्म शुद्धि बांझ है जो घर-बार छोड़े हुए हैं। आजीवकों के धर्म में ऐसी शुद्धि की कोई मान्यता नहीं है जो खाने-कमाने का एक भी काम नहीं करती। जब घर-बार छोड़ दिया, रोजी-रोटी कमाने से विमुख हो गए, राजकाज त्याग दिया, तो ऐसी आत्म शुद्धि समाज के लिए बंजर भूमि है जिस में मनुष्य के लाभ के लिए कुछ उपज कर नहीं देता। यह मरे हुए मनुष्यों की नैतिकता है कि वे जीवित मनुष्यों को कुछ नहीं कहते। यह आत्म शुद्धि मनुष्य का मरना है जिस ब्रह्मचर्य के नाम पर उस की सन्तान पैदा नहीं होती। कहना चाहिए कि गणित यह है कि इतने लोग संन्यासी बन गए हैं—अर्थात इतने लोग समाज के लिए मर गए हैं। उन का सामाजिक दाह संस्कार हो चुका है। इसीलिए, 'धम्मपद' के भिक्षुओं और 'उत्तराध्ययन सूत्र' के मुनियों की आत्म शुद्धि का समाज व्यवस्था के बदलने से कोई रिश्ता नहीं बनता। योग के बजाय ऐसे लोगों के हाथ में खुरपा थमाया जाए कि वे पीछे सरक कर खेत में आलू की कुछ गूलों पर मिट्टी चढ़ाएं। इन की नकल पर शीर्षासन करने के बजाय आजीवक आदमी पेड़ पर चढ़ कर आम तोड़ना चाहेगा। आदमी समाज को तंग न करे और उसे सन्तान दे—यह संसार शुद्धि है। और उन बुड्ढे-ठेरों और बच्चों के लिए आश्रम खोले जाएं जो बेचारे किसी वजह से अशक्त और निराश्रित हो गए हैं—यह संसार शुद्धि है।

यह बार-बार ध्यान रखा जाए कि संसार शुद्धि में किसी भी स्तर पर आत्म शुद्धि के सन्दर्भ को छोड़ा नहीं जाना है। यदि यह सन्दर्भ छोड़ दिया तो संसार शुद्धि विरोधियों के बियाबान जंगल की वासिनी हो जाएगी। जब आजीवक दर्शन में जीव मृत्यु के बाद अजीव हो गया है तो पूर्वजन्म और पुनर्जन्म के जन्मान्तरों और संसरणों की कोई बहस शेष नहीं रह जाती। जब कर्म-सिद्धान्त और पुनर्जन्म के सामने नियतिवाद खड़ा हो गया है तो अगली किसी ऐसी बहस पर अपने आप रोक लग जाती है कि संसार शुद्धि में जीव की मुक्ति इस रूप में होनी है कि उसे अनन्त जन्मान्तर और संसरण पार करने हैं। इसलिए सन्दर्भ को छोड़ कर कुछ न पढ़ा और समझा जाए क्योंकि आजीवक दर्शन का हर शब्द और सिद्धान्त अपने विशेष सन्दर्भ से जुड़ा हुआ है जो ब्राह्मणों, बौद्धों और जैनियों के सन्दर्भों से जरूरी रूप में जुदा है।

संसार शुद्धि का मतलब है समाज के कानूनों को ठीक करना। पहली बात, सामाजिक व्यवहार के किसी पक्ष पर अभी कानून न बने हों तो उन्हें बनाना; दूसरी बात, यदि वे कानून अधूरे या गलत बन गए हों तो उन्हे पूरे और सही करना। वे कानून लिखित या अलिखित हो सकते हैं जिन में प्रथाएं और रूढ़ियां भी कानून हैं। ये कानून धार्मिक, राजनीतिक, आर्थिक और अन्तरराष्ट्रीय आदि स्तर के हो सकते हैं। आधुनिक युग में जो संविधान, संसद, न्यायालय और शासन-प्रशासन के दायरे में हैं, वे सब क्षेत्र इस में आते हैं। जाहिर है, यह संभावना खुली हुई है कि जो क्षेत्र अभी इन के दायरे से बाहर हैं या मनुष्य जीवन ने खोजे नहीं हैं, अगले जमानों में वे भी इन के दायरों में आ

सकते हैं। यह भी जाहिर है कि ये कानून गतिशील हैं और इन में परिवर्तन होते रहते हैं। यूँ, संसार शुद्धि का यह दायरा बहुत बड़ा है।

आत्म शुद्धि और संसार शुद्धि के बीच कोई झगड़ा नहीं है लेकिन चालाक लोग इस झगड़े को करवा कर मानते हैं। समझ यह होनी चाहिए कि जो आदमी आत्म शुद्धि के रास्ते पर अग्रसर है, उसे संसार शुद्धि का विरोध नहीं करना चाहिए। लेकिन अधिकांशतः होता ऐसा है कि आत्म शुद्धि पर जोर देने वाले लोग संसार शुद्धि के रास्ते को रोकते हैं। किसी आदमी ने आत्म शुद्धि के रास्ते पर चल कर यह प्रण लिया है कि वह कभी बलात्कार नहीं करेगा तो उसे संसार शुद्धि के इस कानून का विरोध क्यों करना चाहिए कि जो आदमी बलात्कार करेगा, उसे विधि के अनुसार फांसी की सजा दी जाएगी?

समाज व्यवस्था की बात की जाए। इसे ले कर ब्राह्मणों, बौद्धों और जैनियों में क्या समानता और क्या अन्तर है? समाज में ये तीनों के तीनों धर्म चार वर्णों की व्यवस्था को मानते हैं। बौद्धों ने इस वर्ण-व्यवस्था में इस हेरफेर के सिवा कुछ नहीं किया है कि वर्ण क्रम में ब्राह्मण के ऊपर क्षत्रिय को बिठा दिया है। जैनियों ने इतना करने की भी आवश्यकता नहीं समझी। इस प्रकार इन तीनों धर्मों की समाज-व्यवस्था चतुर्वर्ण की ही है। इन तीनों धर्मों के धर्मग्रन्थ इस काम में लगे पड़े हैं कि वे ब्राह्मण किसे मानते हैं। ब्राह्मण अपने को श्रेष्ठ बताने से नहीं रुका और बौद्ध तथा जैन कभी हीनता बोध से नहीं उभरे। इस वर्ण-व्यवस्था को ऐसी की ऐसी मान कर ये तीनों धर्म इस रूप में आपस में लड़े हैं या अलग-अलग रहे हैं कि आत्मा क्या है और मोक्ष कैसे प्राप्त किया जा सकता है।

इन तीनों की यह धार्मिक लड़ाई फर्जी है या समाज को अनछेड़ रखने की वजह से नूरा-कुश्ती है। इन तीनों धर्मों ने अपनी-अपनी धर्मचर्याओं की विशेष शब्दावलियां खड़ी की हैं जो केवल इन के संन्यासियों, भिक्षुओं और मुनियों के मतलब की हैं। इसलिए, समाज में यह सारा चौड़ा फाट परमार्थ और व्यवहार के किनारों के बीच का है। आजीवक लोग इसे 'संसार अशुद्धि' कहेंगे। वे इन वर्ण-व्यवस्थाओं को अमान्य करते हैं। यह उन की संसार शुद्धि है कि आजीवक समाज को वर्ण व्यवस्था के चंगुल से मुक्त किया गया है।

यह तुलना बनती है कि रास्ते में कांटें पड़े हैं तो कैसे आगे बढ़ा जाए। एक तरीका यह है कि अपने पैरों में जूते पहनो और कांटों पर चढ़ कर चले जाओ। दूसरा रास्ता यह है कि रास्ते के कांटें हटा दो और नंगे पांव आगे बढ़ जाओ। दोनों तरीके ठीक हैं पर ये एक-दूसरे को काटते क्यों हैं? जूते भी पहनो और रास्ते के कांटें भी हटा दो—ये दोनों काम करने में क्या दिक्कत है? भूदान से समाजवाद को रोकने का काम कैसे लिया जा सकता है? कोई अपने स्वामित्व की जमीन दान कर रहा है, करने दो, अच्छी बात है, पर जमींदारी प्रथा ने गरीबों की जमीनों का स्वामित्व छीन रखा है, भूदान के नाम पर इसे कैसे बर्दाश्त किया जाएगा? यह क्या है कि समाजवाद का दबाव कम पड़ा तो

राजनीतिक शब्दावली से भूदान भी गायब हो गया है? सच्चाई यह है कि इस में भूदान की आत्म शुद्धि समाजवाद की संसार शुद्धि का विरोध करने के लिए ही जन्मी थी। जो आत्म शुद्धि संसार शुद्धि के विरोध में खड़ी है तो माना जाए कि उसने आज तक समाज के विकास को केवल रोका ही है।

कोई भी भला व्यक्ति सरकार द्वारा यातायात के नियम बनाने का विरोध क्यों करेगा? यह व्यक्ति की आत्म शुद्धि है कि वह गाड़ी बहुत अच्छी तरह चलाता है, लेकिन यह उस के लिए संसार शुद्धि है कि वह सड़क पर यातायात के नियमों का पालन करे। एक अच्छे ड्राइवर को यातायात के नियमों से परेशानी क्यों होगी? यह उसी के हित में है कि तब कोई दूसरा गलत वाहन चालक लाल बत्ती पार नहीं करेगा। आजकल डाक्टर लोगों को टेंशन मिटाने के तरीके बताते हैं—इस बात से टेंशन मत लो कि सड़कों पर गड्ढे हैं या कोई साइड से गाड़ी मार कर चला गया। वास्तव में, यह संसार शुद्धि की कमी है कि वह पूरी होने नहीं दी जा रही है। इस अस्पताल में बच्चे बदल दिए गए—तुम्हारा तो नहीं बदला गया—यह संसार शुद्धि की कमी का उत्तर है। उन लड़कियों के साथ बलात्कर करके वहशियों ने उन की लाशें पेड़ों पर लटका दीं—तुम तो जिन्दे हो—यह उत्तर संसार शुद्धि न होने की वजह से है। कम से कम, ये उत्तर उन की तरफ से नहीं आने चाहिए जो 'लोक सेवक' के रूप में आजीवकों के 'संसार सेवक' हैं। 'संसार शुद्धि' न कहना चाहे तो आज कोई इसे 'लोक शुद्धि' कह ले—आजीवकों के लिए एक ही बात है। लेकिन हुआ यह है कि गोसाल के जीवन को किंवदन्तियों से भर दिया गया है और उनके आजीवक दर्शन को प्रक्षिप्त किया गया है। विरोधियों द्वारा उन के साथ वही हुआ है जो बाद के इतिहास में रैदास और कबीर के साथ किया गया है। उन के नारों की चोरी हुई है और अर्थ में उन के नारों को निष्प्रभावी किया गया है। शब्द रह गए पर उन के सन्दर्भ खत्म हो गए हैं। सब कुछ रटा-रटाया बचा है। अरुण अपनी पुस्तक 'भारत की तीसरी धार्मिक क्रान्ति—जन जागरण' में आजीवक धर्म के बारे में लिखते हैं—"आजीवक जीवन और प्रकृति के प्रति भाग्यवादी दृष्टिकोण रखते थे। वे करम (किरिया), प्रयास (विरिया) और कर्म के फल (कम्म) को मना करते थे। गोसाल के अनुसार सब प्राणी संसार शुद्धि से सम्पूर्णता प्राप्त कर सकते हैं। यह बौद्ध विचारों के बिलकुल विपरीत था। तभी बुद्ध उस के इतने विरुद्ध थे और गोसाल को मोघपुरीस (मूर्ख) कहते थे।"[80] एकदम से कहा जा सकता है कि यह मक्खलि गोसाल और उन के आजीवक धर्म को न समझना ही हुआ। जो जिसके मन में आता है, कह देता है।

संसार शुद्धि से जुड़ा हुआ एक दूसरा शब्द 'मंडल मोक्ष' है। संसार शुद्धि की तरह यह भी आजीवकों की देन है। 'मोक्ष' नहीं बल्कि 'मंडल मोक्ष'—यह कहने से बहुत

---

80. भारत की तीसरी धार्मिक क्रान्ति—जन जागरण, लेखक, अरुण, यश पब्लिकेशन्स, X/909, चांद मौहल्ला, गांधी नगर, दिल्ली-110 031, प्रथम संस्करण, 2005, पृ. 79

कुछ अलग उजागर होता है। डा. ए. एल. बाशम ने भी अपने शोध प्रबन्ध में मंडल मोक्ष के इस विषय पर विचार किया है। लेकिन अन्य दूसरे लेखकों की तरह उनकी भी सीमाएं हैं कि वे आजीवक नहीं थे और इसलिए न ही आजीवक की तरह सोच पाए हैं। वे अपनी बहस में वैसे चलते रहे जैसा उन्हें आजीवक विरोधी ग्रन्थ भटकाते रहे। वे 'संसार शुद्धि' में 'संसार' का अर्थ जन्मान्तर से जोड़ गए और 'मंडल मोक्ष' को भी उसी जन्मान्तर से जोड़ गए। जन्मान्तर से उन का पीछा नहीं छूटा बल्कि वे उसी में उलझ कर रह गए। इस के विपरीत, सच्चाई यह है कि 'संसार शुद्धि' एक लौकिक अर्थ का शब्द है और 'मंडल मोक्ष' भी उसी सन्दर्भ में लौकिक अर्थ का शब्द है। नियतिवाद में परलोक और जन्मान्तर समाप्त हैं और इसीलिए आजीवकों को नियतिवाद की आवश्यकता पड़ती है। यदि परलोक और जन्मान्तर बीच में आते हैं तो नियतिवाद एक फालतू की चीज बन कर रह जाती है। फिर जीववाद है, कर्म और कर्मफल हैं, और उन से जुड़ी योनियां हैं। जब आजीवकों के यहां जन्मान्तर नहीं है तो जन्मान्तर से जुड़ीं योनियां भी नहीं हैं। आजीवक दर्शन में जन्म का कारण नियति है, कोई कर्म और कर्मफल नहीं जिसे मनुष्य जानता हो। नियति मनुष्य के जन्म लेने से ऊपर और पहले है—यह कहने में आजीवक दर्शन को हिचक नहीं है। इस से वह छोटा नहीं हो जाता है जब वह कहता है कि मैं इस नियति को नहीं जानता। दूसरे जो ब्राह्मण, बौद्ध और जैन लोग जन्म के कारण को उस व्यक्ति के कर्म, कर्मफल और जन्मान्तर के रूप में जानने का दावा करते हैं, सच्चाई यह है कि वे आजीवकों की तुलना में तनिक भी ज्ञानी नहीं हैं। इन में आजीवक ही सच्चे हैं जब वे कहते हैं कि किसी के घर, किसी योनि में और किसी देश में किसी के जन्म लेने को आज तक संसार में कोई नहीं जानता। बड़बड़ करने वाले मुंह खोल कर बड़बड़ करते रहेंगे पर आजीवक लोग जानते हैं कि उस बड़बड़ का सच्चाई से कोई रिश्ता नहीं है।

भारत में 'मोक्ष' शब्द के साथ सब से खतरनाक खिलवाड़ हुई है। इस खिलवाड़ में इस शब्द को इस के अर्थ से बहुत दूर ले जाया गया है। मोक्ष बन्धन से मुक्ति है पर किस बन्धन से? इस देश में यह झूठ फैलाया गया है कि मनुष्य का जन्म उस का बन्धन है। मोक्ष को गुलामी से जोड़ कर देखना था लेकिन यहां जन्म-मरण को गुलामी माना गया। यह बुद्धि के साथ बदतमीजी है कि खयाली पुनर्जन्म को रोकने को मोक्ष माना गया। आश्चर्य है, विदेशी राज से मुक्ति को मोक्ष नहीं माना गया, महाजनों के कर्ज से छुटकारा पाने को मोक्ष नहीं माना गया, आततायी सामन्तों के द्वारा कोड़ों से की जा रही पिटाई को रोकने को मोक्ष नहीं माना गया, बलात्कारियों के चंगुल से स्त्रियों को छुड़ाने को मोक्ष नहीं माना गया, और घरों में लोगों को जारकर्मियों की जारगर्दी से बचाने को मोक्ष नहीं माना गया। राजकाज, घर-गृहस्थी और समाज व्यवस्था से काट कर मोक्ष को दूर ले गए। इस के लिए एक नई संन्यास की संस्था खड़ी कर दी। संन्यासियों की सामाजिक मृत्यु घोषित कर दी गई। ब्राह्मणों के इस मोक्ष की तुलना में बौद्धों का निर्वाण और जैनियों का कैवल्य आया—आजीवकों की दृष्टि से सब बेकार! बेकार!! विशेष बात यह

है कि 'मोक्ष' शब्द को कौटिल्य के अर्थशास्त्र का 'अमोक्षो धर्मविवाहानाम्'[81] के अर्थ का भी नहीं रहने दिया गया। इसे लोक से बिलकुल बदर कर दिया गया है। सच्चाई यह कि आजीवक दृष्टि से ब्राह्मणों के संन्यासियों, बौद्धों के भिक्षुओं और जैनियों के मुनियों को आज तक ऐसी कोई प्राप्ति नहीं हुई है जिसका मनुष्य के ऐतिहासिक विकास का वर्णन करने में कोई उल्लेख किया जाए।

'मंडल मोक्ष' की बात पूरी की जाए। इस में कहा जाए कि आजीवकों का इतिहास आज भी इस रूप में शेष है कि बिहार, झारखंड और बंगाल में कुछ लोगों का एक उपनाम 'मंडल' है। जोगेन्द्र नाथ मंडल और बी. पी. मंडल चर्चित नाम हैं। इन में पहले अनुसूचित जाति के थे और दूसरे पिछड़े वर्ग के। 'मंडल मोक्ष' का अर्थ इन लोगों के उपनाम से खुलता है–अर्थात जो एक व्यक्ति की नहीं बल्कि घने सारे लोगों की स्वतन्त्रता के लिए प्रयत्न करता है। चूंकि शोधार्थियों के मन में, हर मामले में तुलना करने की ललक बनी रहती है, इसलिए डा. ए. एल. बाशम ने लिखा है कि आजीवकों के मंडल से वैष्णवों के अवतार और बौद्धों के बोधिसत्व की याद आती है :

> The mandalar, on the other hand, remind us of the Vaisnavite avataras and the Mahayana Buddhist bothisattvas.[82]

उनके कहने का आशय यह है कि जैसे वैष्णवों का अवतार लोगों की भलाई के लिए धरती पर जन्म लेता है और जैसे बौद्धों के महायान भाग का बोधिसत्व करुणावश लोगों के उद्धार के लिए जन्म लेता है, वैसे ही आजीवकों का मंडल लोगों के कल्याण के लिए होता है। लेकिन इस तुलना में भी यह बराबर याद रखना है कि आजीवकों के मंडल मोक्ष द्वारा गुलाम जाति की गुलामी भी मिटाई जाती है। जबकि वैष्णवों का अवतार ब्राह्मणों की रक्षा और सेवा करता है, बौद्धों का बोधिसत्व लोगों को जन्मान्तर से छुटकारा देने की कवायद में लगा रहता है और जैनियों का तीर्थंकर व्यक्ति को मुनि बना कर कैवल्य की प्राप्ति कराता है, आजीवकों का मंडल समाज में जातियों और वर्गों की गुलामी, गरीबी और अपमान को मिटाने की कोशिश में लगा रहता है। कहने का मतलब यह है कि आजीवकों का मंडल मोक्ष बौद्धों के निर्वाण, जैनियों के कैवल्य और ब्राह्मणों के मोक्ष से पूर्णतया भिन्न है। वैसे डा. बाशम इस मामले में कुछ दूर तक सही दिशा में चले हैं जब उन्होंने माना है कि आजीविकों का निर्वाण रूढ़िवादी धर्मों के निर्वाण से भिन्न था और जिसे स्वर्ग-मोक्ष कहा जाता है, उस से भी यह भिन्न था, लेकिन और आगे चलते हुए वे आजीवक विरोधी लेखकों और उन के धर्मग्रन्थों की भूल-भुलैया में पड़ कर गचका खा गए। फिर भी, अच्छी बात यह रही कि वे आजीवक विरोधियों

---

81. कौटिल्य का अर्थशास्त्र, व्याख्याकार, वाचस्पति गैरोला, चौखम्बा विद्या भवन, चौक, पो.बा. नम्बर 69, वाराणसी, उत्तर प्रदेश-221 001, तृतीय संस्करण, 1984, पृ. 268
82. History and Doctrines of the Ajivikas : A Vanished Indian Religion, A.L. Basham, Motilal Banarsidass, 41 U.A., Bungalow Road, Jawahar Nagar, Delhi-110 007, Reprint 2002, p. 26

द्वारा निर्मित इस अंधेरी गुहा में सदाचरण को टटोल सके :

> Our picture is by no means complete, but it shows that the Ajivika *nirvana* differed from that conceived by more orthodox sects. The supreme state of bliss did not entirely transcend the affairs of the world, and was still subject to Niyati. It was in fact little different from the other sects' conception of the highest heaven. This fact may throw light on the surprising statement of Silanka, who, writing surely with full knowledge of the Jaina attacks on Ajivika antinomianism and immorality, states in his commentary to the *Sutrakrtanga* that the followers of Gosala are called Vainayikas ....; these, he declares elsewhere, desire the attainment of salvation in heaven, from good conduct alone.[83]

यहां जोड़ना यह है कि आजीवकों का यह सदाचरण भिक्षुओं, मुनियों, संन्यासियों और योगियों का समाज से दूर का सदाचरण नहीं है, बल्कि बाल-बच्चे वाले गृहस्थों का समाज में सदाचरण है।

ग. आधुनिक सन्दर्भ

स्वर्ग और नरक क्या हैं? ये मनुष्य के मस्तिष्क में अस्तित्व में क्यों आए? विकास के किस चरण पर ये परलोक से जुड़े? यदि परलोक को न माना जाए तो इन के लौकिक अर्थ क्या होते हैं? समाज में इन के लौकिक अर्थ होते हैं कि जो अपराधी हैं वे जेलों में बंद रहें और जो अपराधी नहीं हैं वे अपने घरों में सुख-चैन से दिन काटें। घर या जेल के अलावा जो तीसरो श्रेणी के लोग मन्दिरों, मठों या विहारों में रहते हैं, वे भिक्षु, मुनि या संन्यासी, मनुष्य के चिन्तन में दो-तीन हजार वर्षों से चले आ रहे भटकाव भरे विचलन का परिणाम हैं। उन तीनों ने अपने आप को लोक से इस रूप में काट रखा है कि लौकिक संस्थाओं को बनाने या सुधारने में उन्हें कोई योगदान नहीं करना है। वे हमारे लोक जीवन में किसी मतलब के नहीं हैं जबकि अपने निर्वाह के लिए भिक्षा या दान हम से ही लेते हैं। फिलहाल, इस भारी नुकसान पर बात करनी छोड़ी जाए क्योंकि यह मनुष्य की सामाजिक मृत्यु मान ली गई है।

स्वर्ग और नरक के बजाय यह पुनर्जन्म क्या है? मनुष्य के मन में यह विचार क्यों आया? यह उस की खोज है या उस का आविष्कार? यह सच है या झूठ? कौन इस का फायदा उठाता है और कौन इस का नुकसान भरता है? यह क्या है कि यदि अच्छा कर्म करोगे तो अगले जन्म में अच्छी योनि मिलेगी और यदि बुरा कर्म करोगे तो बुरी योनि मिलेगी? इस का परिणाम क्या निकला? अच्छा और बुरा अगली योनि से जुड़ कर

83. ibid., p. 261

वायवी और निरर्थक हो गया। धरातल की अदला-बदली हो गई और बहस इस जगह पहुंच गई कि इस जन्म में मिलने वाले दंड का भय समाप्त हो गया। लोक जीवन में अपराधों का हुड़दंग ज्यों का ज्यों मचता रहा। फिर भी, चाहे स्वर्ग-नरक के छलावे हों या पुनर्जन्म के झूठ के भ्रम, आदमी का पीछा इस सोच से नहीं छूटा कि मनुष्य को उस के किए का फल मिलना चाहिए—अच्छा काम किया जाए तो प्रोत्साहन और पुरस्कार और बुरा काम किया जाए तो दंड और हतोत्साहन।

जब 16 दिसंबर, 2012 ईस्वी की रात को दिल्ली में हुए सामूहिक बलात्कार की पीड़ित छात्रा और बाद में उस की मृत्यु पर जनांदोलन द्वारा यह मांग की जाने लगी कि कानून में बलात्कारी को फांसी की सजा का प्रावधान हो तो ऐसा नहीं हो सकता था कि बलात्कार की परम्परा के पक्षधर लोग चुप बैठे रहते। सोचा जा रहा था कि वे जरूर हरकत में आएंगे। लेकिन यह उम्मीद फिर भी नहीं थी कि वे इतनी जल्दी और इतना साफ-साफ बोलेंगे। दिमाग में आ रहा था कि वे घुमा-फिरा कर बोलेंगे, दो-अर्थी या तीन-अर्थी शब्दों को तोल-तोल कर बोलेंगे। लेकिन ऐसा नहीं हुआ। वे भांप गए कि उन पर संकट इतना आसन्न है कि वे सीधे एक-अर्थी शब्दों और प्रतीकों का प्रयोग कर गए। एक ने कह दिया कि बलात्कार के मामले 'इण्डिया' में होते हैं, 'भारत' में नहीं। दूसरे ने कह दिया कि सीता के रूप में स्त्री को लक्ष्मण रेखा नहीं लांघनी चाहिए। तीसरे ने कह दिया कि बलात्कार के मामले में ताली एक हाथ से नहीं बजती। चौथे ने कह दिया कि बढ़ रहे महिला विरोधी अपराधों के लिए आजकल के ग्रह-नक्षत्र दोषी हैं। इन में से कोई धर्मगुरु है, कोई नामी-गिरामी संस्था का अध्यक्ष है, और कोई मंत्री है। प्रतिक्रियाएं देने में इतनी उतावली हो रही थी कि सब्र तोड़ बैठे।

असल में, यह सारा लार्डशिप और भूदेवों का मामला है। कई देशों में अभी भी राजशाही चल रही है। भारत की चार वर्णों की व्यवस्था में भी उस परम्परा का एक वर्ग हमेशा से रहा है। उसने अपने आप को हजारों साल से अदंडनीय घोषित कर रखा है। फांसी के विरोध में ये सारे उसी के तर्क हैं जो कई-कई नामों से हमारे सामने आ रहे हैं। कोई और नहीं, भेष बदल-बदल कर यह वही बहरूपिया बोल रहा है।

पूछा जाए, अच्छे लोग अपराध करने से डरते हैं पर जो आदमी अपराध करने से नहीं डरता वह दंड से क्यों डरता है? बलात्कार पर सारी बहस इसी जगह पर टिकती जा रही है। जो लोग बलात्कार के लिए मृत्युदंड के प्रावधान की मांग कर रहे हैं उन्हें जनाक्रोश और भावावेश में बहने वाले लोग कह कर नकारने की होड़ लग गई है। पर इस होड़ में लगे ये कौन लोग हैं? बोली बदल-बदल कर ये वे ही लोग हैं जो साहित्यकार बन कर यौन अपराधों को क्षम्य कहते हैं, धार्मिक बन कर 'स्त्री शूद्रौनाधीयताम्' की देववाणी में बोलते हैं। कथाकार के रूप में ये लोग 'ढोल गंवार सूद्र पसु नारी' को एक श्रेणी में रख कर उन का ताड़न करवाने में लगे हुए हैं। इस संस्कृति के भूदेवों की पौराणिक परम्परा है कि इन्द्र अहिल्या से और विष्णु वृन्दा से बलात्कार करते हैं।

दिक्कत यह नहीं है कि कोई व्यक्ति अपने भगवान की शरण में जाना चाहता है।

जाए, जहां जिस का मन चाहे, वह उस की शरण में जाए। बौद्धों के यहां त्रिशरण मंत्र में सब से पहले 'बुद्धं शरणं गच्छामि' ही आता है। उसी की तर्ज पर गीता में कृष्ण ने अपना दावा ठोक रखा है कि मेरी शरण में आओ। कहना केवल इतना है कि बुद्ध की शरण या कृष्ण की शरण दंड से बचने की शरणस्थली नहीं बननी चाहिए। जेल से बचने के लिए नहीं बल्कि जेल की सजा काटने के बाद उन्हें बुद्ध की या कृष्ण की शरण में जाने का वरण करना चाहिए। हम मक्खलि गोसाल, रैदास और कबीर की परम्परा के लौकिक लोग दंड से बचने या बचाने वाली ऐसी किसी आध्यात्मिक शरण को नहीं मानते। दंड के मामले में हम किसी क्षमादान को स्वीकार नहीं करते और प्रायश्चित को भी दंड भुगतवा कर पूरा-करना चाहते हैं।

जो लोग स्वर्ग-नरक को नहीं मानते और पुनर्जन्म में विश्वास नहीं करते और भगवान को भी मानते हैं या नहीं मानते, उन में भी दो तरह के लोग होते हैं—एक अच्छे और दूसरे बुरे। यूं कहिए कि जब बुरे लोगों का स्वर्ग-नरक और पुनर्जन्म का दंड से बचने का झांसा कारगर नहीं होता तब वे अपने असली चेहरे में उतर आते हैं। वे अच्छी लौकिक खोजों का दुरुपयोग करने की ठानते हैं। वे अपने बचाव में सुधारवाद, मनोविज्ञान और मानववाद के तर्कों का सहारा लेते हैं। वे भावभीने और घी-चुपड़े शब्द- जाल में सहानुभूति अर्जित करने के लिए अपनी बात आगे रखते हैं कि अपराधी को सुधारा जाना चाहिए। वे तर्क देते हैं कि भावावेश में कोई कानून नहीं बनना चाहिए। वे मुद्दे को रफा-दफा करने वाली बारीकियों में जा कर कानून को न्याय से अलग काट कर ले जाते हैं। उन का छिपा उद्देश्य यह होता है कि न्याय नहीं होने देना।

कुछ लोग समझदार दीखते हुए बोलने लगे हैं कि सख्त कानून बनाने से कुछ नहीं होगा, असल बात लोगों की मानसिकता को बदलने की है, मानो भाषा की दूती उन्हीं की जिह्वा पर बैठ कर बोल रही है। हम कह रहे हैं कि यदि कानून बनाने से कुछ नहीं होने वाला तो आप को इस के बनने से क्या डर है, आप क्यों थर-थर कांप रहे हैं, आप की पिंडलियाँ क्यों हिल रही हैं, इसे बन जाने दो। ना कर ना डर—कानून को न्याय तक पहुंचने से क्यों रोकते हो? हम कब मना कर रहे हैं—आप लोगों की मानसिकता बदलते रहो, पर इधर कानून को भी अपनी मंजिल पर पहुंचने दो। दोनों काम साथ-साथ क्यों नहीं हो सकते? मानसिकता बदलने का काम कानून बनाने के काम को छोड़ने से क्यों होगा? मानसिकता बदल जाएगी तो आप को कौन छेड़ने जा रहा है?

यह नहीं कहा जा रहा है कि सुधारवाद, मनोविज्ञान और मानववाद गलत चीजें हैं या इन का लाभ नहीं उठाया जाना चाहिए। ये हमारी चीजें हैं और हमारे लिए हैं। कहा केवल यह जा रहा है कि इन के दायरे तय होने चाहिए। उदाहरण के लिए सुधारवाद परिवारों में चल सकता है, वहां इसकी जरूरत होती है, पर घर से बाहर किए गए जघन्य अपराधों में इसे कितनी अहमियत दी जाए? मनोविज्ञान का तरीका बच्चों के विकास में औषधि का काम कर सकता है पर हिंसक वयस्कों और घुटे हुए प्रौढ़ों द्वारा किए गए

अपराधों के लिए इस का कितना लेना-देना रखा जाए? फिर, मानववाद क्या आदमी का पालतू कुत्ता है जो सामने खड़ा हो कर उस के तलुवे चाटेगा और दुम हिलाता रहेगा? मानववाद राज्य के हाथ में एक बहुत ही मजबूत और शक्तिशाली दर्शन है जो मानवतावादी हो कर अपराधी के सामने मिमियाता नहीं बल्कि उसे पूरा दंड देता है। हमारे भारत के संविधान का घोषित दर्शन उसके अनुच्छेद 51क(ज) में 'मानववाद' ही है जो अपराधी के सामने मुलामियत के नाम पर कमजोरी का दूसरा नाम नहीं है। मानववाद में अच्छे-बुरे के किए की जिम्मेदारी मनुष्य को खुद अपने ऊपर लेनी पड़ती है, कोई भगवान या उस का परलोक या उस का पुनर्जन्म उसे बचा नहीं सकता। इस में मनुष्य को निरन्तर उत्कृष्टता की ओर जाना होता है न कि निकृष्टता की ओर लगातार गिरना। कुटिल प्रवृत्ति के लोगों ने अध्यात्म और परलोक को, स्वर्ग-नरक और पुनर्जन्म को, अपराधियों को दंड से बचा ले भगाने का सुरक्षित गलियारा बना रखा है। कम से कम हम अपने संवैधानिक मानववाद पर इन का कब्जा न होने दें और कानून में बलात्कार के लिए मृत्युदंड का प्रावधान करें। यह केवल स्त्री की गरिमा की बात नहीं है बल्कि स्वस्थ समाज में उस के पुरुषों की गरिमा भी इसी से जुड़ी हुई है। जब स्त्री का अपमान हो रहा हो तो उस समाज के पुरुष गौरवान्वित हो कर कैसे जी सकेंगे?

दलित इसे गांवों में दूसरे ढंग से भुगतते हैं। अपने गांव की बात कहूं जो मेरठ में है। मेरे बचपन के समय में चमारों और जाटों में कुछ बातों को ले कर झगड़ा हो गया। चमारों ने अपनी पंचायत में तय किया कि कोई व्यक्ति जाटों के घर का खाना नहीं खाएगा। इस विद्रोह का सांकेतिक अर्थ यह था कि चमारों ने जाटों को सामाजिक स्तर पर अपने से नीचा मान लिया है। इस के जवाब में जाटों ने अपनी पंचायत में तय किया कि यदि चमारियां घास खोदने के लिए उन के खेतों के डोलों पर चढ़ती दीखें तो उनके नाड़े तोड़ दो। इस में बलात्कार दलित जातियों के सामूहिक उत्पीड़न से जुड़ जाता है। इस तथ्य को भारत की संसद ने 'अनुसूचित जाति और अनुसूचित जनजाति (अत्याचार निवारण) अधिनियम, 1989' बना कर स्वीकार किया है। उस में प्रावधान किया गया है कि जो कोई इन जातियों की महिला का अनादर करने या उस की लज्जा भंग करने के आशय से हमला या बल प्रयोग करेगा वह जुर्माने सहित पांच वर्ष तक के कारावास से दंडनीय होगा। हम यही कह रहे हैं कि ऐसे अपराध के लिए यह दंड बहुत कम है और ना के बराबर है।

अब जिम्मेदार पदों पर बैठे लोगों के गैर-जिम्मेदार वक्तव्य आने शुरू हो गए हैं कि वे बलात्कार के लिए मृत्युदंड के पक्ष में नहीं हैं। उन के इस कहने में नया क्या है? भला, जिस वर्ग ने अपने आप को हर अपराध के लिए अंदडनीय घोषित किया हो और जो यौन अपराधों को क्षम्य अपराधों की श्रेणी में रखता हो, वह बलात्कार के लिए मृत्युदंड के हक में कैसे हो जाएगा? ऐसा होने पर वह आसमान को सिर पर उठा लेगा। लेकिन यह उनका मत है, हमारा मत है कि बलात्कार के अपराधी को फांसी और केवल फांसी

दी जाए और फांसी से कम कोई दंड न दिया जाए। बिलकुल वे मानववादी होने का दंभ भरेंगे लेकिन हमें मालूम है कि न वे मानववादी हैं, न समाजवादी और न साम्यवादी। वास्तव में वे स्त्री विरोधी हैं—उन का हर वाद 'बाद बदन्ते झूठा' है। मानववादी हम हैं और हमारा मानववाद कहता है कि बलात्कारी को फांसी की सजा हो।

अध्याय-7

दक्षिण भारत में आजीवक धर्म

दक्षिण भारत में आजीवक धर्म एक प्रमुख धर्म रहा है। यूं समझिए कि एक समय तमिल साहित्य में आजीवक, जैन और बौद्‌ध धर्मों का ही बोलबाला रहा था। 'शिलप्पदिहारम्'—तमिल भाषा के प्राचीन पांच महाकाव्यों में एक और पहला है। इस में कण्णहि की कहानी है। कण्णहि, जिन्हें 'कण्णकी' भी कहा जाता है, के पिता का नाम मानायूहन् है। कहानी के अन्तिम भाग में लिखा गया है :

11 मानायहन्नुम् मन्नैवियुरम्
कणूणहि तादै कडवुळर् कोलत्तु
अणूणलम् पेरुन् दवत्तु आशीवकर् मुन्
पुणूणिय दान्नम् पुरिन्दु अरम् कोळ्ळवुम्
दान्नम् पुरिन्दोन् तन्मन्नैक् किळत्ति
नाळ् विडूड नल्लुयिर् नीत्तु मेयूविडवुम् 98-102[1]

११ मानायूहन् और उसकी पत्नी

कणूणहि के पिता ने देवता रूपी, महान, और बड़े तपस्वी आजीवकों के सामने पुण्य दान किये और ''धर्म'' अपना लिया (स्वयं आजीवक बन गया।) दानकारी उस की गृहिणी ने अपने दिन ब दिन घुलते प्राणों को शरीर से अलग कर शरीर छोड़ दिया। (भारतीय दर्शन के अनुसार जीव शरीर को त्यागता है, प्राणों को नहीं। प्राण जीव का ही पर्यायवाची शब्द है।)98-102[2]

'शिलप्पदिहारम् से यह भी पता चलता है कि कण्णहि वणिक कुल की पुत्री थीं। लिखा गया है :

माशु अरु पौन्न्ने! वलम् पुरि मुत्ते

1. शिलप्पदिहारम् (नागरी लिपि में तमिळ मूलपाठ सहित हिन्दी गद्यानुवाद), लिप्यन्तरण एवं अनुवाद, आचार्य ति. शेषाद्रि, प्रकाशक, भुवन वाणी ट्रस्ट, मौसमबाग (सीतापुर रोड), लखनऊ-226 020, प्रथम संस्करण, 1990, पृ. 367
2. वही, पृ. 367

काशु अरु विरैये! करुम्बे तेन्ने!
अरुम्पेरर् पावाय्! आर् उयिर् मरुत्दे!
पैरुङ्गुडि वाणिहन् पेरुमड महळे![3]

हे दोष-रहित स्वर्ण! दक्षिणावर्त शंख के उत्पन्न मोती! शुद्ध सुगन्धित बीज! इक्षु! हे शहद! दुर्लभ पुत्रिके! (मेरे) प्यारे प्राणों जो औषध! उच्च कुल के वणिक् की उत्कृष्ट सुन्दरी पुत्री![4]

यहां यह भी ध्यान रखा जा सकता है कि इतिहास के आचार्यों और तमिल के विद्वानों ने 'शिलप्पदिहारम्' को ईसा की दूसरी सदी के अन्तिम चरण की रचना माना है।[5]

तमिल का एक अन्य महाकाव्य 'मणिमेहलै' है, जिसे 'मणिमेखला' भी कहा जाता है, और जो 'शिलप्पदिहारम्' का जुड़वां काव्य कहा गया है। अनुमान के अनुसार इस का रचना काल दो से छठी ईस्वी सन् के बीच कहीं है।[6]

इस महाकाव्य में आजीवक प्रकरण इस प्रकार आरम्भ होता है :

9 आशीवह वादि
मेयूत्तिरम् वळक्कु अेन् विळम्बु हिनूर
अेत्तिरत् तिनुम् इशैयादु इवरुरै येन्न
आशीवहनूल् अरिनूद पुराणनैप्
'पेशुनिन् निरैयार्? नूरपोरुळ् यादु?' अेन् 106-109[7]

९ आजीवक
मणिमेहलै ने अपने मन में सोचा कि इनके सिद्धांत शास्त्र, तथा लोक दोनों की रीतियों में किसी से भी मेल नहीं खाते। फिर आजीवक के धार्मिक ग्रंथ के ज्ञाता, एक वृद्ध से मणिमेहलै ने प्रश्न किया कि आपसे प्रशंसित ईश्वर कौन हैं? शास्त्रार्थ क्या है ।106-109[8]

आजीवक प्रकरण की समाप्ति इन शब्दों में होती है :

9 (ए) मर्कलि नूलिन् वहै
पेरुदलुम् इळत्तलुम्, इडैयूरु उरुदलुम्

---

3. वही, पृ. 58 4. वही, पृ. 59
5. वही, अनुवादकीय, पृ. 20
6. मणिमेहलै (नागरी लिपि में तमिळ मूलपाठ सहित हिन्दी गद्यानुवाद), लिप्यन्तरण एवं अनुवाद, आचार्य ति. शेषाद्रि, प्रकाशक, भुवन वाणी ट्रस्ट, मौसमबाग (सीतापुर रोड), लखनऊ-226 020, प्रथम संस्करण, 1993, पृ. 27
7. वही, पृ. 288 8. वही, पृ. 288

उरुमिडत्तु अेयूदलुम् दुक्क सुकम् उरुदलुम्
पेरिदवै नीङ्गलुम् पिरत्तलुम् शादलुम्
करुविर पट्ट पोळुदे कलक्कुम्
इन्नूबमुम् तुन्नबमुम् इवैयुम् अणुवेनत् तहुम्
मुन्ननुळ ऊळे पिन् उरुविप्पदु
मर्कलि नूलिन् वहैयिदु वेन्नच्[9]

६(ए) ''मर्कलि'' ग्रंथ के प्रकार

प्राप्त करना, खोना, उपद्रव पाना, प्राप्य स्थान में पहुँच जाना, दुख-सुख का अनुभव पाना, प्राप्त सुख दुख, धन दौलत आदि का दूर होना, पैदा होना और मरना,—ये सब गर्भ में रहते समय ही जीव को प्राप्त हो जायँगे। अतः दुख-सुख भी अणु कहने योग्य हैं, पूर्व कर्म (नियति) के फल ही अपर जन्म में आकर प्राप्त हो जाते हैं। यही मर्कलि के ग्रंथ द्वारा बताये गये सिद्धांत हैं।

(मर्कलि या मौद्गल्य) आजीवकों के तीसरे तीर्थंकर हैं। ''सभी हमारे अनुभव पूर्वजन्म के कृत कर्मों के अबाध फलस्वरूप ही मिलते हैं। उनसे बचना असंभव है।'' (यही प्रधान तथा आधारभूत सिद्धांत, लगभग सभी धर्मों की नींव में पाया जाता है।)159-165[10]

यहां सावधानी बरतने की आवश्यकता है कि 'शिलप्पदिहारम्' और 'मणिमेहलै' आजीवक कवियों की रचनाएं नहीं हैं। इसलिए इन रचनाओं का ऐतिहासिक महत्व है कि उस समय आजीवक धर्म मौजूद था लेकिन तात्विक महत्व नहीं है कि ये आजीवक सिद्धान्तों के मामले में हमें सही सूचना देते हों। पहली बात, कुछ गलतियां मूल लेखक ने की हैं और कुछ हिन्दी के अनुवादक ने। सच बात है, जब 'नियति' शब्द आ गया है तो उसे पूर्व कर्म से नहीं जोड़ना चाहिए था। यह आजीवक दर्शन के साथ अपराध करना माना जाएगा यदि कोई विरोधी लेखक उस में पुनर्जन्म के सिद्धान्त को खोजता है। बिलकुल, अनुवादक ने इन छोटे से उद्धृत अंशों में भी कई जगह तात्विक स्तर की गलतियां की हैं।

आजीवक धर्म और दर्शन को समझने और समझाने में सब से बड़ी दिक्कत यही है कि उस की अपनी कोई पुस्तक नहीं मिलती। तमिल रचना 'नीलकेशी' इस का अपवाद नहीं है। यह भी एक जैन द्वारा लिखी गई है। कहानी जैन साध्वी की है। लेखक का नाम नहीं है। इसे ईसा की 9वीं सदी की रचना माना गया है। और पीछे जाया जाए तो ईसा की 5वीं सदी तक का समय हो सकता है।

कहानी इस प्रकार है कि नीलकेशी कपिलपुर छोड़ कर कुक्कुट नगर में पहुंचती

9. वही, पृ. 292
10. वही, पृ. 293

है। यहां आजीवक धर्माचार्य पूरण का निवास है। यहां उनके अनुयायी रहते हैं। दिखने में दीगम्बर लगने वाले इन के बारे में यह कहा गया है कि इन्हें दीगम्बर जैन मानने की भूल न कर ली जाए। लिखा गया है :

> Leaving Kapilapura, Neelakesi the aerial traveller, ... arrives at Kukkutanagar. Entering the settlement of the ascetics there, Neelakesi desires to know who the residents are. She is informed that it is the place of the Ajivaka teacher by name Purana. He is highly learned and is capable of answering all criticisms and doubts. Here are his followers also, the famous Ajivakas who are not to be mistaken for Digambaras though they resemble them in outward appearance ....[11]

नीलकेशी जानना चाहती है कि उन के मूल पुरुष कौन हैं जिन्होंने इस धर्म को चलाया, आगम ग्रन्थ कौन सा है, सत्य का स्वरूप और उसके परिवर्तन क्या हैं? उत्तर मिलता है कि मसकरी उन के धर्म के संस्थापक हैं, उनके धर्म शास्त्र का संयुक्त नाम 'प्रकाश की नौ किरणें' है। पृथ्वी, वायु, जल, अग्नि और जीवन पांच तत्व हैं। लिखा गया है :

> Neelakesi enquires of the spokesman, "Who is your Lord, the founder of your religion? What is your Agama? What is the nature of reality and its modifications according to your faith?" She gets this answer :- "Maskari is our Lord. Our scripture is the group of works called nine rays of light. The reals are five in number. These are the five different kinds of atoms, Earth, Air, Water, Fire and Life, What exists cannot be destroyed, and what is not, cannot be born. Submerging and floating constitute the behaviour of the reals. Submerging means becoming latent, and floating up, means expressing or evolving out.[12]

एक नया दार्शनिक शब्द 'अविचलित नित्य' दिया गया है। लिखा गया है :

> Your much boasted doctrine of Avichalita Nitya, unchanging permanency, has been cast to the winds.[13]

दूसरे दार्शनिक जीव, संसार और मंडल मोक्ष के हैं। 'मंडल मोक्ष' इसी रूप में आया है कि सभी जीवों को मोक्ष मिल सकता है। लिखा गया है :

> You believe that if all the Jivas are lucky enough to obtain

---

11. Neelakesi, Edited and Published by Prof. A. Chakravarti, Prakrit Bharati Academy, Yeti Shyamalji, Upashara-ka-Moti Singh-Bhoomian-ka-Rashta, Johri Bazaar, Jaipur, Rajasthan, Second Edition, 1994, p. 231
12. ibid., pp. 231-32
13. ibid., p. 238

> Moksha, then there would be none left in the world, and the spring of Samasara will dry up. Hence in order to maintain the world of life in fact here, you have invented the wonderful doctrine of "Mandala Moksha" according to which even Jivas which have attained Mukti will come back to Samsara in order to keep the latter going.[14]

जो बात आजीवकों को अन्य धर्मों के संन्यासियों से अलग करती है, वह पेशे और स्त्री को ले कर है। इस मामले में नीलकेशी में भी आजीवकों के नैतिक नियम भिन्न हैं। वे निश्चित रूप से सुखवादी हैं जब लिखा गया है :

> As far as our ethical code is concerned it is distinctly epicurean. But do not sneer at us because of our pursuit of pleasures. Our philosophical position is certainly impregnable.[15]

वे कमा कर खाने वाले लोग हैं। वे बिना किसी पेशे के नहीं हैं और स्त्री संसर्ग से विरत नहीं हैं। लिखा गया है :

> He talks of the five kinds of tattvas, preaches the doctrine of causelessness, practises the vow of silence lest he should be bound by karma, and yet has activity enough to make a living of his profession, activity even to the extent of sexual intercourse.[16]

यह यहां तक है कि जब वे संन्यासी बन जाते हैं तब भी घर का त्याग नहीं करते। लिखा गया है :

> Even when you renounce the world and become an ascetic you still believe yourself to be a householder and behave also as such. That is why your ascetic career is merely an incessant pursuit of pleasures.[17]

यहां यह भी बताया जा सकता है कि डा. आनन्द सिंह ने अपनी पुस्तक 'प्राचीन भारतीय धर्म : उद्भव एवं स्वरूप' में लिखा है कि 'महावंश के अनुसार चौथी शताब्दी में श्रीलंका के राजा पण्डुकाशय के समय यह मत प्रचलित था।'[18]

---

14. ibid., p. 241
15. ibid., pp. 232-33
16. ibid., p. 235
17. ibid., p. 237
18. प्राचीन भारतीय धर्म : उद्भव एवं स्वरूप, डा. आनंद सिंह, हिन्दी माध्यम कार्यान्वय निदेशालय, दिल्ली विश्वविद्यालय, 10 केवेलरी लाइन, दिल्ली-110 007, प्रथम संस्करण, अप्रैल 2010, पृ. 56

अध्याय-8

आजीवकों का इतिहास आज तक

अब हम जानें कि आजीवकों के इतिहास का क्या हुआ? इस विषय पर दो विद्वानों के विचार सामने आए हैं—एक डा. बेनी माधब बरुआ का और दूसरा डा. ए. एल. बाशम का। डा. बरुआ ने अंग्रेजी में लिखी अपनी पुस्तक 'द आजीविकास' में इस विषय पर लिखा है :

> ...in carrying on the study of the post Makkhali history of the Ajivikas, the historian cannot but set himself to analyse the causes of the decline of the Ajivika faith, and it is certain that such an enquiry cannot be undertaken apart from the development of various religious movements and schools of philosophy which went to rob the Ajivika movement of its especiality. The simultaneous processes of absorption and assimilation which seem so largely accountable for the disappearance of the Ajivikas involve two questions of far-reaching importance, which are :
>
> (1) Where are the Ajivikas who maintained their existence among the rival sects up till the fourteenth century A.D., if not later?
>
> (2) Is it that the Ajivika system dwindled into insignificance without enriching the systems which supplanted and supplemented it?
>
> Finally, if it be admitted that truth never dies and that the Ajivikas had a distinct message for Indian peoples, the history of the Ajivikas cannot be concluded without a general reflection on the course of Indian history, nor can the historian discharge his true function as historian without determining the place of the Ajivikas in the general scheme of Indian history as a whole.[1]
>
> ...आजीवकों के मक्खली के बाद के इतिहास का अध्ययन करने में इतिहासकार को आजीवक धर्म के पतन के कारणों का विश्लेषण करना

1. The Ajivikas, by B.M. Barua, Part-I, First publication by University of Calcutta in 1920, Present reproduction by Bibliolife, P. O. Box 21206, Charleston, SC 29413, year not mentioned, pp. 79-80

पड़ेगा। ऐसा अध्ययन उन विभिन्न धार्मिक आन्दोलनों और दर्शनशास्त्र की धाराओं के अध्ययन को छोड़ कर नहीं किया जा सकता जिन विभिन्न धार्मिक आन्दोलनों और दर्शनशास्त्र की धाराओं ने आजीवक आन्दोलन की विशिष्ट पहचान को नष्ट किया था। समाहरण और विलयन की समकालिक प्रक्रियाएं, जो आजीवक धर्म के लुप्त होने के लिए बहुत अधिक जिम्मेदार ठहरती दीखती हैं, दो दूरगामी महत्व की हैं, जो इस प्रकार हैं :

(1) वे आजीवक कहां हैं जिन्होंने विरोधी सम्प्रदायों के बीच, यदि और ज्यादा बाद तक नहीं, तो चौहदवीं शताब्दी तक अपनी स्वतन्त्र पहचान कायम रखी है?

(2) क्या ऐसा है कि आजीवक धर्म, बिना उन धर्मों को समृद्ध किए जिन्होंने इसे उखाड़ा और पूरित किया, महत्वहीन और कमजोर हो गया?

अन्त में, यदि यह माना जाए कि सच कभी मरता नहीं है और आजीवक धर्म भारतीय जनता को एक स्पष्ट और विशिष्ट सन्देश देता था तो आजीवकों का इतिहास भारतीय इतिहास की गति पर अपना बिना एक व्यापक प्रभाव छोड़े पूरा नहीं हो सकता, और न ही इतिहासकार भारतीय इतिहास की समग्रता में आजीवक धर्म का स्थान निर्धारित किए बिना, इतिहासकार होने का अपना सच्चा कार्य पूरा करेगा।

डा. बाशम ने अपने शोध कार्य में डा. बरुआ द्वारा उठाए गए प्रश्नों के उत्तर देने की कोशिश की है। माना जाए कि डा. बरुआ के प्रश्न ईमानदार हैं और डा. बाशम के उन के उत्तर भी उतने ही ईमानदार हैं। डा. बाशम ने अपनी अंग्रेजी की पुस्तक 'हिस्ट्री एण्ड डाक्ट्रिन्स आफ द आजीविकास : ए वैनिस्ड इण्डियन रिलिजन' में लिखा है :

> We would not by this analysis maintain that the rise and decline of religious systems and sects are mere reflections of social conditions. They are, however, manifestations of human need. If they can no longer fully satisfy the needs of their adherents they will stagnate and die. But a religion is long in dying. It may obtain a new lease of life by a restatement of old verities in a more modern form, or by the introduction of new elements of belief. It may retain an attenuated and local existence long after it has outlived its period of general usefulness. And even when it is dead, some of its features may survive in a disguised form, incorporated into other systems, or maintained as folklore or superstition. Thus for a while Ajivikism met the need of a large body of adherents, but soon began to lose its vitality ; it

survived long in one region of India, incorporating new features leaving some faint traces upon later Indian religion.

So, tentatively, we answer Dr. Barua's questions, and conclude our study of the Ajivikas. Their long, but by no means glorious existence, has left but few traces, and we have only been able to reconstruct their history and doctrines in faint outline by extracting every possible hint from the material available to us. Even now it has been necessary to leave many questions unanswered, and large gaps in the structure of the history of the Ajivikas are unfilled. But new information may yet come to light which may enable the structure to be strengthened. No work of history can have more than a provisional conclusion–the remainder of the History and Doctrines of the Ajivikas is yet to be written.[2]

हम इस विश्लेषण से यह निष्कर्ष नहीं निकालेंगे कि धार्मिक सम्प्रदायों और पंथों का उत्थान और पतन सामाजिक स्थितियों का प्रभाव मात्र है। असल में वे मानवीय आवश्यकताओं की अभिव्यक्तियां हैं। यदि वे अपने अनुयायियों की आवश्यकताओं को सन्तुष्ट नहीं कर सकतीं तो वे सड़ जाएंगी और मर जाएंगी। लेकिन एक धर्म अपनी मौत को लम्बी कर देता है। यह पुराने सत्यों को अत्याधुनिक शक्ल में पुनर्कथित कर के या विश्वासों के नए तत्वों की शुरूआत कर के अपना नया जीवन प्राप्त कर सकता है। सामान्य उपयोगिता का जीवन जीने के बाद यह अपना छोटा और स्थानीय अस्तित्व प्राप्त कर सकता है। और उस समय भी जब यह मृत हो जाता है, इस के कुछ लक्षण बदले हुए रूप में जीवित रह सकते हैं, दूसरे धर्मों में समाविष्ट हो सकते हैं, या लोक साहित्य या अंधविश्वास में चालू रह सकते हैं। इस प्रकार, एक समय तक आजीवक धर्म ने अपने बहुत सारे अनुयायियों की आवश्यकताओं की पूर्ति की, लेकिन जल्दी ही उस ने अपनी तेजस्विता खोनी शुरू कर दी। यह भारत के एक क्षेत्र में अपने सिद्धान्तों में नए लक्षणों को समाहित कर के एक लम्बे समय तक जीवित रहा। और, ऐसा नहीं लगता कि भारत के पश्चातकालीन धर्म में अपने कुछ प्रभाव छोड़े बिना यह लुप्त हो गया हो।

इस तरह, हम डा. बरुआ के प्रश्नों के कामचलाऊ उत्तर देते हुए आजीवक धर्म के बारे में अपने अध्ययन को समाप्त करते हैं। आजीवकों के लम्बे, लेकिन गौरवान्वित अस्तित्व ने कुछ चिह्न छोड़े हैं, और हम

2. History and Doctrines of The Ajivikas : A Vanished Indian Religion, A.L. Bashma, Luzac & Company Ltd., 46 Great Russell Street, London, W.C. 1, 1951, pp. 287-88

केवल, जो भी सामग्री हमारे पास उपलब्ध थी, उस में से भरसक सार ग्रहण कर के उन के इतिहास और सिद्धान्त की एक धुंधली रूपरेखा पुनर्निर्मित करने में कामयाब हुए हैं। अनेक प्रश्न अनुत्तरित छोड़े जाने जरूरी हैं, और आजीवकों के इतिहास-लेखन में अनेक खाली जगह बिना भरी पड़ी हैं। लेकिन आगे नई जानकारियां हासिल हो सकती हैं जो इतिहास लेखन के ढांचे को मजबूत करने में मदद कर सकती हैं। इतिहास लेखन का कोई भी काम अनन्तिम निष्कर्ष का ही हो सकता है—आजीवकों के इतिहास और सिद्धान्त का शेष भाग अभी लिखा जाना बाकी है।

मेरा मानना है कि डा. बाशम को यहीं रुके रहना चाहिए था। उन के इतिहासकार की यह एक बहुत अच्छी जगह थी। लेकिन 'द एनसाइक्लोपीडिया आफ रिलिजन्स' में दिए अपने लेख में वे इस से थोड़े आगे बढ़ गए हैं और भ्रमित भी हो गए हैं। अपने उस लेख में उन्होंने लिखा है :

> Thus it appears that, at the end of their existence, one school of Ajivikas was assimilating its teaching to that of the devotional Vaisnavas, while another, closer to the original teaching of Gosala, was slowly absorbed by the Digambara Jains. No definite survivals of Ajivikism can be traced in any branch of modern Indian religious life, but it is possible that echoes of Ajivika determinism may be heard in some of the gnomic wisdom of South India, for instance : "Though a man exert himself over and over again, he still only gets what comes on the appointed day.[3]
>
> इसलिए, ऐसा लगता है कि अपने अस्तित्व के अन्तिम चरण में, आजीवकों की एक धारा अपने उपदेशों को भक्तिपरक वैष्णवों के साथ मिला रही थी, जबकि दूसरी धारा, जो गोशाल के मूल उपदेशों के निकट थी, दिगम्बर जैनियों द्वारा धीरे-धीरे समाहित की जा रही थी। आधुनिक भारत के धार्मिक जीवन की किसी भी शाखा में आजीवक धर्म के निश्चित रूप से जीवित रहने के निशान नहीं ढूंढ़े जा सकते, लेकिन यह सम्भव है कि आजीवक धर्म के नियतिवाद की आवाजें दक्षिण भारत में प्रचलित कई सूक्तियों में सुनी जा सकती हैं, उदाहरण के लिए : "यद्यपि मनुष्य बार-बार कोशिश करता है, लेकिन तब भी वह केवल वही पाता है जो उस के लिए निर्धारित समय पर होता है।

पूरा इतिहास समझने के लिए हम जानें कि वे लोग कौन थे जो आजीवक थे।

3. Ajivikas, entry by A.L. Basham, The Encyclopedia of Religion, Editor in Chief, Mircea Eliade, Volume 1, Macmillan Publishing Company, 866, Third Avenue, New York, NY 1002, 1987, p. 165

उत्तर में सीधे मक्खलि गोसाल पर आया जाए जो इस के संस्थापक थे।

अच्छा होगा, यहां थोड़े में मक्खलि गोसाल के बारे में जानकारी दे दी जाए। ये महावीर और बुद्‍ध से बड़ी उम्र के थे। इन के बारे में देवी प्रसाद चट्टोपाध्याय ने अपनी पुस्तक 'लोकायत : प्राचीन भौतिकवाद का अध्ययन' में कुछ विश्लेषणात्मक लिखा है। वे गोसाल के महत्व के बारे में लिखते हैं–"...इसमें कोई संदेह नहीं कि बुद्ध और महावीर के समकालीन दार्शनिकों में मक्खलि गोसाल सबसे महत्वपूर्ण दार्शनिक था। इसके अलावा मक्खलि का निजी जीवन भी नाटकीय तत्वों से भरा हुआ था जो उसके नियतिवाद पर कुछ महत्वपूर्ण प्रकाश डाल सकते हैं। मक्खलि गोसाल के जन्म के संबंध में हमें दो कथाएं मिलती हैं। इनमें से एक कथा 'भगवती सूत्र' नामक जैन ग्रंथ में और दूसरी 'सामज्ज फल सुत्त' पर बुद्धघोष के भाष्य में मिलती है। इन दोनों कथाओं के बीच कुछ महत्वपूर्ण समानताएं हैं।"[4] चट्टोपाध्याय ने पहले जैन ग्रन्थ 'भगवती सूत्र' के माध्यम से लिखा है–"भगवती सूत्र में मक्खलि के जन्म की कथा का वर्णन महावीर द्वारा कराया गया है। (......) महावीर के अनुसार मक्खलि के पिता एक मंख थे जिसका नाम मंखली था। यह निश्चित रूप से नहीं कहा जा सकता कि मंख शब्द का अर्थ क्या था। होएनर्ले का विचार है कि इस शब्द का कोई निश्चित अर्थ नहीं था किंतु बाशम का विचार इसके विपरीत है। 'हेमचन्द ने अभिधान चिंतामणि पर अपने भाष्य में इस मंख शब्द को मगध के बराबर बताया है जिसका अर्थ भाट या चारण है।' मक्खलि का पिता कोई घुमंतू भाट रहा होगा और उन दिनों में यह कोई असाधारण बात नहीं थी। 'भगवती सूत्र' की कथा से यही आभास मिलता है कि वह वास्तव में घुमंतू भाट था। मक्खलि की माता का नाम भद्दा था। मक्खलि जब उसके गर्भ में था तो वह अपने पति के साथ सरावन नामक स्थान पर आई (सरावन का शाब्दिक अर्थ है सरकंडों का झुरमुट)। वहां गोबहुल (शाब्दिक अर्थ बहुत सी गायों को रखने वाला) नामक एक संपन्न व्यक्ति रहता था। भद्दा का पति गांव में रहने के लिए कोई स्थान खोजने के लिए जाने से पहले गोबहुल में 'गोसाल' (गोशाला) में अपनी पत्नी को छोड़ गया। किंतु वह रहने के लिए कोई स्थान नहीं ढूंढ़ पाया। ये दंपति उसी गोशाला के एक कोने में रहते रहे और भद्दा ने वहीं पर मक्खलि को जन्म दिया। मंखली नामक मंख का पुत्र होने के कारण इस बालक का नाम मक्खलि पड़ गया और गौशाला में पैदा होने के कारण उसे गोसाल कहा गया।"[5] इसके बाद देवीप्रसाद ने बुद्‍धघोष की बात ली है। वे लिखते हैं–"...बुद्धघोष के अनुसार मक्खलि नाम एक अन्य परिस्थिति के कारण भी पड़ा। गोसाल एक दास था जिसने अपने स्वामी से भागने का प्रयत्न किया। एक दिन वह तेल से भरा हुआ मटका उठाकर कीचड़ वाले स्थान से जा रहा था। उसके स्वामी ने जोर से

4. लोकायत : प्राचीन भौतिकवाद का अध्ययन, लेखक, देवी प्रसाद चट्टोपाध्याय, अनुवादक, बृज शर्मा, मैकमिलन इण्डिया लिमिटेड, 4 कम्युनिटी सेन्टर, नारायण इन्डस्ट्रियल एरिया, फेज-1, नई दिल्ली-110 028, प्रथम हिन्दी संस्करण, 1982, पृ. 412

5. वही, पृ. 412

आवाज देकर कहा कि 'अरे भई, फिसल मत जाना' (तत माखल इति) लेकिन गोसाल लापरवाह था और उसने तेल गिरा दिया। स्वामी के क्रोध के डर से उसने भागना शुरू कर दिया। स्वामी ने पीछा किया और अपने दास के वस्त्र (दासकन्ना) को पकड़ लिया। गोसाल ने वस्त्र वहीं उतार फेंका और नग्नावस्था में भाग खड़ा हुआ। उसके बाद वह नग्न संन्यासी बन गया।''[6] चट्टोपाध्याय ने दोनों कथाओं का निष्कर्ष निकालते हुए लिखा है–''क्योंकि आजीवक मत के ग्रंथों आदि में गोसाल के जन्म के संबंध में कुछ नहीं मिलता इसलिए यह पूर्णतया संभव है कि गोसाल का जन्म वास्तव में किसी गोशाला में हुआ था और वह एक दास था जो इस दासता के जीवन से मुक्ति पाने के लिए भाग जाना चाहता था और उसके पिता उन दिनों में मंख या घुमंतू भाटों में से एक थे।''[7]

देवी प्रसाद चट्टोपाध्याय ने मक्खलि गोसाल और बुद्ध की तुलना भी की है। मक्खलि गोसाल को मिलाते हुए वे अपनी दृष्टि से उस युग की वैचारिक तस्वीर पेश करते हैं–''बौद्धकालीन भारत के दार्शनिक इस ब्रह्मांड को अर्थात जिस संसार में वे रहते थे उसे जानना चाहते थे, उसके बारे में ज्ञान बोध चाहते थे। यह विश्व उन्हें निश्चित ही बड़ा विचित्र प्रतीत हुआ होगा क्योंकि उस समय तक मानव संबंध एकदम उलट पलट हो चुके थे। उन्होंने अपने पूर्वजों द्वारा स्थापित संस्थाओं तथा रीति रिवाजों को टूटते देखा और उनके स्थान पर अन्याय तथा असत्य की नई शक्तियों को उभरते देखा। इन सब परिवर्तनों के मूल में थी उत्पादक शक्ति..... जिसको विकसित होते निश्चित ही वे नहीं देख पाए या यदि उन्होंने इसे देखा भी तो उस समय के मानव के पतन के साथ उन्हें इसका कोई संबंध दिखाई नहीं दिया होगा। फिर भी वे वास्तविकता को समझना चाहते थे और इसके परिणामस्वरूप निराशा भरे विचारों का एक दुर्बोध सा झुंड इकट्ठा हो गया। केवल बुद्ध ने इस सबसे बचना चाहा, इसलिए नहीं कि उन्हें असली प्रश्न का सही उत्तर मिल गया था बल्कि इसलिए कि उन्हें सही विभ्रम (सही धर्म) मिल गया था जो वास्तविकता का स्थान ले सकता था।''[8] उन्होंने ख़ासमखास गोसाल से ही बुद्ध की तुलना करते हुए लिखा है–''किंतु गोसाल मात्र एक भाट या चारण या कवि नहीं था। वह एक भविष्यद्रष्टा और दार्शनिक भी था। वह विश्व के संबंध में कोई दृष्टिकोण बनाना चाहता था, अर्थात वह संसार को समझना चाहता था, जिसमें वह रह रहा था। यही परिस्थितियां थीं जो गोसाल के लिए घातक बंधन बन रही थीं और यही अनुभव बुद्ध ने भी किया। जनजातियों का ह्रास होते जाना या नवोदित राजसत्ताओं की भीषण शक्ति के हाथों इनका विनाश होना ऐसे विकट सामाजिक परिवर्तन थे जिनका औचित्य उस युग के महानतम चिंतक की समझ से भी बाहर था। इसलिए बुद्ध समझ गए कि इन घटनाओं के कारणों के संबंध में कोई प्रश्न उठाने के बजाए लोगों के तप्त हृदय को शांति दिलाना अच्छा होगा। यथार्थ से जूझने की बजाए

6. वही, पृ. 413 7. वही, पृ. 413 8. वही, पृ. 401

किसी समुचित भ्रम का आश्रय लेना होगा। यही बात हमें बुद्ध की सफलता और गोसाल की विफलता को समझने में सहायक होती है। बुद्ध अपने युग का सर्वाधिक सुसंगत व्यामोह उत्पन्न करने के कार्य में रत हो गए.... जबकि गोसाल यथार्थ से जूझने और ऐतिहासिक बंधनों को तोड़ने के प्रयास करते रहे।"[9]

अब पुनः इस बात पर आया जाए कि डा. ए.एल. बाशम ने आजीवक धर्म को भारत का लुप्त हुआ धर्म कहा है। इस के उत्तर में हम यह जान पाए हैं कि यह लुप्त नहीं हुआ है बल्कि भारत के मध्य कालीन इतिहास में रैदास और कबीर की वाणी में अपने पूरे चरम पर जीवित रहा है। यह धर्म हारा हुआ नहीं रहा है। मक्खलि गोसाल के समय में यह जैन धर्म और बौद्ध धर्म से जीता हुआ था। इस के बाद पूरे नंद वंश काल में धर्म के क्षेत्र में इसी का राज रहा था। मौर्य काल में बिन्दुसार के समय में इस का पूरा बोलबाला था और अशोक ने इसे गुफाएं दान में दी थीं। अशोक के पोते दशरथ पर भी इस का बड़ा प्रभाव था। अब, अगला प्रश्न यह बनता है कि उस के बाद इस का उत्तर भारत में क्या हुआ जबकि ईसा की चौदहवीं सदी तक दक्षिण भारत में इस की मौजूदगी के चिह्न मिलते हैं।

बात यह है कि मक्खलि गोसाल कुम्हार जाति से और दास थे। बीजक भी दास थे। नंद वंश को शूद्र वंश कहा गया है। मौर्य वंश भी ब्राह्मणों या क्षत्रियों का वंश नहीं था। रैदास चमार जाति से और कबीर जुलाहा जाति से थे। इस प्रकार, समाज व्यवस्था में यह धर्म दासों, अछूतों, दलितों और पिछड़ों का धर्म था। परिणाम यह निकलता है कि आजीवक धर्म समाज व्यवस्था में दासता को मिटाने के लिए लड़ रहा था। यह कोई छोटी लड़ाई नहीं है। इस में हार इसी रूप में मायने रखती है कि यह युद्ध अभी तक जारी है। इस की जीत इसी अर्थ में जानी जा सकती है कि समाज की कानूनी व्यवस्था में भेदभाव, ऊंचनीच और दासता समाप्त हो गई हैं। तब इसका हारना क्या–इस की जीत ही उस दिन निश्चित होगी जब समाज में समानता के आधार पर शान्ति कायम होगी। इसलिए, आजीवक धर्म को हारा हुआ न कहा जाए क्योंकि इसका पक्ष समाज में कमजोर तबकों का है, बल्कि यह कहा जाए कि विजय प्राप्ति के लिए इस का संघर्ष आज तक सतत चल रहा है।

आज हमारे भारत के संविधान में जो छुआछूत का अन्त किया गया है और उसके लिए जो कानून बनाए गए हैं, वह आजीवकों की मेहनत का फल है। दलितों और आदिवासियों के खिलाफ ज्यादतियों पर जो प्रतिबंध लगाए गए हैं, वे आजीवकों के प्रभाव के कारण हैं। बंधुवा मजदूरी की समाप्ति के लिए जो कानून बना है, उस में आजीवकों की जीत घोषित है। दलितों, पिछड़ों और आदिवासियों के लिए जो प्रशासनिक पदों पर आरक्षण की व्यवस्था लागू की गई है, उस में आजीवकों के लम्बे संघर्ष को सफलता मिली है। संसद और विधान सभाओं में दलितों और आदिवासियों के

9. वही, पृ. 415

राजनीतिक प्रतिनिधित्व की अनिवार्यता को आजीवकों की कामयाबी के सिवा और कुछ नहीं कहा जा सकता। आज बलात्कार के खिलाफ स्त्रियों के पक्ष में बने कानूनों को मक्खलि गोसाल, रैदास और कबीर की कमाई के रूप में जाना जाएगा।

पुनः कहा जाए, कि भारत के संविधान के मूल अधिकार वाले भाग में मिला समता का अधिकार, स्वातंत्र्य अधिकार और शोषण के विरुद्ध अधिकार आजीवकों की बहुत बड़ी सफलता है। शिक्षा के अधिकार और भोजन के अधिकार की संवैधानिक गारन्टी आजीवकों की प्राप्ति का एक बड़ा उत्सव है। संविधान में राज्य की नीति के निदेशक तत्व वाले भाग के अनुच्छेद 51क(ज) में यह लिखा जाना कि 'भारत के प्रत्येक नागरिक का यह कर्त्तव्य होगा कि वह ...... वैज्ञानिक दृष्टिकोण, मानववाद और ज्ञानार्जन तथा सुधार की भावना का विकास करे,'[10] आजीवक धर्म और दर्शन की सर्वोपरि विजय है। यहां नियतिवाद 'संविधान बनाम पुनर्जन्म' बन कर अपनी जीत की घोषणा कर रहा है।

पुनः कहा जाए, कि मक्खलि गोसाल बंधुवा मजदूर थे। वे बंधुवाई को छोड़ कर भागे थे। यूं समझिए, कि तब से हर बंधुवा मजदूर भाग ही रहा है। बीजक दास थे। वे अपनी दासता से त्रस्त थे। वे उसे मिटाने में लगे हुए थे। यूं समझिए, कि तब से हर दास अपनी दासता को मिटाने में लगा ही हुआ है। पर क्या इसे उनकी सफलता नहीं माना जाएगा कि 26 जनवरी, 1950 से संविधान का यह 23वां अनुच्छेद लागू है?—"23. मानव के दुर्व्यापार और बलात्श्रम का प्रतिषेध—(1) मानव के दुर्व्यापार और बेगार तथा इसी प्रकार का अन्य बलात्श्रम प्रतिषिद्ध किया जाता है और इस उपबंध का कोई भी उल्लंघन अपराध होगा जो विधि के अनुसार दंडनीय होगा।"[11] संविधान के इस अनुच्छेद के अनुपालन में भारत गणराज्य के सत्ताईसवें वर्ष में संसद ने जनता के दुर्बल वर्गों के आर्थिक और शारीरिक शोषण का निवारण करने के उद्देश्य से बन्धित श्रम पद्धति के उत्सादन का और उस से संबन्धित या उसके आनुषंगिक विषयों का उपबन्ध करने के लिए 'बन्धित श्रम पद्धति (उत्सादन) अधिनियम, 1976' अधिनियमित किया जो 25 अक्टूबर, 1975 से लागू हो चुका है। इस अधिनियम की धारा 4(1) में लिखा गया है—"4. बन्धित श्रम पद्धति का उत्सादन—(1) इस अधिनियम के प्रारम्भ पर बन्धित श्रम पद्धति का उत्सादन हो जाएगा और ऐसे प्रारम्भ पर प्रत्येक बन्धित श्रमिक, बन्धित श्रम करने की किसी बाध्यता से मुक्त और उन्मोचित हो जाएगा।"[12] इस की धारा 5 में लिखा गया है—"5. करार, रूढ़ि, आदि का शून्य होना—इस अधिनियम के प्रारम्भ पर कोई ऐसी रूढ़ि या परम्परा या कोई संविदा, करार या अन्य लिखत (चाहे वह

---

10. भारत का संविधान (1 फरवरी, 2011 को यथा विद्यमान), विधि साहित्य प्रकाशन, भारत सरकार, भारतीय विधि संस्थान भवन, भगवान दास रोड, नई दिल्ली-110 001, संस्करण 2011, पृ. 22
11. वही, पृ. 12
12. बन्धित श्रम पद्धति (उत्सादन) अधिनियम, 1976, विधि साहित्य प्रकाशन, भारत सरकार, भारतीय विधि संस्थान भवन, भगवान दास मार्ग, नई दिल्ली-110 001, संस्करण 1991, पृ. 3

इस अधिनियम के प्रारम्भ से पूर्व या उसके पश्चात् की गई हो या निष्पादित की गई हो) जिसके आधार पर किसी व्यक्ति से या उस व्यक्ति के कुटुम्ब के किसी सदस्य से या उस व्यक्ति के आश्रित से बन्धित श्रमिक के रूप में कोई काम करने या सेवा करने की अपेक्षा की जाती है, शून्य और अप्रवर्तनशील होगी।"[13]

इस से आगे इस अधिनियम में उन लोगों को अपराधी के रूप में परिभाषित किया गया है जो बंधुवा मजदूरी की इस समाप्ति के विरुद्ध आचरण करते हैं। उन के लिए इस की धारा 16 में दंड की व्यवस्था इस प्रकार की गई है–"16. बन्धित श्रम के प्रवर्तन के लिए दंड–जो कोई इस अधिनियम के प्रारम्भ के पश्चात् किसी व्यक्ति को कोई बन्धित श्रम करने के लिए विवश करेगा वह कारावास से, जिसकी अवधि तीन वर्ष तक की हो सकेगी और जुर्माने से भी, जो दो हजार रुपए तक का हो सकेगा, दण्डनीय होगा।"[14] इस अधनियम की धारा 18 में लिखा गया है–"18. बन्धित श्रम पद्धति के अधीन बन्धित श्रम कराने के लिए दण्ड–जो कोई इस अधिनियम के प्रारम्भ के पश्चात् किसी ऐसी रूढ़ि, परम्परा, संविदा, करार या अन्य लिखत का प्रवर्तन करेगा, जिसके आधार पर किसी व्यक्ति या ऐसे व्यक्ति के कुटुम्ब के किसी सदस्य या ऐसे व्यक्ति पर आश्रित किसी व्यक्ति से अपेक्षा की जाती है कि वह बन्धित श्रम पद्धति के अधीन कोई सेवा करे तो वह कारावास से, जिसकी अवधि तीन वर्ष तक की हो सकेगी, और जुर्माने से भी, जो दो हजार रुपए तक का ही सकेगा, दण्डनीय होगा और यदि जुर्माना वसूल किया जाता है तो उसमें से बन्धित श्रमिक को ऐसे प्रत्येक दिन के लिए जिस दिन उससे बन्धित श्रम कराया गया था, पांच रुपए की दर से संदाय किया जाएगा।"[15]

इन संवैधानिक और कानूनी उपबन्धों का दार्शनिक आधार और प्रभाव क्या है? यह सीधा ब्राह्मणों, बौद्धों और जैनियों के पुनर्जन्म के सिद्धान्त पर हमला है। यह उस का खण्डन है। आखिर, बौद्धों के त्रिपिटक में आजीवक बीजक के पास अपनी दासता को मिटाने का कोई उपाय नहीं है। अंग नरेश के सामने वह अपनी दासता को ले कर रो रहा है। वह अपनी दासता को मिटाने के रूप में सुगति को प्राप्त होने का द्वार ढूंढ़ रहा है पर राजा उस से कहता है–"बीजक। सुगति का दूसरा भाग नहीं है। नियति की प्रतीक्षा कर।......तू जल्दबाजी मत कर।" यह पुनर्जन्म की बकवास है जो भारत में फैलाई गई है कि जीव को पिछले जन्मों के कर्मों के अनुसार अगले जन्म में योनि और माता-पिता मिलेंगे।

13. वही, पृ. 3 14. वही, पृ. 6 15. वही, पृ. 6-7

दूसरी पुस्तक
कबीर की वाणी

अध्याय-1

कबीर के 'बीजक' का इतिहास

कबीर के धर्मग्रन्थ का नाम 'बीजक' है। कबीर की वाणियों में इस का बहुत महत्व है। कबीर के नाम से जो अन्य साहित्य मिलता है, उस का अलग से कोई नाम नहीं है। 'कबीर ग्रन्थावली' वास्तव में कोई शीर्षक नहीं है और 'श्री गुरु ग्रन्थ साहिब' में संकलित कबीर की वाणी का भी कोई नाम नहीं है। एक 'बीजक ही है जो अपना शीर्षक लिए हुए है।

प्रश्न महत्वपूर्ण है कि कबीर के पास यह 'बीजक' शब्द कहां से आया। बीजक क्या है या कौन है? कबीर वाणी के अध्येयताओं में से किसी ने इस प्रश्न को जिम्मेदारी से नहीं लिया। द्विज लेखकों को इसी बात की पड़ी रही कि कबीर को हिन्दू खेमे में रखा जाए। उन्हें इस मामले में वास्तविक ज्ञान-ध्यान से कोई मतलब नहीं है। वे बचाव पक्ष के बन कर रहे हैं कि कबीर को मुसलमान या सूफी न घोषित कर दिया जाए। इस उद्देश्य के सिवा उन्होंने कबीर का कभी अलग से अध्ययन नहीं किया कि कबीर की अपनी परम्परा भी हो सकती है। वे इसी काम में लगे रहे कि कबीर को वैष्णव, वेदान्ती और अद्वैतवादी सिद्ध कर के दम लिया जाए।

आखिर कबीर की वाणी का अध्ययन इतना मुश्किल क्यों है? कबीर की वाणी विद्वानों की उन व्याख्याओं को क्यों झूठी साबित कर देती है जो उन्हें आज तक इस या उस चौखटे में बांधती रही हैं? कबीर उन पर लागू हर परिभाषा को तोड़ कर चल देते हैं। इस बारे में लिण्डा हेस ने अपनी पुस्तक 'द बीजक ऑफ कबीर' की भूमिका में लिखा है :

> But he persistently evades our attempts to define or explain him. Was he a Hindu? A Muslim? Were his ancestors Buddhists? Did he practice yoga? Did he have a guru? Who was it? The impossibility to ascertaining these basic facts about Kabir's religious life is part of his legacy of teaching.[1]

लेकिन वे (कबीर) हमारे हर उस प्रयास को बेकार कर देते हैं जिस के द्वारा

1. The Bijak of Kabir, Translated by Linda Hess and Sukhdev Singh, Essays and Notes by Linda Hess, Motilal Banarsidass, Bungalow Road, Jawahar Nagar, Delhi-110 007, First Indian Edition 1986, pp. 5-6

हम उन्हें परिभ:षित या व्याख्यायित करने का प्रयास करते हैं। क्या वे हिन्दू थे? क्या वे मुसलमान थे? क्या उन के पूर्वज बौद्ध थे? क्या वे योग की साधना करते थे? क्या उन के कोई गुरु थे? कबीर के धार्मिक जीवन के इन मूल तथ्यों को निश्चित करने की असम्भवता उन के उपदेशों की थाति का एक हिस्सा है।"

लेकिन यह सब कुछ हिन्दू विद्वानों की वजह से है क्योंकि वे कबीर के बारे में गफलत फैलाते रहे हैं। उनका जिम्मा किंवदन्ती और प्रक्षिप्त रचनाओं के कारण ज्ञान का नहीं बल्कि अज्ञान और अंधकार का है। वे ज्ञान के दुश्मन हैं। यदि ऐसा न होता और वे सच्चे खोजी होते तो सच में बीजक के इतिहास की ओर जाते। जी हां, बीजक एक व्यक्ति का नाम है जो अपने धर्म और दर्शन में आजीवक थे और दासता के विरोध में लड़ रहे थे। यह एक प्राचीन आजीवक कथा है जिसे इस सन्दर्भ में हिन्दुओं और मुसलमानों में से आज तक किसी ने नहीं जाना।

बीजक की यह कथा बौद्ध साहित्य के 'जातक' ग्रन्थ में आती है। इस का नाम 'महा नारद कश्यप जातक' है और यह 544वें नम्बर पर है। इस कथा को शास्ता ने लट्ठीवन उद्यान में विहार करते समय कहा था। अतीत कथा इस प्रकार है कि विदेह राष्ट्र में मिथिला में अंगाति नाम का राजा था जिस की पुत्री का नाम रुजा था। उस के तीन अमात्य थे जिन के नाम अलात, सुनाम और विजय थे। एक दिन राज सभा में यह तय किया गया कि मृगदाय में रहने वाले अचेलक गुणी की, जो काश्यप गोत्र का है और गण का नेता है, ज्ञान-ध्यान की प्राप्ति के लिए संगति की जाए।[2] रथ जोते गए। राजा अपने अमात्यों को ले कर नजदीक पहुंचने पर रथ से उतर कर पैदल ही उन आजीवक के पास पहुंचा।[3] राजा ने आजीवक का कुशल समाचार पूछा। इस के बाद धर्म-कर्म-कामी राजा ने अर्थ, धर्म और ज्ञान के विषय में पूछा। आगे कथा इस प्रकार है:

वेदेहस्स वचो सुत्वा कस्सपो एतदब्रवि,
सुणोहि मे महाराज सच्चं अवितथं पदं।।३६।।
नत्थि धम्मस्स चिण्णस्स फलं कल्याण पापकं,
नत्थि देव परो लोको को ततोहि इधागतो।।३७।।
नत्थि देव पितरोव कुतो माता कुतो पिता,
नत्थि आचरियो नाम अदन्तं को दमेस्सति।।३८।।
समतुल्यानि भूतानि नत्थि जेट्ठापचायिनी,
नत्थि बलं या विरियं वा कुतो उट्ठानपोरिसं;
नियतानिहि भूतानि यथा गोटविसो तथा।।३९।।

2. जातक (पष्ठ खण्ड), अनुवादक, भदन्त आनंद कौसल्यायन, हिन्दी साहित्य सम्मेलन, प्रयाग, 12 सम्मेलन मार्ग, इलाहाबाद, उत्तर प्रदेश, तृतीय संस्करण 1995, पृ. 234
3. वही, पृ. 235

लद्धेय्यं लभते मच्चो तत्थ दानफलं कुतो,
नत्थि दानफलं देव अवसो देव वीरियो।।४०।।
बालेहि दानं पञ्ञत्तं पण्डितेहि पटिच्छितं,
अवसा देन्ति धीरानं वाला पण्डितमानिनो।।४१।।[4]

[विदेह का कथन सुना तो काश्यप बोला—महाराज! यथार्थ सत्य बात सुनें।।३६।। धर्माचरण का कुछ अच्छा-बुरा फल नहीं होता। देव! परलोक नहीं है। वहाँ से यहाँ कौन आया है?।।३७।। देव! पितर ही नहीं हैं, तो कहाँ की माता और कहाँ का पिता? जब आचार्य ही नहीं है, तो असंयत को संयत कौन बनायेगा?।।३८।। सभी प्राणी बराबर हैं। उनमें कोई छोटा-बड़ा नहीं है; न कहीं कोई 'बल' है और न 'वीर्य'। तब पुरुष-पराक्रम कहाँ से होगा? जिस प्रकार नौका का पिछला हिस्सा उसके पीछे-पीछे ही चलता है, उसी प्रकार प्राणियों को भी 'नियति' के पीछे-पीछे ही चलना पड़ता है।।३६।। जो आदमी का मिलना होता है, वह मिलता है, उसमें दान-फल कहाँ से आया? हे देव! दान-फल नहीं है। दान देनेवाला मजबूरी से देता है।।४०।। मूर्खों ने दान देने की बात कही है। पण्डितों ने दान लेना स्वीकार किया है। अपने-आपको पण्डित समझने वाले मूर्ख मजबूरी से धीर-पुरुषों को दान देते हैं।।४१।।][5]

इस प्रकार दान की निष्फलता का वर्णन करके आजीवक ने आगे पाप के फलाभाव का वर्णन किया जो इस प्रकार है :

सत्तिमे सस्सता काया अच्छेज्जा अविकोपिनो,
तेजो पठविरापो च वायो सुखदुखञ्चिमे,
जीवे च सन्तिमे काया येसं छेत्ता न विज्जति।।४२।।
नत्थि हन्ता वा छेत्ता वचे हञ्ञेरेवापि कोचिनं,
अन्तरेवनेव कायानं सत्थानि वीतिवत्तरे।।४३।।
योपायं सिरमादाय परेसं निसितासिना,
न सो छिन्दति ते काये तत्थ पापफलं कुतो।।४४।।
चल्लासीति महाकप्पे सब्बे सुज्झन्ति संसरं,
अनागते तम्हि काले सञ्ञतोपि न सुज्झति।।४५।।
चरित्वापि बहुं भद्रं नेव सुज्झन्ति नागते,
पापञ्चेपि बहुं कत्वा तं खणं नातिवत्तरे।।४६।।

4. वही, पृ. 236
5. वही, पृ. 237

अनुपुब्बेन नो सुद्धि कप्पानं चुल्लसीतिया,
नियतिं नातिवत्ताम वेलन्तमिव सागरो।।४७।।[6]

[अग्नि, पृथ्वी, जल, वायु, सुख, दुःख और जीव—ये सात शाश्वत हैं, अछेद्य हैं, अविकोप्य हैं, इनको काट सकने वाला कोई नहीं है।।४२।। न कोई इनका नाश करनेवाला है, न इन्हें काटनेवाला है और न कोई नाश किया जा सकने वाला है। शस्त्र इनके बीच में से ही घूमते रहते हैं।।४३।। जो तेज तलवार से दूसरों के सिर काटता है, वह भी उन अग्नि, पृथ्वी आदि को नहीं काटता है, तो पाप-फल कहाँ से होगा?।।४४।। चौरासी महाकल्पों तक संसार में संसरण करने से सभी शुद्ध हो जाते हैं। उस समय के आने से पूर्व संयत भी शुद्ध नहीं होता।।४५।। बहुत पुण्य कर्म करने पर भी वह समय आने से पूर्व शुद्धि नहीं होती। और बहुत पाप करके भी उस क्षण का उल्लंघन नहीं होता।।४६।। चौरासी महाकल्पों के बीतने पर हमारी शुद्धि अनायास हो जाती है। हम 'नियति' को उसी प्रकार नहीं लाँघ सकते जैसे सागर अपने तट को।।४७।।][7]

राजा के एक मंत्री का नाम अलात था। उस ने आजीवक का यह व्याख्यान सुना। तब क्या हुआ? उस बारे में इस प्रकार लिखा हुआ है :

कस्सपस्स वचो सुत्वा अलातो एतदब्रवि,
यथा भदन्तो भणति मय्हइम्पेतेव रुच्चति।।४८।।
अहम्पि पुरिमं जातिं सरे संसरितत्तनो,
पिंगलो नामहं आसिं लुद्दो गोघातको पुरे।।४६।।
वाराणसियं कीताय बहुं पापं कत मया,
बहू मय्हं हता पाणा महिसा सूकरा अजा।।५०।।
ततो चुतो इध जातो इद्धे सेनापतिकुले,
नत्थि नून फलं पापे सोहं न निरयं गतो।।५१।।[8]

[काश्यप की बात सुनी तो अलात (मन्त्री) बोला—"जैसा भदन्त कहते हैं, मुझे भी वही ठीक जँचता है।।४८।। मुझे भी अपना पूर्व-जन्म स्मरण है। मैं पहले पिंगल नाम का गो घातक कसाई था।।४६।। मैंने स्मृद्ध वाराणसी में बहुत पाप कर्म किया। मैंने भैंसे, सूअर और बकरियाँ बहुत से प्राणियों का घात किया।।५०।। वहाँ से मरकर यहाँ स्मृद्ध सेनापति कुल में जन्म हुआ। निश्चय से पाप कर्म का बुरा फल नहीं होता।

6. वही, पृ. 237
7. वही, पृ. 237-38
8. वही, पृ. 238

मैं नरकगामी नहीं ही हुआ।।५१।।][9]

अलात के बाद बीजक की बात शुरू हुई। यह बीजक कौन था? जातक में उस का परिचय देते हुए इस प्रकार लिख गया है :

अत्थेत्व बीजको नाम दासो आसि पळच्चरि,
उपोसथं उपवसन्तो गुणसन्तिकमुपागमि।।५२।।
कस्सपस्स वचो सुत्वा अलातस्स च भासितं,
पस्सन्तो मुहं उण्हं रुदं अस्सूनि वत्तयि।।५३।।[10]

[इसी मिथिला नगरी में बीजक नाम का एक दरिद्र दास था। वह उपोसथव्रत रखता था और वह उस 'मुनि' के पास आया।।५२।। उसने काश्यप का वचन और अलात का कहना सुना तो थोड़ी देर गर्म साँस लेकर आँखों से आँसू बहाने लगा।।५३।।][11]

इसके बाद राजा और बीजक के बीच का संवाद दिया गया है। संवाद के रूप में वह प्रश्नोत्तर है जो इस प्रकार है :

तमनुपुच्छि वैदेहो किमत्थं सम्म रोदयि,
किं ते सुतं वा दिट्ठं वा किं मे वेदेसि वेदनं।।५४।।

[उसे विदेह-राज ने पूछा, "अरे! किसलिए रो रहा है? तूने क्या सुना है? अथवा क्या देखा है? और तू मुझसे अपनी क्या पीड़ा व्यक्त कर रहा है?]

वेदेहस्स वचो सुत्वा बीजको एतदब्रुवि,
नत्थि मे वेदना दुक्खा महाराज सुणोहि मे।।५५।।
अहम्मि पुरिमं जातिं सरामि सुखमत्तनो,
साकेताहं पुरे आसिं भावसेट्ठी गुणे रतो।।५६।।
सम्मतो ब्राह्मणिब्भानं संविमागरतो सुची,
न चापि पापकं कम्मं सरामि कतमत्तनो।।५७।।
ततो चुताहं वेदेह इध जातो दरित्थिया,
गब्मम्हि कुम्भ दासिया यतो जातो सुदुग्गतो।।५८।।
एवप्पि दुग्गतो सन्तो समचरियं अधिट्ठितो,
उपड्ढभागं भत्तस्स ददामि यो मे इच्छति।।५९।।
चातुद्दसिं पञ्चदसिं सदा उपवसामहं,
न चापि भूते हिंसामि थेय्यञ्चापि विवज्जयिं।।६०।।

9. वही, पृ. 238 10. वही, पृ. 238 11. वही, पृ. 238-39

सब्बमेव हि नूनेतं सुचिण्णं भवति निप्फलं,
निरत्थं मञ्जिदं सीलं अलातो यथ भासति।।६१।।
कलिमेव नून गण्हामि असिप्पो धूत्तको यथा,
कटं अलातो गण्हाति कितवा सिक्खितो यथा।।६२।।
द्वारं ताप्पतिपस्सामि येन गच्छामि सुग्गतिं,
तस्मा राज परोदामि सुत्वा कस्सप भासितं।।६३।।[12]

[विदेह-राजा की बात सुन बीजक इस प्रकार बोला—महाराज! मेरी बात सुनें। मुझे किसी पीड़ा का दुःख नहीं है।।५५।। मैं भी अपने पूर्वजन्म के सुख को याद करता हूँ। मैं पहले जन्म में साकेत में रहता था। मेरा नाम भावसेट्ठी था और मैं गुणी था।।५६।। मैं ब्राह्मणों तथा गृहपतियों द्वारा सम्मानित था, दानी था, पवित्र जीवन व्यतीत करता था। मुझे स्मरण नहीं कि मैंने कभी कोई पाप-कर्म किया हो।।५७।। वहाँ मरकर मैं यहां इस पानी लानेवाली दासी के गर्भ से पैदा हुआ, जिससे मेरी बहुत बुरी हालत हो गयी।।५८।। इस दुरावस्था में भी मैं समान व्यवहार का निश्चय कर, जो चाहता है उसे अपना आधा भात दे देता हूँ।।५९।। मैं चतुर्दशी तथा पूर्णिमा को सदा उपोसथ-व्रत धारण करता हूँ। मैं प्राणियों की हत्या भी नहीं करता और चोरी भी नहीं करता।।६०।। यह समस्त सदाचार निष्फल ही है। मैं भी अलात जैसे कहता है वैसे यही समझता हूँ कि यह सब शील निरर्थक है।।६१।। जैसे अशिक्षित जुआरी पराजित हो जाता है, वैसे जीत गया हूँ।।६२।। मैं सुगति को प्राप्त होने का द्वार नहीं देखता। इसीलिए काश्यप की बात सुनकर रोता हूँ।।६३।।][13]

इस की भी एक कहानी दी गई है कि पहले जन्म में साकेत में भाव सेट्ठी के रूप में एक गुणी हो कर भी अपने इस जन्म में बीजक दास क्यों जन्मा। उस कथा को थोड़े में जी.पी. मलल शेखर ने अपनी पुस्तक 'डिक्शनरी ऑफ पालि प्रोपर नेम्स' में दिया है। इस के लिए उन्होंने टीकाकार का सहारा लिया है कि यह कस्सप बुद्ध के समय की बात है। एक बैल की खोज को ले कर बीजक और एक साधु में झगड़ा हो गया था। बीजक साधु पर क्रोधित हो गया था और उसे भला-बुरा कहा था, 'दास' शब्द का भी प्रयोग हुआ था। पिछले कुछ शुभ कर्मों की वजह से उस का जन्म भाव सेट्ठी के रूप में हुआ था पर उस से पहले किए गए साधु के साथ बुरे कर्म उस का पीछा कर रहे थे। उन्हीं बुरे कर्मों का फल भोगने के लिए वह अपने वर्तमान जीवन में दास पैदा हुआ था :

> The scholiast explains that in the time of **Kassapa Buddha**, while Bijaka was seeking a lost ox, a monk enquired of him

12. वही, पृ. 239

13. वही, पृ. 239-40

the way which he had lost. Bijaka ws angry and abused the monk, calling him a slave. His birth as Bhavasetthi was due to some earlier good done by him, but in this birth he became a slave.[14]

इस के बाद राजा बीजक से कहता है। बिना कोई टीका-टिप्पणी किए उसे यहां ज्यों का त्यों रखा जा रहा है जो इस प्रकार है :

बीजकस्स वचो सुत्वा राजा अंगातिमब्रवि,
नत्थि द्वारं सुगतिया नियतिं कंख बीजक।।६४।।
सुखं वा यदि वा दुक्खं नियतिया किर लब्भति,
संसारसुद्धि सब्बेसं मा तुरित्थो अनागते।।६५।।[15]

[(पहले उन दोनों का और बाद में) बीजक का कहना सुनकर अङ्ग नरेश बोला—"बीजक! सुगति का दूसरा भाग नहीं है। नियति की प्रतीक्षा कर।।६४।। यदि सुख या दुःख 'नियति' से ही मिलता है, तो भविष्य में सभी की शुद्धि होगी ही। तू जल्दबाजी मत कर।।६५।।][16]

इस के बाद राजा ने भन्ते काश्यप से विदाई ली। उन्होंने मान लिया कि आचार्य का धर्मोपदेश सही है। उसी के अनुसार अपना आचरण कर लिया। राजकाज के काम अपने मन्त्रियों को सौंप खुद काम-भोगों में अनुरक्त हो गया। चौहदवें दिन उस की बेटी रुजा उस के पास पहुंची। राजा ने बेटी की इच्छा पूछी। बेटी ने कहा कि कल दिव्य पूर्णिमा के दिन पहले की तरह वह याचकों को दान देना चाहती है। आगे का वर्णन इस प्रकार है :

रुजाय वचनं सुत्वा राजा अंगातिमब्रवी,
बहुं विनासितं वित्तं निरत्थं अफलं तया।।८४।।
उपोसथं वसं निच्चं अन्नपाणं न भुञ्जसि,
नियतेतं अभुत्तब्बं नत्थि पुञ्ञं अभुञ्जतो।।८५।।

[रुजा की बात सुनी तो अङ्ग राजा बोला—"तूने बहुत-सा धन निरर्थक नष्ट कर दिया।।८४।। तू नित्य उपोसथ-व्रत रखती है और खाना-पीना ग्रहण नहीं करती। तुझे 'नियति' के वश होकर ही भूखा रहना

14. Dictionary of Pali Proper Names, Vol. 2 (N-H), G.P. Malalasekera, Publisher, Motilal Banarsidass, 41 UA, Bungalow Road, Jawahar Nagar, Delhi-110 007, First Indian Edition, 2007, p. 293, First Published in U.K., 1937
15. जातक (पष्ठ खण्ड), अनुवादक, भदन्त आनंद कौसल्यायन, हिन्दी साहित्य सम्मेलन, प्रयाग, 12 सम्मेलन मार्ग, इलाहाबाद, उत्तर प्रदेश, तृतीय संस्करण, 1995, पृ. 240
16. वही, पृ. 240

पड़ता है। न खाने में कोई पुण्य नहीं है।।८५।।]

बीजकोपि हि सुत्वान तदा कस्सपभासितं,
पस्ससन्तो मूहुं उण्हं रुदं अस्सुनि वत्तयि।।८६।।
याव रुजे जीवसि नो मा भत्तमपनामयि,
नत्थि भद्दे परोलोको किं निरत्थं विहञ्ञसि।।८७।।

[(और भी कहाः-) उस समय काश्यप का भाषण सुनकर बीजक ने भी गर्म-साँस ली और उसकी आँख से आँसू बहने लगे।।८६।। हे रुजा! जब तक तू जीती है, खाना मत छोड़। भद्रे! परलोक है ही नहीं, तू अपने आपको व्यर्थ क्यों कष्ट देती है?।।८७।।][17]

रुजा ने माना कि उस के पिता गलत धर्मोपदेशक की संगति में आ कर ऐसा व्यवहार कर रहे हैं। उस ने बीजक को ले कर कहा :

यञ्चज्ज बीजको दासो दुक्खं पस्सति अत्तनि,
पुब्बे तस्स कतं पापं तमेसो पटिसेवति।।१०२।।
खीयते वस्स तं पापं तथाहि विनये रतो,
कस्सपञ्च समापज्ज माहेबुप्पथमागम।।१०३।।[18]

[यह जो बीजक दास दुःख का अनुभव करता है, यह उसका पहले का किया हुआ पाप-कर्म है, जिसे वह भोगता है।।१०२।। उसका वह पाप-कर्म क्षीण होता जाता है। इसी से वह सदाचार-रस है। हे पिता! आप काश्यप की संगति के कारण कुमार्गगामी न बनें।।१०३।।][19]

इस के बाद उस राज कन्या ने अपने बारे में बताया कि उस के पिछले सात जन्मों के दुख किस प्रकार के रहे थे :

अहम्पि जातियो सत्त सरे संसरितत्तनो,
अनागतापि सत्तेव या गमिस्सं इतो चुता।।११०।।
या मे सा सत्तमी जाति अहु पुब्बे जनाधिप,
कम्मारपुत्तो मगधेसु अहुं राजगहे पुरे।।१११।।
पापं सहाये आगम्म बहुं पापं कतं मया,
परदारस्स हेठेन्तो चरिम्ह अमरा विया।।११२।।
तं कम्मं ञिहितं अट्ठा भस्मच्छन्नोव पावको,
अथ अञ्ञेहि कम्मेहि अजायिं वेसभूमियं।।११३।।

---

17. वही, पृ. 243 18. वही, पृ. 245 19. वही, पृ. 246

कोसम्बियं, सेट्ठिकुले इद्धेफीते महद्धने,
एकपुत्तो महाराज निच्चं सक्कतपूजितो।।११४।।
तत्थ मित्तं असेविस्सं सहायं सातवे रतं,
पण्डितं सुत सम्पन्नं सो मं अत्थे निवेसयि।।११५।।
चातुद्दसिं पञ्चदसिं बहुं रतिमुपावसिं,
तं कम्मं निहितं अट्ठा निधीव उदकन्तिके।।११६।।
अथ पापानं, कम्मानं यमेतं मगधे कतं,
फलं परियागतं पच्छा भुत्वा दुट्ठविसं यथा।।११७।।
ततो चुताहं वेदेह रोरुवे निरये चिरं,
सकम्मना अपच्चिस्सं तं सरे न सुखं लभे।।११८।।
बहुवस्सगणे तत्थ खेपयित्वा बहुं दुखं,
भेण्णाकटें अहुंराज छकलो उद्धितप्फलो।।११९।।

[मुझे भी अपने सात जन्म याद हैं और वे सात जन्म भी याद हैं, जहाँ-जहाँ यहाँ से मरकर जन्म ग्रहण करूँगी।।११०।। हे जनाधिप! वह जो मेरा सातवाँ जन्म था, उस जन्म में मैंने मगध में राजगृह में सुनार होकर जन्म ग्रहण किया।।१११।। बुरी संगति के कारण मैंने बहुत पाप किये। मैं देवताओं की तरह, पर-स्त्री-गमन करता रहा।।११२।। मेरा वह कर्म राख से ढकी आग की तरह ढका पड़ा रहा। एक दूसरे कर्म के फलस्वरूप मेरा जन्म 'वंस' देश में हुआ।।११३।। मैं कोसम्बी में स्मृद्ध, महाधनवान, सेठ के कुल में पैदा हुआ। महाराज! मैं अकेला पुत्र था। मेरा नित्य आदर होता था, पूजा होती थी।।११४।। वहाँ एक पण्डित, ज्ञानी, शुभ कर्मी मित्र की संगति की। उसने मुझे सदर्थ में लगाया।।११५।। मैंने बहुत-सी चतुर्दशियाँ और पूर्णिमाओं को उपोसथव्रत किया। मेरा वह कर्म पानी में दबे हुए खजाने की तरह छिपा था।।११६।। जो पाप-कर्म मैंने मगध में किये थे, उनका फल मेरे पीछे आया; जैसे खाये हुए खराब-विष का फल।।११७।। हे विदेह-नरेश! वहाँ से च्युत होकर मैं अपने कर्म फलस्वरूप रौरव नरक में पैदा हुई और वहाँ चिरकाल तक रही, उसकी याद कर मुझे सुख नहीं होता।।११८।। बहुत वर्षों तक वहाँ बहुत दुःख सहन करने के बाद मैं, हे राजन्! भेण्णाकट में भारवाही बकरा हुआ।।११९।।]

इस अर्थ को प्रकट करती हुई गाथा कहने लगी–

सातपुत्ता मया वूळहा पिट्ठिया च रथेन च,
तस्स कम्मस्स निस्सन्दो परदारगमणस्स मे।।१२०।।

[मैंने अमात्यों के पुत्रों को पीठ पर और गाड़ी में जुतकर ढोया। यह

सब मेरे उसी पर-स्त्री-गमन का फल है।१२०।।]

वहाँ से च्युत होकर जंगल में बन्दर की यूथ में जन्म ग्रहण किया। पैदा होने के दिन ही यूथ-पति (सरदार) को दिखाया गया। उसने 'मेरे पुत्र को लाओ' कहा और वह चिल्लाता ही रहा तथा उसने दाँत से अण्डकोष उखाड़ दिये।

इस अर्थ को प्रकाशित करते हुए कहा—

ततो चुताहं वेदेह कपि आसिं ब्रहावने,
निलिच्छतफलोयेव यूथपेन पगाब्भिना,
तस्स कम्मस्स निस्सन्दो परदारगमनस्स मे।।१२१।।

[हे विदेह-नरेश! वहाँ से च्युत होकर मैं महावन में कपि होकर पैदा हुआ। प्रगल्भ यूथपति ने मेरे अण्डकोष ही उखाड़ डाले। यह पर-स्त्री-गमन का ही फल था।।१२१।।]

इससे आगे दूसरे जन्मों को भी प्रकट किया—

ततो चुताहं वेदेह दसण्णेसु पसू अहुं,
निलिच्छितो जवे भद्रो योग्गं मूलहं चिरं मया,
तस्स कम्मस्स निस्सन्दो परदारगमनस्स मे।।१२२।।
ततो चुताहं वेदेह वज्जीसु कुलमागमा,
नेवित्थी न पुमा आसिं मनुस्सत्ते सुदुल्लभे;
तस्स कम्मस्स निस्सन्दो परदारगमनस्स मे।।१२३।।
ततो चुताहं वेदेह अजायि नन्दने वने,
भवने तावतिंसाहं अच्छरा कामवण्णिनी।।१२४।
विचित्तवत्थाभरणा आमुत्तमणिकुण्डला,
कुसला नच्चगीतस्स सक्कस्स परिचारिका।।१२५।।
तत्थ ठिताहं वेदेह सरामि जातियो इमा,
अनागतेपि सत्तेव था गमिस्सं इतो चुता।।१२६।।
परियागतं तं कुसलं यं मे कोसम्बियं कतं,
देवेचेव मनस्से च सन्धाविस्सं इतोचुता।।१२७।।
सत्त जच्चो महाराज निच्चं सक्कतपूजिता,
थीभावापि न मुच्चिस्सं छट्ठो निगतियो इमा।।१२८।।
सत्तमी च गती देव देवपुत्तो महिद्धिको,
पुमदेवी भविस्सामि देवकायस्मिमुत्तमो।।१२९।।

अज्जापि सन्तानभयं माल गन्थेन्ति नन्दने,
देवपुत्तो जवो नाम यो मे मालं पटिच्छति।।१३०।।
मुहुत्तो विय सो दिब्बो इमानि वस्सानि सोळस,
रत्तिन्दिवो च सो दिब्बो मानुसिं सरदो सतं।।१३१।।
इति कम्मानि अन्वेन्ति असंखेय्यापि जातियो,
कल्याणं यदि वा पापं नहि कम्मं पनस्सति।।१३२।।

[वहाँ से च्युत होकर, मैं दशार्णव देश में बैल होकर पैदा हुई। मेरे अण्डकोष नष्ट कर दिये गये। मैं चलने में अच्छा था। मैंने चिरकाल तक भार ढोया। यह मुझे पर-स्त्री-गमन का ही फल मिला।।१२२।। हे विदेह-नरेश! वहाँ से च्युत होकर, मैंने वज्जी जनपद में एक कुल में जन्म ग्रहण किया। उस दुर्लभ मनुष्य-योनि को पाकर भी न मैं स्त्री था न पुरुष था, अर्थात् नपुंसक था। यह मेरे पर-स्त्री-गमन का ही परिणाम था।।१२३।। हे विदेह-नरेश! वहाँ से च्युत होकर मैंने नन्दन वन में जन्म ग्रहण किया–त्रयोत्रिंश भवन में, अप्सरा हुई, यथेच्छ रूप धारण कर सकने वाली, विचित्र वस्त्रों तथा आभूषणों वाली, मोतियों तथा मणिकुण्डलों वाली, नृत्य-गीत कर्म में कुशल, और शक्र की सेविका।।१२४-१२५।। मैं उस जन्म में स्थित थी, हे विदेह-नरेश! मुझे उन सात जन्मों का स्मरण था और मैं उन सात जन्मों को भी जानती थी, जिन्हें वहाँ से च्युत होकर ग्रहण करनेवाली थी।।१२६।। मैंने कोसम्बी में जो कुशल-कर्म किया था, अब उसकी फल देने की बारी थी। मैंने जाना कि यहाँ से च्युत होकर मैं देव-योनि तथा मनुष्य-योनि को प्राप्त होऊँगी।।१२७।। महाराज! इन सातों जन्मों में मैं नित्य शक्र द्वारा पूजित रही। इन छः जन्मों में मैं स्त्रीत्व से मुक्त नहीं हुई।।१२८।। हे देव! मेरा सातवाँ जन्म प्रतापी देव-पुत्र का होगा। मैं देव-योनि में पुरुष-देवता होकर उत्पन्न होऊँगी।।१२६।। आज से ही नन्दन वन में क्रमिक-माला गूंथी जा रही है। जब नाम का देव-पुत्र मुझे माला देगा।।१३०।। ये सोलह वर्ष दिव्य-लोक का मुहूर्त-भर है और दिव्य-लोक का रात-दिन मनुष्य-लोक के सौ वर्ष हैं।।१३१।। इस प्रकार असंख्य जन्मों तक भी मनुष्यों के कर्म प्राणी का पीछा करते हैं। अच्छा अथवा बुरा किया गया कर्म नष्ट नहीं होता।।१३२।।]

इससे आगे धर्मोपदेश देते हुए कहा–

यो इच्छे पुरिसो होतुं जाति जातिं पुनप्पुनं,
परदारं विवज्जेय्य घोतपादोव कद्दमं।।१३३।।

[जो चाहे कि उसे बार-बार पुरुष का ही जन्म मिले, उसे

पर-स्त्री-गमन से वैसे ही दूर रहना चाहिए, जैसे पाँव-धुला आदमी कीचड़ से।।१३३।।]

या इच्छे पुरिसो होतुं जाति जातिं पुनप्पुनं,
सामिकं अपचायेय्य इन्दं व परिचारिका।।१३४।।

[जो (स्त्री) चाहे कि उसे बार-बार पुरुष का ही जन्म मिले, वह स्वामी की वैसे ही सेवा करे, जैसे इन्द्र की सेविका (इन्द्र की सेवा करती है)।।१३४।।]

यो इच्छे दिब्ब मोगञ्च दिब्बं आयुं यसं सुखै,
पापानि परिवज्जेत्वा तिविधं धम्ममाचरे।।१३५।।
कायेन वाचा मनसा अप्पमत्तो विचक्खणो,
अत्तनो होति अत्थाय इत्थी वा यदि वा पुमा।।१३६।।

[जो कोई दिव्य-भोग, दिव्य-आयु, यश तथा सुख की इच्छा करे, उसे चाहिए कि पापों से दूर रहकर त्रिविध कर्म करे।।१३५।। जो अप्रमादी, बुद्धिमान, शरीर, मन और वाणी से पुण्य-कर्म करता है, वह स्त्री हो अथवा पुरुष अपना हित करता है।।१३६।।]

ये केचिमे मनुजा जीव लोके
यसस्सिनो सब्बसमन्तभोगा,
असंसयं तेहि पुरे सुचिण्णं
कम्मस्सकासे पुथुसब्बसत्ता।।१३७।।

[जीव लोक में जितने भी यशस्वी तथा ऐश्वर्यवान् प्राणी हैं, उन्होंने निश्चय से पूर्वजन्म में अच्छे कर्म किये हैं। सभी प्राणी कर्म के ही आधीन हैं।।१३७।।]

इंधानुंचिन्तेसि सयम्पि देव,
कुतो निदाना ते इमा जनिन्द,
या ते इमा अच्छरा सन्निकासा
अलंकता कञ्चनजालछन्ना।।१३८।।

[हे देव! आप भी सोचें कि आपको जो ये अलंकृत, स्वर्ण जाल से आछन्न अप्सराएँ घेरे हुए हैं, ये आपके किस कर्म का परिणाम हैं?।।१३८।।][20]

---

20. वही, पृ. 247-51

इस प्रकार वह पूर्वाह्न समय से आरम्भकर रात भर पिता को उपदेश देती रही–"देव! उस नग्न मिथ्यामत वाले का मत न ग्रहण करें। 'यह लोक भी है, परलोक भी है, भले-बुरे कर्म का फल भी है', कहने वाले मेरे समान कल्याण-मित्र का कहना ग्रहण करें। अतीर्थ में मत उछलें।"[21]

आगे लिखा गया है कि उस समय बोधिसत्व नारद नामक महाब्रह्मा थे। वे राजा के सामने आकाश में खड़े हुए। राजा ने उन का नाम और गोत्र पूछा। नारद ने वह सब बताया। तब राजा और नारद के बीच प्रश्नोत्तर के रूप में संवाद हुआ जिसका महत्वपूर्ण अंश इस प्रकार है :

राजा बोला–

पुच्छामि तं नारद एतमत्थं
पुट्ठो च मे नारद मा भुसा भण,
अत्थि नु देवा पितरो नु अत्थि
लोको परो अत्थि जनो यमाहु।।१४६।।

[हे नारद! मैं तुझे यह बात पूछता हूँ। मेरे पूछने पर झूठ न कहना। यह जो लोग कहते हैं कि देव हैं, पितर हैं, पर-लोक हैं, तो क्या ये सचमुच हैं।।१४६।।]

नारद ने कहा–

अत्थेव देवा पितरो च अत्थि
लोको परो अत्थि जनो यमाहु,
कामेसु गिद्धा च नरा पमूळहा
लोकं परं न विदू मोहयुत्ता।।१५०।।

[देवता भी हैं और पितर भी हैं और जिसे लोग परलोक कहते हैं, वह भी है। काम-भोगों में आसक्त मूर्ख-जन, मोह में ग्रसित होने के कारण नहीं जानते कि परलोक है।।१५०।।][22]

अन्त में शास्ता ने भिक्षुओं को यह धर्म-देशना दे कर ये गाथाएं कहीं :

अलातो देवदत्तोसि सुनामो आसि भद्दजि,
विजयो सारिपुत्तोसि मोग्गल्लानोसि बीजको।।१६२।।

21. वही, पृ. 251

22. वही, पृ. 255

सुनक्खतो लिच्छविपुत्तो गुणो आसि अचेलको,
आनन्दो च रुजा आसि या राजानं पसादयि।।१६३।।
उरुवेल कस्सपो राजा पापदिट्ठि तदा अहु,
महाब्रह्मा बोधिसत्तो एव धारेय जातकं।।१६४।।

[अलात देवदत्त था, सुनाम भद्दजि था, विजय सारिपुत्र था, मोग्गल्लान बीजक था।।१६२।। सुनक्खत्त लिच्छविपुत्र था, गुण अचेलक था, आनन्द रुजा था, जिसने राजा को प्रसन्न किया।।१६३।। उरुवेल काश्यप उस समय राजा था, जिसकी मिथ्यादृष्टि हो गयी थी और महाब्रह्मा तो बोधिसत्व ही था—इस प्रकार यह जातक समझनी चाहिए।।१६४।।][23]

कहा जा सकता है कि इन लम्बे उद्धरणों में इस जातक कथा का लगभग सभी महत्वपूर्ण भाग आ गया है। माना जा सकता है कि यदि इस प्रकरण को इसी जगह छोड़ दिया जाए तो बीजक और उन के आजीवक धर्म का कुछ पता नहीं लग पाएगा। कारण साफ है कि यह आजीवक धर्म के विरोधी बौद्ध धर्म के व्याख्याताओं द्वारा दिया गया व्याख्यान है। इसलिए आवश्यक है कि इस बौद्ध आख्यान का आजीवक दृष्टि से विश्लेषण किया जाए। जाना जाए कि यदि आजीवक कथाकार इस कथा को लिखते तो वे इसे कैसे लिखते। वह लिखना इस प्रकार है :

1. बीजक एक दरिद्र दास व्यक्ति था।
2. बीजक मिथिला नगरी का वासी था।
3. बीजक का जन्म एक पानी लाने वाली दासी के गर्भ से हुआ था।
4. बीजक अपनी दासता को मिटाने के लिए फिक्रमंद था। वह अपनी दासता को ले कर रोया करता था।
5. राजा द्वारा उसे समझाया गया है कि अपनी दासता के दुख को मिटाने के लिए जल्दबाजी न कर के उसे उस भविष्य की प्रतीक्षा करनी चाहिए जब सभी की शुद्धि होगी ही। कहने का मतलब यह है कि राजा दासों की दासता मिटाने के लिए कुछ नहीं कर रहा है, अपने ऊपर कोई जिम्मेदारी नहीं ले रहा है।
6. खुद बीजक के मुंह से कहलवाया गया है कि अपने पहले जन्म में वह साकेत में रहता था और उस का नाम भाव सेट्ठी था। उस के मुंह से कहलवाया गया है कि वहां मर कर वह इस दास रूप में पैदा हुआ है।
7. राजा की बेटी रुजा ने बीजक के बारे में कहा है कि बीजक जो

23. वही, पृ. 264

अपनी दासता के दुख का अनुभव करता है, वह उसका पहले जन्म का किया हुआ पाप-कर्म है, जिसे वह इस जन्म में भोग रहा है।

8. जातक में यह मनवाया गया है कि देवता भी हैं, पितर भी हैं और परलोक भी है, जो आजीवक दार्शनिक नहीं मानते थे।
9. बौद्ध धर्म में दान, कर्मफल और पुनर्जन्म को माना गया है जो आजीवक दार्शनिक नहीं मानते थे।
10. 'नियति' शब्द का प्रयोग किया गया है पर उस का आजीवक वाला अर्थ नहीं लिया गया।
11. 'संसार सुद्धि' शब्द का प्रयोग किया गया है पर उसके आजीवक अर्थ का पूरा अनर्थ किया गया है।

अब, इस जातक में आई बीजक की कथा के सन्दर्भ में कहा जाए कि आजीवक धर्म और दर्शन को तब तक नहीं समझा जाएगा जब तक यह न बताया जाए कि राजा की बेटी रुजा का यह कहना कि उसे अपने सात पूर्व जन्मों की याद है, सफेद झूठ है। उस का यह कथन एकदम झूठ है और सौ प्रतिशत झूठ है। आजीवक दृष्टि से यह बात हजार बार कही जानी है कि रुजा झूठ बोल रही है। फिर, ऐसा भी नहीं है कि अकेली एक रुजा ही झूठ बोल रही है बल्कि इस मामले में संसार का हर वह व्यक्ति झूठ बोल रहा है जो कह रहा है कि उसे अपने पूर्व जन्म की याद है। जब पूर्वजन्म नहीं होता है तो किसी को पूर्वजन्म की याद कैसे रहेगी? जो चीज नहीं है, उस की याद कैसे आ सकती है? जब आकाश में कोई फूल नहीं है तो वह किसी को दीखेगा कैसे? इसलिए, आजीवक की दृष्टि में बौद्ध धर्म, जैन धर्म और ब्राह्मण धर्म का पुनर्जन्म के अस्तित्व को मानने वाला दार्शनिक सिद्धान्त पूरी तरह झूठा है। एक आजीवक सिद्धान्तकार की दृष्टि से कबीर कह ही रहे हैं कि 'उतते कोई न आइया जासों पूछै धाय।' आजीवक सिद्धान्त की तरफ से इसी जगह धार्मिक धमाधम होनी है और दार्शनिक दुन्दुभी बजनी है। यही आजीवक की जीत है कि किसी का भी पुनर्जन्म नहीं होता। इस बात को जितने जोर से कहा जाए, उतना अच्छा है।

चूंकि पुनर्जन्म होता नहीं है, इसलिए इस में विश्वास करने के मनुष्य जाति को नुकसान ही नुकसान हैं। इन नुकसानों में सब से बड़ा नुकसान यह होता है कि समाज में दंड व्यवस्था कायम नहीं रहती। पहले तो दबंग लोग अपने अपराध को अपराध नहीं मानते क्योंकि उन के लिए 'समरथ को नहिं दोष गुसांई' की चौपाई लागू रहती है, और यदि किसी कारणवश, दबाव में, अपराध को अपराध मानने की विवशता बनती है तो उसे अगले जन्म में भुगतने के लिए टाल या छोड़ दिया जाता है। मसलन, इस जातक कथा में पर-दारा-गमन को बुरा कर्म माना गया है। यह एक अच्छी बात है लेकिन उस का दंड क्या है? राज कन्या रुजा कहती है कि उसने अपने पूर्व के सातवें जन्म में मगध के राजगृह में सुनार हो कर जन्म ग्रहण किया था और पर-स्त्री-गमन किया।

पर-स्त्री-गमन का यह कर्म उसका पीछा करता रहा कि भेण्णाकट में भारवाही बकरा बन उसने अमात्यों के पुत्रों को पीठ पर और गाड़ी में ढोया। अगले बन्दर के जन्म में उसके अण्डकोष उखाड़ दिए गए। उस से अगले कपि के जन्म में भी उस के अण्डकोष उखाड़े गए। अगले बैल के जन्म में भी उस के अण्डकोष नष्ट कर दिए गए। उस के बाद उस का वज्जी जनपद में एक मनुष्य कुल में जन्म हुआ लेकिन उस पर-स्त्री-गमन के पूर्व कर्म के कारण वह न स्त्री बना, न पुरुष बना, बल्कि नपुंसक बना। इस में आजीवक की दृष्टि से नुकसानदेह बात यह है कि उसे पर-स्त्री-गमन का लौकिक दण्ड नहीं मिला जो जारकर्मियों को मिलना चाहिए। और, एक पुनर्जन्म का ही नहीं, बल्कि यही नुकसान मरने के बाद स्वर्ग और नरक के मिलने के झूठे विश्वास का भी है। इस जातक में भी पर-स्त्री-गमन के अपराध से नरक मिलने का भय दिखाया गया है। बोधिसत्व नारद नामक महाब्रह्मा ने राजा को यही भय दिखाया है। नरक का वर्णन करते हुए उन्होंने कहा है कि वहां क्या होता है :

अब्भकूटसमा उच्चा कण्टकापचिता दुमा,
अयोमयेहि तिक्खेहि नरलोहितपायिहि।।१६६।।
तमारुहन्ति नारियो नरा न पदरारग
चोदित सत्तिहत्थेहि यमनिद्देसकारिहि।।१६७।।[24]

[बादलों के शिखर के समान ऊँचे, आदमी का रक्त पीने वाले, लोहे के तेज काँटों से युक्त पेड़ हैं। स्त्रियाँ तथा पर-स्त्री-गमन करने वाले पुरुषों को उन पर चढ़ना होता है और उन्हें यम के आदेश से शस्त्रधारी यमराज-सेवक चढ़ने के लिए मजबूर करते हैं।।१६६-१६७।।][25]

लेकिन पुनर्जन्म की ही तरह आजीवक दार्शनिक परलोक को भी नहीं मानते। आजीवक दार्शनिक चाहते हैं कि बिना पुनर्जन्म और बिना परलोक के पर-दारा-गमन के अपराधी को उस के जीते जी लोक में दण्ड मिलना चाहिए। आजीवकों की संसार सुद्धि का यही अर्थ है कि लोगों को उन के जीते जी उन के अच्छे कामों के लिए पुरस्कार और प्रोत्साहन तथा उनके बुरे कामों के लिए दण्ड और हतोत्साहन मिले। आजीवक समाज व्यवस्था को इसी बात से सन्तुष्टि मिलती है कि दोषी को लोक में दण्ड मिल गया है।

तब, इस जातक में आए बीजक के दर्शन के बारे में क्या कहा जाए? क्या आजीवक दार्शनिक बीजक का मूल दर्शन वही है जो इस कथा में दिखाया गया है? इस का उत्तर वही है जो जी.पी. मलल शेखर ने अपनी पुस्तक 'डिक्शनरी ऑफ पालि प्रोपर नेम्स' में मक्खलि गोसाल को ले कर दिया है। उन्होंने कहा है :

---

24. वही, पृ. 259

25. वही, पृ. 259

Makkhali's views as given in the Buddhist books are difficult to understand, the Commentators themselves finding it a hopeless task.[26]

मक्खलि के विचारों को, जैसे वे बौद्ध ग्रन्थों में दिए गए हैं, समझना कठिन है। खुद टीकाकार इसे अपने लिए मुश्किल काम समझे थे।

लेकिन इस कठिनाई का कारण एक ही है कि बौद्ध ग्रन्थ आजीवकों के इन महापुरुषों को पुनर्जन्म और परलोक में विश्वास करने वाले मान कर समझना और समझाना चाहते थे।

उन की यह गलती इस कारण भी हुई है कि मक्खलि गोसाल और बीजक की सामाजिक भूमि बुद्ध की सामाजिक पृष्ठभूमि से भिन्न थी। अपने जन्म से मक्खलि गोसाल और बीजक दोनों दास थे जबकि राज कुमार बुद्ध के घर में अनेक दास थे। आश्चर्य नहीं कि समाज व्यवस्था में इस भिन्नता के कारण मक्खलि गोसाल और बीजक की लड़ाई अपनी दासता को लौकिक रूप में मिटाने की थी जबकि बुद्ध का दर्शन पुनर्जन्म और परलोक में विश्वास करने वाले एक आदमी का और वायवी हो गया था।

बीजक के जन्म की बौद्ध धर्मग्रन्थ में एक अन्य कथा और आती है। यह विनय पिटक में लिपिबद्ध है जो संघ की प्रथम समिति की कार्यवाही से सम्बन्धित है। प्रसंग यह है कि महा कश्यप द्वारा उपालि से विनय के बारे में पूछा जाता है जो इस प्रकार है :

आयुष्मान् महाकाश्यप ने संघको ज्ञापित किया—

"आवुसो! संघ सुने, यदि संघको पसंद है तो मैं उपालिसे विनय पूछूँ?"

आयुष्मान् उपालिने भी संघको ज्ञापित किया—

"भन्ते! संघ सुने यदि संघको पसंद है, तो मैं आयुष्मान् महाकाश्यपसे पूछे गये विनयका उत्तर दूँ?"

अब आयुष्मान् महाकाश्यपने आयुष्मान् उपालिको कहा—

"आवुस! उपालि! प्रथम-पाराजिका कहाँ प्रज्ञप्त की गई?" "राजगृहमें भन्ते!"

"किसको लेकर?" "सुदिन्न कलन्द-पुत्तको लेकर।"

"किस बातमें?" "मैथुन-धर्ममें।"[27]

---

26. Dictionary of Pali Proper Names, Vol-2 (N-H), G.P. Malalasekera, Publisher, Motilal Banarsidass, 41 UA, Bungalow Road, Jawahar Nagar, Delhi-110 007, 1st Indian Edition, 2007, p. 399, First Published in U.K., 1937

27. विनय पिटक, अनुवादक, राहुल सांकृत्यायन, Reprinted by The Corporate Body of the Buddha Educational Foundation, 11th Floor, 55, Hang Chow S.Rd. Sec-1, Taipei, Taiwan R.O.C., p. 538

यह सुदिन्न कलन्द-पुत्र कौन है और उन की मैथुन धर्म में पाराजिका क्या है जिसे सबसे पहली माना गया है? यह पाराजिका और कुछ नहीं है बल्कि भदन्त आनंद कौसल्यायन के 'पालि-हिन्दी कोश' के अनुसार भिक्षुओं द्वारा किए जा सकने वाले चार प्रधान दोषों में से कोई एक दोष है,[28] जिसे नाहक में विशेष और पारिभाषिक बनाया गया है क्योंकि यह सीधा भिक्षु द्वारा मैथुन कर्म का दोष है।

इस कथा को जी.पी. मलल शेखर ने अपनी पुस्तक 'डिक्शनरी ऑफ पालि प्रोपर नेम्स' में थोड़े में इस प्रकार दिया है कि एक सुदिन्न कलन्दकपुत्त नाम के व्यक्ति थे जो विवाहित थे। वे धर्म में दीक्षित हो कर भिक्षु हो गए। उन के भिक्षु अवस्था में रहने के दौरान उन की पत्नी अपने मासिक धर्म के अनुसार उन के पास आई और कहा कि उसे एक बच्चा चाहिए। तब तक भिक्षुओं के लिए व्यभिचार के खिलाफ नियम नहीं बने थे, इसलिए वे अपनी पत्नी के आग्रह के सामने झुक गए। इस प्रकार वे प्रथम पाराजिका के दोषी बने। उस मैथुन से उन्हें एक लड़का पैदा हुआ जिस का नाम बीजक था। इस प्रकार सुदिन्न बीजक-पिता कहे गए और उन की पत्नी बीजक-माता कही गई। बाद में बीजक और बीजक की माता ने सांसारिक जीवन त्याग दिया और वे दोनों अर्हन्त बन गए :

> Bijaka.—The son of **Sudinna Kalandakaputta** by the wife of his lay days. He was conceived after Sudinna had already been ordained. His wife came to him during her period and begged him to give her an off-spring *(bijaka)*. As the rule against unchastity had not then been promulgated, Sudinna yielded to her importunities, thus becoming guilty of the first *parajika*. The son was called Bijaka, and so Sudinna came to be called **Bijakapita** and the mother **Bijakamat**a. Both Bijaka and his mother later left the world and became arahants.[29]

अब, अन्त में यह दर्ज किया जाए कि आज के भारत में भी बीजक की पहाड़ियां मौजूद हैं।

28. पालि-हिन्दी कोश, भदन्त आनंद कौसल्यायन, सम्यक प्रकाशन, 32/3, पश्चिमपुरी, नई दिल्ली-110 063, प्रथम सम्यक संस्करण, 2012, पृ. 221

29. Dictionary of Pali Proper Names, Vol-2 (N-H), G.P. Malalalasekera, Publisher, Motilal Banarsidass, 41 UA, Bungalow Road, Jawahar Nagar, Delhi-110 007, First Indian Edition, 2007, p. 293, First Published in U.K., 1937.

अध्याय-2

पुनर्जन्म : दुनिया की सबसे बड़ी अफवाह

क. कबीर के नाम से झूठ
ख. डा. अम्बेडकर : जड़ों से दूर

क. कबीर के नाम से झूठ

ब्राह्मण पुनर्जन्म को अपना विषय मानते हैं। एक ऐसे ब्राह्मण डा. हजारी प्रसाद द्विवेदी हैं जिन्होंने इस विषय पर अपना मत रखा है। उन्होंने पुनर्जन्म और कर्मफल के बारे में लिखा है–''किये का फल अवश्य मिलता है, यह बहुत ही प्रबल भारतीय विश्वास है। संसार में जो भी प्राणी है, वह अपने किये का फल भोग रहा है। इस विश्वास के साथ ही पुनर्जन्म का सिद्धांत जुड़ा हुआ है। बहुत बार देखा जाता है कि पापी मनुष्य अंत तक सुखी रहता है। क्या उसे अपने किये का फल नहीं मिला? इसी के उत्तर में पूर्वजन्म और परजन्म का विश्वास है। जो पापी हैं, वह इस जन्म में नहीं तो अन्य जन्म में किये का फल-अवश्य भुगतेगा। मनुष्य के अतिरिक्त जितनी अन्य योनियां हैं, वे भोगयोनियां हैं। वे केवल सुख या दुख पूर्वजन्म के कर्मानुसार भोगने के लिए जी रही हैं। मनुष्य एक ओर भोगयोनि है, तो दूसरी ओर कर्मयोनि है। वह पूर्ववर्ती कर्मों का फल भी भोगता है और नये सिरे से कर्म भी करता है। जो नये सिरे से करता है उसे क्रियमाण कर्म कहते हैं। पूर्वजन्म के कर्म के फल या तो भोगे जा रहे होते हैं (प्रारब्ध) या फिर भोगे जाने के लिए तैयार रहते हैं (संचित)।''[1] इस के बाद इन्होंने लिखा है–''इस देश में बाहर से आने वाली और यहीं रहने वाली अनेक जातियां वैदिक धर्म मानने वालों में अंतर्भुक्त हो गयीं। वे सभी, इस प्रकार के जीवन-दर्शन में विश्वास नहीं करती थीं। बहुतों के मन में स्वर्ग-नरक की धारणा थी, बहुत-सी भूत-प्रेत में विश्वास करती थीं, बहुत-सी पितृश्राद्ध से मुक्ति पाने में आस्था रखती थीं। उन सबके विश्वासों को किसी-न-किसी रूप में इन कर्मफल के महासिद्धांत के साथ समन्वय–सूत्र में बांध लिया गया। शताब्दियों तक यह समन्वय की क्रिया चलती रही है। भारतवर्ष के वेद-विरोधी संप्रदाय भी कर्मफल और पुनर्जन्म के सिद्धांत को मानते हैं। इस सिद्धांत

1. भारतीय संस्कृति–परम्परा और समाजवादी भविष्य, हजारी प्रसाद द्विवेदी, उद्भावना, ए-21, झिलमिल इंडस्ट्रियल एरिया, जी.टी. रोड, शाहदरा, दिल्ली-110 095, जुलाई-अगस्त, 2009, पृ. 85

को सर्वात्म ना स्वीकार करने के कारण हमारे काव्य, नाटक तथा अन्य कलाशिल्पों में विचित्र संयम का स्वर आ गया है। सामाजिक व्यवस्था के प्रति विद्रोह की भावना उसमें मिलती ही नहीं। कोई सुखी या दुखी है, तो वह कर्मों का फल भोग रहा है। इसमें असंतोष की क्या बात है।'[2]

यहां आवश्यक है कि कबीर को ले कर पुनर्जन्म के विषय को लिया जाए, जिस से लोगों की मानसिकता को समझने में मदद मिलती है। मेरा लक्ष्य यहाँ चमार और ब्राह्मण के सम्बन्ध को ले कर है कि पुनर्जन्म पर उन के क्या-क्या विचार हैं। मैं इसे खास तौर पर अफवाह से जोड़ रहा हूं, जो दार्शनिक स्तर की है और हिन्दुओं ने विश्व में फैला रखी है।

ब्राह्मण जाति के डा. सुरेन्द्र अज्ञात ने कबीर पर मेरे दृष्टिकोण के विरोध में लिखा है :

> यदि कबीरजी, जैसा कि डा. धर्मवीर का दावा है, पिछले जन्म के कर्मों आदि को स्वीकार नहीं करते तो वे ऐसा क्यों लिखते हैं -
>
> **पूरब जनम हम ब्राह्मण होते, ओछे करम तप हीनां।**
> **रामदेव की सेवा चूका, पकरि जुलाहा कीन्हां।।**
>
> अर्थात, पूर्व (पिछले) जन्म में मैं भी ब्राह्मण था, परन्तु घटिया कामों में लगा रहा, तप करना छोड़ बैठा और राम की पूजा (सेवा) करना भूल गया। उसने इन बुरे कामों के फलस्वरूप मुझे इस जन्म में जुलाहा बना दिया।
>
> यह क्या है? क्या यह कर्मों के फल को स्वीकार नहीं? क्या यह पुनर्जन्म को मानना नहीं? फिर डा. धर्मवीर इठला किस बात पर रहे हैं?
>
> कबीर स्पष्ट शब्दों में कर्म की विवशता स्वीकार करते हुए कहते हैं
>
> ....
>
> **पूरब जनम हौं तप का हीना** (कबीर ग्रंथावली, डॉ. दास, पृ. 224)
> मैंने पिछले जन्म में तप नहीं किया, (अतः यह वर्तमान स्थिति है)
>
> ....
>
> कबीरजी की वाणी से इस तरह के और बहुत से वचन इकट्ठे किए जा सकते हैं, जो धर्मवीर जी को मुंह चिढ़ाते प्रतीत होते हैं, लगता है, धर्मवीरजी ने कबीर की ओट लेकर बुद्ध, बुद्धइज्म और बाबासाहेब पर गोलाबारी शुरू की थी; परन्तु वह ओट ही उन्हें सच्चाई की मार के आगे फेंके जा रही है। इसे कहते हैं—वही पत्ते हवा देने लगे, जिन पे आशिया था मेरा।[3]

---

2. वही, पृ. 85
3. गद्दारसत्ता : भाग 1 : मक्खलि गोसाल के मानस पुत्र (बौद्ध धम्म और डा. आंबेडकर की आलोचना के जवाब में), सम्पादक, शान्ति स्वरूप बौद्ध, सम्यक प्रकाशन, 32/3, क्लब रोड, पश्चिमपुरी, नई दिल्ली-110 063, प्रथम संस्करण, 2010, पृ. 56

मुझे इस में क्या समझ में आता है? समझ में आता है कि ब्राह्मण जाति के डा. सुरेन्द्र अज्ञात ऐसा लिख सकते हैं। इस में कुछ भी अचरज नहीं है। अचरज तब होता जब वे ऐसा न लिखते। वे अपनी परम्परा में हैं और अपनी जगह बिलकुल ठीक खड़े हैं। इस से उन का हित सधता है। ऐसा लिखने से उन्हें और उन की जाति को फायदा होता है। लेकिन मुझे आश्चर्य तब होता है जब मेरी आजीवक चमार जाति का कोई लेखक उन के इन शब्दों के समर्थन में उतरता है। आचार्य भद्रशील रावत ने चमार जाति के होते हुए यही दार्शनिक अपराध किया है। उन्होंने अपनी पुस्तक 'संत कबीर वाणी में बौद्‌ध चिन्तन' में लिखा है–"डा. सुरेन्द्र अज्ञात का निष्पक्ष कथन है–यदि कबीर जी, जैसा कि डा. धर्मवीर का दावा है, पिछले जन्म के कर्मों आदि को स्वीकार नहीं करते तो वे ऐसा क्यों लिखते हैं"'[4]–इस से आगे आचार्य भद्रशील रावत ने डा. सुरेन्द्र अज्ञात के अगले शब्द पूरे उद्‌धृत कर दिए हैं, जिन में से मैंने कुछ छोड़ दिए हैं। जी पर जोर पड़ता है कि अपनी इस पुस्तक के अन्त में भी वे ब्राह्मण जाति के डा. सुरेन्द्र अज्ञात को ही उद्‌धृत करते हुए लिखते हैं–"डा. धर्मवीर इस वैज्ञानिक सत्य पुनर्जन्म को नहीं मानते हैं। इस संदर्भ में मुझे डा. सुरेन्द्र अज्ञात के शब्दों में कहना है–"जो लोग इतिहास के कूड़ेदान में न जाने कहीं मिलेंगे या नहीं, वे यह समझते हैं कि बुद्ध और आंबेडकर को नीचा दिखाकर या उनसे भी महान बन गए हैं। पर धर्मवीर जी, महानता का यह रास्ता नहीं है। यह तो केवल अपनी मनोरुग्णता का ही परिचय देना है। अस्वस्थ दिमागों में ऐसी ही विकृति और विद्रूपता की दुर्गन्ध होती है।"[5]

डा. सुरेन्द्र अज्ञात हो गए, जाने क्या हो गए? किस आदमी को ओथोरिटी मान लिया? कुछ कहना था तो मुझे खुद ही कह लेते, डा. सुरेन्द्र अज्ञात को तो उद्‌धृत न करते। डा. सुरेन्द्र अज्ञात अपने पक्ष की लड़ाई लड़ रहे हैं, सही लड़ रहे हैं, आचार्य भद्रशील रावत उन्हें बीच में क्यों लाते हैं?

जाना जाए, आचार्य भद्रशील रावत को पुनर्जन्म के बारे में कितना ज्ञान प्राप्त है? उन्होंने अपनी उपलब्धि का परिचय इन शब्दों में दिया है–"यथार्थ में होता यह है कि मृत्यु के समय अर्थात जीवन के अन्तिम क्षण में चित्त की अचेतन गहराइयों में संचित आसक्ति जन्य संस्कारों में से कोई एक संस्कार प्रबल होकर चित्त के चेतन स्तर पर उभरता है, तो उसे क्षण वैसा ही विज्ञान (चित्तविज्ञान) उत्पन्न हो जाता है। इस तरह उत्पन्न हुआ यह चित्त विज्ञान भौतिक शरीर से च्युत हो जाता है तो च्युति-विज्ञान कहलाता है। यह च्युति-विज्ञान अपने उस क्षण के संस्कार जैसा ही गुण धर्म स्वभाव वाला होता है। जैसा पिता वैसी ही उसकी संतति। अतः वह अपने अनुकूल ही संभोग रत स्त्री पुरुष (मादा-नर) के एक साथ वीर्याणु-रजाणु युग्म के निषेचित पित्र्य-सूत्रों

---

4. संत कबीर वाणी में बौद्‌ध चिंतन, आचार्य भद्रशील रावत, सम्यक प्रकाशन, 32/3, पश्चिमपुरी, नई दिल्ली-110 063, प्रथम संस्करण, 2012, पृ. 226-27
5. वही, पृ. 246

(जीन्स) से जाकर जुड़ जाता है, संचित हो जाता है, तो उसे प्रतिसंधि विज्ञान कहा जाता है। इससे नाम रूप (Mind and Matter) की नई जीवन धारा चल निकलती है। विज्ञान का भौतिक पित्र्य-सूत्रों से प्रतिसंचित यह क्षण नये जीवन का प्रथम चरण है। माता के गर्भ में नए जीवन का यह प्रथम क्षण ही वास्तविक जन्म है।"[6]

सोच रहा हूं, उन की बुद्धि के इस बैल को कैसे पकड़ूं? पूंछ हाथ में लूं या नाथ खींचूं? अच्छा रहेगा कि बाबा साहेब डा. अम्बेडकर के दिए हुए जेवड़ों से इस के पांव बांध लूं क्योंकि बाबा साहेब डा. अम्बेडकर, कम से कम, सिद्धान्त के स्तर पर इस तरह से कुछ नहीं मानते थे जो आचार्य भद्रशील रावत यहां लिख गए हैं। वे अपनी पुस्तक 'भगवान बुद्ध और उनका धम्म' में बुद्ध के बारे में लिखते हैं—"जब वह यह मानते थे कि जन्म माता-पिता से प्रदत्त होता है और बालक में जो कुछ भी गुण-दोष होते हैं, वे वंशानुगत क्रम से माता-पिता के माध्यम से ही प्राप्त होते हैं, तो वह कर्मों के संसरण में विश्वास ही कैसे कर सकते थे?"[7]

बाबा साहेब डा. अम्बेडकर ने अपने इस कथन में कतई ऐसा नहीं माना कि स्त्री-पुरुष के मैथुन के समय किसी मृत व्यक्ति के अन्तिम क्षण का कोई एक संस्कार प्रबल हो कर जन्म ग्रहण करने के लिए अपने इन माता-पिता को ढूंढ़ रहा होता है। कोई व्यक्ति मरा है और उस समय कोई जीवित स्त्री-पुरुष मैथुन कर रहे हैं और इस प्रक्रिया में मृत व्यक्ति का मां की कोख में गर्भाधान हो जाता है—यहां बाबा साहेब ऐसा बिलकुल नहीं मान रहे हैं। उन के अंग्रेजी में दो टूक शब्द हैं birth is genetic[8]—बात खत्म। और यदि बाबा साहेब के अगले मूल शब्दों की जरूरत है तो वे ये हैं—and whatever inheritance comes to the child it comes through its parents—[9] अब बात बिलकुल खत्म। दो जीवित प्राणियों से नया जीव पैदा होता है—इस में आचार्य भद्रशील रावत ने किसी मरे हुए व्यक्ति की बात कहां से डाल दी? मसलन, 'मृत्यु के समय', 'अन्तिम क्षण', उस के 'चित्त की अचेतन गहराई', 'संस्कारों में से कोई एक संस्कार प्रबल'—जन्म के अवसर पर यह शब्दावली कहां से उठा ली? यहां 'च्युति विज्ञान' और 'प्रतिसंधि विज्ञान' क्या बलाएं हैं? इन से जन्म को समझने में कोई मदद नहीं मिलती।

बात यह है कि हमारे बाबा साहेब डा. अम्बेडकर अपने तर्क के आधार पर नहीं मानते कि कोई व्यक्ति यह जानता है कि उस का पूर्वजन्म था। अपना यह मत उन्होंने बुद्ध के माध्यम से भी रखा है। उन्होंने 'चूल-दुख-खंध सुत्त' का उदाहरण दिया है जिस

---

6. वही, पृ. 227
7. भगवान बुद्ध और उन का धम्म, लेखक, बोधिसत्व बाबा साहेब डा. बी.आर. आंबेडकर, अनुवादक, डा. भदन्त आनंद कौसल्यायन, संपादक, आचार्य जुगल किशोर बौद्ध, सम्यक प्रकाशन, 32/3, पश्चिमपुरी, नई दिल्ली-110 063, नवम संस्करण, नवंबर 2009, पृ. 320
8. Dr. Babasaheb Ambedkar : Writings and Speeches, Vol 11, Publisher, The Education Department, Government of Maharashtra, Bombay-740 032, Available at, Director, Government Printing, Stationery and Publications, M.S., Netaji Subhash Road, Bombay-400 004, 1st Edition, 1992, p. 342
9. ibid., p. 342

में बुद्‌ध और जैनियों के बीच संवाद का वर्णन है। शब्द इस प्रकार हैं :

5. इस संवाद में भगवान बुद्ध ने जो कहा है वह इस प्रकार है, "निगण्ठो! तुम इन्हीं शिक्षाओं को मानकर इनका अनुमोदन करके खुश होते हो कि पूर्व जन्म में जो पाप-कर्म किया है, उसे तुम इन कठोर तपस्याओं द्वारा समाप्त करते हो। शरीर, वाणी और मन पर वर्तमान संयम पूर्व-जन्म के पाप-कर्मों को समाप्त कर देगा। इसलिए तपस्या द्वारा अपने सभी पुराने पाप-कर्मों को समाप्त कर देने से और नए पाप-कर्म न करने से भविष्य स्वच्छ हो जाता है, भविष्य के स्वच्छ हो जाने के साथ पूर्व भी साफ हो जाता है; पूर्व के साफ हो जाने के साथ दुख नहीं रहता; दुख न रहने से दुखद वेदना नहीं रहती और अब दुखद वेदनाओं के एकदम न रहने से समस्त दुख का ही क्षय हो जाता है?"
6. उन निगण्ठों के 'हां' करने पर मैंने उनसे कहा "क्या तुम जानते हो कि इससे पूर्व तुम्हारा पूर्व-जन्म था, अथवा तुम अस्तित्वहीन नहीं थे?"
7. "नहीं जानते।"
8. "क्या तुम जानते हो कि अपने पूर्व-जन्म में तुम सदोष थे और दोषों से मुक्त नहीं थे?"
9. "नहीं!"
10. "क्या तुम जानते हो कि पूर्व-जन्म में तुम इस या उस विशेष पाप कर्म के दोषी नहीं थे?"
11. "नहीं!"[10]

सच्ची बात यही है—अब इस में झूठ कोई जितना चाहे मिला ले। इस में भी बुद्‌ध ने हर बार बाद का आधा सवाल गलत पूछा है। उन्हें पूछने में यहीं रुक जाना चाहिए था कि क्या तुम जानते हो कि इस से पूर्व तुम्हारा पूर्व जन्म था। सारे निगण्ठों—अर्थात उन जैनियों का एक स्वर से उत्तर था—नहीं जानते।

अब इस का अर्थ यह नहीं है कि केवल निगण्ठ नहीं जानते थे बल्कि इसका अर्थ यह भी है कि दुनिया में कोई भी नहीं जानता। तब डा. सुरेन्द्र अज्ञात बुद्‌ध के विरोध में जा कर यह कैसे कह सकते हैं कि कबीर जानते थे कि वे अपने पिछले जन्म में ब्राह्मण थे? आचार्य भद्रशील रावत को हमारी आजीवक चमार जाति का एक व्यक्ति होने के नाते ब्राह्मण जाति के डा. सुरेन्द्र अज्ञात के लिखे हुए इस झूठ को तत्काल पकड़ना चाहिए था। उलटे, यह अच्छा काम करने के बजाय वे डा. सुरेन्द्र अज्ञात को पूर्वजन्म के

10. भगवान बुद्‌ध और उन का धम्म, लेखक, बोधिसत्व बाबा साहेब डा. बी.आर. आंबेडकर, अनुवादक, डा. भदन्त आनंद कौसल्यायन, संपादक, आचार्य जुगल किशोर बौद्‌ध, सम्यक प्रकाशन, 32/3, पश्चिमपुरी, नई दिल्ली-110 063, नवम संस्करण, नवंबर 2009, पृ. 320-21

पक्ष में प्रमाण मान कर उद्धृत कर रहे हैं—यह मेरी कौम की अनहोनी नहीं तो क्या है? बाबा साहेब डा. अम्बेडकर ने आगे लिखा है :

15. ....यदि भगवान बुद्ध पूर्व-कर्म में विश्वास रखते तो वह पूर्व-कर्म के बारे में संदेह क्यों प्रकट करते? और यदि भगवान बुद्ध यह मानते कि सुख-दुख पूर्व-जन्म का परिणाम है तो वह यह क्यों कहते कि वर्तमान जीवन का सुख-दुख परिस्थिति के कारण होता है?
16. पूर्व-कर्म का सिद्धांत शुद्ध ब्राह्मणी सिद्धांत है। पूर्व-कर्म का वर्तमान जीवन पर प्रभाव पड़ने का विचार ब्राह्मणी 'आत्मा' के सिद्धांत से पूर्णतया मेल खाता है, क्योंकि उसके अनुसार 'कर्म' का 'आत्मा' पर प्रभाव पड़ता है। लेकिन बुद्ध धम्म के 'अनात्मवाद' से इसका किसी भी तरह मेल नहीं खाता।
17. लगता है कि इसे (बाद के) बौद्ध धम्म में उनके द्वारा जोड़ दिया गया है जो बौद्ध धम्म को हिंदू धर्म के जैसा ही बनाना चाहते थे या जो यह नहीं जानते थे कि बौद्ध सिद्धांत क्या है।[11]

मैं पराये बुद्ध को छोड़ता हूं और अपने बाबा साहेब डा. अम्बेडकर को लेता हूं। वे अपनी बात बुद्ध के नाम से कह रहे हैं, पर सच में वे एक महार जाति के चिन्तक के रूप में कह रहे हैं और बिलकुल सही कह रहे हैं। उन्होंने लिखा है :

3. बुद्ध के 'कर्म' सिद्धांत का सम्बंध मात्र 'कर्म' से था और वह भी वर्तमान जन्म के कर्म से।
4. किंतु 'कर्म' का एक विस्तारित सिद्धांत भी है। इसके अनुसार 'कर्म' के पूर्व जन्म अथवा पूर्व जन्मों में किए गए कर्म भी शामिल हैं।
5. यदि आदमी का जन्म गरीब परिवार में हुआ है तो यह उसके पूर्वजन्म के बुरे कर्म का परिणाम है। यदि एक आदमी धनी घर में पैदा हुआ है तो यह उसके पूर्वजन्म के अच्छे कर्मों का परिणाम है।
6. यदि किसी आदमी में कोई जन्म-जात दोष है तो उसका कारण उसके पूर्वजन्म का बुरा कर्म है।
7. यह एक बड़ा ही विनाशक सिद्धांत है, क्योंकि इस प्रकार की 'कर्म' की व्याख्या में मानव-प्रयास के लिए कोई स्थान नहीं है। पूर्वजन्म के कर्म के द्वारा ही उसके लिए सभी कुछ पूर्व-निश्चित है।[12]

बाबा साहेब डा. अम्बेडकर ने इस विषय पर भरपूर सोचा है। सोचा क्या है, उन्होंने पुनर्जन्म के सिद्धान्त की जान निकाल दी है जब लिखा है :

---

11. वही, पृ. 321
12. वही, पृ. 317

20. भावी-जन्म के संचालक के रूप में पूर्व-जन्म को स्वीकार करने के हिंदू सिद्धांत का आधार अन्यायपूर्ण है। इस प्रकार के सिद्धांत का आविष्कार करने का आखिर क्या प्रयोजन रहा होगा?
21. इसका केवल एक ही उद्देश्य हो सकता है जिसके बारे में सोचा जा सकता है। वह है, राज्य अथवा समाज को गरीबों और पददलितों की दशा के प्रति जिम्मेदारी से सर्वथा मुक्त कर दिया जाना।
22. अन्यथा इस प्रकार के अमानवीय तथा असंगत सिद्धांत का कभी आविष्कार न होता।[13]

यह एक बड़ा सन्दर्भ है जो बाबा साहेब डा. अम्बेडकर ने हमें दिया है। इस सन्दर्भ के बीच आचार्य भद्रशील रावत के शब्द पढ़े जाएं जो इस प्रकार हैं—"भगवान बुद्ध के समय की बात है कि श्रावस्ती में एक महाधनी सेठ रहता था, जिसका नाम आनन्द था। वह इतना कृपण था कि कभी किसी को कुछ नहीं देता था। उसके बेटे का नाम मूलसिरि था। उसका पिता आनन्द अपने बेटे ...... को भी कंजूसी करने की शिक्षा देता था। एक समय आया कि मूलसिरी के पिता आनंद का देहावसान हो गया। वह श्रावस्ती में ही एक चांडाल के घर उत्पन्न हुआ। जब वह सयाना हुआ तो उसे पूर्व जन्म का स्मरण हो गया। एक दिन वह भीख मांगता हुआ अपने पूर्वजन्म के घर से गुजर रहा था, तो वह मूलसिरी के घर को अपना ही घर समझ कर उसमें बेधड़क घुस गया। मूलसिरी को जब पता चला कि चांडाल घर में घुस गया है, तो उसने उस चांडाल की पिटाई करवाकर घर से निकलवा दिया। उसी समय भगवान बुद्ध ने आनंद के साथ भिक्खाटन हेतु नगर में प्रवेश किया। भगवान बुद्ध ने जब इस समाचार को जाना तो उन्होंने आनंद से कहा। भगवान के कहने पर आनंद ने मूलसिरी से कहा कि जो चांडाल तुम्हारे घर में घुसा था और जिसको पिटवा कर उसे घर से निकाल दिया, वह तुम्हारा पिता आनंद था।"[14]

बाबा साहेब डा. अम्बेडकर के पिछले उद्धृत शब्दों की रोशनी में आचार्य भद्रशील रावत की इस लिखत के साथ क्या सलूक किया जाए? सलूक यह किया जाए कि विश्लेषण किया जाए जो इस प्रकार बनता है :

1. यह झूठ है कि मूलसिरि के पिता आनंद को अपने पूर्वजन्म का स्मरण हो गया।
2. यह झूठ है कि बुद्‌ध ने यह जाना था कि मूलसिरि के पिता आनंद ने चांडाल के घर जन्म लिया था।
3. यह झूठ है कि बुद्‌ध के प्रिय आनंद को यह पता था कि जो चांडाल मूलसिरि के घर में घुसा था वह मूलसिरि का पिता था

---

13. वही, पृ. 321-22
14. संत कबीर वाणी में बौद्‌ध चिंतन, आचार्य भद्रशील रावत, सम्यक प्रकाशन, 32/3, पश्चिमपुरी, नई दिल्ली-110 063, प्रथम संस्करण, 2012, पृ. 230-31

जब बुद्ध अनेक निगण्ठों को यह समझा चुके हैं कि निगण्ठों का अपने वर्तमान जन्म से पूर्व कोई पूर्वजन्म नहीं था तो यहां वे ऐसा मानने वाले कैसे हो जाएंगे कि मूलसिरि के पिता आनंद का चांडाल घर में जन्म हुआ और उसे अपने पूर्वजन्म का स्मरण हो गया? इसी सन्दर्भ में पूछा जा रहा है कि क्या बाबा साहेब डा. अम्बेडकर ऐसे बेहूदे प्रक्षिप्त कथन को सत्य मान सकते थे कि पूर्वजन्म का कोई ब्राह्मण व्यक्ति जुलाहे कबीर के रूप में जन्मा था। क्या वे मानते थे कि एक ही व्यक्ति का पुनर्जन्म होता है? उत्तर है कि वे ऐसा नहीं मानते थे। उन के शब्द हैं :

1. सबसे कठिन प्रश्न है पुनर्जन्म किस (व्यक्ति) का?
2. क्या वही मरा हुआ आदमी एक नया जन्म ग्रहण करता है?
3. क्या भगवान बुद्ध इस सिद्धांत को मानते थे?
उत्तर है, ''इसकी बहुत कम संभावना है।''[15]

फिर वे क्या मानते थे? वे यही मानते थे कि माता-पिता के माध्यम से व्यक्ति का जन्म होता है। उन के शब्द हैं :

21. तब भगवान बुद्ध के पास एक यक्ष आया और उसने उन्हें इस प्रकार संबोधित किया–
''आपका कहना है
कि 'रूप' जीवित आत्मा नहीं है,
तो आत्मा सशरीर कैसे होती है?
जीव को हड्डियों और आंतों का यह ढेर कैसे प्राप्त होता है?
माता के गर्भ में जीव किस प्रकार लटकता रहता है?''
22. तथागत ने इसका उत्तर इस प्रकार दिया–
सर्वप्रथम कलल पैदा होता है,
तब अर्बुद होता है,
तब पेशी होती है,
तब घन होता है,
और घन में ही बाल और नाखून आदि उत्पन्न होते हैं और मां जो कुछ भी खाना-पीना खाती है, उसके बालक मां के गर्भ में बढ़ता है।[16]

उन्होंने इन बातों को उदाहरणों से समझाया है। ये मिलिन्द के प्रश्नों के लिए दिए

---

15. भगवान बुद्ध और उनका धम्म, लेखक, बोधिसत्व बाबा साहेब डा. बी.आर. आंबेडकर, अनुवादक, डा. भदन्त आनंद कौसल्यायन, सम्पादक, आचार्य जुगल किशोर बौद्ध, सम्यक प्रकाशन, 32/3, पश्चिमपुरी, नई दिल्ली-110 063, नवम संस्करण, नवम्बर, 2009, पृ. 313
16. वही, पृ. 318-19

गए नागसेन के उत्तरों से लिए गए हैं। उदाहरण पूछने पर नागसेन और मिलिन्द का संवाद इस प्रकार है :

17. "राजन! मान लो कि यदि एक आदमी एक दीपक को दूसरे से जलाए तो क्या यह कहा जा सकता है कि एक का संसरण दूसरी जगह हो गया?"
18. "निश्चय से नहीं।"

....

20. "मुझे एक और उदाहरण दें।"
21. "महाराज! क्या आपको कोई छंद (=कविता का चरण) याद है जो आपने बचपन में अपने आचार्य से सीखा हो?"
22. "हां, मुझे याद है।"
23. "तो क्या वह छंद आप के आचार्य के मुंह में से निकलकर आपके मुंह में आया?"
24. "निश्चय से नहीं।"[17]

बौद्ध भाषा की शब्दावली में आ कर इसी को बाबा साहेब डा. अम्बेडकर 'संसरण' के बजाय 'पुनर्जन्म' कहते हैं जो एक आजीवक दार्शनिक की शब्दावली नहीं है। यही सच्चाई है पर आजीवक की विशिष्ट शब्दावली में यह ब्राह्मण वाला आत्मा का 'संसरण' नहीं है और बौद्ध वाला आत्मा का 'पुनर्जन्म' नहीं है। यह आजीवक का 'अजीव' से जुड़ा 'नियति' शब्द है। यह होना है, इसे किसी भी वजह से अनहोनी न कहा जाए। इसे यह कह कर दुख से न जोड़ा जाए कि जन्म ही दुख है–अर्थात् मृत्यु के रूप में दुख का कारण है। ऐसा कहना शोभा नहीं देता क्योंकि यह सृजन है, विकास है, गति है। ध्यान यह भी रहे कि आजीवकों का 'अजीववाद' बौद्धों के 'अनात्मवाद' से बेहतर दर्शन है। 'अजीव' से 'आजीविक' बनता है पर 'अनात्म' से 'आनात्मिक' बनेगा–जिन में हमें पहला ही शब्द पसन्द होना चाहिए।

ब्राह्मण जाति के एक व्यक्ति डा. सुरेन्द्र अज्ञात चमार जाति के आचार्य भद्रशील रावत को मूर्ख बनाने के लिए पर्याप्त थे, लेकिन आचार्य भद्रशील रावत की मूर्खता का क्या आलम होगा कि उन्होंने अपने पीछे ब्राह्मण जाति के एक और व्यक्ति अभिलाष दास को भी लगा लिया है? आचार्य भद्रशील रावत ने लिखा है–"कबीर पंथ के प्रकांड मनीषी आदरणीय अभिलाष दास जी का कथन है–"सदगुरु कबीर पुनर्जन्म और कर्म-फल-भोग स्वीकार करते हैं।.... अर्थात कर्म संस्कारों की गति ऐसी विचित्र है कि उसके वश जीव ऊँची नीची योनियों में तत्काल चला जाता है..... ।"[18] उन्होंने अभिलाष

---

17. वही, पृ. 325
18. संत कबीर वाणी में बौद्ध चिन्तन, आचार्य भद्रशील रावत, सम्यक प्रकाशन, 32/3, पश्चिमपुरी, नई दिल्ली-110 063, प्रथम संस्करण, 2012, पृ. 221

दास के और भी शब्द उद्धृत किए हैं :

> आदरणीय अभिलाष जी कहते हैं—"केवल माता-पिता के बीजी असर से ही जीवन नहीं खड़ा होता और न तो जीवन केवल परिस्थितिजन्य है। एक ही माता-पिता के विरोधी स्वभाव वाले बच्चे पैदा होते हैं तथा एक ही परिस्थिति में लड़की एवं लड़के, मंद तथा तीव्र बुद्धि वाले बच्चे जन्म लेते हैं। इस प्रकार मनुष्यों में नहीं दिखता कि सज्जन के सज्जन तथा दुर्जन के दुर्जन बच्चे हों। माता-पिता का बीजी प्रभाव तथा उनके वातावरण का प्रभाव अवश्य पड़ता है; परंतु जीव अपने पूर्व कर्मों के संस्कारों को लेकर जन्म लेते हैं, अतः उनके विशेष संस्कार उनके साथ रहते हैं। इसीलिए माता-पिता तथा वातावरण के प्रभाव से स्वतंत्र जीवों में प्रवृत्ति देखी जाती है।
>
> बच्चों के जन्मते ही उनका रोना, माता के स्तन से दूध पीना, बन्दूक आदि की आवाज सुनकर भयभीत होना, स्वाभाविक मुस्कराना, स्पर्श से जननेन्द्रिय का उत्तेजित होना आदि उनके पूर्व जन्मों का संस्कार ही हैं, क्योंकि इस जन्म में तो उनको इस प्रकार प्रशिक्षण दिया नहीं गया है। देहधारियों की ऊंच-नीच विभिन्न स्थितियों के कारण उनकी नित्य सत्ता और उनके विभिन्न कर्म ही हैं।[19]

यहां रावत के उद्धरण को छोड़ कर अलग से भी बताया जा सकता है कि अभिलाष दास ने अपनी पुस्तक 'बीजक' में लिखा है कि '......सद्गुरु कबीर पुनर्जन्म निर्भ्रान्त मानते हैं।'[20]

देखा जा सकता है कि अभिलाष दास के ये शब्द हमारे बाबा साहेब डा. अम्बेडकर के शब्दों के एकदम विपरीत पड़ते हैं। बाबा साहेब ने साफ लिखा है कि birth is genetic लेकिन ब्राह्मण जाति के अभिलाष दास इस बात को नहीं मानते। मुझे पता नहीं, जब बाबा साहेब डा. अम्बेडकर और अभिलाष दास यहां एक दूसरे के सामने खड़े हैं तब आचार्य भद्रशील रावत किस की तरफ खड़े होंगे?

आचार्य भद्रशील रावत से कबीर को ले कर सब से बड़ी गलती यह हुई है कि इन्होंने 'बीजक' को कबीर का प्रामाणिक ग्रन्थ मान लिया है। जब अपनी कोई कसौटी खड़ी नहीं की तो इन्हें जैसे कोई चाहे बहका दे। इन्होंने लिखा है :

> 1. डा. धर्मवीर की बात हम क्यों मानें कि पुनर्जन्म नहीं होता। पुनर्जन्म

---

19. वही, पृ. 225
20. बीजक, टीकाकार, अभिलाष दास, पारख प्रकाशन कबीर संस्थान, प्रीतम नगर, इलाहाबाद-211 001, परिशोधित एवं परिसीमित पंचम संस्करण, 1993, पृ. 109

के बारे में जितनी प्रामाणिकता बौद्ध धम्म में है, उतनी ही कबीर पंथ में है। कबीर पंथ का प्रामाणिक ग्रंथ–बीजक इसका साक्षात उदाहरण है।[21]

2. मध्यकाल में संत कबीर दास जी पुनर्जन्म मानते थे। उनका प्रामाणिक ग्रंथ–बीजक पुनर्जन्म की पुष्टि करता है।[22]
3. अतः पूर्वजन्म मिथक नहीं, बल्कि वास्तविकता है। भगवान बुद्ध के दो हजार वर्ष बाद मध्य काल में संत कबीर दास जी भी पूर्वजन्म के विश्वासी बने जो उन के ग्रन्थ बीजक से प्रमाणित है।[23]

बात बीजक की और उस की प्रामाणिकता की है। आचार्य भद्रशील रावत ने दूसरों के कहे से मान लिया कि बीजक कबीर का प्रामाणिक ग्रन्थ है। अपनी अक्ल जरा सी नहीं लगाई कि खुद जांच-परख कर लेते। भेड़ा-चाल में हंके जा रहे हैं। खैर, ऐतिहासिक भाषा विज्ञान के आधार पर मैंने सिद्ध किया है कि बीजक को कबीर की प्रामाणिक रचना नहीं माना जा सकता। वह मेरी वृहदाकार पुस्तक 'कबीर की वाणी में प्रक्षिप्त की खोज' शीर्षक से अलग से है।

कहा जाए कि 'बीजक' में सब कुछ कबीर का नहीं है और सब कुछ ठीक भी नहीं है। पहली बात, यह ग्रन्थ तीन परम्पराओं और पाठान्तरों में प्राप्त होता है। ये बाराबंकी बीजक, फतुहा बीजक और भगताही बीजक हैं।[24] सच बात यह है कि कबीर के मूल बीजक के साथ जबर्दस्त और गलत छेड़छाड़ हुई है। इस की चोरी भी हुई थी। इस बारे में डा. शुकदेव सिंह ने अपनी पुस्तक 'कबीर-बीजक' की भूमिका में लिखा है–" 'बीजक' कबीर की मनीषा और उनके दर्शन का आकर कोश तो बना रहा, लेकिन सम्प्रदाय संस्पर्श के कारण दुर्दैवग्रस्त भी हुआ। आरम्भ में ही कबीरदास के महत्वपूर्ण उत्तराधिकारी भगवानदास के हाथ में पड़ कर यह गोपन ग्रन्थ बन गया। उन्होंने इसे बचाया, उनसे इस ग्रन्थ को प्राप्त करने की चेष्टा की गयी तो वे मुकर गये। अप्रसन्न कबीर-भक्तों ने उन्हें 'भग्गोदास' नाम दे दिया। परम्परा से भगवानदास साहब की प्रति भगताही कबीर पन्थियों के अधिकार में थी। सम्प्रदाय के दीक्षा-कार्य में उसका उपयोग हुआ।"[25] डा. शुकदेव सिंह ने इसी भगताही परम्परा को प्रामाणिक मानते हुए बीजक की प्रस्तुति की है। उन्होंने आगे लिखा है–"भगताही सम्प्रदाय अपेक्षाकृत अधिक परम्परावादी होने के कारण बीजक को संशोधित होने से बचाता रहा। मूल पाठ

---

21. वही, पृ. 220 22. वही, पृ. 221 23. वही, पृ. 247
24. The Millennium Kabir Vani : A Collection of Pad-s by Winand M. Callewaert in Collaboration with Swapna Sharma and Dieter Taillieu, Manohar Publisher & Distributor, 4753/23, Ansari Road, Daryaganj, New Delhi-110 002, First Edition 2000, pp. 3-4
25. कबीर-बीजक, प्रस्तुतकर्ता डा. शुकदेव सिंह, नीलाभ प्रकाशन, 5 खुसरो बाग रोड, इलाहाबाद, उत्तर प्रदेश, प्रथम संस्करण, 1972, पृ. 9

का मेंथी गोसाईं ने एक बार प्रकाशन भी कराया तो भगताही सन्तों के हाथ में ही वे प्रतियाँ गयीं। सामान्य जनता तक वे पहुँच नहीं पायीं। जगन्नाथदास साहब को बीजक का जो रूप उपलब्ध हुआ, वह बार-बार छपा, उसकी टीकाएँ हुईं। इसीलिए उस में संशोधन हुए, पाठ-विकार आया, यथावसर पद-संख्याएं बढ़ीं। इसीलिए बीजक का पाठ स्थिर करते समय 'भगताही बीजक' सबसे प्रामाणिक आधार के रूप में प्रस्तुत हुआ। प्रस्तुत ग्रन्थ भगताही बीजक को प्रमाण मान कर किया हुआ सम्पादन है। इस ग्रन्थ में क्रम-पद्धति लोक-प्रिय बीजक की है, लेकिन प्रामाणिकता-निर्धारण का मूल सेतु भगताही पाठ की प्राचीनतम प्रति है।''[26]

लेकिन, यहां अभिलाष दास द्वारा बीजक की प्रस्तुति तक सीमित रहा जाए। आचार्य भद्रशील रावत के दिमाग को किरोदने के लिए यहां सामाजिक आधार की अभिलाष दास वाले बीजक से एक साखी उद्धृत की जा सकती है जो इस प्रकार है :

बड़े गये बड़ापने, रोम-रोम हंकार।
सतगुरु के परचै बिना, चारों बरन चमार।।[27]

आचार्य भद्रशील रावत मेरी आजीवक चमार जाति के हैं। इस साखी को पढ़ कर उन के सम्मान का कुछ नुकसान हुआ कि नहीं हुआ? शायद समझ में न आया हो कि इसका अर्थ क्या है। सो, अभिलाष द्वारा दिया गया इस का भावार्थ इस प्रकार है–''कितने बड़े कहलाने वाले अपने मिथ्या बड़प्पन के मद में नीचे गिर गये, क्योंकि उनके रोयें-रोयें में अहंकार भरा था। सद्गुरु के द्वारा स्वरूपज्ञान पाये बिना दैहिक बुद्धि रखने वाले चारों वर्ण के लोग चमार हैं, क्योंकि उनकी समझ चाम की देह तक है।''[28] भावार्थ भी समझ में न आया हो तो अभिलाष द्वारा की गई व्याख्या के वे ये अंश पढ़ लें जो अभिलाष दास ने एक कहानी के माध्यम से समझाए हैं। वे लिखते हैं–''एक मनोरंजक कहानी है। मिथिला में राजा जनक की सभा लगी थी। सभा में ऋषि, मुनि, ज्ञानी, ब्रह्मज्ञानी एवं ब्रह्मजन विद्यमान थे। वहां एकाएक अष्टावक्र मुनि आ गये। उनके आठों अंग टेढ़े थे। वहां सभी ज्ञानी राजा जनक को ब्रह्मज्ञान देने आये थे। अष्टावक्र भी जनक को ज्ञान देने ही गये थे। अष्टावक्र को देखकर पूरी सभा हंस पड़ी। अष्टावक्र ने भी सभा को देखकर हंस दिया। सभा के ज्ञानियों ''आपने क्यों हंसा?'' अष्टावक्र ने उलटकर ज्ञानियों से पूछ लिया कि आप लोग क्यों हंसे? ज्ञानियों ने कहा–''हम लोग यह सोचकर हंसे कि अष्टावक्र आठों अंगों के टेढ़े हैं और ये राजा जनक को ज्ञान देने आये हैं।'' अष्टावक्र ने कहा ''मैं यह सोचकर हंसा कि ये चमारों की मण्डली राजा

---

26. वही, पृ. 9
27. बीजक, खण्ड-2, कबीर विरचित, व्याख्याकार, अभिलाष दास, पारख प्रकाशन कबीर संस्थान, प्रीतम नगर, सुलेम सराय, इलाहाबाद, उत्तर प्रदेश-211 001, छठी बार, 1995, पृ. 1343
28. वही, पृ. 1343

जनक को ज्ञान देने के लिए बैठी है।" सभा के लोग अष्टावक्र पर क्रुद्ध हो गये कि आपने हमें चमार क्यों कहा! अष्टावक्र ने कहा कि जो चाम की बुद्धि रखता हो वह चमार नहीं तो क्या है!"[29] उन्होंने दारोमदार निर्णय दिया है—"अतएव एक मानव जाति में यदि भेद किया जाय तो केवल दो जातियां बनती हैं एक चमार तथा दूसरा ब्राह्मण। जो अपने आप को देह मानता है वह चमार है और जो अपने आपको चेतन आत्मा मानता है वह ब्राह्मण है।"[30]

आचार्य भद्रशील रावत को समझने में कुछ कमी रह गई हो तो बीजक से एक और साखी उद्धृत की जा सकती है जो इस प्रकार है :

ई माया है चूहड़ी, औ चूहड़ों की जोय।
बाप पूत अरुझाय के, संग न काहु के होय।।[31]

इस की व्याख्या में नए समय के अनुसार अभिलाष दास कितने बचें? बचते-बचते भी उन्होंने लिख दिया है—"सद्गुरु कहते हैं कि माया भंगिनि है, मैली है, गंदगी से भरी है और "चूहड़ों की जोय" है। विषयासक्त मन चूहड़ है, भंगी है, मैला है, गंदा है। माया उसी की जोरू है।"[32]

क्या इसके बाद भी आचार्य भद्रशील रावत मानेंगे कि बीजक की ये दोनों साखियां हमारे कबीर ने रची होंगी?

पुनर्जन्म के विषय को ही पकड़े रहा जाए तो कहना पड़ेगा कि आजीवक चमार जाति के आचार्य भद्रशील रावत ने ब्राह्मणों के कहने से बीजक को प्रमाण मान रखा है। बीजक में कबीर की कुछ वाणी संकलित है, लेकिन जहां यह अप्रक्षिप्त बच गया है, उस जगह ब्राह्मण जाति के विद्वान क्या करते हैं? उदाहरण के लिए बीजक में कबीर की एक अप्रक्षिप्त साखी यह है :

इतते सब कोई गये, भार लदाय लदाय।
उतते कोई न आइया, जासों पुछिये धाय।।[33]

यहां कबीर साफ कह रहे हैं कि पुनर्जन्म नहीं होता है। इन से अधिक स्पष्ट शब्दों में इस विषय को नहीं समझाया जा सकता। यहां कबीर ने अपनी बात पूरी खोल कर रख दी है। लेकिन ब्राह्मण जाति के अभिलाष दास ने इस साखी की व्याख्या में क्या कहा है? पढ़ कर सिर धुनने को मन चाहता है उन के शब्द हैं :

> स्वर्ग तो काल्पनिक है, परन्तु पुनर्जन्म एक वास्तविकता है। पुनर्जन्म सिद्धांत माने बिना चैतन्य-जगत की स्थिति नहीं समझी जा सकती। बुरे

29. वही, पृ. 1344
30. वही, पृ. 1344
31. वही, पृ. 1354
32. वही, पृ. 1355
33. वही, पृ. 1523

कर्मों के परिणाम में आज तथा पुनर्जन्म में दुख तथा अच्छे कर्मों के परिणाम में सुख यही मानो नरक और स्वर्ग है। हम पुनर्जन्म पर थोड़ा विचार करें।

तालाब, नदी, समुद्र आदि का जल सूर्य की किरण और वायु के सम्पर्क से वाष्प बनकर आकाश में जाता है और ऊपर परमाणु रूप में रहता है। कालान्तर में वही बून्द रूप में बरसकर पुनः तालाब आदि भरता है। वे ही तारे, चांद, सूर्य घूम-घूमकर रोज आकाश में उगते हैं। दिन में चांद-तारे नहीं दिखते तो इसका यह अर्थ नहीं कि वे नष्ट हो गये। वे ही पुनः रात में दिखते हैं। ये सब नित्य नये बनकर नहीं आते, वे ही रहते हैं।

इसी प्रकार वे ही अविनाशी चेतन जीव एक शरीर को छोड़कर अन्य शरीर धारण करते हैं। न जीव का नाश होता है और न जड़ का। जड़ अपने स्वभाव में बरतते हैं और जीव अपने कर्मवश भटकते हैं। जड़ तत्वों का क्रियाशील रहना स्वाभाविक है और जीवों का भटकना कर्मवश सहेतुक है। इसीलिए कर्मभूमिका रूप नरजन्म में कर्म-संस्कार (विषयासक्ति) नष्ट हो जाने पर जीव गमनागमनरहित अपने आप शान्त हो जाता है। यह बात विवेक से गम्य है, किंतु अत्यन्त सूक्ष्म है। इस ज्ञान के लिए बहुत काल साधना-सत्संग करने की आवश्कता है। जब एक साधारण अध्यापक की योग्यता-प्राप्ति के लिए 12-14 वर्ष पढ़ना पड़ता है, तब ऐसा सूक्ष्म विषय घंटों में कैसे समझ लें।

कोई जन्म से ही प्रतिभावान, कोई प्रतिभाहीन, कोई बहुत पढ़ाने पर भी नहीं पढ़ पाता, कोई थोड़े में बहुत जान लेता है। इसी प्रकार सबके गुण-स्वभाव, भोग, बुद्धि भिन्न-भिन्न हैं। यह इसीलिए है कि जीवों के पूर्वजन्मों के कर्मों की भिन्नता है।

खट्टे आम के पेड़ के फल सभी खट्टे और मीठे आम के पेड़ के फल सभी मीठे होते हैं, क्योंकि फल केवल वृक्ष के स्वभावानुसार उसी के ही रूपान्तर हैं। परन्तु एक माता-पिता से अनेक बच्चे होते हैं। उनके स्वभाव माता-पिता-जैसे ही सबके नहीं रहते, भिन्न-भिन्न रहते हैं। क्योंकि उनकी देह के उत्पन्न होने में केवल माता-पिता के रज-वीर्य ही नहीं कारण हैं, बल्कि उन-उन अविनाशी जीवों के उत्तम-मध्यम कर्म भी कारण हैं।

अतएव अगणित अविनाशी चेतन जीवों के कर्म-फल भोग, पुनर्जन्म, बन्ध-मोक्ष सर्वथा विवेक अनुकूल हैं। यहां तो किंचित संकेत-मात्र है। इस विषय को ठीक से समझने के लिए अधिक सत्संग, सद्ग्रन्थावलोकन तथा विवेक करने की आवश्यकता है।[34]

क्या कहा जाए और क्या न कहा जाए? ये तो कबीर की गद्दी पर बैठ कर उलटे

34. वही, पृ. 1524-25

कबीर को समझाने बैठ गए हैं कि आप को अभी पूरी बातों का ज्ञान नहीं है। ब्राह्मण जाति के इन अभिलाष दास को अपने पुनर्जन्म में विश्वास की गठरी को ले कर चलना है तो बेहतर यह होगा कि ये कबीर की वाणी को पढ़ना छोड़ दें। अपने ब्राह्मण पंथ में कायम रहें। हां, इसी साखी के अनुरूप पुनर्जन्म के विरोध में कबीर ने यह पद रचा है :

बहुरि नहिं आवना यह देस।
जो जो गए बहुरि नहिं आए, पठवत नहिं संदेस।
सुर नर मुनि औ पीर औलिया, देवी देव गणेस।।
धरि धरि जनम सभी भरमे हैं, ब्रह्मा विस्नु महेस।
जोगी जंगम औ संन्यासी, दीगम्बर दरवेस।
चुंडित मुंडित पंडित लोई, स्वर्ग रसातल शेस।।
ग्यानी गुनी चतुर औ कविना, राजा रंक धनेस।
कोइ रहीम कोइ राम बखानै, कोइ कहै आदेस।।
भेष बनाय सभी मिल, ढूंढि फिरे चहुंदेस।
कहै कबीर अन्त न पैहो, बिन सतगुरु उपदेस।।

अब यहां मुझे अभिलाष दास से कोई मतलब नहीं है। मेरा मतलब सीधे मेरी अपनी आजीवक चमार जाति के आचार्य भद्रशील रावत से है। क्या इस पद का अर्थ जानने के लिए भी ये महोदय ब्राह्मण जाति के अभिलाष दास के पास जाएंगे कि पंडित जी, मुझे कबीर के इस पद का अर्थ समझा दो?

मैं पुनर्जन्म की बात पर ही टिका रहूं। आचार्य भद्रशील रावत ने डा. सुरेन्द्र अज्ञात के प्रमाण से मान लिया कि कबीर ने कहा था कि अपने पूर्व जन्म में वे ब्राह्मण थे, ओछे कर्म हो गए, कोई तप नहीं किया, राम देव की सेवा नहीं की तो उन्हें पकड़ कर जुलाहा बना दिया। आचार्य भद्रशील रावत चमार पैदा हुए हैं, इन्हें चमार किस वजह से बनाया गया और ये अपने पूर्व जन्म में किस वर्ण के थे? इन्होंने सन् 1976 में प्रकाशित 'नवभारत टाइम्स', वार्षिकांक, पुनर्जन्म की रहस्यमय घटनाएं, प्रो. एच.एन. बनर्जी, प्रस्तोता, वीर कुमार अधीर, पृ. 63-70 के वर्णन की घटनाएं अपनी इस पुस्तक में ज्यों की त्यों उतार दी हैं।[35] लेकिन इन्हें मालूम नहीं कि मैं ऐसे कहां मानने वाला हूं। इन्होंने अंधानुकरण में अफवाहों को सच मान लिया पर मुझे प्रमाण खुद आचार्य भद्रशील रावत के चाहिए। मुझे ये केवल अपने बारे में बताएं कि ये अपने पूर्वजन्म में क्या थे। ये एम. ए. (हिन्दी), बी.एड. और सिद्धांतालंकार हैं, इन्होंने तीस पुस्तकें लिख दी हैं, ये दिल्ली प्रशासन में सेवारत रहते हुए प्रधानाध्यापक के पद से रिटायर हुए हैं, और ये महोपासक भद्रशील रावत जी (भगवान सिंह रावत) बौद्ध जगत के जाज्वल्यमान हस्ताक्षर हैं[36] —ये

35. संत कबीर वाणी में बौद्ध चिन्तन, आचार्य भद्रशील रावत, सम्यक प्रकाशन, 32/3, पश्चिमपुरी, नई दिल्ली-110 063, प्रथम संस्करण, 2012, पृ. 231-46

36. वही, जीवन परिचय, पिछला पृष्ठ

मुझे अपने बारे में बताएं कि इन का पूर्वजन्म क्या था। मैं इन के द्वारा बताए गए दूसरों के पूर्वजन्मों के बारे में सुनने नहीं जा रहा हूं, मैंने इन्हें ही पोजिट कर लिया है, इन्हें ही लोकेट कर लिया है—ये मुझे अपने पूर्वजन्म और पूर्वजन्मों के बारे में बताएं। मनुष्य को किसी बात को कहने से पहले अपने पर तोल लेना चाहिए। झूठ बोलने में लगे हुए हैं कि इसका यह पूर्वजन्म था और उसका वह पूर्वजन्म था, अपने बारे में एक हरफ बता कर नहीं देते कि इन का खुद का पूर्वजन्म क्या था। बाबा साहेब डा. अम्बेडकर तो बुद्‍ध नहीं बने थे, बोधिसत्व ही कहे गए हैं, बौद्‍ध धर्म के अनुसार बोधिसत्वों के पुनर्जन्म होने होते हैं, उन्हीं के बारे में ये बता दें कि 6 दिसबर, 1956 को मरने के बाद उन का पुनर्जन्म कहां हुआ है। यदि अच्छा लगे तो 'नवभारत टाइम्स' से दी गईं 'पुनर्जन्म की कुछ घटनाएं' के बजाय आचार्य भद्रशील रावत अपने प्रामाणिक पुरुष डा. सुरेन्द्र अज्ञात के पूर्वजन्म की कहानी बता दें ताकि मैं उस के सत्यापन के लिए कोशिश करूं। खालिस झूठ का प्रचार करने में लगे हुए हैं कि पुनर्जन्म होता है। विद्‍वान बन कर लिख रहे हैं—''जीवात्मा के विषय में भारतीय दर्शन शास्त्र में बहुत कुछ लिखा गया है।....यह कहना असंगत न होगा कि पूर्वजन्म के संस्कार मानव का साथ देते रहे हैं।''[37] वे पुनर्जन्म में सबको लपेट लेते हैं जब लिखते हैं—''डा. धर्मवीर भले ही पुनर्जन्म के बारे में डा. आंबेडकर को तथा बुद्ध को कोसें, लेकिन वास्तविकता तो पुनर्जन्म की है। पुनर्जन्म का खंडन कर वे स्वयं अपने आका मक्खलि गोसाल तथा संत कबीर का खंडन कर रहे हैं। पुनर्जन्म के बारे में बुद्ध तो प्रामाणिकता रखते हैं ही, संत कबीर भी कम नहीं हैं।''[38]

ऐसे समय, मेरा मन यह चाह रहा है कि अपनी चमार आजीवक जाति के भद्रशील रावत को एक बड़े से कोठरे में बन्द कर दूं। इन्हें खूब अच्छा खाना-पीना दूं। फिर इन से पूछूं कि इन का पिछला पूर्वजन्म क्या था। इस के लिए मैंने अपनी पुस्तक 'कबीर : खसम खुशी क्यों होय?' में एक 'पुनर्जन्म का फार्म'[39] तैयार कर रखा है। इसे इन के हाथ में थमा दूं। जब ये इस फार्म को भर दें, तभी इन्हें उस बड़े से कोठरे से बाहर निकालूं। जब तक ये उसे न भर दें, या झूठ की माफी न मांग लें, इन्हें उसी में आराम से रखूं। इन्होंने मेरे साहित्य के बारे में शिकायत करते हुए लिखा है—(डा. धर्मवीर के) ''इस साहित्य को पढ़ने पर ऊर्जा (इनर्जी) आनी चाहिए। वह न आकर केवल 'अलर्जी' ही हाथ लगती है।''[40] इन की बुद्‍धि तो देखो, ऊर्जा को अलर्जी और अलर्जी को ऊर्जा समझ रहे हैं! महोदय, आप के मन में अलर्जी की बीमारी यह है कि आप यह मानते हैं कि कबीर ने यह रचना की थी—पूरब जन्म हम बाम्मण होते, ओछे करम तप हीनां....।

37. वही, पृ. 243

38. वही, पृ. 232

39. कबीर : 'खसम खुशी क्यों होय?', डा. धर्मवीर, वाणी प्रकाशन, 4695, 21-ए, दरियागंज, नई दिल्ली-110 002, प्रथम संस्करण, 2013, पृ. 217-22

40. संत कबीर वाणी में बौद्‍ध चिन्तन, आचार्य भद्रशील रावत, सम्यक प्रकाशन, 32/3, पश्चिमपुरी, नई दिल्ली-110 063, प्रथम संस्करण, 2012, पृ. 216

यह प्रक्षिप्त रचना आप के शरीर में विजातीय तत्व है। इस ने आप के पूरे चिन्तन को रोगग्रस्त कर दिया है। आप इसे वैसा कैंसर ही कहिए जिसका अभी तक शल्य चिकित्सा एक मात्र इलाज है।

दुख यह है कि पुनर्जन्म के झूठ को सत्य मान कर आचार्य भद्रशील रावत मेरी चमार कौम को गलत रास्ते पर ले जा रहे हैं। मुझे अपनी बौद्धिक कौम को इस भ्रमित रास्ते से हर हाल में बचाना है। मैं अपनी कौम का दार्शनिक हूँ और मैंने अपने रैदास और कबीर खोजे हैं जो पुनर्जन्म को झूठ मानते थे। उन से पहले मैंने अपने मक्खलि गोसाल खोजे हैं जिन्होंने जन्म के मामले में नियति का सिद्धान्त दे कर पुनर्जन्म के झूठ का जड़ से खात्मा कर दिया था। इन सब के सामने आचार्य भद्रशील रावत और शान्ति स्वरूप बौद्ध केवल कूड़ मगज आदमी ठहरते हैं। इन्होंने सच्चाई का मार्ग छोड़ दिया है और दर्शन के क्षेत्र में कुमार्ग पकड़ लिया है।

कबीर की वाणी क्या है और कबीर क्या कहते हैं—यदि इसे चमार जाति के आचार्य भद्रशील रावत ब्राह्मण जाति के डा. सुरेन्द्र अज्ञात और अभिलाष दास से जानेंगे और सीखेंगे तो फिर कबीर का अध्ययन हो लिया—तब बेहतर यह होगा कि कबीर का अध्ययन बन्द कर दिया जाए। होना यह चाहिए था कि चमार जाति के आचार्य भद्रशील रावत पहले कबीर के माध्यम से ब्राह्मण को जानते। कबीर ने ब्राह्मण को जानने के हमें सारे सूत्र दिए हैं।

पहला सूत्र यह है कि जो व्यक्ति ब्राह्मण और ब्राह्मणवाद में अन्तर करता है, समझ लो, उस ने ब्राह्मण को समझना बन्द कर दिया है। वह भ्रमित हो गया है, झमेले में आ गया है। यह अच्छा है कि बौद्ध ग्रन्थों और जैन ग्रन्थों में सीधा 'ब्राह्मण' शब्द आया है और 'ब्राह्मणवाद' नहीं। इस में यह भी जरूरी नहीं है कि रात-दिन ब्राह्मण के साथ रहते कोई चमार ब्राह्मण को जान ले। पूरा जीवन भी ब्राह्मण के साथ गुजर जाए तब भी चमार का यह दावा करना भरोसे लायक नहीं है कि वह ब्राह्मण को जान गया है। मध्यकालीन भारत के इतिहास में भारत में ब्राह्मण को रैदास और कबीर ने जाना था—और बस।

मैं घोषणा करता हूं कि ब्राह्मण जाति का कोई व्यक्ति कबीर के दर्शन को कभी नहीं समझ सकता। उस का कबीर को पढ़ना-न-पढ़ना एक बराबर है। लेकिन उलट बांसी यह है कि न समझा हुआ ब्राह्मण जाति का लेखक कबीर के दर्शन को दूसरों को समझाने बैठ जाता है। तब, डा. सुरेन्द्र अज्ञात के बारे में अलग से क्या कहूं? यही कहूं कि ये आचार्य भद्रशील रावत के पास झूठ बोलने का एक ढलाई मिल हैं। भद्रशील रावत इन की लिखत को आप्त वचन मान कर उद्धृत कर गए हैं। कुछ अपना दिमाग लगा लेते, खोपड़ी में कुछ तो ठीक होगा—उस का इस्तेमाल करते। यह हिन्दुओं का, इतिहास के बजाय पुराण लिखने का तरीका है। कभी सच नहीं लिखते और झूठ को कितनी जल्दी लिखते हैं।

ऐसे समय ब्राह्मण जाति के कवि सूर्य कान्त त्रिपाठी निराला की एक कविता के कुछ बोल याद आ रहे हैं जो इस प्रकार हैं—'ब्राह्मण समाज में ज्यों अछूत।' यह उन की

एक अच्छी कविता मानी जाती है। आप चमार हो—क्या आपने कभी ऐसी कविता लिखने की सोची है?—'चमार समाज में ज्यों ब्राह्मण।' ब्राह्मण समाज में अछूत का क्या स्थान है और चमार समाज में ब्राह्मण का क्या स्थान होना चाहिए? अच्छा दिन चमारों का तब जाएगा जब ये बातें उन के द्वारा बिना कहे समझ ली जाएंगी।

क्या चमार जाति के इन लेखक आचार्य भद्रशील रावत के दिमाग का दिवाला नहीं निकल गया है जो ब्राह्मण जाति के लेखक डा. सुरेन्द्र अज्ञात की इस अफवाह को सच मान रहे हैं कि कबीर खुद अपने बारे में कह रहे हैं कि अपने पूर्वजन्म में वे ब्राह्मण थे? क्या इतनी न्यूनतम समझ नहीं है कि जान लें कि ऐसा लिख कर डा. सुरेन्द्र अज्ञात क्या कहना चाहते हैं, क्या इशारा है, या क्या सिद्ध करना चाहते हैं? क्या भेड़ के फूफे यह नहीं सोच सकते कि कबीर के नाम से ऐसी प्रक्षिप्त रचना डा. सुरेन्द्र अज्ञात के किसी पुरखे ने रची थी? बाप कबीर के नाम से प्रक्षिप्त रचना लिखता है और बेटा उसे उद्धृत कर देता है—यह साधारण सी बात इन की समझ में क्यों नहीं आई? मत मारी गई है मेरी चमार जाति के इन लिखैया की कि बता रहे हैं कि इन्होंने 22 पुस्तकें लिखी हैं। एक ही किताब लिख देते, ठीक सी लिख देते, अपने बल पर लिख देते। इन के मगज में ब्राह्मण जाति के डा. सुरेन्द्र अज्ञात भरे हुए हैं तो यह इन का लिखना कैसे हुआ? यह ब्राह्मण ने ही इन का हाथ पकड़ कर अपनी बात लिखवाई है।

सुरेश कुमार ने पत्रिका 'अम्बेडकर कल्चर' में छपे अपने लेख 'किंवदंतियों के घेरे में दलित चिंतक' में इस बात को गम्भीरता से उठाया है। सही बात है, कबीर के अलावा ऐसा हमारे रैदास के साथ भी हुआ है। वे अपने लेख में लिखते हैं—''राजेन्द्र प्रसाद सिंह लिखते हैं—''अनंतदास ने लिखा है कि रैदास पूर्व जन्म में ब्राह्मण थे, और वे मांस खाने के श्रापवश चमार जाति में पैदा हुए हैं। प्रियादास ने यहां तक लिख दिया है कि रैदास पूर्व जन्म में ब्राह्मण थे, इसलिए उन्होंने अपनी चमारिन माता का दूध भी पहले नहीं पिया था। ऐसे जीवन वृत को ब्राह्मणवादी इतिहासकार लिखा करते हैं।''[41] क्या आचार्य भद्रशील रावत नाम के इन पढ़ैया को इतना मालूम नहीं है कि अलाउद्दीन खिलजी को पिछले जन्म का निर्मल नाम का ब्राह्मण और अकबर को पिछले जन्म का मुकुन्द नाम का ब्राह्मण घोषित किया गया था? सुरेश कुमार ने लिखा है—''प्रखर दलित चिन्तक डा. धर्मवीर ने किंवदंतियों के खिलाफ बिगुल फूंक रखा है। उनकी मुठभेड़ सीधे इतिहास के नाम पर चलायी गयी किंवदंतियों से है। दलित और गैर-दलित विद्वानों ने डा. धर्मवीर के खिलाफ किंवदंतियां फैला रखी हैं। डा. धर्मवीर को मनोरोगी, कुंठित, भ्रमित व्यक्ति, स्त्री विरोधी, अम्बेडकर विरोधी, दलित विरोधी, पागल, ना जाने कैसी-कैसी किंवदंतियां फैलाई गई हैं।''[42] सुरेश कुमार ने खास समस्या ही सामने ला कर रख दी है जब लिखा है—''किंवदंती फैलाने का काम ब्राह्मणों ने किया, लेकिन ये दुर्भाग्य ही कहा जाए दलित

---

41. किंवदंतियों के घेरे में दलित चिंतक, सुरेश कुमार, अम्बेडकर कल्चर, नांलदा 45, शिवम सिटी, निकट सेक्टर-6, जानकी पुरम विस्तार, लखनऊ, उत्तर प्रदेश-226 021, सितम्बर-नवम्बर, 2013, पृ. 20
42. वही, पृ. 21

समाज के विद्वान भी किंवदंती फैलने में ब्राह्मणों का साथ दे रहे हैं। डा. धर्मवीर आजीवक धर्म को मानते हैं। आजीवक धर्म के पितामह मक्खलि गोसाल के सम्बन्ध में किंवदंती फैलायी जा रही है। सुरेन्द्र अज्ञात लिखते हैं–"ऐसा था आजीवक और मक्खलि गोसाल का चरित्र! जो लोग खुद नंगे-धड़ंगें घूमते थे और मांग कर खाते थे तथा समाज से कोसों दूर थे।".....ध्यान रहे डा. धर्मवीर आजीवक धर्म के अनुयायी हैं। वे डा. धर्मवीर के सम्बन्ध में लिखते हैं–"लेखक किसी मनोवैज्ञानिक ग्रंथि का शिकार हो गया प्रतीत होता है। शायद इसी कारण उसे अपनी कही-लिखी बात जल्द भूल जाती है।"......डा. धर्मवीर ने कबीर को ब्राह्मणों से मुक्त करा कर दलित समाज में पुनः स्थापित किया है। यदि वे बुद्ध को नहीं मानते हैं.......तो क्या वे मनोग्रंथि के शिकार हो गये हैं? सुरेन्द्र अज्ञात ने डा. धर्मवीर को अस्वस्थ दिमाग का भी करार दिया है। वे लिखते हैं, "धर्मवीर जी महानता का यह रास्ता नहीं है यह तो केवल अपनी मनोरुग्णता का ही परिचय देना है, अस्वस्थ दिमागों में ऐसी ही विकृति और विद्रूपता की दुर्गन्ध होती है।"...... डा. धर्मवीर ने जारकर्म को अपनी आत्मकथा 'मेरी पत्नी और भेड़िया' में उजागर किया है। भारत की इतनी बड़ी समस्या को समाज के सामने उजागर करने वाले विद्वान को सुरेन्द्र अज्ञात मनोरोगी बता रहे हैं। उन्हीं के शब्दों में, "डा. धर्मवीर अपने परिवार के गन्दे कपड़े चौराहे पर धो कर और उसके गंदे छींटे दूसरों पर डालने का प्रयास करके अपने को महान सिद्ध करने के मनोरोग से ग्रस्त प्रतीत होते हैं।".......डा. धर्मवीर भारत सरकार के उच्च पद सेवारत रहे हैं। सुरेन्द्र अज्ञात ने उनके पेशे का भी मजाक उड़ाया है, "यहां ऐसा लगता है मानो डा. धर्मवीर आई.ए.एस. का बौद्धिक दीवाला निकल गया हो। इतना छिछलापन कोई मनोरोगी व्यक्ति ही दिखा सकता है।"[43]

आचार्य भद्रशील रावत ने मेरे आई.ए.एस. के बारे में अपने स्तर के शब्द का इस्तेमाल किया है। उन्होंने अपनी पुस्तक 'संत कबीर वाणी में बौद्ध चिन्तन' में लिखा है–"डा. धर्मवीर काफी पढ़े-लिखे हैं। उन्होंने ढेर सारी पुस्तकें भी लिखी हैं। उन्होंने आई.ए.एस. परीक्षा पास की। वे प्रशासनिक अधिकारी भी बने। इस आई.ए.एस. (भारतीय प्रशासनिक सेवा) की पुस्तकें पढ़ने पर लगता है कि किसी आई.ए.एस. (इंटर आर्ट सप्लीमेंटरी) वाले की किताबें हैं।"[44]

सुरेश कुमार ने असली बात को पूरी तरह पकड़ रखा है जब अपने इस लेख में लिखा है–"डा. धर्मवीर स्त्री के सबसे बड़े दुश्मन जार से लड़ाई लड़ रहे हैं। समाज में व्याप्त जारकर्म पर उन्होंने रोक लगाने की बात उठायी है। समाज की इतनी बड़ी समस्या को उजागर करने वाले विद्वान को स्त्री विरोधी घोषित कर दिया। रमणिका

---

43. वही, पृ. 21-2
44. संत कबीर वाणी में बौद्ध चिन्तन, आचार्य भद्रशील रावत, सम्यक प्रकाशन, 32/3, पश्चिमपुरी, नई दिल्ली-110 063, प्रथम संस्करण, 2012, पृ. 216

गुप्ता डा. धर्मवीर को 'स्त्री नैतिकता का तालिबानीकरण' घोषित कर चुकी है। इतना ही नहीं उन्होंने डा. धर्मवीर को खुराफाती दिमाग का बताया है। रमणिका गुप्ता लिखती हैं—''श्री धर्मवीर जी उस खुराफाती दिमाग के प्रतीक हैं, जो शैतान बनकर स्त्री-पुरुष को एक-दूसरे का विरोधी बनाता है, दुश्मन बनाता है—साथी नहीं।''..... रमणिका गुप्ता इन्हें खुराफाती दिमाग का इसलिए कह रही हैं क्योंकि डा. धर्मवीर ने जार और जारणियों के खिलाफ बिगुल फूंक रखा है। डा. धर्मवीर ने पैतृकता के लिए डी.एन.ए. टैस्ट की बात उठायी है।''[45] लेख के अन्त में सुरेश कुमार ने उन सारी किंवदंतियों को एक जगह समेकित कर दिया है जो उनके इस लेख के लिखने के समय तक उन की नजर में मेरे बारे में आई हैं :

1. डा. धर्मवीर मनोरोगी है।
2. डा. धर्मवीर पागल है।
3. डा. धर्मवीर स्त्री विरोधी है।
4. डा. धर्मवीर अम्बेडकर विरोधी है।
5. डा. धर्मवीर को शॉकथेरेपी की आवश्यकता है।
6. डा. धर्मवीर नहीं भ्रमवीर है।
7. डा. धर्मवीर को मनोचिकित्सक की जरूरत है।
8. डा. धर्मवीर को अम्बेडकर के चिन्तन का ज्ञान नहीं है।
10. डा. धर्मवीर जातिवादी है।
11. डा. धर्मवीर फासिस्ट है।
12. डा. धर्मवीर मनुवाद का साहित्यिक संस्करण है।[46]

मेरे बारे में सुरेश कुमार की खोजी गईं इन 12 किंवदन्तियों में एक नई 13वीं किंवदन्ती डा. सुरेन्द्र अज्ञात और आचार्य भद्रशील रावत ने खड़ी कर के जोड़ी है। डा. सुरेन्द्र अज्ञात ने मेरे बारे में लिखा है—''कहा जाता है, जैसा 'मेरी पत्नी और भेड़िया' के पृ. 835 पर अंकित भी है, कि धर्मवीर अपनी भाभी से शादी करना चाहता था और दबाव बनाने के लिए उसने आत्महत्या का नाटक रचा फिर भी जान बचाते-बचाते पैर कट गया।''[47] इस के बाद आचार्य भद्रशील रावत ने इस किंवदन्ती पर मेरे बारे में लिखा है—''जो व्यक्ति कामांध से वशीभूत हो कर भाभी से शादी करने के चक्कर में नाटक

---

45. किंवदंतियों के घेरे में दलित चिंतक, सुरेश कुमार, अम्बेडकर कल्चर, नालंदा, 45, शिवम सिटी, निकट सेक्टर-6, जानकी पुरम विस्तार, लखनऊ, उत्तर प्रदेश-226 021, सितम्बर-नवम्बर, 2013, पृ. 22
46. वही, पृ. 23
47. गद्दारसत्ता : भाग 1 : मक्खलि गोसाल के मानसपुत्र : बौद्ध धम्म और डा. आंबेडकर की आलोचना के जवाब में, सम्पादक, शान्ति स्वरूप बौद्ध, सम्यक प्रकाशन, 32/3, क्लब रोड, पश्चिमपुरी, नई दिल्ली-110 063, प्रथम संस्करण, 2010, पृ. 77

करते समय अपना पैर कटा बैठा.....।''[48] इस बात को उन्होंने दुबारा लिखा है कि डा. धर्मवीर ने 'भाभी के साथ शादी के चक्कर में अपनी टांग कटा ली थी।''[49]

यह इन का 'कहा जाता है।' इन का झूठ इसी तरह से शुरू होता है कि 'कहा जाता है।' मैंने इन के इस 'कहा जाता है' के झूठ में आग लगा दी है जो मैं अलग से जवाब दे रहा हूं। मैं नहीं चाहता कि यह पुस्तक मेरे बारे में हो जाए। मैं यह पुस्तक रैदास, कबीर और गोसाल पर लिख रहा हूं, खुद पर नहीं। बताना यह है कि जब ये किंवदन्तीकार मेरी आंखों के सामने मेरे बारे में ऐसी-ऐसी किंवदन्तियां चला रहे हैं तो इन्होंने हमारे आजीवक त्रयी रैदास, कबीर और गोसाल के बारे में कोई भी किंवदन्ती चलानी छोड़ी नहीं है।

ख. डा. अम्बेडकर : जड़ों से दूर

मालूम है, आज भारत के नव बौद्धों ने डा. अम्बेडकर के विचारों का मूल्यांकन करना छोड़ रखा है। लेकिन मैंने ऐसा नहीं किया। मैं डा. अम्बेडकर के विचारों का मूल्यांकन करता हूं।

मूल्यांकन यह है कि जो बात डा. अम्बेडकर ने ठीक कही है वह आजीवक होने के नाते कही है और जो बात बेठीक कही है वह बौद्ध बनने के नाते कही है। पुनर्जन्म के बारे में जो उन के विचार इस अध्याय में उद्धृत किए गए हैं वे उन के आजीवक होने के विचार हैं लेकिन आगे उन के वे विचार उद्धृत किए जा सकते हैं जो उन के बौद्ध गफलत की वजह से बने हैं। बौद्ध गफलत के विचार उन के आजीवक विचारों के उलट पड़ते हैं।

डा. अम्बेडकर ने अपनी पुस्ताक 'द बुद्धा एण्ड हिज धम्मा' में लिखा है :

1. क्या भगवान् बुद्ध पुनर्जन्म मानते थे?
2. उत्तर 'हां' में है।[50]

डा. अम्बेडकर ने बुद्ध के जन्म को ही पुनर्जन्म से जोड़ दिया है। गर्भधारण की रात को बुद्ध की मां महामाया को एक स्वप्न दीखता है। डा. अम्बेडकर लिखते हैं—''तब सुमेध नाम का एक बोधिसत्व उस (महामाया) के पास आया और प्रश्न किया, ''मैंने अपना अन्तिम जन्म पृथ्वी पर धारण करने का निश्चय किया है, क्या तुम

48. सन्त कबीर वाणी में बौद्ध चिन्तन, आचार्य भद्रशील रावत, सम्यक प्रकाशन, 32/3, पश्चिमपुरी, नई दिल्ली-110 063, प्रथम संस्करण, 2012, पृ. 212-13

49. वही, पृ. 218

50. भगवान बुद्ध और उन का धर्म, लेखक, डा. भीमराव रामजी आम्बेडकर, अनुवादक, भदन्त आनंद कौसल्यायन, भारतीय बौद्ध शिक्षा परिषद, जेतवन महाविहार, श्रावस्ती, बलरामपुर, उत्तर प्रदेश, द्वितीय संस्करण, 1970, पृ. 261

मेरी माता बनना स्वीकार करोगी?" उस का उत्तर था—"बड़ी प्रसन्नता से।" उसी समय महामाया देवी की आँख खुल गई।"[51] और भी, उन्होंने बुद्ध बनने की प्रक्रिया के बारे में बताया है कि एक बोधिसत्व 'बुद्ध' कैसे बनता है। उन्होंने लिखा है कि 'बोधिसत्व को लगातार दस जन्मों तक 'बोधिसत्व' रहना पड़ता है।'[52] इन दस जन्मों में उसे दस पारमिताओं को पूर्णता तक पहुँचाना पड़ता है। शर्त बड़ी कठिन है—"एक जन्म में एक पारमिता की पूर्ति करनी होती है। पारमिताओं की पूर्ति क्रमशः करनी होती है। एक जीवन में एक पारमिता की पूर्ति करनी होती है, ऐसी नहीं कि थोड़ी एक, थोड़ी दूसरी।"[53] डा. अम्बेडकर की ही कलम से दर्ज एक अन्य स्थल पर बुद्ध अपने राज पुरोहित को उत्तर देते हैं—"अपने सम्बन्धियों को दूसरे लोक में छोड़ कर आदमी यहाँ इस में चला आता है, और फिर इस में उन्हें छोड़ कर दूसरे में चला जाता है, और वहाँ जा कर, वहाँ से भी अन्यत्र चला जाता है—यही मानव-मात्र का हाल है।"[54] उन्होंने 5 फरवरी, 1956 को 'महाबोधि सोसायटी आफ इण्डिया, नई दिल्ली' के तत्वाधान में आयोजित समारोह में एक बुद्ध विहार में अपने भाषण में कहा था—"मैं पुनर्जन्म में पूर्ण रूप से विश्वास करता हूँ। मैं वैज्ञानिकों के समक्ष यह सिद्ध कर सकता हूँ कि पुनर्जन्म तर्कपूर्ण है।"[55] वे तो पुनर्जन्म की भाषा में इतने रच-पच गए हैं कि अपने ग्रन्थ में बुद्ध से प्रार्थना कर रहे हैं—"हे पुरुषोत्तम! मैं......कामना करता हूँ कि मैं आप के उस सुखावति लोक में जन्म ग्रहण करूँ।"[56] वे अपनी सोच में बिल्कुल पुनर्जन्ममय हो गए हैं जब अपनी प्रार्थना में यह भी लिखते हैं—"......मेरी प्रार्थना है कि मुझे तथागत का साक्षात दर्शन हो सके, और मैं समस्त प्राणियों सहित सुखावति-व्यूह में जन्म ग्रहण कर सकूँ।"[57]

वे पोट्ठपाद की बुद्ध से हुई दार्शनिक चर्चा को अपनी पुस्तक में पूरी जगह देते हैं। उस चर्चा में बुद्ध का नाम 'तथागत' रहता है जिन्हें वे अंग्रेजी में One who has gained the truth[58] कहते हैं। पोट्ठपाद तथागत से पूछते हैं :

"(vi) क्या तथागत मरणानन्तर रहते हैं?

---

51. वही, पृ. 5 52. वही, पृ. 67 53. वही, पृ. 67

54. वही, पृ. 137

55. Dr. Babasaheb Ambedkar : Writings and Speeches, Volume 17, Part Three, Edited by Hari Narake, Dr. M.L. Kasare, N.G. Kamble and Ashok Godghate, Publisher, Dr. Babasaheb Ambedkar Source Material Publication Committee, Higher Education Department, Government of Maharashtra, Barrack No. 18, Opp. Mantralaya, Mumbai-400 021, 1st Edition, October 2003, p. 514

56. भगवान बुद्ध और उन का धर्म, लेखक, डा. भीमराव रामजी आम्बेडकर, अनुवादक, भदन्त आनंद कौसल्यायन, भारतीय बौद्ध शिक्षा परिषद, जेतवन महाविहार, श्रावस्ती, बलरामपुर, उत्तर प्रदेश, द्वितीय संस्करण, 1970, पृ. 467

57. वही, पृ. 467

58. Dr. Babasaheb Ambedkar : Writings and Speeches : Volume 11 : The Buddha and His Dhamma, The Education Department, Government of Maharashtra, Bombay-400 032, Govt. of Maharashtra's 1st Edition, 1992, p. 321

(vii) क्या तथागत मरणानन्तर नहीं रहते हैं?
(viii) क्या वे मरणानन्तर रहते भी हैं और नहीं भी रहते हैं?
(ix) क्या वे मरणानन्तर न रहते भी हैं और न नहीं भी रहते हैं?"[59]

तथागत ने पोट्ठपाद के इन चार प्रश्नों का क्या उत्तर दिया है? उत्तर एक ही है और वह इस प्रकार है कि 'पोट्ठपाद! इस विषय में भी मैंने अपना मत कभी व्यक्त नहीं किया।'[60]

बुद्ध ने व्यक्त नहीं किया, पर बाबा साहेब ने अपना मत व्यक्त क्यों नहीं किया? इस मामले में आम आदमी में और तथागत में क्या फर्क है? तथागत ने क्या सत्य जान लिया है जो वे यहां आ कर आम आदमी से भिन्न हो गए हैं? इस जानने या न जानने से पुनर्जन्म पर क्या फर्क पड़ता है? पुनर्जन्म होना है तो होना है और नहीं होना है तो नहीं होना है। बात दो टूक क्यों नहीं है? ऐसा कैसे हो जाएगा कि बाकी लोगों के पुनर्जन्म होते रहेंगे और तथागत का पुनर्जन्म अव्याकृत के मौन में गुम हो जाएगा? तथागत के मामले में 'पुनर्जन्म किस चीज का' और 'पुनर्जन्म किस व्यक्ति का' की खोज का अन्तर क्यों मिटाया जा रहा है? उलटे, यह विस्तार पशु-पक्षियों, जलचरों और पेड़-पौधों तक में व्याप्त होना चाहिए। तथागत भी एक व्यक्ति हैं और चीज के रूप में चार भूतों से मिल कर बने हैं। जो औरों के मामले में हो रहा है, वही उन के मामले में भी हो कर रहेगा। सवाल है, बुद्ध चुप हों, बाबा साहेब चुप क्यों हैं?

यहां कोशल नरेश राजा प्रसेनजित द्वारा भिक्षुणी खोया से पूछे गए प्रश्नों को भी उतारा जा सकता है। दोनों के बीच का वह वार्तालाप इस प्रकार है :

> "१५. "आपका इस विषय में क्या कहना है? क्या तथागत मरणानन्तर रहते हैं?"
>
> १६. "महाराज! यह बात भी तथागत द्वारा अव्याकृत ही है।"
>
> १७. "तो यह कैसी बात है कि जब मैं पूछता हूं कि क्या तथागत मरणानन्तर रहते हैं, तो आपका उत्तर होता है कि यह बात भी तथागत ने अव्याकृत रखी है, और जब मैं दूसरे प्रश्न पूछता हूँ तब भी आपका यही उत्तर होता है कि यह बात भी तथागत ने अव्याकृत रखी है। कृपया, यह बतायें कि क्या हेतु है, क्या कारण है कि तथागत ने यह बात अव्याकृत रखी है?"
>
> १८. "महाराज! अब मैं आपसे एक प्रश्न पूछती हूँ। जैसा आपको

---

59. भगवान बुद्ध और उन का धर्म, लेखक, डा. भीमराव रामजी आंबेडकर, अनुवादक, भदन्त आनंद कौसल्यायन, भारतीय बौद्ध शिक्षा परिषद, जेतवन महाविहार, श्रावस्ती, बलरामपुर, उत्तर प्रदेश, द्वितीय संस्करण, 1970, पृ. 254
टिप्पणी : अनुवादक से अन्तिम पंक्ति का अनुवाद करना छूट गया था। क्रम अंग्रेजी की पुस्तक का ही रखा गया है।
60. वही, पृ. 255

लगे, वैसा उत्तर देना। अब आप क्या कहते हैं? क्या आपके पास कोई गणक, कोई हिसाब लगाकर बता सकने वाला है जो हिसाब लगाकर बता सके कि गंगा में इतने सौ, इतने हजार वा इतने लाख बालू के कण हैं?"

१९. "नहीं।"

२०. "तो कोई ऐसा गणक है, जो ऐसा हिसाब लगाकर बता सकने वाला है जो यह बता सके कि समुद्र में इतना जल है, इतने सौ (गैलन) है, इतने हजार (गैलन) हैं या इतने लाख (गैलन) है?"

२१. "नहीं।"

२२. "तो यह कैसे है?"

२३. "समुद्र असीम है, बहुत गहरा है इसके तल तक नहीं पहुंचा जा सकता।"

२४. "इसी प्रकार महाराज! यदि कोई तथागत के रूप से तथागत को मापना चाहे, तो तथागत का वह रूप परित्यक्त है, वह जड़मूल से कट चुका है, वह कटे ताड़-वृक्ष की तरह हो गया है, वह अभाव प्राप्त हो गया है और अब उसकी पुनरुत्पत्ति की सम्भावना नहीं रही है। महाराज! तथागत के रूप में तथागत की तह तक नहीं पहुंचा जा सकता। तथागत गम्भीर हैं, तथागत असीम हैं और तथागत की तह तक नहीं पहुंचा जा सकता, ठीक वैसे ही जैसे समुद्र की। इसीलिये यह भी नहीं कहा जा सकता कि 'तथागत मरणानन्तर रहते हैं।' यह भी नहीं कहा जा सकता कि 'तथागत मरणानन्तर नहीं रहते।' यह भी नहीं कहा जा सकता कि 'तथागत रहते भी हैं और नहीं भी रहते' और यह भी नहीं कहा जा सकता कि 'तथागत नहीं रहते हैं और नहीं नहीं भी रहते हैं।' "[61]

डा. अम्बेडकर लिखते हैं कि अब एक और अवसर पर राजा प्रसेनजित तथागत के दर्शनार्थ गया। उसने तथागत से भी अपने वे ही प्रश्न पूछे। प्रश्नोत्तर इस प्रकार है :

"२९. "भगवान्! कृपया बतायें कि क्या तथागत मरणानन्तर रहते हैं?"

३०. "महाराज! मैंने इस बात को अव्यक्त रखा है।"

३१. "भगवान्! तो क्या तथागत मरणानन्तर नहीं रहते हैं।"

३२. "महाराज! यह भी मैंने अव्यक्त रखा है।"

---

61 वही, पृ. 215

३३. तब राजा ने ऐसे ही दूसरे प्रश्न पूछे और सभी का ऐसा ही उत्तर मिला।

३४. "भगवान्! यह कैसे है, जब मैं पूछता हूँ कि क्या तथागत मरणानन्तर रहते हैं, तो आपका उत्तर होता है कि यह बात तथागत द्वारा अव्याकृत है; और जब मैं यह पूछता हूँ कि क्या तथागत मरणानन्तर नहीं रहते तो भी आपका उत्तर है कि यह बात तथागत द्वारा अव्याकृत है। भगवान् कृपया यह बतायें कि क्या हेतु है, क्या कारण है कि यह बात भी तथागत ने अव्याकृत रखी है?"

३५. "तो महाराज! मैं आपसे प्रश्न पूछता हूँ, जैसा आपको ठीक लगे वैसा उत्तर देना। क्या आपके पास कोई गणक है...(सारा पूर्ववत्)?"

३६. "अद्भुत है गौतम! अद्भुत है सुगत! यह कितने बड़े आश्चर्य की बात है कि शास्ता और श्राविका के उत्तर में न अर्थ की दृष्टि से और न व्यञ्जन की दृष्टि से, कहीं कुछ भी अन्तर नहीं। एकदम समान उत्तर है, एकदम मेल खाता हुआ उत्तर है, उच्चतम बात के बारे में!" "[62]

राजा प्रसेनजित के लिए यह सब कुछ भले ही अद्भुत और आश्चर्यजनक हो पर हमारे लिए इस का यही अर्थ खुलता है कि बुद्ध को एक आदमी नहीं रहने दिया गया है, जो डा. अम्बेडकर अपनी पुस्तक में दावा कर के चले थे। उन्होंने बुद्ध के बारे में अपनी इसी पुस्तक में लिखा है–"उन (बुद्ध) का दावा इतना ही था कि वे भी बहुत से मनुष्यों में से एक हैं और उन का सन्देश एक आदमी द्वारा दूसरे को दिया गया सन्देश है।"[63] लेकिन ऊपर बिलकुल देखा जा सकता है कि खुद डा. अम्बेडकर ही बुद्ध को तथागत के रूप में आदमी नहीं रहने दे रहे हैं।

पुनर्जन्म के सम्बन्ध में यहाँ बाबा साहेब की महत्वपूर्ण लिखतों को जितना उद्धृत कर दिया जाए, विषय को समझने के लिए उतना अच्छा रहेगा। तब सन्देह पूरी तरह समाप्त हो जाएगा। उन की कुछ और लिखतें इस प्रकार हैं :

1. "यह कहने की बजाय कि पूर्वजन्म के 'कर्म' का संसरण होता है, हम यह कहें कि पूर्वजन्म का 'कर्म' वंश-परम्परा से प्राप्त होता है।"[64]
2. "ठीक इसी प्रकार यह नाम-रूप कार्य करता है–भले या बुरे–और

---

62. वही, पृ. 266 63. वही, पृ. 174

64. भगवान बुद्ध और उनका धर्म, लेखक, डा. भीमराव रामजी आम्बेडकर, अनुवादक, भदन्त आनंद कौसल्यायन, भारतीय बौद्ध शिक्षा परिषद, जेतवन महाविहार, श्रावस्ती, बलरामपुर, उत्तर प्रदेश, द्वितीय संस्करण, 1970, पृ. 269

उस कर्म से दूसरा नाम-रूप जन्म ग्रहण करता है। इसीलिए वह अपने कर्म के फल से मुक्त नहीं होता।''[65]

3. ''नागसेन! जब एक नाम-रूप से कार्य किए जाते हैं तो उन कार्य्यों का क्या होता है?''
''राजन! वे कर्म छाया की तरह पीछा करते रहेंगे।''[66]
4. ''जब तक जीवन-स्रोत का उच्छेद नहीं होता तब तक कृत कर्मों को बता सकना असम्भव है।''[67]

बाबा साहेब के इस सब कहने का क्या तात्पर्य है? इस से हमारे ज्ञान में कौन सी वृद्धि होती है? आत्मा की जगह नाम-रूप कह दिया—बस, इतना फर्क पड़ा है, बाकी कर्मों की अलझेड़ ज्यों की त्यों लगी रह गई। लाठी न कही, बाँस कह दिया—यह क्या कहना हुआ? 'संसरण' न कहा, 'पूर्वजन्म का कर्म' कह दिया—इतना ही हुआ है। हमारा पूछना है, यह पूर्वजन्म का कर्म पीठ पर बोझ के रूप में क्यों लदा रह गया? मरने पर आदमी कर्म के फल से मुक्त क्यों नहीं हुआ? मरने के बाद कर्म छाया की तरह किस का पीछा करते रहेंगे जब वह आदमी ही नहीं रहा? यदि कृत-कर्मों को बता सकना असंभव है तो यह बहस किस बात पर हो रही है? फिर इस में कौन सी 'ह्यूमन एजेन्सी' सक्रिय हो कर काम कर रही है जिसे वे ले कर चले थे?

डा. अम्बेडकर के बौद्ध चिन्तन में 'कर्म' का पूरा स्थान है। और तो और, उनके यहाँ शब्द 'कर्म-विपाक' भी पूरी तरह सुरक्षित है। 'कर्म' और 'कर्म-विपाक', उन के यहाँ भी, हमारी दुनिया के शब्द नहीं हैं। यह उन की अलग धार्मिक दुनिया है जो हमारी लौकिक पकड़ से बाहर हो जाती है। उन्होंने कर्म और कर्म-विपाक के बारे में लिखा है :

''20. ''विश्व का नैतिक नियम अच्छा हो सकता है अथवा बुरा भी, लेकिन भगवान के अनुसार नैतिक नियम आदमी पर निर्भर करता है और किसी अन्य पर नहीं।''
21. 'कर्म' का अर्थ है मनुष्य द्वारा किया जाने वाला कार्य (कर्म) और 'विपाक' तो उसका परिणाम है। यदि नैतिक क्रम बुरा है तो इसका अर्थ है कि आदमी बुरा (अकुशल) कर्म करता है; यदि नैतिक क्रम अच्छा है तो इसका अर्थ है कि आदमी अच्छा (कुशल) कर्म करता है।
22. बुद्ध ने केवल कर्म की बात करके ही संतोष नहीं कर लिया। उन्होंने कर्म नियम की भी बात कही है......... जो कर्म सिद्धांत का ही दूसरा नाम है।
23. कर्म के नियम की बात से बुद्ध का अभिप्राय था कि कर्म का फल उसी

---

65. वही, पृ. 271
66. वही, पृ. 271
67. वही, पृ. 272

प्रकार उसका पीछा करता है जैसे दिन का पीछा रात करती है। यह एक नियम अथवा सिद्धांत की तरह है।

....

26. यह हो सकता है कि किए गए कर्म और उससे होने वाले विपाक (फल) के बीच कुछ अंतराल हो जाए। बहुधा ऐसा होता है।
27. इस दृष्टि से कर्म के कई विभाग हैं। जैसे–दिट्ठधम्मवेदनीय कर्म (तुरंत फल देने वाला कर्म), उपपज्जवेदनीय कर्म (कुछ समय बाद फल देने वाला कर्म), अपरापरियवेदनीय कर्म (अनिश्चित समय पर फल देने वाला कर्म)।
28. कर्म कभी-कभी 'अहोसि-कर्म' की श्रेणी में भी आ सकते हैं, अर्थात ऐसा कर्म जिसका कुछ विपाक ही न हो। इस 'अहोसि कर्म' के अंतर्गत वे सब कर्म आते हैं जो या तो इतने दुर्बल होते हैं कि वे प्रभावी नहीं होते अर्थात उनका कोई 'विपाक' नहीं होता, अथवा जो अन्य सबल कर्म द्वारा उस समय प्रभावहीन कर दिए जाते हैं, जब उनका फल होने वाला होता है।
29. इन सब बातों के लिए थोड़ी गुंजाइश भी मान ली जाए, तो भी भगवान बुद्ध की इस देशना के दावे को ये कम नहीं करते हैं कि कर्म का नियम अटल है और लागू होकर ही रहता है।
30. कर्म के सिद्धांत का अनिवार्य तौर पर यह अर्थ नहीं कि करने वाले को ही कर्म का रूप भुगतना पड़ता है और इससे अधिक इसके विषय में कुछ और नहीं सोचा जा सकता। ऐसा समझना गलत है। कभी कभी करने वाले की अपेक्षा दूसरे पर ही कर्म का प्रभाव पड़ता है। लेकिन यह सब कर्म का नियम ही है, क्योंकि यह या तो नैतिक क्रम को प्रोत्साहित करता है अथवा उसे अस्त-व्यस्त कर देता है।
31. व्यक्ति आते रहते हैं, व्यक्ति जाते रहते हैं। लेकिन विश्व का नैतिक क्रम बना रहता है और उसके साथ वह कर्म-नियम भी जो इसे बनाए रखता है।
32. यही कारण है कि बुद्ध के धम्म में नैतिकता को वही स्थान प्राप्त है, जो अन्य धर्मों में 'ईश्वर' को है।

....

36. 'कर्म-नियम' का सम्बंध केवल विश्व के नैतिक क्रम के प्रश्न से जुड़ा है। इसका व्यक्ति के भाग्यशाली होने अथवा अभाग्यशाली होने से कोई सम्बंध नहीं है।
37. इसका सरोकार केवल विश्व के नैतिक क्रम के बने रहने से है।

38. इसी कारण से 'कर्म-नियम' धम्म का एक (महत्त्वपूर्ण) अंग है।''[68]

यूँ, 'पुनर्भव' को 'कर्म' और 'कर्म-विपाक' से जोड़ने से बौद्ध दर्शन की शृंखला पूरी हो जाती है। डा. अम्बेडकर इन शब्दों का इस्तेमाल करते ही रहते हैं। मेरा कहना है कि मुझे ये शब्द नहीं चाहिए। मैं विश्व की सृष्टि को और भारत की संसद को रैदास, कबीर और गोसाल की भाषा में समझना चाहता हूँ। मैं 'सयुंक्त राष्ट्र संघ' के कार्य-कलापों को अपने ढंग से जानना चाहता हूँ, पुनर्भव, कर्म और कर्म-विपाक के बौद्ध शब्दों से नहीं।

हमारे धार्मिक और दार्शनिक पितामह मक्खलि गोसाल हैं। ये हमारे आदिगुरु हैं। उन्होंने आजीवक धर्म की नींव डाली थी। यह अच्छा हुआ कि बाबा साहेब ने उन के चिन्तन पर अपनी राय दी है। इस में हमें मतलब नहीं कि यहां भी उन पर बौद्ध रंग चढ़ा हुआ था। जो भी हो, मक्खलि गोसाल पर वे अपनी इसी पुस्तक में पांच बार बोले हैं लेकिन महत्व की दृष्टि से यहां उनके दो बार के लिखे गए शब्दों को ही उद्धृत करना उचित रहेगा। उन के इन शब्दों के हिन्दी में अनुवाद किए गए हैं लेकिन सन्देह को परे रखने के लिए उन के अंग्रेजी के शब्द ज्यों के त्यों दिए जा रहे हैं, जो इस प्रकार हैं :

> 3. Another school of thought was known as *Niyativada.* Its chief propounder was *Makhali Ghosal.* His doctrine was a kind of fatalism or determinism. He taught that no one can do anything or undo anything. Things happen. No one can make them happen. No one can remove unhappiness, increase it or diminish it. One must undergo one's share of the experiences of the world.[69]

> ३. एक दूसरी विचार-धारा का नाम था नियति-वाद। इसके मुख्य उपदेशक का नाम था मक्खली गोसाल। उसका मत एक प्रकार 'पूर्व निश्चयवाद' था। उसका मत था कि न कोई कुछ कर सकता है और न होने से रोक ही सकता है। घटनायें घटती हैं। कोई स्वेच्छा से उन घटनाओं को घटा नहीं सकता है। न कोई दुःख को दूर कर सकता है और न कोई उसे घटा-बढ़ा सकता है। आदमी पर, संसार

68. भगवान बुद्ध और उनका धम्म, लेखक, डा. बी.आर. आंबेडकर, अनुवादक, डा. भदन्त आनंद कौसल्यायन, सम्पादक, आचार्य जुगल किशोर बौद्ध, संकल्पना एवं साज-सज्जा, बौद्धाचार्य शान्ति स्वरूप बौद्ध, सम्यक प्रकाशन, 32/3, पश्चिमपुरी, नई दिल्ली-110 063, नवम संस्करण, 2009, पृ. 249-50

69. Dr. Babasaheb Ambedkar : Writings and Speeches, Volume 11 : The Buddha and His Dhamma, The Education Department, Government of Maharashtra, Mumbai-400 032, 1st Edition, October 1922, p. 97

में जो कुछ बीतने को हो, वह बीत कर रहता है।[70]

3. Makhali Goshal admitted that an event must have a cause. But he preached that the cause is not to be found in human agency but is to be sought in nature, necessity, inherent laws of things, predestionation or the like.[71]

3. मक्खली गोसाल मानता था कि हर घटना का कारण होना चाहिये। लेकिन वह प्रचार करता था कि कारण आदमी की शक्ति से बाहर किसी 'प्रकृति', किसी अनिवार्य आवश्यकता', किसी 'अनुत्पन्न नियम' अथवा किसी 'भाग्य' में ही खोजना चाहिये।[72]

यहां बाबा साहेब ने मक्खलि गोसाल के मत को ठीक ही नियतिवाद कहा है। इस में नियतिवाद के नाम से मक्खलि गोसाल का यह कहना बिलकुल ठीक था कि अपना जन्म लेने के बारे में न कोई कुछ कर सकता है और न उसे होने से रोक ही सकता है। जन्म की घटना होती है—कोई स्वेच्छा से उस घटना को घटा नहीं सकता। बाबा साहेब को मक्खलि गोसाल की नियति को ले कर यहीं तक सीमित रहना चाहिए था। आगे जो उन्होंने fatalism और determinisim की शब्दावली को प्रयोग किया है, वह ठीक नहीं है नियति को जन्म लेने की घटना से आगे बढ़ाना ही अनुचित है अन्यथा यह वृद्धि-प्राप्त दोष के तर्क से ग्रस्त हो जाती है। इस से आगे यह भी सही है कि मक्खलि गोसाल के अनुसार जन्म लेने की घटना का कारण होना चाहिए, लेकिन वह कारण मनुष्य के जानने की शक्ति से बाहर है। वह प्रकृति, आवश्यकता, वस्तुओं के आन्तरिक नियमों या इसी तरह की अन्य चीजों का हो सकता है। तब, गोसाल सही तो कह रहे हैं कि अपने जन्म लेने के मामले में कोई आदमी क्या कर लेगा। कौन मनुष्य अपना जन्म खुद ले रहा है? कौन अपने जन्म को बदल सकता है कि वह अमुक मां-बाप के घर जन्म न ले या अमुक मां-बाप के घर जन्म लेगा? कौन अपने जन्म को बीच में रोक देगा यह जान कर कि वह अकबर के घर में जन्म नहीं ले रहा है? फिर, मक्खलि गोसाल के यहां 'नियति' कोई बन्द अर्थ वाला शब्द नहीं है। इस के अर्थ खुल सकते हैं। ढाई हजार साल बाद यदि डा. अम्बेडकर ने कुछ नई खोज कर ली थी तो इस का उतना अर्थ वे खोल

70. भगवान बुद्ध और उन का धर्म, लेखक, डा. भीमराव रामजी आम्बेडकर, अनुवादक, भदन्त आनंद कौसल्यायन, भारतीय बौद्ध शिक्षा परिषद, जेतवन महाविहार, श्रावस्ती, बलरामपुर, उत्तर प्रदेश, द्वितीय संस्करण, 1970, पृ. 80

71 Dr. Babasaheb Ambedkar : Writings and Speeches, Volume 11 : The Buddha and His Dhamma, The Education Department, Government of Maharashtra, Mumbai-400 032, 1st Edition, October 1922, p. 249

72. भगवान बुद्ध और उन का धर्म, लेखक, डा. भीमराव रामजी आम्बेडकर, अनुवादक, भदन्त आनंद कौसल्यायन, भारतीय बौद्ध शिक्षा परिषद, जेतवन महाविहार, श्रावस्ती, बलरामपुर, उत्तर प्रदेश, द्वितीय संस्करण, 1970, पृ. 193

सकते थे। यह दार्शनिक शब्दावली की 'नियति' है, धार्मिक शब्दावली का 'ईश्वर' नहीं। यहां चिन्तन के विकास पर ताला नहीं लगा है।

अन्त में, निष्कर्ष में यही कहना है कि डा. अम्बेडकर भले यह कहते रहें कि सुमेध नाम के बोधिसत्व ने महामाया से स्वीकृति मांगी थी कि क्या तुम मेरी माता बनाना स्वीकार करोगी, लेकिन चिकित्सा विज्ञान के प्रोफेसर एस एम बोस ने अपनी पुस्तक 'कैंसर' में यही उद्धृत किया है कि you cannot choose your parents[73] (आप अपने माता-पिता का चुनाव नहीं कर सकते)।

73 Cancer, S M Bose, National Book Trust, India, Nehru Bhawan, 5 Institutional Area, Phase-II, Vasant Kung, New Delhi-110 070, Reprint, 2013, p. 8

अध्याय-3

कबीर को हरामजादा कहने की गाली

I

कबीर पर प्रो. कैलाश नारायण तिवारी का उपन्यास 'विरले दोस्त कबीर के' आया है। यह मुझे समर्पित किया गया है। समर्पण के शब्द इस प्रकार हैं :

"खसम खुशी क्यों होय?
इसलिए, कबीरा रोय"
दलित-चेतना के संवेदनशील-लेखक
डा. धर्मवीर को सादर[1]

इस से आगे बताया जा सकता है कि इस पुस्तक पर अंकिता चौहान की एक समीक्षा छपी है। इस समीक्षा में एक जगह लिखा है–"...इस पुस्तक में कबीर अपनी साधना बल के माध्यम से देवलोक में बैठी अपनी मां नीमा से वार्तालाप करते हैं। उपन्यासकार कल्पना की छूट लेते हुए इस वार्तालाप में मानवीय संवदेना के उस छोर तक पहुंचने की कोशिश करता है, जहां तक अभी तक कोई अन्य नहीं पहुंच सका।"[2]

इस पर क्या कहा जाए? कहा यह जाए कि कबीर किसी देवलोक को नहीं मानते। स्वर्ग-नरक से उन का कोई वास्ता नहीं है। वे कहते ही हैं–'बातन-ही बैकुंठ बखानै।' उन्होंने माना है कि 'अनजाने को सरग नरक हैं।' उन्होंने लोगों को समझाया है–'स्वर्ग नरक नहिं जाही।' तब, कबीर की 'ज्ञान की आंधी' के सामने उपन्यासकार की यह कल्पना की छूट किस काम की? इन से पहले कबीर पर एक उपन्यास 'लोई का ताना (संत कबीर की जीवनी पर आधारित उपन्यास)' रांगेय राघव ने भी लिखा था। उस में भी प्रक्षिप्त भरे पड़े हैं।

प्रो. कैलाश नारायण तिवारी का यह उपन्यास पढ़ने पर पता चलता है कि इस में सचमुच देवलोक विराजमान है। देवकुल में इन्द्रदेव है, ब्रह्मदेव है, विष्णु है, नारद है। ऋषि भी हैं जिन में गर्ग और गौतम के वार्तालाप हो रहे हैं। साथ में, याज्ञवल्क्य, मार्तण्ड

1. विरले दोस्त कबीर के, कैलाश नारायण तिवारी, राष्ट्रीय पुस्तक न्यास, भारत, नेहरू भवन, 5, इंस्टीट्यूशनल ऐरिया, फेज-II, वसंत कुंज नई दिल्ली-110 070, पहला संस्करण, 2015 पृ. iv
2. 'कहो कबीर..... बार-बार समय के पार कैसे', अमर उजाला, मेरठ संस्करण, 6 दिसम्बर, 2015, पृ. 11

और शांडिल्य भी हैं।

उपन्यास में झूठ की एक और कूंची चला दी कि कबीर पुनर्जन्म में विश्वास करते हैं। प्रो. तिवारी ने लिखा है–''कबीरदास देवलोक से ही पुकार उठे–''मां! तुम्हारे प्यार की कीमत चुकाना असंभव है। असंभव! शायद दूसरे-तीसरे जन्म में भी नहीं, या किसी भी जन्म में नहीं।......'' ''[3] इन्हें कैसे समझाएं कि कबीर किसी पुनर्जन्म को नहीं मानते? कबीर के दर्शन में दूसरे-तीसरे और कितने भी जन्म नहीं होते। उन के अनुसार केवल एक जन्म होता है। इस एक जन्म के अलावा अगले-पिछले कोई जन्म नहीं होते। कबीर की वाणी में 'बहुरि नहिं आवना' का महावाक्य गूंज रहा है। वे कहते हैं–'एक जन्म के कारनै, कत पूजो देव सहसौ रे?'

बताने की आवश्यकता है कि कबीर को ब्राह्मणों ने सब से बड़ी गाली यह दी है कि उन्हें हरामजादा कहा है–और हरामजादा भी सिंगल नहीं बल्कि डबल हरामजादा कहा है। इकहरे हरामजादे में उन के पिता नीरू को नामर्द कहा है और उन्हें दोहरे हरामजादे बनाते हुए उन की मां नीमा को बांझ कहा है। वे पिता और मां, दोनों ओर से, हरामजादे कहे गए हैं। उन्हें एक ब्राह्मण से पैदा किसी विधवा ब्राह्मणी की तालाब के पास फेंकी गई नाजायज औलाद कहा गया है। यह किसी व्यक्ति के प्रति कितनी बड़ी गाली है–संसार की सब से बड़ी गाली है, क्योंकि उस के वजूद पर हमला है, उस की पैदाइश पर हमला है। तब क्या किया जाए? कहां से मदद ली जाए इस अफवाह को खत्म करने के लिए? कबीर की वाणी ही इसे और इस तरह की अन्य अफवाहों को, खत्म कर सकती है। यहां उस के कुछ अंश एकत्रित किए जा सकते हैं जो इस प्रकार हैं :

1. बाम्मण ही सब कीन्हीं चोरी। बाम्मण ही को लागल खोरी।।
2. बाम्मण कीन्ह कवन को काजा?
3. पाण्डे, कौन कुमति तोहि लागी?
4. पाण्डे, न करसि बाद बिबादं।
5. पण्डित, वाद बदन्ते झूठा।
6. पाण्डे, बूझ पियो तुम पानी।
7. जे तू बाम्मण बमणी जाया, आन बाट हो काहे न आया?
8. कबीर बाम्मण की कथा, सौ चोरों की नाव।
9. बाम्मण गदहा जगत का, तीरथ लादा जाय।
10. बाम्मण ते गदहा भला, आन देव ते कुत्ता।

अब, क्या इस वाणी को पढ़ कर यह एक क्षण के लिए भी सोचा जा सकता है कि कबीर किसी ब्राह्मण पिता और ब्राह्मणी माता की औलाद थे, खास कर कबीर की इस वाणी पर ध्यान दे कर–जे तू बाम्मण बमणी जाया, आन बाट हो काहे न आया?' जो

3. वही, पृ. 3

कबीर खुद को लगातार, बार-बार और हर बार यह कह रहे हैं कि मैं जुलाहा हूं, उन के बारे में यह झूठ लिखना कहां तक उचित है और किस जगत की सभ्यता है कि कबीर ब्राह्मण थे?

अब, खासमखास, प्रो. कैलाश नारायण तिवारी के उपन्यास को देखा जाए कि इन्होंने इस बारे में क्या लिखा है। इन्होंने उपन्यास के पहले, दूसरे और तीसरे पृष्ठ पर लिखा है :

1. कबीर का मन मध्यकालीन-इतिहास की दार्शनिक और सामाजिक धारा में डूबा हुआ था। सहसा उन्हें याद आया लहरतारा वाले तालाब के किनारे जिस बालक को देखकर नीरू की आंखों में आंसू छलक पड़े थे, नीमा के स्तनों में दूध उतर आया था, आखिर वह बालक तो मैं ही था।[4]
2. ओह! आज भी भारतवासी मुझे वैसे ही नहीं समझ पाए हैं, जैसे पिता भी शुरू में नहीं समझ पाए थे। भला समझते भी कैसे? मर्द थे ना! मां का हृदय तो उनको मिला नहीं था। फिर एक पुत्रहीन मां की पीड़ा कैसे समझते? इसीलिए तो मां को उन्होंने डांट दिया था। मेरी हंसी उड़ाते हुए कहा था—"मत उठाओ इस बालक को। न जाने किस करमजली का पैदा किया हुआ है। जिसके जाति, धर्म, कुल, गोत्र का पता नहीं, उसे पालने-पोसने से लोग क्या कहेंगे? यही न कि न जाने किसका जना उठाकर अपना बता रहे हैं। इससे तो अच्छा है नीमा! हम लोग निःसंतान ही रहें।"[5]
3. ज्यों ही वह मुझे उठाने के लिए झुकी, त्यों ही पिता ने डांटा : अरे! इसे यहीं पड़े रहने दो। मैं कहता हूं नीमा! इसे हाथ मत लगाओ। यह बालक भाग्यहीन नहीं होता तो इस तरह अकेले क्यों छोड़ दिया जाता? आओ घर चलें। हम निःसंतान रहकर ही जीवन जी लेंगे। कम-से-कम लोगों का ताना तो नहीं सुनना पड़ेगा।[6]
4. अभी मेरी नाभि नाल भी तो नहीं कटी थी। रिस-रिस कर ढोंढ़ी से खून टपक रहा था, और होने वाले मेरे मां-बाप, बस चुपचाप खड़े सोच रहे थे। शायद निर्णय नहीं ले पा रहे थे कि उठाएं या ऐसे ही मुझे पड़े रहने दें। इधर मैं देख रहा था कि मां आस-भरी नजरों से मुझे देख रही थी। मानो गोद में लेने के लिए लालायित थी। पर पिता का हठ देखकर सहम गई थी। और मैं एकटक उन दोनों को

---

4. विरले दोस्त कबीर के, कैलाश नारायण तिवारी, राष्ट्रीय पुस्तक न्यास, भारत, नेहरू भवन, 5, इंस्टीट्यूशनल ऐरिया, फेज-II, वसंत कुंज नई दिल्ली-110 070, पहला संस्करण, 2015 पृ. 1
5. वही, पृ. 1-2
6. वही, पृ. 2

देख रहा था। मानो पूछ रहा था—क्या सोच रहे हैं आप लोग? यही न कि मैं जाने किसका बेटा हूं। मुझे संसार में जीने का हक नहीं है।[7]

5. कहते हैं, "लहरतारा के उस एकान्त तालाब के किनारे पड़े शिशु का चेहरा एक अज्ञात आभा से दमक रहा था। उस समय ऊहापोह में फंसा नीरू झल्ला रहा था तो नीमा उस बालक को गोद में लेने के लिए अधीर थी।[8]

6. बालक के दीप्तिमय चेहरे को देखकर दोनों के मन में तरह-तरह के सवाल उठ रहे थे। सोचने की शक्ति काम नहीं कर रही थी कि इस बालक का क्या करें। तभी नीमा के अन्तस् में स्नेह का ऐसा बादल उमड़ा कि वह छटपटाते हुए बालक की ओर लपकी। उसे प्रतीत हुआ मानों उसके स्तनों में दूध उतर आया हो। वह बालक को ऐसे देख रही थी जैसे उसी ने जना है। उसी के अंग का अंग है, वह बालक। बिना नीरू की परवाह किए वह उस बालक को गोद में उठाकर अपना संचित मातृत्व बहाते हुए उसे चूमने लगे।[9]

कोई सन्देह न रह जाए इसलिए अगले एक पेज पर यह भी लिख दिया कि 'वे (कबीर) निम्नवर्गीय-मुस्लिम कुल में पले-बढ़े थे'[10] अर्थात मुसलमान नीरू और उन की पत्नी मुसलमानी नीमा के घर जन्मे नहीं थे।

II

प्रो. कैलाश नारायण तिवारी का कबीर के जीवन पर लिखा गया यह उपन्यास 'कहते हैं,' के जुमले पर लिखा गया है। 'कहा जाता है'—यह क्या होता है? उपन्यास साहित्य की एक महत्वपूर्ण विधा है पर इसे महापुरुषों के जीवन पर तो लागू न किया जाए। किसी अबलू-बबलू पर उपन्यास लिख देते तो शिकायत की गुंजाइश नहीं थी, पर ये कबीर के जीवन को कलंकित कर रहे हैं। इस में इन्होंने 'कहते हैं' और 'कहा जाता है' के जुमलों को 18 बार से ज्यादा प्रयोग किया है। क्या इन 'कहते हैं' और 'कहा जाता है' के जुमलों के बहाने से इन के द्वारा किसी के बारे में कुछ भी कह दिया जाएगा? क्या इन जुमलों पर किसी रोक की जरूरत नहीं है? स्वयं उपन्यासकार लिखते हैं—"कबीर के जीवन-संघर्ष के बारे में इतिहास तो चुप दिखायी देता ही है, तत्कालीन साहित्य में भी इस विषय पर कोई स्पष्ट राय नहीं दिखायी देती।"[11] तब ऐसा-वैसा क्यों लिखते हो? इस के लिए कौन जिम्मेदार है कि इतिहास या तत्कालीन साहित्य में कबीर के जीवन-संघर्ष के बारे में कुछ नहीं मिलता? पढ़ा-लिखा होने का दम्भ कौन पाले हुए है? दस्तावेज लिखने की जिम्मेदारी किस की थी? सच यह है कि जो सही दस्तावेज तैयार

---

7. वही, पृ. 2
8. वही, पृ. 2
9. वही, पृ. 3
10. वही, पृ. 11
11. वही, पृ. 4

होते हैं, उन्हें भी मिटाने की आदत यहां के तथाकथित पढ़े-लिखे वर्ग की है।

अपने रामानंद को हमारे कबीर का गुरु बताने में भी उपन्यासकार ने इसी पद्धति को अपनाया है। ये लिखते हैं :

1. कहते हैं महात्मा 'रामानन्द' ने जब पहली बार कबीर की आंखों में झांका था तो वे स्वयं तन्मय हो गए थे। एकदम स्वयं को ही उनमें डूबे हुए पाए। उन्हें कबीर के अंदर एक अलग ही 'सतगुरु' बैठा दिखायी दिया था।[12]
2. कबीर में दृढ़ता, संयम, समर्पण और विवेक का अद्भुत सामंजस्य रामानंदाचार्य को दिखायी दे रहा था। वे कुछ निर्णय सुनाते, कबीर की परीक्षा लेतें, इसके पहले ही कबीर ने प्रश्नों की झड़ी लगा दी थी–"आचार्यवर! आप चुप क्यों हैं? बोलते क्यों नहीं? क्या आपके पास कोई ऐसा 'बीज-मंत्र' है, जिसके जपने से, जिसके मनन से, जिसके चिंतन से मोक्ष की ध्वनि निकलती हो? जिसकी साधना से निर्वाण का रास्ता खुल जाता हो? बताइए न गुरुदेव! आप चुप क्यों हैं?[13]
3. इसे साधना का खेल कहिए या विधाता की देन या इतिहास को नया मोड़ देनेवाली समय की चुनौतियां। आज रामानन्द स्वयं चकित और निष्प्रभ थे। योग-विद्या के बल पर कबीर के बारे में पूरी जानकारियां लेने के बाद वे खुद से बातें कर रहे थे–"अरे! इस व्यक्ति में मैं जो कुछ देख रहा हूं, क्या वह सत्य है? आखिर विधि का विधान मुझसे क्या चाहता है? इसे मेरे ही यहां क्यों भेजा? इस काशी में तो दर्जनों पंडित हैं। सैकड़ों महात्मा, योगी, फकीर गली-गली में घूमते हैं। फिर यह साधक मेरे पास ही क्यों आया? मुझसे ही क्यों मिला? जो मैं इसके अंदर देख रहा हूं, यदि वही सत्य है, और इसे भी उसी की तलाश है तो फिर हिचकिचाहट क्यों? मैं तो केवल इसको रास्ताभर दिखा पाऊंगा। बाकी तो अंत तक यह स्वयं पहुंच जाएगा। यह स्वयं तो पहुंचेगा ही, औरों को भी सत् का मार्ग बताएगा। पर इसकी जाति का क्या करें? धर्म का क्या करें? कुछ भी तो नहीं। यदि जाति-पांति, छुआछूत मैं मानता तो स्वयं अपने गुरु भाइयों से अलग होकर नया पंथ ही क्यों बनाता?[14]
4. अगले दिन ज्ञानपिपासु कबीर भोर में गंगा के तट पर पुनः लेट गए थे। उन्होंने ठान लिया था–आज 'सतगुरु' की तलाश की

12. वही, पृ. 74

13. वही, पृ. 74

14. वही, पृ. 75

अभिलाषा पूरी करके ही लौटूंगा।[15]

आगे ऐसा प्लाट तैयार किया है जैसे प्रो. कैलाश नारायण तिवारी वहां खड़े हो कर सब कुछ देख रहे थे। भ्रम की कोई गुंजाइश नहीं छोड़ी, सीधे बनावटी कहानी कहने बैठ गए। क्या ऐसे लेखन को साहित्यिक सृजन कह सकते हैं जिस में ये लिखते हैं :

> कबीर ऐसा सोच ही रहे थे तभी संसार के इतिहास में एक ऐसी घटना घट गई जिसपर सारा संसार आज भी गर्व करता है। वह घटना थी महात्मा के पैर का कबीर के शरीर से दूसरे दिन भी टकराना। अचानक कबीर को गुरु-मंत्र मिला—"राम-राम कह!"
>
> पैर तले दबी हुई काया से आवाज आयी—दशरथ सुत राम या ....
>
> नहीं रे! जो सबमें रमता है। तृण-तृण में बसता है, जो स्वयं तेरे में है, मेरे में है। जो हर जीव में है। उसे ही रट। उसी का स्मरण कर। वह सर्वत्र है, और सर्वज्ञ है।"
>
> कबीर ने अचकचाते हुए पूछा—"गुरुदेव! यह तो निर्गुण-पंथ का मंत्र है। और आप तो सगुण ......"
>
> गुरु ने समझाते हुए कहा—"अरे भाई! तू पंथ का भेद मत कर। सगुण, निर्गुण के मतभेद में न फंस। सगुण में निर्गुण और निर्गुण में सगुण का रूप देख। तेरा भ्रम दूर हो जाएगा।"
>
> कहते हैं कबीर उस दिन सीधे घर लौट आए थे। लेकिन उनके मन, मस्तिष्क में अभी भी सगुण को लेकर भ्रम बना हुआ था। अपनी जिज्ञासा शांत करने के लिये वे अगले दिन फिर पंचगंगा घाट पर जा पहुंचे। शुरू में रामानन्द उन्हें अपलक निहारते रहे। मुस्कुराते रहे। फिर धीरे से कहा—"अभी शांति नहीं मिली। अच्छा बता! क्या पूछना चाहता है?"[16]

कल्पना की उड़ानी है, जो चाहे सो लिख दो। कबीर को, जो इतिहास पुरुष हैं, उन्हें पुराण पुरुष बना रहे हैं। पुराण लिखने का जमाना चुक गया तो उन्हें 'उपन्यास पुरुष' बना रहे हैं। बिलकुल इतिहास पुरुष कबीर के साथ अन्याय कर रहे हैं जब लिख रहे हैं :

> कबीर का मन अभी भी ऊहापोह में फंसा था। उन्हें दोनों पंथों में कुछ भेद नजर आ रहा था। 'अवतारवाद' और 'पुनर्जन्म' का सवाल उन्हें अब भी तंग कर रहा था। व्यथित स्वर में धीमे से बोले—"तो मुझे किस पंथ पर चलना है महात्मन्? यह तो बता दीजिए। बीच का पर्दा कैसे हटा पाऊंगा? यह भी तो समझा दीजिए।"

---

15. वही, पृ. 75-6
16. वही, पृ. 76

कबीर को उसी स्वर में सधा हुआ उत्तर मिला—"बता तो दिया। कोई भी पंथ चुन ले! लेकिन याद रखना। सगुण की अपेक्षा निर्गुण का पंथ थोड़ा कठिन है, जटिल है। इसमें रूप, रंग, आकार नहीं दिखता। केवल जगत् के द्रष्टा का अनुभव होता है। यहां छंद, लय, रस नहीं गूंजता। केवल अनहद-नाद सुनाई देता है।"

इतना कहकर रामानंद चुप हो गए। मानो कबीर के अगले प्रश्न का इंतजार कर रहे हों। उधर कबीर एक ही दिन में ज्ञान का सारा रहस्य जान लेना चाहते थे। लिहाज़ा बोल पड़े—"बस इतना ही गुरुदेव! या कुछ और! इसके आगे भी?"

रामानंद ने मुस्कुराते हुए कहा—"अरे! अभी तो बहुत कुछ बाकी है रे! साधना, योग, निर्गुण, सगुण—ये सारे शब्द सुनने में जितना सहज लगते हैं असल में उतने सहज हैं नहीं। क्योंकि इन शब्दों में तीनों लोकों का सत् छिपा हुआ है![17]

प्रो. कैलाश नारायण तिवारी के पुरखों ने मान रखा है कि रामानंद ने गुरु के रूप में कबीर को चेताया था। इन्होंने उस की व्याख्या कर दी है जब लिखा है—कबीर चाहते थे कि एक ही दिन में कई प्रश्नों का उत्तर गुरुदेव से पा लें। क्योंकि मन अभी भी अशांत था। 'जाननहारा' को बूझने की लालसा तीव्र थी। उनके मुख से दूसरा प्रश्न निकल ही रहा था, तभी रामानंद ने चेताया—"चुप रह। पहले मौन रह। फिर ध्यान लगाना सीख। इसके बाद सत् का मनन कर। तू चाहता है कि एक ही दिन में सम्पूर्ण जगत् का रहस्य समझ ले। इतनी आतुरता क्यों है रे! धीरज क्यों नहीं रखता? जा दोबारा आना। तब सत्, असत्, हद्, बेहद् की बातें होंगी।"[18] नाटक में सूत्रधार बन कर इसके बाद प्रो. तिवारी लिखते हैं :

अब कबीर के गुरु की तलाश पूरी हो चुकी थी। रामानंद ने उन्हें अपना शिष्य स्वीकार कर लिया था। मंजिल की राहें स्पष्ट होने लगी थीं। राम-नाम जपने के गुरु-मंत्र ने उन्हें एक नया जन्म दे दिया था। जो गुरु की दृष्टि में निर्गुण भी था और सगुण भी।

परंतु कबीर ने निर्गुण का ही मार्ग अपनाया। सगुण के चक्कर में वे नहीं फंसे।[19]

इस कल्पित कहानी में कुल क्या हुआ है? ब्राह्मण की समस्या को कबीर पर लाद दिया है। छुआछूत ब्राह्मण की उपज है, इसी में यह उलझा रहता है। कोई दबाव आता है तो इस के दोमुंहे में से एक मुंह कहने लगता है कि मैं छुआछूत नहीं मानता, जब दबाव

---

17. वही, पृ. 77 18. वही, पृ. 77-8 19. वही, पृ. 81

हटता है तो फिर दूसरे मुंह को खोल लेता है। राघवानंद और रामानंद इन के दो मुंहे ही सिद्‌ध होते हैं जब उपन्यासकार ने लिखा है–"ऐसा कहा जाता है कि कबीर के गुरु रामानंद ने भी बहुत पहले कबीर की ही भांति अपने गुरु 'राघवानंद' से अलग होकर अपना एक अलग पंथ बना लिया था। जिसमें सगुण उपासना-पद्धति पर अधिक जोर था। रामानंद जी छुआछूत और जाति-पांति पर विश्वास नहीं करते थे। वे निर्गुण उपासना के प्रति भी सहज भाव से अपनी भक्ति-भावना व्यक्त करते थे। परंतु कबीर ने कभी भी दो पंथों पर जोर नहीं दिया।"[20]

इन के चिन्तन में खोट यह है कि जाति-पांति तोड़ने में भी इन के मन में दूसरी जातियों के प्रति गालियां भरी रहती हैं। प्रो. कैलाश नारायण तिवारी से पहले के डा. हजारी प्रसाद द्विवेदी ने यही काम किया है। उन्होंने कबीर पर लिखी अपनी पुस्तक में लिखा है–"धन्य हैं वे (रामानंद) गुरु, वे सचमुच उस भ्रमरी के समान हैं जो निरन्तर ध्यान का अभ्यास करा कर कीट को भी भ्रमरी (तितली) बना देती है। कीड़ा भ्रमरी हो गया, नई पांखें फूट आईं, नया रंग छा गया, नई शक्ति स्फुरित हुई। उन्होंने जाति नहीं देखी कुल नहीं विचारा। अपने आप में मिला लिया। नाले का पानी गंगा में जा कर गंगा हो जाता है, कबीर भी गुरु में मिल कर तद्‌रूप हो गए।"[21] आखिर, आचार्य द्विवेदी ने कबीर की जाति को गाली देने में कोई कसर नहीं छोड़ी जब आगे लिखा है–"क्या हुआ जो वे (रामानंद) ब्राह्मण थे और कबीरदास जुलाहे, क्या हुआ जो वे काशी के 'आचार्य' थे और कबीर कमीनी जाति के 'बन्दे'? प्रेम दूरी नहीं जानता, भेद नहीं जानता, जाति नहीं मानता, कुछ नहीं देखता।"[22]

यहां डा. द्विवेदी ने कबीर की जाति को 'नाले का पानी' और 'कमीनी' कहा है? कैसे हिम्मत पड़ गई! एक पूरी जाति को गंगा के मुकाबले में 'नाले का पानी' और 'कमीनी' कह दिया! खुद को ब्राह्मण कह कर दूसरी जातियों की ऐसे बेइज्जती करेंगे? कबीर की जुलाहा जाति में क्या कमी है? वह कमा कर खाती है। कपड़ा बुनती है। उस काम में कारीगरी और कला का चमत्कार दिखाती है। द्विवेदी को पुरोहितगिरी में पहनने को जो कपड़े मिलते हैं वे जुलाहे के बुने हुए होते हैं। यदि समाज में कपड़ा बुनने वाले जुलाहे न हों तो द्विवेदी समेत उन का पूरा परिवार नंगा रह जाए। क्या ऐसे लेखकों के लेखन पर आजीवकों द्वारा प्रतिबंध नहीं लगाना चाहिए? आचार्य बनते हैं–ये आचार्य किस तरह के हैं जिन्हें दूसरी जातियों के बारे में लिखने का सहूर नहीं है? कहां से आए लिखने की तहजीब–इन का गरूर आसमान पर चढ़ा रहता है! किसी का डर नहीं, किसी का खौफ नहीं, घमण्ड के मारे धरती पर पैर ही नहीं टिकते।

---

20. वही, पृ. 82
21. कबीर, डा. हजारी प्रसाद द्विवेदी, हिन्दी ग्रन्थ रत्नाकर कार्यालय, बम्बई-4, तृतीय परिवर्द्धित संस्करण, जुलाई, 1950, पृ. 21
22. वही, पृ. 141

III

उपन्यासकार को इस बात से कोई सरोकार नहीं है कि कबीर और रामानंद के विचारों में कोई तालमेल बैठता है कि नहीं। इन्हें इस बारे में कोई काम नहीं करना है। इन्हें बस यह कहने की रट लगानी है कि कबीर के गुरु रामानंद थे। लिखते हैं—"इतिहास और साहित्य इस बात पर चुप है कि कबीरदास गुरु रामानंद के कितने करीब थे? गुरु की संगत में आने के बाद अपनी जिज्ञासाओं का या अपने प्रश्नों का निवारण वे किस सीमा तक कर पाए?"[23] यदि इस प्रश्न का उत्तर नहीं दे रहे हो तो आगे मत बढ़ो। इस महती काम को छोड़ कर उपन्यासकार आगे लिखते हैं :

> अब यह तो कबीर के परम ज्ञानी, परम प्रेमी विद्वान ही बता सकेंगे कि यह 'सतगुरु' कौन था? स्वयं रामानंद थे या और कोई? पर यह तो सच है कि सत्गुरु के प्रताप से, उसके कौशल से, उसके मन्त्रों से कबीर की दुविधाएं मिट चुकी थीं-
>
> सतगुरु के परताप से मिटि गए सब दुख दंद।
> कहै कबीर द्विधा मिटी, गुरु मिलाया रामानंद।।
>
> किंवदंतियां और कुछ साक्ष्य बताते हैं कि गुरु और शिष्य का साथ बहुत दिन तक नहीं चल सका था। हालांकि दोनों का लक्ष्य ईश्वर-भक्ति थी। जो बाह्याचार और वर्ण-व्यवस्था के विरोध के बिना अधूरी रहती। इसलिए दोनों ने मिलकर उसे बदलने का प्रयत्न किया। परंतु उपासना-पद्धति में दोनों के विचारों में अंतर था।
>
> गुरु रामानंद सगुण और निर्गुण दोनों में विश्वास करते थे, तो शिष्य केवल निर्गुण उपासना पर बल देता था। फिर भी गुरु के प्रति कबीर के मन में कभी भी अश्रद्धा का भाव नहीं दिखायी देता। वे गुरु रामानंद को परमात्म-रूप में स्वीकार किए हुए थे।[24]

प्रश्न यह है कि कबीर के जीवन के बारे में जहां इतिहासकार और साहित्यकार मौन हैं वहां ये उपन्यासकार क्या कर रहे हैं। इन्होंने अपनी टांग क्यों अड़ाई है जब यह तय नहीं किया है कि कबीर की रचना प्रक्षिप्त किस जगह है? ये लिखते हैं :

> ऐसा नहीं था कि कबीर करघे पर नहीं बैठते थे। सूत कातने में मन नहीं लगाते थे। सूत कातना और उसकी आय से घर-गृहस्थी चलाना उनकी मजबूरी थी, आदत और जरूरत भी। उन्होंने अपने इस जीवन को आध्यात्मिकता की कसौटी पर कैसे साधा, कैसे गृहस्थी का भार ढोते हुए भी साधना करते रहे, इस बात पर इतिहासकार, साहित्यकार सबके सब

---

23 वही, पृ. 81

24. वही, पृ. 81-2

मौन हैं। बस कबीर की कविता ही है, जो उनके जीवन-संघर्ष और आध्यात्मिकता पर प्रकाश डालती है। इसके अलावा जीवन की वे छोटी-मोटी घटनाएं हैं जो लोगों की स्मृति के सहारे परम्परा में रची-बसी हैं। या फिर इधर-उधर से आयी कुछ किंवदंतियां हैं जो परवर्ती दिनों के साहित्य में उल्लिखित होकर अनावश्यक भ्रम भी पैदा करती हैं।

> जो भी हो, मध्यकालीन इतिहासकारों, साहित्यकारों और धर्मशास्त्रियों को उम्मीद नहीं रही होगी कि यह संत उनकी दृष्टियों से भले ही ओझल कर दिया जाएगा तो क्या, लोगों के दिल और दिमाग से कभी बाहर नहीं जाएगा। क्योंकि इतिहास लिखने वालों से ज्यादा इतिहास बनाने वालों का महत्व होता है। कबीर इतिहास के निर्माता थे। इतिहास से टकराने वाले अपराजेय संत-योद्धा थे।
>
> क्या सन्, क्या तारीख? क्या जाति और क्या मजहब? क्या राजा और क्या फकीर? कबीर गर कहीं हैं तो इनसे दूर लोगों के दिलों, धड़कनों, आशाओं, आकांक्षाओं, आवाजों और अनुभूतियों में हैं।[25]

यदि सन् और तारीख की जरूरत नहीं है तो फिर कबीर की भी क्या जरूरत है? छोड़ो कबीर का पीछा? फिर रामानंद को कबीर के पीछे क्यों लगा रखा है? छोड़ो अपने रामानंद को भी। इतिहास के पटल से हटते हो तो फिर पुराण की भी क्या जरूरत है? यदि काल और दिन की गणना नहीं है तो विष्णु पुराण क्यों लिखते हो? विष्णु को ही छोड़ दो। पढ़े-लिखे क्यों बनते हो? मन्त्रों को क्यों रटते हो? जब सच को छोड़ते हो तो झूठ को भी छोड़ो। अलग हटो, कबीर पर बात करनी बन्द करो। यदि नीरू और नीमा कबीर के माता-पिता के रूप में जन्मदाता स्वीकार नहीं हैं तो कबीर पर एक बोल भी मत बोलो।

कुत्तों और बिल्लियों के पास कोई कलन्डर नहीं है। गधों और घोड़ों को सन् और तारीख की गणना करनी नहीं आती। भेड़ों और बकरियों के पास लिपि और व्याकरण नहीं है। मनुष्य उन से अलग ही इस रूप में हुआ है कि उस के पास कलन्डर है। यह कलन्डर उस ने हजारों साल की कठिन और लगातार मेहनत के बाद खुद तैयार किया है। इस कलन्डर को वह और अधिक विकसित करता जाएगा। इस कलन्डर के बिना वह अन्तरिक्ष में नहीं घूम सकेगा। सन् और तारीख के बिना यह कैसा ज्योतिष है जिस में अंधेरा ही अंधेरा अटा पड़ा है? ज्योतिष के नाम पर अंधेरे की वकालत क्यों की जाती है? यदि कबीर के बारे में सन् और तारीख याद रख ली जाती तो क्या नुकसान हो जाता? क्या सन् और तारीख याद रखने से दिलों, धड़कनों, आशाओं, आकांक्षाओं, आवाजों और अनुभूतियों का अकाल पड़ जाता? सन् और तारीख इन सब के विरोध में कैसे मान ली गई हैं?

---

25 वही, पृ. 121-22

ब्राह्मणों ने भारत के इतिहास से सन् और तारीख मिटा दिए हैं लेकिन सच में वे मिटते नहीं हैं। वे सन् और तारीख रोज घटित हो रहे हैं। हां, कबीर और रामानंद के बीच जो संभावित संवाद हो सकता है वह एक पुराना संवाद है, जो इस देश में लगातार चल रहा है। संवाद यह है कि 'रामानंद कबीर को जुलाहे जाति का होने के कारण नीच कहते हैं और कबीर रामानंद को ब्राह्मण जाति का होने के कारण घमण्डी कहते हैं। रामानंद कहते हैं–"तू जुलाहा है, तू नीच है।" कबीर कहते हैं–"तू घमण्डी है, तू बावन रूपी है।" रामानंद कहते हैं–"जुलाहे, तुझे नीच होने के कारण मोक्ष का अधिकार नहीं है, तू जा कर खड्डी पर कपड़े बुन।" कबीर कहते हैं–"बमने, तुझे घमण्डी होने के कारण कभी मुक्ति नहीं मिलेगी। तू दुनिया में लबड़-लबड़ करता फिरेगा, सब से लड़ता फिरेगा, तुझे शान्ति नहीं मिलेगी, तेरा जन्म अभिशप्त है।" रामाानंद पूछते हैं–"ऐ जुलाहे, तेरे पास किताब नाम की क्या चीज है? तू बक-बक करता फिरता है। तेरे पास प्रमाण क्या है? तेरी ओथोरिटी क्या है? तेरा शास्त्र कहां है?" कबीर जवाब देते हैं–"ऐ बमने, ऐसा गधे का बोझ तू ही ढो, यह तुझे ही मुबारक। किताबों के रटन्त तोते, तुझे ज्ञान-ध्यान का क्या पता?" रामानंद धिक्कारते हैं–"जुलाहे, तू नीच है।" कबीर कहते हैं–"बमने, तू मुझे नीच कहने वाला कौन होता है, मैं ईश्वर का बंदा हूं।" वास्तविकता यह है कि ब्राह्मण दलित को नीचे गिराता है। वह दलित का गुरु कभी नहीं हो सकता। गुरु का काम अपने शिष्य को ऊपर उठाने का होता है, जो अपने शिष्य को नीच कहे वह गुरु कैसा, वह दुश्मन है। फिर, ब्राह्मण रामानंद, जुलाहे कबीर को नीच इसलिए नहीं कहते कि कबीर जार या चोर हैं। कबीर किसी के अपराधी नहीं हैं। कबीर ने कोई गुनाह नहीं किया। समाज के रूप में कबीर एक आदर्श व्यक्ति हैं। उन्होंने किसी की हत्या नहीं की। रामानंद कबीर को नीच केवल इसलिए कहते हैं कि कबीर जुलाहे हैं। तभी कबीर रामानंद से कहते हैं–"ऐ घमण्डी ब्राह्मण, मनुष्य को नीच मत कह, मनुष्य का सम्मान करना सीख। हर मनुष्य में परमात्मा बसता है। हर मनुष्य परमात्मा है। तू परमात्मा की औलाद को नीचे गिराने वाला कौन होता है?" कबीर का रामानंद से पूछना है–"तू मुझे नीच कहने वाला कौन होता है? तुझे पूछता कौन है? तेरी मत क्यों मारी गई है? तुझे घमण्ड किस बात का है? तुझे दूसरों से बात करने की तहजीब कब आएगी? तेरे दिमाग में मनुष्य से घृणा के सिवाय भरा क्या है? तेरा आचार कैसे सुधरेगा? मनुष्यों से द्रोह करने वाले तुझे मोक्ष कैसे मिलेगा? तेरा मन की शक्ति पर अधिकार क्या है? 'चाकरी चोर निवाले हाजिर', तू कमा कर कब खाएगा? मुंह की लपालपी में क्या रखा है–यह मुंह-जोरी छोड़ और मुझ से बहस करने से पहले दो रोटी कमा कर खानी सीख। तेरी आज की शाम की रोटी का क्या होगा? वह तुझे कहां से मिलेगी? शादी कर, गृहस्थ बन और मेरी तरह बाल-बच्चे पाल कर दिखा। चोरी का धन्धा करने वाले, चोरी छोड़, गैरत रख, लोगों से माफी मांग, तू समाज का और परमात्मा का अपराधी है। भीख मांगनी छोड़। दी हुई मनुष्य की अपनी देह को इतनी नीचे न गिरा, इस का सम्मान कर। नाकारा न बन, कसाले का खा, हल की मूठ पर हाथ रख, औजार चला। खड्डी पर चढ़

या राम्पी हाथ में ले। बिसोला थाम, ईंट पकड़, कुछ तो कर, परजीवी।" "[26]

मैंने अपनी पुस्तक 'कबीर के आलोचक' में अच्छी तरह समझा दिया था कि 'कबीर के गुरु मक्खी और मच्छर हो सकते थे, कबीर के गुरु कुत्ते और बिल्ली हो सकते थे लेकिन रामानंद ब्राह्मण उन के गुरु कभी नहीं हो सकते थे।'[27] लेकिन क्या किया जाए, मेरे समय में मेरे साहित्य को प्रक्षिप्त किया जा रहा है? मेरी उक्त पुस्तक 1997 में प्रकाशित हुई थी लेकिन प्रो. कैलाश नारायण तिवारी ने 2015 में प्रकाशित अपनी पुस्तक 'विरले दोस्त कबीर के' मुझे समर्पित की है यह लिख कर कि कबीर के गुरु रामानंद थे। यह इतिहास की सच्चाई की आंखों में धूल झोंकना नहीं तो क्या है? यह पक्का सबूत है इस बात का कि तब कबीर के जीवन संघर्ष को कितनी किंवदंतियों से भरा गया है और उन की वाणी को कितना प्रक्षिप्त किया गया है

IV

भारत के ब्राह्मणों की सोच क्या है, यह इस उपन्यास में बता दी गई है। उपन्यास में कल्पित किया गया है कि देव लोक में कबीर के बारे में गर्ग ऋषि और गौतम का वार्तालाप चल रहा है। उस कल्पित वार्तालाप का एक अंश इस प्रकार है :

> इधर गर्ग का जवाब गौतम नहीं दे पा रहे थे। चुप थे। केवल गर्ग की बातें सुन रहे थे। जबकि गर्ग ऋषि लगातार बोले जा रहे थे, "अब तुम्हीं बताओ गौतम! क्या हम ऋषि-जनों की परम्परा इतनी रूढ़िग्रस्त, इतनी प्रगति विरोधी थी, जितनी कि कबीर मनुष्यों के बीच दावा करते थे। उसका दुष्प्रचार किया करते थे। समाज का ध्यान आखिर इन सब बातों पर क्यों नहीं जाता कि इनके समय में यदि ब्राह्मण अपने ब्राह्मणत्व पर अडिग नहीं रहा होता तो पूरे समाज ने धर्म-परिवर्तन कर लिया होता। वे तो ब्राह्मण ही थे, जिनके आगे बड़े-बड़े सत्तानसीनों, मौलवियों, मुल्लाओं की नहीं चली।"
>
> गर्ग की बातें सुनकर गौतम इस बार एकाएक हंस पड़े। मानों चुटकी लेते हुए बोले—"ऋषिवर! ये तो रामानंद जी के चेले रहे हैं, आखिर! वे भी तो ब्राह्मण थे। स्वयं पावन-ब्राह्मणों की संकुचित बुद्धि के मारे हुए, सताए हुए। इसीलिए तो रामानंद ने अपने लोगों का संग साथ छोड़कर अपना एक अलग ही सम्प्रदाय खड़ा कर लिया था। जिसमें कम से कम जाति-पांति का भेदभाव तो नहीं था। स्त्री पुरुष समान गति से उस

---

26. कबीर और रामानंद : किंवदंतियां, डा. धर्मवीर, वाणी प्रकाशन, 21-ए, दरियागंज, नई दिल्ली-110 002, प्रथम संस्करण, 2004, पृ. 51-2
27. कबीर के आलोचक, डा. धर्मवीर, वाणी प्रकाशन, 21-ए, दरियागंज, नई दिल्ली-110 002, पहला संस्करण, 1997, पृ. 96

सम्प्रदाय में दीक्षित होते थे। उन्हीं के ज्ञान-दान से कबीर भी उच्च-कोटि के भक्त बने।''

बात पूरी होने के पहले ही गर्ग ने टोक दिया–फिर भी ये ब्राह्मणों को गाली देने से नहीं चूके। सच कहूं तो महात्मन्! मुझे तो लगता है कि मानवलोक में कबीर का सामना केवल पोंगा-पंथी ब्राह्मणों से ही हुआ था। कर्मकाण्डी, शास्त्रोपजीवियों को ही असली ब्राह्मण मानकर चलने से इनकी भाषा कभी-कभी उग्र हो जाया करती थी।

''तुम ठीक कह रहे हो गर्ग'' गौतम ने तर्क दिया :–ब्राह्मणत्व क्या है? ब्राह्मण का स्वयं में अर्थ क्या होता है–ऐसे किसी पंडित से इनका सामना उस काल में पड़ा ही नहीं। कुछ अधकचरे लोगों द्वारा इधर-उधर की बातें सुनकर ये महोदय पूरी भारतीय चिन्तन परम्परा को ही नकारने लगे। जबकि सच यह है कि निरंजन, अवधूत, सहज, सतनाम जैसे नामों को छोड़कर इनकी सारी बातें वेदों और उपनिषदों में हम लोगों ने पहले ही लिख दी थी।[28]

अब ऐसा नहीं है कि यह गर्ग और गौतम के बीच की बात है। उपन्यासकार स्वयं लिख रहे हैं–''अपनी बातों को समझाने के लिए जो भजन कबीर उन दिनों शिष्यों को सुनाया करते थे उस का अर्थ वेद वेदान्तों की बातों से किसी भी तरह भिन्न नहीं था।''[29] कबीर के नाम से कबीर को झुठलाने का खेल खेलते हुए इन्होंने लिखा है–''मध्यकालीन इतिहास की यह दूसरी घटना थी, जहां शास्त्रों और वेद, उपनिषद् की गुत्थियां आज हिन्दी भाषा में सुलझायी जा रही थीं।''[30] आगे एक जगह ये इसी बात को घुमाकर लिखते हैं–''ब्राह्मण की अभिमान भरी बातें सुनकर कबीर को उस दिन जरा भी क्रोध नहीं आया.... बल्कि यह सोच कर हंसी ही आ रही थी कि ये लोग सदियों से ऐसी ही बातें कहकर वैदिक और औपनिषदिक-परम्परा के उदात्त-मूल्यों को धूमिल करते रहे हैं।''[31] और लो, 160 पृष्ठों के उपन्यास में 158वें पृष्ठ पर इन्होंने अपने लिखने का कुछ निचोड़ निकाला है–''शब्द और साधना, रूप और अरूप, वेद और उपनिषद सब एकाकार हो कर कबीर में रच-बस गए थे।''[32] इस एक वाक्य में कबीर की पूरी आजीवक परम्परा लुप्त और खत्म कर दी गई है। ये बिना अपने वेद और उपनिषद के नहीं रह सकते। किसी को अपनाते हैं तो इसी रूप में कि वह वेद और उपनिषद की परम्परा का रहा है।

इस मन्तव्य को एक दूसरे ब्राह्मण डा. हजारी प्रसाद द्विवेदी ने इन अपने इन शब्दों

28. विरले दोस्त कबीर के, कैलाश नारायण तिवारी, राष्ट्रीय पुस्तक न्यास, भारत, नेहरू भवन, 5, इन्स्टीट्यूशनल एरिया, फेज-II, वसंत कुंज, नई दिल्ली-110 070, पहला संस्करण, 2015, पृ. 153

29. वही, पृ. 20

30. वही, पृ. 95

31. वही, पृ. 103

32. वही, पृ. 158

में रखा है—"ज्ञान अनादि है। उसका प्रत्यक्ष दर्शन करने वालों की वाणियों का नाम वेद है। वेद अर्थात् ज्ञान। तपस्या और योगाभ्यास से ही ज्ञान को प्राप्त करने की सम्यग्दृष्टि प्राप्त होती है। हर युग में मनुष्य तपस्या द्वारा इसे प्राप्त कर सकता है। परंतु चूंकि ज्ञान अविभाज्य और एक है, इसलिए नवोपलब्ध ज्ञान को प्राचीनों द्वारा उपलब्ध ज्ञान से अविरुद्ध या समर्थित होना चाहिए। उच्छृंखल चिंतन ग्राह्य नहीं है। वेदविहित, श्रुतिसम्मत का अर्थ है—ज्ञान के एकत्व और अनादित्व के साथ सहमति और मनुष्य की धारावाहिक और पारंपरिक चिंतन के साथ सहमति। जो इस बात को मानता है, वह वेदविहित धर्म को स्वीकार करता है और निरंतर गतिशील सम्मानित महाजाति का अंग बन जाता है। वह ज्ञान की नवीन अभिव्यक्ति को मान देता है, परंतु उसको अनादि ज्ञान का नवोपलब्ध रूप ही समझता है। वह चिंतन को मर्यादित, संयमित और पवित्र करता है।"[33]

अब चाहे अपने इस मन्तव्य को साधने के लिए इन्हें उस व्यक्ति के संघर्ष और वाणी को किंवदंतियों और प्रक्षिप्तों से भरना पड़े, ये इस काम में नहीं हिचकिचाते। इसीलिए ये इतिहास और जीवनी लेखन के विरोधी रहे हैं।

33. भारतीय संस्कृति—परम्परा और समाजवादी भविष्य, हजारी प्रसाद द्विवेदी, उद्भावना, ए-21, झिलमिल इंडस्ट्रियल एरिया, जी.टी. रोड, शाहदरा, दिल्ली-110 095, जुलाई-अगस्त, 2009, पृ. 84

अध्याय-4

कबीर वाणी की भूमिका

I

कबीर पति, पत्नी और सन्तान के महाकवि और गायक हैं। जो लोग सेक्स को मार कर भिक्षु, मुनि और संन्यासी बनते हैं, कबीर उन को समाज के किसी मतलब का नहीं मानते। उनके यहां विवाह में सदाचार है, मंगलाचार है। यह सुहाग और पतिव्रता तथा पत्नीव्रत की अकथ कथा है जिस में प्रेम और विरह का सारा पसारा है। व्यभिचार की स्पष्ट मनाही है। जार पुरुष और जारिणी स्त्री के लिए परिवार में कोई स्थान नहीं है। वे नहीं चाहते कि समाज में वेश्यावृत्ति पनपे और वेश्यापुत्र जन्म लें। घर-कलह को निपटाते हैं—अर्थात मनुष्यों में समय पर आवश्यक निर्णय लेने की क्षमता पैदा करते हैं। किसी ने भूलवश घर छोड़ दिया है तो उसे वापिस घर बुलाते हैं। उन के लिए घर आकर्षणों का केन्द्र है। सती प्रथा का समर्थन नहीं करते और मानते हैं कि पति के मर जाने पर पत्नी पुनः घर-बासा कर सकती है।

कबीर ने कहा है कि यह मनुष्य के भले में है कि वह साहेब को अपने से बड़ा माने। कबीर ने उसे सोच-समझ कर पति कहा है और खुद को उस की पत्नी माना है। यह इधर से उस ओर जाना है, उधर से इस ओर आना नहीं। जिस रिश्ते को हम अच्छी तरह जानते हैं, यह उसी का विस्तार है। उन्होंने जीवन में पति-पत्नी के रिश्ते को सब से महत्वपूर्ण माना और साहेब के साथ इसी रिश्ते को आगे बढ़ाया है। लोक जीवन के इस रिश्ते में जिस खोट को दूर करने में हम लगे हुए हैं, उसे साहेब से बनाए रिश्ते में दूर किया हुआ माना है। यही एकनिष्ठा है—और यह एक तरफी नहीं बल्कि पति और पत्नी की दोनों तरफ से है।

II

कबीर की मान्यता है कि सब मनुष्य समान हैं। सभी कुदरत के बन्दे हैं। ब्राह्मण और शूद्र का भेद मानव विकास का नुकसान करता है। वे छुआछूत के बरतने पर कठोर हो कर बरसते हैं। यदि जाति ढूंढ़नी है तो सब की जाति साहेब है। आज की भाषा में कहा जाए तो कबीर ने एक तरह से अपना 'कबीर कमीशन' खड़ा कर रखा है। समाज के संचालन के लिए जितने आवश्यक पेशे हैं, वे उन सब से खुद को जोड़ते हैं। किसी पेशे को छोटा या बड़ा नहीं मानते।

III

कबीर समाज में अपराध के विरुद्ध दण्ड व्यवस्था कायम करना चाहते हैं। पंडित के किसी भी वाद को उन्होंने झूठा माना है। वे जानते हैं कि पंडित दूसरों को सीख देता है लेकिन खुद अंधविश्वास रचता रहता है। वे किसी ब्राह्मण को गुरु होने योग्य नहीं मानते। प्रमाण के मामले में आंखों देखी के सामने ब्राह्मणों के शास्त्रों पर निर्भर नहीं रहते और वे यह भी जानते हैं कि ये लोग उन का नाम ले कर अपने स्वार्थ साधते हैं।

IV

कहना यह है कि कोई मनुष्य अपनी भाषा से बाहर नहीं जा सकता। वह उस में योगदान कर सकता है, उसे विकसित कर सकता है—पर उसी वातावरण में रह कर। भाषा ठहरती भी नहीं है। किसी भी हालत में कबीर की भाषा कूप जल नहीं है। यह काम हमारा है कि हम कबीर की भाषा को इस रूप में समझें कि हमारे बाद भी उसका विकास होते रहना है।

यहां एक शब्द 'दास' को लिया जा सकता है। यह ऐसे ही है जैसे 'भारतीय' या 'अंग्रेज'। जब भारतीय लोग अंग्रेजों के गुलाम थे तो वे ब्रिटेन के भारतीय और विदेशी होटलों में कुत्तों से तुलनीय हो गए थे। गुलाम को भारतीय कहो या कुत्ता कहो—एक ही अर्थ हो गया था। लेकिन जब भारतीय लोग अंग्रेजों की गुलामी से मुक्त हो गए तो वे खुद को गर्व से भारतीय कहने लगे। इसी सन्दर्भ में समझा जा सकता है कि प्राचीन भारत में आर्य जाति और दास जाति में युद्ध हुआ था। आर्य जीत गए और दास हार गए—तब आर्य का अर्थ श्रेष्ठ और दास का अर्थ गुलाम हो गया। उस से पहले दास एक स्वतन्त्र जाति थी। यदि उस लम्बे युद्ध में आर्य हार जाते तो आर्य का अर्थ बदल सकता था और दास का भी।

खैर, 'दास' शब्द भाषा में बचा रह गया और उस का अर्थ गुलाम ही रहा। लेकिन ऐसा नहीं था कि दास जाति के लोगों में समय-समय पर स्वतन्त्रता की चेतना ने उभार नहीं लिया। तब वे अपने इस 'दास' शब्द का और इस के अर्थ का क्या करते? वही हुआ जो कबीर ने और रैदास ने किया। इन्होंने दास के रूप में खुद को किसी मनुष्य का या मनुष्यों के वर्ग का दास होने से इंकार कर दिया। अपने समय में ये किसी आर्य के, राजा के, या सुलतान के दास नहीं बने। इन्होंने 'दास' शब्द को इस रूप में मान्यता और इस के अर्थ को इस रूप में गरिमा दी कि ये अपने 'साहेब' के दास हैं। शब्द भी रह गया और उसका अर्थ गुलाम भी रह गया, लेकिन स्वामी कोई आर्य, भूदेव वर्ग, या राजा न रह कर सारी दुनिया का मालिक साहेब हो गया। कबीर ने अपने समय के राजाओं और सुलतानों से कहा कि मैं तुम्हारा दास नहीं हूं। इसी रूप में उनका नाम 'कबीर दास' सार्थक होता है। उन्होंने राजा का दैवी सिद्धान्त त्याग रखा है कि वह प्रजा से भिन्न होता है। राजा और प्रजा को एक ही मूल का माना है—'राजा परजा एकहि मूला।' उन्होंने यह भी कहा है कि 'जीवा को राजा कहै, माया के आधीन।'

'दास' शब्द का स्त्रीलिंग रूप 'दासी' भी इसी तर्ज पर समझा जाए। पत्नी पति की दासी नहीं है बल्कि दुल्हन और पतिबरता है। मुहावरों के अर्थ ऐसे ही निकलते हैं। शब्द लौकिक जीवन से उद्भूत होते हैं पर उन की चुस्ती और दुरुस्ती के रूप में कबीर की भाषा ऐसी बानगियों का खजाना है। वे अपने समय को रोक कर नहीं गए बल्कि हमें सौंप कर गए हैं कि भाषा के मामले में यह हमेशा आगे की ओर बहता रहेगा। यदि दास और दासी शब्दों का अर्थ गुलामी की प्रथा से है तो इन से मुक्ति पा कर कबीर बहुत खुश होंगे।

V

कबीर ने भूख को प्रकृति से जोड़ा है। भूख मिटाने के लिए प्रकृति ने मनुष्य को सब कुछ दे रखा है। अनाज, फल, फूल, मांस, पानी—ये मनुष्य ने पैदा नहीं किए। समाज का काम इन्हें उगाने, पालने और वितरण का है जो मिल-मिला कर करना चाहिए। भीख मांगने की सख्त मनाही है। किसी निर्धन की मजाक नहीं उड़ानी चाहिए बल्कि उस की मदद करनी चाहिए। श्रम, उद्यम और इल्म का यथायोग्य स्थान है। मन में परमार्थ की भावना रखनी है। सब से महत्वपूर्ण बात यह है कि कबीर शूरवीर हैं। उन्होंने युद्ध को त्यागा नहीं है और न ही वे किसी से हारे हैं।

ऐसे में हिंसा और अहिंसा का क्या अर्थ रह जाता है? उन्होंने पीठ दिखाने वाले कायरों की भर्त्सना की है। सूरमा सामने लड़ते हैं और बुद्धि से लड़ते हैं। इस में यह खुलासा किए जाने की आवश्यकता है कि युद्ध मरने के लिए नहीं बल्कि जीतने के लिए किए जाते हैं। संग्राम में सामने वाले को पकड़ना है या मारना है—ऐसे शौर्य में कबीर का हाथ क्यों कांपेगा? वे आक्रमणकारी को खड़ग से मारेंगे। जी हां, वे उस की गर्दन काट लेंगे—कोई कबीर'को हिंसक कहे तो कहे। इन बातों को ले कर उन की लाठी में बहुत सारे गुण हैं।

मांसाहार और शाकाहार—बहुत से लोगों से यह तय नहीं हुआ कि उन्हें इस बारे में क्या करना है। कबीर का जन्म मांसाहारी परिवार में हुआ था। जो मुसलमान खाते हैं उन्होंने वह सब खाया। उस खाने से उन के चिन्तन में कुछ नुकसान नहीं हुआ। अन्त में भी उन्होंने यही कहा कि 'जो देवै सो खाऊं।' 'बोलन सुख के कारनै, कहिए सिरजनहार' ने हमारे पैदा होने से पहले हमारे खाने-पीने की चीजें मुहैया कर के सजा रखी हैं। जो शरीर को सुख दे और जिस का हाजमा हो जाए, वह भोजन बिना किसी को बिराए या हील-हुज्जत के खा लेना चाहिए। एक ही व्यक्ति को अलग-अलग समय में, अलग-अलग मौसमों में और अलग-अलग देशों में अलग-अलग भोजन चाहिए। उम्र के साथ भोजन और उस की मात्रा घट-बढ़ और बदल सकती है। रोग अवस्था में स्वस्थ अवस्था का भोजन नहीं खाया जा सकता।

जीवों पर दया करनी जरूरी है लेकिन इस का मतलब यह नहीं है कि मांसाहार न लिया जाए। यदि किसी को मांसाहार पचता नहीं है तो उसे निश्चित रूप से इस से विरत रहना चाहिए। कसौटी यह है कि इस से कोई आदमी अच्छा या बुरा नहीं होता कि वह मांसाहारी है, या शाकाहारी है, या दोनों है। जो रोक है, वह धर्म के नाम पर चल रहे

मांसाहार और मद्यपान पर है। कबीर ने ऐसे किसी धार्मिक करम या धार्मिक किरिया को स्वीकार नहीं किया जो पशुबलि या मद्यपान को लाजिमी मानती है।

मद्यपान और अन्य नशे स्वास्थ्य के लिए हानिकारक हैं। इन की क्या जरूरत है? यदि चिकित्सा विज्ञान इन्हें किसी के लिए कुछ समय के लिए फायदेमंद बताता है तो उस की सलाह मानने में हर्ज नहीं है। मनुष्य में इतनी बुद्धि होनी चाहिए कि वह जाने कि जो वह खा रहा है या पी रहा है, वह स्वास्थ्य की दृष्टि से फायदेमंद है या नुकसानदेह? पता नहीं चलने पर चिकित्सा विज्ञान की मदद लेनी चाहिए। इस के बाद मनुष्य को स्वतन्त्र छोड़ देना चाहिए कि सामाजिक दायरे में रह कर वह उस स्वतन्त्रता का अहसास करे। कहने का मतलब यह है कि कबीर ने मनुष्य को रहन-सहन और खान-पीन के मामलों में पूरी स्वतन्त्रता दे रखी है। जिसे केश बढ़ाने अच्छे लगते हैं वह केश बढ़ाए और जब केश काटने का मन करे तो तब वह उन्हें काट ले। असली कसौटी सच्चा रहने की है, कथनी और करनी को एक करने की है। वे कपट से जलते हैं। उन्हें मालूम है कि सच बोलने पर लोग उन्हें मारने के लिए दौड़ते हैं लेकिन उन्होंने सच पर दृढ़ रहने की कसम खा रखी है। ऐसे विरोधियों का सामना करने के लिए उन्होंने दण्ड की व्यवस्था को स्वीकारा है। यदि किसी ने अपराध किया है तो उसे उसका दंड अवश्य मिलना चाहिए।

पुनः कहा जाए कि कबीर धरम, धरम से जुड़े करम और करम से जुड़ी किसी किरिया को स्वीकार नहीं करते। वे पाहन पूजा के विरोधी हैं तो इसका अर्थ यह नहीं लगाया जा सकता कि वे पत्थर की हर चीज के विरोधी हैं। उन्हें पत्थर की बनी चक्की अच्छी लग रही है जिससे लोग अपना अनाज पीसते रहे हैं। बस, उन्होंने पत्थर से धार्मिकता हटा दी है लेकिन लौकिकता जोड़े रखी है। कबीर ने कहा है कि उन्होंने तीर्थ पर जा कर नहा कर देखा पर वह तो पानी था। उस से अलग से कुछ नहीं होता। यह जो लोग कहते हैं कि अमुक तीर्थ पर स्नान करने से, अमुक पुण्य लाभ होंगे, वहां दान देने से परलोक में इतना-इतना मिलेगा, कबीर इस धार्मिकता को नहीं मानते। लेकिन इस का अर्थ यह नहीं है कि कबीर जीवन में उत्सव को नहीं मानते। वे सामाजिक, राष्ट्रीय, वैवाहिक और अन्य लौकिक मामलों में त्यौहारों को स्वीकार करते हैं। उनका मनाना जारी रहना चाहिए जो प्रकृति की गोद में जगह-जगह पर हो सकते हैं। वहां भोज भी होंगे ही। एक मांसाहार से जुड़ी धार्मिकता है। कबीर नहीं मानते कि छुरी और गंडासे से बकरा या मेढ़ा काटने में कोई पुण्य जुड़ा होता है जिसे, धर्म कहा जाता है। पर इसका अर्थ यह नहीं है कि कबीर यह कह रहे हैं कि खटीक की दुकान से मांस या मछेरे के यहां से मछली न खरीदी जाए। बिना धार्मिक किरिया से जोड़े मांसाहार का लौकिकता से जुड़ाव रखा जाए, यही आजीवक दर्शन है।

VI

समाज में रहने का एक तरीका है जो मनुष्य को सीखना चाहिए। सब से पहले

उसे यह ज्ञान होना चाहिए कि धरती पर रहने के लिए वह अमर पट्टा लिखवा कर नहीं लाया है। उसे चाहिए कि वह झूठी मान-बड़ाई और उद्दंडता को त्याग दे। लालच में न पड़े और खुद को कभी हीन न समझे। मनुष्य में बहुत सारे गुण हैं, उन का विकास करे। सज्जन बन कर रहे, अच्छी संगति करे और मीठी वाणी बोले, शील और सदाचार के महत्व को समझे। जीवन और संसार को त्यागने वाले फालतू पारलौकिक ज्ञान के चक्कर में न पड़े। जो कुछ भी संभव है, वह इसी जीवन में संभव है। देह के बिना मनुष्य का कहीं अस्ति त्व नहीं। किसी ठगिए के बहकाए में न आए। यह शरीर जीव के लिए चाम का महल है। इस की पूर्ति अन्न और जल से होती है। यदि यह देह नहीं है तो किसी शब्द और स्वाद का अनुभव संभव नहीं। मनुष्य के मन को किसी पार की डगर पर नहीं चलना है क्योंकि परलोक नहीं है और उसे प्राप्त करने की ऐसी कोई डगर अस्तित्व में नहीं है। मन को समझाना है और धीरज धरना है। जीवन को सहज बना कर रहे और विज्ञान के क्षेत्र में तथा अन्य क्षेत्रों में विकास करता रहे।

VII

कबीर का कहना है कि मनुष्य अपने महत्व को समझे। उस का मूल महान है। बुढ़ापा आना जरूरी है, कई अन्य तरीके के दुख भी हैं, जिन में सब से बड़ा सामना मृत्यु का करना होता है। जरा और मरण वास्तविकताएं हैं—और ये सब काल के नियम के तहत हैं। इस नियम से कोई नहीं बच सकता। लेकिन इन वजहों से मनुष्य के मन में निराशा का घर नहीं होना चाहिए। जो पैदा है, वह मरेगा। तब कौन मरा—वही जो पैदा हुआ। नपैद का मरना कैसा? बात यही है कि जिस नियम के तहत मनुष्य पैदा होता है, उसी नियम के तहत वह मरता है—और वह महान है।

VIII

कबीर ने देखा कि धर्म के नाम पर उन के सामने क्या तमाशा हो रहा है। वे वेद, पुराण और स्मृति से एकदम अलग हटे हुए हैं। हिन्दुओं के दस अवतार देखे तो उन में से कोई भी उन्हें अपनी बिरादरी का नहीं मिला। अवतार खत्म तो अवतारों की पाषाण मूर्तियां भी खत्म। उन अवतारों के नाम पर बने तीर्थों पर जाना भी निरर्थक हो गया। उन्होंने पूजा को इस रूप में ढूंढ़ा कि वे जो-जो करते हैं, वह सब पूजा है। माला के मणकों में सारतत्व का कुछ नहीं मिला। जोर-जोर की आवाज में किया गया कीर्तन व्यर्थ लगा। जब देव चरित्र की बात आई तो उन्हें पता चला कि वे सब जार हैं। इसलिए, वे सब उन के लिए आन देव हो गए—मतलब, पराई जाति के देव। उधर, साध बन कर उन्होंने माया को संभालने का रास्ता खोज लिया।

IX

कबीर ने गुरु-सतगुरु में विश्वास किया है। गुरु क्या करता है?—वह भ्रम का

नाश करता है। वह ग्यान की आंधी है। इस ग्यान की आंधी में गुरु बार-बार के आवागमन मानने के भ्रम का नाश करता है और चौरासी लाख योनियों की गिनती को चकनाचूर करता है। वेद ने जो धार्मिक कर्म और धार्मिक क्रियाएं बता रखी हैं, उन्हें सतगुरु न करने को कहता है। इसलिए, आजीवक धर्म और दर्शन को अकर्मवाद और अक्रियावाद कहा जाता है। कबीर ने स्वर्ग और नरक के भ्रम पर भी ग्यान का हथौड़ा बरसाया है। कुल मिला कर, दर्शनों का दर्शन यही है कि कबीर के यहां पुनर्जन्म में विश्वास नहीं है। पुनर्जन्म तभी माना जाए जब कोई आ कर बताए कि मैं अपने एक पूर्व जन्म में अमुक व्यक्ति पैदा हुआ था। हमें यह पता चलना चाहिए कि किसी मरणहारे का जन्म अब किस योनि, देश, या घर में हुआ है। पशु-पक्षियों, कीड़े-मकोड़ों और पेड़-पौधों की भाषा या संकेत हम नहीं समझ सकते पर मनुष्य तो अपनी मातृभाषा में बोलता है।

X

कबीर की वाणी में शब्द का पूरा महत्व है पर उनके यहां शब्द-शब्द में अन्तर है। वेद को उन्होंने विश्वास करने वाला शब्द नहीं माना। इस बारे में पता चलता है कि कबीर के जीवन और कबीर की वाणी के साथ जबर्दस्त छेड़छाड़ की गई है। उन के विरोधियों ने उन के जीवन को किंवदन्तियों से और उनकी वाणी को प्रक्षिप्तों से भर दिया है। यह अपराध आज उन के धार्मिक और साहित्यिक आलोचकों द्वारा जारी है कि वे किंवदन्तियों में तर्क ढूंढते हैं और कबीर के नाम से प्रक्षिप्त रचनाओं को बेझिझक विश्वविद्यालयों के पाठ्यक्रमों में पढ़ा रहे हैं।

प्रक्षिप्त की वजह से कबीर के दर्शन में घोर अराजकता थी। यह मान लिया गया कि जैसे कबीर की कोई दृष्टि ही न हो। जो जैसा चाहता था, वह अपना वैसा कबीर रच लेता था। सब के अपने-अपने कबीर हो गए। इतनी बड़ी क्रान्ति को इतनी भ्रमित करना—यह कोई प्रक्षिप्तकारों से जाने। लेकिन इस चयन में अब कबीर की वाणी का असली मिजाज आ गया है। दिशा तय हो गई है जो कोल्हू के बैल की नहीं है। आंखों पर पट्टी नहीं बंधी—और कोई कितनी भी दूर जा सकता है। इस में कहीं जड़ता नहीं और नए के लिए विरोध नहीं है।

जहां तक सृष्टि का सम्बन्ध है, कबीर यह मानते हैं कि जो आदि में था वही अब है। यदि किसी को आदि जानना है तो वह अब को जान ले। निर्गुण-सगुण पर बहुत बहस हुई है, कबीर ने एक समय तक सगुण का विरोध करते हुए निर्गुण का पक्ष भी लिया है, पर अन्त में वे निर्गुण और सगुण दोनों के पार खड़े हैं। वे मानते हैं कि इस बहस से बहुत दूर तक नहीं जाया जा सकता। यह धोखे में उलझाने वाली बहस है। उन्होंने माना कि निर्गुण और सगुण की चर्चा मन की छाया है।

सगुण ईश्वर को न मानने का मतलब यह नहीं कि कबीर ने प्रेम करना छोड़ दिया है। सगुण ईश्वर को न मानने का यह अर्थ है कि वे हिन्दुओं के अवतारों को अपने किसी योग्य नहीं मानते। लेकिन अवतारों को त्यागने का मतलब यह नहीं कि उन्होंने दुनिया

त्याग दी है। यह किस ने अफवाह उड़ाई है कि दुनिया से प्रेम करना है तो हिन्दुओं के किसी एक अवतार को मानना पड़ेगा? दस अवतारों को छोड़ कर कबीर बाकी दुनिया से प्रेम करते हैं। यह पूछना गलत है कि निर्गुण का कौन पिता और कौन माता है। क्या संसार में हमें माता-पिता नहीं दीख रहे हैं? बीजक की कथा में इस की सही पहचान होती है। आज के डीएनए को कबीर का पुराना बीजक ही कहा जाए। दशरथ के बेटे राम की कथा में कबीर की कथा पूरी नहीं होती बल्कि कलंकित होती है। देवकी के बेटे कृष्ण की कथा कबीर को पसन्द नहीं है, इसलिए वे लोक की अकथ कथा में रम जाते हैं। क्या जन-जन में फैली इस अकथ कथा में पति-पत्नी नहीं हैं? क्या इन में बेटे और बेटियां पैदा नहीं हो रही हैं? कबीर इन्हीं में पतिव्रताओं और सदाचारियों को खोज रहे हैं। यहां लाखों परिवारों में रिश्तों की बात की जा रही है, किसी दशरथ के एक बेटे राम या देवकी नंदन एक कृष्ण की नहीं।

फिर वे सुन्न महल में भी नहीं टिके हुए हैं जहां बौद्धों के विश्राम का डेरा लगा हुआ है। जिन्होंने धरम, करम और किरिया के कारण भ्रम फैला रखे हैं, कबीर उन से पूछ बैठते हैं कि तुम्हारा साहेब कैसा है। वे अपने साहेब के बारे में अपनी तरफ से बताते हैं कि वह समर्थ साहेब है। यह भी बताते हैं कि उसे बाहर ढूंढने की जरूरत नहीं बल्कि वह खुद मनुष्य के भीतर है। जरूरत इस बात की है कि इस सांई का परिचय पाया जाए जो परिचय पाते ही आतम राम बन जाता है। यही अनहद है, इसी गान को गाया जाए, और इसी वाद को सुना जाए।

XI

दो शब्द हैं—ब्रह्म और माया। 'ब्रह्म' पराया और विदेशी शब्द है और 'माया' अपना और देशी। ये दोनों शब्द आपस में लड़ रहे हैं। यह आर्य और दास की पुरानी लड़ाई है जो कभी खुल कर तो कहीं छुप कर आज भी जारी है। स्पष्ट भाषा में ब्रह्म को वेद कहा जाए और माया को लोक कहा जाए। कबीर लोक और वेद दोनों से लड़ रहे हैं। भाषा में ब्रह्म को पुल्लिंग और माया को स्त्रीलिंग माना जाता है। लिंगों का यह भेद वैसे ही नहीं है बल्कि ब्रह्म पितृसत्ता का और माया मातृसत्ता की परिचायिका है। ये मानव समाज के विकास के चरण हैं। इन में पितृसत्ता जीतती है और मातृसत्ता हारती है। यह भेद भी निरर्थक हो जाता है जब ये दोनों जारसत्ता में तब्दील हो जाते हैं।

ब्रह्म में भी खामियां हैं और माया भी सदोष है। जब कबीर वेद का विरोध करते हैं तो वे ब्रह्म का ही विरोध करते हैं। ऐसे ही, जब कबीर लोक का विरोध करते हैं तो वे माया का ही विरोध करते हैं। ब्रह्म में पाखंड है और माया में कपट है। कबीर परिवर्तन के हामी हैं, पर परिवर्तन के नाम पर पाखंड और छल के नहीं। बालापन, यौवन और बुढ़ापा—ये तीनों अवस्थाएं परिवर्तन को दर्शाती हैं पर किसी भी अवस्था में कोई मनुष्य अपनी कुत्सित वासनाओं को भड़का कर बुरे काम करने लगे—कबीर उस की अनुमति नहीं देते।

अध्याय-5

पति, पत्नी और सन्तान

क. काम जराय जोगी होइ गैले हिजरा
ख. सदाचार और मंगलाचार
  (i) सुहाग
  (ii) पतिबरता
  (iii) प्रेम प्यारा पीव
  (iv) विरह
  (v) माता-पिता
ग. व्यभिचार की मनाही
  (i) जार पुरुष
  (ii) जारिणी स्त्री
  (iii) बाप पूत कै एकै नारी
  (iv) वेश्या और वेश्या का पूत
  (v) घर कलह
  (vi) भूले को घर लावै
घ. सती नहीं, घर बासा

क. काम जराय जोगी होइ गैले हिजरा

मन ना रंगाए, रंगाए जोगी कपड़ा।
आसन मार मंदिर में बैठे, ब्रह्म छाड़ पूजन लागे पथरा।।
कनवा फड़ाय जोगी जटवा बढ़ौले, दाढ़ी बढ़ाय जोगी होइ गैले बकरा।
जंगल जाय जोगी धुनिया रमौले, काम जराय जोगी होइ गैले हिजरा।।
मथवा मुंडाय जोगी कपड़ा रंगौले, गीता बांच के होइ गैले लबरा।
कहै कबीर सुनो भाई साधो, जम दरवजवा बांध जैबे पकड़ा।। (1)

का नांगे का बांधे चाम। जो नहीं चीन्है आतम राम।।
नांगे फिरै जोग जो होई। बन का मृग मुकुति गया कोई।।

मूंड मुंडाए जो सिद्धि पाई। मूंडी भेड़ मुक्त किन होई।।
बिंद राख जो तरियै भाई। खुसरे कौन परम गति पाई?
पढ़े गुने उपजै हंकारा। अधधर डूबे वार न पारा।।
कहै कबीर सुनो रे भाई। राम नाम बिन किन सिधि पाई? (2)

नर नारी के सूख को, खसी नहीं पहिचान।
त्यों ग्यानी के सूख को, अग्यानी नहिं जान।। (3)

भूख गई भोजन मिले, ठंड गई कंवाय।
जोवन गया तिरिया मिले, ताको आग लगाय।। (4)

नारी निन्दा ना करो, नारी रतन की खान।
नारी से नर होत है, साधू, सन्त, सुजान।। (5)

ख. सदाचार और मंगलाचार

(i) सुहाग

पिय को सोई सुहागन भावै।
चित चंदन को निस दिन रगरै, चुन चुन अंग चढ़ावै।।
अति सुगंध बोलै मुख बानी, येहि बिधि खसम मनावै।
दाबत चरन दगा नहीं दिल में, काग कुबुद्धि बिसरावै।।
बीते दिवस रैन जब आई, कर जोर सेवा लावै।
इक इक कलियां चुनै महल में, सुंदर सेज बिछावै।।
सुरति चंवर ले सनमुख झारै, तबै पलंग पौढ़ावै।
मगन रहे नित गगन झरोखे, झलकत बदन छिपावै।।
मिल दुलहा जब दुलहन सोहै, दिल में दिल ही मिलावै।
कहै कबीर भाग वही धन के, पतिब्रता बन आवै।। (6)

एक ही रूप दीसै सब नारी। ना जानो को पियहि पियारी?
कहै कबीर जाके मस्तक भाग। सब परिहरि ताको मिले सुहाग।। (7)

बहुत दिनन में प्रीतम पाए। भाग बड़े घर बैठे आए।।
अब तोहि जान न देहूं प्यारे। ज्यूं भावै त्यूं होहु हमारे।।
मंगलचार मांहि मन राखो। राम रसाइन रसना चाखो।।

मंदिर मांहि भया उजियारा। ले सूती अपना पी पियारा।।
मैं रनि रासी जे निधि पाई। हमहि कहां यह तुमहि बड़ाई।।
कहै कबीर मैं कछु न कीन्हा। सखी सुहाग राम मोहि दीन्हा।। (8)

हरि मोर पीव मैं राम की बहुरिया। राम मोर बड़ा मैं तन की लहुरिया।।
हरि मोर रहंटा मैं रसना पिउरिया। हरि को नाम लै कातल बहुरिया।।
चार खूंटी दोह चमरख लाई। सहज रहंटवा दियो चलाई।।
छ मास ताग बरस दिन ककुरी। लोग वोले भल कातल बपुरी।।
कहै कबीर सूत भल काता। रहंटा न होय परम पद दाता।। (9)

परोसन मांगै कंत हमारा। पी क्यूं बौरी मिलहि उधारा?
मासा मांगै रती न देऊं। घटे मेरा प्रेम तो कासनि लेऊं।।
बन बन ढूंढौ नैन भर जोऊं। पीव न मिलै तो बिलख कर रोऊं।।
कहै कबीर यह सहज हमारा। बिरली सुहागन कंत पियारा।। (10)

जो पै पिय के मन नाहीं भाए। तो का परोसन कै हुलराए?
का चूरा पाइल झमकाए? कहा भयो बिछुवा ठमकाए?
का काजल सिंदुर के दीए? सोलह सिंगार कहा भयो कीए?
अंजन मंजन करै ठगौरी। का पचि मरै निगोड़ी बौरी?
जो पै पतिब्रता हो नारी। कैसे हि रहो सो पियहि पियारी।
तन मन जीवन सौंप सरीरा। ताहि सुहागन कहै कबीरा।। (11)

नैहर से जियरा फाट रे।
नैहर नगरी अस कै बिगरी, ठग लागैं घर बाट रे।
तनिक जियरवा मोर न लागै, तन मन बहुत उचाट रे।।
या नगरी में दस दरवाजा, बीच समुन्दर पाट रे।
कैसे के पार उतरिहैं सजनी, अगम पंथ का घाट रे?
अजब तरह का बना तंबूरा, तार लगे मन मात रे।
खूंटी टूटी तार बिलगाना, कोउ न पूछत बात रे।।
हँस हँस पूछै मात पिता से, भोरे सासुर जाब रे।
जो चाहैं सो वोही करिहैं, पत वाही के हाथ रे।।
न्हाय-धोय दुलहिन होय बैठी, जोहै पिय की बाट रे।
तनिक घुंघटवा दिखाव सखी री, आज सुहाग की रात रे।।
कहै कबीर सुनो भाई साधो, पिया मिलन की आस रे।
भोर होत ही याद करोगे, नींद न आवै खाट रे।। (12)

तेरे गवने का दिन नगिचाना, सुहागन चेत करो री।
बालापन तन खेल गंवायो, तरुनै चाल कुचाल।
का उत्तर देइहौ रे सजनी, पिय पूछै जब हाल।
समुझ मन का करिहौ री।।
सील सुमति की चुनरी पहरो, सत मति रंग रंगाय।
ग्यान तेल सों मांग संवारो, निर्भय सेंदुर लाय।
कपट पट खोल धरौ री।।
पिय घर चेत करो री सजनी, नैहर मांहि निबाह।
नैहर नाम कहा लै करिहौ, मरिहौ भरम भुलाय।
पुरुष बिन का करिहौ री?
कहै कबीर सोई सतवंती, पिव के रंग रंगाय।
अमर लोक हाथै कर लेइ है, तेरो सोहाग सोहाय।
महल विसराम करो री।। (13)

सुनहु अहो मेरी रांध परोसिन, आज सुहागन अनंद भरी।
सबद बान सतगुरु ने मारो, सोवत ते धन चौंक परी।
बहुत दिनन ते गई मैं खेलन, बिन सतगुरु अब भटक मरी।।
या तन में बटमार बहुत हैं, छिन छिन रोकत घरी घरी।
जब प्रीतम की धुन सुन पाई, छाड़ि सखिन भइ बिलग खड़ी।।
पांच पचीस किए बस अपने, पिया मिलन की चाह धरी।
सबद बिवेक चुनरिया पहिरे, ग्यान गली में भई खड़ी।।
दीपक ग्यान लिए कर अपने, निरखि पुरुष भई मोद भरी।
मिटिगौ भरम दूर भयो धोखा, उलटि महल में खबरी परी।।
देख पिया को रूप मगन भइ, निरखि सेज पर धाय चढ़ी।
करत बिलास पिया अपने संग, पौढ़ि सेज पर प्रेम भरी।। (14)

खोल घूंघट मुख देखेगा साजन।
आए ढोल बजावत बाजन। बनरी ढांप रही मुख लाजन।।
आज सुहाग की रात पियारी। क्या सोवै मिलने की बारी?
सिर सोहै सेहरा, हाथ सोहै कंगना। झूमत आवै बन्ना मेरे अंगना।।
कहत कबीर कर दरपन लीजै। अब मन मानै सोइ सोई कीजै।। (15)

सुनो सुहागन नार, प्यार पिव से करो।
ये बेले ब्यौहार, तिन्हें तुम परिहरो।।
ग्यान विवेक विचार के, खिड़की खोलिए।।
सुरति सुहागन नार, पीव को मोहिए।। (16)

सांई के संग सासुर आई।
संग ना रही स्वाद ना जान्यो, गयो जोबन सुपने की नांई।।
सखी-सहेली मंगल गावें, सुख-दुख माथे हरदी चढ़ाई।
भयो बिबाह चली बिन दूलह, बाट जात समधी समझाई।
कहै कबीर हम गौने जैबै, तरब कंत लै तूर बजाई।। (17)

सांई मेरे साज दई एक डोली।
हस्त लोक अरु मैं तैं बोली।।
इक झंझर सम सूत खटोला। त्रिस्ना बाव चहूं दिस डोला।।
पांच कहार का मरम न जाना। एकै कहा एक नहीं माना।।
भूभर घाम उहार न छावा। नैहर जात बहुत दुख पावा।।
कहै कबीर बर बहु दुख सहिए। राम प्रीति कर संग ही रहिए।। (18)

पिया मेरा मिलिया सत्त गियानी।
सब में व्यापक सब की जाने, ऐसा अंतरजामी।।
सहज सिंगार प्रेम का चोला, सुरति निरति भर आनी।।
सील संतोख पहर दोइ कंगन, होइ रही मगन दिवानी।।
कुमति जराइ करूं मैं काजर, पढ़ी प्रेम रस बानी।।
ऐसा पिय हम कबहुं न देखा, सुरति देख लुभानी।।
कहै कबीर मिला गुरु पूरा, तन की तपन बुझानी।। (19)

कोटिन भानु-चंद्र-तारा-गन, छत्र की छांह रहाई।
मन में मन, नैनन में नैना, मन नैना इक हो जाइ।
सुरत सुहागन मिलन पिया को, तन कै नयन बुझाई।
कहै कबीर मिलै प्रेम पूरा, पिया में सुरत मिलाई।। (20)

दरिया पार हिंडोलना, मेल्या कंत मचाइ।
सोई नार सुलच्छणी, नित प्रति झूलन जाइ।। (21)

(ii) पतिबरता

पतिबरता के एक है, ब्यभिचारिन के दोय।
पतिबरता ब्यभिचारिनी, कहु क्यों मेला होय? (22)

पतिबरता को सुख घना, जाके पति है एक।
मन मैली ब्यभिचारिनी, ताके खसम अनेक।। (23)

पतिबरता नहिं सोय, जो पति तज औरहि रतै।
वाका नीक न होय, दूजा पति जो पै लखै।। (24)

पतिबरता पति को भजै, पति पर धर बिस्वास।
आन दिसा चितवै नहीं, सदा पीव की आस।। (25)

पतिबरता पति को भजै, और न बान सुहाय।
सिंघ बच्चा जो लंघना, तो भी घास न खाय।। (26)

पतिबरता तब जानिए, रती न खंडै नैन।
अंतर तो सूची रहै, बोलै मीठा बैन।। (27)

जे सुंदरि सांई भजै, तजै आन की आस।
ताहि न कबहूं परहरै, पलक न छाड़ै पास।। (28)

सुरति समानी नाम में, नाम किया परकास।
पतिबरता पिव को मिली, पलक न छाड़ै पास।। (29)

सांई मोर सुलच्छना, मैं पतिबरता नार।
देहु दीदार दया करो, मेरे निज भरतार।। (30)

प्रीत अड़ी है तुज्झ से, बहु गुनियाला कंत।
जो हँस बोलूं और से, नील रंगाऊं दंत।। (31)

पतिबरता के एक तू, और न दूजा कोय।
आठ पहर निरखत रहै, सोई सुहागन होय।। (32)

पिय सनमुख सेवा करे, सो पतिबरता जान।
पिय तज कित जित जो रमे, वर्त भंग तेहि मान।। (33)

एकै साधै सब सधै, सब साधै सब जाय।
माली सींचै मूल को, फूलै फलै अघाय।। (34)

आठ पहर चौंसठ घड़ी, मेरे और न कोय।
नैना मांही तू बसै, नींद ठौर नहिं होय।। (35)

कबीर रेख सिंदूर की, काजल दिया न जाइ।
नैनूं रमइया रम रहा, दूजा कहां समाइ? (36)

मैं चित्त पलहूं न बीसरूं, तुम परदेसहि जाय।
यह अंग और न भेलसी, जब तब तुम मिलि आय।। (37)

नयना अन्दर आव तू, निस दिन निरखूं तोहि।
कब हरि दरसन देहुंगे, सो दिन आवै मोहि।। (38)

नैना अन्दर आव तू, पलक झांप तुहि लेव।
ना मैं देखूं और को, ना तुहि देखन देव।। (39)

कहै कबीर सोई सतवन्ती, पिया रंग माति रहो री।। (40)

तिरिया एक रहे पतिवरता, पिय के बचन न टारा हो।।
आप तरे औरन को तारे, तारे सब परिवारा हो।। (41)

पतिवरता के रूप पै, वारौ कोटि सरूप। (42)

(iii) प्रेम पियारा पीव

दुलहिनि, तोहि पिय के घर जाना।
काहे रोवो, काहे गावो, काहे करत बहाना?
काहे पहरिया हरि-हरि चूरियां, पहरिया प्रेम कै बाना।
कहै कबीर सुनो भाई साधो, बिन पिया नाहिं ठिकाना।। (43)

करब हम कवन बहाना, गवन हमरो नगिचाना।
सब सखियन में मैलि चुनरिया, हमरो पिया घर जाना।।
एक डर लागे सासु ननद के, दूसरे पिया मारे ताना।
पिया हैं गुनिया मैं निरगुनिया, ताहि से जियरा डेराना।।
प्रेम नगर में हाट लगत है, वहां रंगरेज सयाना।
एकर बोर मोहि देहु चूनरि में, ताहि से पिया पहिचाना।। (44)

नैहर मैं दाग लगाय आय चुनरी।
ऊ रंगरेजवा कै मरम न जानै, नहिं मिलै धोबिया, कौन करै उजरी?

तन कै कूंडी, ज्ञान कै सौंदन, साबुन महंगा बिकाय या नगरी।
पहर-ओढ़ के चली ससुरिया, गौवां के लोग कहैं बड़ी फुहरी।
कहै कबीर सुनो भाई साधो, बिन सतगुरु कबहूं नहिं सुधरी।। (45)

मोरी चुनरी में पर गयो दाग पिया।
पांच तत्त की बनी चुनरिया , सोलह सै बंद लागे जिया।
यह चुनरी मेरे मैके ते आई , ससुरा में मनुवा खोय दिया।।
मल मल धोई दाग न छूटै , ग्यान को साबुन लाय पिया।
कहे कबीर दाग तब छूटिहै , जब साहब अपनाय लिया।। (46)

भीजै चुनरिया प्रेम रस बूंदन।
आरति साजि के चली है सुहागन , पिय अपने को ढूंढन।।
काहे की तोरी बनी है चुनरिया , काहे के लागे फूंदन।।
पांच तत्व की बनी है चुनरिया , नाम के लागे फूंदन।।
चढ़िगे महल खुल गई रे किवरिया , दास कबीर लागे झूलन।। (47)

निस-दिन खेलत रही सखियन संग, मोहि बड़ा डर लागे।
मोरे साहब की ऊंची अटरिया, चढ़त में जियरा कांपे।।
जो सुख चहै तो लज्जा त्यागे, पिया से हिलमिल लागे।।
घूंघट खोल अंग भर भेंटे, नैन आरती साजे।।
कहै कबीर सुनो सखि मोरी, प्रेम होय सो जाने।
निज प्रीतम की आस नहीं है, नाहक काजर पारे।। (48)

भ्रम का ताला लगा महल रे, प्रेम की कुंजी लगाव।
कपट-किवड़िया खोल के रे, यहि बिधि पिय को जगाव।।
कहै कबीर सुनो भाई साधो, फिर न लगै अस दाव।। (49)

कोई प्रेम की पेंग झुलाओ रे।
भुज के खंभ, प्रेम की रसरी , तन-मन आज झुलाओ रे।।
नैनन बादर की झर लाओ , स्याम घटा उर छाओ रे।।
आवत आवत सुरत के मग पर , फिकर पिया को सुनाओ रे।।
कहै कबीर सुनो भाई साधो , पिय को ध्यान चित लाओ रे।। (50)

हंसा गवन बड़ि दूर, साजन मिलना हो।।
ऊंची अटरिया पिया कै, दुअरिया गगन चढ़ै कोई सूर।।
येहि बन बोलत कोइल कोकिला, वोहि बन बोलत मोर।।
अंतर बीच प्रेम के बिरवा, चढ़ि देखब देस हजूर।।
कहै कबीर सुन पिय की प्यारी, नाच घुंघट कर दूर।। (51)

राम गति पार न पावे कोई।
चिन्तामणि प्रभु निकट छोड़ के, करम भरम मति खोई।।
नेम धर्म व्रत संयम पूजा, बहुत भांति हरि सोधे।
सत्य सोहाग कैसे के पावे, अछता कन्त विरोधे।
नारी पुरुष रहत एक संगा, निस दिन जात अबोले।
तज अभिमान मिलत नहिं पीव को, वन वन ढूंढत डोले।।
कहै कबीर सुनो भाई साधो, बूझे बिरला सोई।
प्रेम प्रीत अन्दर कछु औरे, कहा न माने कोई।। (52)

पिया मेरा जागे मैं कैसे सोई री?
पांच सखी मेरे संग की सहेली, उन रंग रंगी पिया रंग न मिली री।।
सास सयानी ननद देवरानी, उन पर डरी पिया सार न जानी री।
द्वादस ऊपर सेज बिछानी, चढ़ न सकूं मारी लाज लजानी री।।
रात दिवस मोहि कूका मारे, मैं न सुनी रचि रहि संग जार री।
कहै कबीर सुन सखी सयानी, बिन सतगुरु पिया मिले न मिलानी री।। (53)

हमरो ननद निगोड़िन जागे।
कुमति लकुटिया निस दिन व्यापै, सुमति देखि नहिं भावै।
निस दिन लेत नाम साहब को, रहत रहत रंग लागे।।
निस दिन खेलत रही सखियन संग, मोह बड़ो डर लागे।
मोरे साहिब की ऊंची अटरिया, चढ़त में जियरा कांपे।।
जो सुख चहे तो लज्जा त्यागे, पिय से हिलमिल लागे।
घूंघट खोल अंग भर भेंटे, नैन आरती साजे।।
कहै कबीर सुनो भाई साधो, प्रेम होय सो जाने।
जिन प्रीतम की आस नहीं है, नाहक काजर पारे।। (54)

ये अंखियां अलसानी हो, पिय सेज चलो।
खंभ पकर पतंग अस डोलै, बोलै मधुरी बानी।
फूलन सेज बिछाय जो राख्यो, पिया बिना कुम्हिलानी।।

धीरे पांव धरो पलंगा पर, जागत ननद जिठानी।
कहै कबीर सुनो भाई साधो, लोक लाज बिलछानी।। (55)

पिया मिलन की आस, रहूं कब लो खड़ी?
ऊंचे चढ़ि नहिं जाय, मनहि लज्जा भरी।।
पांव नहीं ठहराय, चढूं गिर गिर पडूं।
फिर फिर चढऊं सम्हार, तो पग आगे धरूं।।
निपट अनारी बारि, तो झीनो गैल हैं।
अटपट चाल तुम्हार, मिलन कस होइ हैं।।
अन्तर पट दे खोल, सब्द उर लावरी।
दिल विच दास कबीर, मिलै तोहि बावरी।। (56)

मिलना कठिन है, कैसे मिलोगी पिय जाय?
समझ सोच पग धरो जतन से, बार बार डिग जाय।
ऊंची गैल राह रपटीली, पांव नहिं ठहराय।।
लोक लाज कुल की मरजादा, देखत मन सकुचाय।
नैहर बास बसूं पीहर में, लाज तजी नहिं जाय।।
अधर भूमि जहं महल पिया का, हम पै चढ़ो न जाय।
धन भर बारी पुरुष भए भोला, सुरत झकोला खाय।।
दूती सतगुरु मिले बीच में, दीन्हो भेद बताय।
दास कबीर पिया से भेंटे, सीतल कंठ लगाय।। (57)

दुलहिन काह न अंगिया धुलाई?
बालपने की मैली अंगिया, विषय दाग परि जाई।।
बिन धोए पिय रीझत नाहीं, सेज से देत गिराई।
दुविधा के बन्द खोल बहुरिया, मन के मैल धुवाई।।
चालनहार द्वार है ठाढ़े, अब काहे पछताई?
कहै कबीर सुनो रि बहुरिया, चित अंजन दे आई।। (58)

अंधियरवा में ठाढ़ गोरी का कर तू?
जब लग तेल दिया में बाती, येहि अंजोरवा बिछाय घल तू।।
मन का पलंग संतोष बिछौना, ग्यान के तकिया लगाय रख तू।।
जरिगा तेल बुझाइ गइ बाती, सुरति में मुरति समाय रख तू।।
कहै कबीर सुनो भाई साधो, जोतिया में जोतिया मिलाय रख तू।। (59)

कैसे दिन कटिहैं जतन बताए जइयो।
एहि पार गंगा, वोहि पार जमुना, बिचवां मंडइया हमका छवाए जइयो।
अंचरा फाड़ के कागद बनाइन, अपनी सुरतिया हियरे लिखाए जइयो।
कहै कबीर सुनो भाई साधो, बहियां पकर के रहिया बताए जइयो। (60)

मेरी अंखियां जान सुजान भईं।
देवर भरम, ससुर संग तज कर, मोर पीव मैं तहां गई।।
बालपने के करम हमारे, काटै जानि दई।
बांह पकर कर किरपा कीन्ही, आप समीप लई।।
पानी की बूंद ते जिन पिंड साजा, ता संग अधिक रई।
दास कबीर पल प्रेम न घटई, दिन दिन प्रीति नई।। (61)

रैन गई, मत दिन भी जाई। भंवर उड़े, बग बैठे आई।।
कांचै करबै रहै न पानी। उड़ा हंस काया कुमिलानी।।
थरहर थरहर कंपै जीव। ना जानूं का करिहै पीव?
कउवा उड़ावत मेरी बहियां पिरानी। कहै कबीर मेरी कथा सिरानी।। (62)

जाग पियारी अब का सोवै? रैन गई दिन काहे को खोवै?
जिन जागा तिन मानिक पाया। तैं दुख दारुण सोय गंवाया।।
पिया तेरे चतुर तू मूरख नारी। कबहुं न पिय की सेज संवारी।।
तैं बोरी बौरापन कीन्ही। भर जोबन पिय अपन न चीन्ही।।
जाग देख, पिया सेज न तेरा। तोहि को छोड़ उठ गयो सबेरा।।
कहै कबीर सोई धुन जागै। शब्द-बान उर अन्तर लागै।। (63)

अब मोहि ले चल ननद के बीर अपने देसा।
इन पंचनि मिल लूटी हूं, कुसंग आहि बदेसा।।
गंग तीर मोरी खेती बारी, जमुन तीर खरिहाना।
सातों विरही, मेरी नीपजै, पंचू मोर किसाना।।
कहै कबीर यह अकथ कथा है, कहती कही न जाई।
सहज भाइ जिहिं उपजै, ते रम रहे समाहि।। (64)

सैंया बुलावे मैं जैहों ससुरे।
जल्दी से कहरा डोलिया कस रे।
नैहर के सब लोग अब छूटत, कहा करूं अब कछु नहिं बस रे।
बीरन आओ गले तोर लागूं, फेर मिलन हो न जानो कस रे।

चालनहार भई है अचानक , रहो बाबुल तोरी नगरी सुबस रे।
गवना चला तुराव लगो है , जो कोई रोवे वाको न हँस रे।
कहै कबीर सुनो भाई साधो , सांई के महल में बसहू सुयस रे। (65)

हौं बारी मुख फेर पियारे। करवट दे मोको काहे को मारे?
करवत भला, न करवट तेरी। लाग गले सुन बिनती मेरी।।
जो तन चीरहि अंग न मोरो। पिंड परै तो प्रीति न तोरो।।
हम तुम बीच भयो नहिं कोई। तुमहि सुकंत नारि हम सोई।।
कहै कबीर सुनो रे लोई। अब तुमरी परतीति न होई।। (66)

साहिब, मैं ना भूलौं दिन राती।
जैसे नारि चहै पिय आपन , रहै बिरह जस माती।
अंतर वाके उठै मलोला , बिरह दहै तन छाती।
दास कबीर अगम के बासी , नहिं जाति नहिं पांती।
निस दिन सतगुरु चरन भरोसे , साध के संग संगाती। (67)

सखियो, हमहूं भई बलमीसा।
आयो जोबन बिरह सतायो , अब मैं ग्यान गली अठिलाती।
ग्यान गली में सतगुरु मिलगे , सो दइ हमें पिया की पाती।
वा पाती में अगम संदेसा , अब हम मरने को न डेराती।
कहै कबीर सुनो भाई साधो , बर पाए अबिनासी। (68)

मैड़ा पीव मिला सत ग्यानी।
सब में व्यापक सबकी जाने , ऐसा अंतर जानी।।
सहज सुभाय सनेह का चोला , मन ही मन लुभियानी।
सील संतोष पहर दोय कांकण , हो रही मगन दीवानी।।
क्रोध जलाई कियो सब काजल , चढ़त प्रेम रस बानी।
ऐसा रूप धरै जब बिरहन , तब पिव के मन मानी।।
ऐसा पीव मैं कबहूं न देखा , देखत नैन लुभानी।
कहै कबीर दया सतगुर की , तन की तपन बुझानी।। (69)

समझ देख मन मीत पियरवा , आसिक हो कर सोना क्या रे?
रूखा सूखा गम का टुकड़ा , चिकना और सलोना क्या रे?
पाया हो तो दे ले प्यारे , पाय पाय फिर खोना क्या रे?
जिन आंखन में नींद घनेरी , तकिया और बिछौना क्या रे?
कहै कबीर प्रेम का मारग , सीस दिया तब रोना क्या रे? (70)

मेरो हार हिराना मैं लजाऊं।
सास दुरासनि पीव डराऊं।।
हार गुह्यो मेरो राम ताग, बिच बिच माणिक एक लाग।।
रतन प्रवालै परम जोति, ता अंतरि लागे मोति।।
पंच सखी मिलिहैं सुजान, चलहु त जइए त्रिवेणी नहान।।
न्हाइ धोइ कै तिलक दीन्ह, ना जानूं हार किनहू लीन्ह?
हार हिराना जन बिमल कीन्ह, मेरो आहि परोसन हार लीन्ह।।
तीन लोक की जाने पीर, सब देव सिरोमनि कहै कबीर।। (71)

सैंया निकस गयो, मैं ना लड़ी थी।
ना मैं बोली, ना मैं चाली, ओढ़ चदरिया अकेली पड़ी थी।
पांच देवरनियां पचीस जेठनियां, न जानो कुछ इनने कही थी।
रंग महल में दस दरवाजा, ना जानो कौन खिड़की खुली थी।
कहै कमाली कबीर की बेटी, इस ब्याही ते कुमारी भली थी। (72)

जा कारण मैं ढूंढ़ता, सनमुख मिलिया आइ।
धन मैली, पिव ऊजला, लाग न सकूं पाइ।। (73)

मन प्रतीति न प्रेम रस, ना इस तन में ढंग।
क्या जानूं उस पीव सूं, कैसे रहसी रंग? (74)

जब लग पीव परचा नहीं, कन्या कंवारी जान।
हथलेवा हौसैं लिया, मुसकल पड़ी पिछान।। (75)

आग आंच सहना सुगम, सुगम खड़ग की धार।
नेह निबाहन एक रस, महा कठिन ब्यौहार।। (76)

पिय का मारग कठिन है, जैसा खांडा सोय।
नाचन निकसी बापुरी, घूंघट कैसा होय? (77)

पिय का मारग सुगम है, तेरा चलन अवेढ़।
नाच न जाने बापुरी, कहै आंगना टेढ़।। (78)

कबीर सूता क्या करै, बैठा रह अरु जाग।
जाके संग ते बीछुरा, ताही के संग लाग।। (79)

तुम मत जा गो बीछुरे, साजन प्रीति घटाय।
बैपारी का ब्याज ज्यूं, दिन दिन दून बढ़ाय।। (80)

गहरी प्रीत सुजान की, बढ़त बढ़त बढ़ जाय।
ओछी प्रीत अजान की, घटत घटत घट जाय।। (81)

सजन सनेही बहुत हैं, सुख में मिले अनेक।
बिपति पड़े दुख बांटिए, सो लाखन में एक।। (82)

प्रेम न बाड़ी ऊपजै, प्रेम न हाट बिकाय।
राजा परजा जेहि रुचै, सीस देय ले जाय।। (83)

जेते तारे रैन के, तेते बैरी मुज्झ।
धड़ सूली सिर कंगुरै, तउ न बिसारूं तुज्झ।। (84)

प्रेम पांवरी पहिर के, धीरज कज्जल देय।
सील सिंदूर भराय के, तब पिय का सुख लेय।। (85)

प्रेम छिपाया ना छिपै, जा घट परगट होय।
जो पै मुख बोले नहीं, नैन देत हैं रोय।। (86)

जा घट प्रेम न संचरै, सो घट जान मसान।
जैसे खाल लुहार की, सांस लेत बिन प्रान।। (87)

जिहि घट प्रीति न प्रेम रस, पुनि रसना नहिं राम।
ते नर आए जगत में, उपज खपे बेकाम।। (88)

कबीर प्रेम न चाखिया, चख न लीया साव।
सूने घर का पाहुना, ज्यूं आया त्यूं जाव।। (89)

कबीर प्याला प्रेम का, अंतर लिया लगाय।
रोम रोम में रम रहा, और अमल क्या खाय? (90)

राता माता नाम का, पीया प्रेम अघाय।
मतवाला दीदार का, मांगे मुक्ति बलाय।। (91)

प्रीत जु लागी घुल गई, पैठ गई मन मांहि।
रोम रोम पिव पिव करै, मुख की सरधा नाहिं।। (92)

नैनों की कर कोठरी, पुतली पलंग बिछाय।
पलकों की चिक डार के, पिय को लिया रिझाय।। (93)

फागन आए हे सखी, देखो खेल विचार।
पिय अपने सो खेल है, छाड़ा मन विष झार।। (94)

जो तुहि साध परेम की, पाके सेती खेल।
काची सरसों पेल के, ना खलि भई न तेल।। (95)

खंभा एक गयंद दो, क्यों कर बंधूं वारि?
मान करूं तो पिव नहीं, पिव तो मान निवारि।। (96)

आपा मेटे पिव मिलै, पिव में रहा समाय।
अकथ कहानी प्रेम की, कहे तो को पतियाय? (97)

सुन सखी पिय में जीव बसै, जीव में बसै कि पीव?
जीव पीव बूझहु नहीं, घट में जीव कि पीव? (98)

जब हम रहलीं हठिल दीवानी, तब पिया मुखा न बोला।
जब दासी भई खाक बराबर, साहिब अन्दर खोला।। (99)

ज्यूं मन मेरा तुज्झ सों, यों जे तेरा होइ।
ताता लोहा यों मिलै, संधि न लखई कोइ।। (100)

सांई केरे बहुत गुन, लिखे जो हिरदे मांहि।
पिऊं न पानी डरपता, मत वै धोए जाहिं।। (101)

(iv) बिरह

सो मेरा बालम कबै घर आवै? ता देखे मेरा जिय सुख पावै।।
बिरह अगनि तन दिया जराई। बिन दरसन क्यूं होइ सहाई?
निस बासर मन रहै उदासा। जैसे चातिग नीर पियासा।।
कहै कबीर अति अतुरताई। हमको बेग मिलो पिव राई।। (102)

बालम, आओ हमारे गेह रे।
तुम बिन दुखिया देह रे।।
सब कोई कहे तुम्हारी नारी, मोको यह संदेह रे।
एकमेक हो सेज न सोवै, तब लग कैसो सनेह रे?
है कोई ऐसा पर उपकारी, पिय से कहे सुनाय रे?
अब तो बेहाल कबीर भयो है, बिन देखे जिव जाय रे।। (103)

हो बलिया कब देखूंगी तोहि?
अह निस आतुर दरसन कारन, ऐसी व्यापै मोहि।।
नैन हमारे तुम्ह कूं चाहें, रती न माने हार।।
बिरह अगनि तन अधिक जरावै, ऐसी लेहु विचार।।
बहुत दिनन के बिछुरे प्रीतम, मन नहीं बांधे धीर।।
देह छता तुम्ह मिलहु कृपा कर, आरतिवंत कबीर।। (104)

वे दिन कब आवेंगे माइ?
जा कारन यह देह मिली है, मिलिबो अंग लगाइ।।
हौं जानूं जे हिल मिल खेलूं, तन मन प्राण समाइ।।
या कामना करे परपूरन, समरथ हो राम राइ।।
मांहि उदासी माधुरि चाहे, चितवत रैन बिहाइ।।
सेज हमारी सिंघ भई है, जब सोऊं तब खाइ।।
यह अरदास दास की सुनिए, तन की तपन बुझाइ।
कहै कबीर मिले जे सांई, मिल कर मंगल गाइ।। (105)

सांई बिन दरद करेजे होय।
दिन नहिं चैन रात नहिं निंदिया, कासे कहूं दुख गोय?
आधी रतिया पिछले पहरवा, तरस तरस रही सोय।।
कहै कबीर सुनो भाई साधो, सांई मिलै सुख होय।। (106)

तड़फै बिन बालम मोर जिया।
दिन नहिं चैन, रैन नहिं निंदिया, तड़फ तड़फ के भोर किया।
तन मन मोर रहट अस डोलै, सूनी सेज पर जनम छिया।।
नैन थकित भए, पन्थ न सूझै, सांई बेदरदी सुध न लिया।
कहै कबीर सुनो भई साधो, हरो पीर दुख जोर किया।। (107)

अविनासी दुलहा कब मिलिहौ, सब संतन के प्रतिपाल।
हौं हिरनी पिय पारधी हो; मारे सबद के बान।

जाहि लागी सर जानही हो , और दरद नहिं जान।।
जल उपजी जल ही सो नेहा , रटत पियास पियास।
मैं ठाढ़ी बिरहन मग जोऊं , प्रियतम तुमरी आस।।
छोड़े गेह नेह लगि तुम से , भई चरन लौलीन।
ताला बेली होत घट भीतर , जैसे जल बिन मीन।।
दिवस न भूख, रैन नहिं निंदिया , घर अंगना न सुहाय।
सेजरिया बैरिन भई मौकूं , जागत रैन बिहाय।।
कै हम प्रान तजत हैं प्यारे , कै अपनी कर लेव।
दास कबीर बिरह अति बाढ़यो , हम को दरसन देव।। (108)

चरखा चलै सुरत बिरहन का।
काया नगरी बनी अति सुंदर, महल बना चेतन का।
सुरत भांवरी होत गगन में, पीढ़ा ज्ञान-रतन का।
महीन सूत बिरहन कातै, मांझा प्रेम भगति का।
कहै कबीर सुनो भाई साधो, माला गूंथो दिन रैन का।
पिया मोर ऐहैं पगा रखिहैं, आंसू भेंट देहौं नैन का।। (109)

रे हू क्यूं करि कागद लिख र पठाऊं। लिखता एकै गति न पाऊं।।
सखी यह जो दुख लिखिया लोरू। लिखत उसासनि सास जु छोरू।।
तो नैना भर नीर जु आवै। कागद लेखनि गरि आवै।।
जै किस ही पै जाए लिखाऊं। अपना दुख सब तिसहि सुनाऊं।।
कबीर पिया मनि दरद न आवै। छोड़ बदेस समझ घर आवै।।
कंठ लगाइ अमी रस पावै। तब बिरहन का सब दुख जावै।। (110)

परली पार मेरा पीव खड़ा है , मिल न् सकूं बिच पाणी वे।।
राम नाम की नाव कराऊं , मैं जिंद करु कुरवाणी वे।।
सावन बीता भादू ही आया , प्रीतम अजहुं न आया वे।।
कहै कबीर बंदी भई दिवानी , पीव बिछड़त दुख पाया वे।। (111)

उड़ उड़ भंवरा गए बिदेस। मोरे प्रीतम से कहें सन्देस।।
चोलि पुरानी जोवन भार। मोहि बिरह सतावे बार बार।।
ऊंचा पर्वत विषम घाट। अगम पंथ कोइ लहै न बाट।।
पार बेलि राच्यो है कन्त। मैं का संग खेलूं ऋतु बसन्त? (112)

उड़ जा रे, कुमतिया काग, उड़ जा रे।
तुम्हरो बचन मोहि नीक न लागै , स्रवन सुनत दुख जागै।

कोइल बोल सुहावन लागै, सब सुन सुन अनुरागै।।
हमरे सैंया परदेस बसत हैं, मोर चित चरनन लागै।
कहै कबीर सुनो भाई साधो, गुरू मिलै बड़ भागै।। (113)

कब पिव मिलिहौं सनेही आई?
लोभ मोह को जाल बनो है, ता में रहो अरुझाय।
जाकी सांची लगन लगी है, सो वा घर को जाइ।।
सुरत समानी सबद कुंड में, निरत रही लौ लाइ।
पिया बिना यों प्यारी तड़फै, तड़फ-तड़फ जिय जाइ।।
चलो सखी वा देसै चलिए, जहां पुरुष को ठांइ।
हंस हिरंबर चंवर ढुरत हैं, तन की तपन बुझाइ।।
कहै कबीर सुनो भाई साधो, सबद सुनो चित लाइ।
नाम पान पांजी जो पावै, सो वा लोकै जाइ।। (114)

नैहरवा हमका नहिं भावै।
सांई की नगरी परम अति सुन्दर, जहं कोई जाय न आवै।
चांद सूरज जहं पवन न पानी, को संदेस पहुंचावै?
दरद यह सांई को सुनावै।।
आगै चलो पंथ नहीं सूझै, पीछे दोष लगावै।
केहि विधि ससुरे जाउं मोरी सजनी, बिरहा जोर जनावै?
बिषै रस नाच नचावै।।
बिन सतगुरु अपनो नहिं कोई, जो यह राह बतावै।
कहत कबीर सुनो भाइ साधो, सपने प्रीतम पावै।
तपन यह जिय की बुझावै।। (115)

मैं कासों कहूं आपन पिय की बात री?
कहै कबीर बिछुड़ नहिं मिलिहौ, ज्यों तरवर छोड़ बनधाम री।। (116)

बिरहन, सुनो पिय की बानी।
सहज स्वभाव मूल रहु रहनी, सुनो सब्द सुरति तानी।।
सील सन्तोष के बांधो कांगन, होय रहो मगन दिवानी।
सत्त भेष धारै जो बिरहन, तो पिय के मन मानी।।
कुमति जराय सुमति उजियारी, तब सूरत ठहरानी।
सो हंसा सुखसागर पहुंचे, भरे मुक्ति जहां पानी।। (117)

का संग होरी खेलूं हो, बालम है परदेसवा?
आई है अब रितु बसंत की, फूलन लागे टेसुवा।
बस्त्र रंगीले पहिरन लागे, बिरहन ढारत आंसुवा।।
भर गए ताल तलैया सागर, बोलन लागे मेघवा।
उमड़ी नदी नाव कहां पाओ, केहि विधि लिखूं संदेसवा?
जो जो गए बहुरि नहिं आए, कैसन है वह देसवा?
आवत जावत लखै न कोई, येही मोही अंदेसवा।।
बालापन जोबन दोउ बीते, पाकन लागे केसवा।
कहै कबीर निज मांग सम्हारी, ले सतगुरु उपदेसवा।। (118)

बिरहिनि झकोरा मारी।
को बूझै गति न्यारी?
चोवा चन्दन अविर अरगजा, करनी कै केसर घोरी।
प्रेम प्रीति कै भर पिचकारी, रोम रोम रंगी सारी।।
बाजत ताल मृदंग झांझ डफ, तुरही तान नफीरी।
सुरत निरत जहं नाचन निकसे, बाढ़त रंग अचारी।।
फागुन के दिन आन लगो री, अब कैसे काह करो री?
दास कबीर आतम परमातम, खेलत बहियां मरोरी।। (119)

निस-दिन सालै घाव, नींद आवै नहीं।
पिया मिलन की आस, नैहर भावै नहीं।।
खुल गए गगन-किवाड़, मन्दिर उजियार भयो।
भयो है पुरुष से भेंट, तन-मन वार दयो।। (120)

रात्यूं रूनी बिरहिनी, ज्युं बच्चों को कुंज।
कबीर अंतर परजल्या, बिरह अग्नि को पुंज।। (121)

चकवी बिछुरी रैन की, आय मिली परभात।
जो जन बिछुरे राम सों, दिवस मिले नहिं रात।। (122)

बासर सुख नहिं रैन सुख, ना सुख सुपिनै मांहि।
जो नर बिछुरे राम सों, तिनको धूप न छांहि।। (123)

बहुत दिनन की जोहती, बाट तुम्हारी राम।
जिय तरसै तुझ मिलन को, मन नाहीं बिसराम।। (124)

बिरहन ऊभी पंथ सिरि, पंथी पूछे धाय।
एक सब्द कहो पीव का, कब हि मिलेंगे आय? (125)

अंदेसड़ा न भाजिसी, संदेसौ कहिया।।
कै हरि आया भाजिसी, कै हरि ही पास गया।। (126)

महिंदी कर के घालिया, आप पिसाइ पिसाइ।
तै सह बात न पूछिहै, कबहुं न लाई पाइ।। (127)

बिरह बड़ो बैरी भयो, हिरदा धरै न धीर।
सुरति सनेही ना मिलै, मिटै न मन की पीर।। (128)

बिरह प्रबल दल साज के, घेर लियो मोहि आय।
नहिं मारै छाड़े नहीं, तड़फ-तड़फ जिय जाय।। (129)

बिरहा सेती मति अड़े, रे मन मोर सुजान।
हाड़ मांस रग खात है, जीवत करै मसान।। (130)

बिरहा बिरहा मत कहो, बिरहा है सुलतान।
जा घट बिरह न संचरे, सो घट जान मसान।। (131)

हँस हँस कंत न पाइया, जिन पाया तिन रोय।
हाँसी-खेलां पिव मिले, नहिं दुहागन कोय।। (132)

कबीर हँसना दूर कर, रोने से कर चीत।
बिन रोए क्यों पाइए, प्रेम पियारा मीत? (133)

अंखड़ियां प्रेम कसाइयां, लोग जानै दुखड़ियां।
सांई अपने कारने, रोइ रोइ रतड़ियां।। (134)

कबीर सुपनै रैन के, पड़ा कलेजे छेक।
जब सोऊं तब दुइ जना, जब जागूं तब एक।। (135)

कबीर बैद बुलाइया, जो भावै सो लेय।
जिह जिह औषध पिव मिलै, सो सो औषध देय।। (136)

कबीर बैद बुलाइया, पकर के देखी बांहि।
बैद न बेदन जानसी, करक कलेजे मांहि।। (137)

बिरह बान जेहि लागिया, औखद लगे न ताहि।
सिसक-सिसक मर-मर जिवे, उठे कराहि कराहि।। (138)

जाहु बैद घर आपने, तेरा किया न होय।
जिन या बेदन निरमई, भला करेगा सोय।। (139)

आय न सकि हौं तोहि पै, सकूं न तुझै बुलाय।
जियरा यों ही लेहुगे, बिरह तपाय तपाय।। (140)

नैन हमारे जल गए, छिन छिन लोड़ैं तुज्झ।
ना तू मिलै न मैं खुसी, ऐसी बेदन मुज्झ।। (141)

या तन जारूं मसि करुं, लिखूं राम का नाउं।
लेखनि करूं करंक की, लिख-लिख राम पठाउं।। (142)

या तन जारूं मसि करूं, करूं धुवां सो रंग।
मति वह राम दया करै, बरस बुझावै अंग।। (143)

कै बिरहन को मीच दे, कै आप दिखलाय।
आठ पहर का दाझना, मो पै सहा न जाय।। (144)

चोट सतावै बिरह की, सब तन जरजर होय।
मारन हारा जानि है, कै जिस लागि सोय।। (145)

कबीर तन मन यों जला, बिरह अगनि सूं लाग।
मृतक पीड़ न जानई, जानेगी यह आग।। (146)

सब रग तंत रबाब तन, बिरह बजावै नित्त।
और न कोई सुन सकै, कै सांई कै चित्त।। (147)

हिरदा भीतर दौं बलै, धूवां प्रगट न होय।
जाकै लागी सो लखै, कै जिहि लाई सोय।। (148)

अंखियन तो झांई परी, पंथ निहार निहार।
जिभ्या तो छाला पड़ा, पीव पुकार पुकार।। (149)

नैनन तो झड़ि लाइया, रहट बहे निसवास।
पपिहा ज्यों पिव पिव रटै, पिया मिलन की आस।। (150)

हँसूं तो दुख न बीसरूं, रोऊं बल घट जाय।
मनही मांहि बिसूरना, ज्यों घुन काठहि खाय।। (151)

बिरह भुवंगम पैस कर, किया कलेजै घाव।
साधू अंग न मोड़ही, ज्यूं भावै त्यूं खाव।। (152)

कबीर पीर पिरावनी, पंजर पीड़ न जाइ।
एक ज पीड़ परीत की, रही कलेजा छाइ।। (153)

दीपक पावक आणिया, तेल भी आण्या संग।
तीन्यूं मिल कर जोइया, उड़-उड़ पड़ैं पतंग।। (154)

देखत देखत दिन गया, निसि भी देखत जाय।
बिरहन पिव पावै नहीं, जियरा तड़फत जाय।। (155)

रोवत रोवत मैं फिरूं, नैन गंवायो रोय।
सो बूटी पाऊं नहीं, जासों जीवन होय।। (156)

इस तन का दीवा करूं, बाती मेल्यूं जीव।
लोही सीचूं तेल ज्यूं, कब मुख देखूं पीव।। (157)

फाड़ पटोरा धज करूं, कामलिया पहराऊं।
जिन जिन भेषै पिव मिलै, सो सो भेष बनाऊं।। (158)

सुखिया सब संसार है, खावै अरु सोवै।
दुखिया दास कबीर है, जागै अरु रोवै।। (159)

जलो हमारा जीवना, यों मत जीवो कोय।
सब जग सूता नींद भर, हमकूं नींद न होय।। (160)

पिय बिन जिय तरसत रहै, पल पल बिरह सताय।
रैन दिवस मोहि कल नहिं, सिसक-सिसक दम जाय।। (161)

पिव पिव कह कह कूकिए, ना सोइय असरार।
रात दिवस के कूकते, कबहुंक लगै पुकार।। (162)

जो जन बिरही राम के, तू बिरहन क्यूं लाल?
देही से उद्यम करै, यों हम भई निहाल।। (163)

सब कोय बिरहन पीयरी, कैसा है उनमान?
परचा पाया पीव का, देखे ही परमान।। (164)

अबिनासी की सेज का, बिरह अगन घट लाग।
कहिवे को सोभा नहीं, क्या जानेगी आग? (165)

तन मन जोबन जर गया, कुइला जल भइ राख।
बिरहन जानै पीर को, कुइला भई न राख।। (166)

लकड़ी जली कुइला भई, सब घट रहा समाय।
मैं बिरहन ऐसी जली, धूवां हुइ हुइ जाय।। (167)

हौं बिरहा की लाकड़ी, समझ समझ धूंधाऊं।
छूट पडूं यों बिरह ते, सारी ही जल़ जाऊं।। (168)

बिरह जलाई मैं जलूं, जलती जलहरि जाऊं।
मो देख्या जलहरि जलै, संतौ कहा बुझाऊं।। (169)

पावक रूपी राम है, सब घट रहा समाय।
चित चकमक चहुटै नहीं, धूवां हो हो जाय।। (170)

फाटे दीदे मैं फिरूं, नजर न आवे कोय।
जिस घट मेरा सांइया, सो क्यों छाना होय? (171)

पहले अगनी बिरह की, पीछे प्रेम पियास।
कहै कबीर तब जानिए, पीव मिलन की आस? (172)

एक दृष्टि दो नैन हैं, एक सब्द दो कान।
हम तुम एके पटतरा, दो घट में इक प्रान।। (173)

यह तत वह तत एक है, एक प्रान दुइ गात।
अपने जिय से जानिए, मेरे जिय की बात।। (174)

अब की जो सांई मिले, सब दुख आखूं रोय।
चरणों ऊपर सिर धरूं, कहूं जो कहना होय।। (175)

कबीर सांई मिलेंगे, पूछेंगे कुसलात।
आदि अन्त की सब कहूं, उर अन्तर की बात? (176)

सुन्दरी देइ संदेसरा, सुनो हमारे पीव।
जल बिन मछली क्यों जिए, पानी हूं का जीव।। (177)

सुपने में सांई मिला, सोवत लिया जगाय।
आंख न खोलूं डरपता, मत सुपना ह्वै जाय।। (178)

बिरहन जलती देख के, सांई आए धाय।
प्रेम बूंद सों छिरक के, जलती लेव बुझाय।। (179)

कबीर साथी सो किया, दुख-सुख जाहि न कोय।
हिल मिल कै संग खेलई, कधी बिछोह न होय।। (180)

सोऊं तो सुपने मिलूं, जागूं तो मन मांहि।
लोचन राते सुभ घड़ी, बिसरत कबहूं नाहिं।। (181)

(v) माता-पिता

हरि जननी मैं बालक तेरा।
काहे न अवगुन बकसहु मेरा।।
सुत अपराध करत है केते। जननी के चित रहैं न तेते।।
कर गहि केस करै घाता। तऊ न हेत उतारै माता।।
कहै कबीर इक बुद्धि बिचारी। बालक दुखी दुखी महतारी।। (182)

डारी खांड पटक कर, अंतर रोस उपाइ।
रोवत रोवत मिल गया, पिता पियारे जाइ।। (183)

ग. व्यभिचार की मनाही

(i) जार पुरुष

जो तू भक्ति करन को चाहत हो, निन्दा से नहिं डरियो जी।
पांच छड़ी कोई सिर पर मारे, सहत बने तो सहियो जी।।
मूरख आगे ग्यान न कथियो, मौनी होके रहियो जी।
परतिरिया से नेह न करिहो, देखत दूर से डरियो जी।।
यह संसार विषय के कांटा, निरख-परख पग धरियो जी।
दास कबीर की निर्गुन बानी, मरहम होके बुझियो जी।। (184)

मुखड़ा क्या देखै दरपन में, तेरे दया धरम नहिं तन में।
आम की डार कोइलिया बोलै, सुवना बोलै वन में।।
घरबारी तो घर में राजी, फक्कड़ राजी वन में।
ऐंठी धोती पाग लपेटी, तेल चुआ जुलफन में।।
गली गली की सखी रिझाईं, दाग लगाया तन में।
पाथर की इक नाव बनाई, उतरा चाहे छन में।
कहत कबीर सुनो भाई साधो, वे क्या चढ़िहैं रन में।। (185)

चोवा चन्दन लाय के, पहरे बसन बनाय।
गलियों में झांकत फिरै, परतिय लख मुसकाय।। (186)

परनारी पैनी छुरी, बिरला बाचै कोय।
कबहूं छेड़ न देखिए, हँस हँस खावे रोय।। (187)

परनारी परसुन्दरी, बिरला बांचै कोय।
खाता मीठी खांड सी, अंत काल विष होय।। (188)

परनारी परतख छुरी, विरला बांचै कोय।
ना ऊ पेट संचारिए, जो सोने की होय।। (189)

परनारी राता फिरै, चोरी बिढ़ता खाय।
दिवस चार सरसा रहै, अन्त समूला जाय।। (190)

परनारी को राचनो, जिसी लहसुन की खान।
कोने बैठे खाइए, परगट होइ दिवान।। (191)

परनारी परसुन्दरी, जैसे सूली साल।
नित कलेस भुगतै सही, तहू न छोड़े खाल।। (192)

परनारी के राचणै, औगुण है गुण नाहिं।
खार समुंद में माछली, केता बह-बह जाहिं।। (193)

कबीर तासूं प्रेम कर, जो निरबाहै ओड़।
बनिता विविध न राचिए, देखत लागै खोड़।। (194)

नार पराई अपन कै देखै, सो नर पार न पावै। (195)

त्याग देई परनारी। (196)

परधन त्यागो औ परनारी, सब्द अनाहद लेहु बिचारी। (197)

बिषिया सुख के कारनै, जाइ गनिका सूं प्रीत लगाई। (198)

काम स्वाद कियो व्यभिचारा, राम रहा उनहू ते न्यारा।। (199)

मैं चितवत हूं तोहि को, तू चितवत कछु और।
लानत ऐसे चित्त पर, एक चित्त दुइ ठौर।। (200)

(ii) जारिणी स्त्री

पीया सूं न परचा फूली डोले।
नहीं पतिव्रत एक साहिब को, विभचारणी दसा सूं बोलै।।
अपने पीव सूं रहै अबोले। अंतर गांठ जार सूं खोलै।।
कहै कबीर छान भई दीवानी। ताते पीव के मन नहीं मानी।। (201)

जाड़न मरै सफेदी सौरी। खसम न चीन्है घरनि भई बौरी।।
सांझ सकार दिया ले बारै। खसमहि छोड़ संबरै लगवारे।।
वाही के रस निस दिन रांची। पिया से बात कहै नहिं सांची।।
सोवत छोड़ चली पिव अपना। ई दुख अब धौं कहिए केहि सना? (202)

तुम्हारे जो देखा कर्म निहारी, तुम तो हो पांच भतारी जी।।
तुम्हारे जो रसिया पांचों रस चाहे, तोहि खैंच खैंच ले जाई जी।।
तुम घरि भर चैन न पावो, किस का हुकुम जगावा जी? (203)

अब चित चेत करो, चित चेत करु मूरख लबार।
मइया तो तेरी कुंवर देई, लोग उन के मनुष हजार।
चकर मकर चित चाची तुम्हारी, उनहु के दस लगवार।।
निरबुधिया है फूफू तुम्हारी, पोछिया डोलावनिहार।
मानकुंवर मन मौसी तुम्हारी, फांद जाय डंडवार।।
काम क्रोध दुनो ननद बजिन्दा, सोवलीं पांव पसार।
वहि घर के पति कैसे रहत हैं, जहां गाहि के गाहि छिनार? (204)

चली कुलबोरनी गंगा नहाय।
सतूवा कराइन बहुरि भुजाइन, घूंघट ओटे मसकत जाय।
गठरी बांधिन मोटरी बांधिन, खसम के मूड़े दिहिन धराय।।
बिछुवा पहिरिन औंठा पहिरिन, लात खसम को मारिन धाय।
गंगा नहाइन यमुना नहाइन, नौ मन मैलहि लिहिन चढ़ाय।।
पांच पचीस के धक्का खाइन, घरहु की पूंजी आई गमाय।
कहै कबीर हेतु करु गुरु से, नहिं तोर मुक्ती जाई नसाय।। (205)

बुढ़िया हँस बोली मैं नितही बार। मोसे तरुनि कहो कौन नार?
दांत गए मोरे पान खात। केश गए मोर गंग नहात।।
नैन गए मोरे कजरा देत। बैस गए परपुरुष लेत।।
जान पुरुषवा मोर अहार। अनजाने का करों सिंगार।।
कहै कबीर बुढ़िया आनन्द गाय। पूत भतारहिं बैठी खाय।। (206)

दरस तुम्हारा दुर्लभ, मैं तो भई दिवानी।
ठांव ठांव पूजा करे, कोई सखिया सयानी।।
पिया के रूप चीन्है नहीं, अपने भर्म भुलानी।
आग लगे वहि योवना, सोवे सेज बिरानी।। (207)

खसम न चीन्है बावरी, का करत बड़ाई?
बातन लगन न होएंगे, छोड़ो चतुराई।
साखी सब्द संदेस पढ़, मत भूलो भाई।
सार-प्रेम कछु और है, खोजा सो पाई।। (208)

स्वारथ बीगड़ै समझ देखी मन मांहि।
भेष धरयौ है जग ठगन कूं, परमारथ कूं नाहिं।।
पीव कहति कै कामनि, उठ चलि संगी जार।
दोन्यूं खोया हाथ सूं, जार हुआ न भरतार।। (209)

गुरु मरजाद न भक्तिपन, नहिं पिव का अधिकार।
कहै कबीर बिभिचारिनी, नित्त नया भरतार।। (210)

बिभिचारिन बिभिचार में, आठ पहर हुसियार।
कहै कबीर पतिबरत बिन, क्यों रीझै भरतार? (211)

बिभिचारिन के बस नहीं, अपनो तन मन दोय।
कहै कबीर पतिबरत बिन, नारी गई बिगोय।। (212)

नार कहावै पीव की, रहे और संग सोय।
जार सदा मन में बसै, खसम खुसी क्यों होय? (213)

नवसत साजे कामिनी, तन मन रही संजोइ।
पिव के मन भावै नहीं, पटम कीए क्या होइ? (214)

सेज बिछावै सुन्दरी, अन्तर परदा होय।
तन सौंपै मन दे नहीं, सदा दुहागिन सोय।। (215)

अलख चितेरा कर बिजा, रच माया के मौन।
काया कर्मवस हो रही, नहिं जानै पति कौन।। (216)

कबीर जो कोइ सुन्दरी, जान करै बिभिचार।
ताहि न कबहूं आदरै, प्रेम पुरुष भरतार।। (217)

व्यभिचारिन पापन अति दुष्टा। ते न होय कबही संतुष्टा।।
घर घर घूमे बात चलावै। नित नवीन दूसर पति धावै।। (218)

गई हौ पिय के महल, पिया संग ना रही।
तेरे हृदय कपट रहि छाय, कुमति लज्जा भरी।। (219)

(ii) बाप पूत कै एकै नारी

बाप पूत कै एकै नारी, एकै माय बियाय।
ऐसा पूत सपूत न देखा, बापहि चीन्है धाय।। (220)

(iv) वेश्या और वेश्या का पूत

मन मूल सींच मन मूल सींच, मन मूल सींच मन माली रे।
मूलक सिंचे फूल फल लागै, फूल लगै तेरि बारी रे।
जो फल लागै अनुभव जागै, खुल गई भरम किवारी रे।।
वेस्या के घर बालक जनमे, पिता कवन को गावै रे?
दास कबीर के निर्गुन कहरा, महरा होय सो पावै रे।। (221)

होइ है कस नाम बिना निस्तारा?
देवी देवा भूतल पूजा, आतम राम बिसारा।
बैस्या कै पूत पितु कौन से कहिहै, ऐसा ही संसारा।। (222)

कबीर माया बेसवा, दोनूं की इक जात।
आवत को आदर करैं, जात न बूझैं बात।। (223)

झालि परे दिन आथवे, अंतर परिगइ सांझ।
बहुत रसिक के लागते, बेस्वा रह गइ बांझ।। (224)

राम पियारे छोड़ के, करे आन का जाप।
वेस्या केरा पूत ज्यों, कहै कौन को बाप? (225)

गनिका के घर बेटा जाया, पिता नांव किस कहिए? (226)

दासी केरा पूत जी, पिता कौन से कहै?
गुरु बिन नर भरमत फिरै, मुक्ति कहां से लहै? (227)

चोरी के बालक की नाई, कासूं बाप कहै रे? (228)

(v) घर कलह

संतो, घर में झगरा भारी।
रात दिवस मिलि उठि-उठि लागैं, पांच ढोटा इक नारी।।
न्यारो-न्यारो भोजन चाहैं, पांचों अधिक सवादी।
कोइ काहु का हटा न मानै, आपुहि आप मुरादी।।
दुरमति केर दोहागिन मेटै, ढोटहिं चांप चपेरे।
कहै कबीर सोई जन मेरा, जो घर की रार निबेरे।। (229)

धोबिया घर का भया न बन का।
घाटै जाय धुबिनिया मारै, घर में मारे लरिका।।
आज काल आपै फुटि जाई, जैसे ढेल डगर का।।
भूला फिरै लोभ के मारे, जैसे स्वान सहर का।।
कहै कबीर सुनो भाई साधो, भेद न कहो नगर का।। (230)

कामिनि कहै मोर पिव आही। बाघिन रूप गरासन चाही।।
सुतहु कलत्र रहैं लो आई।। जम की नांइ रहैं मुख बाई।। (231)

अजहूं तेरा सब मिटे, जो जग मानै हार।
घर में झगरा होत है, सो घर डारो जार।। (232)

खलक मिला खाली हुआ, बहुत किया बकवाद।
बांझ हिलावै पालना, तामें कौन सवाद? (233)

सहर जरै पहरू सुख सोवै, कहै कुसल घर मेरा। (234)

(v) भूले को घर लावै

अवधू, भूले को घर लावै।
सो जन हम को भावै।।
घर में जोग भोग घर ही में, घर तज बन नहिं जावै।
बन के गए कलपना उपजै, तब धौं कहां समावै?
घर में जुक्ति मुक्ति घर ही में, जो गुरु अलख लखावै।

सून्य ध्यान की आसा तज के, सहज समाधि लगावै।।
घर की नार जु परघर बसिया, अवघट घाट चलावै।
बाको निरख न्यार हो रहिए, वह सब को बहकावै।।
सुख आनंद साहबी तज के, काहे खाक लगावै?
सुरत निरत सो मेला कर के, अनहद नाद बजावै।।
घर में बस्तु बस्तु भी घर है, घर ही बस्तु मिलावै।
कहै कबीर सुनो हो अवधू, ज्यों का त्यों ठहरावै।। (235)

दारा गृह छोड़ि उदास फिरै, बन खंड में जाइ समाधि लागै।
इंगला पिंगला सुखमना ध्यान, झिलमिल जोति के मद्ध पागै।
तीरथ में नित भरमि फिरै, द्वारका जाइ के देह दागै।
कहै कबीर पै बिवेक बिना, कछू नहिं बंदे हाथ लागे। (236)

डगरिया भूल गई, मैं केहि विधि घर को जाव?
पन्थ चलत केते दिन बीते, ढूंढ अनेकन भाव।
नाना कर्म करत मन हारे, ज्यों मृग जल को धाव।।
बेद पढ़ पढ़ पण्डित भूले, चतुर न पावहि ठांव।
जेहि पूछो सो नाम बतावै, नाहिं दिखावै गांव।।
भरमक पन्थ परा जग सारा, कुसल कतहुं नहिं पाव।
कहै कबीर सुनो भाई साधो, छोड़ भरम घर आव।। (237)

मन थिर रहै न घर है मेरा।
इन मन घर जारे बहुतेरा।।
घर तज बन बाहर कीयो बास। घर बन देखौं दोऊ निरास।।
जहां जाऊं तहां सोग संताप। जरा मरन को अधिक बियाप।।
कहै कबीर चरण तोहि बंदा। घर में घर दे परमानंदा।। (238)

यह तो घर है प्रेम का, खाला का घर नाहिं।
सीस उतारै भुईं धरै, तब पैठे घर मांहि।। (239)

जब लग मरने से डरै, तब लग प्रेमी नाहिं।
बड़ी दूर है प्रेम घर, समझ लेहु मन मांहि।। (240)

प्रेम पिछोरी तान के, सुख मंदिर में सोय।
घर कबीर को पाय के, कहां मुक्ति को रोय? (241)

घर जारै घर ऊबरै, घर राखै घर जाय।
एक अचंभा देखिया, मुआ काल को खाय।। (242)

जो तू पिय की प्यारनी, अपना कर ले री।
कलह कलपना मेट कर, चरनों चित दे री।। (243)

घ. सती नहीं, घर बासा

लोगवै बड़ मतलब के यार, अब मोहि जान पड़ी।
जब लग बैल रहै बनिया घर, तब लग चाह बड़ी।।
मोह भरम से सती होत है, पिया के फंद परी।
हरदम साहिब ना पहचाना, मुरदे संग जरी।।
हरा बृच्छ पंछी आ बैठा, रीति मनोरथ की।
जला बृच्छ पंछी उड़ चाला, यही रीति जग की।।
कहै कबीर सुनो भाई साधो, मनसा बिषय भरी।
मनुवा तो कहिं औरहि डोलै, जपता हरी हरी।। (244)

फूला-फूला फिरै जगत में, रे मन, कैसा नाता रे?
माता कहै यह पुत्र हमारा, बहन कहै बिर मेरा।
कहै भाई भुजा हमारी, नार कहै नर मेरा।।
पेट पकर के माता रोवै, बांह पकर कै भाई।
लपट-झपट के तिरिया रोवै, हंस अकेला जाई।।
जब लग जीवै माता रोवै, बहन रोवै दस मासा।
तेरह दिन तक तिरिया रोवै, फेर करे घर बासा।।
चार गजी चरगजी मंगाया, चढ़ा काठ की घोरी।
चारों कोने आग लगाया, फूंक दिया जस होरी।।
हाड़ जरे जस लाकड़ी, केस जरे जस घासा।
सोना ऐसी काया जल गई, कोई न आया पासा।। (245)

अध्याय-6

हर मनुष्य सम्माननीय है

क. छुआछूत दुश्मनी है
ख. को बाम्मण को सुद्दा
ग. कुदरत के सब बंदे

क. छुआछूत दुश्मनी है

पांडे, बूझ पियहु तुम पानी।
जेहि मटिया के घर में बैठे, ता में स्रिष्टि समानी।।
मच्छ कच्छ घरिआर बिआने, रुधिर नीर मल भरिया।
नदिया नीर नरक बह आवै, पसु मानुस सब सरिया।।
हाड़ झरी झरि गूद गली गलि, दूध कहां से आया?
सो ले पांडे जेवन बैठे, मटियहि छूत लगाया।।
पोथी पतरा दूर कर पांडे, ई सब मन के भरमा।
कहै कबीर सुनो हो पांडे, ई सब तोहरे करमा।। (1)

पंडित, देखो मन में जानी।
कहु धौं छूत कहां सों उपजी, तबहि छूत तुम मानी।।
नादे बिंदे रुधिर के संगे, घट ही में घट सज्जै।
अस्ट कंवल हो पुहुमी आया, छूत कहां से उपजै?
छूतहि जेवन छूतहि अंचवन, छूतहि जगत उपाया।
कहै कबीर ते छूत बिवरजित, जाके संग न माया।। (2)

पंडित, सुनो मनहि चित लाई।
जोई सुत के बन्यो जनेऊ, ताकी पाग बनाई।
धोति पहर के भोजन कीन्हा, पगरी में छूत लगाई।।
रक्त मांस को दूध बनो है, चमड़ी धरी दुराई।

सोई दूध से पुरखा तरिगे, चमड़ा में छूत लगाई।।
जनम लेत उढ़री अबला के, ले मुख घोर पियाई।
जब पंडित तुम भए गियानी, चालत पंथ बढ़ाई।।
कहै कबीर सुनो हो पण्डित, नाहक जग में आई।
बिना बिबेक ठौर ना कतहूं, बिरथा जनम गंवाई।। (3)

एकै पवन एक ही पानी। करी रसोई न्यारी जानी।।
माटी सूं माटी ले पोती। लागी कहो कहां धू छोती?
धरती लीप पवित्र कीन्ही। छोत उपाय लोक बिधि दीन्ही।।
याका हम सूं कहो बिचारा। क्यूं भव तिरिहौ इहि आचारा? (4)

ए पाखंड जीव के भरमा। मानि अमानि जीव के करमा।।
कर आचार जु ब्रह्म सतावा। नांव बिना संतोष न पावा।।
सालिगराम सिला कर पूजा। तुलसी तोड़ भया नर दूजा।।
ठाकुर ले पाटै पौढ़ावा। भोग लगाई अरु आपै खावा।।
सांच सील का चौका दीजै। भाव भगति की सेवा कीजै।।
भाव भगति की सेवा मानै। सतगुरु प्रकट कहै, नहिं छानै।।
अनभै उपजि न मन ठहराई। परकीरति मिलि मन न समाई।।
जब लग भाव भगति नहीं करिहौ। तब लग भवसागर क्यूं तिरिहौ? (5)

कहु पांडे, कैसी सुचि कीजै? सुचि कीजै तो जनम न लीजै।।
जा सुचि केरा करहु बिचारा। भिष्ट भए लीन्हा औतारा।।
जा कारण तुम धरती काटी। तामें मूए जीव सौ साटी।।
जा कारण तुम्ह लीन जनेऊ। थूक लगाइ कातै सब कोऊ।।
एक खाल घृत केरी साखा। दूजी खाल मैले घृत राखा।।
सो घृत सब देवतनि चढ़ायो। सोई घृत सब दुनिया खायो।।
कहै कबीर सुचि देहु बताई। राम नाम लीजो रे भाई।। (6)

कहु पांडे, सुचि कौन ठांव,
जिहि घर भोजन बैठि खाऊं?
माता जूठी पिता पुनि जूठा, जूठे फल चित लागे।
जूठा आवन जूठा जाना, चेतहु क्यूं न अभागे?
अन्न जूठा पानी पुनि जूठा, जूठे बैठि पकाया।
जूठी कड़छी अन्न परोसा, जूठे जूठा खाया।।
चौका जूठा गोबर जूठा, जूठी का ढीकारा।
कहै कबीर तेइ जन सूचे, हरि भज तजहिं बिकारा।। (7)

काहे कूं कीजै पांडे छोति बिचारा? छोति ही ते उपना संसारा।।
छोति छोति करता तुम्हही जाए। तो ग्रभ वास काहे कूं आए?
जनमत छोति मरत ही छोति। कहै कबीर हरि की निर्मल जोति।। (8)

कहु रे पंडिया कौन पवीता, ऐसा ग्यान जपहु मेरे मीता।।
जल है सूतक, थल है सूतक, सूतक ओपति होई।
जनमे सूतक, मूए फुनि सूतक, सूतक परज बिगोई।
नैनहु सूतक, बैनहु सूतक, सूतक स्रवनी होई।
ऊठत बैठत सूतक लागै, सूतक परै रसोई।।
फांसन की बिधि सब कोऊ जानै, छूटन की इक कोई।
कहै कबीर राम रिदै बिचारै, सूतक तिनै न होई।। (9)

जागति ज्योति तहां छोति लाग नहीं, छोति लागै तहां भरम भाई।।
कर्म अरु भ्रम में जीव झूलै सबै, भ्रम चौरासी की पड़ा खाई।।
सांच के सब्द का भेद पावै नहीं, इन्द्रियां स्वाद सब जीव लागा।।
कहै कबीर जहां जागती ज्योति है, कर्म अरु भ्रम सब दूर भागा।। (10)

आतम तत बिचार सयानी। भरिए सरवर दीसै पानी।।
छोति कहै हूं त्रिभवन रानी। छोति की छोति उतारै पानी।।
पानी छोति उतारै पवन। पवन की छोति उतारै कवन?
पानी पवन दोइ धरणि समाना। पानी हिन्दू कि मुसलमाना?
पानी आवन पानी जाना। पानी में संसार समाना।।
आदि अंत का मरम न जाना। कहै कबीर संतन पहचाना।। (11)

पाड़ोसी सूं रूठना, तिल तिल सुख की हान।
पंडित भया सरावगी, पानी पीवै छान।। (12)

पण्डित भूले पढ़ि-गुनि बेदा। आप अपन पौ जानु न भेदा।।
संध्या तर्पण औ षट कर्मा। ई बहु रूप करे अस धर्मा।।
गायत्री युग चार पढ़ाई। पूछहु जाय मुक्ति किन पाई।।
और के छुए लेत हो छींचा। तुम सों कहहु कौन है नीचा?
ई गुण गर्व करो अधिकाई। अधिके गर्व न होय भलाई।।
जासु नाम है गर्व प्रहारी। सो कस गर्वहि सकै सहारी? (13)

ख. को बाम्मण को सुद्दा

ऐसा भरम बिगुरचन भारी।
बेद कतेब दीन अरु दुनिया , कौन पुरुष को नारी?
माटी का घट साज बनाया , नादे बिंद समाना।
घट बिनसे का नाम धरोगे , अहमक खोज भुलाना।।
एकै तुचा हाड़ मल मूतर , एक रुधिर इक गूदा।
एक बूंद सो सिस्टि रची है , को बाम्मण, को सुद्दा? (14)

जौ पै करता बरन बिचारै। जनमत तीन डांड किन सारै।।
उतपति ब्यंद कहां ते आया। जो धरी अरु लागी माया।।
नहिं को ऊंचा नहिं को नीचा। जाका प्यंड ताही का सींचा।।
जे तू बाम्मण बमणी जाया। आन बाट हो काहे न आया?
जे तू तुरक तुरकनी जाया। भीतर खतना क्यूं न कराया?
कहै कबीर मधिम नहिं कोई। मधिम जा मुख राम न होई।। (15)

साधो, एक रूप सब मांही।
अपने मनहि बिचार के देखो , और दूसरा नाहीं।।
एके त्वचा रुधिर पुनि एके, बिप्र सूद्र के मांही।।
कहिं नारी कहिं नर होइ बोले , गैब पुरुष वह आहीं।।
सब्द पुकार सत्य मैं भाखौ , अन्तर राखौ नाहीं।।
कहैं कबीर ग्यान जेहि निर्मल , बिरले ताहि लखाहीं।। (16)

बरण बिसारिए, धर निज निरगुण ध्यान।
सुम्रत ही संशय मिटै, उपजै सांचा ग्यान।।
रूप देख नहीं राचिए, तन बिन संता अंग।।
अविनासी सूं प्रीति कर , ज्यूं कबहुं न छाड़ै संग।।
धरयौ घाट सो बिनसिहै , अघट न घटै लगार।।
ताही सूं चित लाइए, भौजल उतरो पार।।
तीन गुणा परिए कै, सोइ प्रेम तत्त सार।।
कहै कबीर ताकूं भजौ , ज्यूं मन के मिटे विकार।। (17)

बैठे नाहिं साधु की संगति , करे गुमान बरन का।। (18)

बड़ सो पापी आहिं गुमानी। पाखंड रूप छलेउ नर जानी।।
बामन रूप छलेउ बलि राजा। बाम्मण कीन्ह कवन को काजा?

बाम्मण ही सब कीन्ही चोरी। बाम्मण ही को लागल खोरी।। (19)

बाम्मण कीन्हों ग्रन्थ पुराना। कैसहु कै मोहि मानुष जाना।।
एक से ब्रह्मै पंथ चलाया। एक से हंस गोपालहि गाया।।
एक से सिंभू पंथ चलाया। एक से भूत-प्रेत मन लाया।।
एक से पूजा जैनि बिचारा। एक से निहुरि निमाज गुजारा।।
कोउ काहु को हटा न माना। झूठा खसम कबीर न जाना।। (20)

जन्मत सूद्र मुए पुनि सूद्रा। क्रितम जनेऊ घाल जग धंधा।। (21)

तुम कत बाम्मण हम कत सूद? हम कत लोहू तुम कत दूध? (22)

गुप्त प्रगट है एकै दूधा। काको कहिए बाम्मण सूदा?
झूठे गरब भूलै मत कोई। हिन्दू तुरक झूठ कुल दोई।। (23)

कहै कबीरा सुन भाई साधो, पंडित हमने भगाया।। (24)

ग. कुदरत के सब बंदे

अव्वल अल्लह नूर उपाया, कुदरत के सब बंदे।
एक नूर ते सब जन उपजा, कौन भले को मंदे?
लोगा, भरमि न भूलहु भाई, भरमहि सब जग रहा भुलाई।
खालिक खलक खलक में खालिक, पूर रह्यो सब ठांई।।
माटी एक अनेक भांति करि, साजी साजन हारे।
ना कछु पोच माटी के भांडे, ना कछु पोच कुंभारे।।
अल्लह अलख न जाई लखिया, गुरु गुड़ दीना मीठा।
कहै कबीर मेरी संका नासी, सब घट साहब दीठा।। (25)

राम बिना संसार धुंध कुहेरा। सिरि प्रकट्या जम का फेरा।। (26)

बुत पूज पूज हिन्दू मुए, तुरक मुए सिर नाई।
ओइ ले जारि ओइ ले गाड़े, तेरी गति दुहूं न पाई।।
कबित पढ़े पढ़ कबिता मुए, कापड़ी केदारै जाई।
जटा धार धार जोगी मूए, तेरी गति इनहिं न पाई।।
द्रव्य संचि संचि राजे मूए, गाड़िले कंचन भारी।

बेद पढ़े पढ़ि पंडित मूए, रूप देख देख नारी।।
राम नाम बिन सबै बिगूते, देखहु निरख सरीरा।
राम नाम बिन किन गति पाई, पूछै दास कबीरा।। (27)

अरे, इन दोउन राह न पाई।
हिन्दू अपनी करै बड़ाई, गागर छुवन न देई।
बेस्या के पायन तर सोवै, यह देखो हिन्दुआई।।
हिन्दुन की हिन्दुआई देखी, तुरकन की तुरकाई।
कहै कबीर सुनो भई साधो, कौन राह ह्वै जाइ? (28)

इनकै काजी मुल्ला पीर पैगंबर, रोजा पछिम निवाजा।
इनकै पूरब दिसा देव दिज पूजा, ग्यारसि गंग दिवाजा।।
तुरक मसीत देहुरे हिंदू, दहूं ठां राम खुदाई।
जहां मसीत देहुरा नाहीं, तहां काकी ठकुराई?
हिन्दू तुरक दोऊ रह तूटी, फूटी अरु कनराई।
अरध उरध दसहूं दिस जित तित, पूर रहा राम राई।।
कहै कबीरा दास फकीरा, अपनी राह चल भाई।
हिंदू तुरक का करता एकै, ता गति लखी न जाई।। (29)

बाम्मण ग्यास करहि चौबीसा, काजी माह रमजाना।
ग्यारह मास पास के राखै, एकै मांहि नियाना।।
कहै कबीर सुनो नर नक्खैं, परहु एक ही सरना।
केवल राम जपो रे प्रानी, तब ही निहचै तरना।। (30)

अलह राम जिऊं तेरे नाई।
बंदे पर मिहर करो मेरे सांई।।
क्या ले मूड़ी भुंइ सूं मारै, क्या जल देह न्हवाए?
जोर करै, मसकीन सतावै, अवगुन रहै छिपाए।।
क्या उजू जप मंजन कीए, क्या मसीत सिर नाए?
दिल में कपट निवाज गुजारे, क्या हज काबै जाए?
जो र खुदाई मसीत बसत है, और मुलक किस केरा?
तीरथ मूरति राम निवासा, दुहु में किनहूं न हेरा।।
पूरब दिसा हरी का बासा, पच्छिम अलह मुकामा।
दिल में खोज दिलै दिल भीतर, इहां राम रहिमाना।।
जेती औरत मरदा कहिए, सब में रूप तुम्हारा।
कबीर पंगुड़ा अलह राम का, सो गुर पीर हमारा।। (31)

मीयां, तुम्ह सो बोल्या बन नहिं आवै।
हम मसकीन खुदाई बन्दे, तुम्हरा जस मनि भावै।।
अलह अवलि दीन का साहिब, जोर नहीं फुरमाया।
मुरसिद पीर तुम्हारै है को, कहो, कहां ते आया?
रोजा करै निवाज गुजारै, कलमै भिस्त न होई।
सत्तर काबे इक दिल भीतर, जे करि जाने कोई।।
खसम पिछान तरस कर जिय में, माल मतीं कर फीकी।
आपा जान सांई कूं जाने, तब हो भिस्त सरीकी।।
माटी एक भेष धरि नाना, सब में ब्रह्म समाना।
कहै कबीर भिस्त छिटकाई, दोजग ही मनमाना।। (32)

अरे भाई, दोइ कहां सो मोहि बताओ।
बिचिही भरम का भेद लगाओ।।
जोन उपाइ रची द्वै धरनी। दीन एक बीच भई करनी।।
राम रहीम जपत सुधि गई। उन माला उन तसबी लई।।
कहै कबीर चेतो रे भोंदू। बोलनहारा तुरक न हिन्दू।। (33)

हमरा झगरा रहा न कोऊ। पंडित-मुल्ला छोड़े दोऊ।
बुन बुन आप आप पहिरावो। जहं नहीं आप तहां है गावो।
पंडित-मुल्ला जो लिख दीया। छोड़ चले हम कछु न लीया।
रिदै खलास निरख ले मीरा। आज खोज खोज मिलै कबीरा।। (34)

हिन्दू ध्यावै देहरा, मूसलमान मसीत।
दास कबीर तहं ध्यावही, दोनों की परतीत।। (35)

हिन्दू मूवा राम कह, मूसलमान खुदाय।
कहै कबीर सो जीवता, दोउ के संग न जाय।। (36)

हिन्दू कहूं तो मैं नहीं, मुसलमान भी नाहिं।
पांच तत्व का पूतला, गैबी खेले मांहि।। (37)

अलख इलाही एक है, नाम धराया दोय।
कहै कबीर दो नाम सुन, भरम पड़ो मत कोय।। (38)

हिन्दू तुरक का साहिब एक। कह करै मुल्ला कह करै सेख।। (39)

अध्याय-7

कबीर कमीशन

क. साहब सब की जाति है
ख. सबै करम करिहूं
ग. राजा परजा एकहि मूला
घ. भूखा भूखा क्या करै
ङ. जो देवै सो खाय
च. मत कोई मांगो भीख
छ. रंक न हँसिए कोय
ज. श्रम, उद्यम और इल्म
झ. परमारथ के कारनै
ञ. सूरमा को अंग

क. साहब सब की जाति है

सन्तन जाति न पूछो निर्गुनिया।
साधुन में छत्तीस कौम हैं, टेढ़ी तोर पुछनिया।।
साधै नाऊ साधै धोबी, साधु जाति है बरिया।
साधुन में रैदास साधु हैं, स्वपच रिषी सो भंगिया।।
हिन्दू तुरुक दो दीन बने हैं, कछू नहीं पहचनिया।
लाखन जाति जगत में फैलीं, काल को फंद पसरिया।।
सब लोगन में सन्त बड़े हैं, सब्द रूप जिन देहिया।
कहै कबीर सुनो भाइ साधो, सत्य रूप वहि जनिया।। (1)

जाति न पूछो साधु की, पूछ लीजिए ग्यान।
मोल करो तलवार का, पड़ा रहन दो म्यान।। (2)

जाति जाति के पाहुने, जाति जाति के जाय।
साहिब सब की जाति है, घट घट रहा समाय।। (3)

कहै कबीर बिचार कर, तासूं लावो हेत।।
बरन बिवरजत हो रहा, ना सो स्याम न सेत।। (4)

ख. सबै करम करिहूं

आतम राम, सबै करम करिहूं।
सहज समाधि न जम ते डरिहूं।।
कुभरा हो कर बासन धरिहूं, धोबी हो मल धोऊं।
चमरा हो कर रंगूं अघोरी, जाति पांति कुल खोऊं।।
तेली हो तन कोल्हू करिहौं, पाप-पुण्य दोऊ पेरूं।
पांच बैल जब सूध चलाऊं, राम जेवरिया जोरूं।।
क्षत्री हो कर खड़ग संभालूं, जोग जुगति दोउ साधूं।
नउवा हो कर मन कूं मूंडूं, बाढ़ी हो कर्म बाढूं।।
अवधू हो कर यह तन धूतूं, बधिक हो मन मारूं।
बंजारा हो तन कूं बनजूं, जुवारी हो जम हारूं।।
तन कर नवका मन कर खेवट, रसना करऊं बड़ारूं।
कहै कबीर भव सागर तरिहूं, आप तिरूं बप तारूं।। (5)

साहब है रंगरेज चुनर मोरि रंग डारी।
स्याही रंग छुड़ाय के रे, दियो मजीठा रंग।
धोवे से छूटे नहीं रे, दिन दिन होत सुरंग।।
भाव के कुण्ड नेह के जल में, प्रेम रंग दइ बोर।
दुख देइ मैल छुड़ाय के रे, खूब रंगी झकझोर।।
साहब ने चुनरी रंगी रे, प्रीतम चतुर सुजान।
सब कुछ उन पर वार दूं रे, तन मन धन और प्रान।।
कहै कबीर रंगरेज पिया रे, मुझ पर हुआ दयाल।
शीतल चुनर ओढ़ के रे, भइ हौं मगन निहाल।। (6)

कौन रंगरेजवा रंगे मोरी चुनरी?
पांच तत्त की बनी चुनरिया, चुनरी पहर के लागै बड़ सुंदरी।
टेकुआ तागा कर्म कै धागा, गर बिच हरवा, हाथ बिच मुंदरी।
सोलहों सिंगार बतीसों अभरन, पिय पिय रटत पिया संग घुमरी।
कहै कबीर सुनो भाई साधो, बिन सतसंग कौन विधि सुधरी? (7)

सांई दरजी का कोई मरम न पावा।
पानी की सुई पवन का धागा। अष्ट मास नव सीयत लागा।।
पांच पेबंद की बनी रे गुदरिया। तामें हीरा लाल लगावा।।
रतन जतन का मुकुट बनावा। प्रान पुरुष को ले पहिरावा।।
दास कबीर अस दरजी पावा। बड़े भाग गुरु राम लखावा।। (8)

अस कोई मन हि लोह सम तावै।
करम जारि के कोइला कर दे, ब्रह्म अग्नि परचावै।
ताय तूय के निर्मल कर ले, सीख के नीर बुझावै।।
इतनो जोरि जुगत कर लावै, लगन लुहार कहावै।
ग्यान विवेक जतन से करले, जो बिधि अजर झरावै।।
सुरत निरत की संडसी कर ले, जुगत निहाई जमावै।
नाम हथौड़ा दृढ़ कर मारै, करम की रेख मिटावै।।
पांच आत्मा दृढ़ कर राखै, यों कर मन समझावै।
कहै कबीर सुनो भाई साधो, भूला अर्थ लगावै।। (9)

जतन बिन मिरगन खेत उजारे।
निस दिन चरत टरै नहिं टारे, बिडरत नाहिं बिडारे।
मन अभिमान दबत न काहू के, लोक वेद पचि हारे।।
मिरगा पांच पचीस मिरगिनी, तामें तनि चिकारे।
अपने अपने रस के भोगी, चरते न्यारे न्यारे।।
बुधि करु बाड़ि सुरति करु टाटी, गुरु के सब्द रखवारे।
कहै कबीर अब चरन न देहौं, बेरिया भलही सम्हारे।। (10)

मन रे ऐसी खेती करिए।
तातै काल दुकाल न डरिए।।
धीरज धरती बलद बमेका, पाछौरे प्रेम बनाया।
जो जप जुगति करि हलीया जोत्या, सांचा सीर कराया।।
झाड़ पिछोड़ दूर कर प्राणी, निज कण बीज जबाहवा।
चेतन पुरख राख रखवाला, ज्यूं निपज्यो खेत न खाया।।
मनसा मेट बिचाले रोपी, पांचा बलदा गाही।
बाव सुबाव तूतड़ा उड़िग्या, कण पतिघर में आई।।
गाड़ा भरिगो हांका ल्याया, कोठा भरिबा लागा।
कहै कबीर सुख की निधि निपजि, घर का टोटा भागा।। (11)

अब कोई खेतिया मन लावै।
ग्यान कुदार ले बंजर गोड़ै, नाम को बीज बोवावै।
सुरत सरावन नय कर फेरै, ढेला रहन न पावै।।
मनसा खुरपनी खेत निरावै, दूब बचन नहिं पावै।
कोस पचीस इक बथुवा नीचे, जड़ से खोद बहावै।।
काम क्रोध के बैल बने हैं, खेत चरन को आवैं।
सुरत लकुटिया ले फटकारै, भागत राह न पावैं।।
उलट पलट के खेत को जोतै, पूर किसान कहावै।
कह कबीर सुनो भाई साधो, जब वा घर को पावै।। (12)

जिनकी गगन घटा घहरानी।
चमका बीज भया उजियारी, मिट गई तिमिर निसानी।।
पूरब दिसा से उठि है बादरी, रिमझिम बरसै पानी।
आपन आपन मेंड सम्हारो, बहन न पावै पानी।।
दुबिधा दूब खोद किन डारो, बोयो नाम की धानी।
चित चेतन रखबारे राखो, चर न जाय मिरगानी।।
उपजो खेत नाज घर आयो, आनंद मगन किसानी।
कहै कबीर सुनो भाई साधो, तृष्ना तपन बुझानी।। (13)

ग. राजा परजा एकहि मूला

अब न बसूं इहि गांव गुसांई, तेरे नेवगी खरे सयाने, हो राम।।
नगर एक तहां जीवधर महता, बसै जु पंच किसाना।।
नैनू नकटू श्रवनू रसनू, इंद्री कहा न मानै, हो राम।।
गांइ कु ठाकुर खेत कु नेपै, काइथ खरच न पारै।।
जोर जेवरी खेत पसारै, सब मिलि मोकौं मारैं, हो राम।।
खोटो महतो, बिकट बलाही, सिर कसदम का पारै।।
बुरो दिवान दादि नहिं लागै, इक बांधै इक मारै, हो राम।।
अन्त बेर जब लेखा आया, बाकी निकसी भारी।।
पांच किसाना भाज गए हैं, जीवधर बांध्यौ पारी, हो राम।। (14)

निर्धन आदर कोई न देई। लाख जतन करै ओहु चित न धरेई।।
जो निर्धन सरधन के जाई। आगे बैठा पीठ फिराई।।
जो सरधन निर्धन कै जाई। दीया आदर लिया बुलाई।।
कहै कबीर निर्धन है सोई। जाकै हिरदै नाम न होई।। (15)

अवधू, कुदरत की गति न्यारी।
रंक निवाज करै वह राजा, भूपति करै भिखारी।।
ये ते लवंगहि फल नहिं लागै, चंदन फूल न फूलै।
मच्छ शिकारी रमै जंगल में, सिंह समुन्दर झूलै।।
रेंड रूख भए मलयागिर, चहुं दिसि फूटी बासा।
तीन लोक ब्रह्माण्ड खण्ड में, देखै अंध तमासा।।
पंगुल मेर सुमेर उलंघै, त्रिभुवन मुकुता डोलै।
गूंगा ग्यान बिग्यान प्रगासै, अनहद बानी बोलै।।
बांध अकास पताल पठावै, पताल अकास प राजै।
कहै कबीर राम है राजा, जो कछु करै सो छाजै।। (16)

मैं बड़ मैं बड़ मैं बड़ माटी।
मन दस नाज टका दस गांठी।।
मैं बाबा का जोध कहाऊं, अपनी मारी गींद चलाऊं।।
इनि अहंकार घणे घर घाले, नाचत कूदत जमपुर चाले।।
कहै कबीर करता की बाजी, एक पलक में राज बिराजी।। (17)

तू सकल गहगरा, सफ सफा दिलदार दीदार।
तेरी कुदरत किनहूं न जानी, पीर मुरीद काजी मुसलमानी।।
देवी देव सुर नर गण गंध्रप, ब्रह्मा देव महेसुर।
तेरी कुदरत तिनहूं न जानी।। (18)

आपहि धरम धारी साहब, आपहि खेल खेलारी है।
पांच तत्त्व का किया पसारा, तिरगुण माया सारी है।
चेतन रूप आप हो बैठा, यही अचम्भा भारी है।।
तम्बू तो असमान तनाया, जमीं दुलिचा डारी है।
चांद सूर्य दो बरत मशाले, तेरी कुदरत न्यारी है।।
सुरति निरति की चौपड़ माड़ी, तू पासा जग सारी है।
पासा चाहे जिसे जितावे, सारी कौन बिचारी है।।
छके पंजे से नरद बचावे, बाजी कठिन करारी है।
जाकी नरद पकी घर आवे, सोई सुघर खिलारी है।।
जाके सिर पर साहब राजी, ताको जगत भिखारी है।
कहै कबीर समझ के खेलो, अब की जीत हमारी है।। (19)

नर को नहिं परतीत हमारी।
झूठा बनिज कियो झूठे सों, पूंजी सभन मिलि हारी।।
खट दरसन मिलि पन्थ चलायो, तिरदेवा अधिकारी।।
राजा देस बड़ो परपंची, रैयत रहत उजारी।।
इतते ऊत ऊतते इत रहु, जम की सांड सवारी।। (20)

नब डाडी दस मंसफ धावहि, रैयत बसन न देही।
डोरी पूरी मापहि नाहीं, बहु बिष्टाला लेई।। (21)

डुगडुगी शहर में बाजी हो।
आदि साहिब अदली आए, पकरे पंडित काजी हो।।
कोतवालन के गुरुआ पकरे, पांच पचीस समाजी हो।
कहै कबीर सुनो भाई साधो, रैयत हो गई राजी हो।। (22)

राजा परजा एकहि मूला।
हम तुम्ह मांहे एकै लोहू। एके प्रान जीवन है मोहू।।
एकही बास रहै दस मासा। सूतग पातग एकै आसा।
एकही जननी जना संसारा। कौन ग्यान ते भए निनारा? (23)

कबीर किया न होत है, अनकीया सब होइ।
जे किया कछु होत है, करता औरे कोइ।। (24)

करता की गति अगम है, चल अपने उरमान।
धीरे-धीरे पांव दे, पहुंचेंगे परवान।। (25)

हम कूं स्वामी मत कहो, हम हैं गरीब अंधार।
स्वामी कहिए तासु कूं, तीन लोक विस्तार।। (26)

कबीर स्वामी कोय नहीं, स्वामी सिरजनहार।
स्वामी हो कर बैठहि, बहुत सहेगा मार।। (27)

जाइबे को जागह नहीं, रहिबे को नहिं ठौर।
कहै कबीरा संत हौ, अबिगति की गति और।। (28)

रामहि छोटा जान के, दुनिया आगे दीन।
जीवा को राजा कहै, माया के आधीन।। (29)

कबीर तासों प्रीत कर, जाको ठाकुर राम।
पण्डित राजे भूपती, आवै कौने काम? (30)

नगर चैन तब जानिए, एकै राजा होय।
याहि दुराजी राज में, सुखी न देखा कोय।। (31)

घ. भूखा भूखा क्या करै

भूखा भूखा क्या करै, कहा सुनावै लोग?
भांडा घड़ जिन मुख दिया, सोही पूरन जोग।। (32)

सिरजनहारे सिरजिया, आटा, पानी, लौन।
देनेहारा देत है, मेटनहारा कौन? (33)

सांई इतना दीजिए, जामें कुटुंब समाय।।
मैं भी भूखा ना रहूं, साधु न भूखा जाय।। (34)

चिन्ता छोड़ अचिन्त रह, देनहार समरत्थ।
पसू पखेरू जन्तुजीव, तिन के गांठ न हथ्थ।। (35)

अंडा पालै काछुई, बिन धन राखै पोख।
यों करता सब की करै, पालै तीनों लोक।। (36)

पौ फाटी पगरा भया, जागै जीवा जून।
सब काहू को देत है, चोंच समाना चून।। (37)

काहे को तड़फत फिरै, काहे पावै दूख?
पहले रिजक बनाय के, पीछे दीनी भूख।। (38)

कबीर चिंता क्या करूं, चिन्ता सों क्या होय?
मेरी चिन्ता हरि करै, चिन्ता मोहि न कोय।। (39)

मुरदे को भी देत है, कपड़ा, पानी, आग।
जीवत नर चिंता करै, ताका बड़ा अभाग।। (40)

ङ. जो देवै सो खाय

तो तो करु तो निकट ह्वै, दुर दुर करु तो जाय।
ज्यों हरि राखे त्यों रहै, जो देवै सो खाय।। (41)

कबीर कूता राम का, मुतिया वाका नांव।
डोरी लागी प्रेम की, जित खींचै तित जाव।। (42)

सीलवंत सुर ग्यान मत, अति उदार चित होय।
लजावान अति निछलता, कोमल हिरदा सोय।। (43)

कहै कबीर गुरु प्रेम बस, क्या नियरै क्या दूर?
जाका चित जासों बसै, सो तिहि सदा हजूर।। (44)

च. मत कोई मांगो भीख

मांगन मरन समान है, मत कोइ मांगो भीख।
मांगन ते मरना भला, यह सतगुरु की सीख।। (45)

आब गई, आदर गया, नैनन गया सनेह।
ये तीनों तबही गए, जबहि कहा कछु देह।। (46)

घर घर भिक्षा मांग कर, करे इकट्ठा धन्न।
सो पापी संसा रमे, जो खावे पर अन्न।। (47)

कबीर सतगुर ना मिला, रही अधूरी सीख।
स्वांग जती का पहर कर, घर-घर मांगे भीख।। (48)

कबीर याचन जाय था, आगे मिला अयाच।
आप सरीखा कर लिया, भारी पाया सांच।। (49)

छ. रंक न हंसिय कोय

सत ही में सत बटई, रोटी में ते टूक।
कहै कबीर ता दास को, कबहुं न आवे चूक।। (50)

दुर्बल को न सताइए, जाकी मोटी हाय।
बिना जीव की सांस सों, लोह भसम हो जाय।। (51)

कबीर गर्व न कीजिए, रंक न हँसिए कोय।
अजहूं नाव समुद्र में, ना जानो क्या होय? (52)

तिनका कभी न निन्दिए, पांव तले जो होय।
कबहूं उड़ आंखों पड़े, पीर घनेरी होय।। (53)

ज. श्रम, उद्यम और इल्म

स्रम ही ते सब कुछ बनै, बिन स्रम मिले न काहि।
सीधी अंगुली घी जम्यो, कबहूं निकसै नाहिं।। (54)

कैसा भी सामर्थ हो, बिन उद्यम दुख पाय।
निकट असन बिन कर चले, कैसे मुख में जाय? (55)

स्रम ही ते सब होत है, जो मन राखै धीर।
स्रम ते खोदत कूप ज्यूं, थल में प्रगटे नीर।। (56)

मारग चलते जो गिरै, ताको नाहीं दोस।
कहै कबीर बैठा रहै, ता सिर करडै कोस।। (57)

दुनी कहे मैं दोरंगी, पल में पलट जु जाउं।
सुख में जो सूता रहै, वाको दुखी बनाउं।। (58)

सोया सो निस्फल गया, जागा सो फल लेय।
साहिब हक्क न राखसी, जब मांगे तब देय।। (59)

करु बहियां बल आपनी, छोड़ बिरानी आस।
जाके आंगन नदी बहे, सो कस मरे पियास? (60)

ईलम से उद्योग खिले, खिले नेकि से नूर।
ईलम बिन संसार में, समझ अंधेरा धूर।। (61)

जे धंधै तो धूलि, बिन धंधै धूलै नहीं।
ते नर बिनठे मूलि, जिन धंधै ध्याया नहीं।। (62)

झ. परमारथ के कारनै

मर जाऊं मांगूं नहीं, अपने तन के काज।
परमारथ के कारनै, मोहि न आवै लाज।। (63)

सुख के संगी स्वारथी, दुख में रहते दूर।
कहै कबीर परमारथी, दुख सुख सदा हजूर।। (64)

धन रहे न जोवन रहे, रहे गांव न ठाम।
कबीर जग में जस रहे, कर दे किसि का काम।। (65)

भूखै भोजन प्यासै पानी, नांगै बसतर दीजै।
कहै कबीर सुनो भाई साधो, जनम सुफल कर लीजै।। (66)

ञ. सूरमा को अंग

पकड़ समसेर संग्राम में पैसिए, देह-परजन्त कर जुद्ध भाई।
काट सिर बैरियां, दाब जहं का तहां, आय दरबार में सीस नवाई।। (67)

सूर संग्राम को देख भागै नहीं, देख भागै सोई सूर नाहीं।
काम और क्रोध मद लोभ से जूझना, मचा घमसान तन-खेत मांही।
सील और सांच सन्तोष साही भए, नाम समसेर तहां खूब बाजे।
कहै कबीर कोई जूझिहै सूरमा, कायरा भीड़ तहं तुर्त भाजे।। (68)

कबीर रन में आय के, पीछै रहै न सूर।
सांई के सनमुख रहै, जूझै सदा हजूर।। (69)

कबीर घोड़ा प्रेम का, चेतन चढ़ असवार।
ग्यान खड़ग ले काल सिर, भली मचाई मार।। (70)

गगन दमामा बाजिया, पड़त निसानै चोट।
कायर भागै कछु नहीं, सूरा भागै खोट।। (71)

गगन दमामा बाजिया, पड़त निसानै घाव।
खेत पुकारै सूरमा, अब लड़ने का दांव।। (72)

सूरा सोइ सराहिए, लड़ै दीन के हेत।
पुरजा पुरजा कट पड़े, तऊ न छाड़ै खेत।। (73)

सूरा के मैदान में, कायर का क्या काम?
कायर भाजै पीठ दे, सूर करै संग्राम।। (74)

रन जंग बाजा बाजिया, सूरा आए धाय।
पूरा सो तो लड़त है, कायर भागे जाय।। (75)

कायर बहुत पमावही, बहक न बोलै सूर।
काम पड़ा ही जानिए, किसके मुख पर नूर।। (76)

सूर चला संग्राम को, कबहु न देवे पीठ।
आगे चल पाछे फिरे, ताको मुख नहिं दीठ।। (77)

खेत न छोड़े सूरमा, जूझै दो दल मांहि।
आसा जीवन मरन की, मन में राखै नाहिं।। (78

सूरा झूझै गिरद सूं, इक दिसि सूर न होइ।
कबीर यों बिन सूरमा, भला न कहिसी कोई।। (79)

मरिए तो मर जाइए, छूट पड़े जंजार।
ऐसा मरना को मरै, दिन में सौ सौ बार? (80)

अध्याय-8

दंड व्यवस्था कायम हो

क. बाद बदै सो झूठा
ख. औरन को परमोधता
ग. कोई ब्राह्मण गुरु नहीं
घ. आंखिन देखी
ङ. सहंस्कृत है कूप जल
च. मो सिर ढारे ढेकली
छ. भावै लाम्बे केश रख
ज. कथनी-करनी एक
झ. करनी ऊंच न होइ
ञ. कपट की कोथली दूर कीजै
ट. बोलै तो जग मारै
ठ. आम कहां ते होय

क. बाद बदै सो झूठा

पंडित बाद बदै सो झूठा।
राम के कहे जगत तर जाई, खांड कहे मुख मीठा।।
पावक कहे पांव जो दाझै, जल कहे त्रिखा बुझाई।
भोजन कहे भूख जो भाजै, तो दुनिया तर जाई।।
नर के संग सुवा हरि बोलै, हरि परताप न जानै।
जो कबहूं उड़ जाय जंगल में, बहुरि सुरति न आनै।।
बिन देखे, बिन अरस-परस बिन, नाम लिए का होई?
धन के कहे धनिक जो होवै, निरधन रहे न कोई।।
सांची प्रीति विषय माया सों, हरि भगतन की हाँसी।
कहै कबीर इक राम भजे बिन, बांध जमपुर जासी।। (1)

बाद बिबादै बिष घना, बोलै बहुत उपाध।
मौन गहै सब की सहै, सुमिरै राम अगाध।। (2)

ख. औरन को परमोधता

पंडित सेती कह रहा, भीतर भेदा नाहिं।
औरन को परमोधता, गया मुहरका मांहि।। (3)

पानी मिलै न आप को, औरन बकसत छीर।
आपन मन निहचल नहीं, और बंधावत धीर।। (4)

रासि पराई राखता, खाया घर का खेत।
औरों को परमोधता, मुख में पड़िया रेत।। (5)

पंडित और मसालची, दोनों सूझत नाहिं।
औरन को करै चांदना, आप अंधेरे मांहि।। (6)

पंडित केरी पोथियां, ज्यों तीतर का ग्यान।
औरन सगुन बतावही, आपन मरन न जान।। (7)

चतुराई सूवैं पढ़ी, सोई पंजर मांहि।
फिरि प्रमोधै आन को, आपन समझे नाहिं।। (8)

अवधू, अमल करै सो पावै।
जब लग अमल असर ना होवै, तब लग प्रेम न आवै।।
बिन खाए फल स्वाद बखानै, कहत न सोभा पावै।
बिन गुरु ग्यान गांठ के हीना, निज की वस्तु मुलावै।।
आंधर हाथ लिए कर दीपक, कर परकास दिखावै।
औरन आगे करे चांदना, आप अंधेरे धावै।।
आंधर आप आंधर दस गोहने, जग में गुरु कहावै।
मूल महल की खबर न जानै, औरन को भरमावै।।
लागी आग जरे घर आपन, मूरख घूर बुझावै।
पढ़ा गुणा जो पण्डित भूला, वाको को समुझावै?
कहै कबीर सुनो हो अवधू, यह सन्तन नहिं भावै।
है कोई सूर पूर जग मांही, जो यह पद अर्थावै? (9)

आग कहै दाझै नहीं, पांव न दीझै मांहि।
जो पै भेद न जानही, राम कहा तो काहि? (10)

ग. कोई ब्राह्मण गुरु नहीं

बाम्मण गुरु है जगत का, साधू का गुरु नाहिं।
उरझ परझ के मर रहा, चारों वेदों मांहि।। (11)

धरती अंबर ना हता, को पंडित था पास?
कौन मुहूरत थापिया, चांद सुरज आकास? (12)

कबीर बाम्मण की कथा, सौ चोरों की नाव।
सब अंधे मिल बैठिया, भावै तहं ले जाव।। (13)

माटिक कोट पषानक ताला। सोई बन सोई रखवाला।।
सो बन देखत जीव डराना। बाम्मण वैष्णव एकै जाना।।
जो रे किसान किसानी करई। उपजै खेत बीज नहिं परई।।
छोड़ देहु नर झेलिक झेला। बूड़े दोऊ गुरु औ चेला।।
तीसर बूड़े पारधि भाई। जिन बन डाहो दावा लाई।।
भोंक-भोंक कूकुर मर गयऊ। काज न एक सियार से भयऊ।। (14)

अब का डरूं डर डरहि समाना।
जब ते मोर तोर पहचाना।।
जब लग ऊंच नीच कर जाना। ते पसुवा भूले भ्रम नाना।।
कहै कबीर मैं मेरी खोई। तबहि राम अवर नहीं कोई।। (15)

घ. आंखिन देखी

मेरा तेरा मनुवा कैसे इक होय रे?
मैं कहता हूं आंखन देखी, तू कहता है कागज लेखी।
मैं कहता सुरझावन हारी, तू राखे अरुझाय रे।।
मैं कहता हूं जागत रहियो, तू रहता है सोय रे।
मैं कहता निर्मोही रहियो, तू जाता है मोय रे।।
सतगुरु धारा निर्मल बाहे, वा में काया धोय रे।
कहै कबीर सुनो भाई साधो, तबही वैसा होय रे।। (16)

बैठा पंडित पढ़ै पुरान। बिन देखे का करत बखान।। (17)

बिन देखे वह देश की, बात कहै सो कूर।
आपुहि खारी खात है, बेचत फिरै कपूर।। (18)

साखी आंखी ग्यान की, समझ देख मन मांहि।
बिन साखी संसार का, झगरा छूटत नाहिं।। (19)

कागद लिखै सो कागदी, की ब्यौहारी जीव।
आतम दृष्टि कहां लिखै, जित देखै तित पीव।। (20)

लिखा लिखी की है नहीं, देखा देखी बात।
दुलहा दुलहिन मिल गए, फीकी पड़ी बरात।। (21)

ङ. सहंस्कृत है कूप जल

सहंस्कृत है कूप जल, भाषा बहता नीर।
कहै कबीर बिन भाषा, क्यों कर लागै तीर? (22)

सहंस्कृत है कूप जल, भाषा बहता नीर।
भाषा सतगुरु सहित है, सत मत गहिर गंभीर।। (23)

सहंस्कृत भाषा पढ़ि लीन्हा, ज्ञानी लोक कहो री।
आसा तृस्ना में बह गयो सजनी, काम के ताप सहो री।।
मान-मनीकी मटकी सिर पर, नाहक बोझ मरो री।
मटकी पटक मिलो पीतम से, साहेब कबीर कहो री।। (24)

च. मो सिर ढारे ढेकली

यह जग अंधा मैं केहि समझाऊं?
इक-दुई हों उन्हें समझाऊं, सभी भुलाना पेट के धंधा।
पानी के घोड़ा पवन असवरवा, ढरक परै जस ओस के बुंदा।।
गहरी नदिया अगम बहै धरवा, खेवनहारा पड़िगा फंदा।
घर की वस्तु निकट नहिं आवत, दियना बाल के ढूंढत अंधा।।
लागी आग सकल बन जरिगा, बिन गुरु ग्यान भटकिया बंदा।
कहै कबीर सुनो भाई साधो, इक दिन जाय लंगोटी झार बंदा।। (25)

जाइ परौ हमरौ का करिहै?
आप करै आपै दुख भरिहै।।
ऊभड़ जाता बाट बतावै, जो न चलै तो बहु दुख पावै।।
अंधे कूप क दिया बताई, तरकि पड़े पुनि हरि न पत्याई।।
कहै कबीर प्रतीति न आवै, पाखंड कपट इहै जिय भावै।। (26)

ऊनवि आई बादली, बरसन लगे अंगार।
उठ कबीरा धाह दे, दाझत है संसार।। (27)

तीन लोक चोरी भई, सब का सरबस लीन्ह।
बिना मूंड का चोरवा, परा न काहू चीन्ह।। (28)

दीन गंवाया दुनी सों, दुनी न चाली साथ।
पांव कुल्हाड़ा मारिया, गाफिल अपने हाथ।। (29)

कबीर इस संसार को, समझाऊं कै बार?
पूंछ जो पकड़े भेड़ की, उतरा चाहे पार।। (30)

कबीर इस संसार में, घने मनुष मति हीन।
राम नाम जाने नहीं, आए टापा दीन।। (31)

कहै कबीर कासो कहूं, सकलो जग अंधा।
सांचे से भागा फिरै, झूठे का बन्दा।। (32)

सांच कहो तो सब जग खीझै, झूठ कहा नहिं जाई।
कहै कबीर तेई भौ दुखिया, जिन्ह यह राह चलाई।। (33)

सांच कहूं तो है नहीं, झूठहि लाग पियारि।
मो सिर ढारे ढेकली, सींचे और कि क्यारि।। (34)

सांचे स्राप न लागिहै, सांचे काल न खाय।
सांचहि सांचा जो चले, ताको काह नसाय? (35)

दाध बली ता सब दुखी, सुखी न देखे कोइ।
जहां कबीरा पग धरै, तहां टुक धीरज होइ।। (36)

जान भगत का नित मरन, अनजाने का राज।
सर अपसर समझै नहीं, पेट भरन सूं काज।। (37)

जिन कुछ जाना नहीं, तिन्ह सुख नींदणी बिहाइ।
मैं रे अबूझी बूझिया, पूरी पड़ी बलाइ।। (38)

जिह घट जां-बिनांण, तिहि घट अवटणा घना।
बिन खंडै संग्राम, नित उठ मन सौं झूझना।। (39)

नीर पिलावत क्या फिरै, सायर घर-घर बारि।
जो त्रिषावंत होइगा, पीवेगा झख मारि।। (40)

छ. भावै लाम्बे केश रख

सांच बराबर तप नहीं, झूठ बराबर पाप।
जाके हिरदे सांच है, ताके हिरदे आप।। (41)

सांई सों सांचा रहो, सांई सांच सुहाय।
भावै लाम्बे केस रख, भावै घोट मुंडाय।। (42)

जाकी सांची सुरति है, ताका सांचा खेल।
आठ पहर चौसठ घड़ी, है सांई सो मेल।। (43)

सांचे को सांचा मिले, अधिका बढ़े सनेह।
झूठे को सांचा मिले, तड़ दे तूटे नेह।। (44)

सांचहि कोइ न मानई, झूठहि के संग जाय।
झूठहि झूठा मिल रहा, अहमक खेहा खाय।। (45)

सांच सब्द हिरदे गहा, अलख पुरुष भरपूर।
प्रेम प्रीति का चोलना, पहिरे दास हजूर।। (46)

कबीर झूठ न बोलिए, जब लग पार बसाय।
न जानो क्या होयगा, पल के चौथे भाय? (47)

प्रेम पाट का चोलना, पहर कबीरा नाच।
तन मन ता पर वार दूं, जे को बोले सांच।। (48)

सब से सांचा है भला, जो सांचा दिल होइ।
सांच बिना सुख नाहिना, कोटि करे जो कोई।। (49)

सांचा सौदा कीजिए, अपने मन में जानि।
सांचे हीरा पाइए, झूठे मूलहु हानि।। (50)

जो तू सांचा बानिया, सांची हाट लगाउ।
अन्दर झारू देइ के, कूरा दूर बहाउ।। (51)

सब काहू का लीजिए, सांचा शब्द निहार।
पच्छपात ना कीजिए, कहै कबीर विचार।। (52)

ज. कथनी-करनी एक

कथनी बदनी सब जंजाल।
भाव भगति अरु राम निराल।।
कथै बदै सुनै सब कोई। कथे न होई, कीए होई।।
कूड़ी करनी राम न पावै। सांच टिकै निज रूप दिखावै।।
घट में अग्नि, घट जल अवास। चेत बुझाइ कबीरा दास।। (53)

राम राइ, तेरी गति जानी न जाई।
जो जस करिहै सो तस पइहै, राजा राम नियाई।।
जैसी कहै करै जो तैसी, तिरत न लागै बारा।
कहता कह गया सुनता सुन गया, करनी कठिन अपारा।।
सुरही तिण चरि अमृत सरबै, लेर भवंगहि पाई।
अनेक जतन कर निग्रह कीजै, विषै विकार न जाई।।
संत करै असंत की संगति, तासूं कहा बसाई?
कहै कबीर ताके भ्रम छूटै, जे रहे राम लौ लाई।। (54)

कथनी मीठी खांड सी, करनी बिष की लोय।
कथनी तज करनी करे, विष से अमृत होय।। (55)

कथनी बदनी छोड़ दे, करनी सों चित लाय।
नर को जल प्याए बिना, कबहूं प्यास न जाय।। (56)

कथनी कथै तो क्या हुआ, करनी ना ठहराय।
कालबूत का कोट ज्यों, देखत ही ढह जाय।। (57)

साखी कहे गहे नहीं, चाल चली नहिं जाय।
सलिल धार नदिया बहे, पांव कहां ठहराय? (58)

जैसी मुख ते नीकसे, तैसी चाले चाल।
साहब संग लागा रहे, पल में करे निहाल।। (59)

जैसी कहे करे जो तैसी, राग द्वेष निरुवारे।
तामें घटे बढ़े रत्ती नहिं, यह विधि आप संवारे।। (60)

बिन करनी कथनी कथै, अग्यानी दिन रात।
कूकर सम भूंकत फिरै, सुनी सुनाई बात।। (61)

कहंता तो बहुते मिला, गहंता मिला न कोय।
सो कहंता बह जान दे, जो न गहंता होय।। (62)

श्रोता तो घर में नहीं, बक्ता बदै सो बाद।
श्रोता बक्ता एक घर, तब कथनी को स्वाद।। (63)

झ. करनी ऊंच न होइ

ऊंचे कुल का जनमिया, जे करनी ऊंच न होय।
सुवरन कलस सुरै भरा, साधू निंद्या सोइ।। (64)

ऊंचे कुल के कारने, बंस बध्या अधिकार।
चंदन बास भेदै नहीं, जाल्या सब परिवार।। (65)

जालौं इहै बड़पना, सरलै पेड़ खजूर।
पंखी छांह न बीसवै, फल लागे ते दूर।। (66)

कबीर मेरी जाति को , सब को हँसनेहार।
बलिहारी इस जाति को , जपियो सिरजनहार।। (67)

ञ. कपट की कोथली दूर कीजे

आपने आपने सत्य सो खेलना , कपट का खेल नहिं काम आवै।
कपट के खेल से काज कोइ ना सरै , अन्त की बेर दुख प्राण पावै।।
बाहरा भीतरा साफ दिल को करो , मल को धोय रस नाम पीजै।
दास कबीर यों कहै पुकार के , कपट की कोथली दूर कीजै।। (68)

मन मेरे, भूले कपट न कीजै।
अंत निबेरा तेरे जीअ पै लीजै।।
बहु परपंच कर परधन लिआवै। सुत दारा पै आन लुटावै।
छिन छिन तन छीजै जरा जनावै। तब तेरी ओक कोई पानीओ न पावै।।
कहै कबीर कोई नहीं तेरा। हिरदै राम को न जपहि सबेरा। (69)

मन के मैलो बाहर ऊजलो किसौ रे?
खांडे की धार जन को धरम इसौ रे।।
हिरदा को बिलाव नैन बगध्यानी , ऐसी भगति न होइ रे प्रानी।
छोड़ कपट भजो राम राई , कहै कबीर तिह लोक बड़ाई।। (70)

ओर ते छोर लों एक रस रहत है , ऐस जन जगत में बिरले प्रानी।
ठग्ग बटमार संसार में भर रहे , हंस की चाल कहां जानी?
चपलता चतुर हैं बने बहु चीकने , बात में ठोक पै कपट ठानी।
कहा तिन सों कहो दया जिन के नहीं , घात बहुतै करैं बकुल ध्यानी।। (71)

सौ जोजन साजन बसै , मानो हृदय मंझार।
कपट सनेही आंगनै , जानो समुंदर पार।। (72)

पय पानी की प्रीतड़ी , पड़ा जु कपटी लौन।
खंड खंड न्यारे भए , ताहि मिलावे कौन? (73)

हरि गुन गावे हरष के , हिरदय कपट न जाय।
आपन तो समुझे नहीं , और हि ज्ञान सुनाय।। (74)

अघट भया खटपट मिटै, एक निरन्तर होय।
कहै कबीर तब जानिए, अन्तर पट नहिं दोय।। (75)

धरती फाटै मेघ मिलै, कपड़ा फाटै और।
तन फाटै को औषधि, मन फाटै नहिं ठौर।। (76)

कबीर तहां न जाइए, जहां कपट को हेत।
सौ मन बीज जु बोय के, खाली रहिगा खेत।। (77)

हेत प्रीत सों जो मिले, तासों मिलिए धाय।
अन्तर राखे जो मिले, तासों मिले बलाय।। (78)

चित कपटी सब सों मिले, मांही कुटिल कठोर।
इक दुरजन, इक आरसी, आगै पीछे और।। (79)

कपटी कधी न ऊधरे, सौ साधुन के संग।
मुंज पखाले गंग में, ज्यों भीजै त्यों तंग।। (80)

कपटी मित्र न कीजिए, पेट पैठ बुधि लेत।
आगे राह दिखाय के, पीछे धक्का देत।। (81)

हिये कतरनी जीभ रस, मुख बोलन का रंग।
आगे भल पीछे बुरा, ताको तजिए संग।। (82)

सरस सखा ऊजल बरन, एक पगा सूं ध्यान।
मैं जाना कुल हंस है, कपटी मिला निदान।। (83)

मीठे बोल जु बोलिए, ताते साधु न जान।
पहिले स्वांग दिखाय के, पीछे दीसै आन।। (84)

भेष देख मत भूलिए, बूझ लीजिए ग्यान।
बिन कसौटी होत नहीं, कंचन की पहचान।। (85)

जौन भाव ऊपर रहै, भितर बसावै सोय।
भीतर और न बसावई, ऊपर और न होय।। (86)

बोलत ही पहचानिए, साहु चोर की घात।
अंतर घट की कारनी, निकसै मुख की बाट।। (87)

एक एक निरुवारिए, जो निरुवारी जाय।
दोय मुख का बोलना, घना तमाचा खाय।। (88)

हीरा सोई सराहिए, सहे घनन की चोट।
कपट कुरंगी मानवा, परखत निकरा खोट।। (89)

हीरा पाया परख के, घन में दीया आन।
चोट सही, फूटा नहीं, तब पाई पहचान।। (90)

मन मैला तन ऊजला, बगुला कपटी अंग।
तासों तो कौआ भला, तन मन एक हि रंग।। (91)

माला जाके हाथ, कतरनी कांख में।
आग बुझी मत जान, दबी है राख में।। (92)

हिरदै कपट हरि सू नहीं सांचो। कहा भयो जे अनहद राच्यो? (93)

मैं जानूं हरि दूर है, हरि है हिरदै मांहि।
आड़ी टाटी कपट की, तासे दीसत नाहिं।। (94)

मैं जाना हरि दूर है, रहा सकल भरपूर।
आप पिछाने बाहिरा, नेड़ा ही थै दूर।। (95)

जाको आड़ा अंतरा, ताको दिसै न कोय।
जान बूझ जड़ हो रहै, बल तज निरबल होय।। (96)

मुख की मीठी जो कहे, हृदया है मति आन।
कहै कबीर ता लोग से, तैसो राम सयान।। (97)

करम औ कपट सब दूर किया।। (98)

ट. बोलै तो जग मारै

संतो, बोले तो जग मारै।
अनबोले ते कैसेक बनिहै, सब्दहि कोइ न बिचारै।।
पहिले जनम पूत का भयउ, बाप जनमिया पाछे।
बाप पूत की एकै नारी, ई अचरज कोई काछे।।
दुन्दुर राजा टीका बैठे, बिखहर करे खवासी।
स्वान बापुरा धरनि ढाकनो, बिल्ली घर में दासी।।
काग दोकाग कारकुन आगे, बैल करे पटवारी।
कहै कबीर सुनो हो संतो, भैंसे न्याव निबेरी।। (99)

संतो, देखत जग बौराना।
सांच कहो तो मारन धावै, झूठे जग पतियाना।।
नेमी देखे, धरमी देखे, प्रात करे असनाना।
बहुतक देखे पीर औलिया, पढ़ैं कितेब कुराना।।
आसन मार डिंभ धर बैठे, मन में बहुत गुमाना।
पीतर-पाथर पूजन लागे, तीरथ गरब भुलाना।।
माला पहरे, टोपी पहरे, छाप तिलक अनुमाना।
साखी सबदै गावत भूले, आतम खबर न जाना।।
हिन्दू कहे मोहि राम पियारा, तुरक कहे रहिमाना।
आपस में दोउ लड़-लड़ मूए, मरम न काहू जाना।।
घर-घर मंतर देत फिरत हैं, महिमा के अभिमाना।
गुरु सहित सिष्य सभी बूड़े, अंत काल पछताना।।
कहै कबीर सुनो हो संतो, ई सब भरम भुलाना।
केतिक कहूं कहा नहिं मानै, सहजै सहज समाना।। (100)

जब हम रहल, रहल नहिं कोई। हमरे मांह रहल सब कोई।।
कहहु राम कौन तोर सेवा। सो समझाय कहो मोहि देवा।।
फुर-फुर कहत मार सब कोई। झूठहि झूठा संगति होई।।
आंधर कहे सबै हम देखा। तहं दिठियार बैठ मुख पेखा।।
यहि बिधि कहौं मानु जो कोई। जस मुख तस जो हृदया होई।।
कहै कबीर हंस मुसकाई। हमरहि कहै छूटिहौ भाई।। (101)

कहूं रे जे कहिबे की होइ।
ना को जानै ना को मानै, ताते अचरज मोहि।।

अपने अपने रंग के राजा, मानत नाहीं कोइ।
अति अभिमान लोभ के घाले, चले अपनपौ खोइ।।
मैं मेरी कर यह तन खोयो, समझत नहीं लबार।
भौजलि अधफर थाकि रहे हैं, बूड़े बहुत अपार।
मोहि आग्या दई दया करि, काहू कूं समझाइ।
कहै कबीर मैं कहि हार्‌यो, अब मोहि दोस न लाइ।। (102)

सांच कहूं तो मारिहैं, झूठे जग पतियाय।
ये जग काली कूकरी, जो छेड़ै ता खाय।। (103)

अपनी जांघ उघार के, अपनी कही न जाय।
की चित जाने आपनो, की मेरो जन गाय।। (104)

परगट कहूं तो मारिया, परदा लखै न कोय।
सहना छिपा पुआल में, को कह बैरी होय? (105)

ऐसा कोई ना मिला, जासों कहुं दुख रोय।
जासों कहिए भेद को, सो फिर बैरी होय।। (106)

कबीर अपनी सब कहें, हमरी कहे न कोय।
हम अपनी आपै कहें, होनी होय सो होय।। (107)

हस्ती चढ़िए ग्यान का, सहज दुलीचा डार।
स्वान रूप संसार है, भूंकन दे झक मार।। (108)

कबीर तू काहे डरै, सिर पर सिरजन हार।
हाथी चढ़ कर डोलिए, कूकर भुसैं हजार।। (109)

ठ. आम कहां ते होय

करै बुराई सुख चहै, कैसे पावै कोय?
बोवै पेड़ बबूल का, आम कहां ते होय? (110)

दुख में सुमिरन सब करैं, सुख में करै न कोय।
जो सुख में सुमिरन करै, दुख काहे को होय? (111)

सुख में सुमिरन ना किया, दुख में कीया याद।
कहै कबीर ता दास की, कौन सुनै फरियाद? (112)

साहेब के दरबार में, क्यों कर पावे दाद?
पहले बुरा कमाय के, बाद करे फरियाद।। (113)

औगुन किया तो बहु किया, करत न मानी हार।
भावै बंदा बखसिए, भावै गरदन मार।। (114)

अध्याय-9

जीवन का जीना

क. कबीर गर्व न कीजिए
ख. मान-बड़ाई-प्रभुता
ग. लालच बुरी बलाय
घ. मानुष तेरा गुन बड़ा
ङ. सज्जन को अंग
च. संगति को अंग
छ. ऐसी वाणी बोलिए
ज. सीलवंत सब सों बड़ा
झ. साधू ऐसा चाहिए
ञ. ताते संसारी भला
ट. हद-बेहद को अंग
ठ. मधि को अंग
ङ. विश्वास
ढ़. परख
ण. शब्द विवेकी
त. मारग
थ. प्राप्ति
द. नम्रता
ध. लघुता

क. कबीर गर्व न कीजिए

कबीर गर्व न कीजिए, काल गहे कर केस।
ना जानो कित मारि है, क्या घर, क्या परदेस? (1)

कबीर गर्व न कीजिए, इस जोबन की आस।
टेसू फूला दिवस दस, खंखर भया पलास।। (2)

कबीर गर्व न कीजिए, ऊंचा देख अवास।
काल्हि परो भुंइ लेटना, ऊपर जामै घास।। (3)

कबीर गर्व न कीजिए, चाम लपेटे हाड़।
हयवर ऊपर छत्र तर, तो भी देवै गाड़।। (4)

कबीर कहा गरबियो, देही देख सुरंग।
बीछड़िया मिलिबो नहीं, ज्यूं कांचली भुवंग।। (5)

कबीर थोड़ा जीवना, माँडै बहुत मंडान।
सब ही ऊभा मेल्हि गया, राव रंक सुलतान।। (6)

ऐसा यह संसार है, जैसा सेमल फूल।
दिन दस के व्यवहार में, झूठे रंग न भूल।। (7)

आज काल के बीच में, जंगल होगा बास।
ऊपर ऊपर हल फिरै, ढोर चरेंगे घास।। (8)

पानी केरा बुदबुदा, अस मानुस की जात।
देखत ही छिप जायंगे, जस तारा परभात।। (9)

काल करै सो आज कर, आज करै सो अब्ब।
पल में परलय होयगी, बहुरि करेगा कब्ब? (10)

पाव पलक की सुधि नहीं, करै काल का साज।।
काल अचानक मारसी, ज्यों तीतर को बाज।। (11)

कहा चिनावै मेंडिया, लंबी भीत उसार।।
घर तो साढ़े तीन हथ, घना तु पौने चार।। (12)

पाकी खेती देख के, गरवै कहा किसान?
अजहूं झोला बहुत है, घर आवै तब जान।। (13)

हाड़ जले लकड़ी जले, जले जलावन हार।
कौतिकहारा भी जले, कासों करूं पुकार? (14)

माटी कहे कुम्हार से, क्या तू रोंदे मोहि?
एक दिन ऐसा होयगा, मैं रोंदूंगी तोहि।। (15)

लकड़ी कहे लुहार से, तू मत जारै मोहि।
एक दिन ऐसा होयगा, मैं जारोंगी तोहि।। (16)

आए हैं ते जायंगे, राजा रंक फकीर।
एक सिंघासन चढ़ चले, इक बांधे जात जंजीर।। (17)

काल चक्र चक्की चलै, बहुत दिवस और रात।
सगुन अगुन दोय पाटला, तामें जीव पिसात।। (18)

बारी बारी आपने, चले पियारे मीत।
तेरी बारी जीयरा, नियरे आवे नीत।। (19)

गई युवानी, रंग रला, आई दाढ़ी भूर।
आगा नीड़ा आइया, पाछा रहिगा दूर।। (20)

कबीर काया पाहुनी, हंस बटाऊ मांहि।
ना जानूं कब जायगी, मोहि भरोसा नाहिं।। (21)

माटी केरा पूतला, मानुष धरिया नाम।
एक कला के बीछुरे, विकल भया सब ठाम।। (22)

दरद न लेवे जात को, मुआ न राखे कोय।
सगा उसी को कीजिए, नेह निबाहू होय।। (23)

पांचों नौबत बाजती, होत छतीसों राग।
सो मंदिर खाली पड़े, बैठन लागे काग।। (24)

जिनके नौबत बाजती, मैंगल बंधते बार।
एकै हरि के नाम बिन, गए जनम सब हार।। (25)

क्या करिए क्या जोड़िए, थोड़े जीवन काज?
छोड़-छोड़ सब जात हैं, देह गेह धन राज।। (26)

माय बिड़ानी बाप बिड़, हम भी मांझ बिड़ाहिं।
दरिया केरी नाव ज्यूं, संजोगे मिल जाहिं।। (27)

आंख न देखे बावरा, सब्द सुनै नहिं कान।
सिर के केस उजल भए, अबहूं निपट अजान।। (28)

राजपाट धन पाय कर, क्यों करता अभिमान?
पाड़ोसी की जो दसा, लइ सो अपनी जान।। (29)

दोष पराया देख कर, चला हँसंत हँसंत।
अपने च्यंति न आवई, ज़िन का आदि न अंत।। (30)

आपन को न सराहिए, परनिंदिए न कोइ।
अजहूं लंबे धौहड़े, ना जाने क्या होइ।। (31)

आपन को न सराहिए, और न कहिए रंक।
ना जानो किस विरख तलि, कूड़ा होइ करंक।। (32)

लोग बिचारा नींदई, जिन्ह न पाया ग्यान।
राम नाम राता रहे, तिनहु न भावे आन।। (33)

कबीर सुपने रैन के, ऊघड़ आए नैन।
जीव पड़ा बहु लूट में, जागै लेन न देन।। (34)

केरा तभी न चेतिया, जब ढिग लागी बेर।।
अब के चेते का भया, काटन लीन्हा घेर? (35)

कहत सुनत सब दिन गए, उरझ न सुरझा मन।
कहै कबीर चेता नहीं, अजहूं सु पहला दिन।। (36)

कबीर सूता क्या करै, उठि न रोवै दुक्ख।
जाका बासा गोर में, सो क्यूं सोवै सुक्ख? (37)

कबीर रसरी पांव में, कह सोवै सुख चैन।
स्वांस नगाड़ा कूंच का, बाजत है दिन रैन।। (38)

ख. मान-बड़ाई-प्रभुता

माया तजी तो क्या भया, मान तजा नहिं जाय।
मानि बड़े मुनिवर गिले, मान सबन को खाय।। (39)

बड़ा बड़ाई ना करै, बड़ा न बोलै बोल।
हीरा मुख से ना कहै, लाख टका है मोल।। (40)

बड़ा हुआ तो क्या हुआ, जैसे पेड़ खजूर?
पंथी को छाया नहीं, फल लागे अति दूर।। (41)

प्रभुता को सब कोई भजै, प्रभु को भजै न कोय।
कहै कबीर प्रभु को भजै, प्रभुता चेरी होय।। (42)

तारा मंडल बैठ के, चांद बड़ाई खाय।
उदय भया जब सूर का, तब तारा छिप जाय।। (43)

या दुनिया में आय के, छोड़ देय तू ऐंठ।
लेना हो सो लेय ले, उठी जात है पैंठ।। (44)

मद तो बहुतक भांति का, ताहि न जाने कोय।
तन-मद, मन-मद, जाति-मद, माया-मद, सब लोय।। (45)

विद्या-मद और गुनहु-मद, राज-मद्द उनमद्द।
इतने मद को रद करै, तब पावै अनहद्द।। (46)

मोर तोर की जेवरी, बट बांधा संसार।
दास कबीरा क्यों बंधे, जाके नाम अधार? (47)

मैं मेरी सब जायगी, तब आवेगी और।
जब यह निश्चल होयगा, तब पावेगा ठौर।। (48)

मेरी मिटी मुक्ता भया, पाया अगम निवास।
अब मेरे दूजा नहीं, एक तुम्हारी आस।। (49)

ग. लालच बुरी बलाय

प्राणी, काहे के लोभ लाग, रतन जनम खोयो।
बहुरि हीरा हाथ न आवै, राम बिना रोयो।।
जल बूंद ते ज्यानि पिंड बांधा, अगिन कुंड रहाया।
दस मास माता उदर राखा, बहुरि लागी माया।।
अस पल जीवन की आसा नाहीं, जम निहारे सांसा।
बाजीगर संसार कबीरा, जान ढारो पासा।। (50)

कबीर अपने जीव ते, ए दोइ बातें धोइ।
लोभ बड़ाई कारनै, अछता मूल न खोइ।। (51)

दावे दाझन होत है, निरदावे निसंक।
जो जन निरदावे रहे, गिने इंद्र को रंक।। (52)

रूखा सूखा खाय के, ठंडा पानी पीव।
देख बिरानी चूपड़ी, मत ललचावे जीव।। (53)

कबीर सांई मुज्झ को, रूखी रोटी देय।
चुपड़ी मांगत मैं डरूं, रूखी छीन न लेय।। (54)

माखी गुड़ में गड़ रही, पंख रही लपटाय।
तारी पीटै सिर धुनै, लालच बुरी बलाय।। (55)

जग बंधियो जिह जेवरी, तिह मति बंधहु कबीर।
जैहहि आटा लोन ज्यों, सोन समान सरीर।। (56)

घ. मानुष तेरा गुन बड़ा

मानुष तेरा गुन बड़ा, मांस न आवै काज।
हाड़ न होते आभरन, तुचा न बाजन बाज।। (57)

कबीर यह तन जात है, सको तो राख बहोड़।
खाली हाथों वे गए, जिनके लाख करोड़।। (58)

रात गंवाइ सोय कर, दिवस गंवाया खाय।
हीरा जनम अमोल था, कौड़ी बदले जाय।। (59)

देस दिसन्तर मैं फिरूं, मन ई भरा सुकाल।
जा देखे सुख ऊपजै, वाका पड़ा दुकाल।। (60)

तेरा बैरी कोई नहीं, तेरा बैरी फैल।
अपने फैल मिटाय ले, गली गली कर सैल।। (61)

बुरा जो देखन मैं चला, बुरा न मिलिया कोय।
जो दिल खोजो आपना, मुझ सा बुरा न होय।। (62)

कबीर सब ते हम बुरे, हम तो भल सब कोय।
जिन ऐसा कर बूझिया, मीत हमारा सोय।। (63)

कबीर आप ठगाइए, और न ठगिए कोय।
आप ठगे सुख ऊपजै, और ठगे दुख होय।। (64)

कबीर ऐसा बीज बो, बारह मास फलंत।
सीतल छाया गहिर फल, पंखी केलि करंत।। (65)

रस को गांडो चूसिए, गुन को मरिए रोइ।
अवगुनीयारे मानसे, भलो न कहिहै कोइ।। (66)

औगुन को तो ना गहै, गुन ही को ले बीन।
घट घट महके मधुप ज्यों, परमातम ले चीन।। (67)

जब हम आया जगत में, सब हँसे हम रोय।
ऐसी करनी कर चलो, हम हँसे जग रोय।। (68)

जब तू आया जगत में, लोग हँसे तू रोय।
ऐसी करनी ना करो, पिछे हँसें सब कोय।। (69)

ङ सज्जन को अंग

दुर्जन की करुणा बुरी, भलो सज्जन को त्रास।
सूरज जब गरमी करे, तब बरसन की आस।। (70)

सकल कुटिलता छोड़ के, सब सो मित्रहि भाव।
कृपावान सम ज्ञानवत, वैर भाव नहिं काव।। (71)

जो तोको कांटा बुवै, ताको बो तू फूल।
तोहि फूल को फूल है, वाको है तिरसूल।। (72)

आवत गारी एक है, उलटत होय अनेक।
कहै कबीर नहिं उलटिए, वही एक ही एक।। (73)

निंदक नियरे राखिए, आंगन कुटी छवाय।
बिन पानी, साबुन बिना, निरमल करै सुभाय।। (74)

निंदक दूर न कीजिए, कीजे आदर मान।
निरमल तन मन सब करै, बक-बक आनहि आन।। (75)

जो कोय समझे सैन में, तासों कहिए बैन।
सैन बैन समझे नहीं, तासों कछू न कैन।। (76)

हीरा तहां न खोलिए, जहं खोटी है हाट।
कस कर बांधो गांठरी, उठ कर चालो बाट।। (77)

जब गुन को गाहक मिले, तब गुन लाख बिकाय।
जब गुन को गाहक नहीं, कौड़ी बदले जाय।। (78)

च. संगति को अंग

जियरा मेरा फिरै रे उदास। राम बिन निकस न जाए सांस।।
जहां जहां जाऊं राम मिलावे न कोई। कहो संतो, कैसे जीवन होई?
जरै सरीर यह तन कोई न बुझावै। अनल दहै निस नींद न आवै।।
चंदन घिस-घिस अंग लगाऊं। राम बिना दारन दुख पाऊं।।
संत संगति मति मन करि धीरा। सहज जान रामहि भजै कबीरा।। (79)

कौन मुरली सबद सुन आनन्द भयो, जोत बरे बिन बाती।
बिना मूल के कमल प्रगट भयो, फुलवा फुलत भांति भांती।
जैसे चकोर चन्द्रमा चितवै, जैसे चातक स्वाती।
तैसे संत सुरत के होके, हो गए जनम संघाती।। (80)

इष्ट मिले अरु मन मिले, मिले सकल रस रीत।
कहै कबीर तहां जाइए, यह संतन की प्रीत।। (81)

जहां न जाको गुन लहै, तहां न ताको ठांव।
धोबी बस के क्या करे, दीगंबर के गांव? (82)

कबीर कहते क्यों बने, अनमिलता को संग।
दीपक को भावै नहीं, जल जल मरै पतंग।। (83)

कमोदिनी जलहरि बसै, चंदा बसे अकास।
जो जाही का भावता, सो ताही के पास।। (84)

जो है जाका भावता, जब तब मिलि है आय।
तन मन ताको सौंपिए, कबहुं न छाड़ी जाय।। (85)

निरमल बूंद अकास की, पड़ गई भोमि बिकार।
मूल विनंठा मानवी, बिन संगति भठछार।। (86)

संगति से सुख ऊपजे, कुसंगति से दुख होय।
कहै कबीर तहं जाइए, साधु संग जहं होय।। (87)

करिए तो कर जानिए, सारीषा सूं संग।
लीर लीर लोई थई, तऊ न छोड़े रंग।। (88)

जाकी जिभ्या बंद नहीं, हृदया नाहीं सांच।
ताके संग न लागिए, घाले बटिया मांझ।। (89)

कबीर संगति साधु की, बेग करीजे जाइ।
दुरमति दूर गंवाइसी, देसी सुमति बताइ।। (90)

कबीर सोइ दिन भला, जा दिन संत मिलाहि।
अंक भरे भर भेंटिया, पाप सरीरो जाहि।। (91)

कबीर संगति साध की, कदे न निष्फल होइ।
चंदन होसी बावना, नींब न कहसी कोय।। (92)

कबीर संगति साध की, हरै और की व्याधि।
संगत बुरी असाध की, आठों पहर उपाधि।। (93)

दसों दिसा से क्रोध की, उठी अपरबल आग।
सीतल संगति साधु की, तहां उबरिए भाग।। (94)

कबीर चंदन का बिड़ा, बैठ्या आक पलास।
आप सरीखे कर लिए, जे होते उन पास।। (95)

कबीर खाई कोट की, पानी पीवे न कोइ।
आइ मिले जब गंग में, तब गंगोदिक होइ।। (96)

कबीर संगति साधु की, ज्यों गंधी का बास।
जो कुछ गंधी दे नहीं, तो भी बास सुबास।। (97)

कबीर बन बन मैं फिरा, ढूंढ फिरा सब गाम।
राम सरीखा जन मिलै, तब पूरा हो काम।। (98)

प्रेमी ढूंढ़त मैं फिरूं, प्रेमी मिले न कोइ।
प्रेमी को प्रेमी मिले, तब विष अमृत होइ।। (99)

कबीर मन पंछी भया, भावै तहूवां जाय।
जो जैसी संगति करै, सो तैसा फल पाय।। (100)

छ. ऐसी वाणी बोलिए

सब्द सम्हारे बोलिए, सब्द के हाथ न पांव।
एक सब्द औषध करे, एक सब्द करे घाव।। (101)

बानी बहुत प्रकार की, जाकी नाहीं अंत।
जो कुछ तेरे काम की, सोई कर साधन्त।। (102)

कागा काको धन हरै, कोयल काको देत?
मीठा सब्द सुनाय के, जग अपना कर लेत।। (103)

सीतल सब्द उचारिए, अहं आनिए नाहिं।
तेरा प्रीतम तुझहि में, दुसमन भी तुझ मांहि।। (104)

बोलै बोल बिचार के, बैठे ठौर संभार।
कहै कबीर ता दास को, कबहु न आवे हार।। (105)

ऐसी बानी बोलिए, मन का आपा खोय।
औरन को सीतल करे, आपुहि सीतल होय।। (106)

मधुर वचन है औषदी, कटुक वचन है तीर।
श्रवण द्वार होइ संचरे, साले सकल सरीर।। (107)

कुटिल वचन सब से बुरा, जारि करै तन छार।
साध वचन जल रूप है, बरसे अमृत धार।। (108)

बोली एक अमोल है, जो कोई बोले जान।
हिये तराजू तोल के, तब मुख बाहर आन।। (109)

सहज तराजू आणि कर, सब रस देखा तोल।
सब रस मांही जीभ रस, जो कोई जाने बोल।। (110)

मुख आवै सोई कहै, बोलै नहीं विचार।
हते पराई आतमा, जीभ बांध तरवार।। (111)

अति का भला न बोलना, अति की भली न चूप।
अति का भला न बरसना, अति की भली न धूप।। (112)

ज. सीलवंत सब सों बड़ा

सीलवंत सब सों बड़ा, सब रतनों की खान।
तीन लोक की संपदा, रही सील में आन।। (113)

ग्यानी ध्यानी संयमी, दाता सूर अनेक।।
जपिया तपिया बहुत हैं, सीलवंत कोइ एक।। (114)

सुख का सागर सील है, कोइ न पावे थाह।
सब्द बिना साधु नहीं, द्रव्य बिना नहिं साह।। (115)

सील छिमा जब ऊपजे, अलख दृष्टि तब होय।
बिना सील पहुंचे नहीं, लाख कथै जो कोय।। (116)

झ. साधू ऐसा चाहिए

साधू ऐसा चाहिए, जाका पूरन मन।
बिपति पड़े छाड़ै नहीं, चढ़े चौगुना रंग।। (117)

साधू मेरे सब बड़े, अपनी अपनी ठौर।
सब्द विवेकी पारखी, सो माथे के मोर।। (118)

साधू भूखा भाव का, धन का भूखा नाहिं।
धन का भूखा जो फिरे, सो तो साधू नाहिं।। (119)

साधु भया तो क्या हुआ, माला पहरीं चार।
बाहर भेष बनाइया, भीतर भरी भंगार।। (120)

कबीर भेष अतीत का, करतूत करै अपराध।
बाहर दीसै साध गति, मांहे महा असाध।। (121)

उज्जल देख न धीजिए, बग ज्यूं माडै ध्यान।
धोरे बैठ चपेटसी, यूं ले बूड़ै ग्यान।। (122)

साधू ऐसा चाहिए, जैसा सूप सुभाय।
सार सार को गहि रहै, थोथा देइ उड़ाय।। (123)

एक ही बार परखिए, ना वा बारंबार।
बालू तौहू किरकिरी, जो छानै सौ बार।। (124)

सोई आंसू सजणा, सोई लोक बिड़ांहि।
जे लोइण लोही चुवै, जानो हेत हियांहि।। (125)

जम का ठेंगा बुरा है, वो सहा नहीं जाइ।
एक जु साधू मोहि मिला, लीया अंचल लाइ।। (126)

निरबैरी निहकामता, सांई सेती नेह।
विषिया सूं न्यारा रहे, साधुन का मत एह।। (127)

निराकार की आरसी, साधो ही की देह।
लखा जो चाहे अलख को, इन ही में लख लेह।। (128)

जो चाहे साकार तू, साधू परतछ देव।
निराकार निज रूप है, प्रेम प्रीत से सेव।। (129)

संत की गैल न छोड़िए, मारग लागा जाउ।
पेखत ही पुनीत होइ, भेंटत जपिए नांउ।। (130)

संत न छोड़े संतई, कोटिक मिलैं असंत।
चंदन भुवंगा बेढ़िया, सीतलता न तजंत।। (131)

खोद-खाद धरती सहे, काट-कूट बनराय।
कुटिल वचन साधू सहे, सब से सहा न जाए।। (132)

करगस सम दुर्जन वचन, रहै संत जन टार।
बिजली पड़े समुद्र में, कहा सकेगी जार? (133)

साधु सिद्ध बड़ अन्तरा, जैसे आम बबूल।
वाकी डारी अमी फल, वाकी डारी सूल।। (134)

ञ. ताते संसारी भला

ग्यानी मूल गंवाइया, आप भए करता।
ताते संसारी भला, मन में रहे डरता।। (135)

ग्यानी तो नीडर भया, माने नाहीं संक।
इंद्री केरे बस पड़ा, भूंजै विषै निसंक।। (136)

ग्यानी भूले ग्यान कथ, निकट रहा निज रूप।
बाहर खोजै बापुरे, भीतर बस्तु अनूप।। (137)

भीतर तो भेदा नहीं, बाहर कथै अनेक।
जो पै भीतर लख पड़े, भीतर बाहर एक।। (138)

इन्द्री एकौ बस नहीं, छोड़ चले परिवार।
दुनिया पीछे यों फिरै, जैसे चाक कुम्हार।। (139)

ट. हद-बेहद को अंग

हद में पीव न पाइए, बेहद में भरपूर।
हद बेहद की गम लखै, तासों पीव हजूर।। (140)

हदिया सेती हद रहो, बेहदिया बेहद्द।
जो जैसा जहं रोगिया, तहं तैसी औषद्द।। (141)

हद चले सो मानवा, बेहद चले सो साध।
हद बेहद दोऊ तजे, ताकर मता अगाध।। (142)

ठ. मधि को अंग

अति हठ मत कर बावरे, हठ से बात न होय।
ज्यूं-ज्यूं भीजै कामरी, त्यूं-त्यूं भारी होय।। (143)

मधि अंग जे को रहे, तिरत न लागे बार।
दुई-दुई अंग सूं लाग कर, डूबत है संसार।। (144)

कबीर दुविधा दूर कर, एक अंग है लाग।
यह सीतल वह तपत है, दोऊ कहिए आग।। (145)

सीतलता तब जानिए, समता रहे समाइ।
पष छाड़ै निरपष रहे, सबद न दूखा जाइ।। (146)

दया कौन पर कीजिए, का पर निर्दय होय?
सांई के सब जीव हैं, कीरी कुंजर दोय।। (147)

ङ. विश्वास

हरि का सुमरन जो करै, सो सुखिया संसार।
इत उत कतहि न डोलई, राखै सिरजनहार।। (148)

गाया तिन पाया नहीं, अन-गाया ते दूर।
जिन गाया विसवास सूं, तिन रह्या भरपूर।। (149)

पांडल पंजर, मन भंवर, अरथ अनूपम बास।
राम नाम सींचा अमी, फल लागा बेसास।। (150)

जाता है सो जान दे, तेरी दसा न जाइ।
खेवटिया की नाव ज्यूं, घने मिलेंगे आइ।। (151)

ढ. परख

हरि हीरा, जन जौहरी, ले ले मांडिय हाट।
जबर मिलेगा पारखी, तब हीरा की साट।। (152)

एक अचंभा देखिया, हीरा हाट बिकाइ।
परखनहारे बाहिरा, कौड़ी बदले जाइ।। (153)

कबीर लहर समंद की, मोती बिखरे आइ।
बगुला मंझन जानई, हंस चुने चुन खाइ।। (154)

पैंडे मोती बीखरे, अंधा निकसा आय।
जोति बिना जगदीस की, जगत उलंघा जाय।। (155)

चंदन रुख बिदेस गया, जन जन कहै पलास।
ज्यों-ज्यों चूल्हे झोंकिया, त्यों त्यों दूनी बास। (156)

कबीर गुदरी बीखरी, सौदा गया बिकाइ।
खोटा बांधा गांठड़ी, इब कुछ लिया न जाइ।। (157)

पाइ पदारथ पेल कर, कंकर लीया हाथ।
जोड़ी बिछुटी हंस की, पड़ा बगा के साथ।। (158)

कबीर यह जग अंधला, जैसी अंधी गाइ।
बछड़ा था सो मर गया, ऊभी चाम चटाइ।। (159)

तोर हीरा हिराइल बा किचड़े में।
कोई ढूंढे पूरब कोई पश्चिम, कोई ढूंढे पानी-पथरे में।
दास कबीर ये हीरा को परखे, बांध लिहलै जीयरा के अंचरे में।। (160)

ण. शब्द विवेकी

संशय सब जग खण्डिया, संशय खण्डे न कोय।
संशय खण्डे सो जना, शब्द विवेकी होय।। (161)

मैं रोऊं इह जगत को, मोको रोय न कोय।
मोको रोवे सो जना, शब्द विवेकी होय।। (162)

कर बन्दगी विवेक की, भेष धरे सब कोय।
सो बन्दगी बह जान दे, शब्द विवेक न होय।। (163)

भंवरजाल बगुजाल है, बूड़े बहुत अचेत।
कहै कबीर ते बांचि हैं, जिन के हृदय विवेक।। (164)

फूटी आंख विवेक की, लखे न संत असंत।
जाके संग दस बीस हैं, ताका नाम महन्त।। (165)

त. मारग

भार पराई सिर धरै, चलियो चाहे बाट।
अपने भारहि ना डरै, आगे औघट घाट।। (166)

भेला पाय सरप का, भौसागर के मांह।
जे छोड़ो तो डूबिहों, गहो त डसिए बांह।। (167)

कबीर पगरा दूर है, बीच पड़ी है रात।
ना जानो क्या होइगा, ऊगते परभात? (168)

काजल केरी कोठरी, बूड़त है संसार।
बलिहारी तेहि पुरख की, पैठ के निकसनहार।। (169)

जामण मरण बिचार कर, कूड़े काम निवार।
जिन पंथू तुझ चालना, सोई पंथ संवार।। (170)

पहुंचेंगे तब कहेंगे, अमड़ेंगे उस ठांइ।
अजहुं बेरा समंद में, बोल बिगूचे कांइ।। (171)

घर कबीर का शिखर पर, बाट सलैली शैल।
पांव न टिके पिपीलिका, लोगन लादै बैल।। (172)

जहां न चींटी चढ़ सके, राइ ना ठहराइ।
मन पवन का गम नहीं, तहां पहूंचे जाइ।। (173)

कबीर मारग अगम है, मुनिजन बैठे थाकि।
तहां कबीरा चल गया, गह सतगुरु की साखि।। (174)

थ. प्राप्ति

कबीर प्रेम की कूल ढरे, हमारे राम बिना न सरै।
बांध ले धौरा सींच ले क्यारी, ज्यूं तूं पेड़ भरै।।
काया बाड़ी मांहे माली, टहल करै दिन राती।।
कबहूं न सोवै काज संवारे, पाणतिहारी माती।।

सेझै कूवा स्वाति अति सीतल, कबहूं कुबाव नहीं रे।।
भाग हमारे हरि रखवाले, कोई उजाड़ नहीं रे।।
बीज जमाया किरखि निपाया, मन की आपदा खोई।।
औरैं स्यावढ़ करै षारिसा, सिला करै सब कोई।।
जो घर आया तो सब लाया, सबही काज संवारा।।
कहै कबीर सुनो रे संतो, थकित भया मैं हारा।। (175)

चौहटे चिंतामणि चढ़ी, हाड़ी मारत हाथ।
मीरा मुझ सूं मिहर कर, मिलूं न काहू साथ।। (176)

कबीर कंवल प्रकासिया, ऊगा निर्मल सूर।
निस अंधियारी मिट गई, बाजे अनहद तूर।। (177)

जिन पाया सूगह गह्या ,रसना लागी स्वाद।
रतन निराला पाइया ,जगत ढंढोल्या बाद।। (178)

हरि रस पीया जानिए, कबहूं न जाइ खुमार।
मैमंता घूमत रहै, नाहीं तन की सार।। (179)

सुरति ढीकुली लेज ल्यौ, मन नित ढोलनहार।
कंवल कुवां में प्रेम रस, पीवे बारंबार।। (180)

पाया कहैं ते बावरे, खोया कहैं ते कूर।
पाया खोया कुछ नहीं, ज्यों का त्यों भरपूर।। (181)

द. नम्रता

रोड़ा हो रहो बाट का, तज पाखंड अभिमान।
ऐसा जे जन हो रहे, ताहि मिले भगवान।। (182)

कबीर चेरा संत का, दासन का परदास।
कबीर ऐसे हो रहा, पांव तलै ज्यूं घास।। (183)

कबीर नवै सो आप को, पर को नवै न कोइ।
घाल तराजू तोलिए, नवै सो भारी होइ।। (184)

कबीर सिरजनहार बिन, मेरा हितू न कोइ।
गुण औगुण बिहड़ै नहीं, स्वारथ बंधी लोइ।। (185)

करता केरे बहुत गुण, औगुण कोई नाहिं।
जो दिल खोजो आपनो, सब औगुण मुझ मांहि।। (186)

ध. लघुता

सब ते लघुताई भली, लघुता से सब होय।
जस दुतिया को चंद्रमा, सीस नवे सब कोय।। (187)

लघुता ते प्रभुता मिले, प्रभुता ते प्रभु दूर।
चींटी ले शक्कर चली, हाथी के सिर धूर।। (188)

ऊंचे पानी ना टिके, नीचे ही ठहराय।
नीचा होय सो भर पिए, ऊंचा प्यासा जाय।। (189)

अध्याय-10

जीवत ही करो आसा

क. देह के बिना कुछ नहीं
- (i) चाम का महल
- (ii) अन्न की पूजा
- (iii) या देही बिन सबद न स्वादं

ख. इस पार ही सब कुछ है
- (i) मन, तू पार उतर कहं जैहै
- (ii) अरे मन, धीरज काहे न धरै
- (iii) मन को अंग
- (vi) धीरज को अंग
- (v) सहज को अंग

क. देह के बिना कुछ नहीं

(i) चाम का महल

चाम के महल में बोलता राम है, चाम और राम को चीन्ह भाई।
धन्न उस्ताद जिन्ह चाम मूरती गढ़ी, सकल सिंगार छवि रूप छाई।।
एक ही बूंद ते साज साबित किया, विविध परकार कर जन्त्र लाई।
पांव औ पिंडुरी जंघ कटि केहुनी, नाभि कुण्डलि रचि सरस भाई।।
पवन की गांठ दे महल ठाढ़ा किया, हृदय विचित्र भुजदंड लाई।
हाथ औ अंगुरी सकल पूरी बनी, अंगुरी अग्र में नखन लाई।।
कंठ मस्तक मनी मुकुट लीलाट है, रत्न धन नैन दुई दृष्टि पाई।
स्रवन मुख नासिका दसन सीखर बने, बदन उजियार सोभा निकाई।।
पीठ पीछे बनी मेरुडंड लागिया, पांसुरी बीच पिंजर गढ़ाई।
चाम बिच मा स है, मांस बिच हाड़ है, हाड़ के बीच नस रोम लाई।।

ग ूद बिच बिंद है, बिंद बिच पवन है , पवन बीच प्रान बोलत जु होई।
कहै कबीर यह ख्याल करता किया , ग्यान की दृष्टि त चीन्ह सोई।। (1)

चाम का मिंदर में बोलै भाई राम। जित देखूं तित चाम ही चाम।।
चाम का जीन, चाम का घोड़ा। चाम ही चढ़ कर दीया अहेड़ा।।
चाम का डंटा चाम का बाजा। चाम ही नगरी चाम का राजा।।
चाम का बछड़ा चाम की गाय। चामही चूषै चाम चटाई।।
चाम का हस्ती चाम का मीर। चाम का भगता दास कबीर।। (2)

तू भी चमरा, मैं भी चमरा , चमरा चारों खानी।
बिना चाम की देह बता दे , वो है अन्तर्यामी।।
चामे गावे चामे बजावे , चाम ही मैथुन कर्म करावे।
चाम से ही सब सृष्टि बनी है , बाम्मण कहां ते आवे? (3)

(ii) अन्न की पूजा

आरती अन्न देव तुम्हारी। जाते काया पले हमारी।।
जल की उत्पति यह संसारी। भोजन करे सकल नर नारी।।
राजा प्रजा और मठधारी। ये सब आसा जिए तुम्हारी।।
पीर औलिया अजमत धारी। सुर नर मुनि सब अन्न अहारी।।
दया की दीप भाव की बाती। सब अन्न को आरति साती।।
अन्न आरति आतम पूजा। कहै कबीर देव नहिं दूजा।। (4)

अन्न नाम निज मूल है , सोई हमारा कीन्ह।
एक अन्न को बीछुरे , कोई न काहू चीन्ह।। (5)

(iii) या देही बिन सबद न स्वादं

पांडे, न करसि बाद बिवादं।
या देही बिन सबद न स्वादं।।
अंड ब्रह्मंड खंड भी माटी, माटी नवनिधि काया।
माटी खोजत सतगुर भेटिया ,तिन कछू अलख लखाया।।
जीवत माटी मूवा भी माटी, देखो ग्यान बिचारी।
अंत काल माटी में बासा, लेटै पांव पसारी।।
माटी का चित्र पवन का थंभा, बिंद संजोग उपाया।
भानै घड़ै संवारै सोई, यह कुदरत की माया।।

माटी का मंदिर ग्यान का दीपक, पवन बाति उजियारा।
तिहि उजियारे सब जग सूझै, कबीर ग्यान बिचारा।। (6)

ताते कहिए लोकाचार। बेद कतेब कथै व्यौहार।।
जारि बारि कर आवै देहा। मूवा पीछे प्रीति सनेहा।।
जीवत पित्रहि मारहि डंडा। मूवा पित्र ले घालै गंगा।।
जीवत पित्र कूं अन न खवावै। मूवा पीछे पिंड भरावै।।
जीवत पित्र कूं बोलै अपराध। मूवा पीछे देहि सराध।।
कहै कबीर मोहि अचरज आवै। कउवा खाइ पित्र क्यूं पावै? (7)

सो कछू बिचारहू पंडित लोई। जाके रूप न रेख बरण नहिं कोई।।
उपजै पिंड प्रान कहां ते आवै? मूवा जीव जाइ कहां समावै?
इंद्री कहां करिहि विश्रामा? सो कत गया जो कहता रामा?
पंचतत्त तहां सबद न स्वादं। अलख निरंजन विद्या न बादं।।
कहै कबीर मन मनहि समाना। आगम निगम झूठ कर जाना।। (8)

संतो, धागा टूटा गगन बिनस गया, सबद जु कहां समाई?
ए संसा मोहि निस दिन व्यापै, कोई न कहै समझाई।।
नहीं ब्रह्मंड पिंड पुनि नाहीं, पंच तत्त भी नाहीं।
इला पिंगला सुखमन नाहीं, ए गुण कहां समाही?
नहीं ग्रिह द्वार कछू नहिं तहिया, रचनहार पुनि नाहीं।
जोड़नहार अतीत सदा संगि, ये गुण तहां समाही।।
कहै कबीर यह गगन न बिनसै, जो धागा उनमाना।
सीखे सुने पढ़े का होई, जो नहिं पदहिं समाना? (9)

साधो भाई, जीवत ही करो आसा।
जीवत समझे, जीवत बूझे, जीवत मुक्ति निवासा।
जियत करम की फांस न काटी, मुए मुक्ति की आसा।।
तन छूटे जिव मिलन कहत है, सो सब झूठी आसा।
साधू संत की करै बंदगी, कटै करम की फांसा।।
सत्त गहै सतगुरु को चीन्है, सत्त नाम विस्वासा।
कहै कबीर साधन हितकारी, हम साधन के दासा।। (10)

अति अपार गति लखै न कोइ।
हरि कूं भजै सु हरि ही होइ।।
हरि कूं भजै सु हरि की जाति। हरि है तहां दिवस नहीं रात।।

धूप न छांह प्रात नहीं ब्याल। जरा मरण नहीं व्यापै काल।।
अग्नि बलै झल दीसै जैसे। सब घट मधि जोति है ऐसे।।
अग्नि बुझी झल कहां है गइ। प्यंड पर्‌यां तैसी गति भइ।।
पंडित गुणी कहो समझाइ। पिंड छूटे जीव कहां समाइ?
जोत सरूप बदेही मांहि। ता देही कूं छाड़े नाहिं।।
जब लग देह तब लग जीव। नहीं तो सदा निरालंब सीव।।
जीव सीव तत एकै होइ। आपै करता और न कोइ।।
काया मांहे आतम देव। ता निज तन की कर ले सेव।।
कहै कबीर पुकार पुकार। आपा ही में आप बिचार।। (11)

साधो, यह तन ठाठ तंबूरे का।
ऐंचत तार मरोरत खूंटी, निकसत राग हजूरे का।।
टूटे तार बिखर गई खूंटी, हो गया धूरम-धूरे का।।
कहै कबीर सुनो भाई साधो, अगम पंथ कोई सूरे का।। (12)

तन संदूक मन रतन है, चुपके दे हट ताल।
गाहक बिना न खोलिए, पूंजी शब्द रसाल।। (13)

जीवत मुक्ता जो नहीं, मुए न मुक्ता होय।।
मूए पीछे मुक्ति हो, तो मुक्ता सब कोय।। (14)

ख. इस पार ही सब कुछ है

(i) मन, तू पार उतर कहं जैहै

मन, तू पार उतर कहं जैहै?
आगे पंथी पंथ न कोई, कूच मुकाम न पैहै।।
नहिं तहं नीर, नाव नहिं खेवट, ना गुन खेंचनहारा।
धरनी गगन कल्प कछु नाहीं, ना कछु वार न पारा।।
नहिं तन, नहिं मन, नाहिं अपनपौ, सुन्न में सुद्धि न पैहौ।
बलवाना हो पैठो घट में, वाहीं ठौरे होइहौ।।
बार-हि-बार बिचार देख मन, अंत कहूं मत जैहौ।
कहै कबीर सब छोड़ कल्पना, ज्यों के त्यों ठहरै हौ।। (15)

मन, तू समझ के लाद लदनिया।
सौदा करु तो यहीं करु भाई, आगे हाट न बनिया।।

पानी पी तो यहीं पी भाई, आगे देस निपनिया।
कहै कबीर सुनो भाई साधो, राम नाम का बनिया।। (16)

आए दिन गौने के हो, मन होत हुलास।
डोलिया उठावे बीजा बनवां हो, जहं कोई न हमार।।
पइयां तोरी लागौं कहरवा हो, डोली धर छिन बार।
मिल लेवैं सखिया सहेलिन हो, मिलौं कुल परिवार।।
दास कबीर गौंव निरगुन हो, साधो कर ले विचार।
नरम-गरम सौदा कर ले हो, आगे हाट ना बजार।। (17)

अवधू, छोड़हू मन बिस्तारा।
सो पद गहो जाहि ते सदगति, पारब्रह्म से न्यारा।।
नहीं महादेव नहीं मुहम्मद, हरि हजरत कछु नाहीं।
आदम ब्रह्मा नहिं तब होते, नहीं धूप, नहिं छांही।।
अस्सी सहस पैगम्बर नाहीं, सहस अठासी मूनी।
चंद सूर तारागन नाहीं, मच्छ कच्छ नहिं दूनी।।
बेद कितेब सिम्रिति नहिं संजम, जीव नहीं परछांई।
बंग निमाज कलमा नहिं होते, रामहु नाहिं खोदाई।।
आदि अंत मन मध्य न होते, आतस पवन न पानी।
लख चौरासी जीव जन्तु नहिं, साखी सब्द न बानी।।
कहै कबीर सुनो हो अवधू, आगे करहु बिचारा।
पूरन ब्रह्म कहां से प्रगटे, किरतम किन उपजारा? (18)

आकास की आस छोड़ दे बावरे, उलट कर देख घट अपना जी।
आप में आप को आप तहकीक कर, मिटै ज्यों मन की कल्पना जी।।
बिन देखे ही निज नाम जापै, सो जानिय रैन का सपना जी।
कबीर दीदार प्रत्यक्ष हुआ, अब जाप कौन का जपना जी? (19)

पानी में मीन पियासी।
मोहि सुन-सुन आवै हांसी।।
आतम ग्यान बिना नर भटकै, कोई मथुरा, कोई कासी।
घर में वस्तु नजर नहिं आवै, वन-वन फिरत उदासी।।
है हाजिर तिहि दूर बतावै, दूर की बात निरासी।
कहै कबीर सुनो भाई साधो, गुरु बिना भरम न जासी।। (20)

राम, मोको तार कहां लै जैहै?
सो बैकुंठ कहो धौं कैसा, करि पसाव मोहि दैहै।।
जो तुम मोको दूर करत हो, तो तुम मुक्ति बतावोगे।
एक अनेक होइ रह्यो सकल में, अब कैसे भरमावोगे?
तारन तरन तबै लग कहिए, जब लग तत्व न जाना।
अब तो बिमल भए घट ही में, कहै कबीर मन माना।। (21)

लूट सके तो लूटियो, राम नाम है लूट।
पीछे ही पछताहुगे, यह तन जैहै छूट।। (22)

(ii) अरे मन, धीरज काहे न धरै

अरे मन, धीरज काहे न धरै?
पसु पक्षी सब कीट पतंगा, सबकी सुधी करै।।
गर्भवास में खबर लेत है, बाहर क्यों बिसरै?
मन तो हंस उसी साहब के, भटकत काह फिरै?
सदगुरु छोड़ और को ध्यावे, कारज इक न सरै।
मात पिता सुत सम्पत दारा, मोह के जाल जरै।।
समझ देख मन कोई नहिं अपना, धोखे काह परै?
कहै कबीर सुनो भाई साधो, सहजे जीव तरै।। (23)

मन, तू नाहक धूम मचाया।
कर असनान ध्यान धर बैठे, पाती फूल चढ़ाया।
मूरत से सब ही बर मांगे, अपने हाथ बनाया।।
झूठे लेना, झूठे देना, झूठे राह बताया।
बांझिन गाय दूध ना देहै, माखन कहं से आया?
हिन्दू तुरुक पूजैं दुइ देवा, जहं तहं तीरथ न्हाया।
तीरथ गए जीव भौ दुखिया, यह दुख कहां समाया?
जिनके मन में सांच बसत है, सांचे से लौ लाया।
कहै कबीर सुनो भाइ साधो, नित उठ दरसन पाया।। (24)

मन, तोहि किस बिधि कर समझाऊं?
सोना होय सोहाग मंगाऊं, बंक नाल रस लाऊं।
ग्यान सब्द की फूंक चलाऊं, पानी कर पिघलाऊं।।
घोड़ा होय लगाम मंगाऊं, ऊपर जीन कसाऊं।

होय सवार तेरे पर बैठूं, चाबुक देह चलाऊं।।
हाथी होय जंजीर गढ़ाऊं, चारों पैर बंधाऊं।
होय महावत सिर पर बैठूं, अंकुस लेइ चलाऊं।।
लोहा हो तो अरन मंगाऊं, ऊपर धुआं धुवाऊं।
धूआं की घन घोर मचाऊं, अन्तर तार खिचाऊं।।
ग्यान चाहिए ग्यान सिखाऊं, सत्य की राह बताऊं।
कहै कबीर सुनो भइ साधो, अमरा पुर पहुंचाऊं।। (25)

मन रे, तैं चित धर नांव न लीया।
तैं कहां आया जग कीया?
डर था तहां निडर होइ रहीया, निडर तहां डर कीया।
चित्त था तहां अचित हो बैठा, अचित्त तहां चित्त दीया।।
जहां जहां बरजू या मन कूं, तहां तहां उठ धावै।
कहै कबीर मन मरकट मूठी, संत ही भले छुड़ावै।। (26)

मनहि का चित्र यह जान नाहीं पड़े, दूसरा भय मन राग रागै।
मनहि की थापना तीर्थ अरु मूर्ति है, जाति अरु पांति मन राग त्यागै।।
रैन अरु दिवस मन ध्यान सुमरन करे, मन सावज होय झिझक भागै।
कहै कबीर गुरु पीर पूरा मिलै, मन समझाया घर मांहि लागै।। (27)

(iii) मन को अंग

मन पांचों के बस पड़ा, मन के बस नहिं पांच।
जित देखूं तित दौं लगी, जित भागूं तित आंच।। (28)

मन के मारे बन गए, बन तज बस्ती मांहि।
कहै कबीर क्या कीजिए, यह मन ठहरे नाहिं? (29)

मन जाने सब बात, जान बूझ औगुन करै।
काहे की कुसलात, ले दीपक कूएं परै? (30)

मन ही को परमोधिए, मन ही को उपदेस।
जो या मन को बस करै, सीष होय सब देस।। (31)

मैमंता मन मार ले, घट ही मांही घेर।
जब ही चालै पीठ दे, अंकुस दे दे फेर।। (32)

मन के मते न चालिए, मन के मते अनेक।
जो मन पर असवार है, सो जन कोई एक।। (33)

मन के हारे हार है, मन के जीते जीत।
कहै कबीर हरि पाइए, मन के ही प्रतीत।। (34)

मन पंछी तब लग उड़ै, विषय वासना मांहि।
प्रेम बाज की झपट में, जब लग आवै नाहिं।। (35)

जहां बाज बासा करे, पंछी रहे न और।
जा घट प्रेम परगट भया, नहीं करम को ठौर।। (36)

मन चलता तन भी चलै, ताते मन को घेर।
तन मन दोऊ बस करै, होय राइ सूं मेर।। (37)

बाजीगर का बांदरा, ऐसा जिउ मन साथ।
नाना नाच नचाय के, राचै अपने हाथ।। (38)

मन माया तो एक है, माया मनहि समाय।
तीन लोक संसय परा, काहि कहूं समझाय? (39)

जेती लहर समुद्र की, तेती मन की दौर।
सहजे हीरा ऊपजे, जो मन आवै ठौर।। (40)

मन जो गया तो जान दे, दृढ़ कर राख सरीर।
बिना चढ़ाय कमान के, कैसे लागे तीर? (41)

काया देवल मन धजा, विषै लहर फहराइ।
मन चाले देवल चले, ताका सर्वस जाइ।। (42)

काया कसूं कमाण ज्यूं, पंच तत्त कर बाण।
मारूं तो मन मिरग को, नहिं तो मिथ्या जान।। (43)

काया कजरी बन अहै, मन कुंजर मैमंत।
अंकुश ज्ञान रतन है, फेरें साधू बिरला संत।। (44)

अगम पंथ मन थिर करै, बुद्धि करै परवेस।
तन मन सबही छोड़ के, तब पहुंचे वा देस।। (45)

मन मोटा मन पातरा, मन पानी मन लाय।
मन के जैसी ऊपजे, तैसी ही हो जाय।। (46)

मनुवा तो पंखी भया, जहां तहां उड़ जाय।।
जहं जैसी संगति करै, तहं तैसा फल खाय।। (47)

बिना सीस का मिरग है, चहुं दिस चरने जाय।
बांध लाओ गुरु ग्यान सूं, राखो तत्व लगाय।। (48)

अपने उरझे उरझिया, दीखै सब संसार।
अपने सुरझे सुरझिया, यह गुरु ग्यान विचार।। (49)

केसन कहा बिगारिया, जो मूंडे सौ बार?
मन को क्यों नहिं मूंडिए, जा में भरे विकार? (50)

मन मेवासी मूंडिए, केसहि मूंडे काहि?
जो कुछ किया सु मन किया, केस किया कुछ नाहिं।। (51)

भगति दुवारा सांकरा, राई दसवें भाइ।
मन तो मैंगल हो रहा, क्यूं कर सकै समाइ? (52)

कबीर सेरी सांकरी, चंचल मनुवा चोर।
गुण गावै लौलीन हो, कछु इक मन में और।। (53)

कबीर मन बिकरै पड़ा, गया स्वाद के साथ।
गलका खाया बरजता, अब क्यूं आवै हाथ? (54)

मन नहीं मारा मन करि, सके न पंच प्रहार।
सील सांच सरधा नहीं, इंद्री अजहुं उघार।। (55)

कबीर तुरी पलानिया, चाबुक लीया हाथ।
दिवस थका सांई मिलो, पीछै पड़िहै रात।। (56)

इस मन को बिसमल करौं, दीठा करौं अदीठ।
जे सिर राखौं आपना, तो पर सिरिज अंगीठ।। (57)

यह मन पटक पछाड़ ले, सब आपा मिट जाइ।
पंगुल हो पिव पिव करै, पीछे काल न खाइ।। (58)

मन मनोरथ छोड़ दे, तेरा किया न होइ।
पानी में घी नीकसे, रूखा खाइ न कोइ।। (59)

हिरदा भीतर आरसी, मुख देखा नहिं जाइ।
मुख तो तब ही देखिए, मन की दुविधा जाइ।। (60)

पंच बलधिया फिरकिड़ी, ऊजड़ ऊजड़ जाइ।
बलिहारी वा दास की, पकड़ जु राखे ठाइ।। (61)

कुंभे बांधा जल रहे, जल बिन कुंभ न होय।
ज्ञाने बांधा मन रहे, मन बिन ज्ञान न होय।। (62)

मन जो सुमिरे राम को, राम बसै घट मांहि।
अब मन रामहि हो रहा, सीस नवाऊं काहि? (63)

तू तू करता तू भया, मुझ में रही न हूंय।
बारी तेरे नाम पर, जित देखूं तित तूंय।। (64)

तू तू करता तू भया, तुझ में रहा समाय।
तुझ मांही मन मिल रहा, अब कहुं अनत न जाय।। (65)

कबीर अब ऐसा भया, निरमोलिक निज नांउ।
पहले कांच कथीर था, फिरता ठांवे ठांव।। (66)

मैवासा मोई कीया, दुरजन काढ़े दूर।
राज पियारे राम का, नगर बसा भरपूर।। (67)

सद पानी पाताल का, काढ़ कबीरा पीव।
बासी पावस पड़ मुए, विषै बिलंबे जीव।। (68)

कबीर मन निरमल भया, जैसा गंगा नीर।
पीछे लागा हरि फिरै, कहत कबीर कबीर।। (69)

चलत मनसा अचल कीन्ही, मन हुआ रंगी।
तत्त्व में निहतत्त्व दरसा, संग में संगी।।
बंध ते निर्बन्ध कीन्हा, तोड़ सब तंगी।
कहे कबीर अगम गम कीया, प्रेम रंग रंगी।। (70)

(iv) धीरज को अंग

धीरे धीरे रे मना, धीरे सब कुछ होय।
माली सींचे सौ घड़ा, रितु आए फल होय।। (71)

बहुत गई थोरी रही, व्याकुल मन मत होय।
धीरज सब को मित्र है, करी कमाइ न खोय।। (72)

साहिब की गति अगम है, चल अपने अनुमान।
धीरे धीरे पांव धर, पहुंचेगा परमान।। (73)

कबीर धीरज के धरे, हाथी मन भर खाय।
टूक एक के कारने, स्वान घरै घर जाय।। (74)

(v) सहज को अंग

सहज सहज सब कोइ कहै, सहज न चीन्है कोय।
जा सहजे साहिब मिले, सहज कहावे सोय।। (75)

सहजे ही धुन होत है, पल पल घटही मांहि।
सुरति सब्द मेला भया, मुख की हाजत नाहिं।। (76)

जाति जुलाहा मति का धीर। सहज सहज गुन रमै कबीर।। (77)

कहे कबीर सुख सहज समाऊं। आप न डरूं, न और डराऊं।। (78)

अध्याय-11

जन्म का मूल महान है

क. जरा और मरण
- (i) बुढ़ापा
- (ii) दुख
- (iii) मृत्यु
- (iv) काल का नियम
- (v) धींवर और खटीक

ख. निराशा को जगह नहीं
- (i) हम न मरैं, मरिहै संसारा
- (ii) जह्वां से आयो अमर वह देसवा

क. जरा और मरण

(i) बुढ़ापा

सोच-समझ अभिमानी, चादर भई पुरानी।
टुकड़े-टुकड़े जोड़ जगत सों, सीने अंग लपटानी।
कर डारी मैली पापन सों, लोभ-मोह में सानी।
ना यहि लगो ज्ञान की साबुन, ना धोई भल पानी।
सारी उमर ओढ़ते बीती, भली बुरी नहिं जानी।
संका मान जान जिय अपने, यह है चीज बिरानी।
कहै कबीर धर राख जतन से, फेर हाथ नहिं आनी। (1)

अब मोहि नाचिबो न आवै।
मेरा मन मंदला न बजावै।।
ऊभर था सो सूभर भरिया, त्रिसना गागर फूटी।
काम चोलना भया पुराना, गया भरम सब छूटी।।
जे बहु रूप किए ते कीए, अब बहु रूप न होई।

थाकी सोज, संग के बिछुरे, राम नाम बसि होई।।
जे थे सचल अचल हो थाके, चूके बाद बिबादा।
कहै कबीर मैं पूरा पाया, भया राम परसादा।। (2)

अब हम जानो काया बुढ़ानी।
हाड़ सूख गए, मांस सूख गए, पांव परै जैसे ऐंचातानी।
आंखिन आगे सूझत नाहीं, लार गिरे जैसे ओरियक पानी।।
धीया पुता कोई काम न आवे, देत न बूंद भर पानी।
कहैं कबीर सुनो भाई साधू, का सोचो दिन आय सिरानी।। (3)

कब भजिहो हरि नाम?
बालापन सब खेल गवांयो, ज्वानी में व्यापा काम।
वृद्ध भए तन कांपन लागो, लटकन लगियो चाम।।
लाठी टेक चलत मारग में, सही जात नहीं घाम।
कानन बहिर, नैन नहीं सूझे, दांत भए बेकाम।।
घर की नार विमुख हुइ बैठी, पुत्र करत बदनाम।
बरबरात है वृथा बूढ़ा, अटपट आठों याम।।
खटिया से भुंई पर कर देहे, लूट लिए धन धाम।
कहै कबीर अब का करिहो, यम से परिगै काम? (4)

जिन पांवन भू बहु फिरा, देखा देस बिदेस।
तिन पांवन थिति पकड़िया, आंगन भया बिदेस।। (5)

बरियां बीती बल गया, केस पलट भए और।
बिगड़ी बात न बाहुड़ै, कर छिटका कत ठौर।। (6)

मैं इकला ए दोइ जना, छेती नाहीं कांइ।
जे जम आगे ऊबरो, जुरा पहूंची आइ।। (7)

(ii) दुख

कबीर सुख कूं जाय था, आगे आया दुक्ख।
सुख जाहू घर आपने, मैं जानूं अरु दुक्ख।। (8)

सुखिया ढूंढत मैं फिरूं, सुखिया मिला न कोय।
जाके आगे दुख कहूं, वो पहले उठ रोय।। (9)

ऐसा कोई ना मिला, जासों रहिए लाग।
सब जग जलता देखिया, अपनी अपनी आग।। (10)

झल बाएं झल दाहिने, झल ही में व्यवहार।
आगे पीछे झलमई, राखै सिरजनहार।। (11)

(iii) मृत्यु

साधो, यह मुरदों का गांव।
तन धर कोई रहन न पावै, काको लीजै नांउ?
पीरे मरे, पैगम्बर मर गए, मर गए जिन्दा जोगी।
राजा मर गए, परजा मर गए, मर गए वैद्य औ रोगी।।
चन्दो मरिहैं, सुरजो मरिहैं, मरि हैं धरनी अकासा।
चौदह भुवन के चौधरी मरिहैं, इनहूं की क्या आसा?
नौ भी मर गए, दस भी मर गए, मर गए सहस अठासी।
तैंतिस कोटि देवता मर गए, पड़ी काल की फांसी।।
नाम अनाम रहत है नित ही, दूजा तत्व न होई।
कहै कबीर सुनो भाई साधो, भटक मरो मत कोई।। (12)

जे को मरै मरन है मीठा।
गुरु प्रसाद जिनहीं मर दीठा।।
मूवा करता मुई ज करनी, मुई नारि सुरति बहु धरनी।
मूवा आपा मूवा मान, परपंच खेइ मूवा अभिमान।।
राम रमे रमि जे जन मूए, कहै कबीर अविनासी हूए।। (13)

जियरा, जाहुगे हम जानी।
पांच तत्व को बनो पींजरा, जा में वस्तु बिरानी।
आवत जावत कोइ न देखो, डूब गयो बिन पानी।।
राज करन्ते राजा जइहैं, रूप करन्ती रानी।
चंदो जइहैं सुर्यो जइहैं, जइहैं पवन अरु पानी।।
जोग करन्ते जोगी जइहैं, कथा सुनाते ग्यानी।
कहै कबीर एक सन्त न जइहैं, जिनकी मति ठहरानी।। (14)

छेम कुसल औ सही सलामत, कहहु कौन को दीन्हा हो।
आवत जात दुनों बिधि लूटे, सरब तंग हरि लीन्हा हो।।

सुर नर मुनि जति पीर औलिया, मीरा पैदा कीन्हा हो।
कहं लों गिनैं अनंत कोटि लों, सकल पयाना कीन्हा हो।।
पानी पवन अकास जाहिगो, चंद जाहिगो सूरा हो।
यह भी जाहिगो, वह भी जाहिगो, परत काहु को न पूरा हो।।
कुसलै कहत कहत जग बिनसै, कुसल काल की फांसी हो।
कहै कबीर सब दुनिया बिनसल, रहल राम अविनासी हो।। (15)

कौन ठगवा नगरिया लूटल हो?
चंदन काठ के बनत खटोलना, तापर दुलहिन सूतल हो।।
उठो सखी मोर मांग संवारो, दुलहा मोसे रूठल हो।
आई मौत पलंग चढ़ बैठी, नैनन आंसू टूटल हो।।
चार जने मिल खाट उठाइन, चहुं दिस धूधू ऊठल हो।
कहै कबीर सुनो भाई साधो, जग से नाता छूटल हो।। (16)

रहना नहिं देस बिराना है।
यह संसार कागद की पुड़िया, बून्द पड़े घुल जाना है।
यह संसार कांटों की बाड़ी, उलझ-पुलझ मर जाना है।।
यह संसार झाड़ और झांखर, आग लगे बर जाना है।
कहै कबीर सुनो भाई साधो, सतगुरु नाम ठिकाना है।। (17)

रे, या में क्या मेरा क्या तेरा? लाज न मरहि कहत घर मेरा।।
चार पहर निस भोरा। जैसे तरवर पंखि बसेरा।।
जैसे बनिये हाट पसारा। सब जग का सो सिरजनहारा।।
ये ले जारे वे ले गाड़े। इनि दुखिइनि दोऊ घर छाड़े।।
कहै कबीर सुनहु रे लोई। हम तुम्ह बिनसि रहेगा सोई।। (18)

और मुए क्या रोइए, आपा थिर न रहाय?
जो उपजै सो बिनसि है, दुख कर रोवै बलाय।। (19)

ज्यूं जामना त्यूं मरना। पछतावा कछू न करना।। (20)

जिस मरने से जग डरै, सो मेरे आनंद।
कब मरिहूं कब देखिहूं, पूरन परमानंद।। (21)

सीख भई संसार से, चले जु सांई पास।
अविनासी मोहि ले चला, पुरई मेरी आस।। (22)

कबीर हमरा को नहीं, हम किसहू के नाहिं।
जिन इह रचन रचाइया, तिस ही मांहि समाहि।। (23)

(iv) काल का नियम

नर जाने अमर मेरी काया।
घर घरवात दुपहरी छाया।।
मारग छोड़ कुमारग जोवै। आपन मरै और कूं रोवै।।
कछू एक कीया कछू एक करना। मुगध न चेतै निहचै मरना।।
ज्यूं जल बूंद तैसा संसारा। उपजत बिनसत लगै न बारा।।
पंच पंखुरिया एक सरीरा। चरण कंवल दल भंवर कबीरा।। (24)

कौन-कौन गया राम कौन-कौन न जासी?
पड़सी काया गढ़ माटी थासी।।
इंद्र सरीखे गए नर कौड़ी, पांचों पांडव सरिखी जोड़ी।।
धू अबिचल नहिं रहसी तारा, चंद सूर की आइसी बारा।।
कहै कबीर जग देख संसारा, पड़सी घट रहसी निरकारा।। (25)

देखहु, यह तन जरता है।
घड़ी पहर बिलंबो रे भाई जरता है।।
काहे कूं एता किया पसारा? यह तन जर-बर हो है छारा।।
नव तन द्वादस लागी आगी। मुगध न चेतै नख-सिख जागी।।
काम क्रोध घट भरे बिकारा। आपहि आप जरै संसारा।।
कहै कबीर हम मृतक समाना। राम नाम छूटे अभिमाना।। (26)

झूठे तन को क्या गरबावै?
मरै तो पल भर रहन न पावै।।
खीर खांड घृत पिंड संवारा। प्रान गए तो बाहर जारा।।
जिह सिर रच रच बांधत पागा। सो सिर चंचु संवारहि कागा।।
हाड़ जरै जैसे लकड़ी झूरी। केस जरै जैसे त्रिन की कूरी।।
कहै कबीर नर अजहुं न जागै। जम का डंड मूंड में लागै।। (27)

सुवटा, डरत रह मेरे भाई, तोहि डराई देत बिलाई।
तीन बार रूंधै इक दिन में, कबहुंक खता खवाई।।
या मंजारी मुगध न माने, सब दुनिया डहकाई।
राणा राव रंक को व्यापे, कर कर प्रीत सवाई।।

कहै कबीर सुनो रे सुवटा, उबरै हरि सरनाई।
लाख मांहि ते लेत अचानक, काहू न देत दिखाई।। (28)

जो ऊगे सो आथवे, फूले सो कुम्हलाय।
जो चिनिया सो ढह पड़े, जामे सो मर जाय।। (29)

जो पहरा सो फाटिसी, नाम धरा सो जाइ।
कबीर सोइ तत्त गह, जो गुरु दिया बताइ।। (30)

कबीर धूल सकेर कर, पुड़ी ज बांधी एह।
दिवस चार का पेखना, अंत खेह की खेह।। (31)

कबीर मंदिर लाख का, जड़िया हीरे लाल।
दिवस चार का पेखना, बिनस जाइगा काल्ह।। (32)

काल जीव को ग्रासई, बहुत कह्यो समझाय।
कहै कबीर मैं क्या करूं, कोई नहिं पतियाय? (33)

काल हमारे संग है, कस जीवन की आस?
दस दिन नाम संभार ले, जब लग पिंजर सांस।। (34)

झूठे सुख को सुख कहै, मानत है मन मोद।
जगत चबेना काल का, कुछ मुख में, कुछ गोद।। (35)

चहुं दिस ठाढ़े सूरमा, हाथ लिए हथियार।
सब ही यह तन देखता, काल ले गया मार।। (36)

तरुवर पात सों यों कहे, सुनो पात इक बात।
या घर याही रीति है, इक आवत, इक जात।। (37)

पात झरन्ता यों कहे, सुन तरुवर बनराय।
अब के बिछुड़े ना मिलें, दूर पड़ेंगे जाय।। (38)

फागन आवत देख के, बन रोता मन मांहि।
ऊंची डारी पात था, पियरा हो हो जाहि।। (39)

माली आवत देख कर, कलियां करें पुकार।
फूली फूली चुन लईं, काल्ह हमारी बार।। (40)

निधड़क बैठा राम बिन, चेत न करै पुकार।
यह तन जल का बुदबुदा, बिनसत नाहीं बार।। (41)

पांच तत्त्व का पूतरा, मानुस धरिया नांउ।
चार दिवस के पाहुने, बड़बड़ रूंधइ ठांउ।। (42)

काची काया मन अथिर, थिर थिर करम करंत।
ज्यूं ज्यूं नर निधड़क फिरै, त्यूं त्यूं काल हँसंत।। (43)

सूखन लागे केवड़ा, टूटी अरहट माल।
पानी की कल जानता, गया जो सींचनहार।। (44)

धवणि धवंती रह गई, बुझ गए अंगार।
अहरणि रहा ठमूकड़ा, जब उठ चले लुहार।। (45)

मेरे बीर लुहारिया, तू मति जारै मोहि।
इक दिन ऐसा होइगा, मैं जारोंगी तोहि।। (46)

कबीर हिरनी दूबरी, इस हरियारे ताल।
लाख अहेरी एक जिव, केतिक टारै भाल।। (47)

कबीर पल की सुध नहीं, करै काल्ह को साज।
काल अच्यंता झड़पसी, ज्यूं तीतर को बाज।। (48)

कबीर पंच पखेरुवा, राखे पोष लगाइ।
एक जु आया पारधी, ले गया सबै उड़ाइ।। (49)

ढोल दमामा डुगडुगी, सहनाई संग भेरि।
औसर चले बजाइ कर, है कोई राखै फेरि।। (50)

सातों सबद जु बाजते, घर-घर होते राग।
ते मंदिर खाली पड़े, बैठन लागे काग।। (51)

दस द्वारे का पींजरा, तामें पंछी पौन।
रहिबे को अचरज अहै, जात अचंभो कौन? (52)

जिनि हम जाए ते मुए, हम भी चालनहार।
हमरे पीछे पूंगरा, तिन भी बांधा भार।। (53)

रोवनहारे भी मुए, मुए जलावनहार।
हा हा करते ते मुए, का सों करो पुकार? (54)

कबीर जंत्र न बाजई, टूट गए सब तार।
जंत्र बिचारा क्या करे, चला बजावनहार।। (55)

राखनहारे बाहिरा, चिड़िया खाया खेत।
आधा-परधा ऊबरै, चेत सके तो चेत।। (56)

इक दिन ऐसा होइगा, सब सूं पड़ै बिछोइ।
राजा राणा छत्रपति, सावधान किन होइ? (57)

चोवा चंदन चरचत अंगा। सो तन जरै काठ के संगा।।
दास कबीर यह कीन्ह बिचारा। इक दिन हो है हाल हमारा।। (58)

कबीर यह जग कुछ नहीं, खिन खारा, खिन मीठ।
काल्ह जु बैठा माड़िया, आज मसाणा दीठ।। (59)

कबीर मंदिर आपने, नित उठ करती आलि।
मड़हट देखा डरपती, चौड़े दीन्ही जालि।। (60)

सुमरन करहु राम का, काल गहे है केस।
ना जानो कब मारि है, का घर, का परदेस? (61)

हाड़ जरै जस लाकड़ी, केस जरैं जस घास।
कबीरा जरै रामरस, कोठिन जरै कपास।। (62)

चलती चाकी देख के, दिया कबीरा रोय।
दो पाटन बिच आय के, साबत गया न कोय।। (63)

(v) धींवर और खटीक

रंजसि मीन देख बहु पानी।
काल झाल की खबर न जानी।।
गारैं गरब्यो औघट घाट। सो जल छोड़ बिकानो हाट।।
बंध्यो न जाने जल उदमाद। कहै कबीर सब मोहे स्वाद।। (64)

मच्छ होइ नहिं बांचिहौ, झींवर तेरो काल।
जिहिं जिहिं डाबर तू फिरो, तंह तहं मेलै जाल।। (65)

मच्छ विर्कता देखिया, झींवर के दरबार।
आंखड़ियां रतनालिया, क्यों कर बंधै जाल? (66)

पानी में की माछली, सके तो पाकड़ तीर।
कड़िया खड़की जाल की, आई पहुंचा कीर।। (67)

कबीर हरि सूं हेत कर, कूड़ै चित्त न लाय।
बांधा बार खटीक के, ता पसु केतिक आय? (68)

कबीर गाफिल क्या करै, आया काल नजीक।
कान पकड़ के ले चले, ज्यों अजिया हि खटीक।। (69)

ख. निराशा को जगह नहीं

(i) हम न मरैं, मरिहै संसारा

हम न मरैं, मरिहै संसारा। हमको मिला जिवावन हारा।।
साकत मरहिं सन्त जन जीवहिं। भर-भर राम रसाइन पीवहिं।।
हरि मरिहैं तो हमहूं मरिहैं। हरि न मरैं हम काहे को मरिहैं?
कहै कबीर मन मनहिं मिलावा। अमर भए सुख सागर पावा।। (70)

कौन मरै कहू पंडित जना। सो समझाइ कहो हम सना।।
माटी माटी रही समाइ। पवनै पवन लिया संग लाइ।।
कहै कबीर सुन पंडित गुनी। रूप मूवा सब देखै दुनी।। (71)

काहे री नलिनी तू कुम्हिलानी? तेरे ही नालि सरोवर पानी।।
जल में उतपति जल में बास। जल में नलिनी तोर निवास।।
ना तलि तपति न ऊपरि आगि। तोर हेतु कहु कासनि लागि।।
कहै कबीर जे उदिक समान। ते नहीं मूए हमारे जान।। (72)

लाधा है कुछ लाधा है, ताकी पारिख को न लहै।
अबरन एक अकल अबिनासी, घट-घट आप रहै।
तोल न मोल माप कुछ नाहीं, गिनती ग्यान न होई।
ना सो भारी, ना सो हलका, ताकी पारिख लखै न कोई।।
जा में हम सोई हम ही में, नीर मिले जल एक हुवा।
यों जाने तो कोई न मरिहै, बिन जाने ते बहुत मुवा।।
दास कबीर प्रेम रस पाया, पीवनहार न पाऊं।
बिधना बचन पिछाड़त नाहीं, कहु, क्या काढ़ दिखाऊं? (73)

कथता बकता सुरता सोई।
आप बिचारे सो ग्यानी होई।।
जैसे अगन पवन का मेला। चंचल चपल बुधि का खेला।।
नव दरवाजे दसों दुवार। बूझ रे ग्यानी ग्यान बिचार।।
देही माटी बोलै पवना। बूझ रे ज्ञानी मूवा स कवना।।
मुई सुरति बाद अहंकारा। वह न मुवा जो बोलनहारा।।
जिस कारन तट तीरथ जाही। रतन पदारथ घट ही मांही।।
पढ़-पढ़ पंडित बेद बखानै। भीतर हूती बस्तु न जानै।।
हूं न मुवा मेरी मुई बलाइ। सो न मुवा जो रहा समाइ।।
कहै कबीर गुरु ब्रह्म दिखाया। मरता जाता नजर न आया।। (74)

बैद मुवा रोगी मुवा, मुवा सकल संसार।
एक कबीरा ना मुवा, जाके नाम अधार।। (75)

राम मरै तो हम मरैं, नातर मरै बलाय।
अविनासी के चेटवा, मरै न मारा जाय।। (76)

मरूं मरूं सब कोइ कहै, मेरी मरै बलाय।
मरना था सो मर चुका, अब को मरनै जाय? (77)

मन मुवा, माया मुई, संसय मुवा सरीर।
अविनासी जो ना मरे, तो क्यों मरे कबीर? (78)

जाय मरै सो जीव है, रमता राम न होय।
जन्म मरन से न्यार है, मेरा साहिब सोय।। (79)

(ii) जह्वां से आयो अमर वह देसवा

राम बिन भरम बिगुरचन गंदा।
जहं जहं गयउ अपनपौ खोए, तेहि फंदे बहु फंदा।।
जोगी कहै जोग है नीको, दुतिया और न कोई।
चुंडित मुंडित मौनि जटाधर, तिन्हुं कहां सिधि पाई?
ग्यानी गुनी सूर कबि दाता, ई जो कहैं बड़ हम ही।
जहां से उपजे तहां समाने, छूट गए सब तब ही।।
बाएं दहिने तेजु बिकारा, निज कै हरिपद गहिया।
कहै कबीर गूंगे गुर खाया, पूछे सो का कहिया? (80)

साधो, को है, कहं से आयो?
खात पियत को बोलत डोलत, वाको अंत न पायो।
केहि के मन धौं कहां बसतु है, को धौं नाच नचायो?
पावक सर्ब अंग काठहि में, को धौं डहक जगायो?
हो गया खाक तेज पुनि वाको, कहु धौं कहां समायो?
भानु प्रकास कूप जल पूरन, दृष्टि दरस जो पायो।
आभा करम अंत कछु नाहीं, जोति खींच ले आयो।।
अहै अपार पार कछु नाहीं, सतगुरु जिन्हें लखायो।
कहै कबीर जेहि सूझ-बूझ जस, तेइ तस भाष सुनायो।। (81)

जह्वां से आयो अमर वह देसवा।
पानी न पौन न धरती अकसवा। चांद न सूर न रैन दिवसवा।।
बाम्मण छत्री न सूद्र वैसवा। मोमिन पठान न सैयद सेखवा।।
आदि जोति नहिं गौर गनेसवा। ब्रह्मा बिस्नु महेस न सेसवा।।
जोगी न जंगम मुनि दरवेसवा। आदि न अन्त न काल कलेसवा।।
दास कबीर ले आया संदेसवा। सार सब्द गह चलो वहि देसवा।। (82)

वा घर की सुधि कोई न बतावै, जा घर ते जिव आया हो।
काया छोड़ चला जब हंसा, कहो न कहां समाया हो?
धरती अकास पवन नहिं पानी, नहिं तब आदी माया हो।
ब्रह्मा बिस्नु महेस नहीं तब, जीव कहां ते आया हो?

मैं मेरी ममता के कारन, बार-बार पछताया हो।
लख नहिं परै नाम साहब का, फिर फिर भटका खाया हो।।
मेरी प्रीत पीव सों लागी, उलट निरंजन ध्याया हो।
कहै कबीर सुनो भाई साधो, वा घर बिरलै पाया हो।। (83)

सन्तो, सो निज देस हमारा।
जहां जाय फिर हंस न आवे, भव सागर की धारा।।
सूर्य चन्द्र नहिं तहां प्रकासत, नहिं नभ मण्डल तारा।
उदय न अस्त दिवस नहिं रजनी, बिना ज्योति उजियारा।।
पांच तत्व गुण तीन तहां नहिं, नहिं तहं सृष्टि पसारा।
तहां न मायाकृत प्रपंच यह, लोक कुटुम परिवारा।।
क्षुधा तृषा नहिं सीत उष्ण तहां, सुख दुख का संचारा।
आधि न व्याधि उपाधि कछू तहां, पाप पुण्य विस्तारा।।
ऊंच नीच कुल की मर्यादा, आश्रम वर्न बिचारा।
धर्म अधर्म तहां कछु नाहीं, संयम नियम अचारा।।
अति अभिराम धाम सर्वोपरि, सोभा जासु अपारा।
कहै कबीर सुनो भाई साधो, तीन लोक से न्यारा।। (84)

अध्याय-12

आन देव से मतलब नहीं

क. वेद-पुरान-स्मृति से अलग
ख. अवतार– सो अपना नहिं कोई
ग. नहिं पाहन सो काम
घ. ये तीरथ बेकार
ङ. आसन मारे क्या भया
च. जो कुछ करो सो पूजा
छ. माला फेरत जुग गया
ज. करता दीसै कीरतन
झ. देव चरित्र सुनो रे भाई
ञ. आन देव की सेवा नाहीं
ट. माया दासी साधु की

क. वेद-पुरान-स्मृति से अलग

मैं तेरे विरद भरोसे अविनासी।
यंत्र न जानूं, मंत्र न जानूं, वेद पढ़ा नहिं कासी।।
ना मैं पूजूं देवी देवा, ना बन फिरूं उदासी।
तीर्थ न जाऊं वर्त न साधूं, राखौ दृढ़ विस्वासी।।
यह काया बिच बधिक बहुत हैं, डारे गल बिच फांसी।
कहै कबीर सुनो भाइ साधो, ऐसो दृढ़ विस्वासी।। (1)

तंत्र न जानूं मंत्र न जानूं, जानूं सुंदर काया।
मीर मलीक छत्रपति राजा, ते भी खाए माया।।
बेद न जानूं भेद न जानूं, जानूं एकहि रामा।
पंडित दिसि पिछवारा कीन्हा, मुख कीन्हा जित नामा।। (2)

बेद की पुत्री सिम्रिति भाई। सांकल-जेबरी लेतहि आई।।
आपन नगर आप ते बांधा। मोह कै फाधि काल सरु साधा।।
कटी न कटे तूटि नहिं जाई। सो सांपनि होइ जग को खाई।।
हम देखत जिन्ह सब जग लूटा। कहु कबीर मैं राम कह छूटा।। (3)

पांडे, कौन कुमति तोहि लागी?
बूड़हुगे परिवार सकल स्यो, राम न जपहु अभागी।।
बेद पुरान पढ़े का कीया, खर चंदन जस भारा।
राम नाम की गति नहीं जानी, कैसे उतरसि पारा? (4)

पढ़-पढ़ पंडित करु चतुराई, निज मुक्ति मोहि कहु समझाई।
कहं बस पुरुष कहां सो गाऊं, पंडित मोहि सुनावहु नाऊं।
चार बेद ब्रह्मे निज ठाना, मुक्ति मर्म उनहुं नहिं जाना।
दान-पुन्य उन बहुत बखाना, अपने मरन की खबर न जाना।
एक नाम है अगम गंभीरा, तह्वा थिर है दास कबीरा। (5)

ताते सेबिअले रामना।
रसना राम नाम हितु जाके, कहा करे जमना?
जोगी जती तपी संन्यासी, बहु तीरथ भ्रमना।
लुंजित मुंजित मौनि जटाधर, अंत तऊ मरना।।
आगम निगम जोतिक जानहि, बहु बहु ब्याकरना।
तंत्र मंत्र सब औषध जानहि, अंत तऊ मरना।।
राज भोग अरु छत्र सिंहासन, बहुत सुंदरि रमना।
पान कपूर सुबासक चंदन, अंत तऊ मरना।।
बेद पुरान सिम्रिति सब खोजे, कहूं न ऊबरना।
कहै कबीर यों रामहि जपो, मेट जनम मरना।। (6)

कछू बिचारहु पंडित लोई। रूप न रेख बरण नहिं कोई।
कहै कबीर मन मनहि समाना। आगम निगम झूठ कर जाना।। (7)

निरगुन राम जपहु भाई।
अबिगत की गति लखी न जाई।।
चार बेद अरु सिम्रिति पुराना। नौ व्याकरना मरम न जाना।
कहै कबीर सो भरमे नाहीं। निज जन बैठे हरि की छांही।। (8)

भरम में भूल रहा संसार।
बीज वस्तु कैसे के पावै, जाका सकल पसार?
किरतम नाम जान बहु थापे, करता रहा नियार।।
एक दृष्टि चितवन नहिं तन में, को है सिरजनहार?
बेद पढ़ै पै भेद न जानै, कथनी कथै अपार।।
आप न बूझै जगत बुझावै, सूझै वार न पार।
कहै कबीर वा घट परगट है, जो कोइ बूझनहार।। (9)

जाग्या रे नर नींद नसाई।
चित चेत्यो च्यंतामणि पाई।।
सोवत सोवत बहुत दिन बीते। जब जाग्या तस्कर गए रीते।।
जन जागे का ऐसहि नाण। बिष से लागैं बेद पुराण।।
कहै कबीर अब सोवो नाहिं। राम रतन पाया घट मांहि।। (10)

जस तू तस तोहि कोई न जान।
लोग कहैं सब आनहि आन।।
चार बेद चहुं मत का बिचार। इह भ्रम भूल पर्यो संसार।।
सुरति सिम्रिति दोइ को बिसवास। बाझि पर्यो सब आसा पास।।
जिहि तुम्ह तारो सोई पै तिरई। कहै कबीर नातर बांध्यो मरई।। (11)

जहिया होत पवन नहिं पानी। तहिया सृष्टि कौन उतपानी?
तहिया होत कली नहिं फूला। तहिया होत गर्भ नहिं मूला।।
तहिया होत न विद्या वेदा। तहिया होत शब्द नहिं खेदा।।
तहिया होत पिंड नहिं बासू। न घर धरणि न गगन अकासू।।
तहिया होत गुरू नहिं चेला। गम्य अगम्य न पंथ दुहेला।। (12)

मन रे, सर्यो न एको काजा।
तैं भज्यो न जगपति राजा।।
बेद पुराना सुमृत गुन पढ़ पढ़, पढ़ गुनि भरम न पावा।
संध्या गायत्री अरु षट करमा, तिन ते दूर बतावा।।
बन खंड जाइ बहुत तप कीन्हा, कंद मूल खनि खावा।
ब्रह्म गियानी अधिक धियानी, जम के पटै लिखावा।।
रोजा किया निवाज गुजारी, बंग दे लोग सुनावा।
हिरदै कपट मिले क्यूं सांई, क्या हज काबे जावा?
पहर्यौ काल सकल जग ऊपरि, मांहि लिखे सब ग्यानी।
कहै कबीर ते भए खालसे, राम भगति जिन जानी।। (13)

मन रे, का कहिए, का नाहीं?
जे यह मिरग अधिक करि कूदै, अंति पड़ै भै मांही।।
बेद कतेब कुरान पुराना, निगमहि अगम बिचारा।
थाह अथाह थाह नहीं आवै, तेऊ पचि-पचि हारा।।
कहै कबीर मन मनहि समाना, सब परकार अकेला।
ऐकै तैं दूजा दिखलावै, तास गुरू मैं चेला।। (14)

तू बाम्मण मैं कासी का जुलाहा, मोहि तोहि बराबरि कैसे कै बनहि?
हमरे राम नाम कहि उबरे, बेद भरोसे पांडे डूब मरहि।। (15)

सिम्रिति बेद पढ़े असरारा। पाखंड रूप करै हंकारा।।
पढ़ै बेद अरु करै बड़ाई। संसै गांठ अजहु नहिं जाई।। (16)

माई मूंडूं तिहि गुरु, जाते भरम न जाइ।
आप डूबे चहु बेद में, चेले दिए बहाइ।। (17)

पढ़ पढ़ तो पत्थर भया, लिख लिख भया जु चोर।
जिस पढ़ने साहिब मिले, सो पढ़ना कुछ और।। (18)

पढ़ा गुना सीखा सभी, मिटा न संसय सूल।
कह कबीर कासों कहूं, यह सब दुख का मूल? (19)

हरि हाजिर चहुं दिस खड़े, दुनी न जानै भेद।
कवि पंडित कूं गम नहीं, थाके बपुरे वेद।। (20)

बेद थके, ब्रह्मा थके, थाके सेस महेस।
गीता हूं की गम नहीं, संत किया परवेस।। (21)

एक शब्द गुरुदेव का, ताका अनन्त विचार।
थाके मुनिजन पण्डिता, वेद न पावे पार।। (22)

दीपक जोया ज्ञान का, देखा अपरम देव।
चार वेद की गम नहीं, जहां कबीरा सेव।। (23)

ऐसा अद्‌भुत जिनि कथै, अद्‌भुत राख लुकाइ।
बेद कुराना गम नहीं, कह्या न को पतियाइ।। (24)

चारों बेद पढ़ाइ कर, हरि से न लाया हेत।
बाल कबीरा ले गया, पंडित ढूंढै खेत।। (25)

नष्ट गए जिन वेद बखाना। (26)

नौधा बेद कितेब हैं, झूठे का बाना। (27)

जो मोहि जानै ताहि मैं जानूं। लोक बेद का कहा ना मानूं।। (28)

ख. अवतार–सो अपना नहिं कोई

संतो, आवै जाय सो माया।
है प्रतिपाल काल नहिं वाके, ना कहुं गया न आया।।
का मकसूद मच्छ कछ होना, संखासुर न संहारा।
है दयाल द्रोह नहिं वाके, कहहु कौन को मारा?
वै करता नहिं ब्राह कहाए, धरनि धरो नहिं भारा।
ई सब काम साहब के नाहीं, झूठ कहै संसारा।।
खंभ फार जो बाहर होई, ताहि पतिजे सब कोई।
हिरनाकुस नख उदर बिदारे, सो कर्ता नहिं होई।।
बावन रूप न बलि को जांचे, जो जांचे सो माया।
बिना बिबेक सकल जग भरमे, माये जग भरमाया।।
परसुराम छत्री नहिं मारे, ई छल माया कीन्हा।
सतगुर भेद भगति नहिं जाने, जीवन मिथ्या कीन्हा।।
सिरजनहार न ब्याही सीता, जल पखान नहिं बंधा।
वै रघुनाथ एक कै सुमिरै, जो सुमिरै सो अंधा।।
गोपी ग्वाल न गोकुल आया, कर्ते कंस न मारा।
है मेहरबान सबन को साहब, ना जीता, ना हारा।।
वै कर्ता नहिं बुद्ध कहाए, नहीं असुर संहारा।
ग्यान हीन कर्ता के भरमे, माये जग भरमाया।।
वै कर्ता नहिं भया कलंकी, नहीं कलिंगहि मारा।
ई छल-बल सब माया कीन्हा, जत्त सत्त सब टारा।।
दस अवतार ईस्वरी माया, कर्ता कै जिन पूजा।
कहै कबीर सुनो हो संतो, उपजै खपै सो दूजा।। (29)

तेहि साहब के लागहु साथा। सब दुख मेट के होउ सनाथा।।

दसरथ कुल औतरि नहिं आया। नहिं लंका के राव सताया।।
नहिं देवकी के गरभहि आया। नहीं जसोदे गोद खिलाया।।
ना वो ग्वालन के संग फिरिया। गोबरधन ले ना कर धरिया।।
प्रिथिमी रमन धमन नहिं करिया। पैठ पताल नहीं बलि छलिया।।
नहिं बलिराज सो मांडी रारी। नहिं हरनाकुस बधल पछारी।।
ब्राह रूप धरनी नहिं धरिया। छत्री मार निछत्री नहिं करिया।।
गंडक सालिग्राम नहिं कूला। मच्छ कच्छ हो नहिं जल डोला।।
द्वारावती सरीर न छाड़ा। जगन्नाथ ले पिंड नहिं गाड़ा।। (30)

राम गुन न्यारो न्यारो न्यारो।
अबुझा लोग कहां लौ बूझैं, बूझनहार बिचारो।।
केतेहि रामचन्द तपसी से, जिन यह जग बिटमाया।
केतेहि कान्ह भए मुरलीधर, तिन भी अंत न पाया।।
मच्छ कच्छ औ ब्राह सरूपी, बाबन नाम धराया।
केते बौध कलंकी केते, तिन भी अन्त न पाया।।
केतेहि सिध साधक संन्यासी, जिन्ह बनवास बसाया।
केतेहि मुनि जन गोरख कहिए, तिन भी अंत न पाया।। (31)

साधो, कर्ता कर्म से न्यारा।
आव न जाय मरे न जीवे, ता को करो विचारा।।
राम के पिता दसरथ कहिए, दसरथ कौने जाया?
दसरथ पिता राम का दादा, कहो, कहां से आया?
राधा रुकमिनि कृष्ण की रानी, कृष्ण दोऊ का मीरा।।
सोलह सहस गोपी उन भोगी, वो भया काम का कीरा।।
बासुदेव पितु मात देवकी, नन्द मेहर घर आयो।।
ता को कर्ता कैसे कहिए, कर्म के हाथ बिकायो।।
जा के गगन धरनि है सहसो, ता का सकल पसारा।
अनहद नाद सब्द धुन जा के, सोई खसम हमारा।।
सतगुरु सब्द हृदय दृढ़ राखो, करो विवेक विचारा।
कहै कबीर सुनो भाई साधो, सत्य पुरुष अपारा।। (32)

ला नंद कहो धू काको रे?का, तुम्ह जो कहत हो नंद को नंदन,
धरनि अकास दोऊ नहीं होते, तब यह नंद कहां थो रे?
जामै मरै न संकट आवै, नांव निरंजन जाको रे।।
अविनासी उपजै नहिं बिनसै, संत सुजस कहैं ताको रे।
दास कबीर को ठाकुर ऐसो, जाको माइ न बापो रे। (33)

को न मुवा, कहो, पंडित जना। सो समझाय कहो मोहि सना।।
मूए ब्रह्मा बिस्नु महेसा। पारबती सुत मुए गनेसा।।
मूए चंद मूए रवि सेसा। मूए हनिमंत जिन्ह बांधल सेता।।
मूए क्रिस्न मूए करतारा। एक न मुवा जो सिरजनहारा।। (34)

मरिगो ब्रह्मा कासी क वासी। सिवा सहित मूए अबिनासी।।
मथुरा का मरिगो क्रेस्न गुआरा। मर-मर गए दसों औतारा।। (35)

अनगढ़िया देवा, कौन करे तेरी सेवा?
गढ़े देव को सब कोई पूजे, नित ही लावै सेवा।
पूरण ब्रह्म अखंडित स्वामी, ता का ग्यान न भेवा।।
दस औतार निरंजन कहिए, सो अपना नहिं कोई।
ये तो अपनी करनी भोगें, कर्ता और हि होई।।
ब्रह्मा विष्णु महेस्वर कहिए, इन सिर लागो काई।
इन भरोसे मत कोई रहियो, इनहुं मुक्ति न पाई।।
जोगी जती तपी संन्यासी, आप आप में लड़िया।
कहै कबीर सुनो भाई साधो, शब्द लखे सो तरिया।। (36)

साहब सब का बाप है, बेटा किसी का नाहिं।
बेटा हो कर ऊतरा, सो तो साहिब नाहिं।। (37)

चार भुजा के भजन में, भूल पड़े सब संत।
कबीर सुमिरे तासु को, जाके भुजा अनंत।। (38)

राम कहन में भेद है, तामें एक विचार।
सोई राम सबै कहहि, सोई कौतकहार।। (39)

दसरथ सुत तिहुं लोकहि जाना। राम नाम का मरम है आना।। (40)

बशिष्ठ श्रेष्ठ विद्या संपूरण, राम ऐसे शिष्य शाखा।
जाहि राम को कर्ता कहिए, तिनहुं को काल न राखा।। (41)

महादेव मुनि अंत न पाया, उमा सहित उन जन्म गंवाया। (42)

ग. नहिं पाहन सो काम

सन्तो, को जग को समझावै?
तज प्रत्यक्ष सतगुरु परमेस्वर, जड़ को पूजन जावै।।
वै पाषाण मूर्ति कर से गढ़, बहुबिधि रूप बनावै।
विस्नु संकर सूर्य गणपती, जो कछु मन में आवै।।
दधि घृत पय मधु ले प्रमान से, ता में खांड मिलावै।
यहि बिधि से कर पञ्चामृत तेहि, मूरति पर ढरकावै।।
पुनि ले विमल वारि सुरसरि को, सुद्ध स्नान करावै।
धोय पोंछ चन्दन लगाय कै, भूषन बहु पहिरावै।।
कर प्रतिष्ठा वेदमंत्र से, ता में प्रान बुलावै।
जो वहि मंत्र सत्य कर मानै, निज पितु क्यों न जिवावै?
भोग थार धर ताके सन्मुख, घंटा नाद बजावै।
भोजन कौन करै बिन चेतन, उलटि आप ही खावै।।
यहि बिधि करत करत जड़ पूजा, आपहु जड़ बन जावै।
कहै कबीर ग्यान सतगुरु का, कैसे हृदय समावै? (43)

साधो, देखो जग बौराना।
सांच कहो तो मारन धावे, झूठे जग पतियाना।
हिंदू कहत है राम हमारा, मुसलमान रहमाना।
आपस में दोउ लड़े मरत हैं, मरम कोई नहिं जाना।
बहुत मिले मोहि नेमी धर्मी, प्रात करैं असनाना।
आतम छोड़ पषानै पूजैं, तिन का थोथा ज्ञाना।
आसन मार डिंभ धर बैठे, मन में बहुत गुमाना।
पीपर-पाथर पूजन लागे, तीरथ वर्त भुलाना।
माला पहरे टोपी पहरे, छाप-तिलक अनुमाना।
साखी सब्दै गावत भूले, आतम खबर न जाना।
घर घर मंत्र जो देत फिरत हैं, माया के अभिमाना।
गुरुवा सहित सिष्य सब बूड़े, अंत काल पछताना।
बहुतक देखे पीर औलिया, पढ़ैं किताब कुराना।
करैं मुरीद कबर बतलावैं, उनहूं खुदा न जाना।
या बिधि हँसत चलत हैं हम को, आप कहावैं स्याना।
कहै कबीर सुनो भाई साधो, इन में कौन दिवाना? (44)

राम बिना कस तरिहो, भूला माली।

माटी बांध के चौरा बांधा, ता पर दूब चढ़ाई।
सो देवता को कूकुर चाटै, सो कस जाग्रत भाई?
पत्थर काट के मूरत बनाए, देहू छाति पर लात।
वा देवा में सक्ति जो होती, गढ़नहार को खात।।
कहै कबीर सुनो भाई साधो, यह सब लोक तमासा।
यह तन जात विलम न लागे, जस पानी पड़े बतासा।। (45)

काजल केरी ओवरी, मसि के कर्म कपाट।
पाहनि बोई पृथमी, पंडित पाड़ी बाट।। (46)

कबीर सालिगराम का, मोहि भरोसा नाहिं।
काल कहर की चोट में, बिनस जाय छिन मांहि।। (47)

पूजै सालिगराम को, मन की भ्रांति न जाय।
सीतलता सुपनै नहीं, दिन दिन अधिकी लाय।। (48)

जेती दीसै आतमा, तेता सालिगराम।
बोलनहारा पूजियो, नहिं पाहन सो काम।। (49)

कबीर दुनिया देहरै, सीस नवावन जाय।
हिरदै मांही हरि बसै, तू ताही लौ लाय।। (50)

पाहन पूजे हरि मिलै, तो मैं पूजूं पहार।
ताते तो चक्की भली, पीस खाय संसार।। (51)

पाहन ही का देहरा, पाहन ही का देव।
पूजनहारा आंधरा, क्यों कर मानै सेव? (52)

पाहन कूं का पूजिए, जे जनम न देई ज्वाब।
अंधा नर आसामुखी, यों ही खोवै आब।। (53)

पाहन केरा पूतला, करि पूजै करतार।
इही भरोसे जे रहे, बूड़े काली धार।। (54)

हम भी पाहन पूजते, होते बन के रोझ।
सतगुर की किरपा भई, डारा सिर का बोझ।। (55)

मूरत धर धंधा रचा, पाहन का जगदीस।
मोल लिया बोलै नहीं, खोटा बिसवा बीस।। (56)

घ. ये तीरथ बेकार

तीरथ में तो सब पानी है, होवे नहिं कछु नहाय देखा।
प्रतिमा सकल बनी जड़ है, बोले नहिं बुलाय देखा।।
पुरान कुरान सब बात ही बात, घट का परदा खोल देखा।
कहै कबीर अनुभव की बात, सब है झूठी पोल देखा।। (57)

जोगी, नाम न जाना हिये से।
काह भए गल कंठी डारे, काह तिलक के दिए से?
काह भए सिर जटा बढ़ाए, का गुदरी के सिए से?
काह भए बन बन के डोले, का दूबी रंग पिए से?
काह भए कासी के वासे, का गंगा जल लिए से?
कहै कबीर सुनो भाई साधो, का रे बहुत दिन जिए से? (58)

कहा भये घण घंट बजाए?
माला जपता मन, झूठो मन, है कतर नीर हत छिपाए।।
मूरत आणि करै सेवा पूजा, कछू वनाही धोएं धाएं।
द्वादस तिलक देई करि मंजन, मनह पवित्र नहीं सिर नहाए।।
ये पैरत रहत नित ठाढ़े, उदक मांहि बग ध्यान लगाएं।
कहै कबीर मन निहचल नाहीं, कहा भयो जे तीरथ नहाए? (59)

साधो, भजन भेद है न्यारा।
का माला मुद्रा के पहिरे, चंदन घिसे लिलारा?
मूंड मुड़ाए जटा रखाए, अंग लगाए छारा।।
का पानी पाहन के पूजे, कंदमूल फरहारा?
कहा नेम तीरथ व्रत कीन्हे, जो नहिं तत्त बिचारा?
का गाए, का पढ़ दिखलाए, का भरमे संसारा?
का संध्या तरपन के कीन्हे, का षट करम अचारा?
बिन परचै साहब होइ बैठे, करै विषय व्यापारा।
ग्यान ध्यान का मरम न जाने, बाद करै हंकारा।।
निर्मल दृष्टि आतमा जाकी, साहब नाम अधारा।
कहै कबीर वही जन आवे, तैं मैं तजै बिकारा।। (60)

तीरथ कौन करे हमारो, तीरथ कौन करे?
मन में गंगा, मन में जमुना, मन में स्नान करे।।
मन में माला, मन में मुद्रा, मन में ध्यान धरे।।
कहै कबीर सुनो भाई साधो, भटकत कौन फिरे? (61)

राम राइ भई बिगूचनि भारी। भले इन ग्यानियन ते संसारी।।
इक तप तीरथ औगाहे। इक मान महातम चाहै।।
इक मैं मेरी में बीझै। इक अहंमेव में रीझै।।
इक कथ-कथ भरम लगावै। समिता सी वस्तु न पावै।।
कहै कबीर का कीजै। हरि सूझै सो अंजन दीजै।। (62)

ठाकुर पूजहि मोल ले, मन हठ तीरथ जाहि।
देखा देखी स्वांग धर, भूले भटका खाहि।। (63)

मथुरा जावै, द्वारिका, भावै जा जगनाथ।
साध संगति हरि भगति बिन, कछू न आवै हाथ।। (64)

तीरथ कर-कर जग मुवा, डूंधै पानी न्हाइ।
रामहि राम जपंतड़ा, काल घसीट्या जाइ।। (65)

तीरथ व्रत विष बेलड़ी, सब जग मेल्या छाइ।
कबीर मूल निकंदिया, कौन हलाहल खाइ? (66)

तीरथ चाले दुह जना, चित चंचल मन चोर।
एको पाप न उतरिया, मन दस लाए जोर।। (67)

बाम्मण गदहा जगत का, तीरथ लादा जाय। (68)

ङ. आसन मारे क्या भया

आसन मारे क्या भया, मरी न मन की आस।
ज्यों तेली के बैल को, घर ही कोस पचास।। (69)

च. जो कुछ करूं सो पूजा

मन रे, संसार अंध कुहेरा।

सिर प्रगटा जम का पेरा।।
बुत पूज-पूज हिंदू मूए, तुरुक मुए हज जाई।
जटा धर-धर जोगी मूए, तेरी गति किनहुं न पाई।।
कबित पढ़-पढ़ कवियन मूए, कापड़ी केदारै जाई।
केस लूंच-लूंच मुए बरतिया, इनमें किनहुं न पाई।।
धन संचंते राजा मूए, गड़िले कंचन भारी।
बेद पढ़े पढ़ि पंडित मूए, रूप देख कर नारी।।
राम नाम बिन सभै बिगूते, देखो निरख सरीरा।
हरि के नाम बिन किन गति पाई, कहै जुलाह कबीरा।। (70)

एक निरंजन अलह मेरा। हिंदू तुरक दहू नहिं मेरा।।
राखूं ब्रत न महरम जाना। तिसही सुमरूं जो रहे निदाना।
पूजा करूं न निमाज गुजारूं। एक निराकार हिरदै नमस्कारूं।।
ना हज जाउं न तीरथ पूजा। एक पिछाना तो का दूजा?
कहै कबीर भरम सब भागा। एक निरंजन सूं मन लागा।। (71)

भाई रे, बिरले दोस्त कबीर के, यह तत बार बार कासो कहिए?
भानन घड़न संवारन सम्रथ, ज्यूं राखै त्यूं रहिए।।
आलम दूनी सबै फिरि खोजी, हरि बिन सकल अयाना।
छह दरसन छियानबे पाखंड, आकुल किनहूं न जाना।।
जप तप संजम पूजा अरचा, जोतिग जग बौराना।
कागद लिख-लिख जगत भुलाना, मनही मन न समाना।।
कहै कबीर जोगी अरु जंगम, ई सब झूठी आसा।
रामहि नाम रटो चात्रिग ज्यूं, निहचै भगति निवासा।। (72)

राम राइ, भई बिकल मति मोरी।
कै यह दुनी दिवानी तोरी।
जे पूजा हरि नाहिं भावै, सो पूजनहार चढ़ावै।।
जिह पूजा हरि भल माने, सो पूजनहार न जानै।।
भाव-प्रेम की पूजा, ताते भयो देव ते दूजा।।
का कीजै बहुत पसारा, पूजी जे पूजनहारा।।
कहै कबीर मैं गावा, मैं गावा आप लखावा।।
जो इह पद मांहि समाना, सो पूजनहार सयाना।। (73)

सन्तो, सहज समाधि भली।
गुरु परताप भई जा दिन से, सुरति न अन्त चली।।

कहूं सो नाम, सुनूं सो सुमरन , जो कछु करूं सो पूजा।
गिरह-उजाड़ एक कर जानूं , भाव मिटाऊं दूजा।।
जहं जहं जाऊं सोई परिकरमा , जो कुछ करूं सो सेवा।
जब सोऊं तब करूं दंडवत, पूजूं और न देवा।।
आंख न मूंदूं, कान न रूंधूं , काया कष्ट न धारूं।
खुले नैन मैं हँस-हँस देखूं, सुन्दर रूप निहारूं।।
सब्द निरंतर मनुवा राते, मलिन वासना त्यागी।
ऊठत बैठत कबहुं न बिसरे , ऐसी तारी लागी।।
कहै कबीर यह उनमनि रहनी , सो परगट कर गाई।
दुख सुख से एक परे परम पद , तेहि में रहा समाई।। (74)

पूजा सेवा नेम ब्रत , गुड़ियन का सा खेल।
जब लग पिव परसै नहीं , तब लग संसै मेल।। (75)

न्हाए धोए क्या भया , जो मन मैल न जाय?
मीन सदा जल में रहै , धोए बास न जाय।। (76)

नहिं देवी नहिं देव है , नहिं षट करम अचार।
नहिं तीरथ नहिं बरत है , नहीं बेद उच्चार।। (77)

देवल मांहे देहुरी, तिल जेहैं बिसतार।
मांहे पाती मांहि जल, मांहे पूजनहार।। (78)

छ. माला फेरत जुग गया

जो मैं बौरा तो राम तोरा। लोग मरम का जाने मोरा?
माला तिलक पहर मन माना। लोगन राम खिलौना जाना।।
थोरी भगति बहुत अहंकारा। ऐसे भगता मिलै अपारा।।
लोग कहैं कबीर बौराना। कबीर को मरम राम भल जाना।। (79)

माला फेरत मन खुसी , ताते कछू न होय।
मन माला के फेरते , घट उजियारा होय।। (80)

माला फेरत जुग गया , मिटा न मन का फेर।
कर का मनका डार दे , मन का मनका फेर।। (81)

माला पहरी कुछ नहीं, रूल्य मुवा इह भार।
बाहर ढोल्या हींगलू, भीतर भरा भंगार।। (82)

कबीर माला काठ की, मेली मुगध झुलाइ।
सुमिरन की सोधी नहीं, ज्यों डींगर घाली गाइ।। (83)

कबीर जपनी काठ की, क्या दिखलावै लोइ?
हिरदै राम न चेतही, इह जपनी क्या होइ? (84)

माला मन सो लड़ पड़ी, कहा फिरावै मोहि?
जो मन फेरे आपना, राम मिलावै तोहि।। (85)

माला तो कर में फिरै, जीभ फिरै मुख मांहि।
मनवा तो दहुं दिस फिरै, यह तो सुमरन नाहिं।। (86)

माला जपूं न हरि भजूं, मुख से कहूं न राम।
मेरा सुमरन हरि करे, तब पाऊं बिसराम।। (87)

ओठ कंठ हाले नहीं, जीभ न नाम उचार।
गुप्त हि सुमरन जो लखे, सोई हंस हमार।। (88)

जप माला छापा तिलक, सरै न एको काम।
मन काचे नाचे ब्रिथा, सांचे राचे राम।। (89)

जप तप दीसै थोथरा, तीरथ व्रत बेसास।
सूआ सेमल सेविया, यों जग चला निरास।। (90)

जाप मरै अजपा मरै, अनहद भी मर जाय।
सुरति समानी सब्द में, ताहि काल नहिं खाय।। (91)

ज. करता दीसै कीरतन

नाचै गावै पद कहै, नहीं राम सों हेत।
कहै कबीर क्यों नीपजै, बीज बिहूना खेत? (92)

पद गावै मन हरष के, साखी कहै अनंद।
जो तत नांव न जानिया, गल में परिगा फंद।। (93)

पद गावै लौलीन हो, कटे न संसै फांस।
सबै पिछोड़े थोथरे, एक बिना विश्वास।। (94)

करता दीसै कीरतन, ऊंचा कर-कर तूंड।
जाने-बूझे कुछ नहीं, यों ही अंधा रूंड।। (95)

किरतनिया से कोस बिस, संन्यासी से तीस।
गिरही के हिरदै बसूं, बैरागी के सीस।। (96)

गावनिया के मुख बसूं, स्रोता के मैं कान।
ग्यानी के हिरदै बसूं, भेदी का निज प्रान।। (97)

झ. देव चरित्र सुनो रे भाई

देव चरित्र सुनो रे भाई। जो ब्रह्मा सो धियेउ नसाई।।
ऊ जे सुनी मंदोदरि तारा। तिन घर रमे सदा लगवारा।।
सुरपति जाय अहिल्या छरी। सुरगुरु घरनि चंद्रमै हरी।।
कहै कबीर हरि के गुन गाया। कुन्ती करन कुंवारहि जाया।। (98)

गुरु की नार तो हर लई चन्द्रमा, कुन्ती ने क्वारे ही करन कीन्हा।।
स मोहनी देख सिव भए दीना।ुग्रीव की नार तो छीन लइ बालि ने,
अहिल्या बाम्हनी ते इन्द्र ने छल किया, द्रोपदी पंच भरतार कीन्हा।।
पारा ऋषि मछोदरी ते काम कीड़ा करी, कृस्न गोपिन के रंग भीना।।
ब्रह्मा पुत्री ते भोग बरबस किया, पाप औ पुन्न दोइ घोर पीना।।
कहै कबीर सब देव अन्याई भए, इन्हीं का कहा सब सृष्टि कीन्हा।। (99)

काहू को मारेगी, दृग अंजन नयन संवार?
भौंहे कमान तान तनकहु जो, तिरछी देत निहार।
चन्द्रवदन मृगलोचनि माया, कर सोरह श्रृंगार।
ब्रहमा विष्णु महेश्वर तीनों, देव बनाए जार।
कहै कबीर सुनो भाई साधो, या से रहो हुसियार। (100)

माया के बस में परे, ब्रह्मा बिस्नु महेस।
नारद सारद सनक सनंदन, गोरी पूत गनेस।। (101)

ञ. आन देव की सेवा नाहीं

नाम भजा सो जीता जग में।
हाथ सुमरनी पेट कतरनी, पढ़े भागवत गीता।
हृदया शुद्ध किया नहिं बौरे, कहत सुनत दिन बीता।।
आन देव की पूजा कीन्ही, गुरु से रहा अमीता।
धन यौवन तो यहीं रहेगा, अंत समय चल रीता।।
बावरिया ने बावर डारी, फन्द जाल सब कीता।
कहै कबीर काल आइ खैहै, जैसे मृग को चीता।। (102)

साहेब, तुम ते डरपूं भारी।
सरनाई आयो क्यूं गहिए, यह कौन बात तुम्हारी?
धूप दाझते छांह तकाई, मति तरवर सचु पाऊं।
तरवर माहे ज्वाला निकसै, तो क्या लेइ बुझाऊं?
जे बन जलै त जल को धावै, मति जल सीतल होई।
जल हीं मांहि अग्नि जो निकसै, और न दूजा कोई।।
तारण तिरण तिरण तू तारण, और न दूजा जानूं।
कहै कबीर सरनाई आया, आन देव नहिं मानूं।। (103)

बाम्मण ते गदहा भला, आन देव ते कुत्ता। (104)

अस संगत जरि जाव, न चरचा नाम की।
दूलह बिना बरात, कहो किस काम की?
दुबिधा को कर दूर, सतगुरु ध्याइए।
आन देव की सेव, न चित्त लगाइए।।
आन देव की सेव, भली नहिं जीव को।
कहै कबीर बिचार, न पावै पीव को।। (105)

सील-संतोष सदा समदृष्टि, रहनि गहनि में पूरा।
ताके दरस-परस भय भाजै, हो कलेस सब दूरा।।
निस बासर चरचा चित-चंदन, आन कथा न सुहावै।
करनी-धरनी संगीत गावै, प्रेम रंग उड़ावै।।

राग-सरूप अखंडित अबिचल, निर्भय बेपरवाई।।
कहै कबीर ताहि पग परसो, घट-घट सब सुखदाई।। (106)

राजा जाने परजा जाने, जाति कबीर जुलाहा।
आन देव की सेवा नाहीं, राम भजन का लाहा।। (107)

राह बिचारी का करे, पंथि न चले बिचार?
अपना मारग छोड़ के, फिरे उजार-उजार।। (108)

मान सरोवर सुभर जल, हंसा केलि कराहि।
मुकताहल मुकता चुगै, अब उड़ अनत न जाहि।। (109)

ट. माया दासी साधु की

माया महा ठगिनि हम जानी।
तिरगुन फांस लिए कर डोलै, बोलै मधुरी बानी।।
केसव के कंवला होइ बैठी, सिव के भवन भवानी।
पंडा के मूरति होइ बैठी, तीरथ में भइ पानी।।
जोगी के जोगिन होइ बैठी, राजा के घर रानी।
काहू के हीरा होइ बैठी, काहू के कौड़ी कानी।।
भगता के भगतिन होइ बैठी, ब्रह्मा के ब्रह्मानी।
दास कबीर साहेब का बन्दा, जाके हाथ बिकानी।। (110)

अवधू, माया तजी न जाई।
गिरह तजे तो मढ़ी बनावे, उदै अस्त दे फेरी।
लड़का तज के चेला कीन्हा, तहं मति माया घेरी।।
जैसे बेल बाग में अरुझी, मांहि रही उरझाई।
छोड़े से वह छूटे नाहीं, कोटिन करे उपाई।।
काम तजे तो क्रोध न जाई, क्रोध तजे तो लोभा।
लोभ तजे तो आसा मांडे, मान बड़ाई सोभा।।
मन बैरागी काया त्यागी, सब्द में सुरत समाई।
कहै कबीर सुनो भाई साधो, यह गम बिरले पाई।। (111)

ई माया मदमत्त हो झूमी, खेलन चली अहेरा हो।
चतुर चिकनिया चुन-चुन मारे, काहु न राखे नेरा हो।।

मौनी वीर दिगंबर मारे, ध्यान धरन्ते जोगी हो।
जंगल में के जंगम मारे, माया किनहुं न भोगी हो।।
बेद पढ़न्ते बेदुआ मारे, पुजा करन्ते स्वामी हो।
अर्थ बिचारत पंडित मारे, बांधे सकल लगामी हो।।
सिंगी रिसि बन भीतर मारे, सिर ब्रह्मा का फोरी हो।
नाथ मछन्दर चले पीठ दे, सिंघल में जब बोरी हो।।
साकट के घर करता धरता, हरि भगता के चेरी हो।
कहै कबीर सुनो हो संतो, ज्यूं आवे त्यूं फेरी हो।। (112)

ठगिनी, क्या नैना झमकावै?
तेरे हाथ कबीर न आवै।।
कद्दू काट मृदंग बनाया, निम्बू काट मजीरा।
पांच तरोइया मंगल गावै, नाचै बालम खीरा।।
रूपा पहर के रूप दिखावै, सोना पहर रिझावै।
गले डाल तुलसी की माला, तीन लोक भरमावै।।
भैंस पद्मिनी चूहा आसिक, मेढ़क ताल लगावै।
छप्पर चढ़ के गदहा नाचै, ऊंट विष्णु पद गावै।।
आम डार चढ़ कछुवा तोरै, गिलहिरि चुन चुन लावै।
कहै कबीर सुनो भाइ साधो, बगुला भोग लगावै।। (113)

साधो, बाघण खाया लोई।
ताहे खाता जाने न कोई।।
काजल टीकि चसम मटकावे, कस-कस बांधै गाढ़ी।
लुभुकी लुभुकी चरै अभि अंतर, खात करेजा काढ़ी।।
कान गहि काजी, नाक गहि मुल्ला, पंडित की आंखें फोरीं।
सींगी रिषी अरु गुरु कनफूंका, बघनी नाड़ मरोड़ी।।
अर इद्रादिक बर ब्रह्मादिक, ते बघनी धर खाया।
गिर गोबरधन नख पर राख्या, ते बघनी मुख आया।।
उतपति परलै जनी बघनिया, सतगुर एह विचारी।
कहै कबीर सुनो भाई साधो, हम सूं बघनी न्यारी।। (114)

मोटी माया सब तजैं, झीनी तजी न जाय।
पीर पैगंबर औलिया, झीनी सब को खाय।। (115)

झीनी माया जिन तजी, मोटी गई बिलाय।
ऐसे जन के निकट से, सब दुख गए हिराय।। (116)

माया तो ठगनी भई, ठगत फिरे सब देस।
जा ठग या ठगनी ठगी, ता ठग को आदेस।। (117)

माया दीपक, नर पतंग, भ्रमि भ्रमि मांहि परंत।
कोई एक गुरु ज्ञान ते, उबरे साधू संत।। (118)

आंधी आई ज्ञान की, ढही भरम की भीत।
माया टाटी उड़ गई, लगी नाम सों प्रीत।। (119)

कबीर माया मोहनी, जैसी मीठी खांड।
सतगुरु की कृपा भई, नहिं तो करती भांड।। (120)

कबीर माया मोहिनी, मांगी मिले न हाथ।
मना उतारी झूठ करि, लागी डोले साथ।। (121)

माया दासी साधु की, ऊभी देइ असीस।
बिलसी अरु लातों छड़ी, सुमर-सुमर जगदीस।। (122)

अध्याय-13

धरम, करम और किरिया से दूर

क. गुरु-सतगुरु को अंग
ख. सतगुरु जार गयो भ्रम मेरा
ग. ग्यान की आंधी
घ. आवागमन के भ्रम का नाश
ङ. लख चौरासी के भ्रम का नाश
च. करम भरम का नाश
छ. भरम किरिया का नाश
ज. स्वर्ग-नरक के भ्रम का नाश
झ. बहुरि नहिं आवना

क. गुरु-सतगुरु को अंग

को जानै बात पराए मन की?
रात अंधेरी चोरा डाटै, आस लगाए पराए धन की।
आंधर मिरग बनै बन डोलै, लागो बान खबर ना तन की।।
महा मोह की नींद परी है, चूनर लेगा सुहागन तन की।
कहै कबीर सुनो भाइ साधो, गुरु जाने हैं पराए मन की।। (1)

सतगुरु सोई दया कर दीन्हा।
ताते अन-चिन्हार मैं चीन्हा।।
बिन पग चलना, बिन पर उड़ना, बिना चोंच का चुगना।
बिन नैनन का देखन-पेखन, बिन सरवन का सुनना।
चंद न सूर, दिवस नहिं रजनी, तहां सुरत लौ लाई।
बिना अन्न अमृत-रस-भोजन, बिन जल तृषा बुझाई।
जहां हरस तहं पूरन सुख है, यह सुख कासों कहना?
कहै कबीर बल-बल सतगुरु की, धन्न सिष्य का लहना। (2)

गगन की ओट निसाना है।
दहिने सूर चंद्रमा बाएं, तिनके बीच छिपाना है।
तन की कमान सुरत का रोदा, सब्द बान ले ताना है।
मारत बान बिंधा तन ही तन, सतगुरु का परवाना है।
मार्‍यो बान घाव नहिं तन में, जिन लागा तिन जाना है।
कहै कबीर सुनो भाई साधो, जिन जाना तिन माना है।। (3)

सो दिन कैसा होयगा, गुरु गहेंगे बांह?
अपना कर बैठावहीं, चरन कंवल की छांह।। (4)

ऐसा कोई ना मिला, हम को दे उपदेस।
भव सागर में डूबता, कर गह काढ़े केस।। (5)

जैसा ढूंढत मैं फिरा, तैसा मिला न कोय।
ततवेता तिरगुन रहित, निरगुन से रत होय।। (6)

लंबा मारग दूर घर, बिकट पंथ बहु भार।
कहै कबीर कस पाइए, दुर्लभ गुरु दीदार? (7)

जाको सतगुरु ना मिला, व्याकुल दहुं दिस धाय।
आंख न सूझै बावरा, घर जरै घूर बुझाय।। (8)

ऐसा कोई ना मिलै, हम को लेइ पिछान।
अपना कर किरपा करे, ले उतरे मैदान।। (9)

हम देखत जग जात है, जग देखत हम जाहि।
ऐसा कोई ना मिलै, पकड़ छुड़ावे बांहि।। (10)

कबीर सतगुरु सूरमा, बाह्या बान जु एक।
लागत ही भुइ गिर परा, परा कलेजे छेक।। (11)

कबीर गुरु गरुवा मिला, ज्यों आटे में लौन।
जाति पांति कुल सब मिटे, नाम धरेगा कौन? (12)

गुरु धोबी सिष कापड़ा, साबुन सिरजनहार।
सुरति सिला पर धोइए, निकसै जोत अपार।। (13)

गुरु कुम्हार सिष कुंभ है, गढ़-गढ़ काढ़ै खोट।
अन्तर हाथ सहार दे, बाहर मारै चोट।। (14)

कबीर ते नर अंध हैं, गुरु को कहते और।
हरि के रूठे ठौर है, गुरु रूठे नहिं ठौर।। (15)

कबीर हरि के रूठते, गुरु के सरनै जाय।
कहै कबीर गुरु रूठते, हरि नहिं होत सहाय।। (16)

भली भई जो गुरु मिला, जाते पाया ग्यान।
घट ही मांहि चबूतरा, घट ही मांहि दिवान।। (17)

करै दूर अग्यानता, अंजन ग्यान सु देय।
बलिहारी वे गुरुन की, हंस उबार जु लेय।। (18)

मांझ महल की गुरु कहै, देखा जिन घरबार।
कुंजी दीन्ही हाथ कर, परदा दिया उघार।। (19)

वस्तु कहीं ढूंढै कहीं, किह बिधि आवै हाथ?
कहै कबीर तब पाइए, भेदी लीजै साथ।। (20)

जब पार उतरना चहिए, तब केवट से मिल रहिए।। (21)

कहु कबीर मैं सो गुरु पाया, जाका नाम बिबेका। (22)

गुरु लोभी सिष लालची, दोनों खेले दाव।
दोनों बूड़े धार में, चढ़ पाथर की नाव।। (23)

पूरे सतगुरु के बिना, पूरा शिष्य न होय।
गुरु लोभी सिष लालची, दूनी दाझन सोय।। (24)

सिष किरपिन गुरु स्वारथी, मिले योग यह आय।
कीच कीच के दाग को, कैसे सके छुड़ाय? (25)

जाका गुर भी अंधला, चेला खरा निरंध।
अंधा अंधा ठेलिया, दोनों कूप पड़ंत।। (26)

जानंता बूझा नहीं, बूझ किया नहिं गौन।
अंधे को अंधा मिला, राह बतावे कौन? (27)

जा गुरु ते भ्रम ना मिटै, भ्रान्ति न जिव की जाय।
सो गुरु झूठा जानिए, त्यागत देर न लाय।। (28)

बंधे को बंधा मिलै, छूटे कौन उपाय?
कर संगति निरबंध की, पल में लेत छुड़ाय।। (29)

सतगुर मिला त का भया, जे मन परिगा भोल।
पासि बिनंठा कप्पड़ा, क्या करे बिचारी चोल? (30)

सतगुरु बपुरा क्या करे, जे सिष ही में चूक?
भावे त्यूं प्रमोध ले, ज्यूं बंसि बजाई फूंक।। (31)

हरियर जाने रूखड़ा, उस पानी का नेह।
सूखा काठ न जानई, कबहूं बूठा नेह।। (32)

कबीर हृदय कठोर कै, सबद न लागै सार।
सुध-बुध के हिरदै भिदै, उपजै बिवेक विचार।। (33)

पसुवा सों पाला पड़ा, रह रह यामै खीज।
ऊसर बोयो न नीपजै, डारो केतक बीज।। (34)

झिरमिर-झिरमिर बरसिया, पाहन ऊपर मेह।
माटी गल सैजल भई, पाहन वो ही तेह।। (35)

कबीर मूढ़क करमिया, नख सिख पाखर आहि।
बाहणहारा क्या करै, बाण न लागै ताहि।। (36)

गुरु सिकलीगर कीजिए, ग्यान मसकला देइ।
मन का मैल छुड़ाइ के, चित दर्पण कर लेइ।। (37)

बूड़े थे पर ऊबरे, गुरु की लहर चमंकि।
भेरा देखा जरजरा, ऊतर पड़े फरंकि।। (38)

तीन लोक हैं देह में, रोम रोम में धाम।
सतगुरु बिन नहिं पाइए, सत्त सार निज नाम।। (39)

सकल जगत जानै नहीं, सो गुरु प्रगटे आय।
जिन आंखों देखा नहीं, सो गुरु दीन्ह लखाय।। (40)

चलते चलते थक गया, को न बतावै धाम।
पैड़े में सतगुरु मिले, पाव कोस पर गाम।। (41)

सतगुरु की मानै नहीं, अपनी कहै बनाय।
कहै कबीर क्या कीजिए, और मता मन माय? (42)

सतगुरु तो ऐसा मिला, ताते लोह लुहार।
कसनी दे कंचन किया, ताय लिया ततसार।। (43)

पीछे लागा जाय था, लोक बेद के साथ।
आगे ते सतगुरु मिले, दीपक दीन्हा हाथ।। (44)

दीपक दीन्हा तेल भर, बाती दई अघट्ट।
पूरा किया बिसाहना, बहुरि न आवै हट्ट।। (45)

सतगुरु हम सों रीझ के, एक दिया उपदेस।
भौसागर में बूड़ता, कर गहि काढ़े केस।। (46)

सतगुर की महिमा अनन्त, अनन्त किया उपकार।
लोचन अनन्त उघाड़िया, अनन्त दिखावनहार।। (47)

सब धरती कागद करूं, लेखनि सब बनराय।
सात समुंद की मसि करूं, गुरु गुन लिखा न जाय।। (48)

सतगुरु सांचा सूरमा, नख सिख मारा पूर।
बाहर घाव न दीसई, अन्तर चकनाचूर।। (49)

सतगुर मारा बाण भर, धर कर सूधी मूठ।
अंग उघाड़े लागिया, गई दवा सूं फूट।। (50)

जब ही मारा खैंच कर, तब मैं पाई जान।
लागी चोट मरम्म की, गई कलेजा छान।। (51)

सतगुर लई कमान कर, बाहन लागा तीर।
एक जु बाहा प्रीति सूं, भीतर रहा सरीर।। (52)

गूंगा हूवा बावला, बहरा हुआ कान।
पाऊं ते पंगुल भया, सतगुर मारा बाण।। (53)

कर कमान सर साध कर, खैंच जु मारा मांहि।
भीतर भिदा सुमार है, जीवै, जीवै नाहिं? (54)

मारा है जे मरेगा, बिन सर थोथी भाल।
पड़ा पुकारे ब्रिछ तलि, आज मरै कै काल्ह? (55)

अणी सुहेली सेल की, लागत लेइ उसास।
चोट सहारै सबद की, तास गुरु मैं दास।। (56)

जाइ पूछो उस घाइलै, दिवस पीड़ निस जाग।
बाहनहारा जानिहै, कै जाने जिस लाग।। (57)

आहेड़ी दौं लाइया, मृग पुकारे रोइ।
जा बन में क्रीड़ा करी, दाझत है बन सोइ।। (58)

दौं लागी सायर जला, पंखी बैठे आइ।
दाधी देह न पालवै, सतगुर गया लगाइ।। (59)

जिह सर मारी काल्ह, सो सर मेरे मन बसा।
तिह सर अजहूं मार, सर बिन सच पाऊं नहीं।। (60)

थापणि पाई थिति भई, सतगुर दीन्ही धीर।
कबीर हीरा बणजिया, मानसरोवर तीर।। (61)

पूरे सूं परचा भया, सब दुख भेल्या दूर।
निर्मल कीन्ही आतमा, ताते सदा हजूर।। (62)

जो तोहि साध पिरेम की, पाका सेती खेल।
कांची सरसौं पेल के, ना खलि भई न तेल।। (63)

पासा पकड़ा प्रेम का, सारी किया सरीर।
सतगुर दांव बताइया, खेलै दास कबीर।। (64)

सतगुरु तो सत भाव है, जो अस भेद बताय।
धन्य सीष धन भाग तिहि, जो ऐसी सुध पाय।। (65)

सतगुरु मोहि निवाजिया, दीन्हा अमृत बोल।
सीतल छाया सुगम फल, हंसा करै किलोल।। (66)

सतगुरु हम सों रीझ कै, कहा एक परसंग।
बरसा बादल प्रेम का, भीज गया सब अंग।। (67)

सतगुरु बादल प्रेम का, हम पर बरसा आय।
अन्तर भीजी आतमा, हरी भई बनराय।। (68)

सतगुरु मिला जु जानिए, ग्यान उजाला होय।
भ्रम का भांडा तोड़ कर, रहै निराला होय।। (69)

राम नाम के पटतरै, देबे को कछु नाहिं।
क्या ले गुरु संतोषिए, हौंस रही मन मांहि।। (70)

मानुष बपुरा क्या करै, जाकी फूटी आंख?
ताको सतगुरु क्या करै, जीव न देखै झांक? (71)

ख. सतगुरु जार गयो भ्रम मोरा

सब दुनी सयानी मैं बौरा। हम बिगरे बिगरो जिनि औरा।।
मैं नहीं बौरा राम कियो बौरा। सतगुरु जार गयो भ्रम मोरा।।
विद्या न पढूं, बाद न जानूं। हरि गुन कथत सुनत बौरानूं।।

काम क्रोध दो भए विकारा। आपहि आप जरै संसारा।।
मीठो कहा जाहिं जो भावै। दास कबीर राम गुन गावै।। (72)

भरम पड़ा तिहुं लोक में, भरम मंडा सब ठांव।
कहै कबीर पुकार के, बसैं भरम के गांव।। (73)

बनजारे के बैल ज्यूं, भरमि फिर्यो चहुं देस।
खांड लाद भुस खात है, बिन सतगुरु उपदेस।। (74)

समदर्सी सतगुरु किया, भरम किया सब दूर।
भया उजारा ग्यान का, ऊगा निरमल सूर।। (75)

ग. ग्यान की आंधी

संतो भाई, आई ग्यान की आंधी।
भ्रम की टाटी सबै उड़ानी, माया रहे न बांधी।।
दूचिते की थूनी गिरानी, मोह बलेंडा टूटा।
त्रिष्ना छान परी घर ऊपर, दुरमति भांडा फूटा।।
जोग जुगत कर सन्तो बांधी, निरचू चुवै न पानी।
कूड़ कपट माया का निकसा, हरि की गति जब जानी।।
आंधी पीछे जो जल बरसा, तिहि तेरा जन भीना।
कहै कबीर मग भया प्रकासा, उदै भान, तम खीना।। (76)

ऐसो देख चरित मन मोह्यो मोर।
ताते निस-बासर गुन रमो तोर।।
इक पढ़हिं पाठ इक भ्रमै उदास। इक नगन निरंतर रहै निवास।।
इक जोग जुगति तन हूहि खीन। ऐसे राम नाम संग रहै न लीन।।
इक हूहि दीन, इक देहि दान। इक करै कलापी सुरा पान।।
इक तंत मंत औषध बान। इक सकल सिध राखै अपान।।
इक तीर्थ व्रत कर काया जीति। ऐसे राम नाम सूं करै न प्रीति।।
इक धूम घोट तन हूहि स्याम। यूं मुकति नहीं बिन राम नाम।।
सतगुर तत कह्यो विचार। मूल गह्यो अनभै बिस्तार।।
जरा मरण ते भए धीर, राम कृपा भई कहै कबीर।। (77)

तन खोजो नर, ना करो बड़ाई।
जुगति बिना भगति किन पाई?
एक कहावत मुल्ला काजी। राम बिना सब फोकटबाजी।।
नव ग्रिह बाम्मण भणता रासी। तिनहूं न काटी जम की पासी।।
कहै कबीर यह तन काचा। सबद निरंजन राम नाम सांचा।। (78)

गोता मारा सिंधु में, मोती लाए पैठ।
वे क्या मोती पायंगे, रहे किनारे बैठ? (79)

जिन ढूंढा तिन पाइया, गहरे पानी पैठ।
मैं बौरी डूबन डरी, रही किनारे बैठ।। (80)

मैं मरजीवा समुंद का, डुबकी मारी एक।
मूठी लाया ग्यान की, ता में वस्तु अनेक।। (81)

अब तो मैं ऐसा भया, निरमोलिक निज नाम।
पहले कांच कथीर था, फिरता ठाम हि ठाम।। (82)

लौ लागी निरभय भया, भरम भया सब दूर।
बन बन में कहं ढूंढता, राम इहां भरपूर।। (83)

रे मन, जाहि जहां तोहि भावै। अब न कोई तेरे अंकुस लावै।।
जहां जहां जाइ तहां तहां रामा। सो पद चीन्ह कियो विश्रामा।। (84)

घ. आवागमन के भ्रम का नाश

आज दिन के मैं जाऊं बलिहारी।
सतगुरु साहिब आए मेरे पहुना। घर आंगन लगै सुहौना।।
साध संत लगे मंगल गावन। भए मगन लख छवि मन भावन।।
चरन पखारूं बदन निहारूं। तन मन धन सब गुरु पर वारूं।।
जा दिन आए साध धन सोई। होत अनन्द परम सुख होई।।
आवागवन सब गइल बिगोई। सतगुरु मिल मोरी दुर्गति खोई।।
सुरत लगी सत नाम की आसा। कहै कबीर दासन कर दासा।। (85)

गगन मंडल अरुझाई, नित फाग मची है।
ग्यान गुलाल अबीर अरगजा, सखियां लै लै धाईं।
उमंगि उमंगि रंग डार पिया पर, फगुवा देहु भलाई।।
गगन मंडल बिच होरी मची है, कोइ गुरु गम ते लख पाई।
सबद डोर जहं अगर ढरत है, सोभा बरनि न जाई।।
फगुवा नाम दियो मोहि सतगुरु, तन की तपन बुझाई।
कहै कबीर मगन भइ बिरहन, आवागमन नसाई।। (86)

कोइ मो पै रंग न डारो, मैं तो भई हूं बौरी।
इक तो बौरी दूजे बिरह की मारी, तीजे नेह लगो री।
अपने पिय संग होरी खेलो, ये ही फाग रचो री।।
पांच सुहागन होरी खेलैं, कुमति सखी से न्यारी।
कहै कबीर सुनो भाई साधो, आवागवन निवारी।। (87)

हंस मिले सुख होई।
षट दरसन पाखंड छानबे, भेष बनावे लोई।
चार बरन औ वेद कितेबा, हंस निनारा होई।।
हंस हमारा सब्द भरोसे, सब्द अहारी होई।
ले बैठावो अमर लोक में, आवागवन न होई।।
कहै कबीर परतीत कीजिए, हंस न जाय बिगोई।
ले बैठावो दीप जगामग, हंस में हंस समोई।। (88)

बागों ना जा रे, ना जा रे, तेरी काया में गुलजार।
करनी क्यारी बोय कर, रहनी कर रखवार।
भक्ति पौध सूखे नहीं, सील क्षमा जलधार।।
मन माली है भोदुआ, संयम की कर बाड़।
मनसा काग उड़ाय के, देखन चले बहार।।
सहस कमल में बैठ के, देखो रूप अपार।
कहै कबीर चित चेत कर, आवागमन निवार।। (89)

चींटी जहां न चढ़ सके, राई ना ठहराय।
आवागमन की गम नहीं, तहं सकलो जग जाय।। (90)

ङ. लख चौरासी के भ्रम का नाश

अंखिया लागि रहन दो साधो, हिरदे नाम सम्हारा।

रीझे बूझे साहिब तेरा, कौन पड़ा है द्वारा?
जम जालिम के सब डर मिटिगे, जा दिन दृष्टि निहारा।
जब सतगुरु ने किरपा कीन्ही, लीन्हो आप उबारा।।
लख चौरासी बन्धन छूटे, सदा रहै गुरु संगी।
प्रेम पियाला हर दम पीवै, सदा मस्त बौरंगी।।
जब लग बस्तु पिछाने नाहीं, तब लग झूठी आसा।
झिलमिल-झिलमिल जोति लखे है, उनमनि घर के बासा।।
सब को दृष्टि पड़े अबिनासी, बिरला संत पिछानै।
कहै कबीर यह भर्म किवाड़ी, जो खोलै सो जानै।। (91)

मूल कबीरा गहि चढ़े, फल खाए भर पेट।
चौरासी का भय नहीं, ज्यों चाहे त्यों लेट।। (92)

कहै कबीर सुनो साधो, चौरासी भरमायो। (93)

चौरासी भरमे नहीं, कटै कर्म की फांस। (94)

च. करम भरम का नाश

साधो, एक आप सब माहीं।
दूजा करम भरम है किरतम, ज्यों दरपन में छांही।।
जल तरंग ज्यों जल ते उपजे, फिर जल माहिं रहाई।
काया झांई पांच तत्त्व की, बिनसे कहां समाई?
सहजे रहे समाय सहज में, ना कहुं आव न जावै।
धरै न ध्यान करै न जप तप, राम रहीम न गावै।।
तीरथ बरत सकल भ्रम छोड़े, सून्य डोर नहिं लावै।
यह धोखा जब समझ परै तब, पूजै काहि पुजावै?
जोग जुक्ति में भरम न छूटै, जब लग आप न सूझै।
कहै कबीर सोइ सतगुरु पूरा, जो कोइ आपा बूझे।। (95)

कौन मरे, कौन जनमे आई?
सरग नरक कौने गति पाई?
पंच तत अबिगत ते उतपना, एकै किया निवासा।
बिछरे तत फिर सहज समाना, रेख रही नहिं आसा।।
जल में कुंभ, कुंभ में जल है, बाहर भीतर पानी।

फूटा कुंभ जल जलहि समाना, यह तत कथो गियानी।।
आदै गगना, अंतै गगना, मद्धे गगना भाई।
कहै कबीर करम किस लागे, झूठी संक उपाई।। (96)

दरियाव की लहर दरियाव है जी, दरियाव और लहर में भिन्न कोयम्।
उठे तो नीर है बैठे तो नीर है, कहो जो दूसरा, किस तरह होयम्?
उसी का फेर के नाम लहर धरा, लहर के कहे क्या नीर खोयम्?
जक्त ही फेर जब जक्त परब्रह्म में, ज्ञान कर देख माल गोयम्।। (97)

हरि बिन झूठे सब ब्यौहार।
केते कोऊ करौं लबार।।
झूठा जप, तप, झूठा ग्यान। राम नाम बिन झूठा ध्यान।
विधि नखेद पूजा आचार। सब दरिया में वार न पार।।
इंद्री स्वारथ मन के स्वाद। जहां सांच तहां माडै बाद।।
दास कबीर रहा लौ लाइ। भर्म कर्म सब दिए बहाइ।। (98)

राम नाम विस्वास, करम भरम सब परिहरै।
सतगुरु पुरवै आस, जो निरास आसा करै।। (99)

उहवां तो सब एक है, परदा रहिया वेष।
भरम करम सब दूर कर, सब ही माहिं अलेख।। (100)

काया सों कारज करे, सकल काज की रीत।
कर्म भर्म सब मेट के, राम नाम सों प्रीत।। (101)

रैन तिमिर नासत भयो, जबही भानु उगाय।
सार सब्द के जानते, करम भरम मिट जाय।। (102)

कबीर कमाई आपनी, कबहु न निष्फल जाय।
सात समुद्र आड़ा पड़े, मिले अगाऊ आय।। (103)

करम भरम गुरु दूरि निवारै। (104)

करम भरम सब कीन्ह बिनासा। (105)

करम भरम को नासा। (106)

करम भरम तज डारा है। (107)

करम की रेख पर मेख मारै। (108)

छ. भरम किरिया का नाश

अब मैं भूला रे भाई, मेरे सतगुरु जुगत लखाई।
किरिया करम अचार मैं छाड़ा, छाड़ा तीर्थ न्हाना।
सगरी दुनिया भई सयानी, मैं ही इक बौराना।।
ना मैं जानूं सेवा बन्दगी, ना मैं घण्ट बजाई।
ना मैं मूरत धरी सिंहासन, ना मैं पुष्प चढ़ाई।।
ना हरि रीझै जप तप कीन्हे, ना काया के जारे।
ना हरि रीझै धोती छाड़े, ना पांचों के मारे।।
सहै कुसब्द बाद को त्यागै, छाड़ै गर्व गुमाना।
राम नाम ताही को मिलि है, कहै कबीर सुजाना।। (109)

भाई, कोई सतगुरु सन्त कहावै।
नैनन अलख लखावै।।
प्राण पूज्य किरिया से न्यारा, सहज समाधि सिखावै।
द्वार न रूंधे, पवन न रोके, नहिं भवखण्ड तजावै।।
यह मन जाय जहां लग जब ही, परमातम दरसावै।
सदा बिलास त्रास नहिं तन में, भोग में जोग जगावै।।
धरती-पानी आकास-पवन में, अधर मंडैया छावै।
भीतर रहा सौ बाहर देखै, दूजा दृष्टि न आवै।। (110)

महरम हो सो जाने साधो, ऐसा देस हमारा है।
बेद पुरान पार नहिं पावै, कहन सुनन से न्यारा है।। (111)

जाति वरन कुल किरिया नाहीं, सन्ध्या नेम अचारा है।।
बिन जल बून्द पड़त नहिं भारी, नहिं मीठा नहिं खारा है।
गगन महल में नौबत बाजे, किंगरी बीन सितारा है।।
बिन बादल जहं बिजली चमके, बिन सूरज उजियारा है।
बिना नयन जहं मोती पोहै, बिन स्वर सब्द उचारा है।।

जो चल जाय ब्रह्म तहं दरसै, आगे अगम अपारा है।
कहै कबीर तहं रहन हमारी, बूझे गुरु मुख प्यारा है।। (112)

मोको कहां ढूंढे बन्दे, मैं तो तेरे पास में।।
ना तीरथ में, ना मूरत में, ना एकान्त निवास में।
ना मन्दिर में, ना मस्जिद में, ना काबे कैलास में।।
ना मैं जप में ना मैं तप में, ना मैं बरत उपास में।
ना मैं क्रिया कर्म में रहता, नहीं योग संन्यास में।।
नहीं प्राण में, नहीं पिण्ड में, ना ब्रह्मांड अकास में।
ना मैं भृकुटी भंवर गुफा में, सब सांसों की सांस में।।
खोजी होय तुरत मिल जाऊं, पल भर की तलास में।
कहै कबीर सुनो भाई साधो, मैं तो हूं विस्वास में।। (113)

यहि बिधि कहौं कहा नहिं माना। मारग मांहि पसारिन ताना।।
रात दिवस मिल जोरिन तागा। ओटत कातत भरम न भागा।
भरमै सब जग रहा समाई। भरम छोड़ कतहूं नहिं जाई।।
परै न पूरि दिनहु दिन छीना। तहंई जाय जहां अंग बिहीना।।
जो मत आदि अंत चल आवा। सो मत सब उन प्रगट सुनावा।। (114)

अजामेध, गोमेध जग, अश्वमेध, नरमेध।।
कहै कबीर अधर्म को, धर्म बतावै वेद।। (115)

तज परपंच वेद विधि किरिया। (116)

कबीर सबद सरीर में, बिन गुण बाजे तांति।
बाहर-भीतर भर रहा, ताते छूटि भरांति।। (117)

ज. स्वर्ग-नरक के भ्रम का नाश

चलन चलन सब कोइ कहत है, ना जानो बैकुंठ कहां है।।
जोजन एक प्रमिति नहिं जानै। बातन ही बैकुंठ बखानै।।
खाई कोट न परल पगारा। ना जानो बैकुंठ दुआरा।।
जब लग है बैकुंठ की आसा। तब लग नहिं हरि चरन निवासा।।
कहे सुने कैसे पतिअइए। जब लग तहां आप नहिं जइए।।
कहै कबीर यह कहिए काहि। साध संगति बैकुंठ हि आहि।। (118)

पंडित, सोध कहो समझाई।
जाते आवागमन नसाई।।
अर्थ धर्म औ काम मोक्ष कहु, कौन दिसा बसे भाई?
उत्तर कि दखिन, पूरब कि पछिम, सरग पताल कि मांही?
अनजाने को सरग नरक हैं, हरि जाने को नाहीं।
जेहि डर से सब लोग डरत हैं, सो डर हमरे नाहीं।।
पाप पुन्न की संका नाहीं, सरग नरक नहिं जाहीं।
कहै कबीर सुनो हो संतो, जहं पद तहां समाही।। (119)

बन्दे, कर ले आप निबेरा।
आप जियत लख आप ठौर कर, मुए कहां घर तेरा?
यहि औसर नहिं चेते प्रानी, अंत कोइ नहिं तेरा।
कहै कबीर सुनो हो संतो, कठिन काल का घेरा।। (120)

झ. बहुरि नहिं आवना

बहुरि नहिं आवना या देस।
जो जो गए बहुरि नहिं आए, पठवत नाहिं संदेस।।
सुर नर मुनि औ पीर औलिया, देवी देव गनेस।
धर-धर जनम सभी भरमे हैं, ब्रह्मा बिस्नु महेस।।
जोगी जंगम औ संन्यासी, दीगम्बर दरवेस।
चुंडित मुंडित पंडित लोई, स्वर्ग रसातल सेस।।
ग्यानी गुनी चतुर औ कविना, राजा रंक धनेस।
कोइ रहीम कोइ राम बखानै, कोई कहै आदेस।।
नाना भेष बनाय सभी मिल, ढूंढ फिरे चहुं देस।
कहै कबीर अंत ना पैहो, बिन सतगुरु उपदेस।। (121)

बहुरि हम काहे आवेंगे?
बिछुरे पंच तत की रचना, तब हम रामहि पावेंगे।।
पृथ्वी का गुण पानी सोखा, पानी तेज मिलावेंगे।
तेज पवन मिलि, पवन सबद मिलि, सहज समाधि लगावेंगे।।
जैसे बहु कंचन के भूषन, एकहि गालि तहवावेंगे।।
ऐसे हम लोक बेद के बिछुरे, ऐते भर्म चुकावेंगे।।
जैसे जलहि तरंग तरंगनी, ऐसे हम दिखलावेंगे।
कहै कबीर स्वामी सुख सागर, हंसहि हंस मिलावेंगे।। (122)

चार दिन नौबत चले बजाइ।
उतानै खटिया गड़िले मटिया, संग न कछु ले जाइ।।
देहरी बैठी मेहरी रोवै, द्वारे लग सगी माइ।
मरघट लों सब लोग कुटुंब मिलि, हंस अकेला जाइ।।
वहि सुत, वहि बित, वहि पुर पाटन, बहुरि न देखै आइ।
कहै कबीर भजन बिन बंदे, जनम अकारथ जाइ।। (123)

राम बिन जनम भयो भारी।
साधक सिध सूर अरु सुरपति, भ्रमत भ्रमत गए हारी।।
पानी पवन अवनि नभ पावक, तिहि संग सदा बसेरा।
कहै कबीर मन मन करि बेंधा, बहुरि न कीया फेरा।। (124)

मन रे, तन कागद का पुतरा।
लागै बूंद बिनस जाइ छिन में, गरब करै क्या इतरा?
माटी खोदहिं भींत उसारै, अंध कहै घर मेरा।
आवै तलब बांध ले चालै, बहुरि न करिहै फेरा।।
खोट कपट कर यह धन जोड़ा, ले धरती में गाड़ा।
रोका घट, सांस नहीं निकसै, ठौर ठौर सब छाड़ा।
कहै कबीर नट नाटिक थाके, मंदला कौन बजावै?
गए पखनियां उझरी बाजी, को काहू के आवै? (125)

भज मन जीवन नाम सबेरा।
जो आया सो रहन न पाया, क्या राजा, क्या रंक घनेरा?
सुन्दर बदन देख मत भूलो, झपट लिहैं जैसे बाज बटेरा।
कहै कबीर सुनो भाइ साधो, जो जो गए सो बहुरि नहिं फेरा।। (126)

काल के जाल के भेद नहिं राम में, काल गहो कौन को खाइहैं रे?
वस्तु में वस्तु अरु तत्त्व में तत्त्व मिले, जीव का नाम यों जाइहैं रे।।
जन्म अरु मरण की संका नहीं कछु, जन्म अरु मरण को पाइहैं रे।
कहै कबीर यों सन्त निर्भय हुआ, बहुरि संसार नहिं आइहैं रे।। (127)

सुरत से देख ले वह देस।
देखत देखत दीखन लागे, मिटगे सब अन्देश।।
न वहां चन्दा, न वहां सूरज, नहीं पवन परवेस।
न वहां जाप, नहीं वहां अजपा, नहीं अक्षर लवलेस।।

वहां के गए बहुरि नहिं आए, न कोइ कहत संदेश।
कहै कबीर सुनो भाइ साधो, गहु सतगुरु उपदेस।। (128)

सांई मोर बसत अगम पुरवा, जहं गमन हमार।
छोट मोट डंडिया चंदन की हो, छोट चार कहार।
जाय उतरि हैं वाही देसवां हो, जहां कोइ ना हमार।।
ऊंची महलिया साहेब के हो, लगी बिखमी बजार।
पाप पुन्न दोऊ बनिया हो, हीरा लाल अपार।।
कहै कबीर सुन सांइया हो, मोर याहिंय देस।
जो गए सो बहुरे नाहीं, को कहत संदेस? (129)

पायो निज नाम गले को हरिया।
सतगुरु पटवा अजब निज हिया, छोटी मोटी डोलिया में चार कहरिया।
प्रेम प्रीति की पहर चुन्दरिया, निहुरि नाचो साहेब दरबरिया।।
सतगुरु कूंजी दई महल की, जब चाहो तब खोलो केवरिया।
यही मोरे ब्याह यही मोरे गवना, कहै कबीर बहुरि नहिं अवना। (130)

पिया की खोज करै सो पावै।
ई करता बसिया घट भीतर, कहत न कछु बन आवै।।
ऐसी रहनी रहै निस बासर, करम भरम बिसरावै।
कहै कबीर सुनो भाई साधो, बहुरि न भवजल आवै।। (131)

प्रेम सखी तुम करो विचार। बहुरि न आना यहि संसार।।
जो तोहि प्रेम खिलनवा चाव। सीस उतार महल में आव।।
प्रेम खिलनवा यही सुभाव। तू चल आव कि मोहि बुलाव।।
प्रेम खिलनवा यही विसेख। मैं तोहि देखूं तू मोहि देख।।
खेलत प्रेम बहुत पचि हारी। जो खेलिहै सो जग से न्यारी।।
दीपक जरै बुझै चाहे बाती। उत्तर न देय प्रेम रस माती।।
कहै कबीर क्या प्रेम समान। प्रेम समान और नहिं आन।। (132)

प्रेम प्रीत की चुनरी हमारी, जब चाहो तब नाचो सहरवा।
कहै कबीर सुनो भाई साधो, बहुरि न ऐवै एही नगरवा।। (133)

गांठ होय सो हाथ कर, हाथ होय सो देह।
आगे हाट न बानिया, लेना हो सो लेह।। (134)

जीवत कोइ समझै नहिं, मुवा न कह संदेश।
तन मन से परिचय नहीं, ताको क्या उपदेश? (135)

राम नाम की लूट है, लूट सके तो लूट।
फिर पाछै पछतायगा, प्राण जायगा छूट।। (136)

कबीर नौबत आपनी, दिन दस लेहु बजाय।
यह पुर पाटन यह गली, बहुरि न देखो आय।। (137)

जो जिव चाहे आपना, खोजो जिव की सार।
जियरा ऐसा पाहुना, मिलै न दूजी बार।। (138)

कबीर देवल ढह पड़ा, ईंट भई सैवार।
कोई चिजरा चिन गया, मिला न दूजी बार।। (139)

राम नाम जाना नहीं, लागी मोटी खोर।
काया हांडी काठ की, ना वह चढ़ै बहोर।। (140)

देह खेह हो जायगी, कौन धरेगा देह?
निश्चय कर उपकार ही, जीवन का फल येह।। (141)

बिरहन उठ उठ भुइ परै, दरसन कारन राम।
मूए पीछे देहुगे, सो दरसन किहि काम? (142)

दोहरा कथ कहै कबीर, प्रतिदिन समय जो देख।
मुए गए नहिं बहुरे, बहुरि न आए फेर।। (143)

जंत्र बजावत हौं सुना, टूट गए सब तार।
जंत्र बिचारा क्या करे, गया बजावनहार।। (144)

इतते सब कोई गए, भार लदाय लदाय।
उत ते कोई न आइया, जासों पुछिए धाय।। (145)

कहै कबीर सुन सांइया, मोर याही के देस।
जो गए बहुरे नहीं, को कहत संदेस? (146)

काको रोवो गैल बहुतेरा? बहुतक मुवा फिरल नहिं फेरा।। (147)

गुरु मिल जिन के खुले कपाट। बहुरि न आवै जोनी बाट।।
यह तेरा औसर, यह तेरी बारी। घट ही भीतर सोच बिचारी।। (148)

कहै कबीर पुकार, सुनो मन भावना।
हंसा चल सत लोक, बहुरि नहिं आवना।। (149)

कहै कबीर बिचार, सन्त भल पावई।
बसै अमर घर जाय, बहुरि नहिं आवई।। (150)

बहुरि संसार में नाहिं आवै। (151)

बहुरि न भव जल आवनिया।। (152)

इक जनम के कारने, कत पूजो देव सहसों रे? (153)

अध्याय-14

साहेब है घट मांही

क. सबद सबद में अन्तरा
ख. आद हता सो अब है सन्तो
ग. निरगुन-सरगुन मन की छाया
घ. सुन्न महल नहीं
ङ. ना जाने तेरा साहब कैसा है
च. राम रस पीया रे
छ. बोलन के सुख कारनै, कहिए सिरजनहार
ज. समरथ साहेब
झ. तेरा सांई तुज्झ में
ञ. परचा को अंग
ट. आतम राम

क. सबद सबद में अन्तरा

चतुराई क्या कीजिए, जो नहीं सब्द समाय?
कोटिक गुन सूवा पढ़ै, अन्त बिलाई खाय।। (1)

सब्द सब्द बहु अन्तरा, सार सब्द चित देह।
जा सब्दै साहिब मिलै, सोइ सब्द गह लेह।। (2)

सब्द सब्द सब कोइ कहै, सब्द का करो बिचार।
एक सब्द सीतल करै, एक सब्द दे जार।। (3)

सब्द सब्द सब कोइ कहै, सब्द के हाथ न पांव।
एक सब्द औषध करे, एक सब्द करे घाव।। (4)

एक सब्द सुख खान है, एक सब्द दुख रासि।
एक सब्द बंधन कटे, एक सब्द गल फांसि।। (5)

सीखै सुनै विचार ले, ताहि सब्द सुख देय।
बिना समझै सब्द गहै, कछू न लाहा लेय।। (6)

सोई अषिर सोई बैन, जन जू-जू बाचवंत।
कोई एक मेलै लवणि, अमी रसाइन हुंत।। (7)

साखी लाय बनाय के, इत उत अच्छर काट।
कहै कबीर कब लग जिए, झूठी पत्तल चाट? (8)

ख. आद हता सो अब है सन्तो

कोई सुनता है ज्ञानी राग गगन में, अवाज होती पानी।
सब घट पूरन पूर रहा है, सब सुरन के खानी।।
जो तन पाया खंड देखाया, तृस्ना नहीं बुझानी।
अमृत छोड़ खंडरस चाखा, तृस्ना ताप तपानी।।
ओ अंग सो अंग बाजा बाजे, सुरत-निरत समानी।
कहै कबीर सुनो भाई साधो, यही आद की बानी। (9)

आद हता सो अब है संतो, सतगुरु भेद बताया।
कहै कबीर कंचन के भूषण, एक हुवा जब पाया।। (10)

ज्यों जब त्यों अब ही है संतो, समझ जुगत सो पावै।
कहै कबीर सब्द ते न्यारा, इस विधि पुरुष रहावै।। (11)

एक बून्द ते सब किया, नर नारी का नाम।।
सो तू अन्तर खोज ले, सकल वियापक राम।। (12)

आदि होत सब आप में, सकल होत ता मांहि।
ज्यों तरवर के बीज में, डार पात फल छांहि।। (13)

ग. निरगुन-सरगुन मन की छाया

प्रथम एक जो आपै आप। निराकार निर्गुन निर्जाप।।
नहिं तब भूमि पवन अकासा। नहिं तब पावक नीर निवासा।।
नहिं तब पांच तत्त गुन तीनी। नहिं तब सृष्टी माया कीनी।।
नहिं तब आदि अंत मध तारा। नहिं तब अंध धुंध उजियारा।।
नहिं तब ब्रह्मा बिस्नु महेसा। नहिं तब सूरज चांद गनेसा।।
नहिं तब मच्छ कच्छ बाराहा। नहिं तब भादौ फागुन माहा।।
नहिं तब कंस कृस्न बलि बावन। नहिं तब रघुपति नहिं तब रावन।।
नहिं तब सरगुन सकल पसारा। नहिं तब धारे दस अवतारा।।
नहिं तब सरसुति जमुना गंगा। नहिं तब सागर समुद्र तरंगा।।
नहिं तब तीरथ ब्रत जग पूजा। नहिं तब देव दैत अरु दूजा।।
नहिं तब पाप पुन्न गुरु सीखा। नहिं तब पढ़ना गुनना लीखा।।
नहिं तब बिद्या बेद पुराना। नहिं तब भए कतेब कुराना।। (14)

दूर गवन तेरो हंसा हो, घर अगम अपार।
नहिं वहं काया नहिं वहं माया, नहिं वहं त्रिगुन पसार।
चार बरन उहवां हैं नाहीं, ना है कुल ब्योहार।।
नौ छह चौदह विद्या नाहीं, नहिं वहं बेद बिचार।
जप तप संजम तीरथ नाहीं, नाहीं नेम अचार।।
पांच तत्त नहिं उत्पति भइलें, सो परलय के पार।
तीन देव ना तैंतिस कोटी, नाहिं दसो अवतार।।
सोरह संख के आगे होई, समरथ का दरबार।
सेत सिंघासन आसन बैठे, जहं सबद झनकार।।
पुरुष रूप कहा बरनौ महिमा, तिन गति अपरम्पार।
कोटि भानु की सोभा जिन्ह के, इक इक रोम उजार।।
छर अच्छर दूनों से न्यारा, सोई नाम हमार।
सार सबद को लेके आयो, मिरतू लोक मंझार।।
सदगुरु मिल समरथ थापल हो, जग के हैं कटिहार।
उन कर बहियां पकरि रहो हो, हंसा उतरो पार।।
जम्बू दीप के तुम सब हंसा, गहि लो सबद हमार।
दास कबीरा अब की दीहल, निर्गुन की टकसार।। (15)

ना मैं धर्मी नाहिं अधर्मी, ना मैं जती ना कामी हो।
ना मैं कहता ना मैं सुनता, ना मैं सेवक स्वामी हो।।
ना मैं बंधा ना मैं मुक्ता, ना मैं बिरत न रंगी हो।

ना काहूं से न्यारा हूआ, ना काहू का संगी हो।।
ना हम नरक लोक को जाते, ना हम सुरग सिधारे हो।
सब ही कर्म हमारा कीया, हम कर्मन ते न्यारे हो।।
या मत को कोई बिरला बूझै, सो सतगुरु हो बैठे हो।
मत कबीर काहू को थापे, मत काहू को मेटे हो।। (16)

अजपा जाप जपो भाई साधो, स्वासों की कर लो माला।
हाथ सुमरनी बगल कतरनी, यह क्या रच दियो चाला?
लोगों के भावे भक्ति कमावे, साहब के मुख काला।।
जब लग दरसे न सच्चा सांई, होवे ना घट उजियाला।
बिन सतगुरु ताली नहिं लागे, खुले न भ्रम का ताला।।
मन का मनिया फेर तू प्राणी, क्यों हो रहा मतवाला?
गठरी खोल लाल नहीं परखा, इस विधि भाया दिवाला।।
साधु संत की सेवा कर ले, सन्त का देस निराला।
कहै कबीर सुनो भाई साधो, पीलो निर्गुण प्याला।। (17)

सरगुन की सेवा करो, निरगुन का करु ग्यान।
निरगुन-सरगुन के परे, तहां हमारा ध्यान।। (18)

संतो, धोखा कासूं कहिए?
गुण में निरगुण निरगुण में गुण, बाट छोड़ क्यूं बहिए?
अजरा अमर कथै सब कोई, अलख न कथना जाई।
नाति सरूप बरण नहीं जाकै, घट घट रह्यो समाई।।
पिंड ब्रह्मंड कथै सब कोई, आदि रु अंत न होई।
पिंड ब्रह्मंड छोड़ जे कथिए, कहै कबीर हरि सोई।। (19)

सत्त नाम है सब ते न्यारा।
निर्गुन-सर्गुन सबद पसारा।।
निर्गुन बीज सर्गुन फल-फूला। साखा ज्ञान नाम है मूला।।
मूल गहे ते सब सुख पावै। डाल-पात में मूल गंवावै।।
सांई मिलानी सुख दिलानी। निर्गुन-सर्गुन भेद मिटानी।। (20)

बेद कहे सरगुन के आगे, निरगुन का बिसराम।
सरगुन-निरगुन तजहु सोहागिन, देख सबहि निज धाम।
सुख-दुख वहां कछू नहीं ब्यापै, दरसन आठो जाम।

नूरै ओढ़न नूरै डासन, नूरै का सिरहान।
कहै कबीर सुनो भाई साधो, सतगुरु नूर तमाम।। (21)

जो दीसै सो तो है नाहीं, है सो कहा न जाई।
बिन देखे परतीत न आवे, कहै न को पतियाना।
समझा होय तो सब्दै चीन्है, अचरज होय अयाना।।
कोई ध्यावे निराकार को, कोई ध्यावे आकारा।
वह तो इन दोनों ते न्यारा, जाने जाननहारा।।
वह राग तो लखा न जाई, मात्रा लगै न काना।
कहै कबीर सो पढ़ै न परलय, सुरत-निरत जिन जाना।। (22)

संतो, यह मन है बड़ जामिल।
मन के कारन कीई छाया, तिहि छाया में अटके।
निरगुन सिरगुन मन की छाया, बड़े सयाने भटके।। (23)

ढूंढ़त ढूंढ़त ढूंढ़िया, भया सो गूनागून।
ढूंढ़त ढूंढ़त ना मिला, हार कहा बेचून।। (24)

बेचूने जग चूनिया, सांई नूर निनार।
आखिर केरे वक्त को, किसका करो दिदार? (25)

सोई नूर दिल पाक है, सोई नूर पहचान।
जाके किए जग हुवा, सो बेचून क्यों जान? (26)

गुणातीत के गावते, आपहि गए गंवाय।
माटी तन माटहि मिला, पवनहि पवन समाय।। (27)

घ. सुन्न महल नहीं

का जोगी मुद्रा करै, साहिब गति न्यारी।
नेती धोती वह करै, बहु भांति संवारी।
बाजीगर का पेखना, सब देखनहारी।।
झाड़ी जंगल वे फिरे, अंधे बैपारी।
पूजा तर्पन जाप में, भूले ब्रह्मचारी।।
उलटा पवन चढ़ाइ के, जीवै अधिकारी।
तन तज के अजगर भए, गए बाजी हारी।।

सुन्न महल कहां सोइए, जहं निसि अंधियारी?
कहै कबीर वहं सोइए, रबि ससि उजियारी।। (28)

दूर वे दूर वे दूर वे दुर्मति, दूर की बात तोहि बहुत भावै।
हैं हजूर हाजिर साहब धनी, दूसरा कौन कहु काहि ध्यावै?
छोड़ दे कल्पना दूर को धावना, राज तज खाक मुख काहि लावै?
पेड़ के गहे ते डार पल्लव मिले, डार के गहे नहिं पेड़ पावै।
डार औ पेड़ औ फूल फल प्रकट हैं, मिलै जब गुरु इतनी लखावै।।
सम्पति सुख साहबी छोड़ जोगी भए, सून्य की आस बनखण्ड जावै।
कहै कबीर बनखण्ड से क्या मिले, दिलहि को खोज दीदार पावै।। (29)

सहज की अकथ कथा है निरारी।
तुल नहीं चढ़ै जाइ न मुकाती, हलकी लगे न भारी।।
तहं पावस सिंधु धूप नहीं छैंया, तहं उतपति परलय नाहीं।।
जीवन मिरतु न दुख-सुख ब्यापै, सुन्न समाधि दोऊ तहं नाहीं।।
अरध उरध दोऊ तहं नाहीं, राति दिनस तहं नाहीं।
जल नहीं पवन पावक फुनि नाहीं, सतगुर तहां समाही।।
अगम अगोचर रहे निरंतर, गुर किरपा ते लहिए।
कहै कबीर बलि जाउं गुर अपने, सत-संगति मिल रहिए।। (30)

कहै कबीर सुनो हो साधो, अमृत वचन हमार।
जो भल चाहे आपनो, परखो करो विचार।।
जे करता ते ऊपजे, तासों परि गयो बीच।
अपनी बुद्धि बिबेक बिन, सहज बिसाही मीच।।
यहि में ते सब मत चले, यही चल्यो उपदेस।
निश्चय गह निर्भय रहो, सुन परम तत्त संदेस।।
केहि गावो केहि ध्यावहू, छोड़ो सकल धमार।
यह हिरदे सबको बसे, क्यों सेवो सुन्न उजाड़?
दूरहि करता थापके, करो दूर की आस।
जो करता दूरै हुते, तो को जग सिरजै पास?
जो जानो यहं है नहीं, तो तुम धावो दूर।
दूर से दूर भ्रमि-भ्रमि, निष्फल मरो बिसूर।।
दुरलभ दरसन दूर के, नियर सदा सुख बास।
कहै कबीर मोहि ब्यापिया, मत दुख पावै दास।।
आप अपनपौ चीन्हहू, नख-सिख सहित कबीर।
आनंद मंगल गावहू, होहि अपनपौ थीर।। (31)

वेद विवर्जित भेद विवर्जित, विवर्जित पाप रु पुन्यं।
ग्यान विवर्जित ध्यान विवर्जित, विवर्जित आस्थूल सुन्यं।।
भेष विवर्जित भीख विवर्जित, विवर्जित उचंभक रूपं।
कहै कबीर तिहुं लोक विवर्जित, ऐसा तत्त अनूपं।। (32)

अनहद-अनुभव की कर आसा। देखो यह विपरीत तमासा।
इहै तमासा देखहु भाई। जहवां सुन्न तहां चलि जाई।
सुन्नहि बांछा सुन्नहि गयऊ। हाथा छोड़ बेहाथा भयऊ।। (33)

ङ. ना जाने तेरा साहब कैसा है

ना जाने तेरा साहब कैसा है?
मस्जिद भीतर मुल्ला पुकारे, क्या तेरा साहब बहरा है?
चींटी के पग नेवर बाजै, सो भी साहब सुनता है।।
पंडित होय के आसन मारै, लम्बी माला जपता है।
अंतर तेरे कपट कतरनी, सो भी साहब लखता है।।
हीरा पाय परख नहिं जानै, कौड़ी परखन करता है।
कहै कबीर सुनो भाई साधो, हरि जैसा को तैसा है।। (34)

है कोई राम नाम बतलावै। वस्तु अगोचर मोहि लखावै।।
राम नाम सब कोई बखानै। राम नाम का मरम न जानै।।
ऊपर की मोहि बात न भावै। देखै गावै तो सुख पावै।।
कहै कबीर कछु कहत न आवै। परचै बिना मरम नहिं पावै।। (35)

सोई धन रामजी को नांव हमारै। चहूं दिस पसरयो बिन रखवारै।।
टारयो टरै न टांची लागै। जल में डूबै न अगनि में दाझै।।
तसकर हरै न लागै काई। ऐसी या धन की अधिकाई।।
रूप न रेख छाया न माया। अलख निरंजन त्रिभुवन राया।।
आया चेत नर हवैगै समाई। कहै कबीर महिमा कही न जाई।। (36)

अरचित अविगत है निरधारा। जाना जाइ न वार न पारा।।
लोक वेद ते अछै नियारा। छोड़ रहो सबही संसारा।।
जसकर गांव न ठांव न खेरा। कैसे गुन बरनूं मैं तेरा?
नहीं तहां रूप रेख गुन बाना। ऐसा साहिब है अकुलाना।।
नहीं सो ज्वान न बिरध नहीं बारा। आपै आप आपनपौ तारा।। (37)

नहीं सो दूर नहीं सो नियरा। नहीं सो तात नहीं सो सियरा।।
पुरुष न नारि करै नहिं क्रीरा। घाम न छाम न व्यापै पीरा।।
नदी न नाव धरनि नहिं धीरा। नहीं सो कांच नहीं सो हीरा।। (38)

ना वो बारा ब्याह बराता। पीत पितंबर स्याम न राता।।
तीरथ ब्रत न आवै जाता। मन नहिं मोनि बचन नहिं बाता।।
नाद न बिंद गरंथ नहिं गाथा। पवन न पानी संग न साथा।। (39)

ना तिहि सबद न स्वाद न सोहा। ना तिहि मात पिता नहिं मोहा।।
ना तिहि सास ससुर नहिं सारा। ना तिहि रोज न रोवनहारा।।
ना तिहि सूतिग पातिग जातिग। ना तिहि माइ न देव कथा पिठ।।
ना तिहि ब्रिध बधावा बाजै। ना तिहि गीत नाद नहिं साजै।।
ना तिहि जाति पांति कुल लीका। ना तिहि छोति पवित्र नहिं सींचा।। (40)

करता कुछ खावै नहिं पावै। करता कबहूं मरै न जीवै।।
करता के कछु रूप न रेखा। करता के कछु बरन न भेखा।।
जाके जात-गोत कछु नाहीं। महिमा बरनि न जाए मो पाहीं।।
रूप-अरूप नहिं तेरा नांव। बर्न-अबर्न नहीं तेहि ठांव।। (41)

है सब में सब ही ते न्यारा।
जीव जंतु जल थल सब ही में, सबद बियापत बोलनहारा।
सब के निकट दूर सबही ते, जिन जैसा मन कीन्ह बिचारा।।
सार सबद को जो जन पावै, सो नहिं करत नेम आचारा।
कहै कबीर सुनो भाई साधो, सबद गहे सो हंस हमारा।। (42)

काठ के बीच में अगनि जैसे, जैसे तिल में तेल निवास है जी।
दूध के बीच में घीव जैसे, ऐसे फूल के बीच में बास है जी।।
कबीर कहै घट को जो मथै, तब पावै सबद प्रकास है जी।
मिहनत बिना सब ढूंढत फिरे, यह बात से लोग निरास हैं जी।। (43)

तेरा जन एक आध कोई।
काम क्रोध अरु लोभ विवर्जित, हरिपद चीन्है सोई।।
अस्तुति निंदा दोऊ विवर्जित, तजै मान अभिमाना।
लोहा कंचन सम करि जानै, ते मूरत भगवाना।।
रजगुण तमगुण सतगुण कहिए, यह सब तेरी माया।

चौथे पद को जो नर चीन्है, तिनहि परम पद पाया।।
तीरथ बरत नेम सुचि संजम, सदा रहै निहकामा।
त्रिस्ना अरु माया भ्रम चूका, चितवत आतम रामा।।
जिह मंदिर दीपक परगासा, अंधकार तहं नासा।
निरभौ पूरि रहे भ्रम भागा, कहै कबीर जनदासा।। (44)

अब हम सोइ परम पद जाना।
नहिं वहां सिद्ध नहीं वहां साधक, दूसर कहत दिवाना।
नहिं वहां चन्द नहीं वहां सूरज, ना रजनी ना भाना।।
मकरी तार स्वेत है झीना, तहां मोर मन माना।
कहै कबीर चींटी के मुख में, पिण्ड ब्रह्माण्ड समाना।। (45)

राम निरंजन न्यारा रे। अंजन सकल पसारा रे।।
अंजन उतपति ओंकार। अंजन मांड्या सब बिस्तार।।
अंजन ब्रह्मा संकर इंद। अंजन गोपी संग गोबिंद।।
अंजन बाणी, अंजन बेद। अंजन कीए नाना भेद।।
अंजन बिद्या पाठ पुरान। अंजन फोकट कथहि गियान।।
अंजन पाती अंजन देव। अंजन की करै अंजन सेव।।
अंजन नाचै अंजन गावै। अंजन भेष अनंत दिखावै।।
अंजन कहूं कहां लग केता। दान पुण्य तप साधन जेता।।
कहै कबीर कोई बिरला जागै। अंजन छोड़ निरंजन लागै।। (46)

च. राम रस पीया रे

चलो बिचारी रहै संभारी, कहता हूं जु पुकारी।
राम नाम अंतर गति नाहीं, जनम जुवा ज्यूं हारी।।
मूंड मुंडाइ फूल का बैठे, कानन पहन मंजूसा?
बाहर देह खेह लपटानी, भीतर तो घर मूसा।।
गालिब नगरी गांव बसाया, हाम काम हंकारी।
घाल रसरिया जब जम खैंचे, का पत रहे तुम्हारी?
छोड़ कपूर गांठ विष बांधा, मूल हुवा नहिं लाहा।
मेरे राम की अभै पद नगरी, कहै कबीर जुलाहा।। (47)

हरि बिन भरम बिगूते गंदा।
जा पै जाऊं आप छुड़ावन, ते बींधे बहु फंदा।।

जोगी कहै जोग सिधि नीकी, और न दूजा भाई।
लुंचित मुंडित मोनि, जटाधर, ऐ जु कहै सिधि पाई।।
पंडित गुनी सूर कवि दाता, ऐ जु कहैं बड़ हम ही।।
जहां का उपजा तहां बिलाना, छूट गए सब तब ही।
वार पार की खबर न जानी, फिर्‌यो सकल बन ऐसै।
यह मन बोहिथ के कउवा ज्यूं, रह्‌यो ठग्यो सो वैसे।।
तज बावै दाहिने विकार, हरि पद दिढ़ कर गहिए।
कहै कबीर गूंगे गुड़ खाया, पूछे तो क्या कहिए? (48)

राम बिन तन की तपन न जाइ।
जल में अगनि उठी अधिकाई।।
तुम जलनिधि मैं जल की मीना। जल में रहूं जलहि बिन खीना।।
तुम पिंजरा मैं सुवना तोरा। दरसन देहु भाग बड़ मोरा।।
तुम सतगुर मैं नौतम चेला। कहै कबीर राम रमूं अकेला।। (49)

अजहूं मिले कैसे दरसन तोरा?
बिन दरसन मन माने क्यों मोरा?
हमहि कुसेवग कि तुमहि अयाना। दुह में दोस काहि भगवाना?
तुम कहियत त्रिभुवन पति राजा। मन वांछित सब पुरवन काजा।।
कहै कबीर हरि दरस दिखाओ। हमहिं बुलाओ कै तुम चल आओ। (50)

बीनती एक राम सुन मोरी।
अब न बचाइ राख पत मोरी।।
जैसे मंदला तुमहि बजावा। तैसे नाचत मैं दुख पावा।।
जे मसि लागी सबै छुड़ावो। अब मोहि जिनि बहु रूप कछावो।।
कहै कबीर मेरी नाच उठावो। अपने चरन कंवल दिखलावो।। (51)

दास रामहि जानिहै रे, और न जानइ कोइ।
काजल देइ सबै कोइ, चख चाहत मांहि बिनान।
जिन लोइन मन मोहिया, ते लोइन परवान।।
बहुत भगत भौसागरा, नाना विध नाना भाव।
जिहि हिरदै हरि भेटिया, सो भेद कहूं ठांव।।
दरसन समि का कीजिए, जो गुन नहिं होत समान?
सींधव नीर कबीर मिल्यो, फटक न मिलै पषान।। (52)

निरमल निरमल राम गुण गावै।
सो भाई मेरे मन भावै।।
जे जन लेहिं राम का नांऊ। तिनकी मैं बलिहारी जाऊं।।
जिह घट राम रहे भरपूर। ताकी मैं चरनन की धूर।।
जाति जुलाहा मति का धीर। हरष हरष गुण रमै कबीर।। (53)

राम रस पीया रे।
ताते बिसर गए रस और।।
रे मन तेरो कोई नहीं, खैंच लेइ जिनि भार।
बिरखि बसेरो पंखि को, तैसो यह संसार।।
और मुए क्या रोइए, जब आपा थिर न रहाइ।
जो उपजा सो बिनसि है, दुख कर रोय बलाइ।।
जहं की उपजी तहं रची, पीवत मरदन लाग।
कहै कबीर चित चेतिया, राम सुमर बैराग।। (54)

कोई कहो कबीर कोई कहो राम राई हो।
मैं सबहिन में औरनि मैं हूं सब, मेरी बिलग बिलग बिलगाई हो।।
ना हम बार बूढ़ नाहीं हम, ना हमरै चिलकाई हो।
पठए न जाऊं, अनवा नहि आऊं, सहज रहूं दुनियाई हो।।
ओढ़न हमरे एक पछेवरा, लोक बोले इकताई हो।
जोलहै तनि बुनि पानि न पावल, फारि बिनै दस ठांई हो।।
त्रिगुण रहित फल रमि हम राखल, तब हमरो नांउ राम राई हो।
जग मैं देखूं जग न देखै मोहि, इह कबीर कछु पाई हो।। (55)

अपने साहब सों मिल रहिए।
जो काहू की भली न आवे, बुरी काहे को कहिए?
जो कोई सन्त मिले बड़भागी, दुख-सुख उनसों कहिए।
जो कोई बादी बाद बढ़ावे, चार बात सुन रहिए।
कहै कबीर सुनो भाई साधो, गुरु के चरण चित गहिए। (56)

देश विदेशे हौं फिरा, गांव-गांव की खोर।
ऐसा जियरा ना मिला, लेवे फटक पछोर।। (57)

ई जग जरते देखिया, अपनी अपनी आग।
ऐसा कोई ना मिला, जासों रहिए लाग।। (58)

कबीर सब जग हंडिया, मंदल कंध चढ़ाइ।
हरि बिन अपना को नहीं, देखे ठोक बजाइ।। (59)

कबीर कहता जात हूं, सुनता है सब कोइ।
राम कहे भल होइगा, नहिं तर भला न होइ।। (60)

कबीर सब सुख राम है, और दुखों की रासि।
सुर नर मुनियर असुर सब, पड़े काल की पासि।। (61)

जो तू चाहे मूझको, छोड़ सकल की आस।
मुझ ही ऐसा होय रह, सब सुख तेरे पास।। (62)

सीस उतारे भुइं धरे, ता पर राखे पांव।
दास कबीरा यों कहै, ऐसा होय तो आव।। (63)

कबीर निरभै राम जप, जब लग दीवै बाति।
तेल घटा बाती बुझी, सोवेगा दिन राति।। (64)

कबीर केवल राम की, तू जिनि छोड़े ओट।
घन अहरन बिच लोह ज्यूं, घनी सहे सिर चोट।। (65)

घर परमेसर पाहुना, सुनो सनेही दास।
षट रस भोजन भगति कर, कदे न छोड़े पास।। (66)

बसे अपिंडी पिंड में, ता गति लखै न कोय।
कहै कबीरा संत हो, बड़ा अचंभा मोय।। (67)

जिहि हरि जैसा जानिया, तिन कू तैसा लाभ।
ओसों प्यास न भाजई, जब लग धंसै न आभ।। (68)

जिहि बन सीह न संचरै, पंखि उड़े नहिं जाइ।
रैन दिवस की गम नहीं, तहं कबीर लौ लाइ।। (69)

कबीर कस्तूरी भया, भंवर भए सब दास।
ज्यूं ज्यूं भगति कबीर की, त्यूं त्यूं राम निवास।। (70)

राम नाम कर बोहणा, बांही बीज अघाइ।
अंत काल सूखा पड़े, तऊ न निष्फल जाइ।। (71)

सुरति करो मम सांइया, हम हैं भवजल मांहि।
आपे ही बह जायंगे, जो नहिं पकरो बांहि।। (72)

जिनको सांई रंग दिया, कभी न होइ कुरंग।
दिन दिन बानी आगरी, चढ़ै सवाया रंग।। (73)

लौ लागी तब जानिए, छूट न कबहूं जाय।
जीवत लौ लागी रहै, मूए तहंहि समाय।। (74)

छ. बोलन के सुख कारनै, कहिए सिरजनहार

पंडित, मिथ्या करहु विचारा।
ना वह सृष्टि न सिरजनहारा।।
थूल-अस्थूल पौन नहिं पावक, रवि शशि धरणि न नीरा।।
ज्योति सरूप काल नहिं तहंवा, बचन न आहि शरीरा।।
धर्म कर्म कछुवो नहिं उहंवा, ना वहं मन्त्र न पूजा।।
संजम सहित भाव नहिं जहंवा, सो धौं एक कि दूजा?
गोरख राम एको नहिं उहंवा, ना वह वेद विचारा।।
हरि हर ब्रह्मा नहिं शिव शक्ती, तीरथ नाहिं अचारा।।
माय बाप गुरु जाके नाहीं, सो धौं दूजा कि अकेला?
कहै कबीर जो अब की बूझै, सोई गुरु हम चेला।। (75)

ऐसा लो नहिं तैसा लो।
मैं केहि विधि कहूं गंभीरा लो।।
बाहर कहूं तो सतगुर लाजै, भीतर कहूं तो झूठा लो।।
बाहर-भीतर सकल निरन्तर, गुरु परतायै दीठा लो।
दृष्टि न मुष्टि न अगम अगोचर, बातन कहा न जाई लो।।
जिन पहचाना तिन भल जाना, कहे न तो पतियाई लो।
मीन चलै जल मारग जोवै, परम तत्त धौं कैसा लो?
पुहुप बास हूं ते कछु झीना, परम तत्त धौं ऐसा लो।।
आकाशे उड़ गयो विहंगम, पाछे खोज न दरसा लो।
कहै कबीर सतगुरु दाया ते, बिरला सत पद परसा लो।। (76)

मोहि बैराग भयो।
इह जीव आइ कहां गयो?
आकास गगन पाताल गगन है, चहुं दिसि गगन रहाइ ले।
आनंद मूल सदा पुरखोतम, घट बिनसै गगन न जाइ ले।।
पंच तत्त मिल काया कीन्ही, तत्त कहां ते कीन रे?
करमबद्ध तुम जीव कहत हो, करमहि किन जीव दीन रे।।
हरि में तन है, तन में हरि है, सरब निरंतर सोइ रे।
कहै कबीर हरि नाम न छोड़ूं, सहजे होइ सु होइ रे।। (77)

झगरा एक निवारो राम।
जे तुम्ह अपने जन सों काम।।
ब्रह्मा बड़ा कि जिन रे उपाया? वेद बड़ा कि जहां ते आया?
यह मन बड़ा कि जेहि मनमानै? राम बड़ा कि रामहि जानै?
कहै कबीर हौं भया उदास। तीरथ बड़ा कि हरि का दास? (78)

राम राइ अबिगत बिगत न जानै।
कहि किम तोहि रूप बखानै?
प्रथमे गगन कि पुहमि प्रथमे प्रभु, प्रथमे पवन कि पानी?
प्रथमे चंद कि सूर प्रथमे प्रभु, प्रथमे कौन बिनाणी?
प्रथमे प्राण कि प्यंड प्रथमे प्रभु, प्रथमे रक्त कि रेत?
प्रथमे पुरुष कि नारि प्रथमे प्रभु, प्रथमे बीज कि खेत?
प्रथमे दिवस कि रैन प्रथमे प्रभु, प्रथमे पाप कि पुन्य?
कहै कबीर जहां बसहु निरंजन, तहां कछु आहि कि सुन्य? (79)

यह संशय मोहि निशदिन व्यापे, कोई ना कहे समझाई।
दीपक जोत औ प्रान आतमा, ना जानो कहां जाई।
नाहीं ग्रह, द्वार जहां नाहीं, पांच तत्व जहां नाहीं।
इंगला पिंगला सुषमन नाड़ी, बिनसे कहां समाहीं?
जल जरे तृण जहां बांचे, ले बैसन्दर सीचे।
भीतर मूल, फूल-फल बाहर, समझ परे कहु कैसे? (80)

कबीर संसा जीव में, कोइ न कहै समझाइ।
बिधि-बिधि बाणी बोलता, सो कत गया बिलाइ? (81)

निबल सबल जो जान के, नाम धरा जगदीस।
कहै कबीर जनमै मरै, ताहि धरूं नहिं सीस।। (82)

जनम मरन से रहित है, मेरा साहिब सोय।
बलिहारी उस पीव की, जिन सिरजा सब कोय।। (83)

तीन गुनन की भक्ति में, भूल पड़ा संसार।
कहै कबीर निज नाम बिन, कैसे उतरै पार? (84)

हरी होय सूखै सही, यों तिरगुन विस्तार।
थामहि ताको सुमिरिए, जाका सकल पसार।। (85)

साहिब मेरा एक है, दूजा कहा न जाय।
दूजा साहिब जो कहूं, साहेब खरा रिसाय।। (86)

जे मन लागे एक सूं, तो निरबाल्या जाइ।
तूरा दुइ मुख बाजना, घने तमाचे खाइ।। (87)

आसा एक जु राम् की, दूजी आस निरास।
पानी मांहे घर करे, ते भी मरे पियास।। (88)

कबीर एक न जामिया, बहु जाने क्या होइ?
एक ते सब होत है, सब ते एक न होइ।। (89)

जे वो एकै जानिया, तो जाना सब जान।
जे वो एक न जानिया, सब ही जान अजान।। (90)

जाके मुंह माथा नहीं, नाहीं रूप कुरूप।
पुहुप बास ते पातला, ऐसा तत्व अनूप।। (91)

कहै कबीर बिचार कर, ताके हाथ न पांव।
सो साहिब कित्ति सेविए, जाके धूप न छांव? (92)

अविगति की गति क्या कहूं, जाके गांव न नांव?
गुन बिहून का पेखिए, का कहि लीजे नांव? (93)

एक कहो तो है नहीं, दोय कहो तो गारि।
है जैसा रहै तैसा, कहै कबीर बिचारि।। (94)

एक कहो तो दोय है, दोय कहो तो एक।
एक दोय के मध्य में, ज्यों का त्यों ही देख।। (95)

भारी कहूं तो बहु डरूं, हलका कहूं तो झूठ।
मैं क्या जानूं राम को, नैना कभू न दीठ? (96)

दीठा है तो कस कहूं, कहूं तो को पतियाय?
सांई जस तैसा रहो, हरस हरस गुन गाय।। (97)

आवत कछू न दीसई, नाहीं दीसै जात।
जहां उपजै बिनसै तहं, जैसे पुरवन पात।। (98)

नैना बैन अगोचरी, श्रवना करनी सार।
बोलन के सुख कारनै, कहिए सिरजनहार।। (99)

कबीर जांचन जाइ था, आगे मिला अजंच।
ले चाला घर आपने, भारी पाया संच।। (100)

मन उलटा दरिया मिला, लागा मल मल न्हान।
थाहत थाह न पावई, तू पूरा रहमान।। (101)

देही मांहि विदेह है, साहब सुरति सरूप।
अनंत लोक में रम रहा, जाको रंग न रूप।। (102)

निरालंब की खोज में, सब जग पड़ा भुलाय।
जब सतगुरु दाया करे, तब ही पड़े लखाय।। (103)

पानी ही ते पातला, धूवां हू ते झीन।
पवना बेग उतावला, दोस्त कबीरा कीन।। (104)

पुहुप बास ते पातला, सूक्षम जाको रंग।
कबीर तासे मिल रहा, कबहुं न छोड़े संग।। (105)

हेरत हेरत हे सखी, रहा कबीर हिराय।
बूंद समानी समुंद में, सो कित हेरी जाय? (106)

हेरत हेरत हे सखी, रहा कबीर हिराय।
समुंद समाना बूंद में, सो कत हेरा जाइ।। (107)

कबीर पूछे राम सों, सकल भुवनपति राइ।
सबही कर न्यारा रहे, सो बिधि हमहिं बताय।। (108)

जिहि बिरिया साहिब मिले, ता समान नहिं और।
सब को सुख दे सबद करि, अपनी अपनी ठौर।। (109)

साहिब तेरी साहिबी, सब घट रही समाय।
ज्यूं मेंहदी के पात में, लाली लखी न जाय।। (110)

सब घट मेरा सांइया, सूनी सेज न कोय।
बलिहारी वा घट्ट की, जा घट परगट होय।। (111)

समझे का मत और है, अनसमझे का और।
समझे पीछे जानिए, राम बसै सब ठौर।। (112)

संपुट मांहि समाइया, सो साहिब नहिं होय।
सकल मांड में रम रहा, साहिब कहिए सोय।। (113)

राम नाम तिहुं लोक में, सकल रहा भरपूर।
यह चतुराई जाहु जल, खोजत डोले दूर।। (114)

रहे निराला मांड ते, सकल मांड ता मांहि।
कबीर सेवे तास कूं, दूजा कोइ नाहिं।। (115)

चिड़िया प्यासी समुंद गई, नीर न घटिया जाय।
ऐसा बासन ना बना, जा में समुंद समाय।। (116)

कहै कबीर बिचार कर, जिन को लावै भंग।
सेवो तन मन लाइ कर, राम रहा सरभंग।। (117)

भजूं तो को है भजन को, तजूं तो को है आन?
भजन तजन के मध्य में, सो कबीर मन मान।। (118)

मैं जाना था मिलूंगा, और राम सो जाय।
राम कबीरा हो रहा, सीस नवावो काय? (119)

मम मन सुमरे राम कूं, मम मन रामहिं आहि।
अब मन रामहिं हो रहा, सीस नवावो काहि? (120)

हिल मिल खेलूं राम सों, अन्तर रही न रेख।
समझे का मत एक है, क्या पण्डित, क्या सेख? (121)

ज. समरथ साहेब

या करीम बलि हिकमत तेरी।
खाक एक सूरत बहु तेरी।।
अर्ध गगन में नीर जमाया। बहुत भांति कर नूर निपाया।।
अवलिय आदम पीर मुलाना। तेरी सिफत कर भए दिवाना।।
कहै कबीर यह हेत बिचारा। या रब, या रब, यार हमारा।। (122)

हरि ने अपना आप छिपाया। हरि ने नफीज कर दिखलाया।।
हरि ने मुझे कठिन बिच घेरी। हरि ने दुबिधा काटी मेरी।।
हरि ने सुख और दुख बतलाए। हरि ने सारे दुंद मिटाए।। (123)

मोहि-तोहि लागी कैसे छूटे?
जैसे हीर फोरे न फूटे।।
जैसे कमल पत्र जल बासा, ऐसे तुम साहिब हम दासा।।
जैसे चकोर तकत निस चंदा, ऐसे तुम साहिब हम बंदा।।
मोहि-तोहि आदि-अन्त बन आई, अब कैसे लगन दुराई?
मोहि तोहि कीट भ्रिंग की नाई, जैसे सरिता सिंध समाई।।
कहै कबीर हमरा मन लागा, जैसे सोने मिला सुहागा।। (124)

साहिब सो सब होत है, बंदे से कछु नाहिं।
राई से परबत करै, परबत राई मांहि।। (125)

मेरा मुझ में कुछ नहीं, जो कुछ है सो तेरा।
तेरा तुझ को सौंपता, क्या लागे है मेरा? (126)

ना कुछ किया न कर सका, ना करने जोग सरीर।
जो कुछ किया सु हरि किया, भया कबीर कबीर।। (127)

जो कुछ किया सो तुम किया, मैं कुछ कीया नाहिं।
कहूं कहीं जो मैं किया, तुम ही थे मुझ मांहि।। (128)

जिसके कोई संग नहीं, तिसका तू सब होय।
सब पर तेरा हुक्म है, मेट सके नहिं कोय।। (129)

जिसहि न कोई तिसहि तू, जिस तू तिस सब कोइ।
दरिगह तेरी सांइया, नाहिं हरुमन होइ।। (130)

तुम तो समरथ सांइया, गहि कर पकड़ो बांह।
धुर ही लो पहुंचाहियो, मत छोड़ो मग मांह।। (131)

साहिब तुम जनि बीसरो, लाख लोग मिल जाहिं।
हम से तुमको बहुत हैं, तुम सम हम को नाहिं।। (132)

बहु बंधन से बांधिया, एक बिचारा जीव।
की छूटै बल आपने, की रे छुड़ावे पीव।। (133)

कबीर करनी क्या करे, जे राम न करे सहाइ।
जिहि जिहि डाली पग धरै, सोई नवि नवि जाइ।। (134)

एक खड़े ही लहै, और खड़ा बिललाइ।
समरथ मेरा सांइया, सूता देह जगाइ।। (135)

समरथ घोरी कंध दे, रथ को दे पहुंचाय।
मारग मांहि न छोड़िए, पिय बिन बिरद लजाय।। (136)

हाथी अटक्यो कीच में, काढ़ै को समरथ्थ?
की बल निकले आपने, की सांई पसारे हथ्थ।। (137)

अन्तरजामी एक तू, आतम के आधार।
जो तुम छोड़ो हाथ ते, कौन उतारे पार? (138)

इत कूवा, उत बावड़ी, इत-उत थाह अथाह।
दहूं दिसा फुनफुन करैं, समरथ पार निवाह।। (139)

चिन्ता न कर अचिन्त रहु, सांई है सम्रथ।
पसु पखेरू जीव जंत, तिन को गांठ किस ग्रत्थ? (140)

चिंतामणि मन में बसै, सोई चित्त में आन।
बिन चिन्ता चिन्ता करै, इहै प्रभू की बान।। (141)

बालक रूपी सांइया, खेलै सब घट मांहि।
जो चाहे सो करत है, भय काहू का नाहिं।। (142)

जाको राखे सांइया, मार न सक्के कोय।
बाल न बांका कर सके, जो जग बैरी होय।। (143)

मैवासा मोई किया, दुर्जन काढ़े दूर।
राज पियारे राम का, सहर बसा भरपूर।। (144)

सांई मैं तुझ बाहिरा, कौड़ी हू नहिं पाउं।
जो सिर उपर तुम धनी, महंगे मोल बिकाउं।। (145)

सांई मेरा बानिया, सहज करै ब्यौपार।
बिन डांडी, बिन पालड़े, तोलै सब संसार।। (146)

पूरा साहब सेइए, सब बिधि पूरा होय।
ओछे नेह लगाय के, मूलहु आवे खोय।। (147)

तरवर तासु बिलंबिए, बारह मास फलंत।
सीतल छाया, सरस फल, पंछी केलि करंत।। (148)

दाता नदिया एक सम, सब काहू को देत।
हाथ कुंभ जिसका जिसा, तैसा ही भर लेत।। (149)

पालि समुख सरबर भरा, पी न सके कोई नीर।
भाग बड़े तैं पाइयो, भर-भर पीउ कबीर।। (150)

कबीर दिल साबुत भया, पाया फल सम्रथ्थ।
सायर मांहि ढंढोलता, हीरा पड़ गया हथ्थ।। (151)

कबीर कारन सो भयो, जो कीनो करतार।
तिस बिन दूसर को नहीं, एकै सिरजनहार।। (152)

मैं सिरजूं मैं मारूं, मैं मारूं मैं खाऊं।
जल थल नभ में रम रहूं, मोर निरंजन नाऊं।। (153)

झ. तेरा सांई तुज्झ में

चंदा झलकै यहि घट मांही। अंधी आंखन सूझै नाहीं।।
यहि घट चंदा यहि घट सूर। यहि घट गाजै अनहद तूर।।
यहि घट बाजै तबल-निसान। बहरा शब्द सुनै नहिं कान।।
जब लग मेरी मेरी करै। तब लग काज एको नहिं सरै।।
जब मेरी ममता मर जाय। तब प्रभु काज संवारै आय।।
फल कारन फूलै बनराय। फल लागे पर फूल सुखाय।।
मृगा पास कस्तूरी बास। आप न खोजै खोजै घास।। (154)

अब घट प्रगट भए राम राई। साध सरीर कनक की नाईं।।
कनक कसौटी जैसे कस लेइ सुनारा। सोधि सरीर भयो तन सारा।।
उपजत उपजत बहुत उपाई। मन थिर भयो तनै थिति पाई।।
बाहर खोजत जनम गंवाया। उनमनी ध्यान घट भीतर पाया।।
बिन परचै तन कांच कथीरा। परचै कंचन भया कबीरा।। (155)

समझे तो घर में रहे, परदा पलक लगाय।
तेरा साहेब तुज्झ में, अनत कहूं मत जाय।। (156)

तेरा सांई तुज्झ में, ज्यों पुहुपन में बास।
कस्तूरी नाभी बसै, फिर फिर ढूंढै घास।। (157)

कस्तूरी नाभी बसै, मृग ढूंढै बन मांहि।
ऐसे घट घट राम है, दुनिया जानै नाहिं।। (158)

ज्यों तिल माहीं तेल है, चकमक मांही आग।
तेरा सांई तुझ्झ में, जाग सके तो जाग।। (159)

जैसे तरुवर बीज में, बीज तरुवर मांहि।
कहै कबीर बिचार के, जगत ब्रह्म के मांहि।। (160)

जेता घट तेता मता, बहु बानी बहु भेख।
सब घट व्यापक सांइया, अगम अपार अलेख।। (161)

घट-बढ़ कहूं न देखिए, प्रेम सकल भरपूर।
जाने ही ते निकट है, अनजाने ते दूर।। (162)

कहै कबीर बिचार कर, जिन को खोजै दूर।
ध्यान धरो मन सुधी कर, राम रहा भरपूर।। (163)

बाहर भीतर राम है, नैनन का अभिराम।
जित देखूं तित राम है, राम बिना नहिं ठाम।। (164)

कबीर वह तो एक है, परदा दीया भेख।
भरम करम सब दूर कर, सब ही मांहि अलेख।। (165)

घटहि राम की आस कर, दूजी आस निरास।
बसै जु नीर गंभीर में, क्यों वह मरे पियास? (166)

एक नाम को जान कर, दूजा देइ बहाय।
तीरथ व्रत जप तप नहीं, सतगुरु चरन समाय।। (167)

सुमिरन तू घट में करै, घट ही में करतार।
घट ही भीतर पाइए, सुरति सब्द भंडार।। (168)

घट में है सूझे नहीं, कर सों गहा न जाय।
मिला रहे औ ना मिले, तासों कहां बसाय? (169)

आठ पहर चौंसठ घड़ी, मो मन यही अंदेस।
या नगरी प्रीतम बसे, मैं जानूं परदेस।। (170)

प्रीतम को पतिया लिखूं, जो वह हो परदेस।
तन में, मन में, नैन में, ताको कहां संदेस? (171)

सो सांई तन में बसै, भ्रम्यो न जाने तास।
कस्तूरी का मिरग ज्यूं, फिर फिर सूंघै घास।। (172)

कबीर खोजी राम का, गया जु सिंघल दीप।
वह घट भीतर रम रहा, जो आवे परतीत।। (173)

तिनके ओले राम है, भावै परबत जाइ।
सतगुरु मिल परचा भया, हरि पाया घट मांहि।। (174)

जा कारन जग ढूंढिया, सो तो घट ही मांहि।
परदा दीया भरम का, ता ते सूझे नाहिं।। (175)

सुमरन सुरत लगाइ के, मुख ते कछू न बोल।
बाहर के पट देइ के, अंतर के पट खोल।। (176)

ञ. परचा को अंग

पिव परिचय तब जानिए, पिव सों हिल मिल होय।
पिव की लाली मुख परै, परगट दीसै सोय।। (177)

लाली मेरे लाल की, जित देखूं तित लाल।
लाली देखन मैं गई, मैं भी हो गई लाल।। (178)

हम वासी वा देस के, आदि पुरुष का खेल।
दीपक देखा गैब का, बिन बाती बिन तेल।। (179)

कहना था सो कह दिया, अब कुछ कहा न जाय।
एक रहा दूजा गया, दरिया लहर समाय।। (180)

पिंजर प्रेम प्रकासिया, जागी जोति अनंत।
संसै छूटा भय मिटा, मिला पियारा कंत।। (181)

पिंजर प्रेम प्रकासिया, अंतर भया उजास।
मुख कस्तूरी महमही, वाणी फूटी बास।। (182)

हिम से पानी हो गया, पानी हूआ भाप।
जो पहले था सो भया, प्रगटा आपहि आप।। (183)

पानी ही ते हिम भया, हिम हो गया बिलाय।
जो कुछ था सोई भया, अब कुछ कहा न जाय।। (184)

सुरति समानी निरति में, अजपा मांही जाप।
लेख समाना अलख में, आपा मांही आप।। (185)

पारब्रह्म के तेज का, कैसा है उनमान?
कहिबे की सोभा नहीं, देखै ही परमान।। (186)

आया था संसार में, देखन को बहु रूप।
कहै कबीरा संत हो, पड़ गया नजर अनूप।। (187)

अपरम पारम रूप मग, नहिं ते संख्या आहि।
कहै कबीर पुकार के, अद्‌भुत कहिए ताहि।। (188)

जब मैं था तब हरि नहीं, अब हरि है मैं नाहिं।
कबीर नगरी एक में, दो राजा न समाहि।। (189)

जब मैं था तब हरि नहीं, अब हरि है मैं नाहिं।
प्रेम गली अति सांकरी, ता में दो न समाहि।। (190)

जब मैं था तब हरि नहीं, अब हरि है मैं नाहिं।
सब अंधियारा मिट गया, दीपक देखा मांहि।। (191)

मैं जाना मैं और था, मैं तज हूआ सोय।
मैं तैं दोऊ मिट गए, रहे कहन को दोय।। (192)

अगम अगोचर गम नहीं, जहां झिलमिली जोत।
तहां कबीरा रम रहा, पाप पुन्न नहिं छोत।। (193)

कबीर तेज अनंत का, मानो सूरज सैन।
पति संग जागी सुंदरी, कौतुक देखा नैन।। (194)

कबीर जब हम गावते, तब जाना कुछ नाहिं।
अब हरि दिल में देखिया, गावन को कुछ नाहिं।। (195)

गगन गरज बरसे अमी, बादल गहिर गंभीर।
चहुं दिसि दमके दामिनी, भीजै दास कबीर।। (196)

गगन मंडल के बीच में, बिना कमल की छाप।
पुरुष एक तहं रम रहा, नहीं मंत्र, नहिं जाप।। (197)

चलो चलो सब कोइ कहे, मोहि अंदेसा और।
साहिब से परचा नहीं, जाहिंगे किस ठौर? (198)

जा कारन मैं जाय था, सो तो पाई ठौर।
सो ही फिर आपन भया, जाको कहता और।। (199)

सुर नर मुनि जन औलिया, ये सब उरले तीर।
अलह राम की गम नहीं, तहं घर किया कबीर।। (200)

सुर नर थाके मुनि जना, जहां न कोई जाइ।
मोटे भाग कबीर के, तहां रहे घर छाइ।। (201)

मैं लागा उस एक सों, एक भया सब मांहि।
सब मेरा मैं सबन का, तहां दूसरा नाहिं।। (202)

ऐसा अविगति अलख है, अलख लखा नहिं जाय।
जोत सरूपी राम है, सब में रहा समाय।। (203)

ट. आतम राम

अपनपौ आप ही बिसरो।
जैसे स्वान कांच मंदिर में, भरमत भूंकि मरो।
ज्यों केहरि बपु निरख कूपजल, प्रतिमा देख परो।

ऐसेहि गज फटिक शिला पर , दसनन आनि अरो।
मरकट मूठी स्वाद न बिसरे , घर घर नटत फिरो।
कहै कबीर ललनी के सुवना , तोहि कौन पकरो? (204)

सन्तो, समझे की मति न्यारी।
निज दुख-सुख सम सब को जाने , आतम तत्व बिचारी।।
औरन को उपदेस दिढ़ावे, आप अपन ना माने।
मुख कछु और हृदय कछु और हि , कैसे रामहि जाने?
औरन से कह मोह न कीजै , जो चाहो सुख भाई।
माया मोह आप उरझाने, धिक ऐसी चतुराई।।
जग प्रपञ्च है अति दुखदाई , कह औरहि समझावे।
आप रहत निसदिन प्रपञ्च में , मिथ्या साधु कहावे।।
बैरागी बनि पर बैभव लख , हँस के नाक सिकोरै।
पड़ी अपावन फूटी कौड़ी , ताहि देख नहिं छोड़ै।।
निज स्वारथ की कथा सुनावे , बहु बिधि कर बकबादा।
सो जग में पंडित कहवाए, है मूरख का दादा।।
राग द्वेष जब लग घट भीतर , क्या भौ वेष बनाए?
खर नहिं होत केसरी कबहूं, सिंह की खाल उढ़ाए।।
जो चेतन तेरे उर अन्तर, सोई सब घट मांही।
कहै कबीर राम किमि दरसै, मैं तैं छूटत नाहीं? (205)

नर, तैं क्या पुरान पढ़ कीन्हा?
अनपायनी भक्ति नहिं उपजी , भूखे दान न दीन्हा।।
पूज सिला चन्दन घिस लावे , बक ज्यों ध्यान लगावे।
अन्तरगत के राम न चीन्है, थोथे घंट बजावे।।
काम न बिसरा क्रोध न बिसरा , लोभ न छूटा देवा।
पर-निन्दा मुखते नहिं छूटी , निफल भई सब सेवा।।
कहै कबीर सन्तन की महिमा , परम पुनीत सुहाई।
आप मेट आपा को चीन्हो , तभी परमपद पाई।। (206)

साधो, ऐसा धुंध अंधियारा।
या घट अन्तर बाग बगीचे , याही में सिरजनहारा।।
या घट अन्तर सात समुन्दर , याही में नौ लख तारा।
या घट अन्तर हीरा मोती , याही में परखनहारा।।
या घट अन्तर अनहद गरजै , याही में उठत फुहारा।
कहै कबीर सुनो भाई साधो , याही में गुरू हमारा।। (207)

कौन बिचार करत हो पूजा? आतम राम अवर नहिं दूजा।।
बिन प्रतीते पाती तोड़ै। ग्यान बिना देवलि सिर फोड़ै।।
लुचरी लपसी आप संघारे। द्वारे ठाढ़ा राम पुकारे।।
पर आतम जो तत बिचारे। कह कबीर ताके बलिहारे।। (208)

हरि हिरदे रे, अनत कत चाहो?
भूले भरम दुनी कत बाहो?
जग परबोधि होत नर खाली, करते उदर उपाया।
आतमराम न चीन्हे संतो, क्यूं रम ले राम राया।।
लागै प्यास नीर सो पीवै, बिन लागै नहिं पीवै।
खोजै तत्त मिलै अबिनासी, बिन खोजे नहिं जीवै।।
कहै कबीर कठिन यह करनी, जैसे खंडे धारा।
उलटी चाल मिलै परब्रह्म को, सो संतगुरू हमारा।। (209)

राम नाम तब जान्यो सन्तो, आतम तत्व पिछान्यो।
कौन मरे को अवतरे भाई, को जीते को हारे?
जल की लहरी जल में उपजी, कौन तरे को तारे?
कांच कुम्भ जल मांही धरिया, बाहर भीतर पानी।
फूट कुम्भ जल जल में भरिया, सो गति बिरले जानी।।
हरि अथाह थाह नहिं पायो, सायर सुरत समानी।
धीमर जाल डार क्या करिही, मीनहि हो गइ पानी।।
गुरु बिन ग्यान, राम बिन बोले, मिथ्या बाद कहावै।
कहै कबीर गूंगे की सैना, गूंगा होय सो पावै।। (210)

सन्तो, अब मेरा मन माना।
सतगुरु राह बनाय दई है, चीन्हो आतम रामा।।
जो उपदेस दियो मोहि सतगुरु, ताहि कियो पहिचाना।
घाट-बाट कोई रोक सके नहिं, हाथ दियो परमाना।।
सो हंसा निज घर को पहुंचे, दीन्हा ग्यान दमामा।
डंका बाजे सब्द बिराजे, सिर पर छाजे नामा।।
स्वेत ध्वजा फहरात धनी की, निर्भय अनहत धामा।
कहै कबीर बलिहारी गुरु की, दइ अविचल बिसरामा।। (211)

सार सुख पाइए रे,
रंगि रमहु आतमा राम।।
बनहि बसे का कीजिए, जो मन नहीं तजे विकार।

घर बन तत सम जिनि किया, ते बिरला संसार।।
का जटा भसम लेपन किए, कहा गुफा में बास?
मन जीते जग जीतिए, जो विषया रहे उदास।।
सहज भाव जे ऊपजै, ताका किसा अभिमान?
आपा पर सम चीनिए, तब मिले आतमा राम।।
कहै कबीर कृपा भई, गुरु ग्यान कहा समझाइ।।
अन्तरगति हरि भेटिया, अब मन अनत न जाइ।। (212)

अपने रंगि अपनपो जानूं।
जिहि रंगी ताही कूं मानूं।।
अभि-अंतर मन रंग समाना। लोग कहैं कबीर बौराना।।
रंग न चीन्हैं मूरख लोई। जिहि रंगि रंग रहा सब कोई।।
जे रंग कबहुं, न आवै जाई। कहै कबीर तिहि रहा समाई।। (213)

ते हरि के आवहि किहि कामा,
जे नहीं चीन्हैं आतम रामा?
कहा भयो रच स्वांग बनाया? अंतरजामी निकट न आया।।
दिन प्रति पसू करै हरिहाई। गरैं काठ पै बान न जाई।।
स्वांग सेत करनी मन काली। कहा भयो गल माला घाली?
बिन ही प्रेम कहा भयो रोए? भीतर मैल बाहर का धोए?
थोरी भगति बहुत अहंकारा। ऐसे भगता मिलैं अपारा।।
कहै कबीर जिन गया अभिमाना। सो भगता भगवंत समाना।। (214)

इस बोलता को याद कर, जिसका इलाही नूर है।
निज पिण्ड-प्राण समारिया, सो हाल ही में हजूर है।
गजराज द्वारे झूलता, सो तो राज का जहूर है।।
काजी औ पण्डित पढ़त हैं, करता फिरै मगरूर है।
मुरसीद सब्द चेता नहीं, सोइ तो गफलत कूर है।।
कहै कबीर घट चेत ले, तेरे में तेरा नूर है।
नूर पर जहूर दरसै, तब साहब हूं भरपूर है।। (215)

जब ते आतम तत्त बिचारा।
तब निरबैर भया सबहिन ते, काम क्रोध गहि डारा।।
व्यापक ब्रह्म सबन में एकै, को पंडित, को जोगी?
राणा राव कवन सूं कहिए, कवन बैद, को रोगी?

इनमें आप आप सबहिन में, आप-आप सूं खेलै।
नाना भांति घड़े सब भांडे, रूप धरे धर मेलै।।
सोच बिचार सभी जग देखा, निरगुण कोइ न बतावै।
कहै कबीर गुणी अरु पंडित, मिल लीला जस गावै।। (216)

छाक पर्‍यो आतम मतवारा।
पियत राम रस करत बिचारा।।
बहुत मोल महंगे गुड़ पावा। लै कसाव रस राम चुवावा।।
तन पाटन मैं कीन्ह पसारा। मांग-मांग रस पिए बिचारा।।
कहै कबीर फाबी मतिहारी। पियत राम रस लगी खुमारी।। (217)

साधो, सहजे काया सोधो।
जैसे बट का बीज ताहि में, पत्र - फूल - फल - छाया।
काया मद्धे बीज बिराजे, बीजा मद्धे काया।।
अग्नि-पवन-पानी-पिरथी-नभ, ता बिन मिलै नाहीं।
काजी, पंडित, करो निरनय, को न आपा मांही।।
जल-भर कुंभ जलै बिच धरिया, बाहर-भीतर सोई।
उनको नाम कहन को नाहीं, दूजा धोखा होई।।
कहै कबीर सुनो भाई साधो, सत्य शब्द निज सारा।
आपा मद्धे आपै बोलै, आपै सिरजनहारा।। (218)

या तरुवर में एक पखेरू, भोग सरस वह डोलै रे।
वाकी संध लखै नहिं कोई, कौन भाव सों बोलै रे।
दुर्म्म-डार तहं अति घन छाया, पंछी बसेरा लेई रे।
आवै सांझ उड़ जाय सबेरा, मरम न काहू देई रे।
सो पंछी मोहि कोई न बतावै, जो बोले घट मांही रे।
अबरन-बरन रूप नहिं रेखा, बैठा प्रेम के छांही रे।
अगम अपार निरंतर बासा, आवत-जात न दीसा रे।
कहै कबीर सुनो भाई साधो, यह कुछ अगम कहानी रे।
या पंछी के कौन ठौर है, बूझो पंडित ज्ञानी रे। (219)

पानी केरा पूतला, राखा पवन संवार।
नाना बाणी बोलिया, जोति धरी करतार।। (220)

अध्याय-15

रस गगन गुफा में अजर झरे

क. चल हंसा वा देस
ख. अनहद नाद
ग. ज्यों की त्यों धर दीनी चदरिया

क. चल हंसा वा देस

चल हंसा वा देस जहं, पिया बसै चितचोर।
सुरत सुहागन है पनिहारिन, भरै टाढ़ बिन डोर।।
वहि देसवा बादर ना उमड़ै, रिमझिम बरसै मेह।
चौबारे में बैठ रहो ना, जा भीजहु निर्देह।।
वहि देसवा में नित्त पूर्निमा, कबहुं न होय अंधेर।
एक सुरज कै कौन बतावै, कोटिन सुरज ऊंजेर।। (1)

तू सूरत नैन निहार, वह अंड में सारा है।
तू हिरदे सोच बिचार, यह देश हमारा है।।
सतगुरु दरस होय जब भाई, वह दे तुमको प्रेम चिताई,
सुरत-निरत के भेद बताई, देखे अण्ड के पारा है।।
सकल जगत में सत की नगरी, चित्त भुलावै बांकी डगरी,
सो पहुंचे चाले बिन पग री, ऐसा खेल अपारा है।।
बाग-बगीचे खिली फुलवारी, अमृत लहरें हो रहीं जारी,
हंसा केल करत तहं भारी, अनहद घुरै अपारा है।।
ता मध अधर सिंहासन गाजै, पुरुष महा तहं अधिक बिराजै,
कोटिन सूर रोम इक लाजै, ऐसा पुरुष दिदारा है।।
अहद लोक वहां है भाई, पुरुष अनामी अकह कहाई,
जो पहुंचे जानेंगे वाही, कहन सुनन ते न्यारा है।।

रूप-सरूप वहां कछु नाहीं, ठौर-ठांव कछु दीसै नाहीं,
अरज़-तूल कछु दृष्टि न आई, कैसे कहूं सुमारा है?
जा पर किरपा करिहै सांई, गगनी मारग पावै ताही,
उद्‌भव परलय पावत नाहीं, जब पावै दीदारा है।।
कहै कबीर मुख कहा न जाई, ना कागद पर अंक चढ़ाई,
मानो गूंगे सम गुड़ खाई, कैसे बचन उचारा है।। (2)

क्षण और पलक की आरती कौनसी, रैन-दिन आरती बिस्व गावै।
घुरत निस्सान तहं गैब की झालरा, गैब की घंटका नाद आवै। (3)

कहै कबीर तहं रैन-दिन आरती, जगत के तख्त पर जगत सांई।।
कर्म और भर्म संसार सब करत है, पीव की परख कोई प्रेमी जानै।।
सुरत औ निरत धार मन में पकड़ कर, गंग और जमन के घाट आनै।
नीर निर्मल तहां रैन-दिन झरत है, जनम औ मरन तब अन्त पाई।। (4)

देख वोजूद में अजब बिसराम है, होय मौजूद तो सही पावै।
सुरत की डोर सुख-सिंध का झूलना, घोर की सोर तहं नाद गावै।
नीर बिन कंवल तहं देख अति फूलिया, कहै कबीर मन भंवर छावै। (5)

पांच की प्यास तहं देख पूरी भई, तीन की ताप तहं लगै नाहीं।
कहै कबीर यह अगम का खेल है, गैब का चांदना देख मांही।
जनम-मरन जहां तारी परत है, होत आनंद तहं गगन गाजै।
उठत झनकार तहं नाद अनहद घुरै, तिरलोक महल के प्रेम बाजै। (6)

चन्द्र-तपन कोटि दीप बरत हैं, तूर बाजै तहां सन्त झूलै।
प्यार झनकार तहं नूर बरसत रहै, रस पीवै तहं भक्त झूलै। (7)

सील-सन्तोख ते सब्द जा मुख बसै, संत जन जौहरी सांच मानी।
बदन बिकसित रहै ख्याल आनंद में, अधर में मधुर मुसकात बानी।
कहत हौ ज्ञान पुक्कार सबन सों, देत उपदेस दिल दर्द जानी।
ज्ञान को पूर है, रहनि को सूर है, दया की भक्ति दिल मांहि ठानी। (8)

जनम-मरन बीच देख अन्तर नहीं, दच्छ और बाम यूं एक आहीं।
कहै कबीर या सैन गूंगा तंई, बेद कत्तेब की गम्म नाहीं।। (9)

अधर आसन किया अगम प्याला पिया, जोग की मूल जग जुगत पाई।
पंथ बिन जाय चल सहर बेगमपुरे, दया जगदेव की सहज आई।
ध्यान धर देखिया नैन बिन पेखिया, अगम अगाध सब कहत गाई।
सहर बेगमपुरा गम्म को ना लहै, होय बेगम्म जो गम्म पावै।
गुना की गम्म ना अजब बिसराम है, सैन जो लखै सोइ सैन गावै। (10)

मुक्ख बानी तिको स्वाद कैसे कहे, स्वाद पावे सोइ सुक्ख माने।
कहै कबीर या सैन गूंगा तंई, होय गूंगा जोई सैन जाने। (11)

छका अवधूत मस्तान माता रहै, ज्ञान-बैराग्य सुधि लिया पूरा।
स्वांस-उस्वांस का प्रेम प्याला पिया, गगन गरजे तहां बजे तूरा।। (12)

बिन कर तांतिया नाद गाता रहै, जतन जरना लिया सदा खेलै।
कहै कबीर प्रान प्रान-सिंध में मिलावै, परम सुखधाम तहं प्रान मेलै। (13)

आठहू पहर मतवाल लागी रहै, आठहू पहर की छाक पीवै।
आठहू पहर मस्तान माता रहै, ब्रह्म की देह में भक्त जीवै। (14)

गगन गरज तहां सदा पावस झरै, होत झनकार नित बजत तूरा।
गगन के भवन में गैब का चांदना, उदय और अस्त का नांव नाहीं।
दिवस और रैन तहं नेक नहिं पाइए, प्रेम परकास के सिंध मांही।। (15)

सदा आनंद, दुख-दन्द ब्यापै नहीं, पूरनानंद भरपूर देखा।
भर्म और भ्रांति तहं नेक नहिं पाइए, कहै कबीर रस एक पेखा। (16)

खेल ब्रह्माण्ड का पिंड में देखिया, जगत की भरमना दूर भागी।
बाहरा-भीतरा एक आकासवत, धरिया में अधर भरपूर लागी।। (17)

गगन मठ गैब निसान उड़े।
चन्द्रहार चंदवा जहं टांगे, मुक्ता-मानिक मढ़े।
महिमा तासु देख मन थिर कर, रबि-ससि जोत जरे।
कहै कबीर पिए जोई जन, माता फिरत मरे।। (18)

ख. अनहद नाद

मुरली बजत अखंड सदा से, तहां प्रेम झनकारा है।
प्रेम-हद्द तजी जब भाई, सत्त लोक की हद्द पुनि आई,
उठत सुगंध महा अधिकाई, जाको वार न पारा है।। (19)

हम सों रहा न जाय, मुरलिया की धुन सुन के।
गगन गरजै बिजली चमकै, उठती हिये हिलोर।
बिगसत कंवल मेघ बरसाने, चितवत प्रभु की ओर।।
तारी लागी तहां मन पहुंचा, गैब धुजा फहराय।
कहै कबीर आज प्रान हमारा, जीवत ही मर जाय।। (20)

तोको पीव मिलेंगे, घूंघट के पट खोल रे।
घट घट में वह सांई रमता, कटुक बचन मत बोल रे।
धन जोबन का गरब न कीजे, झूठा पंचरंग चोल रे।
गगन महल में दियना बार ले, आसा सों मत डोल रे।
जोग जुगत से रंग महल में, पिय पाया अनमोल रे।
कहै कबीर आनंद भयो है, बाजत अनहद ढोल रे।। (21)

इक प्रेम-रस चाखा नहीं, अमली हुआ तो क्या हुआ?
सुनता नहीं धुन की खबर, अनहद का बाजा बाजता।
रस मंद मंदिर बाजता, बाहर सुने तो क्या हुआ?
काजी किताबें खोजता, करता नसीहत और को।
महरम नहीं उस हाल से, काजी हुआ तो क्या हुआ?
जोगी दिगंबर सेवड़ा, कपड़ा रंगे रंग लाल से।
वाकिफ नहीं उस रंग से, कपड़ा रंगे से क्या हुआ? (22)

तिंविर सांझ का गहिरा आवै, छावै प्रेम मन-तन में।
पच्छिम दिस की खिड़की खोलो, डूबहु प्रेम-गगन में।
चेत-कंवल-दल रस पीयो रे, लहर लेहु या तन में।
संख घंट सहनाई बाजै, सोभा-सिंध महल में।
कहै कबीर सुनो भाई साधो, अमर साहब लख घट में। (23)

झी-झी जंतर बाजै।
कर चरन बिहूना नाचै।।
कर बिन बाजै सुनै श्रवन बिन, श्रवन श्रोता लोई।
पाट न सुबास सभा बिन अवसर, बूझो मुनि जन सोई।। (24)

ग. ज्यों की त्यों धर दीनी चदरिया

साधो, सो सतगुरु मोहि भावै।
राम नाम का भर-भर प्याला, आप पिवे मोहि प्यावै।
मेले जाय न महन्त कहावे, पूजा भेंट न लावे।।
परदा दूर करै आंखिन का, निज दर्सन दिखलावै।
जाके दर्शन साहब दरसे, अनहद सब्द सुनावै।।
निस दिन सत्संगति में राचै, सब्द में सुरति समावै।
कहै कबीर ताको भय नाहीं, निर्भय पद परखावै।। (25)

अब हम सहज निरंजन चीन्हा।
गुरगमि ग्यान बिचार परम पद, मगन महारस भीना।।
बिगसत कमल अनंत धुन गरजत, तहां मन भया अनंदा।
जोति सरूप सकल मैं देखा, ज्यूं पानी में चंदा।।
प्रगट प्रकास परम पद सुंदर, तहां कबीर का स्वामी।
बिन कर बेन मधुर धुन बाजत, सुनी अनूपम बानी।। (26)

रस गगन गुफा में अजर झरै।
बिन बाजा झनकार उठे जहं, समझ परै जब ध्यान धरै।।
बिन ताल जहां कंवल फुलाने, तेहि चढ़ हंसा केलि करै।
बिन चन्दा उजियारी दरसे, जहं-तहं हंसा नजर परै।।
दसवे द्वारे तारी लागी, अलख पुरुष जाको ध्यान धरै।
काल कराल निकट नहिं आवै, काम क्रोध मद लोभ जरै।।
तन की, मन की, तृष्णा बुझानी, कर्म भर्म अघ ब्याधि जरै।
कहै कबीर सुनो भाई साधो, अमर होय कबहुं न मरै।। (27)

मन मस्त हुआ फिर क्यों बोलै?
हीरा पायो गांठ गठियायो, बार-बार वाको क्यों खोलै?
हलकी थी जब चढ़ी तराजू, पूरी भई तब क्यों तोलै?
सुरत कलाली भई मतवारी, मदवा पी गई बिन तोलै।

हंसा नहाए मानसरोवर, ताल तलैया क्यों डोलै?
तेरा साहब है घट मांही, बाहर नैना क्यों खोलै?
कहै कबीर सुनो भाई साधो, साहब मिल गए तिल ओलै।। (28)

बोलना का कहिए रे भाई?
बोलत बोलत तत्त नसाई।।
बोलत बोलत बढ़े विकारा। बिन बोले क्या करहि बिचारा।।
संत मिलैं कछु सुनिए कहिए। मिलैं असंत मस्टि कर रहिए।।
ग्यानी सों बोले उपकारी। मूरख सों बोले झखमारी।।
कहै कबीर आधा घट बोलै। भरा होइ तो कबहुं न बोलै।। (29)

बीत गए दिन भजन बिना रे।
बाल अवस्था खेल गंवायो, जब यौवन तब मान घना रे।
लोभे कारण मूल गंवायो, अजहुं न गई मन की तिस्ना रे।
कहै कबीर सुनो भाई साधो, पार उतर गए संत जना रे। (30)

झीनी झीनी बीनी चदरिया।
काहे के ताना काहे के भरनी, कौन तार से बीनी चदरिया?
इंगला पिंगला ताना भरनी, सुषमन तार से बीनी चदरिया।।
आठ कंवल दल चरखा डोलै, पांच तत्त गुन तीनी चदरिया।
सांई को सियत मास दस लागे, ठोक ठोक के बीनी चदरिया।।
सो चादर सुर नर मुनि ओढ़ी, ओढ़ के मैली कीनी चदरिया।
दास कबीर जतन से ओढ़ी, ज्यों की त्यों धर दीनी चदरिया।। (31)

तीसरी पुस्तक

रैदास की वाणी

अध्याय-1

रैदास वाणी की भूमिका

एक ब्राह्मण लेखक डा. बेणी प्रसाद शर्मा के बारे में यह जाना जाए कि इन्होंने एक पुस्तक 'संत गुरु रविदास-वाणी' शीर्षक से सन् 1978 ईस्वी में लिखी है। कुछ कहने से पहले जान लिया जाए कि इन्होंने इस पुस्तक में रैदास के बारे में क्या लिखा है। इन्होंने लिखा है :

> रविदास जी द्वारा स्वरचित पद एवं परिचई साहित्य से यह प्रमाणित होता है कि पूर्वजन्म में ये स्वामी रामानन्द के आश्रम..... निवासी ब्रह्मचारी थे। किसी अपराध के कारण गुरु द्वारा शापित होकर इन्होंने मडुआ गांव में चर्मकार..... के घर जन्म लिया था। रविदास जी ने अपनी वाणी में स्वयं इस बात का संकेत किया है। इनके इन पदों से ऐसा संकेत मिलता है कि चर्मकार घर में दूसरा जन्म लेकर भी इन्हें अपने-पूर्वजन्म का पूरा ज्ञान रहा है–
>
> क–''पर जनम मंहि पातक बहुले, हौं पाछे ही विछरि हैं''
>
> कर्मबंधन के सिद्धान्त पर विश्वास करते हुए रविदास जी कहते हैं :–
>
> ''भरम करम जीअ बंध्यौ, छूटै तुम विन कैसे हो हरि
> भौ बूड़त भै भीत भगतजन, कर अवलम्बन दीजै।''
>
> चर्मकार घर में उत्पन्न होकर भी पूर्वजन्म के अच्छे संस्कारों के कारण गुरु कृपा से इन्हें हरि भक्त–पारस मणि की उपलब्धि हुई–
>
> (क) परम पारस गुरु भेटिए, पूरब लिषत ललाट।
> (ख) पारस मनि तांबौ छुवै, कनक होत नहीं बार।
> (ग) जो सुख होवै परस परसै, सो सुख का कहि गावैगा।
> (घ) लोहा हिरन होय धौं कैसे, जौ पारस नहीं परसै।
>
> ....
>
> किंचित् अपराध के कारण शापित होकर चर्मकार घर में जन्म लिया तो उन्हें हरि भक्ति मिली और यह शाप शूद्र रैदास के लिए वरदान सिद्ध हुआ और वे कह उठते हैं कि यदि उन्हें हरि भक्ति का वरदान मिलता रहे तो वे जन्मान्तर में भी शूद्र जाति में जन्म लेना चाहेंगे–

…………………

रविदास के इस पूर्व जन्मान्तरवाद का वृत्तान्त का वर्णन अनन्त दास ने निम्न शब्दों में किया है—

पूरवि जनम विप्र ही होता, माँस न छाडयो निस दिन श्रोता,
तिहिं अप्राधि नीच कुल दीना, पछला जन्म चीन्ही तीनि लीना।
जाति चमार पिता अरु भाई, साषित कै घर जनम्यौं जाई।

…………………

अरध राति भइ अकासवानी, तब रामानंदी मन मैं जानी।
तब रामानंद गहर नहीं कीनूं, माथै हाथ चमरा कै दीनूं।
चमरा कै घर बालिक जाया, मेरा निज जन औतरि आया।
सब हूँ कै मनि भयौ ल्हासु, अस्थन पान करै रैदासु।

अनंतदास ने रैदास के मुख से यह बात कहलवाई है कि पूर्व जन्म में वह ब्राह्मण था—

होता हौं विप्र हरि नहिं जान्यां, तातै मोहिं सूद्र घरि आंन्या।
जाति पांति का नहीं अधिकारा, भजन कीनै उतरै पारा।
वेद पुरान कहै दुह वांनी, भगति बसी है सांरग पाणी।

कबीर ने भी अपने विषय में यही बात कही है—

"पाछले जनम हौं विप्र होता, पकरि जुलाहा कीना।"

जन्मजन्मान्तर के संस्कारों द्वारा प्राप्त हरि भक्ति के द्वारा रविदास की इस जन्म में जन्म-मरण के बंधन से मुक्ति हो गई है—

…………………

भारतीय संस्कृति में अच्छे बुरे कर्मों के अनुसार मानव शुभाशुभ फल भोगता है और जन्मान्तर में पूर्व जन्म के संस्कार एवं स्वभावगत प्रवृत्तियाँ भी उसके साथ-साथ रहती हैं—

सती च योषित् प्रकृतिश्च निश्चला पुमाँसमभ्येति भुवाँतरेष्वपि।

—कालिदास।

माता-पिता के स्नेह से वंचित अनाथ तुलसीदास "चार चनन" के लिए भटकता रहा। नरहरिदास गुरु द्वारा राम की कथा सुनते ही उसके अन्तर्मन में दबे हुए राम-भक्तिपरक संस्कारों के बंद कपाट खुल गए और राम-प्रेम का अक्षय स्रोत स्वयमेव प्रवाहित होने लगा। गड़रिया कालिदास की पूर्वजन्मांतर अर्जित काव्यमय सृजनात्मक शक्ति की अजस्र धारा स्वयं बहने लगी। शेक्सपियर अपने पिता के साथ—कसाईयत का काम करता था। बाद में कुछ समय तक लण्डन में नाटक कम्पनियों के बाहर अस्तबल के घोड़ों की देखभाल करता रहा। उसकी पूर्व जन्मार्जित प्रतिभा जागृत हुई और वह संसार प्रसिद्ध नाटककार हुआ। अतः "व्यक्ति की चेतना का

अन्त मृत्यु नहीं है, वह तो चेतना के सतत प्रवाह के बीच एक क्षणिक मध्यान्तर है। व्यक्ति प्रत्येक जन्म में अपने पूर्वजन्मार्जित संस्कारों और प्रवृत्तियों को या तो परिमार्जित और परिष्कृत करता है अथवा कुंठित-विकृत करता है। एक जन्म में उसकी चेतना का ठहराव जिस बिंदु पर होता है, जन्मांतर में उसी बिंदु से वह अपने नव-जन्म की यात्रा प्रारम्भ करता है।" अतः रविदास के पूर्वजन्मार्जित राम प्रेम के संस्कार गुरु के किंचित् स्पर्श से प्रस्फुटित हो गए और राम-भक्ति की अजस्र धारा उनके अंतर्मन में जाग उठी। रविदास जी स्वयं कहते हैं कि "मानुषा अवतार दुल्लभ" और फिर–"तेरी भगति दूरि है भाग बड़े सो पावै।" अतः रविदास जन्मजन्मांतर से राम-भक्ति में लीन रहे हैं। माता करमादेवी की कूख से जन्म लेकर उन्हें सफलता मिली और वे जीवन मुक्त हो गए। वे स्वयं कहते हैं–

"जनम जनम तौं, हौं तुझ सेवानुग।"[1]

पूर्वजन्म के बारे में इन ब्राह्मण लेखक की ये गप्प जान लीं। इन्होंने इन में रैदास के साथ अंग्रेज महाकवि शेक्सपियर को भी लपेट लिया है। अब इन लेखक की रैदास के जीवन के बारे में लिखी गईं बातों को जाना जाए। हिम्मत डगमगा रही है लेकिन झूठ बोलने के सांस्कृतिक अभ्यास के कारण इन्होंने लिख मारा है :

रविदास जीवन वृत्त से सम्बंधित अनेक आश्चर्यमयी दैवी घटनाओं का सम्बंध है। आज का वैज्ञानिक एवं बुद्धिवादी युग आसानी से इन घटनाओं पर विश्वास करने के लिए तैयार नहीं है। परंतु रविदास वाणी के अन्तः साक्ष्य एवं बाह्य साक्ष्य से लगभग ये सभी आश्चर्यमयी घटनाएं प्रमाणित होती हैं। घटनाएँ–

(क) रैदास पूर्व जन्म........ में रामानंद का ब्रह्मचारी शिष्य,
(ख) अपराध के कारण शापित होकर रैदास रूप में चर्मकार घर में जन्म, दूध न पीना, रामानंद का शिष्यत्व,
(ग) पिछवाड़े में झोंपड़ी
(घ) साधुवेष में केशव (कृष्ण) द्वारा पारसमणि का दिया जाना,
(ङ) काशी में ब्राह्मणों से विवाद के समय ठाकुर सिंहासन का रैदास की गोद में आना ठाकुरों के सिंहासन के नीचे से सुवर्ण मुद्राओं की प्राप्ति,
(च) प्रयाग में कुम्भपर्व पर ठाकुर सिंहासन का गंगा में तैरना,

---

1. संत गुरु रविदास-वाणी, लेखक, डा. बी.पी. शर्मा, सूर्य प्रकाशन, नई सड़क, दिल्ली-110 006, प्रथम संस्करण, वैशाख पूर्णिमा, 2035, पृ. 28-30

(छ) चित्तौड़ की झाली राणी द्वारा रैदास-शिष्यत्व, एवं चित्तौड़ में ब्रह्म-भोज के समय रैदास का वक्षस्थल चीर कर स्वर्ण-जनेउ दिखाना और भौतिक शरीर का त्याग... ।

क, ख घटनाओं का निर्देशन पिछले पन्नों में हो चुका है

(ग) अन्तः एवं बाह्य साक्ष्य से यह प्रमाणित होता है कि रविदास को उसके पिता राघव ने कुल क्रमागत व्यवसाय में अयोग्य समझते हुए नाराज होकर उसे जुदा कर दिया था और अपने मकान के पीछे उसे रहने के लिए एक झोंपड़ी दे दी थी। जान ब्रिग्स के अनुसार उसकी पत्नी लोना भी उसके साथ रहने लगी। रविदास द्वारा स्वरचित वाणी से ऐसा संकेत मिलता है–

१. जनमत ही हौं विगरान, हौं कछु बूझत बहुरि सयांन।
परिवार विमुष मोहि लागि, कछु समझु परत नहिं जागि।
अस कहियत हुँ मैं अजान, कहो प्रभु तुम सरवग्य संयान।
सुत सेवक सदा असोच, ठाकुर पितहिं सब सोच।
सुतौ पूरबला अकरम मोर, बलि जाऊँ करौ निज कोर।

....

(घ) केशव साधु वेश में रविदास की झोंपड़ी पर आए तो रैदास ने प्रसन्नता पूर्वक कीर्तन करके उनका स्वागत किया।

आज दिवस लेऊं बलिहारा, मेरे ग्रिह आया राजा राम जी का प्यारा।
आँगन बगड़ भुवन भयौ पावन, हरिजन बैठे हरिजस गावन।.....

अनंतदास ने इस घटना का वर्णन निम्न ढंग से किया है–

कैसौ के मन उपजी दया, तब हरि भगत रूप धरि आया।

साधुवेषधारी भगवन् केशव रविदास की झोंपड़ी के एक कोने में आग्रहपूर्वक पारसमणि रख कर चले गए। तेरह मास बीतने के बाद वही साधु पुनः झोंपड़ी पर पहुंचा। परन्तु रविदास अब भी उसी निर्धन अवस्था में रहकर हरि-भजन में लीन रहता था। साधुवेषधारी केशव ने पूछा कि इतनी निर्धनता का जीवन व्यतीत करते हुए भी तुमने इस पारसमणि का उपयोग क्यों नहीं किया? तो रविदास ने उत्तर दिया–

वचन सुनत भगवंत के, सूंनि रह्यौ रैदास।
कै सत दारन आईयौ, कै भगति करन कौ नास।
जन रैदास कहै कर जोरे, मैं छांडयौ पाथर के भोरे।
परस मेरे हरि को नामू, पाथर सो हौं नहिं कामू।
जा सों पलटे तन मन प्रानूं, काटे करम गति सो जानूं।

पारसमणि विषयक ऐसे ही भाव रविदास ने अपनी वाणी में प्रकट किए हैं। इनके लिए पारसमणि हरि भक्ति है–

१. पारस परसै दुविध न होई।

२. लोहा किरन होय धौं कैसे, जौ पारस नहीं परसे।

३. जौ सुख होवै पारस परसै, सो सुख का कहि गावैगा।

४. पारसमनि ताँबौ छुए, कनक होत नहीं बार।

साधुवेषधारी केशव विवश होकर चले गए। कहते हैं कि इसके बाद ठाकुर पूजा करते समय सिंहासन के नीचे से इन्हें पाँच स्वर्णमुद्राएँ प्रतिदिन मिलने लगीं......

....

(ङ) रविदास की इस भाव-भक्ति और ठाकुर पूजा के विषय में काशी के पंडित समाज में विवाद एवं विरोध पैदा हो जाने पर एक सभा में राजा बीरसिंह देव बघेला की अध्यक्षता में निर्णय हुआ था। कहा जाता है कि ठाकुरों का सिंहासन स्वयं उड़ कर रविदास की गोद में आ उपस्थित हुआ था। रविदास ने निम्न पद में इस घटना का संकेत किया है–

ऐसी जिनि करि हो महाराज?

दूरि मांहि तुम बइठे देखौ, विगरत है यौं काज।

....

खलहल कासी लोग बहु आए, देखन भगति समाज।

विरद तजौ के विरद संभारौ, कहै रैदास चमराज।

और अनंतदास जी पंडितों से कहते हैं–

नाहिं न राम तुम्हारे बाँटे, सब कोउ लेत सिर कै साटै।

सालिगराम आनि विराजै, लेहु बुलाइ न काहु लाजै।

(च) इस विषय में रविदास ने निम्न पद में सालिगराम सिंहासन का गंगा में तैरने का संकेत किया है–

१. मूरत मांहि बसै परमेसुर, तौ पानि मांहि तिरे रै।

....

(छ) राणा सांगा की पत्नी झाली और ब्रह्म भोज।

इस विषयक रविदास वाणी में कोई संकेत नहीं मिलता। अनंतदास ने 'रैदास परचै' में इस घटना का बड़ा रोचक वर्णन किया है–

झाली राणी (झालावार के राजा की पुत्री–रत्नकुंवरी) काशी यात्रा के समय सत्गुरु की खोज में सर्वप्रथम कबीर की कुटिया पर पहुँचती है। वहाँ उसने कबीर को संत मण्डली में निर्गुण ब्रह्म की साधना पर प्रवचन देते हुए सुना। चितौड़ का राणा परिवार राज्य की स्थापना दिवस से ही वैष्णव भक्त रहा है। अतः झाली वहाँ से रैदास के गोपाल मंदिर में पहुँची तो उसने रैदास को सेन तथा अन्य हरिभक्तों के साथ कीर्तन में लीन देखा–[2]

---

2. वही, पृ. 31-3

रैदास झाली रानी के निमंत्रण पर चित्तौड़ चले जाते हैं। रैदास के अन्तिम समय के बारे में ये ब्राह्मण लेखक डा. बेणी प्रसाद शर्मा लिखते हैं :

चित्तौड़गढ़ से १८ सौ फुट नीचे गांभीरी नदी के किनारे पर राज्य की ओर से "जेवनार"—ब्रह्मभोज का आयोजन किया गया था। ऊंची जाति के लोगों को आपत्ति हुई कि शूद्र रैदास के साथ बैठ कर हम भोजन नहीं करेंगे। इस विवाद के लिए राणा साँगा ने मध्यस्थता की और कहा—

राणा कहे सुनो रे भाई, मेरे तो मन इहै सुहाई।
करनी हीन सु मधिम सोई, करणी करै सो उत्तिम होई।
काम क्रोध लालच नौ दवारा, एठौ तन मैं सबै चमारा।
उत्तम भये जिनु ये जीता, ब्राह्मण किनै बालमीक जीता।
जाति पांति का नहीं अधिकारा, राम भजे सो उतरे पारा।

राणा ने कहा कि रैदास तो पहुंचे हुए ब्रह्मज्ञानी—ऊँचे हरिभक्त हैं। इनके विषय में शूद्र भावना रखना हमारे लिए एक बड़ा भारी अपराध है—

हम हैं अपराधी वो है पूरा, वाके साहिब रहत हजूरा।
अतः- जाति पांति का नहीं अधिकारा, भजन कीनै उतरै पारा।
वेद पुरान कहैं दूहु वानी, भगति वसि है सारंग पाणी।

सब ब्राह्मण प्रसन्न मन हो भोजन करने लगे तो—

जन रैदास ध्यान मनि दीनूं, धरे ध्यान बदेह तन कीनूं।
करनहार का का नहीं करई, मान बहै हुंक्रित का हरई।
दरपन येक बहुत ही छांईं, यूं बदेह जन सबहि ठांईं।
सब कूं अचिज भयौ तमासा, जितने विप्र ते ते रैदासा।

इस समय खड़े होकर रैदास ने अपने पूर्व जन्म की कथा सब को सुनाई—

तब रैदास कहै समुझाई, अंन जनम की कथा चलाई।
होता हौं विप्र हरि नहिं जान्या, ता तें मोहि सूद्र घरि आन्यां।
कीयै भगति मोहि भौ सूधा, भगति बिना सब ही जग सूदा।

इतना कह कर रविदास ने अपने शरीर के बाहरी कपाट खोलकर अंतरात्मा में स्वर्ण समान देदीप्यमान ब्रह्मप्रकाश जनेऊ दिखाया—

तन के मांझ जनेउ काढ़ी, ते सब देषि भये हैं आढ़ी।

अनन्तदास वैष्णव कहते हैं—

"हरि सागर में बूंद समानी, कोउ न जानै कहां समानी।"

इस प्रकार संत गुरु रविदास का जरा जर्जरित शरीर १३१ वर्ष की अवस्था में ब्रह्मलीन हो गया—

"पंद्रह सै चउ असी, भई चित्तौर मंह भीर।
जरजर देह कंचन भई, रवि रवि मिल्यौ सरीर।"[3]

डा. बेणी प्रसाद शर्मा ने अपनी इस पुस्तक की 'अपनी ओर से' लिखी भूमिका में लिखा है कि 'प्रसंगवश संक्षिप्त अपितु प्रामाणिक रविदास जीवन वृत्त देना भी आवश्यक समझा गया'[4] है। तो, इस सब कहे गए को ये प्रामाणिक मान रहे हैं। इस पृष्ठ की पाद-टिप्पणी में इन्होंने यह भी लिखा है—"रविदास जीवन-वृत्त के विषय में अन्तः एवं बाह्य साक्ष्यो द्वारा प्रमाणित घटनाओं का ही संकेत किया गया है। किंवदन्तियों द्वारा प्रचलित काल्पनिक एवं अर्धसत्य घटनाओं को छोड़ दिया गया है।"[5] इनका लिखने का ढंग देखो कि इन्होंने किंवदन्तियों द्वारा प्रचलित काल्पनिक एवं अर्धसत्य घटनाओं को लिखने से छोड़ दिया है। इन्होंने अनन्तदास वैष्णव की कबीर के बारे में लिखी लिखत को बाह्य साक्ष्य के रूप में मान्यता दी है जो पुस्तिका वास्तव में 'गपोडों की रानी' है। उधर, रैदास के नाम पर छपे किसी भी शब्द या साखी को अन्तः साक्ष्य मान लिया है जबकि उन में प्रक्षिप्तों की सिलसिलेवार भरमार है।

डा. बेणी प्रसाद शर्मा ने भी रैदास के जीवन वृत्त के बारे में बात करते समय वही झूठा रास्ता अपनाया है जो सभी किंवदन्तीकार अपनाते हैं। उन के वे शब्द इस प्रकार शुरू होते हैं—कहते हैं कि....., या, कहा जाता है कि......। रैदास की उम्र भी ये शर्मा लेखक अकल्पनीय 131 वर्ष की बताने से बाज नहीं आए। इन की खोपड़ी पर तनिक जोर नहीं पड़ा कि इन्हें रैदास पर पुराण न लिख कर उन के वास्तविक जीवन की खोज करनी चाहिए थी।

रजनीश ने ब्राह्मणों द्वारा रैदास के बारे में गढ़े गए कुछ गपोड़ों की कुछ खोल-बांध की है। उन्होंने इसे ब्राह्मणों की कुशलता कहा है :

> रैदास को भक्तमाल में स्वीकार कर लिया परम भक्त, भक्त शिरोमणि, लेकिन दो कहानियां गढ़ीं। और जैसी कहानी ब्राह्मण गढ़ सकते हैं दुनिया में कोई भी नहीं गढ़ सकता। क्योंकि इतना पुराना अभ्यास है उनका कहानियां गढ़ने का, पुराण लिखने का....।
>
> ....
>
> रैदास के संबंध में दो कहानियां गढ़ीं। एक कि रैदास अपने पूर्वजन्म में भी रामानंद के शिष्य थे। एक दिन रैदास भिक्षा मांगकर आये—पूर्व जन्म की बात है, जब वे रामानंद के ब्रह्मचारी शिष्य थे, ब्राह्मण थे—भिक्षा मांगकर लाये। रामानंद ने पूजा का थाल सजाया और अपने ठाकुरजी को, भगवान की प्रतिमा को प्रसाद चढ़ाया। लेकिन पहली बार रामानंद के जीवन में ठाकुरजी ने प्रसाद लेने से इनकार कर दिया।

---

3. वही, पृ. 35-6
4. वही, अपनी ओर से, पृ. ii
5. वही, पृ. ii

अब पहली बात तो यह है कि मूर्तियां न तो प्रसाद स्वीकार करतीं न इनकार करतीं। तुम जाकर किसी भी मूर्ति पर कुछ भी चढ़ाकर देख लो। कोई मूर्ति न तो प्रसाद लेती है, न अस्वीकार करती है। मूर्ति मूर्ति है, मुर्दा है।

लेकिन कहानी गढ़ी कि ठाकुरजी ने प्रसाद लेने से इनकार कर दिया। रामानंद तो बहुत दुःखी हुए, जीवन में ऐसा कभी न हुआ था। उन्होंने पूछा ठाकुरजी से कि आप क्यों इनकार कर रहे हैं? तो उन्होंने कहा कि यह प्रसाद ऐसे घर से लाया गया है, एक ऐसे बनिये के घर से यह ब्रह्मचारी भिक्षा मांग लाया है जिसका सीधा कारोबार एक चमार से है। इसलिए यह प्रसाद स्वीकार नहीं हो सकता।

यह चमार के घर का भी प्रसाद नहीं है, ख्याल रखना! किसी बनिये का कारोबार चमार से है! अब बनिया तो बेचारा सबको बेचेगा—चमार को भी बेचेगा, भंगी को भी बेचेगा, जो भी आयेगा उस को बेचेगा। दुकानदार को तो दुकान चलाने हैं। और वह पूछता थोड़े ही रहेगा कि कौन चमार है, कौन भंगी है, कौन क्या है? उसको चीजें बेचनी हैं।

लेकिन तुम देखते हो कि कैसा ब्राह्मणों ने एक जाल इस देश में खड़ा किया ! चमार तो अछूत है ही, अस्पृश्य है ही; चमार के साथ जो सीधा कारोबार करता है, वह बनिया भी अछूत हो गया—और वह भी ठाकुरजी के लिए अछूत हो गया! और ठाकुरजी ने ही शूद्र बनाये और ठाकुरजी ने ही बनिया बनाये, और ठाकुरजी ने ही ब्राह्मण बनाये। सब उन्हीं के खिलौने, क्योंकि वही स्रष्टा।

अब मजा यह कि ठाकुरजी ने शूद्र बनाये और ठाकुरजी शूद्र नहीं हुए! और बनिये ने केवल शूद्र से व्यापार किया, व्यवसाय किया, कुछ लेन-देन होगा, कुछ खरीद-फरोख्त की होगी, वह शूद्र हो गया और ठाकुरजी शूद्र नहीं हुए!

....

गया था भिक्षा मांगने, उसने भिक्षा में इस वैश्य के घर से भिक्षा मांग ली, अब क्या यह पता लगाये कि इसकी दुकान पर कौन-कौन खरीदने आते हैं—शूद्र, चमार, भंगी—यह कैसे पता लगाये? क्या यह इसके सारे के सारे खाते-बही देखे, तब यह भिक्षा मांगे?

मगर कहानी गढ़ने में ब्राह्मण सच में कुशल हैं और कहानियां प्रचलित कर देते हैं और लोक-मानस में कहानियां बैठ जाती हैं। गरीब ब्रह्मचारी उसी क्षण मर गया; और एक शूद्र के घर में, एक चमार के घर में जन्म लिया। फिर कहानी और मजेदार बात कहती है कि था तो आखिर वह भी ब्राह्मण, ब्रह्मचारी। चमारिन के गर्भ से पैदा हुआ तो उसने चमारिन

का दूध पीने से इनकार कर दिया। एक दफा हो गयी भूल बहुत। जब ठाकुरजी तक प्रसाद नहीं लेते तो यह छोटा-सा बच्चा जो पैदा हुआ, पहले दिन का बच्चा, उसने दूध लेने से इनकार कर दिया, यह मां का दूध न पीये। और कोई रास्ता न देखकर गांव में रामानंद की ख्याति थी, वह चमारिन रामानंद के चरणों में पहुंची और कहा कि कुछ करें। देखा इसको तो उन्हें याद आया कि अपना ही ब्रह्मचारी है। दया आयी, सोचा होगा कि बच्चू काफी दुःख भोग चुके। कान फूंका। अभी-अभी यह पैदा हुआ बच्चा, इसका कान फूंका और राम-नाम दिया। जब राम-नाम दिया तब उसने दूध पिया।

यह एक कहानी उन्होंने गढ़ी। इसीलिए चूंकि रैदास पूर्वजन्म के ब्राह्मण हैं, उनको भक्तमाल में स्वीकार किया, नहीं तो उनको भक्तमाल में स्वीकार नहीं कर सकते थे। उनको भक्तों ने इसलिए स्वीकार किया, उनकी भक्ति के कारण नहीं, समझ लेना तर्क। उनके परमात्मा के प्रति समर्पण के कारण नहीं। उनकी प्रार्थना की अद्‌भुतता के कारण नहीं। उनके समाधि के अनुभव के कारण नहीं, ईश्वर साक्षात् के कारण नहीं। सब बातें गौण हैं। असली बात यह है कि वे पूर्वजन्म के ब्राह्मण हैं, इसलिए उनको भक्त स्वीकार किया।

कहानी चल पड़ी, लेकिन लोगों को कैसे भरोसा आये कि यह कहानी सच है? अब पूर्वजन्म किसी ने देखा तो नहीं। रामानंद कहते हैं, पंडित कहते हैं, मगर क्या पता! तो दूसरी कहानी भी गढ़ी कि लोगों ने एक बार बहुत आग्रह किया रैदास को कि आप कुछ प्रमाण दें कि आप पिछले जन्म के ब्राह्मण हैं।

अब मैं यह मान ही नहीं सकता कि रैदास और प्रमाण देंगे इस बात का। अगर रहे भी हों ब्राह्मण तो भी प्रमाण नहीं देंगे, क्योंकि यह प्रमाण देना गलत होगा। अगर रहे भी हों ब्राह्मण तो भी प्रमाण देंगे कि मैं पिछले जन्म में क्या जन्मों-जन्मों से चमार हूं, शूद्र हूं। रैदास—और प्रमाण देंगे पिछले जन्म के ब्राह्मण का। रैदास इतने नीचे उतरेंगे। लेकिन कहानियां तुम्हें जैसी गढ़नी हों तुम गढ़ सकते हो।

तो कहते हैं रैदास ने प्रमाण दिया। उन्होंने अपनी चमड़ी उधेड़ दी और चमड़ी जब उधेड़ी तो स्वर्ण यज्ञोपवीत, जनेऊ सोने का चमड़ी के भीतर छिपा हुआ निकला। तब लोगों ने माना। इसलिए उनका भक्तमाल में स्मरण किया गया है महान भक्त की तरह।

ये सड़ी-गली कहानियां, ये झूठी कहानियां, सिर्फ एक छोटे से तथ्य को झुठलाने के लिये हैं कि वे चमार थे। और चमार को अंगीकार कैसे करें। लेकिन मैं तुमसे कहता हूं ये कहानियां झूठी हैं।

....

फिर रैदास जैसा बच्चा मां का दूध इसलिये न पिये क्योंकि वह चमार है। दूध भी कहीं चमार और ब्राह्मण हुआ है! मां भी कहीं चमार और ब्राह्मण हुई है! मां सिर्फ मां होती है, दूध सिर्फ दूध होता है। अगर तुम्हें भरोसा न हो तो एक चमार स्त्री का दूध और एक ब्राह्मण स्त्री का दूध लेकर चले जाना डॉक्टर के पास और कहना कि बता दो, कौन चमार का है और कौन ब्राह्मण का। करवा लेना विश्लेषण, निदान। दुनिया की कोई ताकत सिद्ध नही कर सकेगी कि ब्राह्मण का दूध है और यह चमार का दूध है। दूध भी कहीं ब्राह्मण और चमार का होता है! हड्डी मांस-मज्जा कहीं ब्राह्मण की होती है! और जब हड्डी-मांस-मज्जा चमार की नहीं होती तो आत्मा कैसे चमार की हो जाएगी?

और बड़े आश्चर्य की बात है। तुम दूध पी लेते हो भैंस का और कभी नहीं सोचते कि भैंस का दूध पी रहे हैं, कहीं भैंस न हो जाएं।

....

मैं नहीं मान सकता कि बच्चे ने चमारिन का दूध पीने से इनकार किया हो। बच्चे इतने मूढ़ नहीं होते। इतनी मूढ़ताएं तो बहुत बाद में आती हैं। इतनी मूढ़ताओं के लिए तो काफी अनुभव चाहिए। बच्चे इतने बुद्धू नहीं होते। इतने बुद्धू होने के लिए तो काफी शिक्षा, संस्कार, सभ्यता...... । इतनी मूढ़ता के लिए तो काफी धार्मिक होना आवश्यक है। इसलिए कहानी तो बिलकुल झूठ है। कहानी में कोई सार नहीं है। मगर कहानियां इस बात की खबर दे रही हैं कि भारत का मन कितना कलुषित हो गया है कि हम अपने श्रेष्ठतम लोगों को भी सीधा-सीधा स्वीकार नहीं कर सकते; जैसे हैं वैसा स्वीकार नहीं कर सकते।[6]

यहां ब्राह्मणों की इस काट करने में रजनीश पूरी तरह सही हैं। उन्होंने रैदास के बारे में ब्राह्मणों के द्वारा गढ़े गए गपोड़ों को झुठलाया और नकारा—यह उन्होंने अच्छा काम किया। उन्होंने यह भी लिख दिया है—"अब पूर्वजन्म किसी ने देखा तो नहीं। रामानंद कहते हैं, पंडित कहते हैं, मगर क्या पता!" लेकिन इसी पुस्तक में अन्यत्र दिखाया जा चुका है कि रजनीश स्वयं पुनर्जन्म के झूठ की पुरजोर वकालत करते हैं। यहां कह रहे हैं, पूर्वजन्म किसी ने देखा नहीं, और वहां कह रहे हैं कि पूर्वजन्म होता है। एक मुंह से ये दो बातें कैसे निकल रही हैं? पुनर्जन्म के झूठ में विश्वास करने का अर्थ है कि कहानी गढ़ने की सब से निपुण कला प्राप्त कर ली गई है। आखिर, पुनर्जन्म सारी किंवदन्तियों का बाप है और सारी अफवाहों की मां है।

---

6. सत भाषै रैदास (रैदास-वाणी), ओशो, डायमंड पॉकेट बुक्स (प्रा.) लि., एक्स-30, ओखला इंडस्ट्रियल एरिया, फेज-II, नई दिल्ली-110 020, सम्पादक, स्वामी चैतन्य कीर्ति, संस्करण, 2009, पृ. 12-7

महात्मा राम चरन 'कुरील' ने अपनी पुस्तक 'भगवान रविदास की सत्य कथा' में रैदास की वाणी के लुप्त होने के बारे में लिखा है—"जात्याभिमानी साम्प्रदायिक ब्राह्मण भगवान रविदास के उत्तम से उत्तम कार्यों में सदा अड़ंगा लगाते और द्वेष करते रहे, परन्तु वे उनको प्रेम से समझाते रहे कि आपका जीवन मनुष्यों के कल्याण के लिये होना चाहिए, किन्तु वे नहीं मानते थे। जहाँ तक इनका वश चला, इन द्वेषीजनों ने इनके साहित्य को नष्ट-भ्रष्ट करने में कोई कसर बाकी नहीं रक्खी(।) भगवान रविदास के ज्योति में लय होने के पश्चात् यह भी लिख मारा कि ये महापुरुष कबीर साहिब की भाँति गुप्त तो हो गये, वरन अपनी वाणी भी साथ में लेते गये। पाठक इसी से इनकी ईमानदारी के बारे में अनुमान लगा सकते हैं।"[7]

चन्द्रिका प्रसाद जिज्ञासु ने अपनी पुस्तक 'सन्त प्रवर रैदास साहब' में एक अध्याय 'संत रैदास जी की वाणी विरोधियों ने जला दी' शीर्षक से लिखा है। इन्होंने प्रमाण देते हुए ब्राह्मणों की चालाकी के बारे में लिखा है—" 'सुरत-शब्द-योग-कल्पद्रुम' में बड़े भोलेपन से लिखा है—"रैदासजी के दया-भाव में इतनी नम्रता थी कि मरते समय अपनी वाणी को भी साथ लेते गये, और वह उनके शरीर के साथ जल गई। चेलों को कुछ शब्द याद थे, वे लिख लिये गये। और वही जगह-जगह सुनने में आते हैं।"[8] जिज्ञासु ने इस सम्बन्ध में किशोरी दास वाजपेयी के शब्द उद्‌धृत किए हैं—"(रैदास) मातृभाषा हिन्दी के उत्तम कवि भी थे। उनकी कविता उपदेश-पूर्ण और प्रसाद-गुण परिलुप्त है। उनके सब ग्रंथ और कविताएँ प्राप्त नहीं। कुछ फुटकर पद्य मिले हैं, जो प्रकाशित हो चुके हैं। इसमें कोई आश्चर्य की बात नहीं, यदि नष्ट कर दिये गये हों, क्योंकि हिंदी के न जाने कितने कवियों की कृतियाँ अस्तंगत हो (डूब) चुकी हैं, फिर भला ये तो चमार थे। इनकी जाति का नाम ही इनकी काव्य-कला के लुप्त होने अथवा लुप्त कर देने के लिए पर्याप्त कारण था। सूर्य अस्त हो जाने पर उसके विरोधी उल्लू जो न कर दें, थोड़ा है!"[9] इसके बाद जिज्ञासु ने लिखा है कि इन 'साखियों के पढ़ने के बाद यह बात पाठकों की समझ में आ गई होगी कि सन्त रैदासजी की वाणी उनके परमपद जाने के साथ ही विरोधियों के द्वारा नष्ट कर दी गई। या तो वह जला दी गई या नदी में डुबो दी गई। ताकि न रहे बाँस, न बजे बाँसुरी। विरोधियों को भय था कि यदि जनता में उसका प्रचार होगा, तो अनेकों रैदास उत्पन्न होंगे और उनकी धार्मिक लूट एवं शोषण के कारबार को भारी धक्का लगेगा। इसलिए उसकी जड़ ही मिटा देना अच्छा है।[10]

चन्द्रिका प्रसाद जिज्ञासु ने लिखा है कि रैदास की वाणी को नष्ट करके ब्राह्मणों ने उन के बारे में किंवदन्तियों के बे-सिर-पैर के गपोड़े भर दिए। शब्दजाल और मायाजाल

---

7. भगवान रविदास की सत्य कथा, लेखक, महात्मा राम चरन 'कुरील', प्रकाशक, प्रवीण कुमार चौधरी 'गोविन्द', तृतीय संस्करण, 2011, पृ. 13
8. सन्त प्रवर रैदास साहब (पूर्वाद्‌र्ध एवं उत्तराद्‌र्ध), लेखक, चन्द्रिका प्रसाद जिज्ञासु, प्रकाशक, बहुजन कल्याण प्रकाशन, 360/193, मातादीन रोड, लखनऊ-3, उत्तर प्रदेश, प्रथम संस्करण, दिसम्बर, 1984, पृ. 131
9. वही, पृ. 131
10. वही, पृ. 132

से सन्त रैदास के उपासकों को फंसा लिया। नए ग्रन्थ रच कर उनमें झूठी कहानियां भर दीं। जिज्ञासु लिखते हैं :

> भक्तमाल में लिखा है, संत रैदासजी पूर्व-जन्म में स्वामी रामानंद के ब्रह्मचारी थे, जिसे रामानंद ने शाप दे दिया था कि तू चमार हो जा। बस तुरन्त ब्रह्मचारी मरकर रघूराम की स्त्री के पेट में घुस गया, और जब पैदा हुआ, तो माँ को चमारिन समझ कर मुँह में उसका स्तन नहीं दबाया। जब रामानंद ने स्वयं आकर मन्त्र दिया और आज्ञा दी, तब माँ का दूध पिया।
>
> ब्राह्मणी गपोड़ों में ब्राह्मणी मायाजाल और शब्दजाल की सीमा नहीं है। सारी दुनिया को ये लोग अपने मायाजाल में फँसाये हुए हैं। संत-महात्मा, जो ब्राह्मणी मायाजाल से मुक्त करके मनुष्यों को सन्मार्ग पर लाने का प्रयत्न करते हैं, उन्हें भी ये लोग अपने मायाजाल में फँसाकर उनके चेलों को गुमराह किया करते हैं। परम संत रैदासजी की वाणी नष्ट कर दिये जाने का भी यही मुख्य-प्रयोजन प्रतीत होता है।[11]

सतनाम सिंह ने अपनी पुस्तक 'गुरु रविदास की हत्या के प्रमाणिक दस्तावेज' में उनकी हत्या और उनकी वाणी के नष्ट करने के बारे में लिखा है–''चित्तौड़ गढ़ में उनकी निर्मम हत्या के बाद सबसे पहले बड़ी चतुराई से उनकी वाणी नष्ट की गई। उसके बाद उन्हें रामानंद का शिष्य घोषित करके भक्त शिरोमणि बना दिया। यही नहीं ब्राह्मणों की टांग ऊपर रखने के लिए उन्हें पिछले जन्म का संन्यासी ब्राह्मण प्रचारित किया गया। उनके बारे में तरह-तरह की चंडूखाने की कहानियां बना दीं। यह कवायद इसलिए की गई ताकि आम जनता उन्हें अपना नायक न मान बैठे।''[12]

रैदास की वाणी के संग्रह का काम कठिन क्यों है? उन की वाणी के भाग 'गुरु ग्रन्थ साहब', 'पंचवानी', 'रैदास वानी' और 'सर्वंगी' में मिलते हैं, पर इस से सम्पादन का काम और अधिक दुरूह हुआ है। रामानंद शास्त्री ने रैदास वाणी के सम्पादन का कार्य करने की कोशिश की है पर उन्होंने इस बारे में लिखा है–''शायद ही कोई ऐसा पद हो जो उक्त विभिन्न ग्रंथों में समान रूप का हो अन्यथा लगभग प्रत्येक प्रतिलिपि में 'शब्द' या 'पंक्ति' का पाठांतर अवश्य है। ऐसा भी देखा गया है कि एक ग्रंथ में किसी पद विशेष के एक स्थल पर जिस शब्द का प्रयोग हुआ है, दूसरे ग्रंथ में उसी पद के उसी स्थल पर दूसरे शब्द का प्रयोग है। 'पंचवानी' में यदि किसी स्थल-विशेष पर 'करै उजास' शब्द है, तो 'रैदास-बानी' में उसी स्थल पर 'कथै उदास' लिखा गया है। इसी प्रकार शब्दों एवं कहीं कहीं आधी या पूरी पंक्तियों का पाठांतर-भेद है। अनेक पदों में

---

11. वही, पृ. 138
12. गुरु रविदास की हत्या के प्रमाणिक दस्तावेज, सतनाम सिंह, सम्यक प्रकाशन, 32/3, क्लब रोड, पश्चिम पुरी, नई दिल्ली-110 063, द्वितीय संस्करण, 2006, पृ. 55

पंक्तियों के क्रम में परिवर्तन है तथा कहीं कहीं तो ऐसा भी है कि एक दो पंक्तियाँ, जो किसी पद के साथ एक प्रतिलिपि में हैं, दूसरी प्रतिलिपि में उस पद के साथ नहीं हैं।''[13]

देखा जाए, साहित्यिक दृष्टि से रैदास के साथ तीन अपराध हुए हैं। पहले अपराध में उनके जीवन वृत्त को किंवदन्तियों से भर दिया। दूसरे अपराध में उन की वाणी को नष्ट किया गया। तीसरे अपराध में जो कुछ वाणी शेष बच गई थी, उसे प्रक्षिप्त कर दिया। निश्चित रूप से ये तीनों ऐतिहासिक अपराध ब्राह्मणों ने किए हैं। इसलिए, निष्कर्ष यह है कि रैदास और कबीर आदि अपने किसी भी आजीवक महापुरुष के बारे में किसी भी ब्राह्मण की लिखी कोई भी पुस्तक न पढ़ी जाए तो उस से आजीवकों को अपने आजीवक धर्म को समझने में सदैव आसानी रहेगी।

13. संत रविदास और उनका काव्य, लेखक, स्वामी रामानंद शास्त्री और वीरेन्द्र पाण्डेय, प्रकाशक, श्री भारतीय रविदास सेवा संघ, रविदास आश्रम, ज्वालापुर, हरिद्वार, उत्तराखंड, प्रथम संस्करण, 1955, पृ. 91-2

अध्याय-2

सदाचार का परिवार

क. विरह वेदना
ख. सुहागन
ग. जार और जारिणी

क. विरह वेदना

ज्यूं सुधि आवत पीव की , विरह उठत तन लाग।
ज्यूं चूने की कांकरी , ज्यों छिटकै त्यों आग।। (1)

अमरत रस इक बूंद कूं , तड़फत हूं दिन रैन।
रैदास अमीरस बिन पिए , जियरा न पावै चैन।। (2)

कोयल तरसै अंब को , चातक तरसै नीर।
रैदास लौचै दरस को , प्रान परत नहिं धीर।। (3)

रैदास मोरे मन लागियो , राम प्रेम को तीर।
राम रसायन जो मिलहि , हरै हमारी पीर।। (4)

प्रीति सुधामनि आव।
तेज सरूपी सकल सिरोमनि , सकल निरंजन राव।
पिव संग प्रेम कबहूं नहिं पायो , करनी कौन बिसारी?
चक को ध्यान दधि सुत सों है , यूं तुमते मैं न्यारी।
भोर भयो मोहि इक टक जोवत , तड़फत रजनी जाई।
पिय बिन सेजहि का सुख सोऊं , विरह विथा तन खाई।
मेट दुहाग सुहागन कीजै , अपने अंग लगाई।
कहै रैदास स्वामि तै बिछुरै , एक पलक जुग जाई। (5)

रैदास प्रेम नहिं छिप सकई, लाख छिपाए कोय।
प्रेम न मुख खोलै कभूं, नैन देत हैं रोय।। (6)

ससि चकोर, सूरज कंवल, चातक घन की रीत।
रैदास इवि मुहि राखियो, हित चित पूरण प्रीत।। (7)

चलत हलत बैठत उठत, धरि हूं तुमरो ध्यान।
रैदास तू मुहि मन बसइ, चरण कंवल की आन।। (8)

जो मोहि वेदन का सनि आखूं।
हरि बिन जीवन कैसे करि राखूं?
जिव तरसै इक संग बसेरा। करहु संभाल तुम सिरजन मेरा।।
बिरह तपै तन अधिक जरावै। नींद न आवै, भोज न भावै।।
सखी सहेली, गरब गहेली। पिव की बात न सुनहु सहेली।।
मैं रे दुहागन अधिक अजानी। गयो सो जोबन साध न मानी।।
तू सांई और साहिब मेरा। खिदमतगार बंदा मैं तेरा।।
कहै रैदास अंदेसा ये ही। बिन दरसन क्यों जीवै सनेही? (9)

राम राइ का कहिए यह ऐसी?
जन की जानत हो जैसी तैसी।।
जो हम बांधे मोह फास, प्रेम बंधन तुम बांधे।।
अपने छूटन को जतन करो, हम छूटे तुम आराधे।।
मीन पकर फांकियो अरु काटियो, रांध कियो बहु बानी।।
खंड खंड कर भोजन कीनो, तऊ न बिसरयो पानी।।
आपन बापै नाहीं किसी को, भावन को हरि राजा।
मोह पटल सब जगत बिआपियो, भगत नहीं संतापा।।
कहै रैदास भगति इक बाढ़ी, अब काको डर डरिए?
जा डर को हम तुम को सेवें, सो दुख अजहू सहीए।। (10)

तुझहि चरन अरबिंद रमन मन। पान करत पायो रमइया धन।।
संपति बिपति पटल माया धन। ता में मगन न होत तेरो जन।।
कहा भयो जे गत तन छिन-छिन। प्रेम जाइ तो डरपै तेरो जन।।
प्रेम रज लै राखे रिदै धरि। कहै रैदास छूटिबो कवन परि? (11)

ख. सुहागन

सो कत जानै पीर पराई?
जा के अंतर दरद न पाई।।
सुख की सार सुहागन जानै। तन मन देइ न अंतर आनै।।
अवरा देख न सुनै न भाखै। राम रसाइन रसना चाखै।।
दुखी दुहागन दुइ पख हीनी। नेह निरत कर सेव न कीनी।।
पुर सलात का पंथ दुहेला। संग न साथी गवन अकेला।।
दुखिया दरदमंद दर आया। बहुत उमेद जवाब न पाया।।
कहै रैदास कौन गति मेरी? सेवा बंदगी न जानूं तेरी।। (12)

रैदास पीव इक सकल घट, बाहर भीतर सोइ।
सब दिस देखउ पीव-पीव, दूसर नाहीं कोइ।। (13)

गगन मंडल पिय रूप सों, कोट भान उजियार।
रैदास मगन मनुवा भया, पिया निहार-निहार।। (14)

रैदास दिया जगमग जरई, बिन बाती बिन तेल।
सुरत साध कर हिय में, देख पिया के खेल।। (15)

प्रेम पंथ की पालकी, रैदास बैठियो आय।
सांचे सामी मिलन कूं, आनन्द कह्यो न जाय।। (16)

हम घर आयहु राम भतार, गावहु सखि मिल मंगलाचार।
तन मन रत करहिं आपनो, तौ कहुं पाइहि पिव पियार।।
प्रीतम कूं जो दरसन पाए, मन मन्दिर में भयो उजियार।
हौं मड़इ तै नौ निधि पाई, कृपा कीन्ही राम करतार।। (17)

रैदास पिय बिन जगत में, सूनी सेज न कोइ।
जित देखूं तित पिय कर, प्रगट मोजरा होइ।। (18)

सब नूरन का नूर जो, सब तेजन में तेज।
रैदास हमारे पीव की, सब सों अद्भुत सेज। (19)

ग. जार और जारिणी

रे मन माछला संसार समुंदे, तू चित्र विचित्र विचार रे।
जिहि गाले गलियाही मरिए, सो संग दूर निवार रे।।
जम है डिगना डोर है कंकण, पर तिय लागो जान रे।
हो रस लुबुध रमे यों मूरख, मन पछतावे अजान रे।
कहै रैदास रतन फल कारन, साहिब के गुन गाइ रे।
कांचा कुंभ भरा जल जैसे, दिन दिन घटता जाइ रे। (20)

नांव न लीया औगुन कीया, इस जोबन के ताण वे।
अपनी पराई गिनी न काई, मंदे करम कमाण वे।। (21)

बौरी करिलै राम सनेहा।
संग सहेली ब्याह चली सब, छाड़ि नैहर रा गेहा।
खेल खिलार बयस सब बीती, मन चित भई न पिव परतीती।
मैं, मैं, ज्यों लों गरब बौरानी, त्यों लों पियरा मन नहिं आनी।
आपा मेट मैं मेरी खोही, गरब तियाग अरपै निज देही।
पिव को नारी उहि मन आई, जिहि अभिअंतर और न काई।
ज्यों लों पिव रा मन नहिं आई, का सोरह सिंगार बनाई?
सोइ सती रैदास बखानी, तन मन स्यूं पिव रंग समानी। (22)

किहि विधि अब सुमरो रे, अति दुरलभ दीन दयाल।
मैं महा विषयी अति आतुर, कामना की झाल।
कहा डिंभ बाहर कीए, हरि कनक कसौटी हार।
बाहर भीतर साखि तू, मैं कियो संसा अंधियार।
कहा भयो बहु पाखंड कीए, हरि हिरदै सपने न जान।
ज्यूं दारा बिभचारिनी, मुख पतिब्रता जीय आन।
मैं हृदय हार बैठा हरि, मो पै सर्‌यो न एको काज।
भाव भगति रैदास दे, प्रतिपाल करो मोहि आज। (23)

अन्न धन बहुत उपजिया, गऊआं घास हमेश।।
सुहागन सदा आनन्द है, दुहागन मैला भेस।। (24)

अध्याय-3

बेगमपुरा सहर का नाऊं

क. का बाम्मण का सूद
- (i) बाम्मण और चमार
- (ii) चाम का मन्दिर
- (iii) जात-पांत का भेद
- (iv) अबरन बरन
- (v) ऊंच-नीच
- (vi) छुआछूत

ख. वही अल्लाह वही राम
- (i) हिन्दू और तुरुक
- (ii) हिन्दू और मुसलमान
- (iii) काबा और कैलाश
- (iv) मन्दिर और मस्जिद

ग. पराधीन बेदीन
- (i) ऐसा चाहूं राज मैं
- (ii) पराधीनता पाप है
- (iii) समता
- (iv) राणा-राव से डर नहीं

क. का बाम्मण का सूद

(i) बाम्मण और चमार

बेद पढ़ई पंडित बन्यो , गांठ पन्ही तो चमार।
रैदास मानुष इक हइ , नाम धरे हैं चार।। (1)

उपजइ सब इक बून्द ते , का बाम्मण, का सूद ?
मूरख जन नहीं जानइ , सब में राम मजूद।। (2)

सब में एक राम जोति, एकहि सिरजनहार।।
रैदास राम सबन में, बाम्मण हुइ कि चमार।। (3)

रैदास इक ही नूर ते, जिमि उपज्यो संसार।
ऊंच नीच किह बिध भए, बाम्मण और चमार? (4)

बाम्मण अरु चण्डाल में, रैदास न अन्तर जान।
सब में एक ही जोति है, सब घट एक भगवान।। (5)

ऐसी मेरी जाति विख्यात चमारं।
रिदै राम रसायन गुन सारं।।
सुरसरी सलिल कृत वारुनी रे, संत जन करत नहीं पानं।।
सुरा अपवित्र गंगा जल मानिए, सुरसरी मिलत नहिं होइ आनं।।
तर तारि अपवित्र कर मानिए, जैसे कागरा करत बिचारं।।
भर्गाति भाव ते लिखिए तिह ऊपर, पूजिए करि नमस्कारं।। (6)

(ii) चाम का मन्दिर

जब देखा तब चामो चाम, चाम मन्दिर में खेले राम।
चाम का ऊंट, चाम का नगारा, चामो चाम बजावनहारा।
चाम का बछड़ा, चाम की गाय, चामो चाम दुहावन जाय।
चाम का घोड़ा, चाम का जीन, चामो चाम करे तालीम।
चाम का पुरुष, चाम की जऊ, चामो चाम मिलावा हो।
रैदास चाम हमारा भाई, मन्दिर में राम देह दिखाइ। (7)

चाम की उत्पति चाम ब्योहारा। कौन है पंडित चाम से न्यारा?
चाम के घोड़ा चाम के हाथी। सभी चमार कुटुम्ब के साथी।। (8)

सभी चमार जो चोला चाम के। नाम बिना नहीं कछु काम के।। (9)

बता रे पंडित ज्ञानी, कौन चाम से न्यारा?
चाम का ब्रह्मा, चाम का विष्णु, चाम का सकल पसारा।
चाम का अम्बर, चाम की धरणी, चाम का है जग सारा।
चाम का चन्दा, चाम का सूरज, चाम का नौ लख तारा।
चाम के योगी, चाम के भोगी, चाम का गुरु तुम्हारा।
कहे रैदास सुनो रे पंडित, चाम का नहीं गुरु हमारा। (10)

तू चमार पंडित सौदाई। त्वचा चाम की उतारो भाई।।
सतगुरु सैन समझो भाई। कहै रैदास शब्द समझाई।। (11)

(iii) जात-पांत का भेद

निसवासर जप अमृत वाणी। पूर्ण ब्रह्म लियो पहचानी।।
सेवा में तन मन प्रवानी। साधु सन्त को भोजन पानी।।
पंडित नित जलते अभिमानी। कर्म कांड की सार न जानी।।
अहंकारी नित पावत कलेशा। जाति पांति का करत उपदेशा।। (12)

धरम करम जानै नहीं, मन में जाति अभिमान।
ऐसो बाम्मण सों भलो, रैदास स्रमक हु जान।। (13)

जनम जात मत पूछिए, का जात अरु पात?
रैदास पूत सब प्रभु के, कोउ नहिं जात कुजात।। (14)

जनम जात कूं छोड़ कर, करनी जात प्रधान।
इहयो साचा धर्म है, कहै रैदास बखान।। (15)

रैदास जनम के कारनै, होत न कोऊ नीच।
नर कूं नीच करि डारि है, ओछे करम की कीच।। (16)

रैदास जात मत पूछइ, का जात, का पात?
बाम्मण खत्री बैस सूद, सबन की इक जात।। (17)

जात पांत के फेर में, उरझ रहे सब लोग।
मानुषता कूं खात है, रैदास जात का रोग।। (18)

जात-जात में जात है, ज्यों केलन के पात।
रैदास न मानुष जुड़ सकैं, जों लों जात न जात।। (19)

तू कांइ गरबहि बावली?
जैसे भादउ खूंबराज तू। तिस ते खरी उतावली।।
तुझहि सूझता कछू नाहिं। पहिरावा देखे ऊभि जाहि।।
गरबवती का नहीं ठांउ। तेरी गरदन ऊपर लवै काउ।।

जैसे कुरंक नहीं पाइओ भेद। तनि सुगंध ढूंढै प्रदेस।।
अप तन का जो करे विचार। तिसु नहीं जम कंकुरु करै खुआर।।
साधू की जो लेहि ओट। तेरे मिटैं पाप सब कोटि कोटि।।
कहै रैदास जो जपै नाम। तिसु जाति न जनम न जोनि काम।। (20)

(iv) अबरन बरन

अबरन बरन कथै जिनि कोई।। घट-घट ब्याप रह्यो हरि सोई।।
जिहि पद सुर नर प्रेम पियासा। सो पद रम रह्यो रैदासा।। (21)

रैदास इकही बून्द सों, सब ही भयो विस्तार।
मूरख हैं जो करत हैं, बरन अबरन विचार।। (22)

(iv) ऊंच-नीच

इक जोति से जो सब उपजैं, ऊंच नीच कस मान?
रैदास नाम कत धरै, कहुं को, नाद बिन्द है समान।। (23)

दारिद देख सभी कोइ हंसै, ऐसी दसा हमारी।
असट दसा सिधि कर तलै, सभी कृपा तुम्हारी।।
तू जानत मैं कछु नहीं, भव खंडन राम।
सकल जीव सरनागती, प्रभु पूरन काम।।
जो तेरी सरनागता, तिन नाहीं भार।।
ऊंच-नीच तुम ते तरे, आलजु संसार।। (24)

(vi) छुआछूत

पंडित मुनि बड़ ज्ञानी।
सुनिए मन चित लाई, छान के पीवत हो पानी।
जिस सूत की बनै जनेऊ, उसकी पाग बनाई।
धोती पहन के भोजन जीमे, पाग में छूत छिपाई।
नदियां बहतीं, नाली बहती, गंग में जाय समाई।
मच्छ कच्छ घड़ियाल नहाते, न जल की छूत हटाई।
हाड़ गले का मांस गले का, दूध गऊ से आई।
उसी दूध का निकले माखन, हाट बजार बिकाई।

रक्त मांस से दूध बने है, चमड़ा धरी बुराई।
उसी दूध से पूर्वज तिर गए, चमड़े में छूत बताई।
जन्म लिया नारी अबला के, गोदी ले दूध पिलाई।
अब पंडित तुम हो गए ज्ञानी, करते वेद बड़ाई।
कहै रैदास सुनो रे पंडित, जग में छूत फैलाई।
बिना विवेक ठौर नहिं पावै, वृथा जन्म गंवाई। (25)

ख. वही अल्लाह वही राम

(i) हिन्दू और तुरुक

हिन्दू तुरक में नहिं कछु भेदा, दुइ आयहु इक द्वार।
प्राण पिंड लोहु मांस एकइ, कहै रैदास विचार।। (26)

हिन्दु तुरक में नहिं कुछ भेदा, एक रक्त और मास।
दोउ एक दूजा कोउ नाहीं, पेख्यो सोध रैदास।। (27)

कंगन और कनक में, जिमि अन्तर कछु नाहिं।
तैसउ ही अन्तर नहीं, हिन्दुअन तुरकन मांहि।। (28)

कहन सुनन कूं दुई कर, खालिक कियो तमासा।
हिन्दू तुरक दोउ एक हैं, सत्त भाषै रैदासा।। (29)

तुरक मसीति अल्लह ढूंढइ, देहरे हिन्दू राम गुसांई।
रैदास ढूंढिया राम कूं, जहं मसीत देहरा नाहीं।। (30)

(ii) हिन्दू और मुसलमान

रैदास पेखिया सोध कर, आदम सभी समान।
हिन्दू मूसलमान का, सृष्टा इक भगवान।। (31)

जब सब के दोउ हाथ पग, दोउ नैन, दोउ कान।
रैदास पृथक कैसे भए, हिन्दू मूसलमान? (32)

मुसलमान सों दोस्ती, हिन्दुअन सों कर प्रीत।
रैदास जोति सब राम की, सब हैं अपने मीत।। (33)

हिन्दू पूजइ देहरा, मूसलमान मसीत।
रैदास पूजइ राम को, जिह निरंतर प्रीत।। (34)

(iii) काबा और कैलाश

रैदास हमरो राम जो, सोई है रहमान।
काबा कासी जानिए, दोऊ एक समान।। (35)

काबे अरु कैलास में, जिह कूं ढूंढन जांह।
रैदास पियारा राम तो, बैठ रहा मन मांह।। (36)

जो खुदा पच्छिम बसै, पूरब बसत है राम।
रैदास सेवो उह ठाकुरे, तिह का ठांव न नाम।। (37)

(iv) मन्दिर और मस्जिद

देहरा अरु मसीत में, रैदास न सीस नवाय।
जिह लौं सीस निवावना, सो ठाकुर सब थाय।। (38)

रैदास न पूजइ देहरा, और न मस्जिद जाय।
जहं-तहं ईस का बास है, तहं-तहं सीस नवाय।। (39)

न अल्लाह बसै मसीत में, मंदिर में भी नाहिं।
खोजियो दिल आपनो, तिन्ह ही पायो मांहि।। (40)

मंदिर मस्जिद एक हैं, इन में अंतर नाहिं।
रैदास राम रहमान का, झगड़ा कोऊ नाहिं।। (41)

मस्जिद सो कुछ घिन नहीं, मन्दिर सों नहिं प्यार।
इन में अल्लाह राम नहिं, कहै रैदास चमार।। (42)

ग. पराधीन बेदीन

(i) ऐसा चाहूं राज मैं

ऐसा चाहूं राज मैं, जहां मिले सबन को अन्न।
छोट बड़ो सब सम बसैं, रैदास रहे प्रसन्न।। (43)

अब हम खूब वतन घर पाया। ऊंचा खैर सदा मन भाया।।
बेगम पुरा सहर का नांऊ। दुख अंदेस नहीं तिहिं ठांऊ।।
ना तसबीस, खिराज न मालू। खौफ न खता न तरस जवालू।।
काइम दाइम सदा पातिसाही। दोम न सोम एक सो आही।।
आवादान सदा मसहूर। ऊहां गनी बसैं मामूर।।
तिउं-तिउं सैर करैं जिउ भावै। महरम महल न को अटकावै।।
कहै रैदास खलास चमारा। जो उस सहर सों मीत हमारा।। (44)

रैदास जु है बेगम पुरा, उह पूरन सुख धाम।
दुख अंदोह अरु द्वेष भाव, नाहिं बसैं तिहि ठाम।। (45)

(ii) पराधीनता पाप है

पराधीनता पाप है, जान लेहु रे मीत।
रैदास दास पराधीन सों, कौन करै है प्रीत? (46)

पराधीन को दीन क्या, पराधीन बेदीन।
रैदास दास पराधीन को, सब ही समझैं हीन।। (47)

रैदास मनुष के बसन कूं, सुख कर हैं दुइ ठांव।
इक सुख है स्वराज में, दूसर मरघट गांव।। (48)

(iii) समता

नीच नीच कह मारहिं, जानत नहीं नदान।
सब का सिरजनहार है, रैदास एकै भगवान।। (49)

इक नजर सों सब कूं देखे , सृष्टि का सिरजनहार।
सब घट व्यापक अलख निर कहै रैदास चमार। ।जन , (50)

उपजइ सब इक नूर ते , बाम्मण, मुल्ला, शेख।
सब का करता एक है , सब कूं एक ही पेख।। (51)

एक ब्रह्म की बून्द सों , सकल पसारा जान।
सब उपज्यो इक बून्द सों , सब ही एक समान।। (52)

(iv) राणा-राव से डर नहीं

जो जागा वो घर लागा , उसके पूर्ण भाग रे।
कहै रैदास तू जागा चाहिए , क्या गृहस्थ, क्या वैराग रे?
डरूं न अब मैं खेलूं सब में , राणा राव म्हारे का कानी?
कहै रैदास डांड नहीं दूंगा , पाई पातशाही हम प्रवानी।। (53)

जो मो पै राम दयाला , देउ चून लून घीव दाला।
मैं रूखी सूखी खाऊं , औरन की भूख मिटाऊं।
कोई परै ना दुख की पासा , सब सुखी बसै रैदासा। (54)

अध्याय-4

हर धोखे से दूर

- क. चारिउ वेद किया खंडौति
    - (i) वेद नहीं
    - (ii) शास्त्र नहीं
    - (iii) यज्ञ नहीं
    - (iv) होम नहीं
    - (v) योग नहीं
- ख. अकथ कथा और अजपा जाप
    - (i) आन देव नहीं
    - (ii) कोई औतार कथा नहीं
    - (iii) तोडूं न पाती
    - (iv) मूर्ति पूजा नहीं
    - (v) तिलक-माला नहीं
    - (vi) जप-तप नहीं
    - (vii) तीर्थ पूजा नहीं
- ग. सो सब भरम कहाई
    - (i) अंधविश्वास और बाह्याडम्बर नहीं
    - (ii) भरम का जाल
    - (iii) भरम करम
    - (iv) स्वर्ग-नरक नहीं
    - (iv) बाजीगर

क. चारिउ वेद किया खंडौति

(i) वेद नहीं

हंसा कहां से आया रे, वहां का भेद बता भाई।
हम तो भंवर ज्ञानी हैं, मोहि को पद समझा भाई।

शेष महेश गणेश नहीं थे, नहीं थी ब्रह्मा वाणी।
काया माया कछु नहीं थे, वा की कहो निशानी।
धौला अम्बर धवल नहीं थे, नहीं थे चन्दा तारा।
मैं बूझूं तुझ पंडित ज्ञानी, कहां मिला गुरु तुम्हारा?
ज्या जूनी जब कुछ नहीं थे, नहीं था देह अकारा।
मैं बूझूं तुझ पंडित ज्ञानी, कहां था हंस तुम्हारा?
पांच तत्व गुण तीन नहीं थे, नहीं था पिंड ब्रह्मंडा।
शालगराम शिलाह नहीं थे, नौ सौ नदी न ठारह गंगा।
बेद कतेब जब कछु नहीं थे, नहीं थे पंडित काजी।
मैं बूझूं तुझ पंडित ज्ञानी, कहां रची थी बाजी?
कहै रैदास सुनो ब्रह्मचारी, आन लगी लौ लीना।
मैं बूझूं तुझ पंडित ज्ञानी, भेद पाया न झीना। (1)

जग में वेद बैद मनीजै।
इन में और अगम कछु औरे, कहो कौन परिकीजै।।
भौजल व्याधि असाध प्रबल अति, परम पंथ न गहीजै।
पढ़े सुनै कछु समझ न पाई, अनुभै पद न लहीजै।
चक्षु विहीन कतार चलत हैं, तिनहु अंस भुज दीजै।
कहै रैदास विवेक तत बिन, सब मिल गरत परीजै। (2)

पोथी बांचै, बेद उचारै, घर-घर कथा सुनावै।
पता नहीं हम कहां जाहिंगे, घर लगी बाहर बुझावै। (3)

चारिउ बेद किया खंडौति। जन रैदास करै डंडौति। (4)

(ii) शास्त्र नहीं

गुरु सब रहस अगमहि जानै।
ढूंढै कोउ खट सास्त्रन में, किछु कोउ वेद बखानै।
सांस उसांस चढ़ावै बहु विध, बैठहि सुन्न समाधी।
फाट्यो कान भभूत तन लाई, अनिक भरमत वैरागी।
तीरथ बरत करइ बहुतेरे, कथा बसत बहु सानै।
कहै रैदास मिला गुरु पूरा, जिहि अंतर हरि मिलानै। (5)

साधो, का सास्त्रन सुन कीनो?
अनपावनी भगति नहीं साधी, भूखे अन्न न दीनो।
काम न बिसरयो, डयंभ न त्यागो, लोभ न बिसरयो देवा।
परनिंदा मुख ते नहिं छोड़ी, निफल भइ सब सेवा।।
बाट पाड़ि घर मूसि परायो, उदर भरयो अपराधी।
हो अपराधी साहिब न सुमरियो, इह अविद्या साधी।।
चरन कंवल अनुराग न उपज्यो, भूत दया नहीं पाली।
रैदास पल साध संगति मिलि, पूर्ण ब्रह्म प्रतिपाली।। (6)

(iii) यज्ञ नहीं

कोटि यग जो कोउ करै। राम नाम सम तऊ न निस्तरै।। (7)

(iv) होम नहीं

आरती क्या ले कर जोवै? सेवक दास अचंभो होवै।।
बावन कंचन दीप धरावै। जड़ बैराग दृष्टि न आवै।।
कोटि भानु जा की सोभा रोमैं। कहा आरती अगनी होमै?
पांच तत यह तिरगुनी माया। जो देखै सो सकल उपाया।।
कहै रैदास देखा हम मांही। सकल जोति रोम सम नाहीं।। (8)

(v) योग नहीं

इड़ा पिंगला सुसम्ना, विध चक्र प्रणयाम।
रैदास हौं सब छाड़ियो, जबहि पाइहु सत्त नाम।। (9)

ख. अकथ कथा और अजपा जाप

(i) आन देव नहीं

एक हरि बिन नहीं है दूजा। आन देव की करूं न पूजा।।
वही रहीम वही है रामा। हिन्दू तुरक जाति नहिं जामा।।
कैसे मानूं जाति कुजाति। ब्रह्म बिन्दु से है उत्पाति।।
भेष अनेक एक है स्वामी। सब घट-घट के अर्न्तयामी।। (10)

थोथो जिनि पछोरो रे कोई। पछोरो जा में निज कन होई।।

थोथी काया, थोथी माया। थोथा हरि बिन जनम गंवाया।।
थोथा पंडित, थोथी बानी। थोथी हरि बिन सभी कहानी।।
थोथा मंदिर भोग बिलासा। थोथी आन देव की आसा।।
सांचा सुमरन नाम बिसासा। मन वच करम कहै रैदासा।। (11)

रथ को चतुर चलावन हारो।
खिन हांके खिन ऊभो राखे, नहीं आन को सारो।
जब रथ रहे सारथी थाके, तब को रथहि चलावे?
नाद बिंद ये दोऊ थाके, मन मंगल नहिं गावे।
पांच तत्त का यह रथ साज्यो, अरधै उरध निवासा।
चरन कमल लौ लाइ रह्यौ है, गुन गावे रैदासा।। (12)

तुम करहु कृपा मोहि सांई।।
स्वांस स्वांस तुझ नाम संभारूं, तुमहि भेंट मम मन हरसाई।
तुमहु दयाल कृपाल करुणानिधि, तुमहि दीनबंधु भवराई।।
तुम्हरी सरन रहूं निसवासर, भरमत फिरूं न हौं हरि राई।
तुम अनुकम्प मान मद छूटै, राम रसायन अमृत पाई।।
ऐसा बुध जाचिहुं करुणामय, तुझ चरन तज कितहु न जाई।
चरण सरण रैदास रावरी, अपनो जान लेहु उर लाई।। (13)

अब मोहि तार तार मोरे बाप रमइया।
कठिन फंद पर्‌यो पांच जमइया।
तुम बिन आन देव सब ढूंढ़े, कहूं न पाऊं पास छुड़इया।
हम से दीन, दयाल न तुम सम, चरण सरन रैदास चमइया। (14)

जो तुम तोरो राम, मैं नहिं तोरूं।
तुम सों तोर कवन सों जोरूं?
तीरथ बरत न करूं अंदेसा। तुम्हरे चरन कंवल भरोसा।
जहं जहं जाऊं तुम्हरी पूजा। तुम सा देव और नहिं दूजा।।
मैं अपनो मन हरि सों जोरो। हरि सों जोर सबन सों तोरो।।
सब परहरि तुम्हरी ही आसा। मन क्रम वचन कहै रैदासा।। (15)

मेरा मनवा मानै नहीं, मैं कैसे समझाऊं?
बन को जाऊं करूं तपस्या, नाहक धुना रमाऊं।
धुना रमाऊं जीव जलाऊं, किस विधि मुक्ति पाऊं?

गंगा जाऊं तीरथ नहाऊं, दूने धक्के खाऊं।
गंग-यमुन घट मांहि बसत हैं, नित उठ तीरथ नहाऊं।
एक देव की हमरी पूजा, आन देव नहीं ध्याऊं।
कहै रैदास सुनो भाई सन्तो, मोल अमोलक पाऊं।। (16)

तुहि मुहि हम एक हैं, तुम लो मोरि दौर।
रैदास पंखी जहाज का, नहिं आनत कोउ ठौर।। (17)

रैदास आस इक राम की, और न कोऊ आस।
राम छोड़ औरन रमैं, रहैं सदा निरास।। (18)

काइम दाइम राम इक, दोयम सत्त इमान।
राम नाम अरु सत्त बिन, बिरथा सब कुछ जान।। (19)

रैदास पीतम एक तुहि, तुमरे मीत अनेक।
ससि को कुमोद हैं बहू, कुमोद को ससि एक।। (20)

सब घट मेरा सांइया, जलवा रहा दिखाय।
रैदास नगर में रम रहा, नेकहु न इत उत जाय।। (21)

(ii) कोई औतार कथा नहीं

इस जग में साधो, बहुत गए झक मार।
जोगी, जती, तपी, सिद्ध-साधक, राव-रंक औतार।।
कच्छ-मच्छ, बाराह, नृसिंह, नन्द घर कृष्ण औतार।।
राम-लखन, भरत, शत्रुघन, रही नहीं जनक दुलार।।
रावण, कुम्भ, हिरणाकश, पांडव, मिट गया कुल परिवार।।
कर्ण दान स्वर्ण का करता, एक दिन हो गया छार।।
बहुत से ज्ञानी ज्ञान कथै हैं, आप ही बने करतार।।
नही पता हम कहां जाहिंगे, बोलैं बिना विचार।।
खानी वानी में सब जग उलझा, कोटि कल्प युग चार।।
कहै रैदास भ्रम का भाण्डा, फूटेगा सबके द्वार।। (22)

कहै रैदास अकथ कथा, बहु काह करीजै?
जैसा तू तैसा तू ही, क्या उपमा दीजै? (23)

(iii) तोड़ूं न पाती

अबिगति नाथ निरंजन देवा। मैं क्या जानूं तुम्हारी सेवा?
बांधू न बंधन, छाऊं न छाया। तुमहि सेऊं निरंजन राया।।
चरन पताल सीस असमाना। सो ठाकुर कस संपुट समाना?
सिव सनकादिक अंत न पाया। ब्रह्मा खोजत जनम गंवाया।।
तोड़ूं न पाती पूजूं न देवा। सहज समाधि करूं हरि सेवा।। (24)

राम, मैं पूजा कहां चढ़ाऊं? फल अरु फूल अनूप न पाऊं।।
थनहर दूध जो बछरू जुठारी। पुहुप भंवर जल मीन बिगारी।।
मलियागिर वेढ़ियो भुवंगा। विष अमृत बसैं इक संगा।।
धूप दीप नैबेदहि बासा। कैसे पूज करहिं तेरी दासा?
मन ही पूजा, मन ही धूप। मन ही सेऊं सहज सरूप।।
पूजा अरचा आई न तोरी। कहै रैदास कौन गति मोरी? (25)

(iv) मूर्ति पूजा नहीं

बापुरो, सत रैदास कहै रे।
ग्यान विचार चरन चित लावै, हरि की सरन रहै रे।
पाती तोड़े पूज रचावै, तारन तिरन कहै रे।
मूरत मांहि बसे परमेसर, पानी मांहि तिरै रे।
त्रिविध संसार कौन विधि तिरबो, जो दृढ़ नाव न गहै रे?
नाव छोड़ जे डूंगी बैठे, दूना दुःख सहै रे।
गुरु को सब्द सुरति कुदाली, खोदत कोइ लहै रे।
राम काहु के बाट न आयो, सो नेक लभहै रे।
झूठी माया जग डहकाया, तीनों ताप दहै रे।
कहै रैदास राम जप रसना, माया संग न रहै रे। (26)

पांडे, कैसी पूज रची रे?
सति बोलै सोइ सतिवादी, झूठी बात बदी रे।।
जो अबिनासी सब का करता, व्याप रहा सब ठौर रे।
पंच तत्त जिनि किया पसारा, सो यों ही कछु और रे।।
तू जो कहत हो, यो ही करता, याकूं मानिख करै रे।
तारणि सकति सही जे या मैं, तो आपण क्यों न तिरै रे?
यही भरोसे सब जग बूड़ा, सुन पंडित की बात रे।

या कै दरस कूण गुण छूटा, सब जग आया जात रे।।
या की सेव सूल नहिं भाजै, कटै न संसै पास रे।
सोच विचार देख या मूरत, यूं छोड़ी रैदास रे। (27)

(v) तिलक-माला नहीं

भेष लियो पै भेद न जान्यो। अमृत लेइ विसै सों सान्यो।
काम-क्रोध में जनम गंवायो। साध संगति मिल राम न गायो।।
तिलक दियो पै तपन न जाई। माला पहर घनेरी लाई।।
कहै रैदास मरम जु पाऊं। देव निरंजन सत कर ध्याऊं।। (28)

माथे तिलक हाथ जप माला, जग ठगने कूं स्वांग बनाया।
मारग छोड़ कुमारग डहके, सांची प्रीत बिन राम न पाया।। (29)

(vi) जप-तप नहीं

मन मेरो, सत्त सरूप विचार।
आदि अंत अनंत परम पद, संसा सकल निवार।।
जानत-जानत जान रह्यो सब, मरम कहो निज कैसा?
जस हरि कहिए तस हरि नाहीं, है अस जस कछु तैसा।
कहियत आन अनुभवत आन, रस मिले न बेगर होई।
बाहर भीतर प्रगट गुप्त घट, घट प्रति अवर न सोई।।
आदि हु एक अंत पुनि सोई, मध्य उपाधि सु कैसे?
अहै एक, पै भ्रम सूं दूजा, कनक अलंकृत जैसै।।
कहै रैदास प्रकाश परम पद, का जप तप व्रत पूजा?
एक अनेक, अनेक एक हरि, कहो, कौन विधि दूजा? (30)

अरे नर, किया करो सत्संग।
काहे कारण मल मल न्हावे, मस्तक तिलक चढ़ावे अंग?
कपड़े रंगे कछू नहिं होवै, पांचों इन्द्रियां हो रहीं बेढंग।
सिर पर जूट जटा का भार, कहो, क्यों फिरता है रे नंग?
पंच धुनों में करो तपस्या, कहो, क्यों जला रहा है अंग?
कहै रैदास तरण की विधि, मन चंगा तो कठौती में गंग। (31)

धुआं तपन में का धरा, धूम तपन ही त्याग।
रैदास मिलि है परम पद, सेवा ही तप आग।। (32)

रैदास अराधहु देव कूं, इक मन हुइ धर ध्यान।
अजपा जाप जपत रहहु, सत्तनाम सत्तनाम।। (33)

(vii) तीर्थ पूजा नहीं

का मथुरा, का द्वारिका, का कासी, हरिद्वार?
रैदास खोजा दिल आपना, तो मिलिया दिलदार।। (34)

भक्ति ऐसी सुनहु रे भाई।
आई भगति तब गई बड़ाई।।
कहा भयो नाचे अरु गाए, कहा भयो तप कीन्हे?
कहा भयो जो चरन पखारे, ज्यों लों तत्त नहिं चीन्हे।
कहा भयो जो मूंड मुंडायो, बहु तीरथ व्रत कीन्हे।
स्वामी दास भक्त अरु सेवक, परम तत्व नहिं चीन्हे।
कहै रैदास तेरी भक्ति दूर है, भाग बड़े सो पावै।
तज अभिमान मेट आपा पर, पिपिलक हो चुन खावै।। (35)

ग. सो सब भरम कहाई

(i) अंध विश्वास और बाह्याडम्बर नहीं

जहां अन्धविश्वास है, सत्त परख तहं नाहिं।
सत्त सोई जानि है, अनुभव हो मन मांहि।। (36)

कोउ सुमरन देखौं ये सब उपली चोभा।
जा के जैसा सुमरन ताको तैसी शोभा।।
हमरी ही सीख सुनै, हम सों ही मांडे रे। थोरे ही इतराइ चालै, पातिशाहि छाड़े रे।।
अति ही आतुर हो कांचा ही तोले रे। ऊडे जल पैसे नहीं, पांड राखो रे।।
थोरे ही थोरे मुसीयत परायो धना। कहै रैदास सुनो सन्त जना।। (37)

(ii) भरम का जाल

प्रभु जी, क्या कहिए भ्रम ऐसा?
जैसा मानीए होइ न तैसा।।

नरपति एक सेज सुख सोया, सुपने भया भिखारी।।
अछत राज बिछुरत दुख पाया, सो गति भई हमारी।।
जब हम होते तब तुम नाहीं, अब तुम हो हम नाहीं।
सरिता गवन कियो महोदधि, जल केवल जल मांही।।
रजु भुजंग रजनी परकासा, अस कुछ मरम जनावा।
समझ परी मोहि कनक अलंकृत, अब कुछ कहत न आवा।।
करता एक भाई जुग भुगता, सब घट सब विधि सोई।
कहै रैदास भगति इक उपजी, सहजै होइ सु होई।। (38)

पांडे, हरि विचि अंतर डाढ़ा।
मुंड मुंडावै सेवा पूजा, भ्रम का बंधन गाढ़ा।
माला तिलक मनोहर बानो, लागो जम की पासी।
जो हरि सेती जोड़्या चाहो, जग सों रहो उदासी।
भूख न भाजै, त्रिस्ना न जाई, कहो, कौन गुण होई?
जो दधि में कांजी को जांवन, तो घ्रित न काढ़ै कोई।
कहनी कथनी ग्यान अचारा, भगति इनहुं से न्यारी।
दोय घोड़ा चढ़ कोउ न पहुंचो, सतगुर कहै पुकारी।
जो दासातन कीया चाहो, आस भगति की होई।
निरमल सांग मगन हो नाचो, लाज शरम सब खोई। (39)

(iii) भरम करम

ऐसी भगति न होइ, रे भाई।
राम नाम बिन जो कछु करिए, सो सब भरम कहाई।
भगति न रस-दान, भगति न कथै ग्यान, भगति न वन में गुफा खुदाई।
भगति न ऐसी हांसी, भगति न आसा पासी, भगति न कुल कान गंवाई।

भगति न इन्द्री बांधे, भगति न जोग साधे।
भगति न अहार घटाई, ये सब करम कहाई।
भगति न निद्रा साधे, भगति न वैराग बांधे।
भगति न मूंड मुंडाए, भगति न माला दिखाए।
भगति न चरन धुवाए, ये सब वेद बड़ाई।
भगति न त्यों लों जानी, ज्यों लों आप को आप बखानी।
जोई जोई करै, सोई सोई करम बड़ाई।

आपा गई तब भगति पाई, ऐसी भगति होवै, रे भाई।
राम मिल्यो अपनो गुन खोयो, रिधि सिधि सबै जु गंवाई।

कहै रैदास छूटि सब आस, तब हरि ताही के पास।
आतमा थिर भई, तब सबही निधि पाई। (40)

अब कुछ मरम बिचारा, हो हरि।
आदि, मध्य, औसान, राम बिन, कोय न करै निसतारा, हो हरि।।
जल ते पंक, पंक ते अमृत, जल की सुध होइ जैसे।
ऐसे करम भरम जीव बांधियो, छूटे तुम बिन कैसे, हो हरि।।
ताड़न छेदन त्रापन खेदन, बहु बिधि कर ले उपाई।
लोन खड़ी संजोग बिना जस, कनक कलंक न जाई, हो हरि।।
कहे रैदास उदास ताही ते, कहा उपाय अब कीजै?
भव बूड़त भयभीत भगत जन, कर अवलंबन दीजै, हो हरि।। (41)

(iv) स्वर्ग-नरक नहीं

अब का कहि कौन बताऊं?
अब का कहि देवलि देव समाऊं?
जल के तरंग जल मांहि समाई, कहि का को नांव धरिए?
ऐसे तैं मैं एक रूप हैं, आपन ही निरवरिए।।
कहै रैदास अब का कहि गाऊं, जो कोई औरहि होई?
जा स्यों गाइहि गाइ कहत हैं, परम रूप हम सोई।। (42)

(v) बाजीगर

जन्मे को है हरस का, मरने को का सोक?
बाजीगर के खेल कूं, समझत नाहीं लोक।। (43)

माटी को पुतरा कैसे नचत है?
देखै सुनै बोलै, दौरयो फिरत है।।
जब कछु पावै गरब करत है। माया गई तब रोवन लगत है।।
मन वच क्रम रस कसहि लुभाना। बिनस गया जाइ कहूं समाना।।
कहै रैदास बाजी जग भाई। बाजीगर सों मोहि प्रीति बन आई।। (44)

ऐसो कछु अनुभउ कहत न आवै, साहब मिले तो को बिलगावै?
सब में हरि है हरि में सब हैं, हरि अपनो जिन जाना।
साखी नहीं और कोई दूसर, जाननहार सयाना।
बाजीगर सो राच रहा, बाजी का मरम न जाना।
बाजी झूठ, सांच बाजीगर, जाना मन पतियाना।
मन थिर होइ तो कोइ न सूझै, जाने जाननहारा।
कहै रैदास विमल विवेक सुख, सहज सरूप संभारा। (45)

अध्याय-5

खोजत कितूं फिरै

क. दशरथ सुत राम नहीं
ख. घट में राम
ग. साहेब
घ. अनहद बाजै

क. दशरथ सुत राम नहीं

रैदास हमारो राम जी, दशरथ का सुत नाहिं।
राम हमीं में रम रहा, बिस्व कुटंबह मांहि।। (1)

रैदास इक जगदीश के, धरे अनंतह नाम।
मोरे मन में बस रहा, अधिमन पावन राम।। (2)

रैदास हौं देखा सोध कर, साहिब भेष अनन्त।
इक आतम घट-घट रमै, सब दिस इक भगवन्त।। (3)

राम नाम जिह तन रमै, सो तन आप उजास।
अन्त छार हो जाइए, वेग चेत रैदास।। (4)

भौ सागर रा तरन कूं, एको नाम अधार।
रैदास कभी न छाड़िय, राम नाम पतवार।। (5)

एक भरोसा राम का, अरु भरोसा सत्त कार।
सफल होइहु जीवना, कहै रैदास चमार।। (6)

भाई रे, राम कहां है मोहि बताओ।
सत राम ताके निकट न आओ।।
राम कहत सब जगत भुलाना, सो यह राम न होई।
करम, अकरम, करण में कैसे, कर्ता नांव सु कोई।
जा रामहि सब जग जाने, भरम भूले रे भाई।
आप आप ते कोई न जाने, कहै कौन सों जाई?
सत तन लोभ, परस जिय तन मन, गुण परसत नहिं जाई।
अलख नांव जाको ठौर न कतहूं, क्यों न कहो समझाई?
कहै रैदास उदास ताहि ते, कर्ता को है भाई?
केवल कर्ता एक सही कर, सत राम तिहिं ठाई। (7)

परचै राम रमे जो कोई। आतम जाने दुबिधा न होई।।
जो दीसे सो सकल बिनास। अनडीठे नाहीं विश्वास।।
फल कारन फूले बनराई। उपजे फल तब पुहुप बिलाई।।
बट के बीज जैसा आकार। पसरा तीन लोक विस्तार।।
जो मन बिंदै सोई बिंद। अमावस में ज्यों दीसै चंद।।
जल में जैसे तूंबा तिरै। परचै पिंड जीवै नहिं मरै।।
सो मुनि कौन जु मन को खाई। बिन दुआरे तिरलोक समाई।।
मन की महिमा सब कोय कहै। करता सो जो अनभै रहै।।
कहै रैदास यह परम बैराग। राम नाम कीन जपहु सुभाग।। (8)

हौं बनिजारो राम को, हरि को टांडो लादो जाइ रे।
राम नाम धन पायो ताते, सहज करूं व्यौपार रे।

औघट घाट घनो घना रे, निरगुन बैल हमार रे।
राम नाम धन लाद्यो ताते, विष लादौं संसार रे।
अनतहि धरती धन धर्‌यो रे, अनतहि ढूंढन जाइ रे।
अनत धरो न पाइए ताते, चाल्यो मूल गंवाइ रे।

रैन गंवाई सोय कर, दिवस गंवायो खाइ रे।
हीरा यह तन पाइ कर, कौड़ी बदले जाइ रे।
साध संगति पूंजी भई, वस्तु लई निर्मोल रे।
सहज बलदिया लाद कर, चहुं दिस टांडो डोल रे।
जैसा रंग कुसुंभ का, तैसा यह संसार रे।
रमइया रंग मजीठ का, कहै रैदास चमार रे। (9)

रैदास कहै जाके रिदै, रहे रैन दिन राम।
सो भगता भगवन्त सम, क्रोध न व्यापे काम।। (10)

ख. घट में राम

मुकुर मांह परछांइ ज्यों, पुहुप मधे ज्यों बास।
तैसो ही साहब बसै, हिरदै मधे रैदास।। (11)

रैदास हमरो राम तो, सकल रह्यो भरपूर।
रोम-रोम में रम रह्यो, राम मसूक न दूर।। (12)

घट घट बियापक राम है, रामहि बूझै कोय?
रैदास बूझै राम कूं, राम सनेही होय।। (13)

सर्व निवासी राम जू, सब घट रह्यो समाइ।
रैदास नाम चकमक बिना, हक नूर अद्रिस्टाइ।। (14)

रैदास हौं खालिक देखिया, सकल रह्या भरपूर।
सब दिस देखूं ब्यापिया, खालिक का ही नूर।। (15)

बाहर खोजत का फिरै, घट भीतर ही खोज।
रैदास उनमनि साध कर, देख पिया कूं ओज।। (16)

खोजत किथूं फिरै, तेरे घट में सिरजनहार।।
कस्तूरी मृग पास है रे, ढूंढत घास फिरै।
पाछे लागो काल पारधी, छिन में प्रान हरै।।
इड़ा पिंगला सुखमना नाड़ी, जा में चित न धरै।
सहसतार में भंवर गुफा है, भंवरा गूंज करै।।
दिल दरियाव हीरा लाल है, गुरमुख समझ परै।
मरजीवा की सैन विचारै, हीरा हाथ परै।। (17)

जब राम नाम कह गावेगा।
ररंकार रहत सबहिन में, अंतर मेल मिलावेगा।
लोहा सम कर, कंचन सम कर, भेद अभेद समावेगा।
जे सुख होवै आतम जानै, सो सुख का कह गावेगा?

गुर प्रसाद भई अनभै मति, विष अमृत सम ध्यावेगा।
कहै रैदास मेट आपा पर, तब वा ठौरहिं पावेगा।। (18)

कालहु नाइ ताहिं पद सीसा। नहिं बिसराऊं खिन एकहु ईसा।।
जनम मरन अरु जग जाला। नाम परताप न बिआपहिं ब्याला।।
अगत विगत अनादि अनूपा। बिस्व बिआपक ब्रह्म अरूपा।।
घट-घट तिह पेखीयत ऐसे। जल में लहर, लहर जल जैसे।।
कहै रैदास हरि सरब बिआपक। सरब चिंतामणि सरब प्रतिपालक।। (19)

अब मैं हार्‌यो रे भाई।
थकित भयो सब हाल चाल ते, लोकन बेद बड़ाई।।
थकित भयो गायन अरु नाचन, थाकी सेवा पूजा।।
काम क्रोध ते देह थकित भई, कहूं कहां लों दूजा?
राम जन होऊं न भगत कहाऊं, चरन पखारूं न देवा।।
जो जो करूं उलट मोहि बांधे, ता ते निकट न भेवा।।
पहले ग्यान का किया चांदना, पीछे दिया बुझाई।।
सहज सहज मैं दोऊ त्यागे, राम कहूं न खुदाई।।
दूर बसै खट कर्म सकल अरु, दूरउ कीन्हे सेऊ।
ग्यान ध्यान दोउ दूर कीन्हें, दूरउ छाड़ै तेऊ।।
पांचों थकित भयो जहां तहां, जहां तहां थिति आई।।
जा कारन मैं दौर्‌यो फिरतो, सो अब घट में आई।।
पांचों मेरी सखी सहेली, तिन निधि दई दिखाई।।
अब मन फूलि भयो जग मंहिया, उलट आप में समाई।।
चलत चलत मेरो मन थाक्यो, मो पै चलो न जाई।।
सांई सहज मिल्‌यो सो सनमुख, कहै रैदास बताई।। (20)

है सब आतम सुख परकास सांचो।
निरंतर निराहार कलपित ये पांचों।।
आदि मध्य औसान एक रस, तार बन्यो है ताई।
थावर जंगम कीट पतंगा, पूर रहयो हरि राई।।
सर्बेस्वर सर्बङ्गी सर्बगति, करता हरता सोई।
सिव न असिव, न साध अरु सेवक, उभै भाव नहिं होई।।
धरम अधरम, मोच्छ नहिं बंधन, जरा मरन भव नासा।
दृष्ट अदृष्ट, गेय अरु ग्याता, एकमेक रैदासा।। (21)

संत उतारै आरती, देव सिरोमनि मानिए।
उर अंतर तहां पैसि, बिन रसना भणिए।
मनसा सांचा मंदिर, मांहि धूप धुपाइए।
प्रेम प्रीति की माल, राम चढ़ाइए।
चहुं दिस दिवरा बाल, जगमग हो रहिए।
जोति जोति सम जोति, जोति मिल रहिए।
तन मन आतम वारि, तहां हरि गाइए।
भणत जन रैदास, तुम सरना आइए। (22)

रैदास तू कावच फली, तुझे न छीवै कोय।
तै निज नाम न जानिया, भला कहां ते होय? (23)

कुरमे भांति जो रहै, मन इन्द्री रैदास।
सांत रहे नित आतमा, बढ़े आत्म बिस्वास।। (24)

सतगुर के प्रसाद हम, जाना आतम राम।।
जानन जोग सु जानिया, जो आतम निज धाम।। (25)

करम जोग की साध सों, आत्म राम सुध होय।
रैदास विजेता सो भया, करम करे जो कोय।। (26)

ग. साहेब

सब कुछ करत कहो कुछ कैसे। गुन निधि बहुत रहत सम जैसे।।
दरपन गगन अनिल अलेप जस। गंग जलधि प्रतिबिंब देख तस।।
सब आरंभ अकाम अनेहा। बिधि निषेध कियो अनेकेहा।।
यह पद कहत सुनत नहिं आवै। कहै रैदास सुकृति को पावै।। (27)

बंदे, जान साहिब गनी।
समझ बेद कतेब बोलो, काबे में क्या मनी।।
ज्वानी जुमी जमाल सूरत, देखिए थिर नाहिं वे।
दम छह सै सहस इक्कीस हर दिन, खजाने ते जाहिं वे?
मनी मारे गर्व गाफिल, बेमेहर बेपीर वे।
दरीखाने पड़े चोबा, होत नहीं तकसीर वे।।
स्याही सपेदी तुरंगी, नाना रंग बिसाल वे।

नापैद ते पैदा कीया, पैमाल करत न बार वे।।
कुछ गांठ खरची मिहर तोसा, खैर खूबी हाथ वे।
धनी का फरमान आया, कीया चालै साथ वे।।
तज बदजबां बेनजर कमदिल, कर खसम की कान वे।
रैदास की अरदास सुन, कछु हक हलाल पिछान वे।। (28)

खालिक सिकस्ता मैं तेरा।
दे दीदार उमेदगार बेकरार जीव मेरा।।
अव्वल आखिर इलम आदम, मौज फरिस्ता बंदा।
जिसकी पनह पीर पैगंबर, क्या गरीब, क्या गंदा?
तू हाजरा हजूर जोग एक, और नहीं है दूजा।
जिसके इसक आसरा नाहीं, क्या नमाज, क्या पूजा?
नालीदोज हनोज बेबखत, किमि खिदमतगार तुम्हारा?
दरिमांदा दर ज्वाब ना पावै, कहै रैदास विचारा।। (29)

जो पै, हम न पाप करंत अनंता। पतित पावन तेरा बिरद कस हुंता?
तोहि मोहि, मोहि तोहि अंतर ऐसा। कनक कटक जल तरंग जैसा।।
तुम जु नाइक आछहु अंतरजामी। प्रभु ते जन जाानिए, जन ते स्वामी।।
तुम सबहिन में, सब तुम मांही। रैदास दास असमंजस नाहीं।। (30)

त्राहि त्राहि त्रिभुवनपति पावन। अतिशय सूल सकल बलि जावन।।
काम क्रोध लंपट मन मोरा। कैसे भजन करूं मैं तोरा?
विषम वियाधि विहंडनकारी। असरन सरन सरन भौहारी।।
देव देव दरबार दुवारै। राम राम रैदास पुकारै।। (31)

अब कैसे छूटे, नाम रट लागी।
प्रभु जी, तुम चंदन हम पानी, जाकी अंग-अंग बास समानी।
प्रभु जी, तुम घन बन, हम मोरा, जैसे चितवत चंद चकोरा।
प्रभु जी, तुम दीपक, हम बाती, जा की जोति बरै दिन राती।
प्रभु जी, तुम मोती, हम धागा, जैसे सोने मिलत सुहागा।
प्रभु जी, तुम स्वामी, हम दासा, ऐसी भगति करै रैदासा। (32)

आचार धरो गुर रीत के, मंगल नित्य बधेव।।
कहै रैदास विचार के, साहिब देवन देव।। (33)

घ. अनहद बाजे

आरती करत हरषै मन मेरो।
आवत चित तुव रूप घनेरो।।
अजर अमर अडोल अभेसा, निगुन रहित रूप नहिं रेखा।
चेतन सत चित घन आनन्दा, निरविकार तेज अमित अभेदा।।
अनूप अजन्मा सरबग्य अनन्ता, अभेद अदेख अबिगत सुछंदा।
नाम की बाती घीव अखंडा, इक ही जोत जलै ब्रहमंडा।।
अनत बार तोहि धियान लगावा, मुनि जनि पै पार नहिं पावा।
मन बच क्रम रैदास धियावा, घंटा झालर मनहि बजावा।। (34)

गगन मंडल में आरती कीजै। नाद बिंद इकमेक करीजै।।
सुसमन इंदु अमृत कुंभ धरावै। मनसा माला फूल चढ़ावै।।
घीव अखंडा सोहै बाती। त्रिकुटी जोत जलै दिन राती।।
पवन साधना थाल सजीजै। तामें चौमुख मन धरि लीजै।।
रवि ससि हाथ गहौं तिंह मांही। खिन दहिने खिन बामै लाही।।
सहस कंवल सिंघासन राजै। अनहद झांजन नित ही बाजै।।
इह बिध आरती सांची सेवा। परम पुरिख अलख अभेवा।।
कहै रैदास सतसार बतावै। ऐसी आरती पार लंघावै।। (35)

हंसा, पूर्णगढ़ चल भाई, तेरा सारा भ्रम मिट जाई।
कच्चा कोठा पट का दरवाजा, गहरी जंजीर लगाई।
मस्ताना हाथी छूट गया, दुर्मति लेति लड़ाई।
ज्ञान ध्यान सब अणि वरदारा, छोड़े अदल सिपाही।
हृदय ढोल शाख सुख भोगे, यम की चोट उकाई।
गगन गुफा में अनहद बाजे, बिन सीढ़ी चढ़ जाई।
पांच मार पच्चीस को बस कर, ऐसी राह चलाई।
सत्य शब्द को हृदय रख कर, अनुभव कथा सुनाई।
कहै रैदास अजपा हो जावै, ताको काल न खाई।। (36)

अध्याय-6

मनुष्य शान्ति की ओर

क. चरित्र की बुनियाद

(i) गुरु

भौ सागर है दुतर अति, किंधू मूरख जान।
रैदास गुरु पतवार है, नाम नाव कर जान।। (1)

माया दीपक पेख कर, नर पतंग अंधियाय।
रैदास गुरु रा ग्यान जिनु, बिरला को बच जाय।। (2)

अंधला जो गुरु पाइहि, तो सिष भयो निरंध।
रैदास ग्यान चाषू बिना, किमि मिटइ भ्रम फंद? (3)

(ii) साधु

रैदास सोइ साधु भलो, जो रहे सदा निरबैर।
सुखदाई समता गहे, सब की मांगे खैर।। (4)

रैदास सोइ साधु भलो, जो निहकपट निरपच्छ।
छमासील अरु सरल मन, बाहर भीतर स्वच्छ।। (5)

रैदास सोइ साधु भलो, जो जग में लिप्त न होय।
सांई सों रांचा रहे, अरु जाने नहिं कोय।। (6)

रैदास सोइ साधु भलो, जो जाने पर पीर।
पर पीरा कहुं पेख के, रहवे सदा अधीर।। (7)

रैदास सोइ साधु भलो, निर्मल जाके बैन।
जिह करि दरस अरु परस सों, मन उपजहि सुख चैन।। (8)

रैदास सोइ साधु भलो, जिह मन निर्मल होय।
राम भजे विषया तजे, मिथ भाषी न होय।। (9)

रैदास सोइ साधु भलो, जो आपा न जताय।
सतवादी सांचा रहे, मन हरि चरनन लाय।। (10)

रैदास सोइ साधु भलो, जो मन के दोष मिटाय।
उर में आपा न थापइ, तृस्ना आस जलाय।। (11)

रैदास सोइ साधु भलो, पर उपकार कमाय।
जैसो कहै, वैसो करै, आपा नाहिं जताय।। (12)

(iii) धरम

धरम करम दुइ एक हैं, समझ लेहु मन मांहि।
धरम बिना जो करम है, रैदास न सुख तिस मांहि।। (13)

रैदास सोई सूरा भला, जो लरै धरम के हेत।
अंग-अंग कट भुइं गिरैं, तऊ न छांड़ै खेत।। (14)

दीन दुखी की सेव में, लागि रह्यो रैदास।
निसि बासर की सेव सों, प्रभु मिलन की आस।। (15)

दीन दुखी के हेत जो, वारै अपने प्रान।
रैदास उह नर वीर को, सांचा सूरा जान।। (16)

मन में सत संतोष रख, सब की सेवा लाग।
सेवा सब कुछ देत है, रैदास सेव मत त्याग।। (17)

दया धर्म जिन में नहीं, हिरदै पाप की कीच।
रैदास तिन्हहिं जानि हो, महा पातकी नीच।। (18)

रैदास जगत में राम सम, कोऊ नाहिं उदार।
गनी गरीब नवाज प्रभु, दीनन के रखवार।। (19)

ख. समाज का विकास

(i) नेक कमाई

श्रम को ईसर जान के, जो पूजे दिन रैन।
रैदास तिन्है संसार में, सदा मिले सुख चैन।। (20)

रैदास श्रम कर खाइहिं, ज्यों लों पार बसाय।
नेक कमाई जो करे, कबहुं न निहफल जाय।। (21)

रैदास हौं निज हत्थहिं, राखो रांपी आर।
सुकिरित ही मम धरम है, तारेगा भव पार।। (22)

रैदास सुकरमन करन सों, नीच ऊंच हो जाय।
करै कुकरम जो ऊंच भी, महा नीच कहलाय।। (23)

(ii) सांच

रैदास सत्त मत छोड़िए, ज्यों लों घट में प्रान।
दूसर कोउ धरम नहीं, जग में सत्त समान।। (24)

जिन्ह नर सत तियागिया, जीवन मिरत समान।
रैदास सोई जीवन भला, जहं सब सत परधान।। (25)

रैदास सत्त मत तियागिए, ज्यों लों घट में प्रान।
सत्त भ्रिस्ट कर जगत में, सदा होत अपमान।। (26)

रैदास सत कर आसरे, सदा सत्त सुख पाय।
सत्त इमान न छोड़िए, जग जाए तो जाय।। (27)

जिन के हिरदे सत बसे, पंच दोष बसि नाहिं।
रैदास ते ऊंचा भए, समझ लेहु मन मांहि।। (28)

(iii) वचन का विश्वास

रैदास वचन जो दे दिया, वह न जाने पाय।
वचन हरे को जगत में, कछु न सेस रहाय।। (29)

(iv) कटुक वचन नहीं

कटुक वचन नहिं बोलिए, सब घट हरि का बास।
इह ग्यान का दवार है, कहै विचार रैदास।। (30)

मूरख मुख कमान है, कटुक वचन भयो तीर।
सांचरी मारे कान में, साले सकल सरीर।। (31)

रैदास मूरख समझइ नहिं, उचरै बिना बिचार।
हने पराई आतमा, जीभ लिए तरवार।। (32)

ग. जीवन की सहजता

(i) घर तज बन नहिं जाय

काहे बन खोजत फिरै, काहे धून रमाई?
रैदास राम अंतर बसै, ज्यों मुकुर में छाई।। (33)

गिरि बन काहे खोजन जाही, घट अभियन्तर भाई।
पुहुप मध्य ज्यों बास बसत है, त्यों सब घट हरि राई।। (34)

बन में हरि ढूंढत फिरै, बन में हरि न कोय।
रैदास कहै शुभ कर्म कर, तो हरि प्रापत होय।। (35)

बन खोजन का जाइ रे, राम अलोपा नाहिं।
सर्व वियापी राम तो, रैदास सबन के मांहि।। (36)

बन खोजन पिय ना मिले, बन में प्रीतम नाहिं।
रैदास पिय है बस रह्यो, मानव प्रेमहि मांहि।। (37)

ग्रहहिं रहु, सत करम करहु, हिरदै चिंतहु ओंकार।
रैदास हमारो बांधना, केवल नाम अधार।। (38)

नेक कमाई जो करे, घर तज बन नहिं जाय।
रैदास हमारो राम, घर में मिलहि आय।। (39)

जिह्वा सों ओंकार जप, हत्थन सों कर कार।
राम मिलै घर आइ कर, कहै रैदास विचार।। (40)

जिह्वा भजै हरि नाम नित, हत्थ करें नित काम।
रैदास भए निहचिंत हम, चिंत करेंगे राम।। (41)

जब मांगू तब देत है, साहिब मेरो आप।
काहे बांधूं गाठड़ी, सहूं चिंत को ताप।। (42)

(ii) चिन्तामणि

रैदास क्यों चिंता करूं, चिंता मोहि न कोय।
प्रभु मेरी चिंता करे, मम चिंता क्यों होय? (43)

यह अंदेस सोच जिय मेरे। निस वासर गुन गाऊं तेरे।।
तुम चिंतत मेरी चिंतहु जाई। तुम चिंतामणि होय कि नाई?
भगत हेत तुम क्या नहिं कीन्हा। हमरी बेर भए बलहीना।।
कहै रैदास दास अपराधी। जेहि तुम द्रवो सो भगति न साधी।। (44)

सो तन कंचन जानइ, जिह तन नाम परगास।
रैदास राम चिंतामणि, चहुं दिस औज उजास।। (45)

जो दिन आवै सो दिन जाही। करना कूच, रहन थिरु नाहीं।।
संगि चलत हैं, हम भी चलना। दूर गवन, सिर ऊपर मरना।।
क्या तू सोया जाग अयाना। तै जीवन-जग सच कर जाना।।
जिन जीव दिया सु रिजक अंबरावै। सब घट भीतर रहट चलावै।।
कर बंदगी छोड़ मैं मेरा। हिरदै नाम सम्हार सबेरा।।
जनम सिरानो, पथ न संवारा। सांझ परी, दह दिस अंधियारा।।
कहै रैदास नदान दिवाने। चेतसि नाहिं दुनिया फनखाने।। (46)

मन मेरो थिर न रहाई।
कोटि कौतिग कर दिखरावै, इत उत जग में धाई।
माया ममता मोह लपटानो, दिन-दिन उरझत जाई।
सुआन पुच्छ कभु होय न सूधो, कीजहु लाख उपाई।
गुरु का ग्यान, प्रेम की सांटी, कुबुध कुकरम छुड़ाई।
कहै रैदास मन थिर ह्वैसी, चल गुरु की सरनाई।। (47)

बुद्धि अरु बिबेक जो, राखन चाहो पास।
इंदरियां संग निरत को, तज देहु रैदास।। (48)

अंतहकरन अनुभव करहि, तो मानहु सब सत्त।
रैदास निज अनुभव में, सत्त में जानिहि सत्त।। (49)

अब मेरी बूड़ी रे भाई, ताते चढ़ी लोक बड़ाई।।
मानो गुनी जोग सुनि जुगता, हम महापुरुष रे भाई।
मानो सूर सकल विध त्यागी, मैं ममता न मिटाई।।
मानो अखिल सूनि मन सोध्यो, तब चेतन सुध पाई।
ग्यान ध्यान सब ही हम जानो, बूझो कौन सूं जाई?
हम मानो परम प्रेम रस जानो, नौ विधि भगति कराई।
स्वांग देख सबही जग डहक्यो, फिर आपन पौर बधाई।।
यह तो स्वांग सांच न जानो, लोगनि इहै भरमाई।
सिंघ रूप मेषी जब पहरी, बोली तब सुध पाई।।
ऐसी भगति हमारी सन्तो, प्रभुता इहै बड़ाई।
आपन अनिन और नहीं मानत, ताते मूल गंवाई।।
कहै रैदास उदास ताही ते, अब कछु मोपै कर्‌यो न जाई।
आपा खोए भक्ति होत है, तब रहै अन्तर उरझाई।। (50)

सुख सरिता में बूड़ कर, सूझ बूझ मत खोय।
दुख की बदरी पेख कै, कभी न दीजे रोय।। (51)

जो कोउ लौरै परम सुख, राखै मन सन्तोष।
रैदास जहां सन्तोष है, तहां न लागै दोष।। (52)

सब सुख पावै जासु ते, सो हरि जू को दास।
कोउ दुख पावै जासु ते, सो न दास रैदास।। (53)

भाई रे, सहज बन्दो सोई, बिन सहज सिध न होई।
लौलीन मन तब जानिए, जब कीट भ्रिंगी होई।।
आपा पर चीन्हे नहीं रे, औरन को उपदेश।
कहां ते तुम आयो रे भाई, जाहूगे कित देश?
कहिए तो का कह कहिए, कहा कौन पतिआई?
रैदास दास अजान हो कर, रह्यो सहज समाई।। (54)

सुरत शब्द जउ एक हों, पाइहिं परमानंद।
अंतर में दीपक जरै, उपजै ब्रह्मानंद।। (55)

(iii) काहे को बोलै

प्रभु भगति स्रम साधना, जग में जिन के पास।
तिन के जीवन सफल भयो, सत्त भाषै रैदास।। (56)

जो बस राखे इन्द्रियां, सुख दुख समझ समान।
सो अमरित पद पाइगो, कहै रैदास बखान।। (57)

जो लों घट में प्राण हैं, तो लों जय सत नाम।
रैदास परम पद पाइहिं, जिन्ह घट बसियो राम।। (58)

गाइ गाइ अब का कह गाऊं, गावनहार को निकट बताऊं।।
जब लग है यह तन की आसा, तब लग करै पुकारा।
जब मन मिलो आस नहिं तन की, तब को गावनहारा?
जब लग नदी न समुद्र समावे, तब लग बढ़े हंकारा।
जब मन मिलो राम सागर सों, तब यह मिटी पुकारा।।
जग लग भगति मुकति की आसा, परम तत्त सुनि गावे।
जहं जहं आस धरत है यह मन, तहं तहं कछू न पावे।।
छाड़ै आस निरास परम पद, तब सुख सति करि होई।
कहै रैदास जासों और कहत है, परम तत्त अब सोई।। (59)

तेरा जन काहे को बोलै?
बोल बोल अपनी भगति क्यूं खोलै?
बोलत-बोलत बढ़ै बियाधी, बोल अबोलै जाई।
बोल बोल अबोल को पकरै, बोल बोल को खाई।।
बोले ग्यान अरु बोले ध्यान, बोले बेद बड़ाई।
उर में धर धर जब ही बोलै, तब ही मूल गंवाई।।
बोल बोल औरहिं समझावे, तब लग समझ न भाई।
बोल बोल समझी जब बूझी, काल सहित सब खाई।।
बोले गुरु अरु बोले चेला, बोल बोल की परतीति जाई।
कहै रैदास थकित भयो जब, तब ही परम निधि पाई।। (60)

अध्याय-7

आजीवक दर्शन

क. सृष्टि और सृजन

(i) एकै घड़ै कुम्हारा

जो नाहीं था सरिष्टी में, सोउ होइहि नाहिं।
रैदास इस्ट सर्वत्त है, रहइ सरिस्टिहि मांहि।। (1)

जो करता सरिस्टी का, वह तो करता एक।
सब में जोति सरूप इक, काहे कहूं अनेक? (2)

आद अन्त जिह कर नहीं, जिह कर नाम अनन्त।
सब का पालनहार है, रैदास अबिगत भगवंत।। (3)

सर्व बियापक राम है, नाहिं कोउ इक ठाम।
सत गुरु साहिब सखा भयो, रैदास हमारो राम।। (4)

एकै ब्रह्म है सकल में, सकल ब्रह्महि मांहि।
रैदास ब्रह्म सब भेष में, ब्रह्म बिना कुछ नाहिं।। (5)

रैदास एकै ब्रह्म का, होइ रहयो सकल पसार।
एकै माटी सब घट सिरजै, एकै सब कूं सिरजनहार।। (6)

एकै माटी के सब भांडे, सब का एको सिरजनहारा।
रैदास व्यापै एको घट भीतर, सब को एकै घड़ै कुम्हारा।। (7)

(ii) निर्गुण-सगुण नहीं

अखिल खिले नहिं, का कहि पंडित, कोई न कहे समझाई।
अबरन बरन रूप नहिं जाके, कहं लौं जाइ समाई?
चंद-सूर नहिं, रात-दिवस नहिं, धरनि अकास न भाई।
करम-अकरम नहिं, सुभ-असुभ नहिं, का कहि देहु बड़ाई?
सीत न उस्न, न बाउ, न सरवत, काम कुटिल नहिं होई।
जोग न भोग, रोग नहिं जाके, कहो नांव सत सोई।।
निरंजन, निराकार, निरलेपी, निरविकार निरसासी।
काम कुटिल ताही कहि गावत, हर-हर आवै हांसी।।
गगन धूर-धूसर नहिं जाके, पवन पूर नहिं पानी।
गुन निरगुन कहियत नहिं जाके, कहो तुम बात सयानी।।
याही सों तुम जोग कहत हो, जब लग आस की पासी।
छूटे तबहीं जब मिलै एक ही, कहै रैदास उदासी।। (8)

(iii) भरम शून्य की आस

भगति न होइ रे, न होई, जब लग तन मन सुध न जोई।
भगति नहीं नाचै अरु गावै, भगति न बहु तप कीन्हा।
भगति नहीं स्वामी अरु सेवक, जब लग परम तत्त नहीं चीन्हा।
भगति न ग्यान जोग बैरागे, भगति न कहै कहावै।
भगति न सुंनि मण्डल घर सोधै, भगति न कछु दिखावै।
जहां जहां जीव आप बंधावै, ताते कछु कह्या न जाई।
कहै रैदास तबै सच पावै, आपा उलट समाई।। (9)

भाई रे, भरम भगति सो जान।
ज्यों लों नहीं सांच सूं पहचान।
भरम नाचन, भरम गायन, भरम जप तप दान।
भरम सेवा, भरम पूजा, भरम सूं पहचान।
भरम षटकर्म, सकल संहिता, भरम गृह बन जानि।
भरम कर-कर करम कीए, भरम की यह बानि।
भरम इन्द्री निग्रह कीया, भरम गुहा में बास।
भरम त्यों लों जानिए, करै सुन्न की आस।
भरम शुद्ध सरीर ज्यों लों, भरम नांव बिनांव।
भरम भणि रैदास त्यों लों, ज्यों लों चाहे ठांव। (10)

ख. जानत है भगवन्त

(i) नियति

जीवन जोति कैसे जगि, कैसे होई अंत।
रैदास मनुष न जानहि, जानत है भगवंत।। (11)

परकिरती परभाव बस, मानुष करत है कार।
मानुष तो है निमित रूप, कहै रैदास विचार। (12)

(ii) संगति

जो जन दुष्ट कुमारगी, बैठहिं नहिं तिह पास।
जो जन सन्त सुमारगी, तिन पांय लागो रैदास।। (13)

जो नर सत्य न भाषहि, करहि विश्वासघात।
तिन्हहु सो कबहुं भूलिहि, रैदास न कीजहि बात।। (14)

आनन्द मूरति मित्र की, रहइ सदा चित पूरि।
नैनन की समुहे रहत, रैदास नियरे का दूरि।। (15)

मन मोरा माया में लपटानो।
बिसासक्त रहियो निस-वासर, अजहूं नाहिं अघानो।।
कामी कुटिल लबार कुचाली, समझई नहीं समझानो।।
सत-संगत पल भर नहिं कीन्ही, मन मूरख बहु गरवानो।

सोवत खात दिन रैन बिताई , ताहि में रस सुख मानो ।।
माया में हिल-मिल रहियो , फोकट साटे जनम गंवानो ।
कहै रैदास कछु चेत बाबरे , राम नाम बिन नहिं उबरानो ।। (16)

बीती आयु भजन नहिं कीन्हा ।
सेत भयो तन थर थर कापै , हरि सुमरन नहिं कीन्हा ।
सत संगत नहिं गुर पद सेओ , प्रभु कीरति नहिं गाई ।
नहिं मन रमयो प्रभु चरनन में , तन स्यों प्रीत दृढ़ाई ।
कहै रैदास चलन की बिरिया , कोउ न होय सहाई । (17)

संत तुझी तन, संगति प्रान , सतगुर ग्यान जानै संत देवादेव ।
संत की संगति, संत कथा रस , संत प्रेम मोहि दीजै देवादेव ।
संत आचरन, संत सो मारग , संत ही सो लागै लगनि ।
और इक मांगूं भगति चिंतामणि , जनि लखावहु असंत पापी सनि ।
कहै रैदास जो जाने सो जानु , संत अनंतहि अंतर नाहिं । (18)

साध संगति पूंजी भइ , हौं बस्तु लइ निरमोल ।
सहज बलदिया लाद कर , चल्यो लेन पिव मोल ।। (19)

प्रभु जी, संगति सरन तिहारी ।
हम अवगुन तुम उपकारी ।।
गली गली को जल बह आयो , सुरसरि जाय समायो ।
संगत के परताप महातम , नाम गंगोदक पायो ।।
स्वाति बूंद बरसैं फनि ऊपर , सीस बिषै बिष होई ।
वाही बूंद कै मोती निपजै , संगति की अधिकाई ।।
तुम चंदन हम रेंड बापुरे , निकट तुम्हारे बासा ।
नीच रूख ते ऊंच भए हैं , आवे बास सुबासा ।। (20)

तुम मखतूल सुपेद सपीअल , हम बपुरे जस कीरा ।
सत संगति मिलि रहिए प्रभु जी , जैसे मधुप मखीरा ।। (21)

(iii) भाव

मेरी प्रीति राम सों जिनि घटै ।
मैं मोल महंगी लई जीअ सटै ।।

चित सिमरन करूं नैन अविलोकनो, स्रवन बानी सुजस पूरि राखूं।।
मन मधुकर करूं चरन हिरदे धरूं, रसना अमृत राम नाम भाखूं।।
साध संगति बिना भाव नही ऊपजै, भाव बिन भगति नहीं होइ तेरी।।
कहै रैदास इक बीनती प्रभु सों, पैज राखहु राम राई मेरी।। (22)

रैदास सदा ही राखिए, मन में सहज सुभाव।
राखो नहीं कुपंथ पग, जो लोरौं सुख चाव।। (23)

जिह नित देखन चाहि हौं, ते नैनन ते दूर।
रैदास कहै अनभावते, रहहिं निकट भरपूर।। (24)

अनभावत नियरा बसै, मन भावत परदेस।
अनदेखे उन दरस बिन, मम दुख बढ़त घनेस।। (25)

ग. राम भज भाई

(i) जरा और मृत्यु

रैदास तन पियरो पातरा, झरत न लागै बार।
जरा मीचु ज्यों आवई, जात न लागै बार।। (26)

जनम सिराना किया पसारा। सांझ परी चहुं दिस अंधियारा। (27)

रे मन, चेत मीचु दिन आया।
तौ जग जाल न भया पराया।।
कान सुनै न नजर दीसै, जीहा थिर न रहाई।
मुंड रु तन थर-थर कांपे, अंतहु बिरियां पहुंचो आई।।
केसौ सेतह पिंकु भए सब, तन मन बल बिलमाया।
मध्यान गयो जुरा चलि आई, अजहूं जग रह्यो भरमाया।।
पानी गयो पल छीजै काया, यह तन जरा जराना।
पांचों थाके जरा जरु सानै, तौ रामह मरम न जाना।।
हंस पंखेरू चंचल भाई, समझ पेख मन मांहि।
प्रतिपल मीचु गरासै देही, फुनि रैदास चेतहुं नाहिं।। (28)

(ii) बहुरि न आऊं

रैदास संसा जीव में, साखी सों विलगाय।
जीवन मरण रहस कूं, साखी कहै समझाय।। (29)

चल मन, हरि चटसाल पढ़ाऊं।
गुरु की साटि, ग्यान का अच्छर , बिसरै तो सहज समाधि लगाऊं।
प्रेम की पाटी, सुरति की लेखनि , ररा-ममा लिख अंक दिखाऊं।
कागद कंवल मति मसि कर निरमल , बिन रसना निस दिन गुन गाऊं।
कहै रैदास राम भज भाई , संत साखि दे बहुरि न आऊं।। (30)